U0568147

唐 华 清 宫

陕西省文物事业管理局

骆希哲　编著

文 物 出 版 社

北京·1998

责任编辑:楼宇栋

封面设计:张希广

图书在版编目(CIP)数据

唐华清宫/陕西省文物事业管理局,骆希哲编著.－北京:文物出版社,1998.10

ISBN 7－5010－1106－0

Ⅰ.唐… Ⅱ.骆… Ⅲ.华清宫－发掘报告 Ⅳ.K878.05

中国版本图书馆 CIP 数据核字(98)第 16134 号

唐 华 清 宫

陕西省文物事业管理局

骆希哲　编著

*

文物出版社出版发行

北京五四大街29号

http://www.wenwu.com

E－mail:web@wenwu.com

北京公大印刷厂印刷

新 华 书 店 经 销

1998 年 10 月第一版　1998 年 10 月第一次印刷

787×1092　1/16　印张:55.5　插页:1

ISBN 7－5010－1106－0/K·445　定价:320.00 元

THE SITE OF THE TANG IMPERIAL GARDEN HUAQINGGONG

(WITH ABSTRACTS IN ENGLISH AND JAPANESE)

Shaanxi Provincial Administration of Cultural Relics Affairs

Managing Compiler : Luo Xizhe

Cultral Relics Publishing House

Beijing · 1998

目 录

表

插 图 目 录

彩 版 目 录

图 版 目 录

第一章　序　言

　　唐华清宫遗址位于十三朝古都——西安以东 30 公里的临潼县城今华清池及其周围地区，南依苍翠的骊山，北距滔滔东去的渭河约 5 公里，东临西潼二水环绕着遗址，清澈可鉴的温泉点缀其间。华清宫遗址就坐落在临、潼、渭三河交汇而切割形成的扇形地带，海拔高度为 429~450 米。这个扇形地带，既属于临、潼、渭水的二级台地，又属于山前黄土台塬。这里山水交融，松柏参天，风光旖旎，温泉潺潺，是古人修建离宫别苑的胜地（图一；图版一）。

　　骊山华清宫自古洎今，人文渊薮。在这些芸芸众生中，有至高无上的封建帝王、娇艳倾国的皇后嫔妃；经天纬地、辅弼朝纲的权臣宰辅；余勇可贾、驰骋沙场的雄兵枭将；舞文弄墨的儒文雅士；也有一般的黎元商贾，可谓三教九流，无所不包。除此之外，还有在中国古代社会产生一定影响的事件，如：秦始皇荒淫"骊山汤"、汉文帝刘恒节俭罢修露台、隋文帝骊山宫慰劳南征凯旋大军、唐太宗智制名将李绩、唐玄宗讲武殿斩将树威、王忠嗣华清宫几陷图圄、安庆绪离宫献俘、唐玄宗于骊山为老子李耳建祠享祀等等。

　　在骊山华清宫上演的也不完全都是历史悲剧。"千秋御节在八月，会同万国朝华夷"。每年八月五日，唐玄宗寿诞，大唐帝国边陲四邻各国均派使者来大明宫或华清宫朝贡祝寿。"千官扈从骊山北，万国来朝渭水东"。记述的是大唐国威远播，四周邻国在开元元年前来进贡朝拜，会集骊山华清宫，先观看二十万大军讲武，后于渭滨校猎的壮观场面，其空前盛况非语言所能尽述。这是唐王朝乃至中国历史上外交方面空前成功的壮举，也是骊山华清宫重要地位的体现。

　　特别值得一提的是，中国历代文坛巨擘大多莅临于此，游山览古，瞻泉沐浴，即兴吟诗作赋，泚笔作歌，刻石留记，使骊山华清宫成了诗、赋的源泉。据不完全统计，历代咏颂骊山华清宫的诗词文赋多达五百余篇。就中东汉张衡《温泉赋》、元苌《温泉颂》、唐太宗《温泉铭》、张说《东山记》、诗仙李白的《骊山行》、白居易脍炙人口的《长恨歌》、郑嵎的《津阳门诗并序》、诗圣杜甫的名句"朱门酒肉臭，路有冻死骨"等不朽诗作，就是得灵感取素材于此而面世的。这些鸿文大作，是我国文化艺术宝库中垂馨千祀的奇葩，也是世界文坛的杰作。

　　骊山华清宫古今驰名，声播海外，绝非无故。周王朝在此开修建离宫别苑之先河，

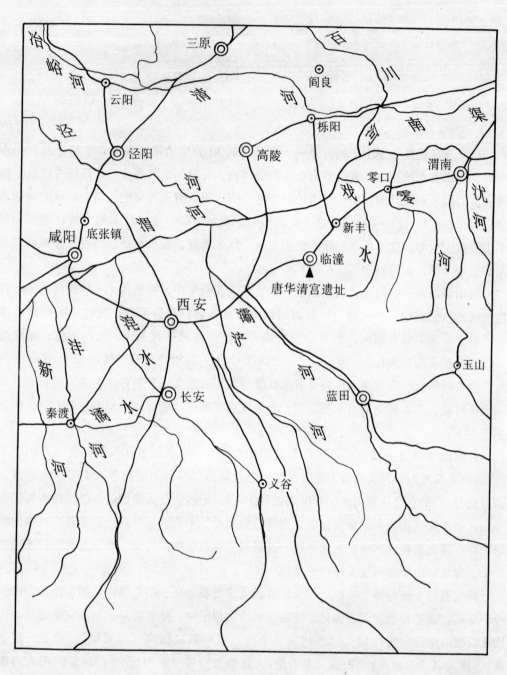

图一　唐华清宫遗址地理位置图

春秋战国、秦、汉、北魏、北周、隋、唐以迄宋、元、明、清继而屡有兴作，留下了极其丰富的文物胜迹和引人入胜的史笔，为浩瀚的二十四史增添了新的篇章！

唐代是中国历史上的鼎盛时期。唐华清宫气势恢宏的规模，匠心独具的内部布局，造型脱俗的汤池，巍巍屹立的殿宇、楼阁，精巧玲珑的亭台，使历代骊山行宫望尘莫及。

唐华清宫古今闻名，引人注目，除历史悠久、建筑规模宏大、唐玄宗与杨贵妃在此缠绵缱绻和在中国古代文学、外交史上占有一定地位诸种原因之外，更重要的原因则是在开元天宝年间，由于玄宗皇帝的频繁游幸，百司庶府及文武大臣随侍，有时数月不归，就地处理朝政，号令全国，大有取代京城长安之势而成为全国政治、文化、军事的中心。这一点目前还没有被考古、史学界所认识而引起足够的重视。

此次实际考古发掘出土了唐华清宫内星辰汤、莲花汤、海棠汤、太子汤、尚食汤和宫内其它建筑遗迹。还在唐代文化层堆积之上发现有宋、元、明、清时代人们活动时遗留的文化遗存，其下有秦汉溯新石器时代的仰韶文化堆积。

仰韶文化层出土有红彩陶片、石器、玉器、骨器以及用乱石砌筑的温泉水源遗迹。

秦汉文化层出土大量的板瓦、筒瓦、瓦当、方砖、条砖、陶水管、建筑物倒塌之后保留的木门、木梁架结构和被破坏的汤池、供水道及排水道等等。

除在 T12 探沟内秦汉文化层下层清理出土有春秋、战国时期的建筑材料外，还出土一种直径 0.56 米的陶质水管。陶水管烧制火候不高，泥条盘制，粗绳纹，与陕西周原遗址发现的方形陶水管纹饰相仿，应为周代遗物。由于秦汉文化层至仰韶文化层的文化堆积均为黑褐色土层，加之发掘面积有限，温泉水溢聚探方，难以明确划分秦汉文化层和西周文化层的界线，要想揭示西周"骊宫"遗址的内涵则比较困难。益补之期，有俟来日。

这些历代文化遗存能相继不间断地叠压于此，乃是先民们仰慕骊山突兀而出，风景如画，独秀关中和温泉"无宵无旦，与日月而同流，……蠲疴荡瘵，疗俗医民"[1]，能"吞疣去毒"[2]之故。

第一节　唐华清宫环境风貌

一、自然地理

临潼县境内总地势是南高北低，海拔高度一般在 500 米以下，地势较为平坦，土壤

---

[1]　罗振玉编：《墨林星凤·唐太宗·温泉铭》。

[2]　〔北魏〕元苌撰：《魏使持节、散骑常侍、雍州刺史、松滋公、河南元苌振兴温泉之颂》碑。碑现存华清池御汤遗址博物馆。此碑后文将简称《温泉颂》，并不再注明收藏地点。

肥沃，水利条件较优越。南部骊山海拔高度在 600～1200 米之间，最高点为 1302 米。山前为洪积扇形带状黄土台地，东部略宽，西部较窄。渭河平原及黄土台塬是主要粮棉产地，山区是发展果木、森林及畜牧的良好地区。

县内气候属温带，一月份平均气温 -1.3℃，七月份平均气温 27.2℃，极端最高气温 41.9℃，极端最低气温 -17℃，年降水量 550 毫米，多集中于 7～9 月，无霜期 215 天左右。

县境内河流纵横密布。渭河由西向东流，水势时大时小，河床较宽，北岸支流有清河、石川河。石川河源远流长，由西北流向东南，中经数县而入渭水。南岸的零河、戏河、玉川河、临河、潼河等均发源于骊山，由南向北流淌，流程较短，最长的仅有十几公里。上述各河水先汇入渭河而总归于黄河。这些大大小小的河流沿岸台地，分布着不同时代的古遗址和古墓葬。唐华清宫遗址就是其中之一。

二、骊山成因

严格地说，若没有在关中平原突兀而出的骊山和万载恒流的温泉，可能也就没有历史上的"骊山汤"和华清宫。骊山、温泉与这些历史遗迹结下了不解之缘。

骊山在遥远的白垩纪时期，曾与秦岭一脉相连，因长期遭受强烈的剥蚀和夷平作用，使盆地内堆积了深厚的碎屑物。到燕山运动末期，本区因受强烈的断块升降影响，秦岭北侧断层与骊山北侧断层发生了承袭性运动，使渭河地堑大幅度下陷，骊山凸起而形成地垒，与秦岭开始分离，两山之间形成凹陷地带。

新生代第三纪，潼关到大荔朝邑地带断块隆升，渭河地堑形成封闭性的山间盆地。湿热的气候使山洪频繁，南北两山的洪流携带大量物质，堆积于盆地中，形成厚达 7000 多米的新生代碎屑堆，促使骊山继续拗斜隆升，西北端翘起。

第四纪以来，喜玛拉雅山构造运动的神功伟力，促使秦岭山脉强烈上升，形成高山峻岭，骊山也相应继续隆升，使横岭遭受掀斜而倾伏，南北山区的水流汇集于盆地而形成一望无际、烟波浩渺的三门湖。

时至早更新世晚期，本区西到哑柏（周至县境内）的断层与宝鸡深陷区断层相连，东迄潼关——朝邑隆升的断层与黄河盆地相邻，南边的断层直接秦岭，北面的断层延伸到北山山麓，造成三门湖面进一步扩大，要不是翘起的北端突出湖面，形成一个孤岛，骊山几陷灭顶之灾。从中更新世早期，经中更新世中、晚期至上更新世早、晚期，太华山脉不断进行了继承性掀升活动，打开了三门湖东部缺口，湖水东移，骊山逐渐暴露，到全新世时期，渭河及其支流全部形成，水患解除，古今大名鼎鼎的骊山才真正问世了。

地球造山运动使骊山在关中平原拔地而起，南接逶迤秀丽的秦岭，北临渭水之滨，居西去长安之要冲。由于大自然的鬼斧神功，将骊山精雕细凿，竟使其出脱得精巧玲珑，与众不同，以致其得名称谓之因也众说纷纭，莫衷一是：有的说与商代"骊国"、周代"骊戎国"有关；有的则云上古时代这里树木茂密，苍翠葱郁，山势形似伏卧欲动的骊骥，故名骊山。

骊山以石瓮谷为界，分为东、西二岭。两岭花卉草木，芊芊萋萋，如锦似绣，风光妍艳，景色别致，被美誉为东、西绣岭。东、西绣岭远望好像飘浮而动的肺叶，因而骊山又名浮肺山，唐代还曾先后易名为昭应山、会昌山。

山上蠡澄泉、石塔泉、丹霞泉、饮济泉清澈可鉴，甘甜爽口，千年不竭，供人饮用，滋润骊岫。燕子龛顾名思义，天栈云渡，人迹罕至。

鸡上架地势险要，崎岖难走，是东、西绣岭相通必经之地。行人过此，头顶重峦叠嶂，脚临悬崖绝壁，耳听山雀歌唱，若云若雾，飘然有脱离尘缘、万事皆空之感。

过鸡上架即入石瓮谷。石瓮谷又名芝兰谷，因芝兰秀艳而得名。谷内景色极为幽奥，草木苍郁，花卉芬芳，蜂鸣蝶舞，兰桂琼香，芝蕙馥郁，沁人肺腑。身临其境，但见大自然镂月裁云之神工，使这里山势崎岖，气象万千，危石如坠，千姿百态，山崖有景，草木藏画；天空似线，日月回避，两旁峭壁给人以跃跃欲合之感；脚下淙淙不息的涧泉，湍流汩减，日夜奔腾跳跃在仄蹬盘空的密林陡石之间，泆汤入渭。

越芝兰谷上东绣岭，首先看到的是腾空而下的飞泉瀑布。

玉蕊峰亦名虎斑石，是大自然在骊山的又一杰作。它用不见经传的手法，将山峦雕镂得千奇百怪。因每个人欣赏水平和观看时所站的角度不同，有人说它好像虎豹雄卧，又有人说象蛟龙飞舞。

骊山不但是四方游人向往之地，也是当地人民的晴雨表。每当山顶阴霾出现之时，就预示天雨将到，提醒人们做好各种准备。由于其准确无误，故骊山又有"灵山"之称。

骊山的奇灵还在于不管是细雨蒙蒙，大雨滂沱，还是瑞雪纷纷之时，山上山下烟云氤氲，白雾茫茫，袅袅飘浮，直冲苍穹。细看缕缕烟云，不时描绘出一幅幅姿态各异的山水画卷，好像一位身手不凡的丹青巨擘在无休止地挥毫作画，以飨世人。此时天地混为一体，咫尺之间难辨东西，骊山则神秘地消遁，初来乍到的人会以为近在眼前的骊山还远在十万八千里之外呢！

雨雪霁，烟云敛，红日喷薄而出，驱散漫天云雾，霎时万道霞光，透过松柏晓岚，使骊山灿烂辉煌，光怪陆离，偶而因自然因素，还可见海市蜃楼之奇幻。夕阳西下，在落日的余辉里，骊岫似火，红霞万状，层林尽染，光照渭滨，奇趣横生，形成令人为之倾倒的关中八景之一——"骊山晚照"。

三、温泉成因

温泉成因，以往颇有异词。近年来，地质工作者已经初步揭开了骊山温泉形成的奥秘。

陕西地区的地质构造主要为断层，按其走向大体分为两组：一是近东西向的深大断裂带，其中包含华山、骊山、秦岭三个大的断层；另一是近南北向的断裂带，其中分为以下三个断层：

新安村——柏家村断层（主要分布在临潼疗养区一带） 在磨石沟出露最为明显，几乎处于直立状态，以东为骊山，海拔1000多米，以西为黄土，海拔650多米，断距约50～60米，在沟口与断层相遇，并把后者错断，造成沟内有明显的热异常，且冒热气，冬雪即化。

老虎沟（华清中学以西）——骆驼岭正断层 在老虎沟的出露最好，也是温泉出露的良好地段，但其标高在600米以上，不能自流出地表。

华清池——吕家村正断层 在华清池西侧和老母殿以南的沟中均可见到，并分为三支：第一支呈北25°～30°东西方向延伸到"兵谏亭"与骊山断层相遇；第二支呈45°～50°向东延伸至老虎沟骊山断层和老虎沟——骆驼岭断层相遇；第三支近南北向在三元洞西侧通过，并与东西向骊山断层相接。近东西向和近南北向断裂带相交处就形成了骊山温泉的涌水口。

这些分布在骊山周围的断层，为地热出露创造了条件，使骊山北麓在东西长20公里、南北宽1公里的山前地带形成了一片比较理想的地热田。

骊山地区所有地表水（包括灞河的地表水在内）和大气降水沿着地层构造破碎带渗入到地下深处，并汇集到骊山北麓北西西北，北东东向的构造断裂带中不透水岩层储存起来，因受地热增温率的效应，使地热岩层传导加热形成热水后，先在一定深度保持热水动力平衡，当南北向开张扭性的断裂组与热水贮存的北西西北向断裂带交汇时，成为地下水活动的新涌道。在水温升高且又受到地壳内无法形容的压力时，热水就沿着该断裂带的裂隙系统循环运动至地势低洼的地带溢出地表，以达到新的水力运动的平衡。这不断渗入断裂带的地表冷水和不断溢出低洼地表的热水，就是千古恒流的骊山温泉水源。

骊山温泉之所以能成为水温高、流量大的著名温泉热水区，是因为它位于海拔450米近东西走向的较小断裂层交汇的复合部位。

经过化学分析，骊山温泉中含石灰的成分为900/千万，碳酸锰259/千万，碳酸钠338/千万，硫酸钠3907/千万，氯化钾322/千万，氯化钠2608/千万，二氧化矽390/千万，三氧化铝20/千万，有机物质12/千万[1]。又测定每公升温泉水中含钾、钠离子甚微。钙离子为77毫克，镁离子为8.6毫克，碳酸氢离子为221.44毫克，硫酸根离子为276.99毫克，氯离子为16.20毫克，硫离子为92.47毫克，二氧化硅为44毫克，氟离

---

1) 华清池管理处：《华清池志》130页，西安地图出版社，1992年。

子为 7 毫克，氡气为 63.5 埃曼[1]。水质为中温、低矿化、弱碱性、中等放射性型水，故又称硅水、氟水和放射性氡水，对人体具有较高的医疗价值。由此不难看出，历代封建帝王不惜耗费巨资在此修建离宫别苑的良苦用心了。

四、临潼县的历史沿革

唐华清宫遗址隶属位于陕西关中东部的临潼县辖区。

临潼县地理坐标为东经 109°54′9″～109°27′50″，北纬 34°16′49″～34°44′11″。原始社会母系氏族时期，临潼骊山温泉地区是传说中的华胥国女娲氏繁衍生息之地。夏禹分天下为九洲，临潼归属古雍州。商代（公元前 1711～前 1027 年）称"丽"。周代（公元前 1027～前 771 年），又名"骊戎国"。秦献公二年（公元前 383 年），临潼直属秦都栎阳，秦庄襄王元年（公元前 249 年）改属秦东陵所在地芷阳县。秦始皇十六年（公元前 231 年），当"魏献地于秦"时[2]，在今新丰镇设置"丽邑"。汉高祖刘邦十年（公元前 193 年）七月，"太上皇崩栎阳宫，……更命郦邑曰新丰"[3]，取当初模仿刘邦故里沛县之意。唐天宝二年（公元 743 年），唐玄宗李隆基为了游幸骊山温泉的方便，分迁新丰县于温泉宫之北，名曰会昌县。天宝七载（公元 748 年），因唐太宗李世民昭陵数有应照事，遂改会昌为昭应县。宋真宗大中祥符八年（公元 1015 年），为避玉清昭应宫宫名，以唐昭应县城东临水和城西潼河分置左右之故，再易名曰临潼，此后称谓至今未改。

1949 年，中华人民共和国建立，临潼县于 1959 年归属西安市，1961 年改辖渭南地区，1983 年再回归西安市，迄今未变。

临潼县的考古工作开始于中华人民共和国建立之后。1956 年，黄河水库考古队曾在县内进行考古调查。1958 年，陕西省文物管理委员会也曾在此开展全面的文物普查，发现了不少古代遗址和古代墓葬，征集了大批文物。1972 年至 1979 年，陕西省考古研究所发掘了新石器时代的姜寨遗址。1975～1985 年，陕西省文物管理委员会和陕西省考古研究所联合发掘了秦始皇陵陪葬坑，发现了震惊中外的秦兵马俑，取得了丰硕的成果。县文物主管部门也做了大量的文物保护、文物征集及调查、清理工作，时有重要发现。1976 年在零口发现了西周铜器"利簋"。1976 年发现了秦代"乐府"钟。1985 年发掘了唐代名刹庆山寺，出土了金棺银椁等一大批珍贵文物。

第二节　发现与发掘经过

一、初次发现

————————————

1) 华清池管理处：《华清池志》130 页，西安地图出版社，1992 年。
2) 〔汉〕司马迁：《史记·秦始皇本纪》，中华书局，1972 年版，232 页。
3) 〔汉〕司马迁：《史记·汉高祖本纪》，中华书局，1972 版，387 页。

1982 年 4 月，原骊山风景管理委员会在华清池内所谓的"温泉总源"前修建"贵妃亭"，将总源前原建筑物拆除殆尽。在处理地基时，发现了古代建筑遗迹，立即上报陕西省文物局、陕西省文物管理委员会，经有关考古专家研究分析，考证此遗址即为唐华清宫建筑遗存。当时，由陕西省文物管理委员会组织成立唐华清宫考古队，进行随工清理。华清宫遗址的正式考古发掘自 1982 年 4 月 5 日开始至 1995 年 10 月 30 日结束，前后历时十四年之久，共进行了十五期科学发掘。

二、发掘概况

唐华清宫考古队组成后，先后由廖彩梁、骆希哲任队长。廖彩梁主持了第一期清理发掘工作。骆希哲主持了第二期至第十五期的清理发掘工作。

第一期发掘自 1982 年 4 月 5 日开始至 12 月 30 日结束。这次发掘属于随工清理，根据施工需要，在遗址南部开 10×10 米探方 2 个（T1、T3）、10×15 米探方 1 个（T2）、2×5 米探方 1 个（T4），面积计 360 平方米，发掘出土了星辰汤和御书亭遗迹。

唐代遗迹的出现，引起了我们的深思：唐华清宫遗址面积有多大、四至在什么地方、这次施工场地范围内还有没有华清宫建筑遗迹、要不要停工？经过查阅有关文献，初步认为今华清池园内地下都可能有唐代建筑遗存，正在修建的"贵妃亭"工程应停工另行选址。

然而，建设单位不顾考古队转告陕西省文物局暂停基建施工的通知，乘机调用机械化施工设备，昼夜施工，使地下文物遗迹遭受不同程度的破坏。考古队留守人员忧心如焚，一面据理力争制止，同时采取补救措施，防止文物遭到更大的破坏；一面向上级反映情况。在国家文物局、陕西省文物局及国家有关领导人的大力支持下，基建施工暂时停止，破坏文物之事得到了及时制止。

1983 年伊始，考古队为尽快继续进行发掘，便和建设单位及华清池管理处协商。两单位希冀继续施工，故意互相推诿，借故作梗，致使考古发掘有中辍之危，文物再次面临破坏之虞。出于保护文物安全的高度责任心，考古队往来穿梭在两单位之间，宣传文物法规，指出错误，晓以利害。在长达 7 个月的"马拉松"式谈判中，终于使其放弃了继续基建施工的打算，拆除了安装在地基上的钢筋网架，撤出了发掘现场。考古队随之从 1983 年 8 月 1 日开始，由原来的配合基本建设工程的随工清理转入按计划进行考古发掘的正常轨道。

第二期发掘自 1983 年 8 月 1 日开始至 12 月底结束。此次发掘除一边继续清理 T1、T2、T3、T4 未完遗迹外，一边同华清池管理处协商拆除发掘区内旧工棚，同时新开 10×13 米探方 3 个（T6、T7、T33）、10×10 米探方 2 个（T11、T12）、10×15 米探方 2 个（T5、T8），面积计 890 平方米，清理出土了太子汤、星辰汤殿宇建筑台基北边石墙、莲花纹方砖踏道、砖井等建筑遗迹。

第三期发掘自1984年2月8日开始至12月底结束。这次发掘中我们采取双管齐下的方针，分为两组：一组对唐华清宫遗址的四至范围进行全面调查钻探。钻探面积2万多平方米。二组在华清池内发掘10×10米探方6个（T13、T14、T15、T16、T17、T18），面积计600平方米。清理出土了专供唐玄宗李隆基爱妃杨玉环沐浴的"海棠汤"遗迹。结合"海棠汤"的出土，对照查阅文献资料，发现已发掘出土的唐华清宫部分遗迹同元代李好文《长安志图·唐骊山宫图》内唐华清宫内建筑布局基本吻合。这给了我们很大的启示，说明唐玄宗李隆基沐浴的"御汤九龙殿"应在"海棠汤"附近的东南方向。

第四期发掘自1985年元月1日开始至12月30日结束。这次工作仍采用在骊山上钻探调查和华清池内清理发掘齐头并进的方针。在华清池内开10×10米探方6个（T9、T10、T24、T25、T27、T28）、5×10米探方4个（T19、T20、T21、T26）、2.2×3.7米探方1个（T46），面积计808平方米。清理出土了莲花汤（亦名御汤九龙殿）及砖井遗迹。与此同时，调查钻探工作也取得可喜的成果，发现了唐华清宫骊山上东缭墙残存遗迹。

根据星辰汤南部供水道残留的遗迹分析，其南应为各汤池供水的水源设施，需要向南继续发掘。

第五期发掘自1986年1月1日开始至5月31日结束，分为三个工作组工作：第一组在骊山上钻探发现了西缭墙和其它建筑遗址；第二组在华清池内开10×10米6个（T31、T35、T36、T37、T38、T39），面积600平方米，清理出土了星辰汤"斗池"和部分建筑遗迹；第三组从1月20日至4月30日对秦代芷阳遗址进行了勘探，发现了"秦东陵"陵园，开了"秦东陵"考古研究之先河。

唐华清宫御汤遗址发现后，在国内外引起了普遍关注。1986年6月20日至23日，陕西省文物局、陕西省文物管理委员会、临潼县政府在华清池召开了"唐华清宫汤池遗址保护复原论证会"。与会的考古、古建、园林专家一致同意建馆保护国内目前唯一的皇帝御用汤池。

根据在骊山上调查钻探，发现骊山老母殿村民小组打麦场地下有建筑倒塌堆积。分析此地若有建筑遗迹，当是文献记载的唐华清宫内供奉玄元皇帝老子李耳的内道场——老君殿遗址。

第六期发掘从1986年8月6日开始至12月30日结束，工作分为两组：第一组在骊山发掘老君殿遗址，开10×10米探方8个（T3、T4、T5、T9、T10、T11、T13、T14）、10×8米探方2个（T6、T7）、10×5米探方3个（T1、T2、T12）、5×5米探方1个（T8），面积计1135平方米，清理出土了老君殿建筑群内的亭台、前庭院遗址；第二组在骊山下调查钻探，发现了唐昭应县城和城墙。

第七期发掘自1987年1月1日至12月30日结束，工作分为三个组：第一组在骊山上继续发掘老君殿遗址，开 10×10 米（T15、T18）和 10×7 米探方各 2 个（T16、T19）、14×5 米（T20）、23×5 米（T21）、9×7 米（T17）探方各 1 个，共计面积 688 平方米，清理出土了老君殿建筑群内主殿、后庭院、东回廊遗址；第二组在华清池内开 10×10 米探方 8 个（T29、T32、T40、T41、T42、T43、T22、T23）、10×13 米探方 1 个（T34）、5×4 米探方 1 个（T30）、7×7 米探方 1 个（T47），共计面积 1099 平方米，清理出土了唐代尚食汤、一、二号无名汤、宜春汤汤池遗迹；第三组在骊山下钻探试掘，发现了华清宫东宫墙。

1988 年 1 月 20 日，陕西省文物局、陕西省文物管理委员会在华清池召开《唐华清宫老君殿遗址保护论证会》。莅会专家一致认为，老君殿遗址是国内仅见的、目前保存最为完整的道教遗址，应尽可能发掘完整，全面揭示遗址内涵，为科学保护提供更为翔实的第一手资料。

第八期发掘自 1988 年 1 月 1 日开始至 5 月 30 日结束，工作分为三个组：第一组在老君殿遗址内开 10×8 米（T25）、10×5 米（T27）、10×3.5 米（T22）、7×3 米（T26）、7×8 米（T28）、13×4 米（T30）、3.5～5×15 米（T23）、5～6.5×12 米（T24）、4～7×5 米（T29）、6.5～7.5×8 米（T31）探方各一个，面积计约 510 平方米，清理出土了西回廊和南、北门址。还在该遗址东边的二层台地开 5×10 米（T1）、4×4.5 米（T2）、5.3×9.5 米（T3）3.2×5 米（T4）、5×5 米（T5）探方各 1 个，面积计 159 平方米，清理出土了回廊、炉灶、陶窑等遗迹。老君殿北门和二层台地上回廊遗迹的发现，再结合文献记载和 1976 年在骊山朝元阁西侧平整土地时发现唐代汉白玉造像等遗物分析，现朝元阁建筑下可能就是唐代朝元阁原址之所在。第二组在华清池内发掘出唐代排水道、砖井遗存。第三组在骊山下钻探、试掘，发现了唐华清宫西宫墙。

第九期发掘从 1988 年 7 月 1 日开始至 12 月 30 日结束，工作分为三个组：第一组继续清理老君殿遗址；第二组在今骊山朝元阁西侧开 11×9 米探方 1 个（T1），面积 100 平方米，清理出土了唐朝元阁建筑物的西台阶、踏道、平台遗迹；第三组在华清池内清理秦汉"骊山汤"遗址，出土了汤池等遗迹。

第十期发掘自 1989 年 1 月 1 日开始至 10 月 30 日结束，工作分为三个组：第一组继续发掘骊山朝元阁遗址，开 6×35 米（T1）、10×7 米（T2）、5×4 米（T4）、18×7 米（T5）、12×6 米（T6）、8×4 米（T7）、10×10 米（T8）探方各 1 个，面积计 441 平方米，出土了主体建筑台基、东踏道和平台；第二组在华清池内继续清理秦汉"骊山汤"遗址。第三组负责回填了老君殿遗址。

第十一期发掘自 1990 年 1 月 1 日开始至 10 月 31 日结束。4 月 30 日前分为两个工作组：第一组回填了骊山朝元阁遗址；第二组继续清理秦汉"骊山汤"遗迹。5 月 16 日开始配合唐华清宫御汤遗址保护建设工程。除配合基建工程的考古发掘之外，又在华清池内新开 6×2 米（T44）、11×5 米（T45）探方各 1 个，面积计 67 平方米，出土了唐代陶水管道和水井遗迹。

第十二期发掘从 1991 年 4 月 5 日开始至 8 月 30 日结束。这次发掘是为了配合临潼县在华清池正北修建"小吃城"时发现唐代建筑遗迹而进行的，开 6.5×11 米（T1）、4.5×9 米（T2）、4×5 米（T3）、5×6 米（T4）各 1 个，面积计 162 平方米。发掘出土了唐华清宫内建筑遗址和一座陶窑遗址。由于当时西安市政府和临潼县政府 9 月份要举办古文化艺术节和石榴节，发掘工作和发掘面积受到限制，致使此遗址未能发掘完整，甚感遗憾！

第十三期发掘从 1993 年 6 月 4 日开始至 7 月 4 日结束，历时 30 天。这次发掘是为了配合西安信达房地产公司在临潼城西、原体育场修建"温泉别墅"工程而开展的，开 10×10 米探方 3 个，面积 300 平方米，发掘出土了唐华清宫内一处破坏非常严重的建筑遗址。解剖地层时还发现仰韶文化彩陶片和灰坑。

第十四期发掘工作从 1994 年 5 月 20 日开始至 12 月 20 日结束，历时 214 天，对位于今华清池管理处内新浴池前的唐代建筑遗存进行试掘，开 10×10 米探方 2 个，面积计 200 平方米，出土大量文物，初步确定其为唐华清宫内梨园建筑遗存。

第十五期发掘工作从 1995 年 5 月 24 日开始至 10 月 30 日结束，历时 160 天，开 10×10 米探方 8 个（T1、T2、T3、T4、T5、T6、T8、T9、）、10×11 米（T7）、4×10 米（扩 T8）、4×11 米（扩 T7）探方各 1 个、6.6×10 米探方 3 个（扩 T3、T6 扩、扩 T9），发掘面积共计 1192 平方米。清理出土了小汤和梨园部分建筑遗存及大量建筑材料。由于华清池管理处急功近利，只图眼前利益，在遗址上急于修建所谓的仿唐建筑，使梨园遗址的发掘工作半途而废。

上述十五期发掘工作中，开各种面积不同的探方 112 个，总计面积 9211 平方米。挖探沟 33 个，总计面积 900 多平方米。在华清宫遗址范围内钻探的面积是 373311 平方米，其中骊山下为 125461 平方米，骊山上为 247850 平方米（图二）。发掘出土的遗迹除华清池管理处内的御汤等汤池建馆保护外，其余遗迹全部回填保护。

在历时十四年的唐华清宫遗址考古发掘中，崔汉林、范培松参加了第一期发掘工作，廖彩良、黄小芬参加了第一、二期发掘工作，赵康民参加了第一、二、三期的发掘清理工作。长期参加发掘清理工作的还有技术人员骆选良、骆选社、陈锋、骞新闻等人。

三、成果简括

通过科学考古发掘，发现唐华清宫遗址从下向上依次保存着原始社会、秦汉、隋唐三个比较完整的文化遗存。第一期原始社会文化遗存主要分布在遗址东南角，由于埋藏最深，且叠压在上述各期文化遗存之下，若进行大面积发掘，就要全部破坏秦汉和唐代文化遗存，故利用唐代建筑遗存的空间地带，做了一小部分的清理，发现有小面积文化

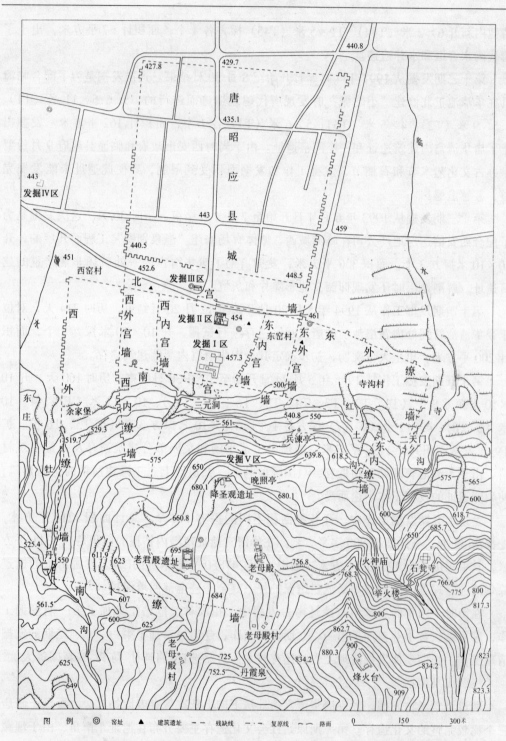

图例　◎ 窑址　▲ 建筑遗址　--- 残缺线　-··- 复原线　~~ 路面　　0　150　300米

图二　唐华清宫遗迹分布图

层堆积，出土了部分原始社会时期的遗迹和遗物。第二期秦汉文化遗存叠压在唐文化层之下，经部分发掘和局部地带挖探沟，发现其地层保存比较完整。就分布范围来说遍布整个遗址。考虑到唐代文化层的完整性，仅发掘了部分遗迹。第三期唐代文化层，是本报告的重点，这里从略。

在历时十四年之久的考古勘查、钻探和发掘中，我队取得了丰硕的成果，概括起来为九个发现，三个之最，填补了两项空白，开了一个先河。

发现一，仰韶文化遗迹。在今华清池管理处"温泉总源"附近 8 米深的地下，出土有仰韶文化时期的沐浴遗迹以及陶器、骨器、玉器等遗物，从而将我国利用温泉的历史提前到距今约 6000 多年前的新石器时代，为全国之最一。

发现二，秦汉"骊山汤"遗址。宋代宋敏求《长安志》卷十五曰："温泉在县南一百五十步，骊山之西北。雍州图曰：温汤在新丰县界。温谷即温泉也。《三秦记》曰骊山汤。汉武帝故事曰：骊山汤初，始皇砌石起宇，至汉武帝又加修饰焉。"由于"骊山汤"仅见《长安志》引《三秦记》片言只语，因而史家一直阙疑。我队通过对唐华清宫遗址地层进行解剖，发现秦汉"骊山汤"即叠压其下，中心在今华清池管理处"温泉总源"周围，出土遗迹和遗物有秦汉时期的汤池、墙基、木檩条、木门、条砖、筒瓦、板瓦等，为全国之最二。

秦汉"骊山汤"的发现，填补了秦汉考古的一项空白，为研究秦汉沐浴史、骊宫设计布局、建筑技术以及与秦始皇陵园、"秦东陵"陵园和骊宫三者的关系，提供了极其重要的实物资料，初步揭开了"骊山汤"之谜。

发现三，唐华清宫御汤遗址。位于今华清池管理处"温泉总源"之北，发掘面积5400 平方米，出土了八个汤池和建筑遗迹及大量的建筑材料。其中星辰汤面积约 100平方米，莲花汤面积约 60 平方米，是全国目前发现唯一的皇帝御用汤池，为全国之最三。

发现四，唐华清宫骊山老君殿遗址。老君殿遗址位于骊山西绣岭第三峰，今朝元阁西南约 300 米的老母殿村打麦场地，为唐华清宫内皇帝御用内道场。遗址发掘面积3100 平方米，出土有南山门、北山门、东亭台、西亭台、四周回廊、前庭、主殿、后院和大量建筑材料。建筑占地面积 2222 平方米。

老君殿遗址平面布局完整，内部建筑排列有序，柱础布局清晰，回廊规整，是目前国内保存较为完整的一处唐代道观遗址，对研究唐代宫殿建筑结构和道观内部布局，提供了十分重要的实物资料，具有重要的学术价值，是继唐华清宫内星辰汤、莲花汤、海棠汤遗址之后的又一重大考古发现。

发现五，唐华清宫骊山朝元阁遗址。朝元阁遗址位于今骊山西绣岭第三峰北端朝元阁之下，占地面积约 1600 平方米，发掘面积 600 平方米，出土高 6 米多的朝元阁主体建筑台基、东西对称的踏道、转角平台、廊房等遗迹和大量的建筑材料。

朝元阁遗址的发现，证明史记言其高大宏伟，并不为过，可谓惟妙惟肖。对于研究唐开元至天宝年间抑佛崇道政治活动至关重要，纠正了史作将朝元阁和老君殿混为一谈的谬误，也为研究中国古代道观和高台建筑技术提供了新的资料依据。

发现六，唐华清宫缭墙和宫墙。在此之前，史学家对唐华清宫有无缭墙和宫墙及其位置所在，不敢妄断。通过勘查、钻探和试掘，发现东缭墙有两道，分别夯筑在寺沟西岸、红土沟东山梁。东宫墙亦有两道，外宫墙夯筑在驻临潼的中国人民解放军四十七军军部大门前，内宫墙夯筑在华清池管理处与东窑村交界处。西缭墙两道，分别夯筑在牡丹沟东岸和铁道部临潼疗养院南墙外山坡上。西宫墙两道，外宫墙夯筑在上骊山的公路东侧，内宫墙夯筑在铁道部临潼疗养院与陕西省体委临潼游泳池界墙附近。至此，唐华清宫的四至范围已搞清楚，东至寺沟，西迄牡丹沟，南及骊山，北到西（安）渭（南）公路。

发现七，唐昭应县城。其位置即今临潼县城所在，残存部分唐代城墙，周长2463米，面积约378998平方米，纠正了史册上唐昭应县城位置含混不清的记载。

发现八，“秦东陵”陵园。《史记·秦本纪第五》记载：昭襄王“四十年，悼太子死魏，归葬芷阳。……四十二年，安国君为太子。十月，宣太后薨，葬芷阳骊山”。因陵园在秦都咸阳以东而名“秦东陵”。但茫茫大地，何处是东陵？考虑到“秦东陵”和骊山之间必有间接联系，于是从1986年元月开始，对骊山芷阳进行了较为全面的勘查，局部地方进行了钻探，发现了数座秦代大墓，首次提出“秦东陵”陵园位于临潼县韩峪乡，芷阳遗址以东，骊山西麓海拔540～700米的山坡地带，南起井家沟、冢底村，北到枣园、武家堡一带，开了“秦东陵”勘查、钻探研究之先河。

“秦东陵”的发现，为研究中国古代墓葬史、先秦王陵形制结构、等级制度、陵园内部布局等提供了新资料，对探讨当时的政治、军事等各方面无疑也是非常重要的。在整个秦史研究中，它与凤翔秦先公陵园有着同等重要的历史价值。

发现九，唐华清宫内梨园遗址。位于今华清池管理处内新浴池紧北地下6～7米，形制清楚，夯墙犹在，保存基本完整，出土遗物丰富，是国内首次发现的唐代梨园遗址，对于研究中国古代音乐、歌舞、戏剧建筑物形制等重要作用自不待言。

四、有关本书编纂工作的情况说明

唐华清宫遗址以骊山温泉为中心，占地多达60万平方米，地下埋藏的建筑遗迹、遗物极为丰富。虽然从1982年至1995年进行了十五期科学考古发掘，但发掘面积不足其六十分之一。现遗址内建筑物林立，要想大规模发掘，尽可能揭露全貌，非一代人之功可竟。

十五期考古发掘的收获，可分为骊山上、骊山下两部分。山上为宗教性质的建筑，山下以沐浴设施为主，互有侧重。若要将两部分合为一书，除有不能突出主题、内容庞杂的缺点外，还需要相当长的时间才能完稿。这样不便于把发掘成果及时公之于世，供国内外学术界的专家、学者研究。因此，先将骊山下发掘的资料整理编纂付梓。

本报告包括骊山下发掘出土的Ⅰ、Ⅱ、Ⅲ、Ⅳ、Ⅴ区遗迹、遗物。全书分为七章。第一章为序言，第二章为唐华清宫缭墙与宫墙，第三章为唐昭应县城遗迹与遗物，第四章为Ⅰ区建筑遗迹与遗物，第五章为Ⅱ区建筑遗迹与遗物，第六章为Ⅲ、Ⅳ、Ⅴ区建筑遗迹与遗物，第七章为结语。最后为附录。

编辑体例的几点说明：

（一）Ⅰ、Ⅱ、Ⅲ、Ⅳ、Ⅴ区，分别以希腊数字Ⅰ、Ⅱ、Ⅲ、Ⅳ、Ⅴ作为标识。

（二）为了使读者便于了解情况，按遗迹分章节，例第三章唐昭应县城，第四章Ⅰ区建筑遗迹与遗物，第四章第一节星辰汤等。

（三）为了便于今后查找某件文物，出土遗物按遗迹所在探方编号，器物直呼其名，例星辰汤出土陶鼎，编号为ⅠXCT8④:2。其中Ⅰ代表Ⅰ区，XC为星辰两字中文拼音的第一个字母。

（四）度量衡单位：长度用米和厘米。遗迹测量用米，遗物用厘米。

（五）插图编号和图版编号以汉字一、二等表示。各图中分图以阿拉伯数字1、2等表示，如图一，1；图版一，1。

第二章　唐华清宫缭墙和宫墙

从 1984 年 2 月 10 日开始，我队对东起寺沟，西至牡丹沟，南迄老母殿，北到西（安）渭（南）公路这一地区，进行了认真的调查和考古勘探，在骊山上发现夯土墙基四道，东、西两边各二。华清池管理处周围地区发现夯土墙基五道，南边一，东、西两边各二。

第一节　缭　墙

缭墙位于骊山北麓山坡地，由于历经千百年风雪剥蚀、雨水冲刷和人为的破坏，地面夯土荡然无存，唯有地下保留部分断断续续的夯土墙基。

一、东缭墙

东缭墙有外、内两道。外缭墙从驻临潼的中国人民解放军四十七军军部大门前开始，沿着逶迤起伏的寺沟沟岸，依自然地形夯筑而成，因受雨水冲击和沟沿裂垮倒塌，现仅保存五处墙基。由北向南，第一处为夯土台基，距现地表 0.3～0.8 米，海拔 465 米，方向 345°，平面近拟方形，南北长 16～17、东西残宽 15～17、残高 0.5～1.2 米，夯土层厚 0.1 米。在夯土台的东边和北边及南边，各有一处墙基。东边墙基东西走向，东西残长 4～4.5、南北残宽 0.5～2.5、残高 0.8 米。北边墙基南北走向，南北残长 5.5～6.2、东西残宽 3.1～3.7、残高 0.5～0.6 米。南边墙基为正南北方向，南北残长 4.8、东西残宽 2.1、残高 0.3～0.5 米（图三，1）。

根据保存遗迹现象分析，这里当为东边缭墙和东宫墙交汇处。夯土台可能为角楼建筑台基。遗憾的是 1985 年临潼县东花园饭店修建家属楼时，将这些夯土台遗迹破坏无遗。第二处墙基在第一处之东约 138 米处，距现地表 0.4～0.5 米，海拔 472 米，东南西北走向，南北残长 1.5～2.1、东西宽约 2、残高 0.3～0.6 米，夯土层厚约 0.09～0.1 米；第三处在第二处东南约 60 米，濒临寺沟沟沿，海拔 488 米，南北走向，夯土暴露在地表，南北残宽 2.8、东西长约 6、残高 0.2～0.6 米，夯土层厚约 0.09 米；第四处位于第三处之东约 165 米处，海拔 508.5 米，东西走向，距地表 0.2～0.4 米，南北残长 1.1～2、东西宽约 4、残高 0.45～0.7 米；第五处位于第四处东南约 240 米，即史书和当地人所称的二天门。

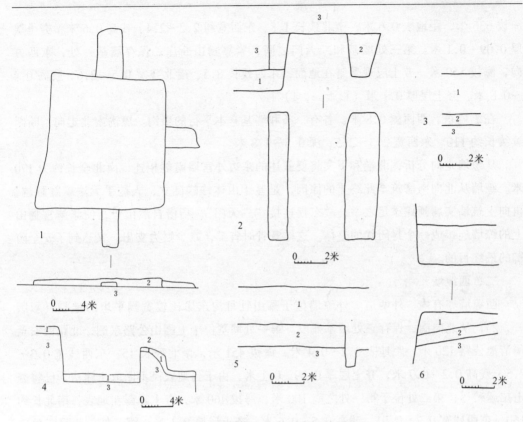

图三　唐华清宫缭墙墙基平、剖面图

1.东外缭墙北边第一处墙基平、剖面图　2.东外缭墙二天门平、剖面图　3.东内缭墙第二处墙基北壁剖面图　4.西内缭墙第一处墙基北壁侧剖面图　5.西内缭墙第三处墙基北壁剖面图　6.西内缭墙第四处墙基北壁剖面图

　　二天门海拔 546 米，东边紧临数十米深的寺沟，南依骊山天然形成的断崖。从现存遗迹观察，这里原建有过洞式门楼。时过境迁，门楼建筑早已坍塌无遗，现仅存东、西门洞夯土墙。东夯土墙残高 2.7 米，顶部东西残宽 1.3、南北长 7 米，墙脚东西残宽 2.2、南北长 8 米。西夯土墙残高 1.7 米，顶部东西残宽 1、南北残长 6 米，墙脚东西残宽 1.3、南北长 8 米。两墙间距 3.7 米，顶部平铺规格为 32×30×5.3 厘米的方砖。二天门是从东边上下骊山过寺沟的必经要道，也是内、外缭墙交汇之处，依山临沟，地势险要，形似一道天然关隘，大有一夫把关，万夫莫开之势（图三，2；图版二，1）。

　　内缭墙位于外缭墙之西约 125 米的骊山红土沟东边山梁上，南高北低，依山顺势而筑，基本呈南北走向，现保存三处夯土墙基于断崖上。从北向南，第一处墙基位于寺沟村东南距红土沟约 25 米处，海拔 557 米，距现地表 0.4～0.7 米，南北长约 21.8、东西宽约 1.5～2.5、残高 0.5 米，夯土层厚 0.1 米；第二处北距第一处约 43 米，海拔 591.1 米，距现地表 0.56～0.85 米，南北长约 0.9～1.2、东西宽约 2.3～2.5、残高 0.7 米，夯土层厚 0.09～0.1 米（图三，3）；第三处北距第二处约 85 米，南接断崖，海拔636米，距地表0.6米，南北残长1.8、东西宽约2.2～2.4、残高0.6米，夯土层厚0.09～0.1米。第三处墙基和二天门之间，紧靠骊山断崖，保存墙基一处，东西方向，海拔550米，夯土层现暴露在地面，东西残长8.5、南北残宽0.5～2.6、残高0.4～0.8米，夯土层厚0.1米（彩版一，1）。

在缭墙东、西两侧0.8米，各有一条和墙基基本平行的壕沟。壕沟南北走向，断断续续长约110、东西宽2.5～3.5、深0.5～1.8米。

从缭墙走向分析，北端和下文将要叙述的东边外宫墙南端相连，南北全长约为170米。缭墙从北向南修筑至此终止的原因，是鉴于山体峥嵘陡立，人徒手无法攀登翻越，再向上筑墙实属画蛇添足之举，故东拐连接"二天门"，巧借自然山势，使华清宫骊山上的缭墙连接成一个封闭式的整体。这样既省时省工，减少财力支出，又达到了安全防御的最终目的。

二、西缭墙

西缭墙亦有内、外两道。外缭墙位于骊山牡丹沟东岸比较宽阔平坦的地带（彩版一，2），从北向南，保存三处墙基残段。第一处墙基位于上骊山公路东侧，北距西安至华清池公路120米，距地表0.2～0.4米，海拔451米，南北残长15、东西残宽0.3～2.5、残高0.2～0.7米，夯土层厚0.09～0.1米，由于当地农民不断取土建房，已将夯土拉运殆尽；第二处位于第一处之南100米，海拔460米，夯土暴露在地表，南北长约160、东西残宽0.7～2.61、残高0.5～0.6米，夯土层厚0.1米；第三处位于第二处之南460米，距地表0.1～0.3米，海拔514米，南北残长12、东西残宽0.2～2.6、残高0.3～0.5米，夯土层厚0.09～0.1米。缭墙至此终止，南接南北长45、东西宽5～6、深1.7～5米的堑壕。

唐代工匠在此不筑缭墙而凿壕沟，可能是认为这里山体嶙峋，全都是裸露的岩石结构，修路运土，夯筑土墙等诸多困难一时难以克服，故将断崖下较平坦的岩石剔凿成陡削的壕沟，从而达到了和缭墙异曲同工的防御功能。

内缭墙位于外缭墙之东165～190米，今铁道部临潼铁路疗养院和陕西省体委临潼游泳池交界处的南围墙之南，基本呈南北走向，现保存四处墙基。第一处墙基距地表约0.15米，海拔498米，南北长34.5、东西残宽1～3.5、残高0.35米，夯土层厚0.06～0.1米（图三，4）；第二处位于第一处之南30米，海拔512米，距地表1.2米，南北长60、东西残宽1.5～2、残高0.5米，夯土层厚0.1米；第三处位于第二处之南64米，海拔546米，距地表1.2米，南北长7.5、东西残宽3.5、残高0.7米，夯层厚0.1米（图三，5；图版二，2）；第四处位于第三处之南53米，距地表1.3米，海拔562米，南北长5.3、东西残宽2.5、残高0.7米，夯层厚0.1米（图三，6）。

内缭墙两侧各有一南北向小沟。西沟南北长约65、东西残宽2～3.5、深0.5～

1.45 米。东沟南北长约 110、东西残宽 3~5、深 1.7~3.6 米。沟内和山地及覆压土层内，遗留唐代板瓦、筒瓦、条砖残块甚多，由此推测，缭墙顶部原来可能为"人"字形，先覆盖板瓦，然后用筒瓦合缝，借以防止雨水对墙顶的冲刷破坏而使墙倾圮，发生不安全事件。

三、小　结

（一）名称考辨

宋钱易《南部新书》云："骊山华清宫，毁废已久，今所存者，惟缭垣耳。……缭垣之内，汤泉凡八九所。"《全唐文·元稹·两省供奉官谏驾幸温汤状》曰："右臣等伏以驾幸温汤，始自元宗。……葺殿宇于骊山，置官曹于昭应，警跸于缭垣之内。"杜牧《华清宫三十韵》诗曰："绣岭明珠殿，层峦下缭墙。"权德舆《朝元阁》诗"缭垣复道上层霄，十月离宫万国朝。"皇甫冉《温泉即事》诗中有"山入缭垣多"。《玄元观送李源》诗中"缭垣西转失行镳"。常衮《早秋望华清宫树因以成咏》诗"惆怅缭垣暮，兹山闻暗虫。"宋程大昌《雍录·温泉》亦记载："按歌台（在斗鸡殿之南，台高临东缭墙）。毬场（宜春亭之北门外），连理木，饮鹿槽、丹霞泉（在朝元阁之南），羯鼓楼（朝元阁东，近南缭墙之外）。"《雍录·温泉说》卷四曰："大抵宫殿包裹骊山一山，而缭墙周遍其外。"元李好文《长安志图·唐骊山宫图》在东、西绣岭上亦标有缭墙、山城门。骊山上发现的有规律分布的夯土墙基点，可以南北东西连线成一个封闭式防护体系，正好将骊山西绣岭上的建筑物包围其中，说明它正是文献记载中的缭墙遗址。缭垣即缭墙。缭墙即围墙，因依山顺势，高低起伏，逶迤盘绕得名。骊山为历史悠久的风景名胜区，以温泉四季恒流著称于世，四方游人仰慕荐临和县治移自温泉行宫之北里许后，官民共居，商贾、旅客过往攀登，对皇帝游幸时的安全构成了威胁。要解决这一难题，唯一有效的办法就是筑高墙，设壁垒，以保障禁中安全。这即缭墙设置的缘由。

（二）施工方法和目的

在东、西内缭墙两侧，至今保留南北向取土壕沟，向我们揭示了施工方法和目的。唐代工匠设计夯筑土墙时，特意指令民工从缭墙两侧取土，并保留取土后的壕沟。这样施工，既可以加快工程的进度，又能一举两得，外露高耸屹立的缭墙，墙内又不费吹灰之力增加了一道防护屏障，给欲图冒天下之大不韪潜入皇宫者，造成缭墙内地面平整的假象，使其一旦翻墙越内就可能掉入壕沟摔伤而被抓获。这种做法增加了窬墙入宫者的难度，进一步提高了骊宫内人君的安全性。

（三）始建和毁坏年代

缭墙的修筑年代，史籍没有明文记载。墙两侧散落的砖瓦由于大多数破碎，无完整标本可做为断代研究的依据。宋王溥《唐会要·城廓》卷八十六记载天宝"六载十二月二十一日，筑会昌城于汤所，置百司及公卿邸第"。宋宋敏求《长安志》卷十五记载：

"天宝六载改为华清宫，……又筑会昌城。"由此推测，缭墙的始建年代不会晚于天宝六载，即公元747年。"安史之乱"后，"骊宫圮毁，永绝修营。官曹尽复于田莱，殿宇半埋于岩谷"[1]。皇帝很少游幸华清宫，裸露山坡上的缭墙因无财力修缮，疏于管理，在风雨冲刷和人为的破坏下，逐渐倾圮。宋、元时代，缭墙规模犹在。明、清时代轮廓逐渐不清。本世纪七十年代"农业学大寨"平整土地，修梯田，使地面缭墙几乎全部被夷平，仅残存一些被破坏的墙基于断崖上，实属不幸中之万幸，为我们今天研究缭墙位置、走向、大小范围提供了不可多得的证据。

（四）南缭墙毁坏的原因

宋程大昌《雍录·温泉》卷四曰："羯鼓楼（朝元阁东，近南缭墙之外）。禄山乱后、罕复游幸，唐末遂皆窦废。"参考元李好文《长安志图·唐骊山宫图》上羯鼓楼、朝元阁在今骊山西绣岭第一平台，再按西缭墙沿着牡丹沟东岸走向修建，向南和西绣岭第一平台南边基本平行的东西向沟壑相接，推测南缭墙西端从牡丹沟东岸开始，顺现东西走向沟壑北岸向东延伸至老母殿。但这次勘探调查却没有发现南缭墙的蛛丝马迹，使人颇感蹊跷。按修筑封闭式保护设施的一般规律来分析，有东、西、北三面墙，就必然有南墙，否则其余墙就形同虚设，无丝毫价值，且浪费大量的人力和财力。今骊山上华清宫南缭墙遗迹无存的原因：一是沿着沟岸修筑的缭墙在一千二百多年的岁月里沟岸自然地不断向里坼裂时，遭到破坏；二是人为因素的结果。其中第一种原因占主导地位。

第二节 宫 墙

宫墙位于今华清池管理处周围地区，地面部分破坏无存，部分地区地下保留一些残基，大致可以看出形制与走向。

一、东宫墙

东宫墙有内、外两道。外宫墙位于临潼县博物馆西门之西约40～42米，从县城墙东南转角向南过东边外缭墙角楼，再向南240米与南宫墙相连，全长约330米。原残存三处墙基：从北向南，第一处墙基在临潼区博物馆西门前之西约42米处，距地表约0.6米，南北长12～13、东西残宽1.9～2.5、残高0.8米，1985年农民修建房屋处理地基时将夯土全部取尽；第二处位于东边外缭墙转角之南85米，距地表0.3～0.45米，南北残长4.5、东西残宽1.6～2.5、残高0.7米；第三处位于第二处之南约130米，距地表约0.2～0.5米，南北残长9、东西残宽0.3～1.3、残高0.4米。

内宫墙位于外宫墙之西约110～155米，修筑在今华清池管理处和东窑村界墙位置，

---

1)　〔清〕董诰等编：《全唐文·元稹·两省供奉官谏驾幸温汤状》，上海古籍出版社，1990年版，2926页。

南北方向，北端在华清池管理处内新浴池前，南端在华清池后门附近，全长约 240 米。据当地老年人回忆，五十年代末扩建今华清池以前，在北距今华清池北门公路 65 米处，有两座南北相对、间距约 5 米的夯土台。南夯土台南北长约 9、东西宽约 8~10、残高 3~3.5 米，上小下大，东、南、西三面外边地面平砌条砖，北面砌青石板。北夯土台南北长约 7、东西宽约 8~10、残高约 2.5 米，上小下大，东、北、西三面外边平砌方砖，南面砌青石板。根据迹象分析，两夯土台基可能为宫墙东门楼倒塌遗存，中间是原门洞。平砌条砖为门楼四周散水，青石板为门道地面墁地石。在南夯土台之南约 12 米，距地表 0.3~0.5 米处地下原保存南北长 98、东西残宽 1.2~2.5、残高 0.6~0.9 米的夯土墙基。夯土层厚 0.08~0.11 米。

二、南宫墙

南宫墙紧依骊山北山麓修筑，东西方向，全长 531 米，地面夯土已不复存在，现保留三处夯土墙基。从西向东，第一处墙基位于陕西省体委临潼游泳池围墙内西南角 0.3 米处，距地表 0.1 米，南北残长 1.1~2.5、东西残宽 1.6、残高 0.41 米；第二处位于陕西省体委临潼游泳池围墙外东南角 0.5 米，距地表 0.2 米，南北残长 1.8~2.7、东西残宽 4.7、残高 0.57 米；第三处位于"西安事变"兵营建筑南墙外 4 米，距地表 0.21 米，南北残长 1.3~1.9、东西残宽 2.3、残高 0.46 米。

三、西宫墙

西宫墙有内、外两道。外宫墙位于今铁道部临潼铁路疗养院东界墙所在地，北端和唐代昭应县城西南转角相接，全长 330 米，现保留三处墙基。从北向南，第一处墙基位于铁道部临潼铁路疗养院门前公路南侧 55 米，南北残长 4、东西残宽 1.4~3、残高 0.6 米；第二处位于第一处之南 54 米，南北残长 9.8、东西残宽 2.1~3、残高 0.38 米；第三处位于第二处之南 132 米，南北残长 18、东西残宽 1.5~2.7、残高 0.7 米。

内宫墙位于外宫墙之东 114~120 米，今陕西省体委临潼游泳池和华清池管理处界墙东边。现保存二处墙基：由北向南，第一处墙基距陕西省体委临潼游泳池北墙 90 米，暴露地面，南北残长 2.5、东西残宽 0.4~1.5、残高 0.2 米；第二处位于第一处之南 105 米，南北残长 1.6、东西残宽 0.6、残高 0.15 米。从走向看，内宫墙南与南宫墙相接，原全长为 241 米。

四、小　结

（一）宫墙考证

宫墙的始筑和布局情况，史籍几乎没有文字记载。元李好文《长安志图·唐骊山宫图》、清乾隆本《临潼县志》所绘唐华清宫图上，均画有宫城。两者所绘图的形制虽不尽相同，但都说明唐华清宫原筑有宫城墙。这次调查、勘探发现的墙基点若连接起来，就是一个完整的、封闭式的防御设施。两图由于是一个既无座标，又无比例和实际尺寸的草图，若和出土遗迹对照，确实有牵强附会之嫌。但鉴于骊山温泉附近地形的特殊性和骊山、温泉这两个大坐标点的确定，抛开出土遗迹的实际尺寸和坐标不说，仅依骊山温泉地形绘成草图和两文献图对照，就会发现，其间有惊人的相似和密切的联系。史籍有宋、元、明、清各代后来修缮华清宫内汤池、殿宇的记载，却无新筑宫墙的记录，表明现存夯土墙基即唐华清宫宫墙无疑。

（二）始建年代

修筑高墙是古代最常用、最重要、最有效的安全措施之一，小到民居，大到皇宫，都必然修建保护围墙，华清宫更是概莫能外。宋程大昌《雍录·温泉》卷四曰："贞观十八年，诏阎立德营建宫殿、御汤，名汤泉宫。太宗临幸制碑。咸亨三年名温泉宫。"宋代宋敏求《长安志》卷十五亦曰："贞观十八年，诏左屯卫大将军姜行本、将作少匠阎立德营建宫殿、御汤，名汤泉宫。太宗因幸制碑。咸亨二年名温泉宫。"华清宫向前追溯，原名"汤泉宫"、"温泉宫"，扩建于唐贞观十八年（公元 647 年），由此推测，宫墙始筑时间不会晚于斯年。

程大昌《雍录·温泉》卷四记载："温汤在临潼县南一百五十步，在丽山西北。十道志曰：'泉有三所，其一处即皇堂石井，宇文护所造，隋文帝又修屋宇并植松柏千余株'。"宋敏求《长安志》卷十五云："十道志曰：（今按）泉有三所，其一处即皇堂石井，周武帝天和四年大冢宰宇文护所造，隋文帝开皇三年又修屋宇，列树松柏千余株。"说明"汤泉宫"修建在北周、杨隋骊山温泉行宫的基础之上，宫墙是否也在上述两朝旧宫宫墙的位置，已无从考证了。

《雍录》、《长安志》记载唐太宗贞观十八年修建御汤，唐玄宗李隆基于唐天宝四载在华清宫北设置会昌县城，天宝六载在骊山修筑缭墙，华清宫遗址出土带天宝二年陶文的板瓦，说明华清宫先后有过多次扩建。宫墙发现内外两重，揭示了下列历史事实：即唐华清宫内宫墙修筑于唐太宗贞观十八年，外宫墙是在唐玄宗天宝二年扩建华清宫时，可能与山上缭墙同时修筑于天宝六载（公元 747 年）。

（三）东门和角楼

东边内宫墙中间发现一处缺口和南北相对的夯土台基，从形制结构分析，当为东门位置。墙南部发现夯土台基，可能为角楼建筑残基。由此推测，四周城墙的转角处可能都有角楼。这种推测并非主观臆造，而是得益于元李好文《长安志图·唐骊山宫图》上绘制角楼的启发。

角楼设置在宫墙转角的位置，有双重作用：第一是考虑到宫墙相互间结合的特殊要求，为保证工程质量和城墙坚固结实而设；第二是出于行宫安全防卫的需要。两者之间关系密不可分，最终目的是一样的。城墙若不坚固而倒塌，就失去了防卫的意义。设置角楼，禁军就可以在城墙上站岗、放哨，一旦发现变异，随时可以调集军队，保护皇帝的安全。

（四）北宫墙的位置

唐郑嵎《津阳门诗并序》、宋程大昌《雍录·温泉》等文献记载，津阳门为华清宫北门。有北门就有北墙，否则，设门何用。元李好文《长安志图·唐骊山宫图》、清乾隆本《临潼县志·唐华清宫图》上都有北宫墙，但勘探调查却只发现东、南、西三面，而北面未见。究其原因：一是骊山温泉附近地势南高北低，现华清池"温泉水源"上地表和北围墙所在地表高差为9米，唐代时高差为16米。华清宫南部的唐代建筑和夯土墙基本在现地面上，而北部遗迹以下文将要叙述的"梨园"遗址为例，距现地表约7米。7米多的文化堆积的形成，是唐代以后各代人频繁修缮的结果。频繁修建时必然会对北宫墙造成严重的破坏。二是在7米厚的瓦砾堆积中，不进行考古发掘，仅依靠用洛阳铲勘探，是不会有什么收获的。三是现华清宫北部地区建筑密集，楼房和公路等限制了我们进一步深入详细勘探的可能，只好寄厚望于来者了。

根据上述已发现的东、西四道宫墙北端位置，结合位于华清池新浴池前发掘出的唐华清宫内梨园、小汤遗址和在华清池中门西北约75米处发掘出土的唐华清宫北门建筑遗址，推算北宫墙当位于现华清池北墙之北约3～4米。这种推断可得到史料佐证。宋宋敏求《长安志》卷十五曰：华清宫"正门曰津阳门。……津阳门之东曰瑶光楼。"宋程大昌《雍录·温泉》卷四云："津阳门之东曰瑶光楼。"瑶光楼在元李好文《长安志图·唐骊山宫图》所标绘的北宫墙之南，津阳门东南，说明瑶光楼就在北宫墙附近。根据实际发掘，梨园、小汤两处遗迹与文献记载位置基本吻合，证明上述推断也大致无误，当然戋戋之错难免。

根据实际测量计算，华清宫从东向西，第一、二、三、四道宫墙之间的间距，分别为110、331、115米，南、北宫墙的间距大约235米，进而得出唐华清宫山下宫城的占地面积约为136800平方米。

第三章　唐昭应县城遗迹与遗物

唐昭应县城即今临潼县治所在。1985 年初至 1986 年底，我们对今临潼县城现存城墙和城内基建施工工地先后进行了多次调查、钻探、解剖，发现了唐代城墙、陶窑、浴池和建筑材料。

第一节　城　墙

根据 1961 年和 1984 年航测照片（图版一）和走访群众得知，临潼县城墙在 1949 年以前基本保存完好，城郭犹在，平面略成方形。城垣有四门，南曰"华清"，北称"临潼"，西名"永丰"，东北是"集凤门"。过去由于对城墙的时代不甚清楚，未予加以保护，人为破坏严重，现残缺不全，仅存 15 处长短不等、高低不一的残段，但轮廓仍十分清楚（图四）。

东城墙位于环城东路西侧，南起今临潼县博物馆西门前，北至西（安）渭（南）公路和环城东路交汇点西南方 60 米处，南北全长 656 米。南城墙南距今华清池北围墙 110 米，东西全长 580 米。西城墙位于公路博物馆南门东侧，南北全长 600 米。北城墙位于原西（安）渭（南）公路南侧，东西全长 627 米。城周长 2463 米，四周有护城河，现保存西边河沟。

解剖现存 15 处城墙残段的断面，发现其中九段城墙分为内外两层，中间有一条微倾的接合缝。内外层城墙土质结构、颜色、层次、硬度、高低皆有明显差异。现将九段城墙编号为 CHQ1、CHQ2、CHQ3、CHQ4、CHQ5、CHQ6、CHQ7、CHQ8、CHQ9，概述如下：

CHQ1　南北残长 7.65、东西底宽 4、顶宽 1.75 米。其中内层南北残长 7.65、东西残宽 1.4、高 6 米；外层南北残长 7、东西残宽 2、残高 6 米。

CHQ2　南北残长 7、东西残宽 3 米。其中内层南北残长 7、东西残宽 0.85、残高 4.8 米；外层南北残长 7、东西残宽 2、残高 5 米。

CHQ3　南北残长 46.3、东西残宽 4、残高 2～8.5 米。其中内层南北残长 44、东西残宽 2、残高 2～6.4 米；外层南北残长 21、东西残宽 2、残高 8.5 米，有两次修筑遗迹。

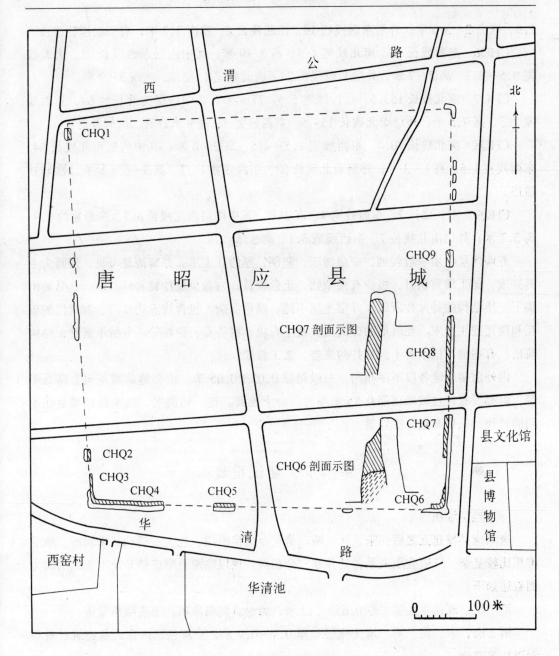

图四　唐昭应县城平、剖面图

CHQ4　东西残长 179、南北残宽 2～5、高 8.5～9 米。其中内层东西残长 175、南北残宽 1～2.5、高 5～7 米；外层东西残长 179、南北残宽 2.5、高 8.5～9 米，有两次修补痕迹。

CHQ5　东西残长 19、南北残宽 4、高 3.7 米。其中内层东西残长 18、南北残宽

1.9、残高 2～3.5 米；外层东西残长 19、南北残宽 2、残高 3.7 米，有二次修补遗迹。

CHQ6　东西残长 24、南北残宽 4.5、高 3～9 米。其中内层东西残长 21、南北残宽 0.5～2.3、高 2～7 米；外层东西残长 24、南北残宽 1～2.2、残高 3～9 米。

CHQ7　南北残长 153.5、东西残宽 5.5、高 8 米。其中内层南北长约 64、东西残宽 2.5、高 7.5 米；外层南北残长 153.5、东西残宽 3、高 9 米，有二次修补遗迹。

CHQ8　南北残长 70.4、东西残宽 1.5～4.5、高 2～6 米。其中内层南北残长 64、东西残宽 1.5、高 1～3 米；外层南北残长 68、东西残宽 1～3、高 3～6 米，有二次修补遗迹。

CHQ9　南北残长 7、东西残宽 4、高 3 米。其中内层南北残长 6.7、东西宽约 1.9、高 3.7 米；外层南北残长 7、东西残宽 3.1、高 3 米。

夯墙内层土质一般较纯，夯层清晰，坚硬，厚约 0.1 米。夯窝清楚可见，用圆头夯具夯成，做工细致认真，极少有夹杂物，土色淡黄，内含少量沙粒和碎石块。这是骊山脚下土质结构的特殊性所致。外层土质不纯，颜色混杂，包含物五花八门，有唐代的板瓦和筒瓦残块，宋、元时期的砖瓦残块及小石块、料姜石、沙粒等。夯层不清楚，结构疏松，有些地方根本看不到夯打的痕迹，做工粗糙。

内外层接合缝各段不尽相同，一般间隙 0.02～0.05 米。接合缝从城基向上高低不等，但都没有超过城墙顶部 0.15 米厚的三合土硬面。这一切说明，临潼县城墙是在不同的时代，先后有过三次修筑。

第二节　建筑遗迹

一、地层堆积

唐昭应县城建立之后，宋、元、明、清至今历代沿用，先人的活动从未间断，地层堆积比较复杂，打破叠压关系各处并非完全相同。现以临潼县昭应楼基建工地北剖面为例叙述如下：

第 1 层，现代扰乱层　厚 0.65～1.2 米，为建筑倒塌堆积，土质结构紧密。

第 2 层，宋、元、明、清文化层　厚 0.4～0.9 米，呈灰色，内含大量建筑材料和青瓷片等遗物。

第 3 层，唐代文化层　厚 0.35～0.7 米，土质结构疏松，内有唐代板瓦、筒瓦残块和方砖、条砖等块。

第 4 层，秦汉至仰韶文化层　厚 0.5～1.5 米，内含秦汉板瓦、筒瓦残块和仰韶文化时期的红、褐色陶片等遗物。

二、出土遗迹

（一）浴　池

浴池位于临潼县城南什字西北角，是 1967 年新华书店修建营业楼时发现。方形池用石板砌成。由于文化大革命的动乱而埋于楼下。1975 年县五金公司在书店隔壁基建，发现唐代砖瓦堆积，确证这是唐代浴池无疑[1]。

（二）排水管道

排水管道南北走向，位于临潼县博物馆西门前，环城东路西侧，距城墙东南转角约35 米，向北延伸，长度不明，从走向看，当与城内供水有关。清理出土陶水管道 3.5米。管道子母口相接，单节长 0.43、直径 0.165 米，粘接材料为白灰浆，形状与在华清池发掘的华清宫遗址出土的同类管道一样，证明为唐代无误。

（三）陶　窑

陶窑发现两个，位于城垣之外。第一个在临潼县税务局院内，等我们闻讯赶去清理时，已被民工破坏得面目全非，仅剩残断窑壁。第二个位于临潼县小吃城院的第Ⅲ发掘区内，详见第六章第二节。

三、出土遗物

在修建临潼县昭应楼和县委办公楼处理地基时，发现大量的唐代残破砖瓦。

（一）条砖　可作为标本的有 6 件。

标本 TZHY：1　泥质灰陶，规格 34×16×7 厘米，一面有工匠戳印，字迹模糊不清；另一面饰细长绳纹（图五，1；图版三，1）。

标本 TZHY：2　泥质灰陶，规格 33×16×7 厘米，一面有工匠戳印，字迹难辨；另一面饰粗绳纹（图版三，2）。

标本 TZHY：3　泥质灰陶，规格 37×15×6.2 厘米，一面饰工匠右手印纹；另一面为素面（图五，2；图版三，3）。

标本 TZHY：4　泥质灰陶，规格 35.5×16～18.5×6.8 厘米，一面饰工匠左手印纹；另一面为素面（图五，3；图版三，4）。

标本 TZHY：5　泥质灰陶，规格 35×18～19×6 厘米，一面为素面；另一面饰细短绳纹（图五，4；图版三，5）。

标本 TZHY：6　泥质灰陶，规格（残）33×16.5×7.5 厘米，一面为素面；另一面饰细长绳纹（图五，5；图版三，6）。

（二）方砖　多为残块，经辨认主要是素面砖。莲花纹砖甚少。

（三）瓦　分为板瓦和筒瓦两种。两种瓦均破碎不堪，残块逾万，难以为计，也无法复原，个别板瓦块上有"天宝二年□"陶文（图五，6）和"官□"陶文（图五，7）。

---

1)　赵康民：《唐华清宫调查记》，《考古与文物》，1983 年 1 期。

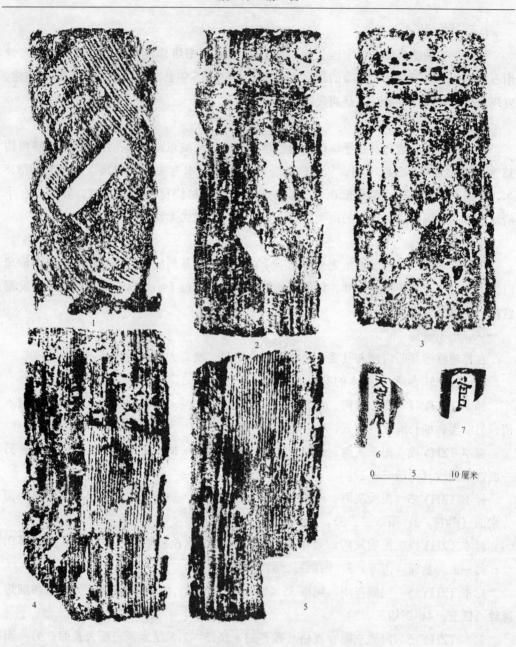

图五　唐昭应县城出土条砖与板瓦

1. 戳印文 TZHY：1　2. 右手印文 TZHY：3　3. 左手印文 TZHY：4　4. 短细绳纹 TZHY：5　5. 绳纹 TZHY：6
6. 板瓦"天宝二年□"TZHY：7　7. 板瓦"官□"TZHY：8

四、小　结

（一）名称考辨

骊山温泉行宫在初唐时属新丰县辖区。县治在今临潼县东北 8 公里的新丰镇。唐天宝年间，"时玄宗企慕古道，数游幸近甸，乃分新丰县置会昌县于骊山下。"[1] "天宝元年更骊山曰会昌山。三载，以县去宫远，析新丰、万年置会昌县。"[2] "七载，省新丰入会昌。更会昌县曰昭应。县在华清宫北。寰宇记：以太宗昭陵数有征应事，宰臣称贺，至七载十二月，改会昌为昭应。前志：县在骊山之阴里许，唐之昭应也。"[3] 唐昭应县令王建《昭应官舍书事》诗云："县在华清宫北面，晓看楼殿正相当。"[4] 唐温庭筠《过华清宫二十二韵》诗曰："至今汤殿水，呜咽县前流。"[5] 宋真宗"大中祥符八年（公元1015年）避玉清昭应宫名，改县曰临潼"[6]，"以临潼二水分流县左右故名临潼。"[7]

　　骊山温泉出处附近，由于造山运动的作用，自然形成了一个比较开阔的坡形地带。考古勘探证明，这里除临潼县城之外，别无其它古城址的存在。今临潼县城位于发掘出土的唐华清宫内星辰汤、莲花汤等遗址之北，南距骊山约330米，左右有临潼二水，与文献记载唐昭应县城的位置相符。唐玄宗李隆基设置昭应县城的主要原因：主要是考虑自己春秋已高，游幸骊山时随从人员有千乘万骑之多，浩浩荡荡，驻跸新丰县和往来温泉宫之间多有不便，不但要受鞍马劳顿之苦，所过之处还要警跸森严，才能保障安全。若其设置远则有乖初衷，近则唯华清宫北边地域最佳。

　　王溥《唐会要·城廓》卷八十六记载：天宝"六载十二月二十一日，筑会昌城于汤所，置百司及公卿邸第。"宋敏求《长安志》卷十五亦记载："天宝六载改为华清宫。……又筑会昌城（是岁发冯翊、华阴等郡丁夫筑会昌罗城）。《资治通鉴》卷二百一十五·唐纪三十一·玄宗天宝六载曰："十二月，壬戌，发冯翊、华阴民夫筑会昌城，置百司"。上述文献记载证明唐代天宝六载，在会昌县治即今临潼县城所在地修筑城墙。清代乾隆本《临潼县志·建置》敷陈：今临潼县城为"明洪武初重筑。城围四里许，高二丈七尺，阔一丈七尺，趾阔二丈五尺"。《重修临潼县城碑记》叙录，清道光二十年至二十二年（公元1840～1842年）对县城墙全面修缮。清光绪四年（公元1878年）沈家祯主持修茸城楼。这次调查得知临潼县城墙周长2463米，高5米，内外双层结构，外层保留修茸遗迹，与文献记载吻合。内层城墙为唐天宝六年夯成，外层是明洪武初年修筑，其外修补遗迹当为清道光至光绪年间绸缪所留。城墙时代的确定，也为唐昭应县城的具体位置，提供了直接证据，两者互证，不可分割。

1)　〔后晋〕刘昫等撰：《旧唐书·房琯传》，中华书局，1975年版，3320页。
2)　〔清〕乾隆本《临潼县志·地理》。
3)　〔清〕乾隆本《临潼县志·地理》。
4)　《全唐诗·王建》，中华书局，1979年版，3414页。
5)　《全唐诗·温庭筠》，中华书局，1979年版，6736页。
6)　〔清〕乾隆本《临潼县志·地理》。
7)　〔清〕乾隆本《临潼县志·地理》。

（二）问题诠释

1. 昭应县始设年代　《新唐书·地理志》记载是天宝三载，《旧唐书·地理志》记载是天宝二年，唐郑嵎《津阳门诗并序》曰："天宝四载改新丰为会昌，移自阴盘故城，置于山下。"这样昭应县的始设年代就有天宝二年和天宝三、四载三种说法。县城建设工地出土带"天宝二年"陶文板瓦，为昭应县修建的具体年代提供了准确的文字依据，尽释史家千年疑团。

2. 昭应县城位置　清代乾隆本《临潼县志·地理》曰：宋真宗"大中祥符八年，避玉清昭应宫名，改县曰临潼。……以临、潼二水分流县左右故名临潼。"根据上述文献的记载，唐代昭应县治即今临潼县城，在华清宫正北。然而元李好文《长安志图·唐骊山宫图》却将昭应县城标绘在华清宫西北角位置。《旧唐书·志第十八·地理一》也记载天宝"七载，省新丰县，改会昌为昭应，治温泉宫之西北。"综合上述文献记载，唐昭应县治就有在华清宫西北和正北两种说法。唐昭应县城墙的发现，对正北说提供了实际证据，使历史上悬而未决的疑题得到了正确的答案。

（三）唐昭应县机构等级和设置目的

唐天宝二年（公元743年），唐玄宗考虑日益频繁和规模宏大的游幸温泉宫的实际需要，在宫北里许专门设置会昌县。天宝七载（公元748年）改名为昭应县。

天宝四载（公元745年）壬子，唐玄宗"以会昌县为同京县"[1]。唐代县制分六等，长安、万年、河南、洛阳、太原、晋阳六县谓之京县（县令正五品上）。京兆、河南、太原所管诸县，谓之畿县（县令正六品下）。诸州县分上县（从六品上），中县（正七品），中下县（从七品上），下县（从七品下）。长安、万年两县为京都之所在，太原为兴王之地，洛阳是周、汉王朝故都号东京，被称为京县，地位显赫，非一般县可比。会昌县由于"开元间明皇每岁十月幸"[2]骊山温泉宫，"岁尽乃归"[3]，故身价百倍，跻身京畿重县之列。

昭应县设县令一人。县令的职责，就是"皆掌导扬风化，抚字黎亡，敦四人之业，崇五土之利，养鳏寡，恤孤穷。审察冤屈，躬亲狱讼，务知下姓之疾苦"[4]，搞好全县政务，负责当地治安，为皇帝游幸骊宫提供必要的服务和安全保障。唐玄宗给予昭应县同京县的特殊地位，"茸殿宇于骊山，置官曹于昭应"[5]的目的，概括起来有六：一是为了方便游幸骊山华清宫，再不用朝浴温泉，暮归新丰县就寝，使已届垂暮之年的老皇帝

---

1) 〔后晋〕刘昫等撰：《旧唐书·玄宗本纪》，中华书局，1975年版，219页。

2) 〔宋〕程大昌撰：《雍录·温泉》卷四。

3) 〔宋〕程大昌撰：《雍录·温泉》卷四。

4) 〔后晋〕刘昫等撰：《旧唐书·职官三》，中华书局，1975年版，1921页。

5) 〔清〕董诰等编：《全唐文·元稹·两省供奉官谏驾幸温汤状》，上海古籍出版社，1990年版，2926页。

免受鞍马劳顿之苦。二是适应唐玄宗游幸骊山温泉宫时"百司庶府皆行"[1]，"万乘齐驱，有司尽去"[2]，"各有寓止"[3]，"无妨朝会"[4]的政治需要，保证上令下达，下情上呈，国家最高权力机关政令畅通。三是国家的长治久安与否，是每一个在位皇帝都应时时刻刻关注的头等大事。历代的宫廷政变表明，最有可能篡权、倾覆社稷的莫过王公贵族和手握权柄的台宰及统帅禁军的骁将。玄宗皇帝游幸骊山华清宫令王公重臣随幸，置府邸于昭应县城，除有使国家机器正常运转的用意外，更有将大臣置于自己密切监督之下的苦衷。四是地处东西往来要冲的华清宫，南依骊山，北边无险凭借，设昭应县城于其北，无疑是为了拱卫行宫，使游幸时无安全之虞。五是"千官扈从骊山北，万国来朝渭水东"[5]。皇帝游幸时文武百官、后宫皇妃随侍，官盖若云，肩摩毂击，人马逾万，不但要安排住宿问题，更重要的是要解决吃饭、购物等问题。为此，唐王朝规定，"车驾行幸处，即于顿侧立市，官差一人权检校市事"[6]。玄宗皇帝游幸骊山华清宫时规模大、人数多、历时长，使其它行宫望尘莫及，故明令昭应县城像京城设立东市和西市一样，专门设立北市，进行货物交易，以满足游幸随侍和长住骊宫官员、宫人就食用物的需要。六是唐代京都长安不但规模宏大，气势磅礴，更突出的特点是设计规范合理，皇帝理政食寝于宫城，将百官行政衙署置于皇城，黎庶、商贾居住廓城内的里坊，使官民分开，士庶有别，秩序井然。华清宫内宫殿设置命名，多依据京都长安。昭应县城的设置，也是为了与京城布局、形制保持相对的和谐与统一。

---

1) 〔宋〕程大昌撰：《雍录·温泉说》卷四。
2) 〔清〕董诰等编：《全唐文·元稹·两省供奉官谏驾幸温汤状》，上海古籍出版社，1990 年版，2926 页。
3) 〔宋〕程大昌撰：《雍录·温泉说》卷四。
4) 〔清〕董诰等编：《全唐文·元稹·两省供奉官谏驾幸温汤状》，上海古籍出版社，1990 年版，2926 页。
5) 《全唐诗·卢象·驾幸温泉》，中华书局，1979 年版，1219 页。
6) 〔宋〕王溥撰：《唐会要·市》，商务印书馆，1936 年《丛书集成初编》本，1581 页。

第四章　Ⅰ区建筑遗迹与遗物

从唐高祖李渊武德元年（公元 618 年）至唐哀帝李柷天祐三年（公元 907 年）的 289 年内，唐王朝曾对骊山温泉行宫进行了多次的修建和扩建。

这次发掘清理的唐华清宫Ⅰ区建筑遗址，位于今华清池管理处南半部，骊山"温泉总源"紧北，开不同面积的探方 47 个，总发掘面积 5400 平方米（图六）。

发掘结果得知当时唐代地形为南高北低的三级台阶地，从北向南，第一级和第二级高差 2.4 米，第二级和第三级高差 1 米，出土有陶质供水管道、殿宇石砌墙、木柱础、殿址、砖井、青石砌筑的汤池 8 个和唐代以后修缮的建筑遗存，同时还有莲花柱础、方形柱础、莲花纹方砖、网格纹方砖、带工匠戳印的方砖、绳纹条砖、带工匠戳印的条砖、手印纹条砖、莲花纹瓦当、兽面纹瓦当、鸱尾、筒瓦、板瓦、兽面纹砖、带纪年陶文的板瓦、三彩套兽等大量的唐代建筑材料和生活用具。

根据Ⅰ区内已发掘出的各建筑遗迹的分布及汤池本身形状，结合史料记载唐华清宫内部殿宇、汤池的分布位置和名称，考证出八个汤池中六个汤池的名称分别为"星辰汤"、"尚食汤"、"太子汤"、"莲花汤"、"海棠汤"、"宜春汤"。另二个汤池因破坏严重，面目皆非，名称待考（图七）。

第一节　星辰汤

星辰汤位于遗址东南部，现华清池"五间厅"之西，"温泉总源"正北偏西，占 T1、T2、T3、T4、T5、T6、T7、T8、T31、T35、T36、T37、T38、T39 共十四个探方，由于后代相继沿用和多次修缮，使汤池和汤池地面殿宇建筑遭受严重破坏，现仅保存"斗池"和"魁池"的池底、局部池壁、部分殿基、柱础、散水、台明、墙、供水道、排水道和殿宇的附属建筑设施及大量建筑材料等。

一、地层堆积

（一）　星辰汤东剖面地层堆积，以 T35、T37、扩 T37 东壁为例：

第 1 层，现代扰乱层　厚 0.4~5.5 米，土质松散，呈灰色，地形呈南高北低斜坡形，有上华清池"五间厅"的石台阶及砖砌墙，南半部回填土较厚，多属建筑垃圾。

第 2 层，明、清文化层　厚 0.3~3.3 米，土质疏松，呈灰色，地形呈南高北低斜

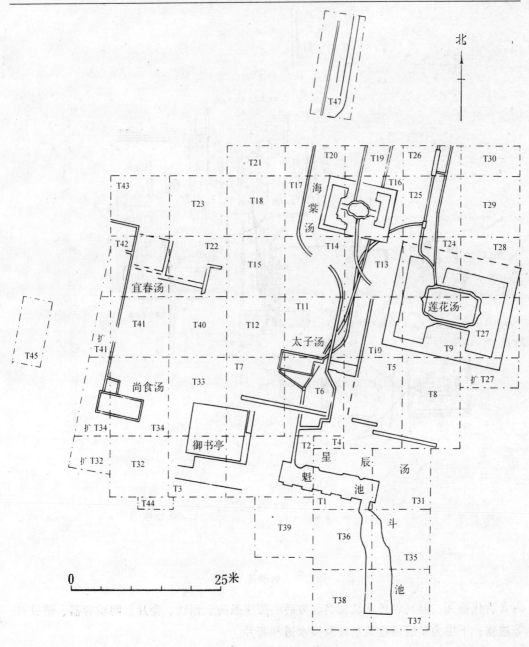

图六　Ⅰ区发掘布方图

坡形，内含明清白瓷片和蓝花瓷片等。

第3层，宋、元文化层　厚0.3～2.6米，土质较松散，呈灰黄色，内含宋代青、黑、黄瓷片。

第4层，唐文化层　厚0.4～3.3米，土质疏松，土色不纯，上层为建筑倒塌堆积，

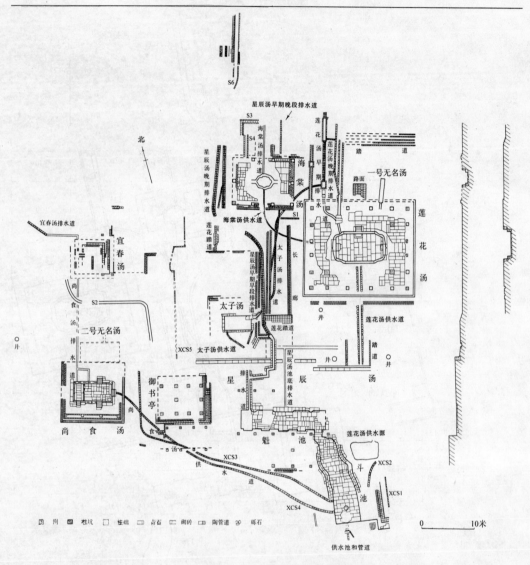

图七　Ⅰ区遗迹平面图

内含唐代板瓦、筒瓦、莲花纹瓦当、方砖、带字条砖、铜钱、瓷片、陶质容器、锈铁钉等遗物；下层为星辰汤建筑基础及供水道和窖井。

第5层，秦汉文化层　厚0.4～2.4米，土质细腻，结构紧密，呈黑褐色，内含秦汉建筑、汤池遗存和木建筑构件等。

第6层，仰韶文化层　厚0.8～1.6米，土色黄褐，内含温泉水源设施和彩绘红陶片、玉佩、石器等遗物。

第7层，生土层（图八，1）。

（二）星辰汤南剖面地层堆积，以T35、T36南壁为例：

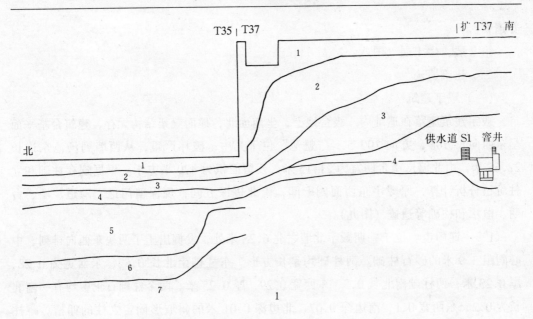

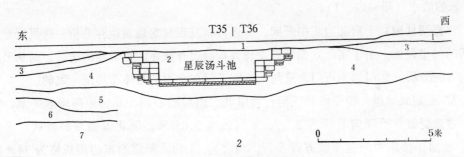

图八　星辰汤地层堆积图
1. T35、T37、扩 T37 东壁剖面　2. T35、T36 南壁剖面

第1层，现代扰动层　厚0.1～4.4米，东部有一现代青石台阶，中部有一东西向砖铺路面，土质较硬。

第2层，明、清文化层　厚0.2～1.25米，内含明清时代瓷片，以及唐代板瓦、筒瓦、条砖等。

第3层，宋、元文化层　厚0.05～0.55米，内含宋代青瓷片、黑瓷片。

第4层，唐文化层　厚0.55～2米，土质呈黄褐色，经夯打，为"斗池"防渗水层及建筑基础。

第5层，秦汉文化层　厚0.3～1.1米，土壤含水量大，呈黑褐色，内含秦汉板瓦、筒瓦、条砖、方砖、木建筑构件等。

第6层，仰韶文化层　厚0.35～1.1米，土色黄褐，内含彩绘红陶片、玉佩、石器等遗物。

第7层，生土层（图八，2）。

二、建筑遗迹

（一）殿宇建筑

殿宇建筑座落在遗址内二级台地上，坐南面北，地面梁架结构无存，建筑台基平面呈东西向长方形，方向100.5°，"魁池"位于其中，破坏严重，从西墙到汤池东边长22.65米，由北墙迄南台明宽为21.15米，残留面积为479平方米。根据现存柱础和立柱坑位分析计算，原殿宇东西面阔七间，南北进深五间，现保留门道、踏道、墙、台明、散水和柱础等遗迹（图九）。

1. 一期门道　位于一期殿宇北墙之北6.28米处，发掘出土了两块东西向排列、中心间距3.9米的砂石柱础。两柱础均呈长方形。东柱础南北长0.52、东西宽为0.28、厚0.23米；西柱础南北长0.5、东西宽0.29、厚0.25米。两个柱础石正中均有一南北长为0.2、东西宽0.1、南边深0.07、北边深0.01米的斜坡形固定立柱的卯槽。距柱础北边沿0.5米处，保存着用唐代"青棍"筒瓦凹面向上铺设的一条呈东西方向、残长3.5米的散水（图一〇，1）。

根据两柱础位于殿北边正中开间，旁边再未发现其它建筑遗存分析，这里应是殿宇早期的门道设施。由于实际发掘没有发现大殿南边有修建门道设施的遗迹，而从坐南面北的方向分析，北门当为正门。这与华清宫正门在北边的总体布局是一致的。

2. 三期北踏道　位于殿基三期石墙以北，南对当心间，北边距南墙8.7米，南部和西边遭受破坏，现南北残长2.61、东西残宽5.05米，呈北低南高斜坡状，夹角为16°。坡面保留东西向莲花纹方砖5行，南北向14列。踏道的东边用规格为34×16×7.5厘米的绳纹条砖南北向平砖错缝顺砌加固。现残存二层砌砖，高0.14、东西宽0.175、南北残长1.35米，北边用和东边相同规格的两行条砖东西向侧砖顺砌加固，外侧再加砌一行"牙角"形砖（图一〇，2；图版四）。

踏道东侧保留一个0.5×0.5×0.25米的青石柱础。柱础正中有一直径0.16、深0.09米固定立柱的槽。

踏道结构及做法是，先用纯黄土夯筑成斜坡状，上平砌背面粗绳纹、正面素面、规格为35×35×7厘米的灰陶质方砖。接着砌北边侧立砖和东西两边的加固砖，然后在方砖之上垫厚约0.1米的细黄土，土上再砌背面粗绳纹、正面莲花纹、规格为30×30×7厘米的方砖。

此踏道应是皇帝去大殿内汤池沐浴的专用"御道"。

3. 三期东北踏道　位于殿基二期北墙东北角，与三期北踏道相距11.55米，呈北低南高斜坡状，东西宽3.9、南北残长5.2米，夹角为23°。踏道地面及南北两端均已

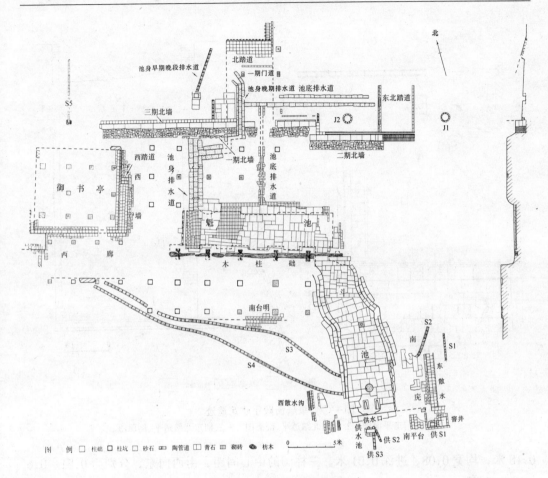

图九　星辰汤平、剖面图

被破坏，残留东、西墙。东墙南北残长 4.82、东西残宽 0.17、残高约 0.65～1 米，用规格为 38×16×7 厘米的绳纹条砖平砖错缝顺砌。西墙南北残长 4.85、东西残宽 0.34～0.37、残高约 0.68 米，用和东墙相同规格的绳纹条砖侧砖错缝丁砌，其上再平砖顺砌，依次重复砌成，由于破坏严重，其它做法已不得而知（图一〇，3）。

此踏道为唐代晚期修建的，是去二阶台地上温泉总源和各宫殿建筑的路。

4. 一期北墙　仅保存西北角一段，呈东西走向，方向 283°，东西两端均残，现东西残长 4、南北宽 0.2～0.32、残高 0.18～0.76 米，与汤池北边东西向第一排柱础坑位基本平行，间距 1.27 米。墙用规格为 34×16×6 厘米的唐代绳纹条砖错缝顺砌而成，粘接材料为白灰浆。墙外壁粉抹一层厚约 0.03 米的白灰墙皮。墙与殿基土台接壤中间，用唐代早期的方、条残砖平砖乱砌，粘接材料为泥浆。

墙北壁面上保留三个向内凹进的方形壁柱洞，内残存少量朽木屑。由西向东，第一柱洞上下残高 0.7、东西宽 0.08、南北进深 0.1 米。第二、三柱洞分别残高 0.62、

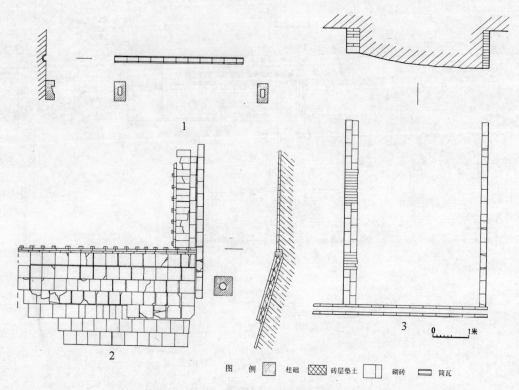

图例 ▨ 柱础　▨ 砖层垫土　▢ 砌砖　▭ 筒瓦

图一〇　星辰汤殿宇建筑遗迹
1.一期门道平面图　2.三期北踏道平、剖面图　3.三期东北踏道平、剖面图

0.18米，均宽0.08、进深0.01米。三柱洞的中心间距，由西向东，分别为0.61、0.6米。从柱洞位置和残留朽木屑分析，原镶嵌有方形木桢。这种竖向杆件称为壁柱，联系各壁柱的横向杆件称为壁带。这种做法有加固殿基北壁，防止倒塌崩裂，和支撑殿基北边木制"阑干"或其它围护设施的双重作用（图一一，1；图版五，1）。

殿基壁面使用木壁柱的做法和骊山上唐华清宫朝元阁东、西两侧台阶加固壁面的做法完全相同，与已发掘的唐大明宫重玄门门道东、西壁立柱的做法也有相似之处。承重墙施壁柱、壁带加固的这种做法古已有之，汉代班固《西都赋》称之为"金缸衔璧"[1]。

由于一期北墙残存较短，后期星辰汤排水道向东直拐移位，将北墙与殿基接壤处扰动破坏，两者之间的详细结构情况不得而知。

5.二期北墙　位于一期北墙之东9.56米，呈东西走向，方向100.5°，东西残长11.45、南北宽0.65～0.7、残高0.87米，顶部和东西两端均遭受破坏，现残存三层砌石，从下向上，第一层砌石高出地面0.1米，用规格为1.6×0.75×0.365、1.5×0.78

---

1)　〔清〕严可钧校辑：《全上古三代秦汉三国六朝文·班固·西都赋》，中华书局，1958年版，603页。

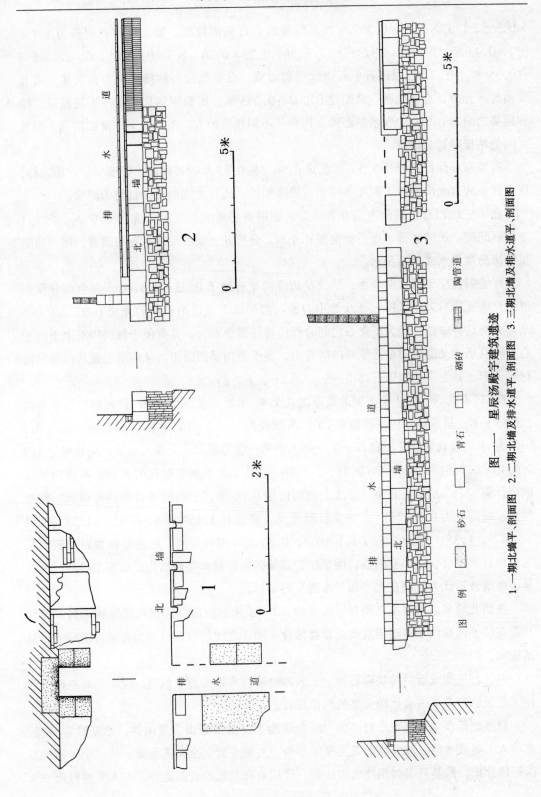

图一一 星辰汤殿宇建筑遗迹

1. 一期北墙平、剖面图 2. 二期北墙及排水道平、剖面图 3. 三期北墙及排水道平、剖面图

×0.365、1.35×0.73×0.365 米加工粗糙的青石砌成部底。第二层砌石规格为 1.1×0.7×0.43 米。第三层砌石的规格为 1.35×0.75×0.36、1.3×0.77×0.36、1.2×0.7×0.35 米。第二、三层砌石平石错缝顺砌而成，没有收分，粘接材料为白灰浆。墙北壁面打磨光滑，合缝紧密，缝距仅 0.002～0.003 米；里面则稍作剔除，不甚规范。墙和殿基之间有 0.9～0.95 米的距离，用唐代不同规格的方、条残砖平砖乱砌结合。砌砖之间的粘接材料为泥浆。

石墙东部保留东西长 3.5、南北宽 0.66、高 0.83 米的砖砌墙。砖墙保留五层砌砖，用绳纹条砖南北向侧砖丁砌和条砖平砖顺砌相间。砌砖之间的粘接材料为泥浆。

在第三层砌石顶部距东端 0.8 米处，剔凿有一南北长 0.61、东西宽 0.24、深 0.1 米的石凹槽。凹槽底低于星辰汤池底 0.4 米。分析其上安装带流水孔的鸥首，用于排除星辰汤汤池渗水或地面积水。

在墙第三层砌石顶部表面，从北壁边缘向里打磨了 0.03～0.04 米，其余部分没有磨光，表面用凿刀剔成横七竖八的小沟槽。沟槽低于北边沿打磨的光面 0.002～0.005 米。分析这种做法，是为了砌石之间合缝的特殊需要而为，并有便于每层砌石上下、左右合缝取平，又能增强粘接原料的附着力，使墙更加坚固耐用。从沟槽上残留白灰粘接材料分析，其上应还有砌石（图一一，2；图版五，2）。

6. 三期北墙　位于第二期北墙壁之北 1.47 米处，南距北边第一排柱础坑位中心约 2.62～3 米，呈东西走向，西偏北 10°，东西残长 24.1、南北宽 0.54～0.68、残高 0.3～0.72 米。墙现残存三层砌石，从下向上：第一层为基础，全埋入地下，用规格为 1.7×0.43×0.355、1.8×0.5×0.35、1.7×0.6×0.355 米加工粗糙的青石条东西向平石顺砌；第二、三层砌石在第一层之上向南内缩 0.06 米，东西向平石错缝砌而成，没有收分，缝距仅为 0.002 米，北壁面打磨光亮。砌石有 1.15×0.4×0.425、1.25×0.41×0.425、1.35×0.4×0.36、1.1×0.4×0.36 米等多种规格。粘接材料为白灰浆和其它粘性材料混合而成，有结晶，明显比二期墙的粘接材料坚硬结实。墙东端破坏时间较早，西端被近代人挖掘扩大"四号水源"时破坏。

三期北墙和殿基夯土之间有一条宽约 0.8～1 米的空隙，用唐代的绳纹条砖，绳纹和莲花纹方砖残块平砖逐层乱砌而紧密结合。砌砖之间的粘接材料为泥浆（图一一，3；图版六，1）。

第二、三期北墙的每块砌石加工工艺和砌墙技术手法基本相同，说明当时在砌石制作工艺上已经有了一套比较完整的操作规程。

殿基坐落在华清宫现发掘出的二级台阶地上，南依骊山北麓山体，地基稳定结实，北临人工断坡台地，故北墙的结实坚固与否，对殿宇的安全尤为重要。从三个时期现残留遗迹分析，殿基和各时期墙的做法是：借用南高北低的自然地势，先人工整修出一个平台，然后将平台北边斜坡削成垂直断面，接着在距台地北边0.6~1米处砌筑护坡墙，最后把墙和殿基之间的空隙再用残砖加泥浆一层一层平砌垫实，使砖和泥浆将北墙与台基有机的连结成一个坚实牢固的整体。

7. 北墙排水道　位于三期北墙脚紧北边，分为东西两段。东段排水道东西长10.75米，外沿宽0.3、内口宽0.12、深约0.1米，用规格为35×17×7厘米的绳纹条砖南北向平砌为底，然后在其上南北两端用条砖东西向侧砖顺砌为南北两壁，上盖方砖。盖砖大部分已被揭取，仅剩一块莲花纹方砖和五块绳纹方砖。排水道西端从10.75米处，随石墙走向向北拐1.28米与陶管道连接。陶管道直径0.2米，外饰绳纹，子母口衔接，粘接材料为白灰浆。陶质排水管道向北延伸4.3米后，呈弧形向西与星辰汤排水道相接，全长17.3米（图一一，3；图版六，2）。

西段排水道东西长14.95、外沿宽0.33、内口宽0.12、深0.1米。西段排水道的西端被破坏，东端与直径0.28米的陶管道连接。陶管道外饰绳纹，子母口衔接，粘接材料为白灰浆。陶管道向北延伸23米被晚期建筑破坏殆尽。从走向和残痕分析，陶管道最后和星辰汤排水道接通。

排水道的做法比较简单，先紧贴北墙基石挖一南北宽0.4~0.42、深0.15米的沟槽，接着平整沟槽，而后轻夯，继而砌底砖，再砌南北两边，上盖方砖，用以防止地面杂物入内将水道堵塞。

引水和排水是华清宫建设工程中两个突出的问题。两者相互依存，不可分割。殿宇内有面积较大的汤池，而汤池不能绝对地密封贮水，缝隙处水不断向外渗，加之殿宇坐落在台阶地，距温泉出水口又较近，从地下涌出的温泉水虽然大部分按人工水道排流，一小部分还四处流淌，渗入殿台基之下。这些积水若不及时排除，时间一长，必然威胁的殿安全。唐代工匠在紧贴殿基北墙第一层砌石北边，专门设置排水道，目的就是在于排除殿基内积水和地下浸水。

8. 东墙　破坏无遗。

9. 南散水　位于殿基南墙外边，现保存中部一段，东西残长3.3、南北残宽0.83、高出室外地面0.04~0.05米。散水用规格为33.5×34×5.7厘米、一面素面、另一面饰绳纹的方砖平砖顺砌，修补部分用规格为36×16.5×6、35×16×6厘米的绳纹条砖南北向平砖丁砌（图九）。

10. 南墙　紧贴南散水修砌，保留中部一段，东西残长3.97、南北宽0.34米，保留二层砌砖，残高0.14米。墙用规格为37×17×7厘米的双排绳纹条砖东西平砖错缝顺砌（图九）。

11. 西踏道　位于主殿西墙北端外侧，是从御书亭去主殿的专用道，呈南低北高台阶状，顶部和北端已残，底边南北残长3.6、东西宽0.81、残高0.4米，西壁面砌砖磨光，错缝压茬。西踏道残留三级台阶，从南向北：第一级南北长 0.3、东西宽 0.81、高 0.11 米；第二级南北长 0.32、东西宽 0.81、高 0.18 米；第三级南北长度因破坏而不明，东西宽 0.81、高 0.11 米。每层台阶有两层砌砖，下层用规格为 33×16.5×6.5 厘米的绳纹条砖平砖顺砌，上层用规格为 34×34×7 厘米、一面素面、另一面饰绳纹的方砖平砌做面（图一二，1；图版七，1）。

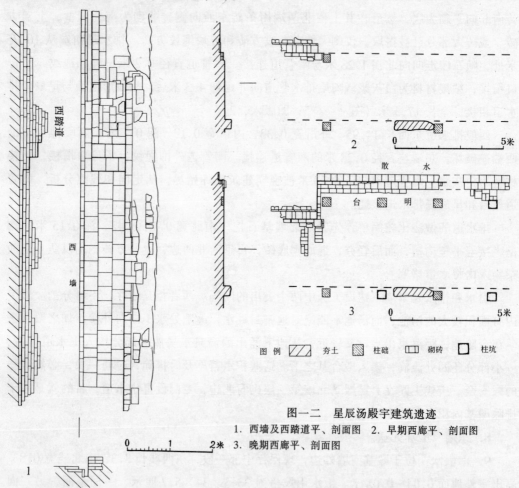

图一二　星辰汤殿宇建筑遗迹
1. 西墙及西踏道平、剖面图　2. 早期西廊平、剖面图
3. 晚期西廊平、剖面图

12. **西墙**　位于殿基西边，呈南北走向，南北残长 7.57、东西宽 0.6、残高 0.53 米，现存 7 层砌砖。墙用绳纹条砖东西向平砖丁砌一层，再南北向平砖顺砌一层，依次间隔叠砌而成。墙外壁面磨光，做工规整，细致认真，砖缝为 0.002～0.003 米（图一二，1；图版七，1）。

南、西墙、散水、西踏道砌砖之间的粘接材料均为泥浆。

13. **早期西廊**　位于殿基之西，御书亭之南，东边和主殿西南角相接，由于地面梁架结构无存，上部怎样结合不得而知。廊的南半部分在探方外，详情不明。廊东西方向，坐南面北，东西残长 10.7、南北宽 3.05 米，进深一间，地面遭到破坏，现残存有柱础、北台明、散水等（图一二，2）。

(1) 北散水 保留西部一段，东西残长 2.15、南北宽 0.6、高出室外地面 0.03～0.04 米，用规格为 36×36×6.5 厘米、一面素面、另一面饰绳纹的方砖平砖顺砌，外边用绳纹条砖东西向侧砖顺砌。顺砌砖外再用规格为 35×15.5×5.7 厘米的绳纹条砖东西向平砖顺砌加固。

(2) 北台明 东部被晚期回廊地面破坏，西部东西残长 1.9、南北宽 0.35、残高 0.14 米，用规格为 37×14×7 厘米的绳纹双排条砖东西向平砖错缝顺砌。

(3) 柱础 保存 3 个。布局是：北檐墙内 1 个，青石质，规格为 0.35×0.37×0.13 米；南墙内 2 个，砂石质，中心间距 5.3 米，东边的规格为 0.39×0.34×0.14 米；西边的规格为 0.37×0.38×0.115 米。南北柱础中心间距 3.1 米。

14. 晚期西廊 沿用早期西廊地面，面积有所扩大，方向 100°，坐南面北，东西残长 9.1、南北宽 4.8 米，残留三开间，地面遭到破坏，现残存散水沟、北台明、南墙、柱础等遗迹（图一二，3；图版七，2）。

(1) 北散水沟 紧贴北台明修砌，呈东西走向，方向 100°，东高西低，有一定的比降，东西残长 9.1、南北宽 0.33、深 0.14～0.28 米，东端被一现代污水井破坏，西端已残缺不全。散水底部平砌方砖，南壁即回廊北台明，北壁是后文将要叙述的御书亭的南台明。

(2) 北台明 位于回廊檐柱中心之北 0.75 米，呈东西走向，东西长 9.1、南北宽 0.34、高 0.28 米，保存五层砌砖，下边四层用规格为 34×16.5×6.7 厘米的绳纹条砖平砖错缝顺砌，上边一层用规格为 32×31×6.2 厘米、一面素面、另一面饰绳纹的方砖平砌做面。台明从 9.1 米处，成直角南拐 1.75 米和早期北台明相接。南拐部分包砖东西宽 0.17 米，距北檐柱础中心 0.47 米，用四层条砖平砖错缝顺砌包边，高 0.28 米，外面磨光。

(3) 南墙 呈东西走向，顶部和西部已残，仅剩东端部分墙基，东西残长 1.77、南北宽 0.4、残高 0.37 米，夯筑而成，夯层厚 0.09～0.1 米，夯窝清晰可见，直径 0.1～0.11 米。墙内保留暗础 2 个，皆方形，青石质。立柱础坑位 2 个，东西向一字排列，从东向西：第一立柱础坑位东西 0.38、南北 0.4、深 0.13 米，东与殿西檐墙南边第二立柱础坑位中心间距 5.2 米，西和规格为 0.33×0.33×0.12 米的第二柱础中心间距 2.61 米；第三立柱础坑位东西 0.41、南北 0.4、深 0.125 米，东与第二柱础中心间距 2.6 米，西与规格为 0.4×0.4×0.12 米的第四柱础中心间距 2.65 米。南墙暗础与檐柱中心间距 4.17 米。

(4) 柱础 保存立柱础坑位 1 个，柱础 3 个，皆青石质，素面方形，表面有土锈，东西向一字排列。从东向西：第一立柱础坑东西 0.45、南北 0.4、深 0.135 米，中心东距殿西墙 0.7 米，西距规格为 0.44×0.38×0.12 米的第二柱础中心 2.61 米；第三柱础规格为 0.4×0.42×0.115 米，东与第二柱础中心间距 2.6 米，西与规格为 0.38×0.41×0.11 米的第四柱础中心间距 2.65 米。

（5）廊内地面 破坏较为严重，除西部紧挨台明处残留东西长 4.1、南北残宽约 0.17 米一段砌砖外，其它部分砌砖均已无存。回廊地面的做法较为简单，先平整地面，然后平夯，砌砖。

15. 柱础 殿基现存柱础和立柱础坑位 29 个，分为 6 个木柱础，8 个石柱础，15 个柱础坑位。柱础排列，从西向东，南北向排列 7 行，从南向北，东西向排列 6 行。从北向南，由西向东测量计算（图九）：

第一排 第一柱础坑位东西长 0.5、南北宽 0.5、深 0.2 米，中心距西墙 2.55、离北墙外壁 2.62 米。第二柱础坑位东西长 0.5、南北宽 0.48、深 0.18 米，中心距北墙 2.75 米。第三柱础坑位东西长 0.5、南北宽 0.51、深 0.19 米，中心距北墙 2.9 米。第四柱础坑位东西长 0.51、南北宽 0.5、深 0.2 米，中心距北墙 3 米。四柱础坑位中心间距依次为 3、6.8、3.9 米。

第二排 第一柱础坑位东西 0.505、南北宽 0.48、深 0.18 米，中心距殿基西墙 2.55 米。第二柱础汉白玉质地，规格为 0.45×0.5×0.16，正中有一直径为 0.12、深 0.16 米固定立柱的洞。第三柱础汉白玉质地，规格为 0.45×0.45×0.13，正中有一直径为 0.12、深 0.14 米固定立柱的洞。第四柱础汉白玉质地，规格为 0.45×0.45×0.13，正中有一直径为 0.11、深 0.15 米固定立柱的洞。上述三个柱础形状、做工相同。柱础之间的间距依次是 3.2、3.25、3.55 米（图九；图版八，1）。

第三排 第一柱础坑位东西长 0.49、南北宽 0.51、深 0.2 米，中心距殿基西墙 2.55 米。第二柱础坑位东西长 0.5、南北宽 0.48、深 0.18 米。两柱础坑位中心间距 3.01 米。

第四排 柱础用枋木做成，紧贴汤池南壁里沿，中心距汤池南壁里沿 0.75 米。木柱础由长 5.78、7.64、5.78 米三段枋木连接而成，总长 19.2、宽 0.42、厚 0.35 米。其上嵌合 6 个南北向小枋木，平面呈"十"字形，立柱位于"十"字交叉点上（图一三；图版八，2、九，1）。从西向东：

第一木柱础，腐朽严重，上层南北向枋木残长 1、残宽 0.3、残厚 0.25 米。下层东西向枋木残长 1.85 米（以东西向保护砌石为准测量。下面五个柱础东西向枋木测量同上），残宽 0.43、残厚 0.25 米。

第二木柱础，腐朽严重，上层南北向枋木为零散残块，残长 0.9、残宽 0.38、残厚 0.3 米；下层东西向枋木残长 1.8、残宽 0.3、残厚 0.2 米。

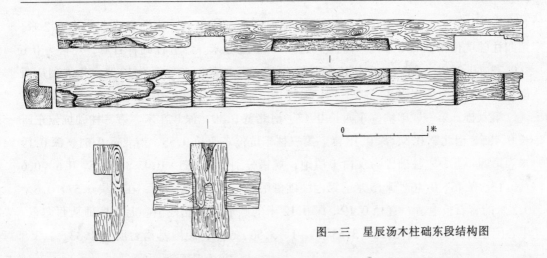

图一三　星辰汤木柱础东段结构图

第三木柱础，腐朽残缺，上层南北向枋木残长1.05、残宽0.33、残厚0.22米；下层东西向枋木残长1.8、残宽0.44、残厚0.27米。

第四木柱础，亦腐朽，上层南北向枋木已腐朽，残长1、残宽0.3、残厚0.18米，下层东西向枋木残长1.82、残宽0.31、残厚0.29米。

第五木柱础，保存较好，上层南北向枋木长1.13、宽0.48、厚0.35米，底部剔凿成一东西0.48、南北0.43、深0.22米的"凹槽"。下层东西向枋木长1.8、宽0.42、厚0.34米，中间剔凿成东西长0.41、南北宽0.42、深0.2米的"凹槽"。底部东西向枋木上的"凹槽"和上部南北向枋木的"凹槽"相互咬合而成"十"字形（图一三；图版九，2）。

第六木柱础，保存尚好，东西向枋木长1.8、宽0.42、厚0.34米，其上距东端0.23米处有一东西长0.61、南北宽0.3～0.42、深0.17米的"凹槽"。"凹槽"上南北向枋木残长1、残宽0.4、残厚0.23米。

这六个柱础之间，第一与第二，第五与第六的中心间距均为3.25米；第二与第三、第四与第五的中心间距均为3.55米；第三与第四的中心间距为3.9米。

其中第五与第六柱础之间的东西向枋木北边有一东西长1.28～1.35、南北宽0.17～0.19、深0.16米的台形槽，汤池底的青石板正好镶压在这槽口上（图一三）。此槽口正对下文将要叙述的"斗池"和"魁池"池口结合部位。其东西向枋木上没有池壁建筑，如若不用池底青石板卡压枋木，第五、第六柱础立柱承重以后，东西向枋木两头一旦受力，中间就可能翘起，使局部柱础呈不均匀下降，必然导致殿宇局部变形。不难看出此卡槽对于第五、第六柱础稳定，保障殿宇的安全作用是不容忽视的，同时也可见古代工匠们殚精竭虑，认真负责的施工精神。

第五排　第一柱础坑位东西长0.5、南北宽0.49、深0.185米。第二柱础坑位东西长 0.6、南北宽 0.58、深 0.19 米。第三柱础位东西长 0.59、南北宽 0.54、深 0.2 米。第四柱础坑位东西长 0.56、南北宽 0.59、深 0.195 米。第五柱础青石质，规格为 0.6×0.72×0.22 米。第六柱础坑位东西长 0.57、南北宽 0.53、深 0.19 米。六柱础从西向东，中心间距依次为 3、3.25、3.55、3.9、3.56 米。

第六排，第一柱础坑位东西长 0.47、南北宽 0.49、深 0.2 米。第二柱础坑位东西长 0.485、南北宽 0.5、深 0.18 米。第三柱础坑位东西长 0.55、南北宽 0.51、深 0.19 米。第四、五、六柱础皆为汉白玉质地，规格分别为 0.455×0.45×0.145、0.6×0.6×0.15、0.46×0.46×0.15 米。第七柱础借用"斗池"池底砌石，在一块 0.57×0.6×0.2 米的青石板上凿一直径 0.19、深 0.12 米的圆形固定立柱洞。七个柱础从西向东，中心间距分别为 3.2、3.25、3.55、3.91、3.56、6 米，距殿基南台明为 1.33～1.355 米。

六排柱础由南向北，根据柱础坑位测量，中心间距依次是 3.01、3.02、5.2、3.15、3.03 米。

（二）南庑建筑

南庑为"斗池"上的建筑，紧接主体殿宇东南角而建。至于两者如何连接，因地面殿宇东南部遭到破坏和梁架结构毁坏无存，不得而知。现存基址呈东南西北走向，东西宽 12.9、南北长 10.5 米（从南墙至主体殿宇南台明），面积约 135.45 平方米，由于历代沿用修葺，破坏较为严重，现仅残留部分柱础、两侧台明和散水等（图一四）。

1. 东散水　紧贴东檐墙的东边砌筑，走向与墙基相同，宽 0.9 米，西边高出东边 0.02 米，东边高出室外地面 0.03～0.05 米，从南向北延伸至 6.83 米处被破坏。散水"牙角"砖还向北延伸 2.75 米被破坏。散水南端成直角东拐，延伸至探方外，长度不明，此次仅清理出土 1.45 米（图一四；图版一〇，1）。

散水的做法：是对将要铺散水的地面平夯后，在上面平砌二排规格为 34×33×6.5、34×29×6.4、33.5×31×6.5 厘米、一面素面、另一面饰绳纹的方砖。个别地方间铺两条砖。散水东边用规格为 37×16.5×7.5 厘米的绳纹条砖南北向侧砖顺砌加固，外侧帮砌"牙角"形砖一行。每个"牙角"砖外侧平铺顶垫一方砖或条砖。

2. 东墙　位于"斗池"东侧 3.7～4 米处，呈南北走向，南偏东 7.5°，北部被破坏，南北残长 5.6、东西宽 0.34 米，现留二层砌砖，残高 0.15 米。从遗迹看，墙用条砖砌筑，第一层东西向平砖丁砌，第二层用双条砖南北向平砖错缝顺砌。东墙和主体殿宇如何相接不得而知。

3. 南墙　呈东西走向，方向 275°，向北突出，平面略呈"凸"字形，东西两端均延伸至探方外，范围不清楚。墙突出部分北边东西长 12.2 米，东边南北宽 2.15 米，西边南北宽 2.1 米，高 1 米。平台东西两边用砖包砌。东边包砖东西宽 0.2、残高 0.14～

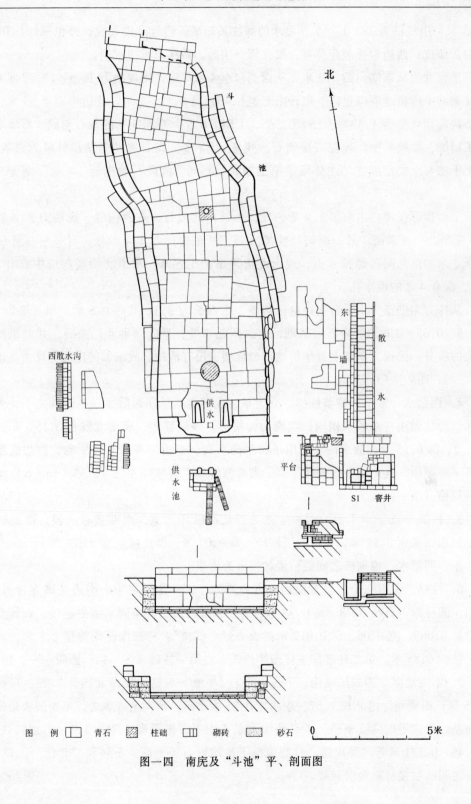

图一四　南庑及"斗池"平、剖面图

0.65 米，用规格为 38×17×7.5 厘米的绳纹条砖平砖错缝顺砌而成，外包厚约 0.01 米的白灰墙皮；西边包砖破坏严重，仅存部分砌砖，做法与东边相同。

平台北边从东端向西 3.3 米，从西端向东 4 米两段，用规格为 36.5×17×7 厘米的绳纹条砖平砖错缝顺砌包边。砌砖南北宽 0.45、高 0.12～1 米。北边中间 4.85 米，用打磨规范而规格为 1.42×0.55×0.585、0.54×0.53×0.585 米的青石砌成。石墙表面做工精细，合缝紧密。现存二层砌石，残高 0.84 米。砌石之间的粘接材料为白灰浆。做工手法与上文已叙述的主体殿宇第三期北墙相同。此段石墙也是"斗池"南壁二层台。

平台顶部仅清理出东部 1.9 米一段，上铺南北成行，东西错缝，规格为 32×30×5.5 厘米、一面素面、另一面饰绳纹的方砖。从东边向西 1.4 米处，有一东西宽 0.3、深 0.2 米的南北向砖砌排水道，现南北清理出土 1.6 米。水道北端底部正中有 0.1×0.1、深 0.4 米的流水孔。

从探方东壁至突出平台东边这段砖墙，东西长为 2.3、残高 0.5 米，用规格为 0.8×0.5、0.65×0.6 米的青石做基础，上边压茬错缝，平砖顺砌 4 层条砖，并向里侧有较大的收分。因探方南壁上有华清池宿舍危楼，没有清理，故砌墙的南北宽度无法确定（图一四；图版一〇，2）。

4. 西散水　紧贴西檐墙修砌，分为早、晚两期：早期西散水压在晚期之下，大多破坏，形状做法与东散水相同；晚期为沟槽形，残缺甚多，现南北残长 3.15、东西残宽 0.2、深 0.15 米。散水沟底部用条砖平砖丁砌，东边用条砖平砖顺砌，西边底层用条砖平砖顺砌，其上用条砖侧砖丁砌。砌砖饰绳纹，有 33×17×7、33×16×6 厘米等多种规格（图一四）。

5. 西墙　位于"斗池"西侧 4 米处，北部破坏无遗，南部残存一段，南北残长 3.25、东西残宽 0.17 米，保留一层砌砖，高 0.07 米，做法同东墙（图一四）。

东、西散水、墙砌砖之间的粘接材料皆为泥浆。

6. 柱础　保留 2 个，呈东南西北方向排列于"斗池"之中。南边柱础为青石质，素面，圆柱形，直径 0.73、高 0.38 米，为了和其上的石柱牢固紧密的连接，表面上雕凿有长 0.085、宽 0.05、深 0.017 米的长方形"凹槽"。柱础南距南池壁 2.8 米，北距第二柱础 6.85 米。第二柱础即主体殿宇南檐东边第一柱础（图一四；图版一一，1）。

7. 室内地面　为双层结构，下砖上石。"斗池"东侧地面南北残长 2.15、东西宽 1.75 米；西侧残存南北长 1.57、东西宽 0.85 米砌砖。解剖遗迹观之，地面做法是先夯打地基，依次平砌绳纹条砖，上平垫少许黄土引平，再平砌 1.75×1.3×0.125、1.77×1.45×0.131 米等多种规格、打磨规范平整的青石板为面。石面和"斗池"上口平。砌石之间的粘接材料为白灰浆。

（三）汤池建筑

汤池建筑由汤池供水设施、汤池和汤池排水设施三大部分组成。汤池平面神似"北斗七星"形状，分为"斗池"和"魁池"两部分。

1. 汤池供水设施

汤池供水设施位于"斗池"南边，由供水道、供水池、供水口组成。

（1）供水道　3条。由东向西编为 S1、S2、S3。

S1　紧贴南庑的南墙基修建，呈东西走向，全用青石砌筑，东端延伸至探方外。从探方东壁向西 1.4 米，水道垂直下降 0.1 米，再向西 6.85 米和供水池东壁进水口相接。供水池东壁的进水口即水道西口。水道口南北宽 0.18、深 0.3 米，修砌于地下，底部距南墙散水地表约 0.95 米，上盖石板，为全封闭式（图一五，2）。

S1 东部有一个窨井，高出南墙散水地面约 0.3 米，平面呈曲尺形状，南长边东西为 1.16、东长边南北 1、北短边东西 0.6、西短边南北 0.6 米。井东壁以高 0.47 米的青石做基础，上面平砖错缝顺砌七层条砖，高 0.5 米；南壁以高 0.75 米的青石做基础，上面平砖错缝顺砌四层条砖，高 0.29 米；西壁以高 0.75 米的青石为基础，上面平砖错缝顺砌五层条砖，高 0.4 米。北壁有一南北长 0.4、东西宽 0.6、高 0.5 米的二层台。二层台面上距井口地面 0.47 米。砌砖饰绳纹，有 34×16.5×7、34.5×17×7 厘米等多种规格。

在窨井东壁从下向上第一层砌砖中部，有一南北宽 0.15、高 0.07 米的水孔；在南壁第一层砌砖处有 2 个小孔，东边孔东西宽 0.15、高 0.07 米，西边孔东西宽 0.1、高 0.07 米，间距 0.12 米。三个小孔在窨井外情况和作用不明。窨井上用长 1.2、宽 0.8~1、厚 0.1 米的青石板做盖。发掘水道和窨井时候，清澈的温泉水还由东向西汩汩流淌（图一五，2；图版一一，2）。

S2　是绳纹陶质水管道，呈东南西北走向，北端和供水池相连接，南端延伸至探方外，此次发掘仅清理出 0.87 米。管道单节长 0.36、直径 0.2 米，子母口套接（图一五，1；图版一二，1）。

S3　是绳纹陶质水管道，呈南北方向，南端延伸至探方外，北端和供水池石盖板上的进水孔相接，此次仅清理出土 2.8 米。水道高出供水池顶部 0.5 米，在两者接合处几乎垂直下降连接。接口处四周用绳纹条砖平砌将管道固定，白灰浆合缝。陶管道单节长 0.39、直径 0.26 米，子母口套接，底部平砌 34.5×16.5×5.5 厘米的绳纹条砖。从已清理出 2.8 米这一段水道测量，南北高差是 0.05 米，说明管道比降较大。尽管如此，管道内还淀结了厚约 0.045~0.05 米的水锈（图一五，1；图版一二，1）。

（2）供水池　平面呈东西长方形，全用剔磨规范的青石砌成，东西口长 1.05、南北 0.5、深 0.61 米，上盖两块 1.05×0.35~0.4×0.15 米的石板封口。两石盖板接缝

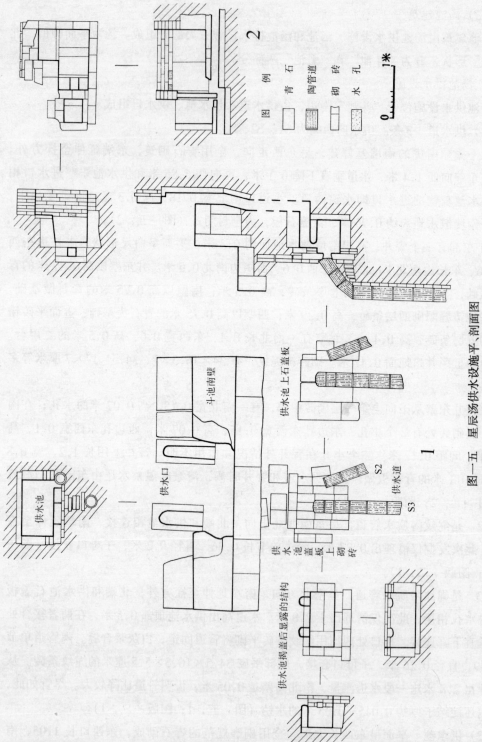

图 例

青　石
陶管道
砌　砖
水　孔

0　　　　　　1米

供水池上石盖板

斗池南壁

供水池

供水口

供水道 S1
S2
S3

供水池盖板上砌砖

供水池揭盖后显露的结构

图一五　星辰汤供水设施平、剖面图
1. 供水设施平、剖面图　2. 供水道 S1 及管井平、剖面图

处有一直径为 0.25 米的进水孔。在供水池北壁石盖板之下，并排剔凿两个东西长 0.17、上下高 0.1 米的出水口。出水口底距供水池底 0.44 米。在供水池东壁正中，紧接石盖板之下还有一个南北长 0.12、上下高 0.09 米的进水口。进水口底距供水池底 0.38 米。石盖板的上下平砌手印纹和绳纹条砖。供水池底有厚 0.02～0.07 米的水锈，说明使用时间较长（图一五，1；图版一二，2）。

（3）供水口　位于"斗池"南壁一层台中部池底和池壁结合处。通过一层台中间被破坏的部分可以看出，供水口是两个东西向并排的砂石质流水槽，间距 0.86 米。水槽一半压在一层台阶之下，一半伸向汤池内，顶部低于池底约 0.11 米。其上结构由于遭受破坏而无存，分析上边原盖有青石板，和池底砌石一样平。东边流水槽口南北长 1.05、南端东西宽 0.37 米，北端呈圆弧形，宽 0.18、深 0.07 米，雕凿在南北长 1.24、东西宽 0.5、厚 0.19 米的长方形石块上。西边流水槽口南北长 0.92、南端东西宽 0.28 米，北端呈圆弧形，宽 0.17、深 0.07 米，雕凿在一南北长 1.03、南边东西宽 0.5、北边东西宽 0.55、厚 0.17 米近似长方形的砂石上。在砂石之南约 0.5 米处，有一东西长 0.63～0.95、南北宽 0.53 米的砂石，上边剔凿南北长 0.46、东西宽 0.51～0.6、深 0.02～0.05 米的流水槽（图一五，1；图版一二，3）。

两个流水槽略呈南高北低斜坡状，从"斗池"一层台向南，上对两个封闭在南边石墙内的石砌垂直水道。两个水道口东西宽 0.18、南北长 0.2、上下高 0.7 米。

温泉水就是通过上述的供水道流入供水池，再经流水槽进入星辰汤"斗池"。

汤池供水设施的供水道套接、砌砖、砌石之间的粘接材料皆为白灰浆。

2．"斗池"

"斗池"位于南庑建筑中部，呈东南西北走向，逶迤蛇形，南宽北窄，保存较为完整，南北全长 16.8 米，两层台式。从下向上，一层台高 0.7、台面宽 0.6～0.8 米，池口南端东西宽 4.75、北端宽 1.45 米；二层台高 0.48～0.5 米至室内地面。池口南端东西宽 6.1 米，北端被破坏，宽度不详（图一四；彩版三，1；图版一三，1）。

（1）池东壁　二层台式，由三层券石叠砌而成，从下往上：第一、二层为厚 0.24 米的砂石质券石，第三层砌厚 0.22 米的青石质券石做面。一层台表面靠池内侧的青石和北部 2.3 米砌石被破坏，其余部分保存较好。池壁外侧用经过加工的砂石块、绳纹条砖砌墙加固。二层台由两层青石质券石叠砌而成，壁面弧形，自然流畅，接茬圆滑，剔磨光滑，合缝紧密，缝距 0.002～0.003 米，南部 5.3 米被清代修建的砖券洞覆压，北部 3.7 米被现代人引温泉水时破坏，如何同后文要叙述的"魁池"南壁连接，将成为千古之迷（图一四）。

（2）池南壁　用表面打磨非常规整的青石砌成二层台式，从下向上：一层台南北宽 0.75～0.85、东西长 4.85、高 0.78 米，双层结构，里石外砖。里层用三层青石平石错缝顺砌，从上向下，砌石依次厚 0.23、0.37、0.18 米，中间 1.2 米被破坏。外层砌砖压在其下，数据不得而知。二层台即南庑南墙壁，双层结构，里石外砖。里层砌石东西长 4.8、南北宽 0.53～0.65、残高 0.83 米，保留两层砌石，下层砌石高 0.55、上层砌石高 0.28 米。外层用手印纹、绳纹条砖平砖错缝砌顺宽 0.8 米的砖墙加固。

（3）池西壁　亦为二层台式，和池东壁相对，结构、形状相同，变化相反，前者凹进，后者凸出，前者凸出，后者凹进，亦用青石和砂石叠砌而成。券石做工等与池东壁相同。一层台北边 1.1 米，二层台北边 2.75 米破坏无存，同后文要叙述的"魁池"南壁连接情况不明（图一四；图版一三，2）。

在池壁一层台和池底接合处有 2 个出水口，编号 K1、K2。

K1，位于距池南壁一层台 1.52 米处，上部呈圆弧形，南北宽 0.17、高 0.13 米，外接绳纹陶质水管道，向西北方向的尚食汤供水。

K2，位于 K1 之北 1.52 米处，形状与 K1 相似，大小则不同，南北宽 0.14、高 0.17 米，外接绳纹陶质水管道，为位于西北方向的"少阳汤"供水。

需要提前说明的是，"少阳汤"除保留部分供、排水道外，锱铢无遗。

（4）池底　为三层结构，上层平砌表面光亮平整，四边剔磨平直的青石板。石板有 0.5×0.8×0.15、0.65×0.8×0.15、0.88×0.88×0.15、0.98×1.2×0.15、0.62×1.52×0.15、0.3×1.44×0.15、0.82×1.14×0.15、1.06×0.98×0.15、0.62×1.22×0.15、0.4×0.58×0.15、0.36×1.12×0.15、0.32×1.6×0.15、0.64×1.4×0.15 米等多种规格。石板下平砌两层规格为 33×16.5×7、35×17×7 厘米带工匠名字的绳纹条砖，厚 0.15 米。其下是经过夯打、厚约 0.8～1 米的防渗水土层（图一四）。

池底南高北低，呈微斜坡状，两端高差 0.2 米。北部上层 2 米多长的砌石被扰动，散乱无序，其间添补了一些砂石块，但下层砌砖原封未动。

东、西池壁未砌在池底青石板之上，其间有 0.04～0.06 米的空隙，说明池底和池壁不是一次砌成的。联系东、西池壁底下两层砌石和进水槽均为砂石质分析，原池底也可能砌砂石板。现存青石板是后继掌朝者为了汤池美观耐用，沐浴时高雅舒适而取掉砂石重新铺设的。

3."魁池"

"魁池"呈东西长方形，位于殿宇建筑正中、"斗池"北边，从唐代工匠凿的池壁做工线测量，两个汤池中间以南北长 1.45、东西宽 1.45 米的流水口连接成一个整体。但"斗池"池底比"魁池"池底高出 0.27 米。由于唐代以后各代沿用修茸，使"魁池"遭受严重破坏，仅残存池底和部分池壁。"斗池"和"魁池"接茬处被破坏，详情不明。从池底保留东、西池壁外的砖砌加固墙壁测量，"魁池"实际东西长 16.49、南北最宽处是 3.93～3.95、最窄处为 3.35、高 0.7～0.72 米，除去南池壁凸进池内所占面积，其总面积约 60.2 平方米（图一六；彩版三，2；图版一四）。

（1）池东壁　呈南北走向，方向 182°，双层结构，里石外砖，砌石已破坏无遗。从工匠做工时留下南北残长 0.95 米的做工槽线测量，原池壁砌石东西宽为 0.6 米。砌石外加固砖仅残留最底下一层，南北长 2.5、东西宽 0.32 米，用规格为 35×16×7 厘米的双排绳纹条砖南北向平砖顺砌而成，残高与池底砌石平（图一六）。

（2）池南壁　为双层结构，里石外砖，现砌石已不复存在。从池底保存较为完好的唐代工匠做工时留下的做工槽线看，池南壁总体呈东西走向，结构特殊，与东、西、北三壁不同，砌成六个向池内凸出的小"马面"形状。这种形状结构，是为了保护枋木上支撑大殿立柱的实际需要而别出心裁设计的（图一六）。

六个"马面"形立柱保护壁，从东向西编号为 ZH1、ZH2、ZH3、ZH4、ZH5、ZH6。

ZH1，东边已被破坏，南边借用"斗池"东壁为边，北边东西长 1.8、西边南北宽 1.45 米。

ZH2，向池内凸出的东边南北长 2.05、北边东西长 1.78、西边南北长 0.35 米。

ZH3，向池内凸出的东边南北长 0.355、北边东西长 1.805、西边南北长 0.35 米。

ZH4，向池内凸出的东边南北长 0.34、北边东西长 1.8、西边南北长 0.34 米。

ZH5，向池内凸出的东边南北长 0.335、北边东西长 1.785、西边南北长 0.345 米。

ZH6，西边和西北角池底砌石皆被破坏，形状难辨，向池内凸出的东边南北长 0.35、北边东西残长 1.83 米。

ZH1、ZH2、ZH3、ZH4、ZH5、ZH6 南边没有砌石，而是用条砖砌边。砌砖残留西部和中部两段，西段东西残长 2～2.5、南北残宽 0.5～0.9、残高 0.07～0.15 米；中段东西残长 1.5～2.1、南北残宽 0.6～0.9、残高 0.07 米。砌砖外是填土和鹅卵石。

ZH1 和 ZH2、ZH5 与 ZH6 外壁间距分别为 1.45 米。ZH2 与 ZH3、ZH4 与 ZH5 外壁间距 1.68 米。ZH3 与 ZH4 外壁间距 2.1 米，并在池底和池壁结合处发现一枚生锈后紧粘在白灰浆上的"开元通宝"货币。

ZH3 和 ZH4 之间池壁外侧，保留东西长 2.04、南北宽 1.04、高 0.28 米一段砌石。砌石用长 1.04、高 0.28、分别宽 0.62、0.64、0.78 米的三块长方形砂石南北向并排平砌。此石一举两得，既做池壁，又下压东西向枋木，使枋木上立柱和池底、池壁连为一体而更加稳固。

（3）池西壁　呈南北走向，破坏极为严重，面目皆非，池壁和池壁外帮砌砖无存，仅西南角残留一块池底砌石。从砌石上保留的唐代工匠做工时留下的南北长 0.5 米的做工槽线测量，原池西壁砌石宽约 0.5～0.6 米（图一六；彩版四，1）。

（4）池北壁　呈东西走向，东、西两端均遭到破坏，仅中部保留一残段，东西长

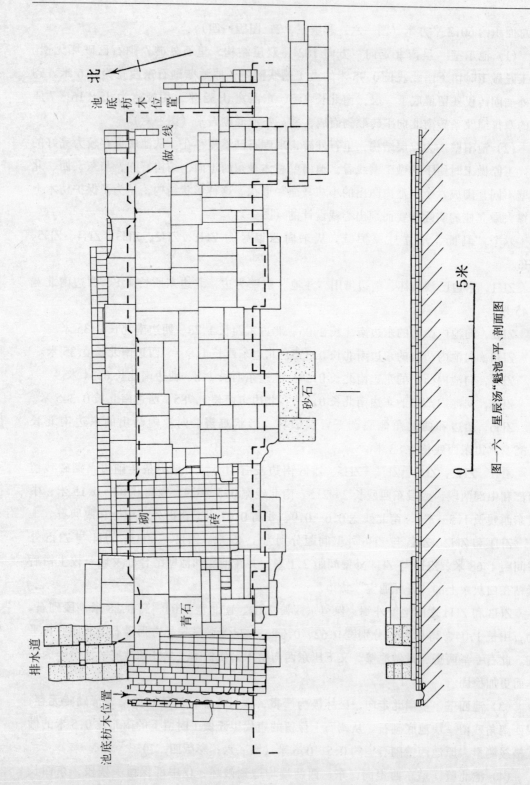

图一六　星辰汤"魁池"平、剖面图

2.45、高 0.7~0.75 米，三层结构，由里向外，依次是砌石、砖砌护墙和经过夯打处理的防渗水土层。砌石南北宽 0.4~0.6 米。砖砌护壁东西长约 16.1、南北宽 0.44、残高 0.07~0.72 米（图一六；图版一五，1）。

由东向西测量池底上保留的唐代工匠砌筑池北壁时的做工槽线，在 2.43 米处有向池北壁呈弧形内凹 0.32 米的双槽线。线弧长 0.815 米，又向池内呈弧形内凸 0.32 米，再以直线向西 2.8 米，接着弧形向南 0.3 米，又直线向西 4.3 米，又弧形向北 0.3 米，再向西 2.6 米，与池内弧形内凸 0.3 米的弧线相接而终止于排水道东壁。上述双弧线的间距 0.1 米，其中南弧线为唐代工匠失误所致（图一六；彩版四，2）。

池北壁向池内凸出的弧形部分，除有汤池整体外形设计美观的需要之外，还有稳定池北壁上立柱的考虑。

（5）池底　呈东西长方形，东西残长 14.75、南北宽 3.95 米，面积 58.3 平方米，三层结构，上层用表面平整如削、四周打磨规整、合缝紧密的青石板平砌而成。其中东北、西北角两处砌石被破坏。砌石有 0.82×1.6×0.11~0.12、0.8×0.42×0.11、0.53×1.37×0.12、0.67×1.07×0.11~0.12、0.47×0.55×0.11~0.12、0.75×1×0.11~0.12、0.5×0.9×0.11~0.12、0.65×0.67×0.11~0.12、0.5×1.25×0.11~0.12 米等多种规格。中层是石板底下平砌两层有工匠印戳、规格为 31×16×7 厘米的绳纹条砖，厚 0.15 米。下层是经过夯打处理、厚约 0.6~0.8 米的黄土防渗水层。为了便于从西北角排水道排除池内积水，池底东南、东北、西南角略高于西北角，呈微缓斜坡状，高差约 0.08 米（图一六；图版一五，2）。

池底青石上做工槽线之内光亮可鉴，线外则用凿刀剔成横七竖八的浅槽线，凹凸不平，目的是为了池底和四周池壁粘接得更加牢固紧密，防止汤池漏水而凿。

池底青石表面有的地方砌石如新，有的地方则磨损下凹 0.01~0.03 米不等。这是唐代以后各代相继沿用所致。

（6）池底枋木　在距池底东边 0.5 米和距池底西边 0.59 米的池底青石板下，分别有一南北向的砖砌沟槽。东沟槽南北长 4.25、东西宽 0.25、深 0.15~0.25 米。西沟槽南北残长 4.25、东西宽 0.275、深约 0.22 米。两沟槽内放置南北向枋木。西沟槽内枋木南北残长 0.8、东西宽 0.26、高 0.2 米，其余部分已腐朽成碎渣而形状难辨。东沟槽枋木南接池南壁外东西向枋木，向北延伸至池北壁底下，南北长 4.1、东西宽 0.23、高 0.2~024 米，槽朽不堪。两沟槽用规格为 33×16×6.5 厘米的绳纹条砖，南北向平砖错缝顺砌做壁（图一六）。

汤池砌石和池底砌砖之间的粘接材料为白灰浆。池四壁外帮砌加固砖之间的粘接材料是泥浆。

4. 汤池排水设施

　　汤池排水设施由早、晚期池底和汤池排水道及闸门组成。

　　（1）池底早期排水道　位于"魁池"北壁中部，呈南北走向，方向14°，呈南高北低斜坡状，南边大部分已破坏，仅北部残留用"青棍"方砖做底、条砖砌壁、长1.05米的一段。水道内口宽0.21、深0.15米，北端用砂石做成"T"形出水口，和一东西长14.24、南北宽0.48、深0.35米的排水道连接。"T"形出水口南北长0.36、东西宽0.21、深0.15米，底部平砌长0.6、宽0.5、厚0.2米的砂石，上盖砂石块，其上再垫铺0.1～0.15米厚的黄土，整平后做地面（图一七；图版一六，1）。

　　东西向排水道北壁用0.6×0.44×0.25、0.62×0.46×0.25～0.27米等多种规格、雕凿规整的砂石侧石顺砌。北壁有的两块砌石之间用铁栓板连接。南壁用砂石块间隔鹅

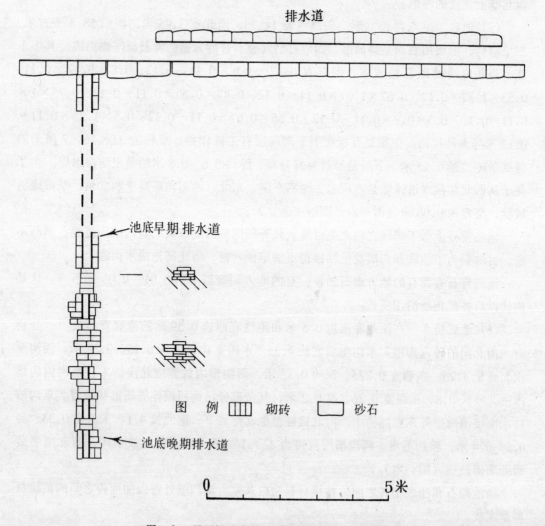

图一七　星辰汤池底早、晚期排水道平、剖面图

卵石叠砌而成。水道底部平砌规格为 35.7×34.3×7 厘米的十六朵莲花纹方砖。但大部分砌砖已被揭掉（图一七；图版一六，2）。

（2）池底晚期排水道 位于"魁池"北中部，池底早期排水道之南，南北走向，方向 14°，呈南高北低斜坡状，由南向北至 6.1 米处遭到破坏。水道分为上、下两层，间距 0.15 米，用两层条砖平砌为底而隔开。上层排水道内口宽 0.2、深 0.15 米（图一七；图版一七，1、2）；下层内口宽 0.1～0.12、深 0.06～0.09 米（图一七；图版一八，1）。上层排水道口高于池底 0.05 米，下层排水口低于池底 0.1 米。两层排水道的作用是排除池底和池身渗漏出来的积水。当水位低时，由下层水道排除，水位高时，两水道同时排水，设计合理，独具匠心。此汤池底和池身设置专门的排水道，而别的汤池却没有，主要是考虑殿宇为高台建筑，里边汤池面积较大，贮水多，而汤池不可能绝对密封，必然会有渗漏水，若不及时排泄积水，天长日久，就会威胁地面建筑的安全。

排水道的做法，是先挖沟槽，然后用条砖东西向平砌为底，两边用绳纹条砖南北向平砖错缝顺砌成壁，上边再东西向盖条砖封顶。其上层水道依次而就。砌砖有 34×17.5×7、36×17.5×7.5、32×16×6.5 厘米等多种规格。

（3）汤池早期排水道 位于"魁池"西北部，分为早、中、晚期三段，主要是为了排除沐浴后脏水和为太子汤供水而修筑的。

早期早段排水道，南部呈南北走向，用规格为 0.44×0.52×0.24、0.57×0.44×0.25、0.64×0.44×0.24、0.54×0.62×0.24 米的砂石和青石平石错缝顺砌而成（图一八，1；图版一八，2）。水道口宽 0.44～0.46、深 0.64～0.8 米，向北延伸到 7.6 米处，在晚期修筑殿基北墙时被破坏了 3.1 米。水道再向北，通过一个上部为太子汤供水，下部排除脏水的分水口。分水口上部设施除保存一南北长 1.04、东西宽 0.8、厚 0.08 米的青石板外，其余已无存（图一八，1；图版二二，3）。

早期早段排水道在分水口上部，南部呈西南东北方向，呈南高北低斜坡状，高差 0.3 米，用砂石铺底，两边用条砖平砖错缝顺砌为壁，口宽 0.3、残深 0.35 米。从分水口处向东北 3.7 米，水道与一南北向砖砌水道连接。砖砌水道南北残长 23.6、口宽 0.35、残深 0.35 米，内壁布满水锈，因为局部地方全部堵塞而废弃，北端后在修建海棠汤时被破坏（图一八，1；图版一九，1）。

早期中段排水道，位于早期早段排水道之东 1.7 米，是早期早段排水道因水锈堵塞而后重修砌的，南端和东北向砂石水道相接，向东 2.2 米后成直角北拐延伸 23.4 米。水道口南北宽 0.34、深 0.35 米，内部水锈厚 0.07～0.12 米，又因局部地方全部堵塞而废弃，北端后在修建海棠汤时被破坏（图一八，1）。

早期晚段排水道，是早期中段排水道废弃后，在分水口之北地面下用青石砌成一南北长 0.4、东西宽 0.45、深 0.45 米的长方形小水池。然后在池北壁雕凿直径为 0.29 米

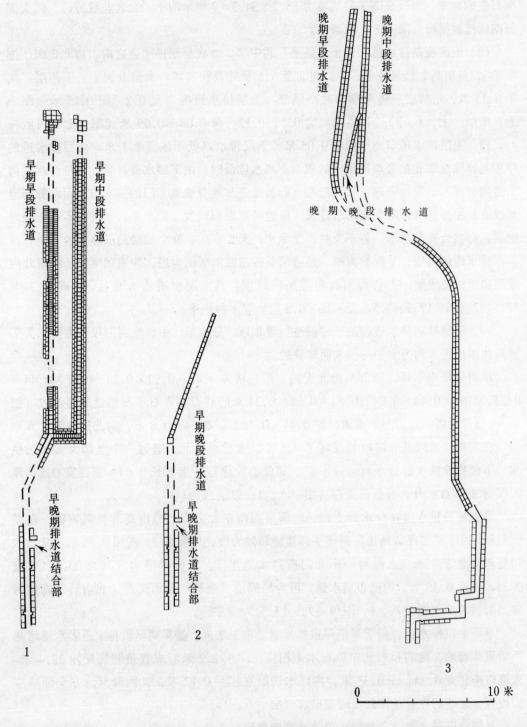

图一八　星辰汤汤池早期排水道平、剖面图

1. 汤池早期早、中段排水道平、剖面图　2. 汤池早期晚段排水道平面图　3. 汤池晚期排水道平面图

的圆孔，北接直径为 0.27 米的绳纹陶质管道。管道南高北低，有一定的比降，向东北方向延伸 32 米至探方外，走向不明（图一八，2）。

早、中两段排水道做法相同，先挖沟槽，底砌莲花、绳纹方砖，两边用规格为 34×17×7 厘米的绳纹条砖南北向平砖错缝顺砌做壁。

（4）汤池晚期排水道　是汤池早期排水道废弃之后于早期排水道南部排水口向北 5.4 米处开始修建，由此向东拐 3.65 米，又向北拐 1.37 米，再向东拐 1.2 米（图一八，3；图版一九，2），还再向北拐 5.85 米后向西北延伸 1.45 米（图一八，3；图版二〇，1）。北端出水口做成喇叭形状与双排绳纹陶质水管道连接。

东拐 3.65 米的水道口宽 0.5~0.6、残深 0.8 米。从向北拐 1.37 米至陶水管道连接处这段水道口宽 0.35、深 0.35~0.8 米，南高北低，有一定的比降。水道用规格不一的砂石平石错缝顺砌，粘接材料为白灰砂浆。两壁和底部砌石接合处下压"开元通宝"货币，锈蚀严重，数量不清。底部沉积 0.1~0.15 米厚的水锈，说明前后沿用时间较长。

和排水道北端喇叭形状排水口相连接的双排绳纹陶质水管道分为早、中、晚三段（图一八，3；图版二〇，2）。

晚期早段排水管道南部无存，呈南北走向，现残长 17.6 米。上半部分残破，南高北低，有比降，单节水管长 0.37、直径 0.27 米（图一八，3）。

晚期中段排水管道位于晚期早段排水管道东边以下 0.1 米处，是晚期早段管道堵塞后重修所留，呈南北走向，南部破坏无遗，北部残存 16 米，南高北低，有比降。管道向北拐弯处由于积淀水锈堵塞，为了绕过堵塞处，在其西边又重新铺设了 7.3 米管道。单节水管长 0.37~0.42 米不等，以 0.4 米长为最多，直径 0.28 米（图一八，3）。

晚期晚段为双排水管道，单节管道长 0.4、直径 0.3 米，保存较为完整，南北走向，南高北低，有比降，从喇叭口接合处拐向西北 2.4 米，向正北延伸 12 米后呈弧线状拐向西 10 米，又呈弧线状拐向北 16 米而至发掘探方外（图一八，3）。

晚期早、中、晚三段排水管道相互间均为子母口相接，用白灰浆粘接抹缝。根据探沟揭示，三段排水管道延伸至探方外还继续向北 100 多米，最后走向是朝北边的昭应县城，长度不明。

早、晚期排水道砌石之间的粘接材料均为白灰浆。

（5）排水道闸门　3 个。编号为 ZHM1、ZHM2、ZHM3。其中 ZHM1、ZHM2 修建时间较早，晚期继续沿用。ZHM3 则为修建晚期排水道时所设置。

ZHM1　南距汤池排水道口 0.8 米，在水道东西两壁上各凿出凹槽以固定挡水板。东、西壁上石凹槽均东西长 0.12~0.2、南北宽 0.17 米，上下贯通东、西壁面。在正对东、西凹槽的排水道底上，凿出东西长 0.77、南北宽 0.17、深 0.065 米的长方形凹槽，同时又在其内东、西两端再凿出两个小凹槽。东边小凹槽东西长 0.315、南北宽 0.17、深 0.1 米。西边小凹槽东西长 0.23、南北宽 0.17、深 0.097 米（图一九；图版二一，1）。

ZHM2　在 ZHM1 之北 3.15 米，也是在排水道东、西壁上各凿出石凹槽，用以固定挡水板。东壁凹槽东西长 0.11、南北宽 0.15 米。西壁凹槽东西长 0.13、南北宽 0.16 米。凹槽上下贯通东、西壁面。在正对东、西壁上凹槽的排水道底上，凿有两个小石凹槽，其中东凹槽位置比西凹槽稍偏南。东、西两石凹槽均东西长 0.11～0.121、南北宽 0.04、深 0.07 米（图一九；图版二一，2）。

ZHM3　位于排水道向东拐过 0.6 米处，在排水道南、北两壁上各凿出石凹槽，用以固定挡水板，南、北壁面上的石凹槽均南北长 0.1、东西宽 0.15 米。北壁面上的凹槽东壁部向内凸出 0.1 米。ZHM3 与 ZHM1、ZHM2 不同的是排水道底上没有凿凹槽（图一九）。

（四）砖井　2 口。编号为 J1、J2。

J1　位于星辰汤北墙东端北侧，中心南距北石墙 1.97 米，西距星辰汤东北踏道东边 3.4 米，北距莲花汤 11.85 米。井口出现于遗址文化层第 4 层，原井口被破坏。现存砖井口距现地表 2.1 米，低于唐代砖砌地面 0.17 米，平面呈圆形，内直径 0.71 米，壁厚 0.15 米。井身为圆筒形，下部略大，底径为 0.73 米，从井口向下 0.9 米，用特制的规格为 23（残）×13.5（残）×6.5、22（残）×13.7（残）×6.7 厘米的扇形券砖错缝环砌而成，内壁打磨光滑，合缝紧密。从 0.9 米往下深 1.1 米，用规格为 33×16.5×6.5、33×16×6.2 厘米的绳纹条砖平砖错缝环砌而成，内壁用泥刀剔成圆形，未经打磨，做工粗糙。从井口到井底乱石层深 4 米，即井底距现代地表深 6.1 米。井壁现存砌砖 30 层。井底和四壁不断有温泉水渗出（图二○；图版二二，1）。

从现存井口以下 4 米的文化堆积物可分为上、中、下三层。上层厚 0.3 米，土色黄，经轻夯，内无其它包含物；中层厚 3.7 米，土色黑褐，较疏松，内含大量的唐代莲花纹方砖块、筒瓦、板瓦残块和一些唐代陶瓷生活用品残块，可复原的器物有黑褐釉瓷盉、白瓷壶流、白瓷器底等；下层为乱石层，土色黑，内有小石块、秦汉砖瓦残块。

J2　位于星辰汤东北，西距莲花踏道东边 8.1 米，东距 J1 中心 10.6 米，南距石砌墙 1.75 米。井口出现于遗址文化层第 4 层，原井口已被破坏，现存砖井口距现地表 2.1 米，低于唐代砖砌地面 0.17 米，平面呈圆形，内直径 0.7 米，壁厚 0.15 米。井身为圆筒形，下部略大，底径 0.72 米，从井口向下 1.18 米，用特制的、规格为 25（残）×16.4×6.2、30×16.6×6.5、27×16.5×6 厘米扇形券砖平砖错缝环砌而成，内壁打磨光滑，合缝紧密。从 1.18 米往下 0.82 米，用规格为 34×16.5×7、34×16.5×7 厘米的绳纹条砖平砖错缝环砌而成，平面大致为圆形，做法与唐长安西明寺出土砖井做法

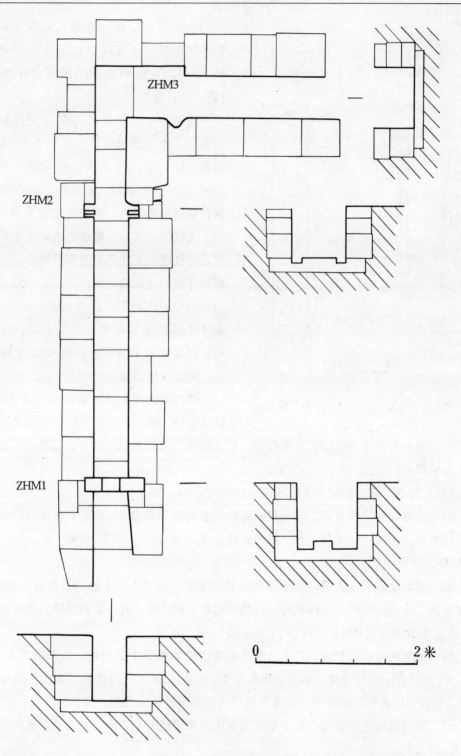

图一九　星辰汤排水道闸门

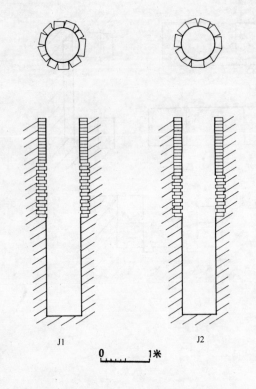

图二〇　星辰汤砖井 J1、J2 平、剖面图

相同。从残井口到井底乱石层深 4.01 米，即井底距现代地表深 6.11 米。井壁现存砌砖 30 层。井底和四壁不断有温泉水渗出（图二〇；图版二二，2）。

现存井口以下 4.01 米的文化堆积物可分为上、中、下三层。上层厚 0.35 米，土色黄，经轻夯，内无其它包含物；中层厚 3.66 米，土色黑褐，较疏松，内含大量的唐代绳纹条砖残块、残破莲花纹瓦当、板瓦块、完整的筒瓦和少量唐代陶瓷生活用具残片、锈铁碴、无法辨析的铜币残片，经修复后较完整的灰陶鸱尾就出土在这一层；下层为乱石层，土色黑，质地细密，内有石块，秦汉时期的残破瓦块。红烧土块、白灰墙皮、白瓷片、小陶碗、陶洗及大型储水陶鉴、陶缸等生活器具。

两口井砌砖之间的粘接材料皆为泥浆，做法相同，先在平地挖成圆筒形土井，然后用特制的券砖和条砖平砖错缝环砌做壁，底无铺砖。从迹象综合分析，此类砖井是排除宫廷内的渗井。

（五）其它水道　5 条。编号为 S1、S2、S3、S4、S5。

S1　为绳纹陶质水管道，位于星辰汤南庑东檐墙以东 2.02 米地下 0.5～0.9 米处，呈南北方向，两端走向不明，有一定的比降，这次清理出土仅 3.75 米一段。水管单节长 0.31、外径 0.18 米（图二一，1）。

S2　为绳纹陶质水管道，位于星辰汤南庑东散水地下 1.1 米处，呈西南东北走向，和星辰汤"斗池"东壁出水口相接，东北端延伸于探方外，有一定的比降，现清理出土 3.1 米。水管单节长 0.4、外径 0.27 米（图二一，1）。

S3　为绳纹陶质水管道，位于星辰汤南庑西檐墙地下 1.2 米处，呈东南西北走向，全长 43 米，有一定的比降，单节水管长 0.4、外径 0.28 米，南端和"斗池"西壁出水口 K2 相接，以弧形弯向北延伸。此管道原为少阳汤的供水管道（图九）。

S4　为绳纹陶质水管道，位于星辰汤南庑西檐墙地下 1.2 米处，为尚食汤的供水道（图九）。

四条陶水管道皆外饰绳纹，布纹里，用子母口套合嵌接，白灰浆抹缝。

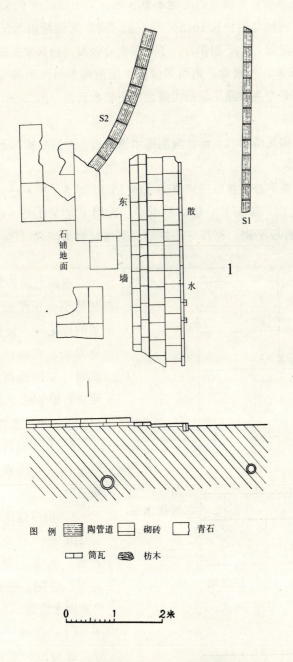

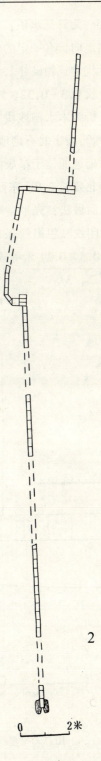

图例　▦ 陶管道　▭ 砌砖　▭ 青石

▭ 筒瓦　▨ 枋木

图二一　星辰汤 S1、S2、S5 及散水结构图

1. S1、S2 及东散水结构　　2. 筒瓦砌水道 S5

S5 为筒瓦水道，位于星辰汤殿宇北墙紧西北地下 0.3 米，太子汤以西 9.5 米处，呈南北走向，有一定的比降。从南向北延伸长 16.5 米后，呈"弓"形继续向北延伸 14 米被后代建筑物破坏。水道用两块筒瓦上下相扣合，子母口套合嵌接，白灰浆抹缝。筒瓦单个长 0.3～0.32、外径 0.15 米，外素面，内粗布纹。水道南端东西两侧各一块朽木，分析为木水槽残块。此水道是专为排除星辰汤大殿北墙下积水而设（图二一，2）。

（六）殿宇北石砌地面

石砌地面位于星辰汤殿宇石砌北墙紧北、汤池晚期排水道西边，两层结构，下砖上石，南北残长 2.8、东西残宽 2 米。

地面做法：先平整地面，接着平夯，然后用规格为 33×15.8×6.5、32×15×6 厘米的手印纹和粗绳纹条砖平砖乱砌。砖面上一层草泥引平，再用 1.62×0.75×0.11、0.62×0.5×0.11 米等规格的青石板平砌。砌石打磨规整，粘接材料为泥浆（图二二；图版二二，3）。

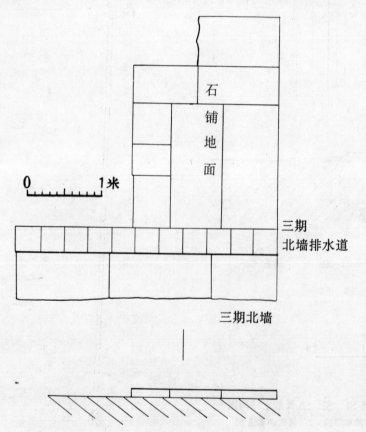

图二二　星辰汤殿宇北石砌地面平、剖面图

石砌地面的发现，说明至少原星辰汤北边的莲花汤、太子汤、海棠汤、宜春汤各建筑物外空间地面也是用青石板平砌而成。

三、出土遗物

（一）建筑材料

可分陶质、铁质、石质三种。

1. 陶质建筑材料 270 件。有条砖、方砖、板瓦、筒瓦、瓦当、鸱尾、兽头构件和陶水管等。

（1）条砖 112 件。饰绳纹，有的带戳印。

"将作匠甘保遑"绳纹条砖 23 件。标本 IXCT1④:23，泥质灰陶。一面素面，另一面饰四个斜向菱形粗绳纹，再竖斜向钤盖"将作匠甘保逞"楷书戳印。印框长 11、宽 3 厘米。规格 35.4×16.4×7 厘米（图二三，1；图版二三，1）。

标本 ⅨCT2④:23，泥质灰陶。一面素面，另一面饰三个菱形粗绳纹，再竖斜向钤盖"将作匠甘保逞"楷书戳印。规格 35.5×16.5×7 厘米（图二三，2；图版二三，2）。

"将作匠张域"绳纹条砖　9 件。标本 ⅨCT2④:16，泥质灰陶。一面素面，另一面饰三个斜向菱形粗绳纹，再竖斜向钤盖"将作匠张域"楷书戳印。印框长 16、宽 3 厘米。规格 34.5×17×7 厘米（图二三，3；图版二三，3）。

"官匠马世通"绳纹条砖　10 件。标本 ⅨCT2④:9，泥质灰陶。一面素面，另一面饰四个斜向菱形粗绳纹，再竖斜向钤盖"官匠马世通"楷书戳印。印框长 10.5、宽 2.6 厘米。规格 34×17×7.5 厘米（图二三，4；图版二三，4）。

"官匠□立"绳纹条砖　3 件。标本 ⅨCT35④:7，泥质灰陶。一面素面，另一面饰三个斜向菱形细绳纹，再竖斜向钤盖"官匠□立"楷书戳印。印框长 10、宽 2.7 厘米。规格 33.5×17×7 厘米（图二三，5；图版二三，5）。

"官匠□才"绳纹条砖　6 件。标本 ⅨCT1④:9，泥质灰陶。一面素面，另一面饰两个斜向菱形细绳纹，再竖斜向钤盖"官匠□才"楷书戳印。印框长 10.5、宽 3 厘米。规格 29（残）×17×7 厘米（图二三，6；图版二三，6）。

"官匠王昌"绳纹条砖　6 件。标本 ⅨCT2④:15，泥质灰陶。一面素面，另一面印饰两个斜向菱形粗绳纹，再竖斜向钤盖"官将王昌"楷书戳印。印框长 10.5、宽 2.8 厘米。规格 20（残）×16.3×7 厘米（图二四，1；图版二四，1）。

"官匠世□"绳纹条砖　1 件。标本 ⅨCT2④:53，泥质灰陶。一面素面，另一面印饰三个斜向菱形粗绳纹，再竖斜向钤盖"官匠世□"楷书戳印。印框长 10、宽 2.5 厘米。规格 35×16.5×7 厘米（图二四，2；图版二四，2）。

"官匠任通"绳纹条砖　16 件。标本 ⅨCT31④:7，泥质灰陶。一面素面，另一面饰三个斜向菱形细绳纹，再竖斜向钤盖"官匠任通"楷书戳印。印框长 11.5、宽 2.7 厘米。规格 34.2×16×7 厘米（图二四，3；图版二四，3）。

"官匠田文"绳纹条砖　3 件。标本 ⅨCT38④:3，泥质灰陶。一面素面，另一面饰两个斜向菱形细绳纹，再竖斜向钤盖"官匠田文"楷书戳印。印框长 11、宽 2.8 厘米。规格 35×17×7 厘米（图二四，4；图版二四，4）。

"□步得"绳纹条砖　1 件。标本 ⅨCT5④:12，泥质灰陶。一面素面，另一面饰三个斜向菱形粗绳纹，再竖斜向钤盖"□步得"楷书戳印。印框长 11、宽 2.2 厘米。规格 33×17×6.5 厘米（图二四，5；图版二四，5）。

"匠郭世直"绳纹条砖　1 件。标本 ⅨCT31④:1，泥质灰陶。一面素面，另一面饰斜向粗长绳纹，中间竖斜向钤盖"匠郭世直"楷书戳印。规格（残）33×17×7.5 厘米

图二三　星辰汤绳纹条砖戳印文字拓本

1. "将作匠甘保逞" ⅠXCT1④:23　2. "将作匠甘保逞" ⅠXCT2④:23　3. "将作匠张域" ⅠXCT2④:16
4. "官匠马世通" ⅠXCT2④:9　5. "官匠□立" ⅠXCT35④:7　6. "官匠□才" ⅠXCT1④:9

（图二四，6；图版二四，6）。

"匠杨养"绳纹条砖　6件。标本ⅠXCT2④:10，泥质灰陶。一面素面，另一面饰三个斜向菱形粗绳纹，再竖斜向钤盖"匠杨养"楷书戳印。印框长12.7、宽3.2厘米。规格35×15.5×7厘米（图二五，1；图版二五，1）。

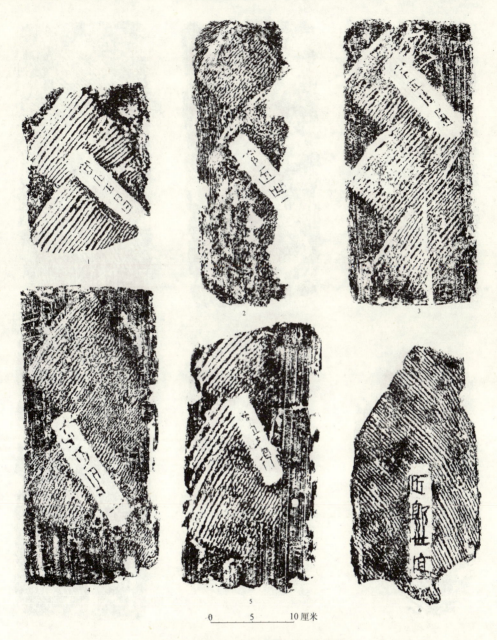

图二四　星辰汤绳纹条砖戳印文字拓本

1."官匠王昌" ⅠXCT2④:15　2."官匠世□" ⅠXCT2④:53　3."官匠任通" ⅠXCT31④:7　4."官匠田文"
ⅠXCT38④:3　5."□步得" ⅠXCT5④:12　6."匠郭世直" ⅠXCT31④:1

"朱□宁"绳纹条砖　6件。标本ⅠXCT1④:11，泥质灰陶。一面素面，另一面饰三个斜向菱形细绳纹，并竖斜向钤盖"朱□宁"楷书戳印。印框长 14.5、宽 3.4 厘米。规格 35×17×7 厘米（图二五，2；图版二五，2）。

图二五　星辰汤绳纹条砖戳印文字拓本

1."匠杨养" ⅠXCT2④:10　2."朱□宁" ⅠXCT1④:11　3."朱孝倩" ⅠXCT2④:14　4."□合□" ⅠXCT2④:18

5."羋世义" ⅠXCT31④:8　6.菱形纹 ⅠXCT37④:6

　　"朱孝倩"绳纹条砖　4件。标本ⅨXCT2④:14,泥质灰陶。一面素面,另一面饰四个斜向菱形细绳纹,再竖斜向铃盖"朱孝倩"楷书戳印。印框长14、宽3厘米。规格35.5×16.5×7厘米(图二五,3;图版二五,3)。

"□合□"绳纹条砖　7件。标本 IXCT2④:18，泥质灰陶。一面素面，另一面饰三个斜向菱形粗绳纹，再竖斜向钤盖"□合□"楷书戳印。印框长10.5、宽2.6厘米。规格33×16×7厘米（图二五，4；图版二五，4）。

"羋世义"绳纹条砖　1件。标本 IXCT31④:8，泥质灰陶。一面素面，另一面饰斜向细绳纹，再竖斜向钤盖"羋世义"楷书戳印。印框长11、宽2.3厘米。规格17.5（残）×16×7厘米（图二五，5；图版二五，5）。

菱形纹条砖　9件。标本 IXCT37④:6，泥质灰陶。一面素面，另一面饰两个斜向菱形细绳纹。规格36×17.5×7厘米（图二五，6；图版二五，6）。

(2) 方砖　34件。根据正面纹样之不同，分为花卉纹、莲花纹、几何纹和绳纹四种。

花卉纹方砖　6件。

标本 IXCT5④:4，泥质灰陶。正面作单线边框，用细线隔成十六个小方框，框内中心为一实心圆点，外饰圆线，线外四角饰"＊"形纹，两花纹中缀一乳钉。背面饰细绳纹，中间有"将作□"楷书戳印。印框长10、宽3厘米。规格为35.7×34.3×7厘米（图二六，1、2；图版二六，1、2）。

莲花纹方砖　9件。

十二瓣九蕊莲花纹方砖　1件。标本 IXCT4④:2，泥质灰陶。正面四周作窄带和粗线相互平行的边框，中间饰乳钉纹，四角为变形忍冬纹，由外向内作三个同心圆。第一圆带内为蔓草纹。第二圆带内作十二瓣莲花纹。花瓣饱满，外饰细线，有三角形隔棱。圆心内为九点梅花形花蕊。背面饰水波纹。规格为34.2×34.2×7厘米（图二六，3、4；图版二六，3、4）。

十六瓣单蕊莲花纹方砖　2件。标本 IXCT5④:1，泥质灰陶，残缺一角。正面四周作双窄带相互平行的边框，四角饰忍冬纹，自外而内作四个同心圆。第一圆带内为变形蔓草纹。第二圆带内饰十六瓣莲花纹。花瓣窄长，外饰细线，每组旁边间饰三角形隔棱。第三圆带内饰八个乳钉纹。圆心内缀一实心圆点。背面饰细栏格纹。规格31×31×6厘米（图二七，1、2；图版二六，5、6）。

十六瓣七蕊莲花纹方砖　6件。标本 IXCT1④:3，泥质灰陶。正面作窄带和细线相互平行的边框，中间饰乳钉纹，四角饰变形忍冬纹，由外向内作三个同心圆。第一圆带饰勾云纹。第二圆带作十六瓣莲花纹。花瓣较小，顶端有一圈波状细线。圆心内为七点梅花形花蕊。背面饰栏格纹，间饰"×"形纹。规格为31×30.2×5.5厘米（图二七，3、4；图版二七，1、2）。

几何纹方砖　1件。

标本 IXCT5④:39，泥质灰陶。正面饰凸棱菱形几何纹，背面饰细绳纹。规格为26

图二六　星辰汤方砖纹样拓本

1.花卉纹ⅠXCT5④:4(正)　2.细绳纹与戳印文字ⅠXCT5④:4(背)　3.十二瓣九蕊莲花纹ⅠXCT4④:2(正)
4.水波纹ⅠXCT4④:2(背)

（残）×28.2×3.4厘米（图二八，1、2；图版二七，3、4）。

绳纹方砖　18件。

标本ⅨXCT38④:8，泥质灰陶。素面磨光，背面饰纵横交错细绳纹。规格为35.5×
34×7.8厘米（图二八，3；图版二七，5）。

标本ⅨXCT5④:8，泥质灰陶。素面，背面饰斜向粗绳纹。规格为32×32×6.2厘

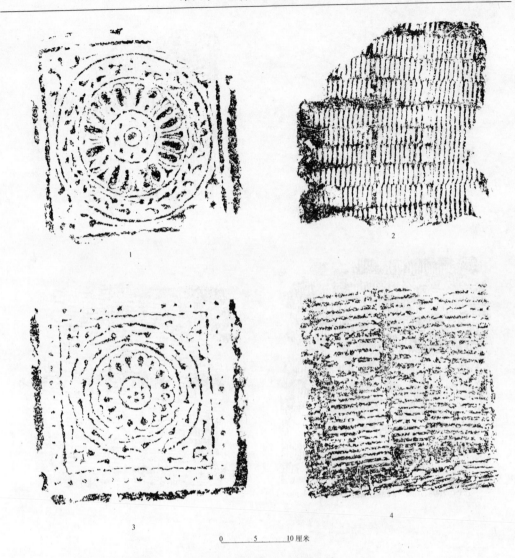

0　　　5　　　10厘米

图二七　星辰汤方砖纹样拓本

1.十六瓣单蕊莲花纹ⅠXCT5④:1(正)　2.细栏格纹ⅠXCT5④:1(背)　3.十六瓣七蕊莲花纹ⅠXCT1④:3(正)

4.栏格纹ⅠXCT1④:3(背)

米（图二八，4；图版二七，6）。

　　标本ⅠXCT5④:7，泥质灰陶。素面磨光，背面饰细绳纹，间饰一行"×"形纹。规格为33.2×31.6×5.3厘米（图二九，1；图版二八，1）。

　　标本ⅠXCT8④:14，泥质灰陶。素面，背面饰倾斜粗绳纹，间饰一行阴刻"╱"形纹。规格为32×32×5.5厘米（图二九，2；图版二八，2）。

　　标本ⅠXCT37④:5，泥质灰陶。素面，背面饰粗绳纹和一行"井"字形纹。规格为32×32×5.5厘米（图二九，3；图版二八，3）。

图二八　星辰汤方砖纹样拓本

1.几何纹ⅠXCT5④:39(正)　2.绳纹ⅠXCT5④:39(背)　3.绳纹ⅠXCT38④:8　4.绳纹ⅠXCT5④:8

标本ⅠXCT1④:7，泥质灰陶。素面，背面一半饰粗绳纹，一半饰较细的绳纹，中间饰斜向阴刻"╱"形纹。规格为34×34×5.5厘米（图二九，4；图版二八，4）。

标本ⅠXCT5④:5，泥质灰陶。素面，背面饰条带格、细绳纹和三行"米"形纹。规格为32.7×31.2×5.3厘米（图三〇，1；图版二八，5）。

标本ⅠXCT38④:7，泥质灰陶。素面，背面饰细刻划纹和较密的栏格纹，间饰两行"◇"形纹。规格为36×34×6.5厘米（图三〇，2；图版二八，6）

（3）板瓦　16件。分素面和带戳印的两种。

素面板瓦　13件。标本ⅠXCT5④J:14，泥质灰陶。外素面，用刀顺长刮削数下，

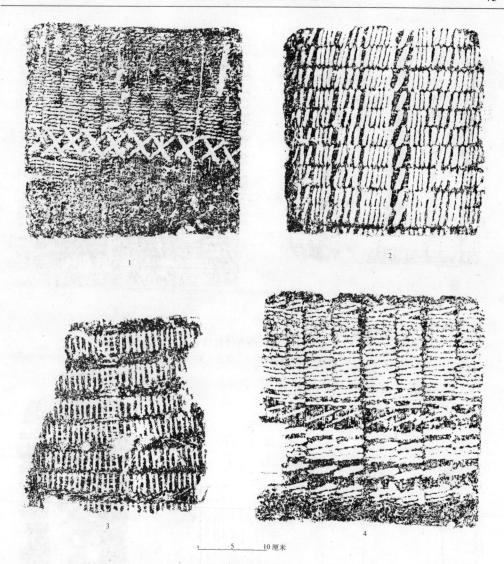

图二九　星辰汤方砖纹样拓本
1.绳纹ⅠXCT5④:7　2.绳纹ⅠXCT8④:14　3.绳纹ⅠXCT37④:5　4.绳纹ⅠXCT1④:7

内布纹磨光，宽边端2~4厘米未磨。长33.2、窄边弦径16.5、宽边弦径19.2、弦高5
~6、厚1.7~2厘米（图三一，2；图版二九，1）。

标本ⅠXCT2④:31，泥质灰陶。外素面，内布纹磨光，宽边端未磨。复原长42、窄
边弦径20、宽边弦径22.4、弦高5.6~6.5、厚2厘米（图三一，1；图版二九，2）。

"北六官泉"素面板瓦　2件。标本ⅠXCT5④:19，青棍。两面均素面磨光，在窄边
凸面近顶端3厘米一侧竖向铃盖楷书"北六官泉"戳印，字迹较大。印框长10.5、宽

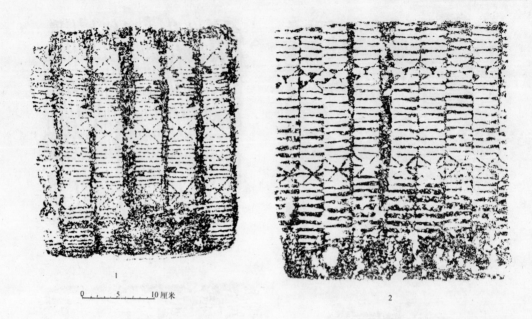

图三〇　星辰汤方砖纹样拓本
1. 绳纹ⅠXCT5④:5　2. 绳纹ⅠXCT38④:7

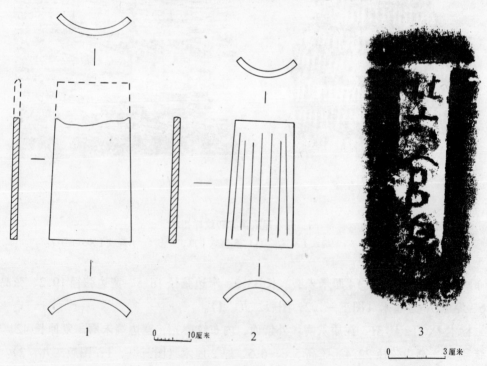

图三一　星辰汤板瓦及戳印文字拓本
1. 素面ⅠXCT2④:31　2. 素面ⅠXCT5④J:14　3. "北六官泉"ⅠXCT5④:19

2.5厘米。残长29.4、窄边弦径19、厚2厘米（图三一，3；图版二九，3）。

"□□南"素面板瓦　1件。标本ⅠXCT5④:21，泥质灰陶。外素面，内粗布纹，在凸面钤盖楷书"□□南"戳印。残长3.6、残宽8.3、厚1.65厘米。

（4）筒瓦　22件。可分无瓦当和带瓦当两种。

无瓦当筒瓦　21件。

标本ⅠXCT1④:32，青棍。外素面，内饰粗布纹。长35.5、外弦径15.2～15.5、厚2、唇长2.7厘米（图三二，1；图版二九，4）。

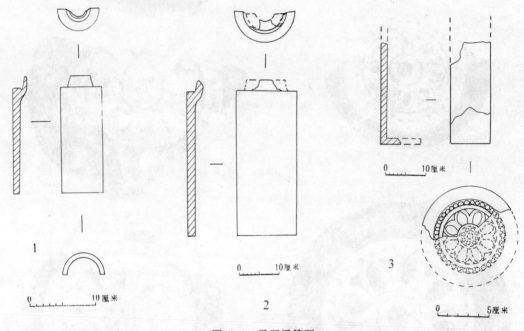

图三二　星辰汤筒瓦
1.无瓦当筒瓦ⅠXCT1④:32　2.无瓦当筒瓦ⅠXCT5④:24　3.带瓦当筒瓦ⅠXCT5④:26

标本ⅠXCT5④:24，泥质灰陶。外素面，内粗布纹。长25.7、外弦径10.3、厚1.1～1.9、唇长2.65厘米（图三二，2；图版二九，5）。

带瓦当筒瓦　1件。标本ⅠXCT5④:26，泥质灰陶。外素面，内粗布纹。残长24.6、外弦径10、厚1.5厘米。子端残，母端带当。当面向内稍斜，面径9.8、厚1.6、边宽1.6厘米，面饰八瓣九蕊莲花纹（图三二，3；图版二九，6）。

（5）瓦当　60件。根据当面纹样可分为莲花纹和兽面纹两种。

莲花纹瓦当　52件。

变形莲花纹瓦当　4件。标本ⅠXCT8④:25，泥质灰陶。作宽带边，由外向里依次饰乳钉纹、波状纹、乳钉纹。复原面径11.7、厚1.2～1.6、边宽1.8厘米（图三三，1）。

图三三 星辰汤瓦当拓本

1.变形莲花纹ⅠXCT8④:25 2.八瓣单蕊莲花纹ⅠXCT4④:7 3.八瓣单蕊莲花纹ⅠXCT1④:28 4.八瓣单蕊莲花纹ⅠXCT5④J:12 5.八瓣单蕊莲花纹ⅠXCT5④J:1 6.八瓣七蕊莲花纹ⅠXCT5④J:13

　　八瓣单蕊莲花纹瓦当　21件。标本ⅠXCT4④:7，青棍。残缺。作宽带和粗线相互平行的边框，中间饰乳钉纹，框内饰八瓣莲花纹。花瓣鼓突，近似椭圆形，外环细线，间饰小乳钉。花心内作一圆，中缀一实心圆点。面径15、厚1.9～2.1、边宽1.8厘米

（图三三，2；图版三〇，1）。

标本 IXCT1④:28，泥质灰陶。残缺。纹样多同 IXCT4④:7，但略有区别。面径 10.1、厚1.2、边宽1.3厘米（图三三，3；图版三〇，2）。

标本 IXCT5④J:12，泥质灰陶。残缺。作宽带和粗线相互平行的边框，中间饰乳钉纹，面饰八瓣莲花纹。花瓣被磨，每瓣一侧间饰三角形隔棱。正中为不规则八边形，中缀一实心圆点。面径12.4、厚1、边宽2.2厘米（图三三，4；图版三〇，3）。

标本 IXCT5④J:1，泥质灰陶。残缺。作带状宽边，自外而内依次饰乳钉纹、八瓣莲花纹。花瓣一侧间饰三角形隔棱。花心粗线圆内缀一实心圆点，外勾细线。面径13.8、厚1.5~2.2、边宽2.3厘米（图三三，5；图版三〇，4）。

八瓣七蕊莲花纹瓦当　3件。标本 IXCT5④J:13，泥质灰陶。稍残。作带状边，自外而内，依次饰小乳钉纹、八瓣莲花纹。花瓣呈豆瓣状，一侧间饰三角形隔棱。花心细线圆内缀七点梅花形花蕊。面径12.6、厚1.7、边宽0.9~1.9厘米（图三三，6；图版三〇，5）。

八瓣九蕊莲花纹瓦当　2件。标本 IXCT4④J:10，泥质灰陶。作带状和细线相互平行的边框，中间饰小乳钉纹，面饰八瓣莲花纹。花瓣呈梭形，外饰齿形线，旁边隔三角形乳钉。花心细线圆内缀九点梅花形花蕊。面径12.2、厚1、边宽1.5~2.4厘米（图三四，1；图版三〇，6）。

八瓣十一蕊莲花纹瓦当　8件。标本 IXCT1④:29，青棍。残缺。作带状和粗线相互平行的边框，中间饰大小相间的乳钉纹，面饰八瓣莲花纹。花瓣呈椭圆形，被磨，外饰细线，旁边有"Ｖ"形隔棱。花心圆圈内缀十一点梅花形花蕊。面径14.2、厚1.3~2.6、边宽2厘米（图三四，2；图版三一，1）。

九瓣十蕊莲花纹瓦当　3件。标本 IXCT5④J:4，青棍。作带状和粗线相互平行的边框，中间是乳钉纹，面饰九瓣莲花纹。花瓣窄长，呈梭形，被磨，旁边有三角形隔棱。花心内为十点梅花形花蕊。面径12.3、厚1.5、边宽1.9厘米（图三四，3；图版三一，2）。

十二瓣单蕊莲花纹瓦当　1件。标本 IXCT8④:19，泥质灰陶。残缺。作带状窄边，内饰十二瓣莲花纹。花瓣呈梭形。花心内作一圆，中缀一实心圆点。面径12.6、厚0.7~1.4、边宽1.3厘米（图三四，4；图版三一，3）。

十二瓣七蕊莲花纹瓦当　2件。标本 IXCT1④:30，泥质灰陶。残缺。作带状和双粗线相互平行的边框，中间饰大圆乳钉纹，面饰十二瓣莲花纹。花瓣鼓凸，外环细线倒卷，每组一侧上方间饰三角形乳钉。花心细线圆内缀七点梅花形花蕊。面径14、厚1.15、边宽2厘米（图三四，5；图版三一，4）。

十二瓣八蕊莲花纹瓦当　2件。标本 IXCT8④:35，泥质灰陶。作带状和细线相互

图三四　星辰汤瓦当拓本

1.八瓣九蕊莲花纹ⅠXCT4④J:10　2.八瓣十一蕊莲花纹ⅠXCT1④:29　3.九瓣十蕊莲花纹ⅠXCT5④J:4　4.十二瓣单蕊莲花纹ⅠXCT8④:19　5.十二瓣七蕊莲花纹ⅠXCT1④:30　6.十二瓣八蕊莲花纹ⅠXCT8④:35

平行的边框，中间饰乳钉纹，面饰十二瓣莲花纹。花瓣鼓凸，外勾细线倒卷，每组一侧间饰三角形隔棱。花心圆中缀八点梅花形花蕊。复原面径 12.3、厚 1.35、边宽 1.7 厘米（图三四，6；图版三一，5）。

十四瓣八蕊莲花纹瓦当　2件。标本 ⅠXCT8④:24，泥质灰陶。残缺。作带状和细线相互平行的边框，中间饰小乳钉纹，面饰十四瓣莲花纹。花瓣呈椭圆形，被磨，外环细线。花心细线圆内残留四点梅花形花蕊。面径14、厚1.4、边宽2.4厘米（图三五，1；图版三一，6）。

十六瓣七蕊莲花纹瓦当　3件。标本 ⅠXCT1④:26，青棍。作带状和细线相互平行的边框，中间饰乳钉纹，面饰十六瓣莲花纹。花瓣呈豆瓣状，被磨，外环粗线，每组一侧顶端间饰三角形乳钉。花心细线圆中缀七点梅花形花蕊。面径13.8、厚1.5、边宽1.5厘米（图三五，2；图版三二，1）。

十六瓣十三蕊莲花纹瓦当　1件。标本 ⅠXCT2④:24，泥质灰陶。作窄带和细线相互平行的边框，中间饰乳钉纹，面饰十六瓣莲花纹。花瓣略鼓，有磨痕，外环细线，每组一侧间饰三角形乳钉。花心细线圆内缀一实心圆点。圆点外饰十二个小乳钉纹。面径为9.5、厚1.5、边宽1厘米（图三五，3；图版三二，2）。

兽面纹瓦当　8件。均为怪兽头形。

标本 ⅠXCT31④:14，泥质灰陶。作宽带和细线相互平行的边框，内浮雕一额凸鼻隆、张口伸舌的怪兽头。面径13.2、厚1.4、边宽1.4厘米（图三五，4；图版三二，3）。

标本 ⅠXCT8④:30，泥质灰陶。残缺。作带状和细线相互平行的边框，内浮雕一张口顶舌、高鼻凸眼、眉色飞舞的怪兽头。面径12.7、厚1.35、边宽2厘米（图三五，5；图版三二，4）。

标本 ⅠXCT8④:28，泥质灰陶。残缺。作带状和粗线相互平行的边框，内浮雕一张口咬牙、缩脸、斜眼、垂眉，呈似喜非喜、似怒非怒状怪兽头。面径12.1、厚1.7、边宽2厘米（图三五，6；图版三二，5）。

标本 ⅠXCT5④J:8，泥质灰陶。残缺。作带状边框，由外向内，依次饰大圆乳钉纹和一阔口咬如月、三角高鼻、立眉瞪目的怪兽头。面径12.6、厚1.4、边宽1.5厘米（图三六，1；图版三二，6）。

（6）鸱尾　1件。

标本 ⅠXCT5④J:33，泥质灰陶。平底内空，齐头如切，尾部内凹4~5.5厘米，两壁外侈，间距13~19厘米，壁厚2~2.5厘米，呈弧形上翘，两面分别浮雕六个小圆乳钉、两道弧形弦纹和翼翅。弦纹间距10、高1厘米。乳钉直径3、高0.7厘米，四周饰一圈小乳钉。翼翅有十四道，长14~14.5、高1、间距2.5厘米。鸱尾通高52.4、宽24~35.6、厚22厘米（图三六，2；图版三三，1、2）。

（7）兽头形构件　1件。

标本 ⅠXCT31④:16，泥质灰陶，兽头形，残缺较多。龇牙咧嘴，上唇翻卷，尖鼻，

图三五　星辰汤瓦当拓本

1.十四瓣八蕊莲花纹ⅠXCT8④:24　2.十六瓣七蕊莲花纹ⅠXCT1④:26　3.十六瓣十三蕊莲花纹ⅠXCT2④:24

4.兽面纹ⅠXCT31④:14　5.兽面纹ⅠXCT8④:30　6.兽面纹ⅠXCT8④:28

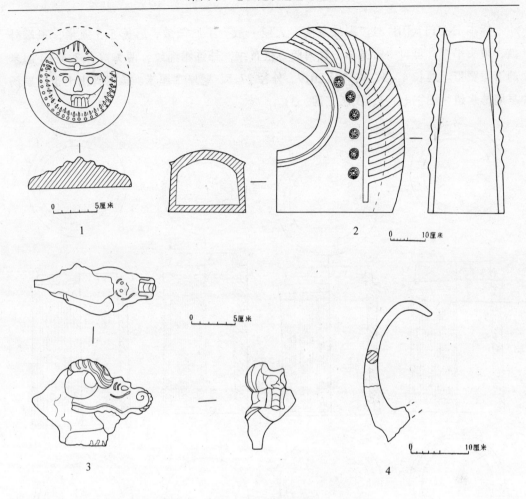

图三六　星辰汤瓦当,鸱尾,兽头,角形器

1.兽面纹 I XCT5④J:8　2.鸱尾 I XCT5④J:33　3.兽头形构件 I XCT31④:16　4.红陶角形器 I XCT2④:38

鼻孔朝前,垂眉凸眼。残长14.1、残高9.5、厚5厘米(图三六,3;图版三三,3)。

(8)红陶角形器　1件。

标本 I XCT2④:38,泥质红陶。形似鹿角,根部略分叉,上端较细,弯曲似钩。长23.5、直径1.5～2.5厘米(图三六,4;图版三三,4)。

(9)水管　23件。

标本 I XCT38④:11,泥质灰陶。母口一端外侈,内饰粗布纹,外饰细绳纹,为星辰汤"斗池"南壁上层供水道。通长42、内径18～20、外径24.4～26.5、壁厚3.2、唇长2.5厘米(图版三四,1)。

标本 I XCT5④:37,泥质灰陶。内饰粗布纹,外饰粗绳纹。通长34.9、内径12.8、外径18.3、壁厚2.7、唇长2.7厘米(图版三四,2)。

　　标本 IXCT11④B：31，泥质灰陶。火候一般。子唇微敛，唇长 5.5 厘米，顶端外鼓，顶头平直，母口一端微侈。管内壁为粗布纹，外饰粗绳纹，两头留有 3.4～4 厘米的素面宽带。通长 42.4、内口径 20.7、外径 27.5、壁厚 3 厘米。该水管出土于星辰汤早期排水道（图三七，1；图版三四，3）。

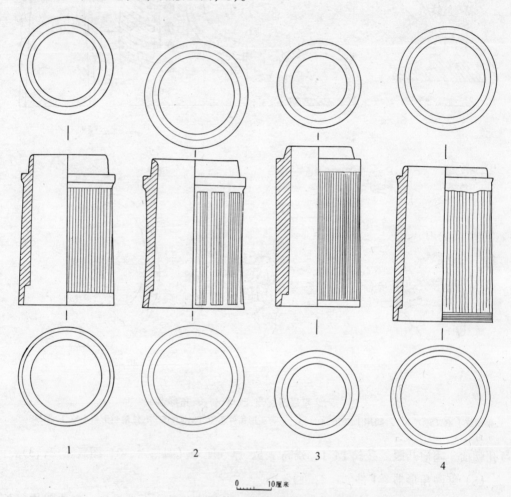

0　　　　10厘米

图三七　星辰汤陶水管

1. ⅠXCT11④B：31　2. ⅠXCT11④B：30　3. ⅠXCT25④：15　4. ⅠXCT10④：53

　　标本 IXCT11④B：30，泥质灰陶。火候较高。子唇较直，唇沿尖薄，唇长 5 厘米，顶端外鼓，顶头面平。管内壁饰粗布纹，外饰粗绳纹间饰竖条隔棱，两头留有 2～4 厘米的素面宽带。通长 42、内口径 22.7、外径 29.8、壁厚 3～3.5 厘米。该水管出土于星辰汤晚期排水道（图三七，2；图版三四，4）。

　　标本 IXCT25④：15，泥质灰陶。火候较低。子唇短而内敛，唇长 3.6 厘米，顶端面内饰斜向细线凹弦纹。管内壁素面，外饰较细的直绳纹，两头留有 2～4 厘米的素面宽带。通长 45.3、内径 16.3、外径 24～24.5、壁厚 3.8 厘米。该水管出土于星辰汤汤池早期晚段排水道（图三七，3；图版三四，5）。

标本 IXCT10④：53，泥质灰陶。火候较高。子口唇沿凸鼓较直，唇长 3.2 厘米，顶端面微斜，饰细线凹弦纹。管内壁饰粗布纹，外饰直向粗绳纹，两头留有 3 厘米的素面宽带。母端宽带内饰数周弦纹。通长 44、内径 22.4～23.8、外径 29～30、壁厚 3.1～3.7 厘米。该水管出土于星辰汤汤池早期中段排水道（图三七，4；图版三四，6）。

2. 陶质建筑材料登记表

表 一		星辰汤条砖登记表		单位：厘米
序 号	纹 样	器 号	长×宽×厚	备 注
1	四个菱形粗绳纹	IXCT1④：23	35.4×16.4×7	灰陶，"将作匠甘保逞"
2	三个菱形粗绳纹	IXCT2④：23	35.5×16.5×7	灰陶，"将作匠甘保逞"
3	三个菱形粗绳纹	IXCT2④：54	34.8×16.5×7	灰陶，"将作匠甘保逞"
4	三个菱形粗绳纹	IXCT2④：42	34.8×16.7×7	灰陶，"将作匠甘保逞"
5	三个菱形粗绳纹	IXCT2④：41	34×17×7.5	灰陶，"将作匠甘保逞"
6	三个菱形粗绳纹	IXCT8④：16	34.5×16.5×7	灰陶，"将作匠甘保逞"
7	三个菱形粗绳纹	IXCT2④：6	33.5×16.5×7	灰陶，"将作匠甘保逞"
8	三个菱形粗绳纹	IXCT2④：43	34.5×16.7×6.9	灰陶，"将作匠甘保逞"
9	三个菱形粗绳纹	IXCT8④：17	34.5×16.5×7	灰陶，"将作匠甘保逞"
10	三个菱形粗绳纹	IXCT1④：15	34.5×17×7	灰陶，"将作匠甘保逞"
11	三个菱形粗绳纹	IXCT36④：6	34.5×17×7	灰陶，"将作匠甘保逞"
12	三个菱形粗绳纹	IXCT36④：10	33×16×7	灰陶，"将作匠甘保逞"
13	三个菱形粗绳纹	IXCT36④：15	33.5×17×7	灰陶，"将作匠甘保逞"
14	三个菱形粗绳纹	IXCT1④：25	残 20×16×7.2	灰陶，"将作匠甘保逞"
15	三个菱形粗绳纹	IXCT2④：5	34×17×7.4	灰陶，"将作匠甘保逞"
16	三个菱形粗绳纹	IXCT2④：52	残 18×16.5×7.5	灰陶，"将作匠甘保逞"
17	三个菱形粗绳纹	IXCT36④：7	35×17×8	灰陶，"将作匠甘保逞"
18	三个菱形粗绳纹	IXCT1④：24	36×17.7×7.8	灰陶，"将作匠甘保逞"
19	四个菱形粗绳纹	IXCT2④：7	34.5×17×7	灰陶，"将作匠甘保逞"
20	四个菱形粗绳纹	IXCT2④：4	34×17×7	灰陶，"将作匠甘保逞"
21	四个菱形粗绳纹	IXCT1④：22	34.4×17×7	灰陶，"将作匠甘保逞"
22	四个菱形粗绳纹	IXCT1④：21	35×17×7	灰陶，"将作匠甘保逞"

续表一

序　号	纹　样	器　号	长×宽×厚	备　注
23	两个菱形粗绳纹	ⅨCT5④:10	残 20×14×6.5	灰陶，"将作匠甘保逞"
24	三个菱形粗绳纹	ⅨCT2④:16	34.5×17×7	灰陶，"将作匠张域"
25	三个菱形粗绳纹	ⅨCT4④:6	32.5×17.5×7	灰陶，"将作匠张域"
26	三个菱形粗绳纹	ⅨCT31④:9	33×17.5×7	灰陶，"将作匠张域"
27	三个菱形粗绳纹	ⅨCT31④:10	34.5×17×7	灰陶，"将作匠张域"
28	三个菱形粗绳纹	ⅨCT2④:21	35×17×7	灰陶，"将作匠张域"
29	三个菱形粗绳纹	ⅨCT31④:11	残 29×17×6.8	灰陶，"将作匠张域"
30	三个菱形粗绳纹	ⅨCT1④:14	残 19×17×6.8	灰陶，"将作匠张域"
31	三个菱形粗绳纹	ⅨCT31④:12	33.5×17×7.5	灰陶，"将作匠张域"
32	三个菱形粗绳纹	ⅨCT31④:13	34.2×15×7	灰陶，"将作匠张域"
33	四个菱形粗绳纹	ⅨCT2④:9	34×17×7.5	灰陶，"官匠马世通"
34	三个菱形粗绳纹	ⅨCT2④:8	残 28.5×16.5×7	灰陶，"官匠马世通"
35	三个菱形粗绳纹	ⅨCT2④:44	33.5×16×7	灰陶，"官匠马世通"
36	三个菱形粗绳纹	ⅨCT2④:45	34.5×16.5×7.5	灰陶，"官匠马世通"
37	三个菱形粗绳纹	ⅨCT1④:16	残 30×16.5×7	灰陶，"官匠马世通"
38	三个菱形粗绳纹	ⅨCT35④:11	残 33.5×16.5×6	灰陶，"官匠马世通"
39	三个菱形粗绳纹	ⅨCT8④:18	34.5×16.3×7.2	灰陶，"官匠马世通"
40	三个菱形粗绳纹	ⅨCT36④:8	35×17×7	灰陶，"官匠马世通"
41	三个菱形粗绳纹	ⅨCT36④:14	34×16×8	灰陶，"官匠马世通"
42	三个菱形粗绳纹	ⅨCT36④:16	33×16×7	灰陶，"官匠马世通"
43	三个菱形细绳纹	ⅨCT35④:7	33.5×17×7	灰陶，"官匠□立"
44	三个菱形细绳纹	ⅨCT2④:11	34×16×6	灰陶，"官匠□立"
45	三个菱形细绳纹	ⅨCT4④:4	34.5×16.5×7	灰陶，"官匠□立"
46	两个菱形细绳纹	ⅨCT1④:9	残 29×17×7	灰陶，"官匠□才"
47	三个菱形细绳纹	ⅨCT2④:12	34.7×16.7×7	灰陶，"官匠□才"
48	两个菱形细绳纹	ⅨCT35④:1	34.5×15.8×7.2	灰陶，"官匠□才"
49	三个菱形细绳纹	ⅨCT35④:8	33×16×7	灰陶，"官匠□才"
50	三个菱形细绳纹	ⅨCT35④:9	34×16×7	灰陶，"官匠□才"
51	三个菱形细绳纹	ⅨCT36④:2	34.5×17×7	灰陶，"官匠□才"
52	残留两个菱形粗绳纹	ⅨCT2④:15	残 20×16.3×7	灰陶，"官匠王昌"

续表一

序　号	纹　样	器　号	长×宽×厚	备　注
53	残留两个菱形粗绳纹	ⅨCT38④:9	残 18×16.5×7	灰陶，"官匠王昌"
54	三个菱形粗绳纹	ⅨCT35④:10	33×15.5×8	灰陶，"官匠王昌"
55	三个菱形粗绳纹	ⅨCT36④:1	35×17×7	灰陶，"官匠王昌"
56	三个菱形粗绳纹	ⅨCT36④:9	35×15×7	灰陶，"官匠王昌"
57	三个菱形粗绳纹	ⅨCT36④:12	34×17×7.3	灰陶，"官匠王昌"
58	三个菱形粗绳纹	ⅨCT2④:53	35×16.5×7	灰陶，"官匠世□"
59	三个菱形细绳纹	ⅨCT31④:7	34.2×16×7	灰陶，"官匠任通"
60	三个菱形细绳纹	ⅨCT2④:19	33.5×16.2×7.2	灰陶，"官匠任通"
61	四个菱形细绳纹	ⅨCT2④:51	34.5×16×6.8	灰陶，"官匠任通"
62	四个菱形细绳纹	ⅨCT2④:20	34.5×16×7	灰陶，"官匠任通"
63	四个菱形细绳纹	ⅨCT1④:13	32.5×15.5×7	灰陶，"官匠任通"
64	四个菱形细绳纹	ⅨCT31④:4	35×16×6.5	灰陶，"官匠任通"
65	三个菱形细绳纹	ⅨCT31④:6	33×16×7	灰陶，"官匠任通"
66	三个菱形细绳纹	ⅨCT35④:2	34×16×7.5	灰陶，"官匠任通"
67	三个菱形细绳纹	ⅨCT35④:14	35×17×7	灰陶，"官匠任通"
68	三个菱形细绳纹	ⅨCT36④:13	35×15.5×6.7	灰陶，"官匠任通"
69	残留一个菱形细绳纹	ⅨCT36④:11	残 24.5×16.5×6.8	灰陶，"官匠任通"
70	两个菱形细绳纹	ⅨCT31④:5	34.5×15.5×6.5~8	灰陶，"官匠任通"
71	两个菱形细绳纹	ⅨCT35④:3	34×16×7.5	灰陶，"官匠任通"
72	两个菱形细绳纹	ⅨCT35④:12	31×15.7×7	灰陶，"官匠任通"
73	两个菱形细绳纹	ⅨCT35④:13	35×16×7	灰陶，"官匠任通"
74	两个菱形细绳纹	ⅨCT35④:15	34.5×16×7	灰陶，"官匠任通"
75	两个菱形细绳纹	ⅨCT38④:3	35×17×7	灰陶，"官匠田文"
76	三个菱形细绳纹	ⅨCT1④:18	36×17×8	灰陶，"官匠田文"
77	四个菱形细绳纹	ⅨCT1④:19	35.5×15×7~7.5	灰陶，"官匠田文"
78	三个菱形粗绳纹	ⅨCT5④:12	33×17×6.5	灰陶，"□步得"
79	斜向粗长绳纹	ⅨCT31④:1	33×17×7.5	灰陶，"匠郭世直"
80	三个菱形粗绳纹	ⅨCT2④:10	35×15.5×7	灰陶，"匠杨养"
81	三个菱形粗绳纹	ⅨCT1④:20	34×13~15.5×7	灰陶，"匠杨养"
82	三个菱形粗绳纹	ⅨCT4④:3	33×14.5×7	灰陶，"匠杨养"

续表一

序 号	纹 样	器 号	长×宽×厚	备 注
83	三个菱形粗绳纹	IXCT36④:4	35×17×7.5	灰陶，"匠杨养"
84	三个菱形粗绳纹	IXCT36④:5	34×13.5×7.5	灰陶，"匠杨养"
85	残留一个菱形粗绳纹	IXCT35④:6	残21×15×7	灰陶，"匠杨养"
86	三个菱形细绳纹	IXCT1④:11	35×17×7	灰陶，"朱□宁"
87	三个菱形细绳纹	IXCT35④:5	残31.5×17×7	灰陶，"朱□宁"
88	三个菱形细绳纹	IXCT2④:13	36×16×6.5	灰陶，"朱□宁"
89	三个菱形细绳纹	IXCT2④:46	35.5×15.5×7	灰陶，"朱□宁"
90	三个菱形细绳纹	IXCT4④:5	35.5×16.5×7	灰陶，"朱□宁"
91	残留两个菱形细绳纹	IXCT1④:10	残27×16.5×7	灰陶，"朱□宁"
92	四个菱形细绳纹	IXCT2④:14	35.5×16.5×7	灰陶，"朱孝倩"
93	三个菱形细绳纹	IXCT2④:48	36×16.5×7.5	灰陶，"朱孝倩"
94	两个菱形细绳纹	IXCT2④:47	35×16.5×7	灰陶，"朱孝倩"
95	五个菱形细绳纹	IXCT1④:12	35×17×7.5	灰陶，"朱孝倩"
96	三个菱形粗绳纹	IXCT2④:18	33×16×7	灰陶，"□合□"
97	三个菱形粗绳纹	IXCT31④:2	34×16×6.5~7	灰陶，"□合□"
98	三个菱形粗绳纹	IXCT31④:3	36×15×7	灰陶，"□合□"
99	三个菱形粗绳纹	IXCT2④:17	34×16×7	灰陶，"□合□"
100	三个菱形粗绳纹	IXCT2④:49	34×16×7	灰陶，"□合□"
101	三个菱形粗绳纹	IXCT2④:50	34×16.5×7	灰陶，"□合□"
102	三个菱形粗绳纹	IXCT36④:3	32×15.5×7	灰陶，"□合□"
103	细绳纹	IXCT31④:8	残17.5×16×7	灰陶，"芈世义"
104	两个菱形细绳纹	IXCT37④:6	36×17.5×7	灰陶
105	三个菱形细绳纹	IXCT2④:22	36.5×17×7	灰陶
106	三个菱形细绳纹	IXCT37④:7	34.5×16.7×7	灰陶
107	菱形粗绳纹	IXCT37④:8	34.2×17.2×6.5	灰陶，纹样模糊
108	菱形粗绳纹	IXCT5④:11	34.5×17×6.8	灰陶，纹样模糊
109	菱形粗绳纹	IXCT35④:4	34.7×17×7.7	灰陶，纹样模糊
110	菱形粗绳纹	IXCT39④:1	34.5×17×8	灰陶，纹样模糊
111	菱形粗绳纹	IXCT38④:4	35×17×7	灰陶，纹样模糊
112	菱形粗绳纹	IXCT1④:17	33.5×17.5×8	灰陶，纹样模糊

表　二		星辰汤方砖登记表			单位：厘米
序　号	正面纹样	背面纹样	器　号	边长×边长×厚	备　注
1	花卉纹	细绳纹"将作□"	ⅠXCT5④:4	35.7×34.3×7	灰陶
2	花卉纹	细绳纹"将作匠"	ⅠXCT5④:3	36.2×35×7.3	灰陶
3	花卉纹	细绳纹	ⅠXCT1④:2	残19×残19×7.0	灰陶
4	花卉纹	细绳纹	ⅠXCT37④:3	34.5×残19×7	灰陶
5	花卉纹	细绳纹	ⅠXCT37④:4	34×残15×7	灰陶
6	花卉纹	细绳纹	ⅠXCT38④:6	36.5×残17.5×7	灰陶
7	十二瓣九蕊莲花纹	水波纹	ⅠXCT4④:2	34.2×34.2×7	灰陶
8	十六瓣单蕊莲花纹	细栏格纹	ⅠXCT5④:1	31×31×6	灰陶，残
9	十六瓣单蕊莲花纹	细栏格纹	ⅠXCT5④:2	31×残18×6	灰陶
10	十六瓣七蕊莲花纹	栏格纹缀"×"纹	ⅠXCT1④:3	31×30.2×5.5	灰陶
11	十六瓣七蕊莲花纹	栏格纹缀"×"纹	ⅠXCT2④:1	32.5×30.5×5.3	灰陶
12	十六瓣七蕊莲花纹	栏格纹缀"×"纹	ⅠXCT8④:12	31×30×5	灰陶
13	十六瓣七蕊莲花纹	纹饰被磨	ⅠXCT1④:1	30.2×30×4	灰陶
14	十六瓣七蕊莲花纹	细栏格纹	ⅠXCT4④:1	30×30×5	灰陶
15	十六瓣七蕊莲花纹	细栏格纹	ⅠXCT2④:2	32.5×残29×5.3	灰陶
16	凸棱菱形网格纹	细绳纹	ⅠXCT5④:39	残26×28.2×3.4	灰陶
17	素面磨光	纵横交错细绳纹	ⅠXCT38④:8	35.5×34×7.8	灰陶
18	素面磨光	纵横交错细绳纹	ⅠXCT1④:8	33.5×33×7.5	灰陶
19	素面磨光	纵横交错细绳纹	ⅠXCT1④:5	34×33×7	灰陶
20	素面磨光	纵横交错细绳纹	ⅠXCT8④:13	35×32×8	灰陶
21	素面磨光	纵横交错细绳纹	ⅠXCT37④:2	33×残29×6	灰陶
22	素面	斜向粗绳纹	ⅠXCT5④:8	32×32×6.2	灰陶
23	素面	斜向粗绳纹	ⅠXCT1④:4	30.5×残28×7	灰陶
24	素面	斜向粗绳纹	ⅠXCT8④:15	33×31.5×7	灰陶
25	素面磨光	细绳纹间一行"×"纹	ⅠXCT5④:7	33.2×31.6×5.3	灰陶
26	素面	粗斜绳纹间一行"╱"纹	ⅠXCT8④:14	32×32×5.5	灰陶
27	素面	粗斜绳纹间一行"╱"纹	ⅠXCT5④:6	32×31.8×5.3~6	灰陶
28	素面	斜粗绳纹间一行"井"纹	ⅠXCT37④:5	32×32×5.5	灰陶
29	素面	粗、细绳纹各半间"╱"纹	ⅠXCT1④:7	34×34×5.5	灰陶
30	素面	粗、细绳纹各半间"╱"纹	ⅠXCT1④:6	30×残25.5×5.6	灰陶

续表二

序　号	正面纹样	背面纹样	器　号	边长×边长×厚	备　注
31	素面	粗、细绳纹各半间"╱"纹	IXCT2④:3	31.2×29.8×5.7	灰陶
32	素面	条带格、细绳纹间三行"＊"纹	IXCT5④:5	32.7×31.2×5.3	灰陶
33	素面	条带格、细绳纹间三行"＊"纹	IXCT5④:9	32.9×32.9×5.8	灰陶
34	素面	栏格纹间两行"＊"纹	IXCT38④:7	36×34×6.5	灰陶

表　三　　　　　　　　　星辰汤板瓦登记表　　　　　　　　　单位：厘米

序　号	纹样	器　号	长	窄弦径	宽弦径	壁　厚	备　注
1	外素面，内布纹被磨	IXCT5④J:14	33.2	16.5	19.2	1.7~2	灰陶
2	外素面，内布纹被磨	IXCT5④J:15	33.8	16.5	残 19	1.2~1.7	灰陶，残
3	外素面，内布纹被磨	IXCT5④J:16	33.8	16.5	残 16.7	1.3~1.8	灰陶，残
4	外素面，内布纹被磨	IXCT5④J:17	残 19.2		残 16.7	2.1	灰陶，残
5	外素面，内布纹被磨	IXCT5④J:18	残 19.3		残 16.1	1.8	灰陶，残
6	外素面，内布纹被磨	IXCT5④J:19	残 27		残 19	1.7	灰陶，残
7	外素面，内布纹被磨	IXCT5④J:20	残 26.5		残 17.4	1.7	灰陶，残
8	外素面，内布纹被磨	IXCT5④J:21	残 18.7		残 18.4	1.8	灰陶，残
9	外素面，内布纹被磨	IXCT5④J:22	残 21.7		残 19.5	2	灰陶，残
10	外素面，内布纹被磨	IXCT5④J:23	残 28		残 18.3	1.5~1.8	灰陶，残
11	外素面，内布纹被磨	IXCT1④:34	残 13.3		18.1	1.7	灰陶，残
12	外素面，内布纹被磨	IXCT2④:31	复原 42	20	22.4	2	灰陶，残
13	外素面，内布纹被磨	IXCT1④:33	残 39	残 17.1	残 23.3	1.6~2.1	灰陶，残
14	内外素面磨光，凸面钤盖"北六官泉"	IXCT5④:19	残 29.4	19	24	2	青棍，残缺
15	内外素面磨光，凸面钤盖"六官泉"	IXCT5④:20	残 9.3	残 7.8		1.8	青棍，残缺
16	外素面，内粗布纹，凸面钤盖"□南"	IXCT5④:21	残 3.6	残 8.3		1.65	灰陶，残缺

表　四　　　　　　　　　星辰汤筒瓦登记表　　　　　　　　　单位：厘米

序　号	纹样	器　号	长	外弦径	厚	唇　长	备　注
1	外素面磨光，内粗布纹	IXCT1④:32	35.5	15.2~15.5	2.3	2.7	青棍
2	外素面磨光，内粗布纹	IXCT5④:22	35.8	15	2.1	残	灰陶
3	外素面磨光，内粗布纹	IXCT2④:29	残 30.2	15	1.8~2.4	3	青棍，残缺

续表四

序　号	纹　样	器　号	长	外弦径	厚	唇　长	备　注
4	外素面磨光，内粗布纹	ⅨCT31④:15	34.7	15.7	2.2～2.6	残	青棍
5	外素面磨光，内粗布纹	ⅨCT2④:28	残 33	14.5	2	3	青棍
6	外素面磨光，内粗布纹	ⅨCT38④:5	35.5	15.3	2	3	青棍
7	外素面磨光，内粗布纹	ⅨCT37④:9	35	15～16	2～2.5	残	灰陶
8	外素面磨光，内粗布纹	ⅨCT1④:31	32.4	13	1.2～1.8	3	青棍
9	外素面磨光，内粗布纹	ⅨCT5④:23	31.2	13.5～13.8	1.7～2.4	3	青棍
10	外素面磨光，内粗布纹	ⅨCT2④:30	30.8	12.4～13.4	1.6～1.9	残	青棍
11	外素面磨光，内粗布纹	ⅨCT5④J:24	30.8	13	2	残	灰陶
12	外素面磨光，内粗布纹	ⅨCT5④J:26	残 18.8	12.5	2	2.6	青棍，残缺
13	外素面磨光，内粗布纹	ⅨCT5④J:29	残 22.8	12.4	1.7	1.3	灰陶，残缺
14	外素面磨光，内粗布纹	ⅨCT5④:24	25.7	10.3	1.1～1.9	2.65	灰陶
15	外素面磨光，内粗布纹	ⅨCT5④:25	26.8	10	1.1～1.9	残	灰陶
16	外素面磨光，内粗布纹	ⅨCT5④J:25	残 27.6	12.2	1.8	2.5	青棍
17	外素面磨光，内粗布纹	ⅨCT5④J:27	26	10.4	1.4～2	2.5	灰陶
18	外素面磨光，内粗布纹	ⅨCT5④J:28	25.5	9.7	1.55	残	灰陶
19	外素面磨光，内粗布纹	ⅨCT5④J:30	残 23.8	10.1	1.4	2.3	灰陶，残缺
20	外素面磨光，内粗布纹	ⅨCT5④J:31	25.8	9.7	1.6	残	灰陶，残缺
21	外素面磨光，内粗布纹	ⅨCT5④J:32	残 22.5	10.4	1.4～2	2.6	灰陶，残缺
22	外素面，内粗布纹	ⅨCT5④:26	残 24.6	10	1.5	残	灰陶，带瓦当

表　五		星辰汤瓦当登记表				单位：厘米	

序　号	纹　样	器　号	面径	厚	边　宽	备　注
1	变形莲花纹	ⅨCT8④:25	复原 11.7	1.2～1.6	1.8	灰陶，残缺
2	变形莲花纹	ⅨCT1④:27	复原 11.7	1.4	1.2	灰陶，残缺
3	变形莲花纹	ⅨCT4④:8	复原 11.7	1.25	1.5	灰陶，残缺
4	变形莲花纹	ⅨCT2④:27	复原 11.7	1.5	1.3	灰陶，残缺
5	八瓣单蕊莲花纹	ⅨCT4④:7	15	1.9～2.1	1.8	青棍，残缺
6	八瓣单蕊莲花纹	ⅨCT8④:41	12.1	1.3	1.5	灰陶，残缺
7	八瓣单蕊莲花纹	ⅨCT5④:18	15	1.8	1.8	青棍，残缺
8	八瓣单蕊莲花纹	ⅨCT8④:26	12	1	1.5	灰陶，残缺

续表五

序　号	纹　样	器　号	面　径	厚	边　宽	备　注
9	八瓣单蕊莲花纹	IXCT8④:27	11.5	1.4	1.8	灰陶，残缺
10	八瓣单蕊莲花纹	IXCT4④:9	12.5	1.1	1.5	灰陶，残缺
11	八瓣单蕊莲花纹	IXCT8④:20	12.7	1.3	1.6	灰陶，残缺
12	八瓣单蕊莲花纹	IXCT5④:14	11.5	1.2	1.6	灰陶，残缺
13	八瓣单蕊莲花纹	IXCT8④:33	13.5	1.5	2	灰陶，残缺
14	八瓣单蕊莲花纹	IXCT8④:31	复原13.5	1.3	1.4	青棍，带筒瓦
15	八瓣单蕊莲花纹	IXCT8④:37	复原12.7	1.8	1.4	灰陶，残缺
16	八瓣单蕊莲花纹	IXCT5④:17	13.5	1.5	1.5~2	青棍，带筒瓦
17	八瓣单蕊莲花纹	IXCT8④:22	复原11.5	1.2	1.8	残缺多
18	八瓣单蕊莲花纹	IXCT5④J:7	复原11.7	1.3	1.8	青棍，带筒瓦
19	八瓣单蕊莲花纹	IXCT5④J:9	复原13	1.3	1.8	灰陶，残缺
20	八瓣单蕊莲花纹	IXCT5④J:6	复原13.2	1.5	1.7	灰陶，残缺
21	八瓣单蕊莲花纹	IXCT1④:28	10.1	1.2	1.3	灰陶，残缺
22	八瓣单蕊莲花纹	IXCT8④:23	9.45	1.1	1.3	灰陶，残缺
23	八瓣单蕊莲花纹	IXCT5④J:12	14.2	1	2.2	灰陶，残缺
24	八瓣单蕊莲花纹	IXCT5④J:11	残6.5	1.7	残	灰陶，残缺
25	八瓣单蕊莲花纹	IXCT5④J:1	13.8	1.5~2.2	2.3	灰陶，残缺
26	八瓣七蕊莲花纹	IXCT5④J:13	12.6	1.7	0.9~1.9	灰陶，残缺
27	八瓣七蕊莲花纹	IXCT5④J:10	12.5	1.2	1.9	灰陶，残缺
28	八瓣七蕊莲花纹	IXCT5④J:3	复原12.5	1.2	1.9	青棍，残缺
29	八瓣九蕊莲花纹	IXCT4④:10	12.2	1	1.5~2.4	灰陶，残缺
30	八瓣九蕊莲花纹	IXCT8④:39	复原11.5	1.1	1	灰陶，带筒瓦
31	八瓣十一蕊莲花纹	IXCT1④:29	14.2	1.3~2.6	2	青棍，残缺
32	八瓣十一蕊莲花纹	IXCT5④:15	14.2	1.4~2.3	2.3	青棍，残缺
33	八瓣十一蕊莲花纹	IXCT8④:38	12	1.6~2.3	1.6	青棍，带筒瓦
34	八瓣十一蕊莲花纹	IXCT2④:36	14	1.4~2.8	1.9	青棍，残缺
35	八瓣十一蕊莲花纹	IXCT2④:37	15	1.5~2.5	2.4	青棍，残缺
36	八瓣十一蕊莲花纹	IXCT2④:26	14	1.5~2.5	2.3	青棍，残缺
37	八瓣十一蕊莲花纹	IXCT2④:25	14.2	1.6~2.5	1.8	青棍，残缺
38	八瓣十一蕊莲花纹	IXCT8④:21	12	1.6~2.3	1.8	灰陶，残缺
39	九瓣十蕊莲花纹	IXCT5④J:4	12.3	1.5	1.9	青棍，残缺

续表五

序 号	纹 样	器 号	面 径	厚	边 宽	备 注
40	九瓣十蕊莲花纹	ⅠXCT5④J:2	复原13	1.3	1.7	青棍，残缺
41	九瓣十蕊莲花纹	ⅠXCT5④J:5	复原12.7	1.3	2	灰陶，残缺
42	十二瓣单蕊莲花纹	ⅠXCT8④:19	12.6	0.7~1.4	1.3	灰陶，残缺
43	十二瓣七蕊莲花纹	ⅠXCT1④:30	14	1.15	2	灰陶，残缺
44	十二瓣七蕊莲花纹	ⅠXCT5④:13	复原14	1.3	2	灰陶，残缺
45	十二瓣八蕊莲花纹	ⅠXCT8④:35	复原12.3	1.35	1.7	灰陶，残缺
46	十二瓣八蕊莲花纹	ⅠXCT8④:40	…	1.2	1.7	灰陶，残缺
47	十四瓣八蕊莲花纹	ⅠXCT8④:24	14	1.4	2.4	灰陶，残缺
48	十四瓣八蕊莲花纹	ⅠXCT8④:34	复原14	1.4	2.2	灰陶，残缺
49	十六瓣七蕊莲花纹	ⅠXCT1④:26	13.8	1.5	1.5	青棍
50	十六瓣七蕊莲花纹	ⅠXCT5④:16	复原13.8	1.4	1.5	青棍，残缺
51	十六瓣七蕊莲花纹	ⅠXCT8④:32	复原13.5	1.5	1.5	灰陶，残缺
52	十六瓣十三蕊莲花纹	ⅠXCT2④:24	9.5	1.5	1	灰陶，残缺
53	兽面纹	ⅠXCT31④:14	13.2	1.4	1.4	灰陶，残缺
54	兽面纹	ⅠXCT31④:18	15	1.3	1.7	灰陶，残缺
55	兽面纹	ⅠXCT31④:17	复原12.5	1.3	2	灰陶，残缺
56	兽面纹	ⅠXCT8④:30	12.7	1.35	2	灰陶，残缺
57	兽面纹	ⅠXCT8④:29	12.7	1.2	1.7	灰陶，残缺
58	兽面纹	ⅠXCT8④:28	12.1	1.7	2	灰陶，残缺
59	兽面纹	ⅠXCT8④:36	复原12.5	1	1.9	灰陶，残缺
60	兽面纹	ⅠXCT5④:J:8	12.6	1.4	1.5	灰陶，残缺

表　六　　　　　星辰汤陶水管登记表　　　　　单位：厘米

序 号	纹 样	器 号	通 长	内 径	外 径	厚	唇长	备 注
1	内粗布纹，外细绳纹	ⅠXCT38④:11	42	18~20	24.4~26.5	3.2	2.5	供水池 S3
2	内粗布纹，外粗绳纹	ⅠXCT5④:37	34.9	12.8	18.3	2.7	2.7	二期墙北排水道
3	内粗布纹，外粗绳纹	ⅠXCT5④:38	35.4	13	18.5	2.7	2.8	二期墙北排水道
4	内粗布纹，外粗绳纹	ⅠXCT38④:12	33.2	12.2	18	2.8	3	供水池 S2
5	内粗布纹，外粗绳纹	ⅠXCT11④B:31	42.4	20.7	27.5	3	5.5	早期晚段排水道
6	内粗布纹，外粗绳纹	ⅠXCT17④A:19	43.1	20.5	28	3.5	5.3	

续表六

序号	纹 样	器 号	通 长	内 径	外 径	厚	唇长	备 注
7	内粗布纹，外粗绳纹	IXCT17④A:20	41.9	21.7	28.8	3.5	4.4	
8	内粗布纹，外粗绳纹	IXCT17④A:21	41.2	20.7	27.9	3.5	4.5	
9	内粗布纹，外粗绳纹间竖条隔棱	IXCT11④B:30	42	22.7	29.8	3～3.5	5	汤池晚期排水道
10	内粗布纹，外粗绳纹间竖条隔棱	IXCT11④B:28	42.4	22	28.7	3.3	5.4	汤池晚期排水道
11	内粗布纹，外粗绳纹间竖条隔棱	IXCT11④B:29	42.8	21.8	30	3.9	4.8	汤池晚期排水道
12	内粗布纹，外粗绳纹间竖条隔棱	IXCT14④:34	42	20.4	28	3.5	5.2	汤池晚期排水道
13	内粗布纹，外粗绳纹间竖条隔棱	IXCT17④A:22	41.5	20.5	30	4.2	4.8	
14	内粗布纹，外粗绳纹间竖条隔棱	IXCT17④A:23	42.8	21	28.1	3.1	5	
15	内粗布纹，外粗绳纹间竖条隔棱	IXCT17④A:24	44	23.5	30.7	3.2～3.5	3.7	
16	内壁磨光，外细绳纹	IXCT25④:15	45.3	16.3	24～24.5	3.8	3.6	早期晚段排水道
17	内壁磨光，外细绳纹	IXCT25④:10	残 42.5	16	24	4	3.2	早期晚段排水道
18	内壁磨光，外细绳纹	IXCT25④:13	44.5	16.3	25	4.2	3.5	早期晚段排水道
19	内壁磨光，外细绳纹	IXCT25④:16	残 41.3	16.5	25.3	4.3	3.3	早期晚段排水道
20	内壁磨光，外细绳纹	IXCT25④:12	45.6	16.1	24.3	4.1	4	早期晚段排水道
21	内粗布纹，外粗绳纹	IXCT10④:53	44	22.4～24.8	29～30	3.1～3.7	3.2	早期晚段排水道
22	内粗布纹，外粗绳纹	IXCT10④:51	残 29	12.5	19	3	3.1	
23	内粗布纹，外粗绳纹	IXCT10④:52	44.3	22.7	30.5	3.1～3.6	3.6	早期晚段排水道

3．石质建筑材料 6件。有石门砧、柱础及构件等。

(1) 门砧 1件。

标本 IXCT5④:42，花岗岩质。长条形，素面。上有一直径 0.25、深 0.11 米的门枢洞。一长边上凿有一个长 0.085、宽 0.1～0.13、深 0.055 米的凹槽。对应长边凿凹槽 2 个，中心间距 1.1 米，距两端分别为 0.14、0.32 米，一凹槽长 0.065、宽为 0.105～0.125、深 0.055 米；另一凹槽长 0.09、宽 0.09～0.125、深 0.05 米。一窄边凿有一长 0.09、宽 0.1~0.135、深 0.1 米的凹槽。凹槽内壁粗糙，底面凹凸不平，是为和其它构件连接而凿。门砧一个侧面凿痕犹存，其余面打剥较细致。规格为 1.56×0.48×0.48 米。从门枢直径分析，原星辰汤大门高大宽厚，结实耐用（图三八，1）。

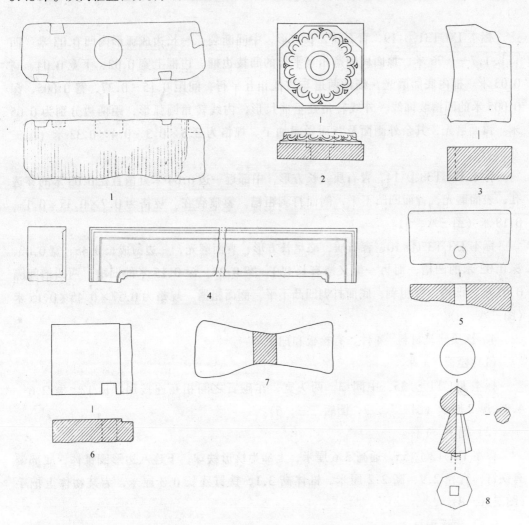

图三八　星辰汤石质及铁质建筑材料

1. 石门砧ⅠXCT5④:42　2. 汉白玉覆盆莲花柱础ⅠXCT1④:40　3. 石构件ⅠXCT38④:13　4. 石构件ⅠXCT31④:19
5. 石构件ⅠXCT38④:14　6. 石构件ⅠXCT37④:10　7. 铁栓板ⅠXCT1④:35　8. 铁把手ⅠXCT2④:55（7、8 为1/3，1~5 为 1/30）

（2）柱础　1件。

标本 ⅠXCT1④:40，汉白玉质。底四方形，上饰覆瓣莲，四边做成八边形，顶面正中凿直径 0.13~0.19 米的穿透卯洞，用于固定立柱。规格为 0.59×0.55×0.18 米（图三八，2；图版三三，5）。

（3）构件 4件。形制不一，多为汤池砌石。

标本IXCT38④:13，长方体券形，一边做成圆弧形，弦径0.6、弦高0.06米，弧面磨光，上面粗剁，其余面打剥得粗糙不平。规格为0.64×0.39×0.22米（图三八，3）。

标本IXCT31④:19，青石质，长方形，中间断裂，一长边成弧形内凹0.03米。凹口长1.7～1.76米，顶面周围凿相互平行的凸棱边框。边框上宽0.02、下宽0.04、高0.03米。框内底面磨光，细凿两道与边框相互平行，间距0.15～0.27、宽0.005、深0.005米的凹槽装饰线。外线转角处呈曲尺形，内线转角圆弧形，距两边分别为0.05米。弧面磨光，其余外侧面及背面做粗加工。规格为2.3×0.3～0.4×0.32米（图三八，4）。

标本IXCT38④:14，青石质，长方形，中部近一边0.04米处凿直径0.08米的穿透孔，表面磨光，背面凹凸不平，侧面打剥粗糙，錾痕犹在。规格为0.7×0.35×0.1～0.18米（图三八，5）。

标本IXCT37④:10，青石质，略呈长方形，表面磨光，一边凿成长0.45、宽0.08、深0.02米的凹槽，而另一侧又凿有长0.1、宽0.07、深0.15米的凹槽。两凹槽间隔0.03米。凹槽内壁粗剁，底面打剥凹凸不平，侧面粗凿。规格为0.57×0.45×0.15米（图三八，6）。

4.铁质建筑材料 4件。有栓板和把手等。

（1）栓板 3件。

标本IXCT1④:35，中间细，两头宽，作砌石之间相互连接用。长12、宽2.6～4.9、厚2厘米（图三八，7；图版三三，6）。

（2）把手 1件。

标本IXCT2④:55，通高5.6厘米，上部为桃形铁球，下连八边形圆锥体，底部带有铁钉，直径2.9、高2.2厘米，锥体高3.1、铁钉残长0.3厘米，为某物体上把手（图三八，8）。

（二）生活用具

生活用具有陶器、铁器、瓷器和货币四种。

1.陶器 10件。有鼎、碗、盘、器口沿、俑耳等。

（1）鼎 1件。

标本IXCT8④:2，泥质灰陶。直口，折沿，尖唇，壁微弧，浅腹，大平底，高足。足残。口沿内壁环饰一圈刻划凹弦纹，外壁腹部环饰两周凸棱形纹，底面残留两足。根据现存足距复原，鼎原为五足。足形似大头凸额、长鼻弯曲、鼻尖外翘的"象头"。残高9.4、足高3.4、内口径18.6、外口径23.2厘米（图三九，1；图版三五，1）。

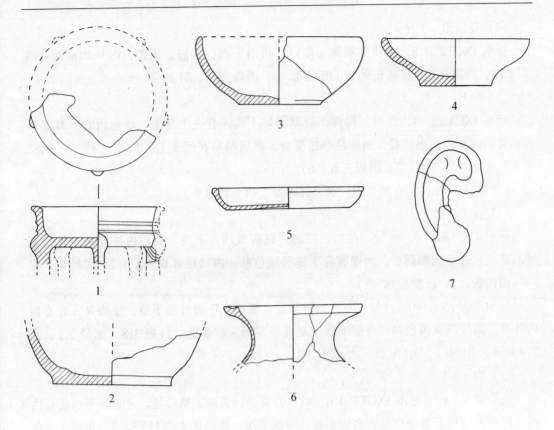

图三九　星辰汤陶鼎、碗、盘、口沿、俑耳

1.鼎ⅠXCT8④：2　2.碗ⅠXCT5④：35　3.碗ⅠXCT1④：38　4.碗ⅠXCT38④：1　5.盘ⅠXCT8④：1　6.口沿
ⅠXCT8④：5　7.俑耳ⅠXCT8④：4(2、3、4、7为1/2,6为1/4,1为1/3,5为1/4)

（2）碗　6件。

标本ⅠXCT5④：35，泥质灰陶。口残，弧腹，矮足大平底。底心内凹，外饰细线凹弦纹。残高约2.9、底径6.7、足高0.5厘米（图三九，2；图版三五，2）。

标本ⅠXCT1④：38，泥质灰陶。直口微侈，圆唇，弧腹内凹，内外壁皆素面，平底。底心内稍平，外饰细线凹弦纹。口径9.2、高3.4、底径4.5厘米（图三九，3；图版三五，3）。

标本ⅠXCT38④：1，泥质灰陶。直口微侈，尖唇，斜腹较浅，内外壁皆素面，矮足平底。底面外饰细线凹弦纹。口径8.3、高2~3、底径4厘米（图三九，4）。

（3）盘　1件。

标本ⅠXCT8④：1，泥质灰陶。呈圆形，敛口，圆唇内凸外鼓，弧腹较浅，内外壁均素面，大平底。底心内稍凸外微凹，外饰细线凹弦纹。高4.65、内口径31.7、外口径33.4、底径27.2厘米（图三九，5；图版三五，4）。

（4）器口沿　1件。

标本 IXCT8④：5，泥质红褐陶。敞口，折沿下凹，尖唇，束颈，内外均素面。内口径12、沿宽0.6、残高6厘米（图三九，6；图版三五，5）。

（5）俑耳　1件。

标本 IXCT8④：4，泥质灰褐陶，烧制火候不高，有夹生现象，耳轮内卷，耳垂下坠，背面较平。从形状看，俑耳是单独模制，然后粘贴在俑头上。长6.6、宽2～3.8、厚1.3厘米（图三九，7；图版三五，6）。

2. 瓷器　16件。有盅、碗、盘、杯形器、执壶和瓶等。

（1）盅　3件。

标本 IXCT8④：9，残缺。敞口，圆唇，斜腹较浅，平底。底心内外皆平，外饰细线凹弦纹。外壁无釉露胎，内壁唇沿下施黑褐色釉。内口径8.6、高3.2、底径4.7厘米（图四〇，1；图版三六，1）。

标本 IXCT5④：40，残缺近半，圆唇外鼓，弧腹，下腹外鼓下坠，矮圈足，底心内凹外平。内壁满施黑色釉，外壁下腹及足无釉露胎。红褐胎。口径3.8、底径2.3、高2.4厘米（图四〇，2；图版三六，2）。

（2）碗　4件。

白瓷碗　1件。标本 IXCT8④：6，敞口，圆唇，弧腹，璧形足。足心外平，底心内凹。内壁及外壁上腹施白釉，余皆素胎。釉色暗淡。通高3.4、口径12.2、足径5.2厘米（图四〇，3；图版三六，3）。

青瓷碗　3件。标本 IXCT5④：36，敞口，尖唇，弧腹，圈足，底心内凹外稍凸，口沿外饰一周凹弦纹，通体满施浅青色釉。釉色暗淡无光。口径10、高4.5、足径3.5、足高0.6厘米（图四〇，4；图版三六，4）。

标本 IXCT8④：11，残缺较多。敞口，圆唇，弧腹，圈足，足心亦平，全施青灰色釉。釉色光亮细腻。由于烧制时火候过高，内壁皆起大小泡。通高8、复原口径18.3、足径6、足高0.8厘米（图四〇，5；图版三六，5）。

（3）盘　2件。

小瓷盘　1件。标本 IXCT8④：7，敞口，圆唇外侈，弧腹较浅，饼足内凹，底心内稍凸，内壁满施白釉，外壁间施白色釉和黑褐色釉，底面无釉露胎。胎呈红褐色。口径8.1、高2、足径4.1厘米（图四〇，6；图版三六，6）。

葵口白瓷盘　1件。标本 IXCT5④：28，残缺甚多，葵口外侈，尖唇，斜腹，大平底，腹部和葵口相接处外凹内鼓，内外皆施浅白色釉。复原口径15.5、高2.2、底径10.5厘米（图四〇，7；图版三七，1）。

（4）杯形器　1件。

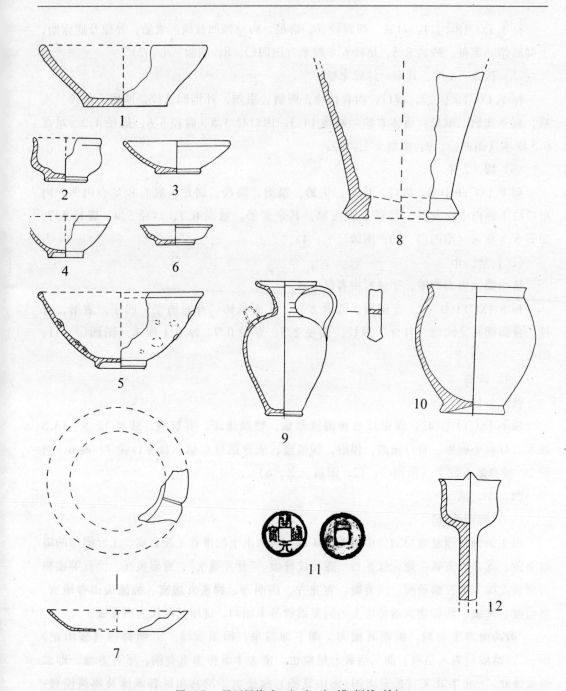

图四〇　星辰汤瓷盅、碗、盘、壶、罐,铜钱,铁灯

1.瓷盅ⅠXCT8④:9　2.瓷盅ⅠXCT5④:40　3.白瓷碗ⅠXCT8④:6　4.青瓷碗ⅠXCT5④:36　5.青瓷碗Ⅰ
XCT8④:11　6.小瓷盘ⅠXCT8④:7　7.葵口白瓷盘ⅠXCT5④:28　8.杯形器ⅠXCT8④J:1　9.瓷执壶ⅠXCT5
④:27　10.白瓷罐ⅠXCT8④:8　11."开元通宝"ⅠXCT1④:39　12.铁灯ⅠXCT1④:42(1、2、8、10、11 为 1/2,3
～7、9、12 为 1/4)

标本ⅨCT8④J：1，口残，斜腹较直，饼足。内壁饰凹弦纹。素胎，外壁及底露胎，上部施茶叶末釉。残高8.5、足径6.4厘米（图四〇，8；图版三七，2）

（5）执壶　4件。其中一件较完整。

标本ⅨCT5④：27，敞口，内有台棱，圆唇，束颈，外饰凹弦纹，溜肩，鼓腹，流残，扁平曲柄，圈足。通体素胎。通高14.3、内口径3.5、腹径8.6、足径4.2、足高0.5厘米（图四〇，9；图版三七，3）。

（6）罐　2件。

标本ⅨCT8④：8，敛口，侈沿，尖唇，溜肩，鼓腹，饼足，底心和足心内凹。内壁口沿下施白中泛黄釉，外壁上腹施釉，其余素胎。通高6.7、口径5.4、腹径6.7、足径3.5厘米（图四〇，10；图版三七，4）。

（三）货　币

货币腐蚀极为严重，字迹可辨者仅2枚。

标本ⅨCT1④：39，红铜质，圆廓方孔，正面模铸"开元通宝"四字，隶书，对读，背面廓孔之间饰"月牙"形纹。面径2.5、穿径0.7、厚0.1厘米（图四〇，11；图版三七，5）。

（四）铁器

铁灯　1件。

标本ⅨCT1④：42，保留灯盘和圆柱形柄，锈蚀斑斑，有裂缝，残高12.5～13.5厘米。灯盘小碗形，直口微敛，侈沿，深弧腹，底连圆柱形柄，盘外口径7、高6、柄径2、残高7.5厘米（图四〇，12；图版三七，6）。

四、小　结

（一）称谓考辨

出土汤池在遗址地层划分中属于第4层。同池出土的带有工匠名称、工匠戳印的绳纹条砖、莲花纹方砖、莲花纹瓦当、莲花纹柱础、"开元通宝"、青棍板瓦、筒瓦等遗物与唐长安城大明宫麟德殿、三清殿、青龙寺、西明寺、麟游九成宫、临潼庆山寺地宫、唐昭陵、乾陵、桥陵建筑遗址出土的同类器物基本相同，证明其时代为唐无疑。

"御汤南为玉女殿，殿前有虚阁，阁下即温泉，曰星辰汤。"[1]明都穆《骊山记》曰："三清殿后为玉皇殿，面三清者七星殿也。南去十五步为玉女阁，下有方池，即温泉发源处。"[2]元李好文《长安志图·骊山宫图》所绘唐华清宫东区各汤池及建筑位置：御汤九龙殿南依次为星辰汤、温泉水源、玉女殿，与上述文献记载相同。另外据日本人

---

1)　〔清〕乾隆本《临潼县志·古迹·华清宫》。

2)　蒋平锡编撰：《古今图书集成·山川典·骊山部》，中华书局影印，1934年版，22536页。

云外生 1901 年发表在《东京报纸》上游骊山温泉一文记载："汤池形状像瓢，分内外两池。入浴者可进内池，外池不得入浴。内池长 7 米多，宽约 5 米，深 0.9 米，全是青石砌成。池内温泉清澈，似镜照人。过汤池后小门，右拐上石台阶，其上有殿宇，称为正殿，额匾书'华清池夕佳楼'。……殿后有一大汤池，中间架置二亭阁，东边有阁全在水中，架桥接通南北；西边一阁和西部的厢房相连，形状是楼船。"[1] 据文中描述内池的形状、宽度和所附照片，除长短有别外，其余均和发掘出土星辰汤的"斗池"相同。长短的差别在于云外生是从南壁量到"斗池"后期中间所修的三个流水洞，而不是"斗池"和"魁池"结合处，说明云文中的内池即"斗池"。同时也等于告诉我们，"斗池"之南除有一大汤池之外，再无汤池。

这次发掘出的汤池所处位置，向东北约 12.4 米，就是下文将要叙述的御汤九龙殿，向南 43 米就到骊山北陬。"斗池"南壁紧连残高约 1 米的高台。这当是云外生游记上说到的"石台阶"。其上边又有建筑倒塌堆积，并向南伸进，加之为该池供水的陶管道也向南继续延伸，说明温泉水源还在南边。在距山脚约 25 米的地方，除过能容双亭阁的"大汤池"之外，显然不可能再修其它汤池。"大汤池"就是"虚阁"下的温泉水源出处。由此可见，发掘出土汤池和文献记载这一区域的汤池建筑分布位置完全吻合，证明即华清宫星辰汤。

出土汤池结构特殊，北边汤池的形状与北斗七星中魁四星的长方形布局相象，南边汤池和北斗七星中斗三星的走向、形状类似。两汤池合二而一的平面形状与北斗七星组成的形状神似。按器物造型取名，古今通理。以汤池形状定名称，也是情理之中的事。这无疑是星辰汤名称的由来。

星辰汤未出土以前，关于此汤池的称谓史学界众说纷纭：一是今人望文生义，猜测说商周时期人们晚上在没有房屋的汤池沐浴，能望见天空闪烁的星辰而取名；二是一些人根据《临潼县志·古迹·华清宫》记载："星辰汤仍属旧址，然观四面及池底新砌石，亦系后来所作，尽毁古人名刻为汤础，其字画未磨灭者，落落如星辰隐现石上"而得名。今星辰汤实物出土，揭穿了千古之谜，纠正了多年的舛误。

宋程大昌《雍录·温泉》卷四曰：太宗"贞观十八年，诏阎立德营建宫殿、御汤，名汤泉宫。太宗临幸制碑。"宋代宋敏求《长安志》卷十五亦云："太宗贞观十八年，诏左屯卫大将军姜行本、将作少匠阎立德营建宫殿、御汤，名汤泉宫。太宗因幸制碑。"《墨林星凤·温泉铭》，描述新汤池是"泉涌殿而紫池，砌环流而起岸。岩虹曜彩，曲曲垂梁；岫月澄轮，低低入牖；……疏檐岭际，枕殿岩阴；柱穿流腹，砌裂泉心。"

星辰汤地近骊山之阴咫尺，上覆巍峨耸立的高大建筑，大有与骊山欲争高低之势；

---

1) 《东西沐浴史话》，日文版。

殿内"斗池"中矗立支撑大殿梁架的石柱正对双进水口，在流水中正好"柱穿流腹，砌裂泉心"。汤池两次修缮和其上围护大殿的三次遗存与文献记载三次修葺相吻合。其中第一次修葺所留遗物的时间为初唐，证明此汤池即唐太宗李世民时所修的"御汤"。至于易名为星辰汤的目的，未见史载，需进一步探索。

据史乘记载，唐王朝为了建造明堂，从唐太宗开始到武则天建成，多次召开御前会议研究讨论，最后制定的建筑形式、规模、台基、殿宇高低，顶部结构，立柱多少，设门开窗构件的所有数据等，都是根据《大戴礼·月令》等礼制规定，再结合天空星象，二十四节气，即天、地、人三位一体的理论设计建造。唐李林甫等撰《唐六典》曰："隋氏定制，则依周官之制，皇朝因之……"。《旧唐书·礼仪一》记载唐太宗令房玄龄、魏征等礼官学士修改旧礼，除新增二十九条外，"余并准依古礼，旁求异代，择其善者而从之"。以此推测，星辰汤的设计规定，也难脱《周礼》等礼制之窠臼。

唐玄宗将"御汤"易名星辰汤绝非无故。"时玄宗企慕古道"[1]，迷信天命，重用道士，占星士。唐长安城大明宫内天坛、日华门、月华门、玄武门等皆取名于《史记·天官书》、《汉书·天文志》、《隋书·天文志》上记载的天空星座的名称。古代人们相信天上有天帝主宰宇宙，地上有皇帝统治人民，皇帝就是天帝星的真身。天宫有"精发于天"[2]的皇帝星座，"紫宫为帝皇之居"[3]。星座的移位、明暗、陨落，反映人间皇权的变化，"日月运行，历示休咎。五纬经次，用彰祸福，则上天之心，于是见矣"[4]。宋王溥《唐会要·彗孛》卷四十三曰："贞观八年八月二十三日，有星孛于虚危，历于元枵，凡十一日乃灭，太宗问虞世南曰：'是何妖也？'对曰：'昔齐景公时，有彗见，晏婴对曰：君穿池沼畏不深，筑台榭畏不高，行刑罚畏不重，是以天见彗星，为公戒耳。景公惧而修德，十六日而星灭……。'"《唐会要·封禅》卷七还记载：唐太宗"贞观十五年四月辛卯，诏以来岁二月，有事于泰山。六月己酉，有星孛于太微，丙辰，停封泰山。"《旧唐书·本纪第八·玄宗上》叙录太平公主为了废除太子李隆基，以西北天空出现彗星为契机，大造舆论，危言耸听，并唆使术人胡诌"据玄象，帝座及前星有灾，皇太子合作天子，不合更居东宫矣。"唐睿宗为了上应天象，提出让位太子。上述事例反映了唐代人对天的崇拜和天象变化的重视及恐惧。笃信占星官"中外之官，常明者百有二十，可名者三百二十，为星二千五百；微星之数万一千五百二十，庶物蠢动，咸得系命。"[5]非常迷信历史上"天人合一"说的唐玄宗李隆基，将颇像"北斗七星"的"御汤"，别出机

1)　〔后晋〕刘昫等撰：《旧唐书·房琯传》，中华书局，1975 年版，3320 页。
2)　〔唐〕魏征等撰：《隋书·天文上》，中华书局，1973 年版，504 页。
3)　〔唐〕魏征等撰：《隋书·天文上》，中华书局，1973 年版，504 页。
4)　〔唐〕魏征等撰：《隋书·天文上》，中华书局，1973 年版，504 页。
5)　〔唐〕魏征等撰：《隋书·天文上》，中华书局，1973 年版，504 页。

枰地易名为星辰汤的良苦用心，就是企求上合天意，秉承神旨，得到天神的保护。

中国古代在天文学的研究成果是举世瞩目的。星象官将浩瀚无垠的万里长空中视力所及的明星，起名定位，赋予昭示人间政治、经济、军事等各种活动成败朕兆的特殊功能。他们认为天空中"居其中央，谓之北斗，动系于占，实司王命。"[1] 汉班固《汉书·天文志第六》曰："北斗七星，所谓'璇、玑、玉衡以齐七政'。杓携龙角，衡殷南斗，魁枕参首。……斗为帝车，运于中央，临制四海，分阴阳，建四时，均五行，移节度，定诸纪，皆系于斗。""北斗七星，辅一星在太微北，七政之枢机，阴阳之元本也。故运乎天中，而临制四方，以建四时，而均五行也。魁四星为璇玑，杓三星为玉衡，又象号令之主，又为帝车，取乎运动之义也。又魁第一星曰天枢，二曰璇，三曰玑，四曰权，五曰玉衡，六曰开阳，七曰摇光。一至四为魁，五至七为杓。枢为天，璇为地，玑为人，权为时，玉衡为音，开阳为律，摇光为星。"[2] 七星各有代表对象："石氏云：第一曰正星，主阳德，天子之象也。二曰法星，主阴刑，女主之位也。三曰令星，主祸害也。四曰伐星，主天理，伐无道。五曰杀星，主中央，助四旁，杀有罪。六曰危星，主天仓五谷。七曰部星，亦曰应星，主兵。又云：一主天，二主地，三主火，四主水，五主土，六主木，七主金。"[3] 概言之，北斗七星具有别的星座所没有的很多特殊的象征：居苍穹中央，协调阴阳五行平衡；预告新王朝的诞生，皇室内部福祸，王朝祚运的兴衰与长短；反映国家有无天灾兵祸，五谷丰稔与歉收等等。李隆基将唐太宗的"御汤"易名为星辰汤，主观上和表面上是与上天保持一致，按"易曰：'观乎天文以察时变'。……法垂象以施化，考庶徵以致理，以授人时，以考物纪，修其德以顺其度，改其过以慎其灾，去危而就安，转祸而为福者也。"[4] 鲜为人知的用意就是想祈求苍天北斗，保佑李氏王朝，永固皇位，俾传万代；同时要继承先祖遗志，发扬光大"贞观之治"，像温泉一样恩泽四方，政通人和，国家繁荣昌盛。当然也不排除他有企求皇天赐福，得道成仙，长生不老的内心秘密。

（二）始建与沿用

星辰汤池底南边出土的木柱础，经北京考古所^{14}C 测定结果为距今 1525±75 年（公元 425±75 年）。^{14}C 半衰期 5730，树轮校正年 AD 435～643 年。公元 435～643 年这一时期统治北中国骊山温泉地区的主要是北魏王朝。公元 512 年北魏雍州刺史元苌来到骊山温泉，看见来自"南九江，北瀚海，左汤谷，右蒙汜，千城万国之氓"[5]，"怀疾枕

---

1)　〔唐〕魏征等撰：《隋书·天文上》，中华书局，1973 年版，504 页。

2)　〔唐〕魏征等撰：《隋书·天文上》，中华书局，1973 年版，531 页。

3)　〔唐〕魏征等撰：《隋书·天文上》，中华书局，1973 年版，531 页。

4)　〔后晋〕刘昫等撰：《旧唐书·天文上》，中华书局，1975 年版，1293 页。

5)　〔北魏〕元苌撰：《温泉颂》碑。

疴之客，莫不宿粮而宾疗"[1]。面对"上无尺栋，下无环墙"[2]，"无宵无旦"[3]，"芳流无竭"[4]的温泉而不能入浴，无可奈何哀叹"我将安泊时"[5]！于是"乃剪山开障，因林构宇"[6]，建成了"邃馆来风，清檐驻月"[7]，"鸿飞凤起"[8]，山水交融，充满诗情画意的人间仙境。史记与遗物时代大致相符，说明星辰汤使用枋木的时间在北魏末期。

汤池底平砌的两层绳纹条砖，形体较大，都带有工匠的名称和戳印，而修建于唐天宝二年的唐华清宫内骊山老君殿遗址出土的条砖，尺寸较小，虽为绳纹，但无工匠的名称和戳印，有的带工匠手印，说明带工匠名称和戳印的砖的时代下限在唐天宝二年以前，那么星辰汤也自然修建在此之前了。

汤池排水道从出水口向北直线延伸7.6米处，被殿基第三期规整的石墙砌断。而从5.6米处的东拐地方和向北延伸的2米水道中的水锈沉淀层经解剖发现，两者为一完整结构，没有打破关系。水道两壁直接压在水锈沉淀层上，是明显的上下叠压关系。故知从5.6米处东拐水道，系二次修建。

汤池地面殿宇建筑北墙保存三次修葺遗存，从南向北，第一期砖砌墙做工与第二、三期的石墙不同，外镶壁柱加固承重，做工粗糙简陋。根据地层关系判定，第一期的时代略早于第二、三期护墙。第二、三期墙用规整的石条叠砌，石墙和殿基中间填垫的残破绳纹条砖，大小与汤池底砌条砖完全相同，残破方砖也没有发现唐天宝二年以后的建筑材料，证明第二、三期石墙修建时代不会晚于公元743年。

"《十道志》曰：'泉有三所，其一处即皇堂石井，后周宇文护所造，隋文帝又修屋宇，并植松柏千余株。贞观十八年，诏阎立德营建宫殿，御汤，名汤泉宫，太宗临幸制碑。'"[9]宋司马光《资治通鉴》、宋敏求《长安志》也有基本相同的记载。唐太宗制碑即《温泉铭》曰："朕以忧劳积虑，风疾屡婴，每濯患于斯源，不移时而获损，于是面山开宇，徙旧裁基。"[10]从诸文献记载可以看出北魏、北周、隋代都先后在温泉水源附近修建汤池，供帝王沐浴。唐太宗李世民践祚，曾在前者汤池沐浴，随着国力增长，经济繁荣，在公元644年令将作大匠阎立德改造以前的汤池，赐名"御汤"。这是骊山温泉在

---

1)　〔北魏〕元苌撰：《温泉颂》碑。

2)　〔北魏〕元苌撰：《温泉颂》碑。

3)　罗振玉编：《墨林星凤·唐太宗·温泉铭》。

4)　罗振玉编：《墨林星凤·唐太宗·温泉铭》。

5)　〔北魏〕元苌撰：《温泉颂》碑。

6)　〔北魏〕元苌撰：《温泉颂》碑。

7)　〔北魏〕元苌撰：《温泉颂》碑。

8)　〔北魏〕元苌撰：《温泉颂》碑。

9)　〔宋〕程大昌撰：《雍录·温泉》卷四。

10)　罗振玉编：《墨林星凤·唐太宗·温泉铭》。

唐代的第一次修葺。

唐玄宗李隆基荣登宸极后，于开元十一年游幸骊山温泉。司马光《资治通鉴·卷二百一十二·唐纪二十八》记载：是年"冬，十月，丁酉，上幸骊山，作温泉宫。"宋程大昌《雍录·温泉》卷四在"温泉宫"下注曰："唐年小录曰：开元十年置，实录与元和志则曰：开元十一年置。"宋敏求《长安志》卷十五在"温泉宫"下注曰：唐年小录曰：开元十年置温泉宫，实录与元和志则曰：开元十一年初置温泉宫"。这里的开元十年、开元十一年初置"温泉宫"应为作"温泉宫"之误。说明唐代在开元十一年对骊山温泉进行了第二次修葺。天宝二年，唐玄宗"以琯资机算，诏总经度骊山"[1]。房琯对骊山行宫重新规划，增建汤池，合理安排供、排水系统，"疏岩剔数，为天子游观"[2]。这是唐代时对骊山温泉的第三次、也是最大的一次扩建。排水道、北墙的数次修缮，与唐太宗和唐玄宗时期修葺的记载相符，从而说明星辰汤是在北魏、北周、隋代汤池的原址上，由阎立德督建于公元644年，唐开元十一年、天宝二年先后两次修葺扩建。

唐以后，星辰汤由于砌石坚固，五代时未有大的破坏。宋、元两朝仍沿用星辰汤池底，修砌汤池。由于后代修建筑物时扰动，池壁无存，从池底上留下的磨痕测量，东西残长5.8、南北宽3.55米（图四一）。

明代中叶将星辰汤而一分为二。"魁池"因四壁残缺，借用池底修建了一座东西长4.4、南北宽2.8、残深0.6米，面积12.32平方米的长方形汤池沐浴，并一直沿用至清代（图四二）。

民国十七年，冯玉祥在其原址上修建了一座东西长15.7、南北宽3.4、深0.94米，面积53.28平方米，带二层台的长方形水泥池（图四三）。"斗池"在明清时期至民国，人们继续沿用沐浴。中华人民共和国成立之后，以温泉出于是而命名为"温泉总源"，供人观瞻。

（三）反映的几个问题

1. 池壁形状的含义　星辰汤总平面形状模仿"北斗七星"而做，汤池南、北池壁结构却不同。"魁池"的南壁形状好似城墙的"马面"内凸，北池壁和"斗池"的东西两壁有的地方凸出，有的地方凹进，顺着泉水从南向北流动的方向有一定的弧度变化。池壁这种变化，可能是模仿自然界山川河流而作。具体地说，汤池背依巍巍耸立的骊山，面对滔滔东去的渭河，南壁的形状比喻骊山，北壁寓意渭河。"斗池"两壁是否为温泉透迤北流渭水的真实写照，也未可知。正确与否，都反映了唐代工匠追求自然美的设计思想。这种推测，虽无明确的史料佐证，但通过下述文献记载可略知端倪。

---

1)　〔宋〕欧阳修、宋祁撰：《新唐书·房琯传》，中华书局，1975年版，4625页。
2)　〔宋〕欧阳修、宋祁撰：《新唐书·房琯传》，中华书局，1975年版，4625页。

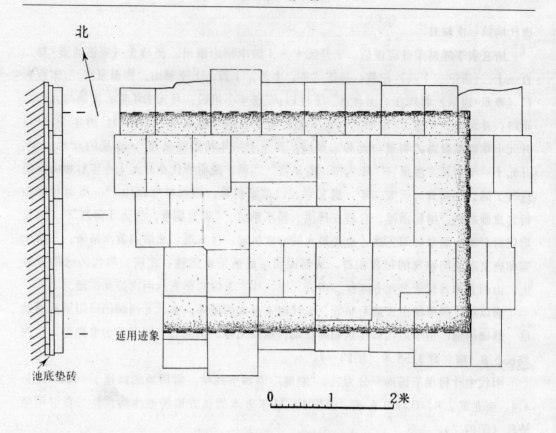

图四一　星辰汤宋、元时期沿用图

《旧唐书·礼仪四》记载：唐天宝七载"十二月，以玄元皇帝见于朝元阁，改为降圣阁。改会昌县为昭应县，改会昌山为昭应山。封昭应山神为玄德公，立祠宇。"唐"登圣元年有司上言曰：'伏以天子父天母地，兄日而姊月，于礼应敬，故有再拜之仪'。"[1] 又每年祭祀"二十八宿，五方之山林，川泽，五方之丘陵……方别各用少牢一，各座笾、豆、莆、簠、俎各一。蜡祭凡一百八十七座"[2]。说明唐代人相信天地、日月、名山、大川皆有神主。星辰汤池做成北斗、山川形状，不仅反映了唐人对天地、日月的崇敬心理，也反映了他们对山神和河神的尊崇意识。

南池壁做成"马面"形状和北池壁向内凸进的另一重要原因，也是为了解决大殿柱础排列和立柱的实际需要而做，对加固、稳定、保护立柱有着重要的不可替代的作用。

2．木柱础的应用　星辰汤中心立柱采用木柱础的建筑做法，在已发掘的唐大明宫、洛阳城内建筑、麟游九成宫、西明寺、青龙寺遗址和唐代以后的建筑遗址中皆未发现，

1）〔后晋〕刘昫等撰：《旧唐书·礼仪四》，中华书局，1975年版，914页。
2）〔后晋〕刘昫等撰：《旧唐书·礼仪四》，中华书局，1975年版，911页。

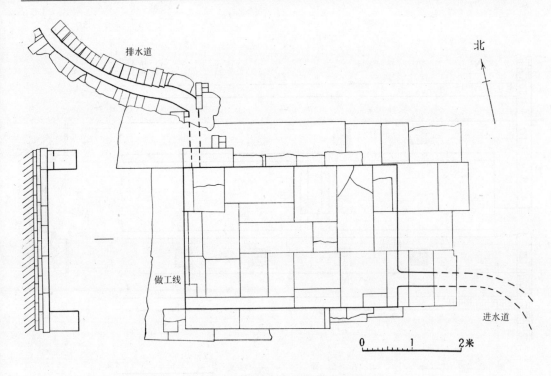

图四二　星辰汤明、清时期沿用图

唯此仅见。宋人李明诚著《营造法式》曰："柱础。《说文》榰、榙也。榙，阑足也。榰，柱砥也。古用木，今以石。"至于古到什么时代，未有明言，当然不会晚于宋代。星辰汤木柱础的出土，不能说不给人们以新的启迪，结合^{14}C测定数据，至少可以证明在东汉以前，中国古代北方大部分大型建筑有使用木柱的做法，至北魏、唐代仍有其孑遗，也很有可能是在唐华清宫这种特殊地域的一个孤例！这个孤例的出现绝非偶然，是出于汤池的形制结构和殿宇立柱的安全需要而综合考虑设计的产物，而唐代以后这种建筑方法在官方宫殿建筑中就被淘汰了。

3. 加垫货币的回顾　星辰汤池底、池壁、石砌排水道底、两壁和部分砌砖中，加垫有数量不等的"开元通宝"货币。这些锈蚀斑斑的货币有单个放置的，也有二三个一摞的，分布没有规律。推测其用途有二：一是唐代工匠根据礼制制度规定，在修建汤池时特意放置的，但无文献记载说明；二是唐代工匠服劳役都有具体的时间，每项工程也有明确的工期，工程质量的要求更为严格，责任到人，况且当时石料加工不易，毫厘之差修整，费时费工无数，出于垫平砌石和砌砖的做工需要，自己慷慨解囊取钱而做；也有可能是官方付给工匠一定的货币，用以解决施工中的实际困难。数说孰对，姑且共存。

4. 御坐位置　唐李林甫等撰《唐六典·卷第十一·殿中省》记载：尚舍局为皇帝提

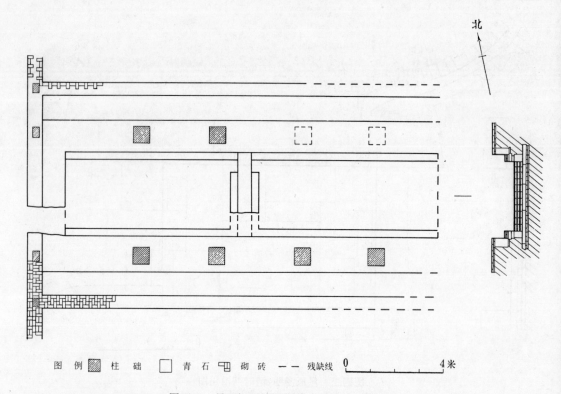

图 例 ▨ 柱　础　□ 青　石　⊓ 砌　砖　—— 残缺线　0 ————— 4米

图四三　星辰汤民国时期修砌汤池平、剖面图

供沐浴服务，"凡供汤沐，先视其洁清芳香，适其寒温而进焉。……南向而设御座。"皇帝坐朝是坐北面南。星辰汤为皇帝沐浴池，必然有御座。汤池北壁东、西两部有弧度变化，中部所对当心间位置向池内凸出部分，东西长4.3、南北宽0.3米，再加0.5米的一层台面，汤池北壁正中的台坐南北宽为0.8米，比其它壁上台面都宽，加之向南，无疑是皇帝御座所在。

5. 星辰汤不同时期的用途　唐太宗李世民晏驾之后，史作记载唐高宗李治、中宗李显、睿宗李旦都先后游幸骊山行宫，沐浴温泉，但却没有诸位皇帝新建汤池的记载，考古发掘也没有出土汤池实迹，说明他们沐浴的汤池就是李世民的"御汤"，即后来的星辰汤。

唐玄宗李隆基继位，于开元十一年冬，十月，丁酉，"作温泉宫"[1]。天宝元年扩建温泉宫，"以珦雅有巧思，令充使缮理"[2]。唐代郑处诲《明皇杂录》曰："玄宗幸华清宫，新广汤池，制作宏丽。"说明新汤池最迟在天宝二年已经建成，自然不必去问津星辰汤。那么其在"安史之乱"爆发前这十三年间在华清宫内作何用场，史书没有明确记

1）〔宋〕司马光编著：《资治通鉴·卷二百一十二·唐纪二十八》，中华书局，1976年版，6757页。
2）〔后晋〕刘昫等撰：《旧唐书·房琯传》，中华书局，1975年版，3320页。

载。

唐代有一整套完整的礼制制度，"凡宫室之制，自天子至于士庶，各有等差（天子之宫殿皆施重拱、藻井）"[1]。在温泉宫沐浴，"凡王公已下至于庶人，汤泉馆有差，别其贵贱，而禁其逾越"[2]。说明先皇的星辰汤除当朝皇帝之外，任何人都不可能享受皇帝殊荣而越雷池一步去沐浴。

宋程大昌《雍录·温泉》卷四记载：骊山温泉宫在"天宝六载改为华清宫，于骊山上益治汤井为池，台殿环列山谷。开元间，明皇每岁十月幸，岁尽乃归，以新丰县去泉稍远，天宝四载置会昌县，即于汤所置百司及公卿邸第焉"。天宝六载"十二月，壬戌，发冯翊、华阴民夫，筑会昌城，置百司"[3]。"六载十二月二十一日，筑会昌城于汤所，置百司及公卿邸第"[4]。宋程大昌《雍录·温泉说》曰："温泉在骊山，与帝都密迩，自秦汉隋唐，人主皆尝游幸，惟元宗特侈，盖即山建宫，百司庶府皆行，各有寓止。"《津阳门诗并序》曰："其年十月移禁仗，山下栉比罗百司。"[5]清乾隆本《临潼县志·古迹》记载：唐玄宗"每岁十月往，百司庶府皆行，各有寓止，岁尽乃还"。诸文献记载都说唐玄宗李隆基游幸骊山温泉时，百官大多随侍，并特建府第于昭应县城。那么百官沐浴又怎样解决呢？

从出土星辰汤"斗池"西壁上保存的向西边尚食汤、宜春汤供水的供水口和水道来看，两汤池的温泉水都来自星辰汤。以供水口和星辰汤池底高差计算，若在池里边储蓄水位不高于0.47～0.5米，则水往低处流，就不可能自流到尚食汤和宜春汤。因为"斗池"南高北低，池底南北两端之间的高差为0.2米，再加"斗池"和"魁池"之间0.27米的高差，就有0.47米之多。

星辰汤排水道设置闸门三道，这是所发现的其它汤池中都没有的现象。耐人寻味的是闸门做工别具匠心，采用相互卯榫镶嵌式，密封性能较好，能够减少泉水从闸门缝隙向外渗漏。汤池若不为了贮水，大可不必多此一举。

星辰汤池底设置专门的排水道，别的汤池也没有。这固然与它的地理位置有关系，但其用意就是考虑到汤池并非绝对密封，如若贮水，必然向外渗漏，威胁大殿这座高台建筑的安全。

根据探沟发掘揭示，星辰汤的排水道一直向现县城（唐会昌县城）方向延伸。解释石砌排水道上厚达0.07～0.12米的水锈和三条陶水管道被水锈锈实堵塞的情况，结果

1)　〔唐〕李林甫等撰：《唐六典·将作都水监》，中华书局，1992年版，596页。
2)　〔后晋〕刘昫等撰：《旧唐书·职官三》，中华书局，1975年版，1887～1888页。
3)　〔宋〕司马光编著：《资治通鉴·卷二百一十五·唐纪三十一》，中华书局，1976年版，6883页。
4)　〔宋〕王溥撰：《唐会要·城郭》，商务印书馆，1936年《丛书集成初编》本，1584页。
5)　《全唐诗·郑嵎·津阳门诗并序》，中华书局，1979年版，6561页。

只有一个，因长期流水所致。再结合现县城内出土唐代陶水管道，石砌浴池[1]，可以得出以下结论：唐玄宗李隆基修建莲花汤之后，鉴于星辰汤坚固耐用，面积大，若蓄满水，可达一百多立方米，加之曾为先皇御用，不便另作它用，更不能拆除，考虑到宫内、宫外随侍官员沐浴的实际需要，用其贮水，为宫内太子汤、尚食汤、宜春汤和宫外宠臣沐浴供水，并暗寓皇恩雨露遍赐众生之意，笼络人心，为巩固大唐王朝的江山社稷效忠。

（四）殿宇建筑和汤池复原

1. 殿宇建筑复原

星辰汤殿宇建筑遗迹，分为三期。三期建筑除北边石砌墙向北有所扩大之外，形制没有发生太大的变化。由于一期遗迹保存甚少，难以复原，现主要以二、三期遗迹为依据，对原殿宇的台基大小、柱础分布、屋架结构等进行复原。

（1）台基　呈东西长方形，西边墙包砖保存较好，位置清楚，东散水、台明破坏无遗。东边的准确位置因此而无法确定，只能借助柱础分布、西墙、莲花纹方砖踏道和汤池所处位置进行研究推算。

莲花纹方砖踏道南对汤池正中，汤池位居大殿中心，说明"魁池"东西长度的中心，即殿宇台基东西长度的中心。由西墙至当心间正中，东西长 14.4、再乘以 2，得知原台基的实际长度为 28.8 米。修建于公元 759 年的日本唐招提寺金堂面阔七间，进深四间，东西长为 28.1 米，两者数据比较接近。这种推算的正确与否还可得到东踏道、"斗池"东侧南北向墙基散水、北墙东端与推算出的东墙的位置加以验证。

从大殿西墙向东 28.8 米处这个点测量，东与南庑东墙基直线向北延伸到北墙之间的距离是 1.8 米，西和北边石砌墙的东端相距 0.8 米。若像西边砖砌墙一样，再修砌宽 0.8 米的砖砌东墙，就和西墙对称。即东、西墙外壁到各自的檐柱的距离均为 2.6 米。北边石砌墙是为了星辰汤殿宇台阶安全而建，如果东墙向东超过 0.8 米太多，北边石砌墙和东边砖砌墙之间会出现较大的空间，达不到原来修砌北墙的目的。同时整个星辰汤柱网布局结构要发生一些变化，形成东边开间大、西边开间小的不合理布局。

东边砖砌墙确定在由西墙向东 28.8 米处，和殿宇面阔七间的柱网分布比较吻合，既留有修砌东散水余地，也可和南庑东檐散水向北延伸的部分连接，而不会出现南庑东边檐水向北流淌受阻的不利现象。

台基南台明的做法是距离檐柱中心 1.35 米外，用双排条砖东西向平砖错缝顺砌，位置明确。北台明可以此仿制。东西台明外边的距离是 25.5、南北台明之间的距离为 19.3、高度 0.3 米。从南台明外壁到当心间外北墙的距离是 21.3 米。

殿基南墙即南台明的高度为 0.3 米。北墙高度是从墙基至汤池面减去北台明的高 0.3 米。出土汤池北边一层台高 0.7～0.72 米，低于石砌排水道面 0.15 米。原汤池大殿地面即汤池表面，二者是一个整体。从排水道表面保存有白灰浆粘接材料分析，汤池地面高度至少还缺一至二层砌石，或者说低汤池二层台的高度。这一高度应是多少呢？现依据莲花汤二层的高度 0.8 米复原，汤池深 1.5 米。北墙外地面至"魁池"一层台台面高为 1.7 米，加二层台高 0.8 米为 2.5 米，若减北台沿高 0.3 米，实际高为 2.2 米。

莲花踏道和地面之间的夹角为 16°。从踏道北边引射线和北墙相接，测量墙高为 2.3 米。考虑唐代建筑有误差，北墙复原高为 2.3 米。

现存柱础表面和汤池一层台面平，加上明柱础高 0.2 米还有 0.6 米的距离。联系唐华清宫老君殿亭台暗础之下还有一石柱础，分析星辰汤一层台上石柱础之上 0.3 米还有一暗础和一明础。

星辰汤石墙顶部应有青石栏座。地栿上的石壁柱以及随栏杆安装的螭首形状，可参考唐大明宫麟德殿遗址出土同类遗物设计制作。

大殿南散水宽 0.83 米，再参考南庑东散水宽 0.88 米，大殿东西散水做法、宽度与南散水相同。

殿内地面参照莲花汤殿内地面制作方法，在夯土地面上平砌条砖或方砖，砖上再平砌打磨规整、合缝紧密、厚约 0.1 米的青石板。

（2）柱础布局　殿址上柱础虽然大多破坏，残缺不全，但排列情况则比较清楚，为《营造法式》上记载的"金箱斗底槽"式样。汤池南北两边各有东西向柱础两排，池西边有南北向柱础一排。西边第一排暗础坑位中心距殿基西墙 2.55 米，距北墙 2.65～3 米。根据汤池南边第一、二排和北边第一、二排柱础保留的暗础坑位看，原星辰汤大殿从汤池西边向西还有一开间。即使不按中国古代建筑对称的关系推测，汤池东边必然也有一开间，否则大殿东墙就会修建在汤池东边上成了面阔六间。由此可见，原大殿当时应为面阔七间。按一般古代建筑的面阔和进深的比例，星辰汤的进深是五间较为合适。这从由北向南东西向第一排立柱现保留四个暗础坑位，第三排保留两个暗础坑位，第四排保留六个木柱础，第五排保留一个暗础和五个坑位，第六排保留三个暗础和四个坑位分析，原星辰汤池南北两各有二个开间，加上汤池占用一间，正好是进深五间。

对于第四排六个"＋"字形枋木是不是柱础，略有异议。根据六个"＋"字枋木中心南北与现存暗础在一条线上和《营造法式》引《说文解字》，古代有木柱础的记载，现存六个"＋"字形枋木就是古代木柱础的实例。第三排立柱在汤池北边有没有减柱，也是一个值得研究的问题。从现存汤池一层台北壁正对南壁"＋"字枋木的位置及都人为地向池内凸出来看，原第三排立柱没有减柱，凸出部位正好是立柱的位置。

考虑以上诸种因素，再结合出土遗迹的实际情况，复原原柱础之间的距离，南檐开间由西向东，立柱的间距依次是 3、3.25、3.55、3.9、3.55、6（中间减柱）米，第二、三、四、五、六排立柱间距相同，依次是 3、3.25、3.55、3.9、3.55、3.25、3 米。东檐开间由北向南，立柱间距依次是 3、3、5.1、3、4.1（出于和南庑中心立柱相接的需要）米；第二、三、四、五、六、七、八立柱间距相同，为 3、3、5.2、3、3 米。四周檐柱中心距东、南、西、北四面台明的距离依次是 0.8、1.2、0.8、1.2 米，距四面墙为 2.6、1.2、2.6、3 米（图四四。注：由于东南角和南庑相接，结构比较复杂，遗迹又被破坏，复原缺乏依据，故平面图只反映主殿建筑，也不减柱，开间以 3 米计）。

（3）柱径与柱高　星辰汤出土的八个石暗础，最大的是 0.6×0.7×0.22 米，最小的是 0.38×0.41×0.11 米，这与莲花汤出土的暗础大致相当。莲花汤殿宇檐柱暗础上安置的莲花纹明础，柱质直径为 0.52 米，内柱直径是 0.49 米。华清池保存以前在华清宫遗址上出土的莲花纹明础柱质直径是 0.47 米。考虑到星辰汤殿宇和莲花汤殿宇等级相同，立柱直径也应一样，复原星辰汤大殿檐柱直径为 0.52 米则比较接近于实际，殿身内柱直径为 0.5 米。

据唐代及辽代初期，柱径与柱高比约为 1:8～1:9[1]，用莲花纹柱础柱质的直径 0.52 米乘以 8 或 9，计算出星辰汤殿宇檐柱高分别是 4.16 米或 4.68 米。按宋李明诚《营造法式》卷五《柱》："若副阶廊舍，下檐柱虽长，不越间之广"的记载，不论 4.16 还是 4.68 米，均已超过星辰汤当心间广 3.9 米。现存唐代大中十一年（公元 857 年）修建的山西五台山佛光寺大殿与星辰汤殿宇开间一样，都为七间。实测佛光寺大殿当心间广 5.04 米，柱高包括普柏方为 4.99 米，而星辰汤当心间广为 3.9 米，若要以此为复原设计依据，则开间和柱高的比例极不协调。星辰汤开间面阔小于佛光寺，柱高也自然应相对减低。现存古建筑柱高大都没有超过间阔，唯有奉国寺大殿柱高超过间广 0.05 米。考虑星辰汤大殿为初唐建筑，间广和柱高的比例可能要求不那么严格，不能完全套用《营造法式》的规定，同时再结合柱径与柱高的比例及柱高和建筑物立体外观的效果考虑，在当心间广 3.9 米的基础上增加 1 米，以明间柱高 4.9 米作为复原依据。

柱应有生起。按角柱比平柱生高是三间生二寸，每增加两间又递增二寸，至十三间生高一尺二寸止[2]。宋尺一寸，约合今 3.2 厘米，二寸合 6.4 厘米。每增加两间，即柱高增加 6.4 厘米。唐尺一寸合今 2.94 厘米，现取整数一寸合 3 厘米，二寸合 6 厘米，明间柱高 4.9 米，则次间柱高为 4.96 米，梢间柱高就为 5.02 米，尽间角柱高为 5.08

1)　祁英涛著：《怎样鉴定古建筑》，文物出版社，1983 年版。

2)　陈明达著：《营造法式大木作制度研究》18 页，文物出版社，1993 年。

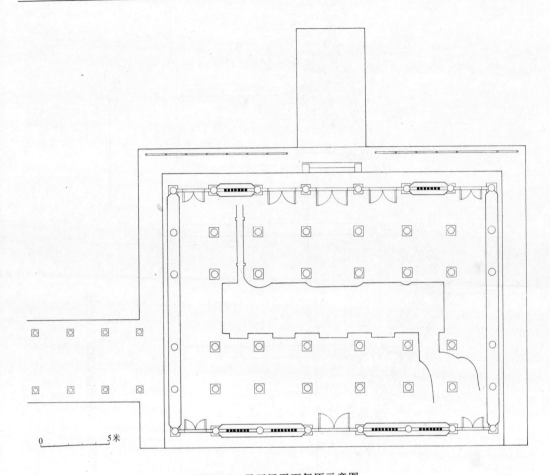

图四四 星辰汤平面复原示意图

米。柱还应有侧角，从明间向两边按等比依次递增，即次间柱侧角6厘米，梢间柱侧角12厘米，尽间角柱侧角18厘米。柱头有卷刹。明柱础仿照遗址出土的莲花纹石础制做（图四五）。

（4）材栔 星辰汤殿宇北边开间从东向西是3、3.25、3.55、3.9、3.55、3.25、3米，尺寸是确定的。若按每唐尺折合0.294米计算，则以上各开间可折合为10.9、11、12、13.3、12、11、10.9唐尺。初唐建筑的铺作实例，国内目前尚未发现。参照佛光寺大殿已显示一定的材份模数，星辰汤殿宇铺作、梁架等木构件，也必须考虑一定的材份。取材按宋代《营造法式》记载一等材下料，以材宽×材高（10×15份），每份为1.9厘米计算，即单材为19×28.5厘米，足材高40厘米，栔高12厘米为复原设计依据。

（5）斗拱和梁架结构 从有关唐代建筑形式的绘画、特别是敦煌壁画和关中地区出土唐墓壁画上反映的唐代建筑形式看，初唐至盛唐时期的斗拱由不出跳向出跳增多过

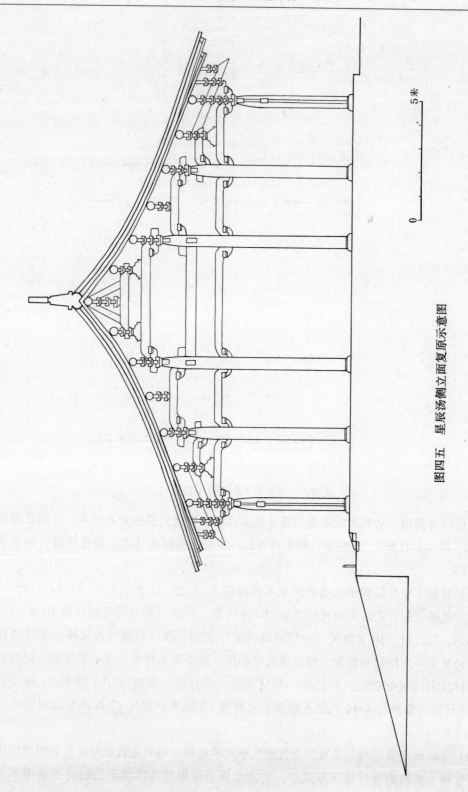

图四五　星辰汤侧立面复原示意图

渡。考虑星辰汤建于初唐，中、晚唐都曾修缮，各个时期的特点都有，这次复原参考佛光寺大殿的斗拱形式设计，承檐柱头斗拱外转结构为双杪单下昂出二跳五铺作，里转四铺作单杪，内柱斗拱里转四铺作单杪，外转五铺作双杪。铺作总高，由栌斗底至檐檩上皮为2.1米。出檐由檐柱中到檐口为2.9米。内柱较檐柱高出五足材15厘米。外檐铺作与内槽铺作组合成整体，把内柱也结合在一起。柱间作双额（阑额、由额），中间立蜀柱，柱头出单杪，补间采用人字拱及斗子蜀柱，转角铺作可三向出跳。形制参考初唐制作的大雁塔石门楣线刻佛殿图，唐韦贵妃、李寿、李重俊墓第一过洞壁画重楼图。

明栿、劄牵上加工成月梁形式，外端承托在檐柱偷心造斗拱上，里端接内柱。殿堂内顶设平闇，形制仿照佛光寺大殿的作法，中心向上凸起作盝顶式，上施彩画，图样模拟唐韦贵妃、永泰公主、章怀太子和懿德太子墓壁画。

梁架结构为十二椽七间，脊枋下做人字叉手、平梁峰。内额承铺作。木作形式仿佛光寺大殿。建筑物总高取14.3米，举架高11.7米（图四五）。

《唐六典·将作都水监》曰："凡宫室之制，自天子至于士庶，各有等差（天子之宫殿皆施重拱、藻井）。"星辰汤为皇帝沐浴之所，面阔七间，屋盖仿大雁塔门楣石刻佛殿图，作成最高等级的四阿式，方可与沐浴者至高无上的身份媲美。

从出土屋面红烧土保留的遗痕看，椽子上有比较密集的棚盖物承泥浆，泥浆上施瓦。

大殿屋盖上的板瓦、筒瓦、脊头砖、鸱尾按照遗址出土同类器物复制即可。滴水板瓦为花边重唇，亦有实物可仿。古建界以前存在着隋代及唐初角梁现在还没有材料证明使用套兽的看法。此遗址出土有灰陶和三彩两种颜色、两种造型的套兽，证明唐代角梁上已使用了套兽。鉴于陶套兽早于三彩套兽，星辰汤殿宇檐角上套兽应仿照前者制做。四檐角梁挂风铎。复原莲花纹瓦当、莲花纹方砖以遗址出土的早期莲花纹样为准。

（6）墙、门、窗　唐华清宫出土殿宇夯土围墙一般厚0.35～1米不等。复原大殿外围设版筑夯土墙，厚度为0.9米，两侧面与柱齐。北面明、次、尽间安装木板门，稍间装直棂格子窗，南面明间安装木板门，西侧次间、稍间装直棂格子窗。墙内外粉白灰壁面，画出红底角线。立柱、斗拱、门窗等均上红漆（图四六）。

2. 西廊复原

西廊除南台明没有发掘出外，北台明和柱础排列比较清楚。由南北柱础之间距离可知，回廊跨距为4.1米，出檐约0.9～1.1米，开间为2.5米。复原西廊顶部形制为横栿上架"人"字形叉手，两边立柱，即宋代《营造法式》叙录的"四架椽屋通檐用二柱"的式样。立柱根据现存暗柱础计算，直径不会超过0.3米，复原设计取0.3米。按

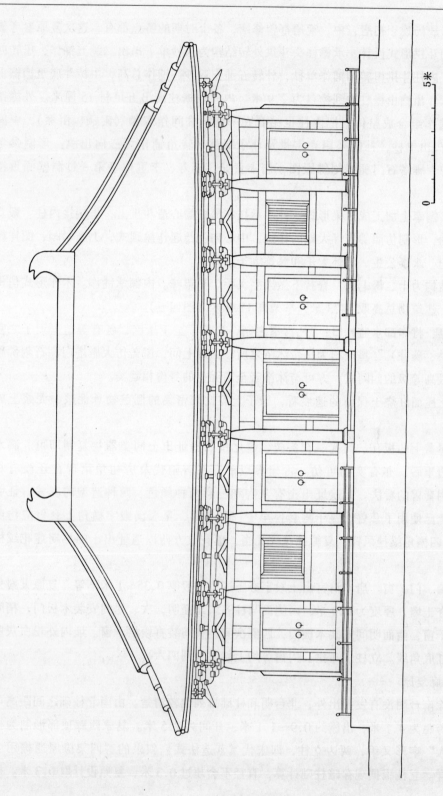

图四六　星辰汤正立面复原示意图

唐代建筑柱径和柱高比为1:8计算，立柱高为2.4米，参照廊的开间为2.5米，此回廊的柱高在2.4~2.5米之间。明柱础为莲花造型。

取材按宋代《营造法式》六等材下料，以材宽×材高（10×15份），每份为1.2厘米计算，即单材为12×12厘米，足材高25厘米。形制参照大雁塔门楣线刻佛殿图两边回廊，柱间做双额（阑额、由额）中间立蜀柱，柱头单拱，补间采用人字拱。

西回廊和主殿西檐相接可参照大雁塔门楣线刻佛殿图和唐韦贵妃墓过洞壁画重楼图廊与主殿相接的做法。

廊内地面为莲花纹砖墁地，和星辰汤西台明连接的地方做成斜坡道，形制仿照星辰汤大殿北边踏道做法，用条砖做象眼，素面方砖做副子，路面上铺莲花纹砖。

3. 南庑复原

南庑是星辰汤大殿整体结构的重要组成部分，以现存遗迹走向复原，呈东南西北方向。廊顶形制为横栿上架"人"字形叉手，两边和中间立柱，为宋代《营造法式》上所记载的"四梁椽屋分心用三柱"结构。中心立柱南北间距6.75米，中间无立柱痕迹，说明原为减柱做法。从现存立柱础为青石可以看出，唐代工匠是考虑到汤池内温泉水对木柱浸泡过久容易腐烂而为。柱础的直径仿出土原物为0.75米，高度必须超过汤池1.15米的深度为2米，否则立柱将受温泉水浸泡而易于腐蚀。东、西檐墙用条砖错缝叠砌。散水宽为0.88米。廊东檐与星辰汤殿宇东边檐柱由北向南的第四个立柱相连接。廊西檐和主殿南边檐柱从西向东的第五个立柱相连。测量上述四、五立柱间距约为12.1米，与南廊东西立柱中心宽12米虽有0.1米的误差，但这在木构建筑中是完全允许的。

南廊北端和星辰汤大殿东南角接合处，唐代工匠为了尽可能减少在汤池内立柱扩大空间，减去了南檐内柱，即从西向东的第七立柱。东檐南边第一柱立在汤池内柱洞处，西距第二檐柱6米，北离第二檐柱约4.1米，南距汤池内石柱础6.8米。此柱非常重要，南接南庑屋架，上撑主殿宇东南角，所以唐代工匠对此做了灵活处理，不是按3米的开间定位，而是采取兼顾汤池和东、南檐立柱及南庑立柱四者之间的位置将东、南檐柱开间加大的作法。

立柱分为中心柱和檐柱两种。中心柱直径根据保存的石柱础直径为0.75米计算，再参照主殿立柱，以0.52米为准复原。檐柱由于没有发现柱础，无法以实物做为计算的依据，也以主殿檐柱直径0.52米为复原依据。据唐代及辽代初期，柱径与柱高比约为1:8~1:9，取柱高为4.2米。按主殿南台明到檐柱中心的距离为1.2米计算，南庑东、西檐柱中心距汤池内中心立柱的距离分别为5.45、5.3米。斗拱的形制，取材大小，柱间结构等，均依据主殿已叙述过的为准。星辰汤殿宇内跨汤池的柱距是5.1米，其柱径为0.49米。南庑中心柱至檐柱的跨距为6.5米。两者虽有1.4

米之差,但在选择立柱时,对直径的大小要求应说比较接近,复原设计为 0.49～0.5
米。

南庑地面和大殿内地面一样,平铺打磨规范的青石板。鸱吻、板瓦、筒瓦以遗址出
土的实物为制做依据。

4. 汤池复原

星辰汤由"斗池"和"魁池"组成,其中"斗池"保存基本完好,形制一目了然,
为二层台式。从下向上,一层台高 0.7～0.72 米,二层台高 0.48～0.5 米,按唐代工匠
在池底凿的做工槽线复原即可。

"魁池"由于历代沿用破坏,东、南、西三壁已不复存在,北壁保留部分残段。值
得庆幸的是,唐代工匠为了将汤池修砌得漂亮规整,在砌好池底石板之后,特意用凿刀
在上边剔出砌池壁槽线。这种做工槽线不但星辰汤有,海棠汤、莲花汤、小汤也有,证
明其作为汤池复原根据准确无误。

从"魁池"南壁保存砌壁做工槽线看,原南壁为"马面"形状。由东向西:第一垛
东西长 1.8、南北宽 0.5～1.2 米;第二垛东西长 1.78、南北宽 0.35～0.5 米;第三垛
东西长 1.805、南北宽 0.33～0.355 米;第四垛东西长 1.8、南北宽 0.34 米;第五垛东
西长 1.785、南北宽 0.335～0.345 米;第六垛东西长 1.82、南北宽 0.35 米。六垛外壁
间距从东向西分别为 1.45、1.68、2.1、1.68、1.45 米。汤池底上保留的东、西池壁做
工槽线,确定了汤池一层台的东、西边的位置,即汤池东西长 16.5 米。东、西池壁各
自的宽度,从两边槽线测量到砖砌加固墙的距离是 0.6 米。将池南壁第一、六垛槽线和
池北壁槽线用直线相接,测量距离是 3.6 米,证明汤池的东、西壁南北长度即为此
数。

池北壁从东壁北端向西 2.43 米,由池内呈弧形凸出 0.32 米,弧长 0.81 米。由此
向西 3.6 米,池壁又向池内凸出 0.31 米。凸出部分东西长 4.2 米,两端为弧形。从弧
西端向西 2.62 米,池壁再向池内呈弧形凸出 0.3 米,弧长 1.9 米,西接排水道东边。
由排水道东边至池西壁 1.15 米这段池壁为直线形,没有弧度变化。复原砌石按槽线所
示,即可再现汤池昔日形制。

池四壁的高度从北壁保留残段测量为 0.7 米。这与"斗池"一层台高度 0.7～0.72
米、莲花汤第一层高度为 0.64～0.74 米比较接近,复原以 0.7～0.72 米为准。

"魁池"四壁形制是不是二层台式,是复原研究要解决的关键问题。从排水道上口
高于池北壁地面,砌石表面粘满白灰浆分析,其上还有砌石是毋庸置疑的。若说汤池壁
上没有砌石,排水道还要作高就纯属画蛇添足之举。另外作为"斗池"的池壁为二层式
结构,且第二层台一直延伸至和"魁池"结合处。假若"魁池"没有二层台,就会出现
同为一池,一半有而一半无二层台的不合理结构。这不仅从汤池整体造型、结构、唐人

审美观念而论是败笔之作，就是从实用角度观察，沐浴者端坐池壁上，也有上半身无所凭倚，以及露出水面外易受寒之虞。还有海棠汤、莲花汤、尚食汤、小汤池壁均为二层台结构，而在同一时代，同一宫内，要说惟独星辰汤"魁池"不设二层台，显然有误。根据以上分析，可以得出结论，原星辰汤"魁池"也是二层台结构。这次复原台高以后文将要叙述的"莲花汤"二层台高 0.8 米为准，在"魁池"一层台上向四周外扩出一个台面。池南、北壁距立柱中心分别为 0.95～1.1、0.9 米，柱的半径是 0.25 米，0.95减去 0.25 米和厚 0.1 米的护柱池壁的宽度，即一层台宽为 0.5～0.6 米。这与"斗池"一层台宽 0.6～0.7 米大致吻合。

莲花汤一层台东、西、北三面有石墀。二层台北石墀分为四级，每级长宽不等。复原星辰汤一层台北石墀为二级，每级东西长 1.2、南北宽 0.3、高 0.17 米；二层台石墀为四级，每级东西长 1.55、南北宽 0.25、高 0.175 米。

唐华清宫出土汤池的供水口分为有莲花纹样和没有莲花纹样装饰两种。关于星辰汤供水口的形状，是复原时要解决的问题。现供水口上层结构已破坏无遗，保存两个供水槽压在"斗池"南壁一层台下，失去了上层复原的重要依据。但若依据汤池造型和有关资料，还是能解决这个难题的。星辰汤最初修建时有模仿山川河流之意，而供水口做成莲花形状，则明显与汤池造型和原立意相悖，显得既不合谐又无美可言，同时也不符合自然界植物生长的实际，因为从古到唐，就没有在河中植莲之说。另外唐太宗《温泉铭》描述星辰汤池是"泉涌殿而萦池，砌环流而起岸……柱穿流腹，砌裂泉心"，对供水口有无莲花纹装饰只字未提。如果说有莲花纹或其它特殊装置，是逃不出唐太宗这位既是政治家、军事家、又是诗人的缜密的眼睛的。这说明不是太宗皇帝的疏忽，而是供水口确实平淡无奇，没有必要多费笔墨而大加描述和赞美。还有和星辰汤同时修建的太子汤进水口，就没有莲花纹装饰。

根据出土遗迹复原星辰汤的进水口，在双供水槽上盖的青石板上剔凿出两个圆孔通水。圆孔的直径以供水槽北端宽 0.2 米为准。温泉水通过圆孔而进入汤池，就能产生从地下奔涌而出的真实效果。

第二节　御书亭

御书亭位于发掘遗址南部二阶台地上，星辰汤殿基西北角（彩版五），坐南面北，位于 T2、T3、T7、T33 四个探方。建筑遗迹分早、中、晚三期，上部立柱、屋架结构等已不复存在，唯有亭基、散水等保存较好。

一、地层堆积

北剖面地层堆积，以 T3 北壁剖面为例：

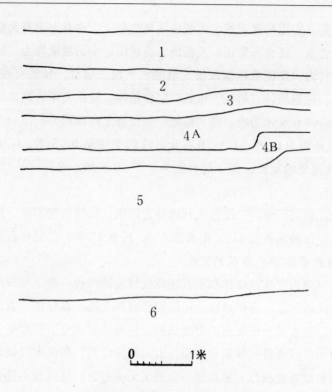

图四七　御书亭 T3 北壁剖面图

第1层，现代扰乱层 厚 0.45～0.72 米，土质松散，呈灰色，内含现代各种杂物。

第2层，明、清文化层 厚 0.22～0.5 米，土质疏松，呈灰色，内含明、清时代白瓷片、蓝花瓷片。

第3层，宋、元文化层 厚 0.2～0.37 米，土质结构松散，呈灰褐色，含宋代青、黑、黄瓷片、唐代板瓦、筒瓦、条砖等物。

第4层，唐代文化层 分 4A、4B 两层：

4A 层　为唐晚期建筑遗迹，厚 0.32～0.65 米，上层是建筑物倒塌堆积，土质结构疏松，土色混杂，内含唐代板瓦、筒瓦、莲花纹瓦当、方砖、带字条砖、瓷片、陶容器残块、锈铁钉等物；下层是晚期亭基。

4B 层　为唐代早期建筑遗迹，厚 0.25～0.55 米，保留亭基，有柱础、散水、砖砌墙、石砌水道等。

第5层，秦汉文化层 厚 2.05～2.1 米，土色黑褐，内含秦汉板瓦、筒瓦残块。

第6层，生土层（图四七）。

二、建筑遗迹

建筑遗迹存在非常明显的叠压关系，分为早、中、晚三期（图四八；图版三八，1）。

（一）早期亭基建筑　保留亭基、柱础、墙基、散水等。

亭基东西残长约 6.3、南北宽 9.25 米，面积 58.27 平方米，坐东面西，南北面阔三间，东西进深两间，方向 189.5°，东、南两面皆用条砖、方砖包沿，北台明已破坏无存。东台明距星辰汤西墙 1 米，南台明距星辰汤西廊北台明 0.33 米（图四九，1）。

1. 东散水　位于亭基之东，呈南北走向，北端略高于南端 0.07 米，东边略高于西

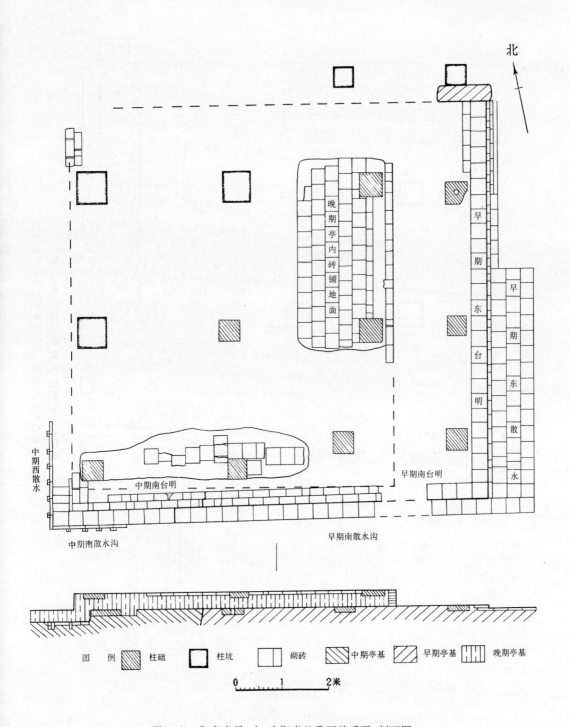

图四八　御书亭早、中、晚期亭基叠压关系平、剖面图

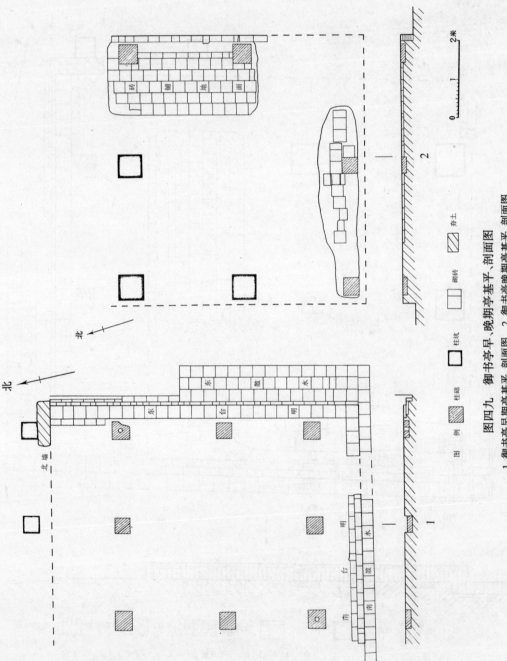

图四九　御书亭早、晚期亭基平、剖面图
1. 御书亭早期亭基平、剖面图　2. 御书亭晚期亭基平、剖面图

边 0.03 米，呈东北高、西南微低斜坡状，南北长 8.5、东西宽 1.04 米，低于东台明约 0.06 米。在其北端和星辰汤西边台阶西壁之间有一南北长 2.03、东西宽 0.08、深 0.15 米底部无砌砖的小沟槽。散水借用星辰汤西墙壁和亭基东台明为东、西两壁，底部平砖错缝顺砌规格为 32×32×6 厘米、正面素面、背饰绳纹的方砖。散水南接南散水，且高于南散水约 0.04 米。

2. 东台明　紧接东散水修造，呈南北走向，保存较为完整，南北长 8.5、东西宽 0.34、高 0.06 米，底层用规格为 35×16.8×6 厘米的绳纹双排条砖，南北向平砖错缝顺砌，上面平砌 32×35×6、34×32.5×6、34×32×6 厘米三种规格、正面素面、背饰绳纹的方砖。

3. 南散水沟　位于亭基之南，呈东高西低微斜坡状，东西长 6.3、南北宽 0.33、深 0.18 米，东部 1.26 米被一现代污水井破坏。散水借用南台明和星辰汤西回廊北台明为南、北两壁，底部用 35×28×6、34×29×6、29×27×6、35×29×5、29×30×5.5、30×32×5.5、36×34×6、35×30×6 厘米八种规格、正面素面、背饰绳纹的方砖平砖顺砌而成。其中西边 1.75 米长的一段，南边用条砖侧砖顺砌做边，顺砖外用"牙角"形砖加固（图版三八，2）。

4. 南台明　紧接南散水修造，呈东西走向，保存基本完整，东西长 6.2、南北宽 0.35 米。台明包砌三层砖，底层用条砖南北向平砖顺砌，中层用两行条砖东西向平砖顺砌，上层平砌方砖，其中西边 7.95 米已被破坏。条砖的规格有 35×17×7、35×18×7 厘米二种规格。方砖的规格有 31×31×6.5、32×31×6 厘米二种。

5. 北墙　已残，仅保留东北角一段，东西残长 1.15、南北残宽 0.35~0.37、残高 0.3 米，夯打而成，夯层不明显，南壁面底部尚留有厚约 0.01 米、表面涂有红色颜料的白灰墙皮。这是唐代建筑物墙壁上常用的红色底脚线。白灰墙皮内是一层厚约 0.012 米的麦秸泥墙皮（图版三九，1）。

6. 柱础　现存八个，皆青石质，素面，方形。从东向西，南北向一字排柱础三行；从南向北，东西向一字排列柱础四行。从东向西，南北向第一行柱础的南边第一柱础规格为 0.46×0.46×0.13 米，北距规格为 0.41×0.42×0.12 米的第二柱础中心 2.43 米。第二柱础与第三柱础中心间距 2.85 米。第三柱础规格为 0.47×0.47×0.115 米，础面东南角残，中心有一直径 0.09、深 0.075 米的圆形固定立柱洞，距北墙南壁 1.9 米，与墙内南北 0.5、东西 0.48、深 0.16 米的立柱础坑位中心间距 2.42~2.44 米。第一行柱础与第二行柱础中心间距 2.5 米。第二行南边第一柱础规格为 0.45×0.45×0.12 米，表面有直径约 0.3 米立柱时保留的白灰浆痕迹，与北边规格为 0.39×0.4×0.115 米的青石中心间距 5.29 米。青石低于室内地面 0.05~0.07 米。青石距北墙内南北 0.42~0.45、东西 0.45~0.46、深 0.14~0.16 米的立柱坑位中心间距 2.43~2.5 米。第三行柱础南边第一柱础规格为 0.48×0.48×0.14 米，中心有直径为 0.085、深 0.07 米的圆形固定立柱洞，与第二行柱础中心间距 2.5 米，与北边第二柱础中心间距 2.45 米。第二柱础规格为 0.45×0.43×0.12 米，与北边规格为 0.47×0.5×0.135 米的第三柱础石中心间距 2.85 米。第三柱础与北边南北 0.51、东西 0.49、深 0.16～0.17 米的第四柱础坑位中心间距 2.44 米。

亭基东、南两边台明外边分别距檐柱中心为 0.65、1.3 米。

亭基台明、散水的所有砌砖之间的粘接材料均为泥浆。

（二）中期亭基建筑　保留亭基、柱础、墙基、散水等。

亭基东西长 8.8、南北残宽 9.25 米，面积约 81.4 平方米，东西面阔三间，南北进深三间，方向 189.5°，东、西、南三面皆用条砖、方砖包沿，北台明已破坏无存。东台明距星辰汤西墙 1 米，南台明距星辰汤西廊北沿 0.33 米，西台明距尚食汤殿基东台明 6.56 米（图五〇；彩版六）。

1. 东散水　即早期东散水。

2. 东台明　即早期东台明。

3. 南散水沟　即早期南散水沟。在其西增修 4.5 米，东西全长 10.85 米。沟宽、做法等与早期南散水沟相同（图版三八，2）。

4. 南台明　即早期南台明。在其西增修 3.1 米，东西全长 9.3、南北宽 0.35、东端高 0.14、西端残高 0.17 米。这并非台明有高差，而是南散水西部有比降之故。台明包砌三层砖，底层用条砖南北向平砖顺砌，中层用两行条砖东西向平砖顺砌，上层平砌方砖，其中西边 7.95 米已被破坏。条砖的规格有四种：35×17×7、35×18×7、36×18×7、35.5×17.5×7 厘米。方砖的规格也有四种：32×32×6、31×29.5×6、31×31×6.5、32×31×6 厘米。

5. 西散水　位于亭基之西，呈南北走向，残存南、北两段，南段残长 2.3、东西宽 0.91 米，高出室外地面 0.05 米，北段残长 0.80、宽 0.41 米，残留一层砌砖，高0.07 米。中部有一南北长 1.5、东西宽 0.8、深 0.3 米、四边较规整的长方形坑。坑内底部残存青石碎片和填充痕迹，说明坑为原石块被搬走后所留。

西散水做法是，里边底层用规格为 34×17×7、35×17×7、33×17×7、33×16.5×7 厘米的两行条砖南北向平砖顺砌。砌砖西边用条砖南北向侧砖顺砌加固。外边用 32×15×6、32.5×15.5×6 厘米两种规格的绳纹条砖东西向平砖丁砌，外用条砖南北向侧砖顺砌做边，旁边再用“牙角”形砖加固。

6. 西台明　破坏无遗。

7. 北墙　沿用早期北墙（图版三九，1）。

8. 柱础　现存七个，皆青石质，方形，素面。从东向西，南北向一字排列柱础四

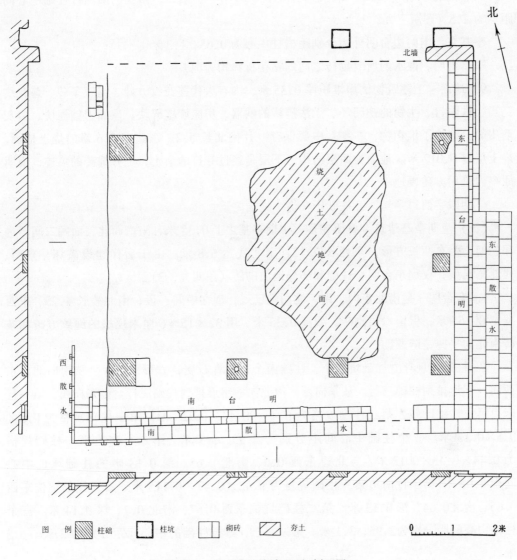

图五〇　御书亭中期亭基平、剖面图

行：从南向北，东西向一字排列柱础四行。从东向西，南北向第一行柱础即早期建筑第
一行柱础。第二行南边第一柱础即早期建筑第一柱础，与北墙内南北 0.42～0.45、东
西 0.45～0.46、深 0.14～0.16 米的立柱坑位中心间距 7.75 米。第三行柱础南边第一
柱础即早期建筑南边第一柱础，与北墙内南北 0.51、东西 0.49、深 0.16～0.17 米的立
柱坑位中心间距 7.75～7.8 米。第四行南边第一柱础规格为 0.65×0.67×0.13 米，与
北边规格为 0.58×0.6×0.15 米的第二柱础中心间距 5.3 米。第一柱础东边有一个东西
0.33～0.35、南北 0.6～0.7、深 0.14～0.15 米的扰坑。第二柱础东边有一个东西 0.32

～0.34、南北 0.63～0.68、深 0.14 米的扰坑。第一、第二、第三、第四行柱础中心间距均为 2.5（图版三九，2）。

亭基东、南两边台明外边分别距檐柱中心为 0.65、1.3 米。

亭基台明、散水的所有砌砖之间的粘接材料均为泥浆。

9. 地面　上建筑物倒塌堆积厚 0.35 米，内有唐代莲花纹方砖、绳纹条砖、莲花纹瓦当、铁帽钉、生锈的铁门环、无法辨认的铁器、房屋墙壁碎块、屋面上铺泥块、白灰墙皮等。清除了堆积物，在亭基中部保存一片南北长 5.2、东西宽 3.6 米的烧土地面。烧土层厚 0.017 米。地面为两层结构：下层是经过夯打的杂土，上有铺砖的痕迹，说明原亭内是用方砖墁地。

早期殿宇西边第二、三柱础压在烧土地面之下。

（三）晚期亭基建筑　叠压在早、中期亭基之上 0.35 米，坐南面北，面阔二间，进深二间，为东西长方形，东西长 7.12、南北残宽 6.8 米，由于后代建设破坏，东南、西北角已残，仅剩东台明、柱础和部分地面砌砖（图四九，2）。

1. 东台明　呈南北走向，南、北两端已残，现存中间一段，南北残长 4.25、东西残宽 0.165 米，保留六层砌砖，残高 0.35 米，用 32×15×6 厘米规格的绳纹方砖和条砖南北向平砖错缝顺砌。

2. 柱础　现存立柱础坑三个，柱础四个，皆青石质，方形，素面。从南向北，东西向一字形排列柱础三行。从东向西，南北向一字形排列柱础三行。由东向西，第一行南边第一柱础已残，第二柱础规格为 0.49×0.49×0.125 米，第三柱础规格为 0.5×0.5×0.13 米。三个柱础中心间距分别为 2.95、3.1 米。第二行南边第一柱础规格为 0.44×0.43×0.12 米，与北边东西 0.6、南北 0.65、深 0.13 米的柱础坑位中心间距 6.05 米。第三行南边第一柱础规格为 0.42×0.47×0.115 米。第二柱础坑位东西 0.65、南北 0.64、深 0.13 米。第三柱础坑位东西 0.67、南北 0.7、深 0.14 米。三个柱础中心间距分别为 2.95、3.1 米。第一、二、三行柱础的中心间距分别为 2.95、3.2 米。

亭基东、南、西三边沿距檐柱中心的距离，分别为 0.5、0.4、0.47 米。

3. 室内地面　将早期建筑倒塌下来的建筑物堆积整平夯实，上垫 0.08～0.1 米厚的黄土层后，再平砌规格为 32×31×5.5 厘米、正面素面、背饰绳纹的方砖。现地面除东北部保留南北长 4.1、东西宽 1.65 米和南部保留东西长 3.52、南北残宽 0.83 米两处砌砖外，其余无存。砌砖是南北向五行方砖，间加一行南北向绳纹条砖。

亭基砌砖之间的粘接材料为泥浆。

三、出土遗物

出土遗物按用途不同分为建筑材料和生活用具两大类。

（一）建筑材料 有条砖、方砖、套兽、板瓦、筒瓦和瓦当等。

1．陶质建筑材料 86件。

（1）条砖 4件。

标本 IYST33④:6，泥质灰陶。一面素面，另一面素面上按压全右手印纹。规格 33×15×6 厘米（图五一，1；图版四〇，1）。

标本 IYST3④A:16，泥质灰陶。一面素面，另一面一侧印饰粗直长绳纹。规格 35×16×6 厘米（图五一，2；图版四〇，2）。

标本 IYST33④:7，泥质灰陶。一面素面，另一面一侧饰粗直长绳纹间饰一个"×"形纹。规格 37.4×17×7.4 厘米（图五一，3；图版四〇，3）。

（2）方砖 66件。根据正、背面纹样之不同，分为莲花纹和绳纹两种。

十六瓣七蕊莲花纹方砖 1件。

标本 IYST3④A:1，泥质灰陶。正面做窄带和细线相互平行的边框，中间饰乳钉纹，四角为变形忍冬纹，由外向内做三个同心圆。第一圆带饰勾云纹。第二圆带做十六瓣莲花纹。花瓣较小，顶端有一圈波状细线。圆心内为七点梅花形花蕊。背面饰栏格纹。规格 29.5（残）×29.5（残）×4 厘米（图五二，1；图版四〇，4、5）。

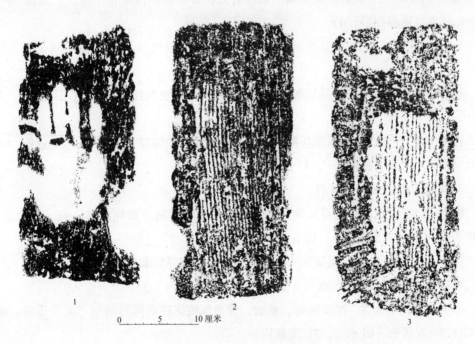

0 5 10厘米

图五一 御书亭条砖纹样拓本

1.右手印纹Ⅰ YST33④:6 2.绳纹Ⅰ YST3④A:16 3.绳纹Ⅰ YST33④:7

绳纹方砖 31件。

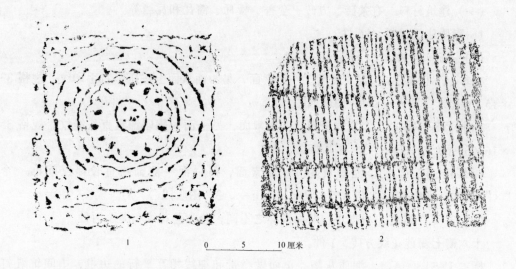

1　　　　　　0　　5　　10厘米　　　　　2

图五二　御书亭方砖纹样拓本
1.十六瓣七蕊莲花纹ⅠYST3④A:1(正)　2.绳纹ⅠYST3④A:15

标本IYST3④A:66，泥质灰陶。素面磨光，背面饰纵横交错细绳纹。规格32.5×32×6厘米（图版四〇，6）。

标本IYST3④A:81，泥质灰陶。素面，背面饰细绳纹。规格32.3×32×5.6厘米。

标本IYST3④A:9，泥质灰陶。素面，背面饰斜向粗绳纹。规格31.2×29.5×7厘米。

标本IYST3④A:15，泥质灰陶。素面，背面饰粗长绳纹。规格31×27（残）×5.5厘米（图五二，2；图版四一，1）。

绳纹间几何纹方砖　34件。

标本IYST3④A:6，泥质灰陶。素面，背面饰条带格、细绳纹和一行"×"形纹。规格32.5×31.8×5.6厘米（图五三，1；图版四一，2）。

标本IYST3④A:53，泥质灰陶。素面，背面饰细绳纹和三行"×"、"╱"、"－"形纹。规格32.1×32.1×5.5厘米（图五三，2；图版四一，3）。

标本IYST3④A:8，泥质灰陶。素面，背面饰细绳纹和两行阴刻"×"形纹。规格32×31.5×6厘米（图五三，3；图版四一，4）。

标本IYST3④A:11，泥质灰陶。素面，背面饰粗绳纹和两行"×"、"╱"形纹。规格31.3×31.3×5.5厘米（图五三，4；图版四一，5）。

标本IYST3④A:5，泥质灰陶。素面，背面饰倾斜向粗绳纹，间饰一行阴刻"×"

图五三　御书亭方砖纹样拓本

1.绳纹间饰几何纹ⅠYST3④A:6　2.绳纹间饰几何纹ⅠYST3④A:53　3.绳纹间饰几何纹ⅠYST3④A:8
4.绳纹间饰几何纹ⅠYST3④A:11

形纹。规格 32×32×6 厘米（图五四，1；图版四一，6）。

标本 ⅠYST3④A:58，泥质灰陶。素面，背面饰细刻划纹，间饰一行"×"形纹。规格 32.6×32.5×6 厘米（图五四，2；图版四二，1）。

标本 ⅠYST3④A:55，泥质灰陶。素面磨光，背面饰粗刻划栏格纹，间饰一行"*"形纹和两行"×"形纹。规格 31.6×31.6×6 厘米（图五四，3；图版四二，2）。

标本 ⅠYST3④A:14，泥质灰陶。素面磨光，背面饰数行"×"形纹，间饰"◇"形纹。规格 33.5×33×5.5 厘米（图五四，4；图版四二，3）。

（3）套兽　1件。

图五四　御书亭方砖纹样拓本

1.绳纹间饰几何纹ⅠYST3④A:5　　2.绳纹间饰几何纹ⅠYST3④A:58　　3.绳纹间饰几何纹ⅠYST3④A:55

4.绳纹间饰几何纹ⅠYST3④A:14

　　标本 IYST3④A:23，泥质灰陶，残缺较多。龙头形，龇牙咧嘴，长舌上卷，鼻子微翘。鼻孔直径1、深1.4厘米。垂眉凸目，眼睛中有一直径1.6、深1.8厘米的圆孔。双角分开，两耳贴腮。背面微凹，有一直径1.3厘米的瓦钉孔，用于固定套兽，防止从木构件上脱落。残高24、厚15厘米（图五五；图版四二，4）。

　　（4）板瓦　4件。

　　标本 IYST3④A:40，泥质灰陶。外素面，内饰粗布纹。长30.7、宽边弦径19、窄边弦径17.5、弦高4~5、厚1.6~2.2厘米（图五六，1；图版四二，5）。

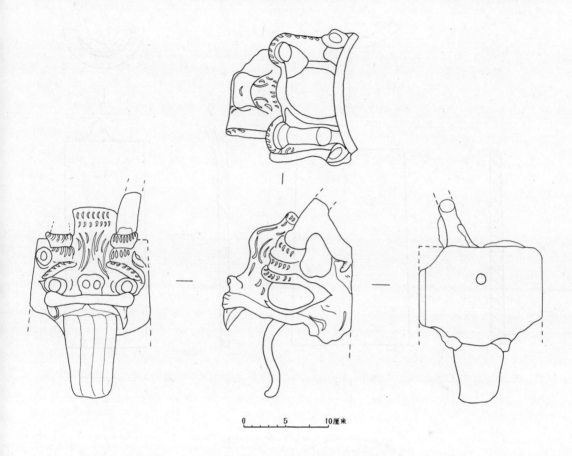

0　　　5　　　10厘米

图五五　　御书亭陶套兽ⅠYST3④A：23

（5）筒瓦　3件。

标本ⅠYST33④：9，泥质灰陶。外素面磨光，内饰粗布纹。长32、外弦径13.1、厚1.8～2.3、唇长3.2厘米（图五六，2；图版四二，6）。

（6）瓦当　8件。

六瓣单蕊莲花纹瓦当　5件。标本ⅠYST3④A：31，泥质灰陶，残缺。作宽带和粗线相互平行的边框，中间饰乳钉纹，面饰六瓣莲花纹。花瓣低平，不甚规则，每瓣一侧间饰隔棱。花心圆中缀一实心圆点。面径14.6、厚1～1.2、边宽2.3～2.7厘米（图五七，1；图版四三，1）。

八瓣单蕊莲花纹瓦当　1件。标本ⅠYST3④A：33，泥质灰陶，残缺。作宽带和粗线相互平行的边框，中间饰乳钉纹，面饰八瓣莲花纹。花瓣鼓突，近似椭圆形，外环细线，间饰小乳钉。花心圆内缀一实心圆点。面径12.7、厚1、边宽1.6厘米（图五七，2；图版四三，2）。

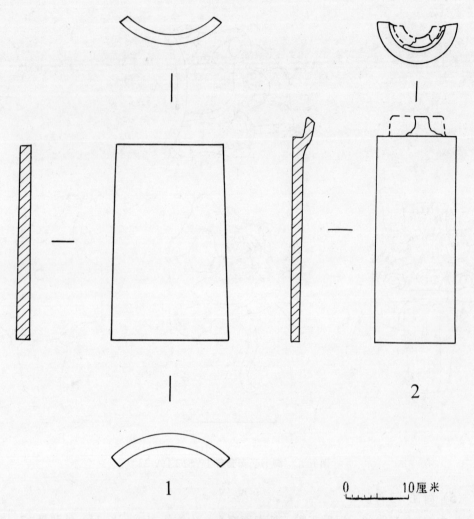

图五六　御书亭板瓦、筒瓦
1.素面板瓦ⅠYST3④A：40　2.无瓦当筒瓦ⅠYST33④：9

八瓣九蕊莲花纹瓦当　2件。标本ⅠYST3④A：34，青棍。做带状宽边，自外而内，依次是小乳钉纹、八瓣莲花纹。花瓣呈椭圆形，顶端饰细线，旁边有三角形乳钉。花心为九点梅花形花蕊。面径12.6、厚1.3～1.6、边宽1.7～2.4厘米（图五七，3；图版四三，3）。

标本ⅠYST3④A：32，红褐陶，带筒瓦。做带状和细线相互平行的边框，中间饰小乳钉纹，面饰八瓣莲花纹。花瓣呈梭形，外饰齿形线，旁边隔三角形乳钉。花心细线圆内缀九点梅花形花蕊。面径13、厚1.45、边宽2厘米（图五七，4；图版四三，4）。

2. 陶质建筑材料登记表

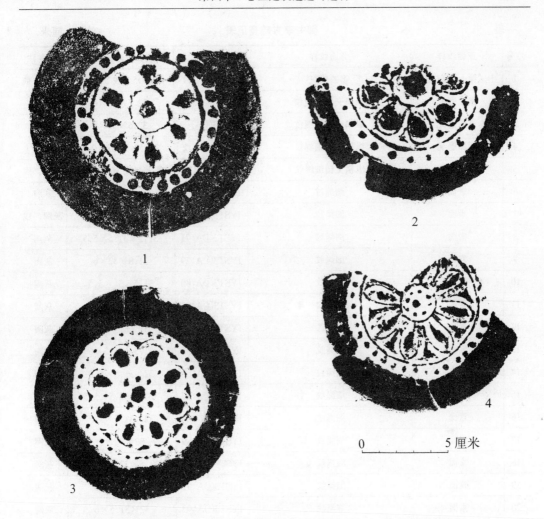

图五七　御书亭瓦当拓本

1.六瓣单蕊莲花纹ⅠYST3④A:31　2.八瓣单蕊莲花纹ⅠYST3④A:33　3.八瓣九蕊莲花纹ⅠYST3④A:34
4.八瓣九蕊莲花纹ⅠYST3④A:32

表　七	御书亭条砖登记表		单位：厘米	
序　号	纹　样	器　号	长×宽×厚	备　注
1	一面素面，另一面按压右手印纹	ⅠYST33④:6	33×15×6	灰陶
2	一面素面，另一面近一侧饰直向长粗绳纹	ⅠYST3④A:16	35×16×6	灰陶
3	一面素面，另一面近一侧饰直向长粗绳纹	ⅠYST33④:8	35×18×7	灰陶
4	一面素面，另一面绳纹，间饰一个"×"形纹	ⅠYST33④:7	37.4×17×7.4	灰陶

表 八 御书亭方砖登记表 单位：厘米

序号	正面纹样	背面纹样	器 号	边长×边长×厚	备 注
1	十六瓣七蕊莲花纹	细栏格纹	IYST3④A:1	残29.5×残29.5×4	灰陶，残
2	素面磨光	纵横交错绳纹	IYST3④A:66	32.5×32×6	灰陶
3	素面磨光	纵横交错细绳纹	IYST3④A:67	32.5×32×6	灰陶
4	素面磨光	纵横交错细绳纹	IYST3④A:2	33.5×残22×7.3	残缺
5	素面磨光	纵横交错细绳纹	IYST3④A:3	残30×残16.5×7.3	灰陶，残
6	素面	细绳纹	IYST3④A:81	32.3×32×5.6	灰陶
7	素面	细绳纹	IYST3④A:97	31.7×残28×5.6	灰陶，残
8	素面	细绳纹	IYST3④A:71	31.5×31.5×5.5	灰陶
9	素面	细绳纹	IYST3④A:79	31.8×32×6	灰陶
10	素面	细绳纹	IYST3④A:80	31.5×31×5.5	灰陶
11	素面	细绳纹	IYST3④A:82	32×32×6.5	灰陶
12	素面	细绳纹	IYST3④A:83	31×31×5.5	灰陶
13	素面	细绳纹	IYST3④A:85	31.5×31.5×6	灰陶
14	素面	细绳纹	IYST3④A:86	32×31.5×5.5	灰陶
15	素面	细绳纹	IYST3④A:87	32.5×32.5×5.5	灰陶
16	素面	细绳纹	IYST3④A:88	32×31.5×5.5	灰陶
17	素面	细绳纹	IYST3④A:89	32×32×6	灰陶
18	素面	细绳纹	IYST3④A:90	32.5×32.5×5.5	灰陶
19	素面	细绳纹	IYST3④A:91	32×31.5×6	灰陶
20	素面	细绳纹	IYST3④A:93	32×31.5×6	灰陶
21	素面	细绳纹	IYST3④A:94	32×32×6	灰陶
22	素面	细绳纹	IYST3④A:96	32×32×5.5	灰陶
23	素面	细绳纹	IYST3④A:98	32×31×6	灰陶
24	素面	细绳纹	IYST3④A:99	32×32×6	灰陶
25	素面	斜向粗绳纹	IYST3④A:9	31.2×29.5×7	灰陶
26	素面	斜向粗绳纹	IYST3④A:10	31×29×6.5	灰陶
27	素面	粗长绳纹	IYST3④A:12	35×32×6.5	灰陶磨光
28	素面	粗长绳纹	IYST3④A:15	31×残27×5.5	灰陶，残
29	素面	粗长绳纹	IYST3④A:95	32×32×6	灰陶
30	素面	粗长绳纹	IYST3④A:13	31×残27×5.3	灰陶
31	素面	粗长绳纹	IYST3④A:78	32×32×6	灰陶

续表八

序号	正面纹样	背面纹样	器 号	边长×边长×厚	备 注
32	素面	粗长绳纹	IYST3④A:100	32×残26×6	灰陶，残
33	素面	条带格、细绳纹和一行"×"纹	IYST3④A:6	32.5×31.8×5.6	灰陶
34	素面	条带格、细绳纹和一行"×"纹	IYST3④A:7	32×31×6	灰陶
35	素面	条带格、细绳纹和一行"×"纹	IYST3④A:57	32×31.5×6	灰陶
36	素面	条带格、细绳纹和一行"×"纹	IYST3④A:60	32×31.5×5.5	灰陶
37	素面	条带格、细绳纹和一行"×"纹	IYST3④A:67	32.5×32×6	灰陶
38	素面	条带格、细绳纹和一行"×"纹	IYST3④A:68	32×31.5×5.5	灰陶
39	素面	条带格、细绳纹和一行"×"纹	IYST3④A:69	32×31×5.5	灰陶
40	素面	条带格、细绳纹和一行"×"纹	IYST3④A:59	32×31.5×6	灰陶
41	素面	绳纹和三行"×"、"/"、"-"纹	IYST3④A:70	32×32×6	灰陶
42	素面	绳纹和三行"×"、"/"、"-"纹	IYST3④A:53	32.1×32.1×5.5	灰陶
43	素面	绳纹和三行"×"、"/"、"-"纹	IYST3④A:92	31×31×6	灰陶
44	素面	细绳纹和两行"×"纹	IYST3④A:8	32×31.5×6	灰陶
45	素面	细绳纹和两行"×"纹	IYST3④A:52	32×32×6	灰陶
46	素面	细绳纹和两行"×"纹	IYST3④A:61	32.5×32×6	灰陶
47	素面	细绳纹和两行"×"纹	IYST3④A:62	32.5×32.5×6	灰陶
48	素面	细绳纹和两行"×"纹	IYST3④A:65	32×32×6	灰陶
49	素面	细绳纹和两行"×"纹	IYST3④A:101	32×31.5×5.8	灰陶
50	素面	粗绳纹和两行"×"、"/"纹	IYST3④A:11	31.3×31.3×5.5	灰陶
51	素面	粗绳纹和两行"×"、"/"纹	IYST3④A:64	31.5×31×6	灰陶
52	素面	粗绳纹和两行"×"、"/"纹	IYST3④A:63	31.5×31.5×6	灰陶
53	素面	粗绳纹和两行"×"、"/"	IYST3④A:84	31×30×6	灰陶
54	素面	斜向粗绳纹，间一行阴刻"×"纹	IYST3④A:5	32×32×6	灰陶
55	素面	斜向粗绳纹，间一行阴刻"×"纹	IYST3④A:72	32×31.5×6	灰陶
56	素面	斜向粗绳纹，间一行阴刻"×"纹	IYST3④A:73	32×31×5.5	灰陶
57	素面	斜向粗绳纹，间一行阴刻"×"纹	IYST3④A:74	32×30×6	灰陶
58	素面	斜向粗绳纹，间一行阴刻"×"纹	IYST3④A:75	32×32×6	灰陶
59	素面	斜向粗绳纹，间一行阴刻"×"纹	IYST3④A:76	32×32×5.5	灰陶
60	素面	细刻划纹，一行"×"纹	IYST3④A:77	32×31×6	灰陶
61	素面	细刻划纹，一行"×"纹	IYST3④A:58	32.6×32.5×6	灰陶
62	素面	细刻划纹，一行"×"纹	IYST3④A:54	35.5×33.5×6.3	灰陶

续表八

序号	正面纹样	背面纹样	器 号	边长×边长×厚	备 注
63	素面	细刻划纹,一行"×"纹	IYST3④A:4	32.5×残30.5×5.5	灰陶
64	素面	栏格纹间一行"米"和两行"×"纹	IYST3④A:55	31.6×31.6×6	灰陶
65	素面	"×"纹间"I"纹	IYST3④A:14	33.5×33×5.5	灰陶
66	素面	"×"纹间"I"纹	IYST3④A:56	32×残29×5.5	灰陶

表 九　　　　　　　　　　御书亭板瓦登记表　　　　　　　　　单位:厘米

序 号	纹 样	器 号	长	窄弦径	宽弦径	壁 厚	备 注
1	外素面,内粗布纹	IYST3④A:40	30.7	17.5	19	1.6~2.2	灰陶
2	外素面,内粗布纹	IYST3④A:42	残11.5	残20	残20	1.7	灰陶被磨
3	外素面,内粗布纹	IYST3④A:43	残13.5	残24	残24	2.3	灰陶被磨
4	外素面,内粗布纹	IYST3④A:41	残13.4	残22.3	残22.3	1.7~2	灰陶

表一〇　　　　　　　　　　御书亭筒瓦登记表　　　　　　　　　单位:厘米

序 号	纹 样	器 号	长	外弦径	壁 厚	唇 长	备 注
1	外素面,内粗布纹	IYST33④:9	32	13.1	1.8~2.3	3.2	灰陶
2	外素面,内粗布纹	IYST3④A:39	残22	13	2	残	灰陶,残缺
3	外素面,内粗布纹	IYST33④:10	残27.4	11.5	1.9	2.5	灰陶,残缺

表一一　　　　　　　　　　御书亭瓦当登记表　　　　　　　　　单位:厘米

序 号	纹 样	器 号	面 径	厚	边 宽	备 注
1	六瓣单蕊莲花纹	IYST3④A:31	14.6	1~1.2	2.3~2.7	灰陶,残缺
2	六瓣单蕊莲花纹	IYST3④A:37	12.8	1.1	2.5	灰陶,残缺
3	六瓣单蕊莲花纹	IYST3④A:36	14.3	1.2	2.7	灰陶,残缺
4	六瓣单蕊莲花纹	IYST3④A:35	复原12.5	1.5	2	灰陶,残缺
5	六瓣单蕊莲花纹	IYST3④A:38	12.8	1.2	1.8~2.8	青棍,带筒瓦
6	八瓣单蕊莲花纹	IYST3④A:33	12.7	1	1.6	灰陶,残缺
7	八瓣九蕊莲花纹	IYST3④A:34	12.6	1.3~1.6	1.7~2.4	青棍
8	八瓣九蕊莲花纹	IYST3④A:32	13	1.45	2	红褐陶,带筒瓦

（二）生活用具　按质地不同，分为陶器和瓷器两类。

1．陶器　48件。有碗、洗、盆、鉴、瓶、罐、瓮和模等。

（1）碗　7件。

标本 IYST33④:5，泥质灰陶。残缺。直口微侈，圆唇，斜腹，平底。底面外饰细线凹弦纹。口径7.2、高2.3、底径3.7厘米（图五八，1）。

标本 IYST33④:2，泥质灰陶。直口微侈，圆唇，弧腹，平底。底面外饰细线凹弦纹。口径9、高3、底径4厘米（图五八，2）。

标本 IYST33④:3，泥质灰陶。直口微侈，扁唇，弧腹较深，矮足平底。底面外饰细线凹弦纹。口径10.5、高3.2、底径5.4厘米（图五八，3）。

（2）洗　5件。其中一件较完整。

标本 IYST3④A:24，泥质灰陶。敞口，折沿，圆唇下垂，斜腹微弧，平底。内壁素面，外壁环饰凹弦纹。底面外饰细线凹弦纹。内口径38、沿宽2.7、高13.9、底径20.9厘米（图五八，4；图版四三，5）。

（3）盆　1件。

标本 IYST3④A:19，泥质灰陶，残缺较多。敞口，卷沿，圆唇，斜壁弧腹，底残，内壁素面，外壁距口沿6厘米处戳印"作官"陶文（图五八，6）。复原内口径34.5、外口径40.1、残高112厘米（图五八，5；图版四三，6）。

（4）鉴　2件，1件完整。

标本 IYST3④A:25，泥质灰陶。敞口，平折沿，口沿内壁凸鼓，圆唇下垂，弧腹较深，平底。底心内鼓外平。内壁饰麻点纹，外壁素面。内口径66、沿宽5、高45、底径40厘米（图五八，7）。

（5）瓶　21件。其中二件完整，形制相同。

标本 IYST44④:1，红褐陶质。火候一般。直口微敞，圆唇外侈，束颈，溜肩，鼓腹，内外壁素面，腹部环饰凹弦纹，小平底。底心内稍凹。高15.8、外口径7.7、内口径6.4、腹径9、底径4.9厘米（图五八，8；图版四四，1）。

标本 IYST44④:2，红褐陶质。火候不高，有夹生现象。形制同上。高16、外口径7.7~8、最大腹径10、底径5厘米（图五八，9；图版四四，2）。

（6）罐　7件，分水波纹和带耳两种。

水波纹罐　6件。

标本 IYST3④A:30，泥质灰陶，火候一般。敛口，卷沿，圆唇，束颈，溜肩，圆鼓腹，平底。内壁饰麻点纹，外壁肩部环饰三周六行细线水波纹，近底部环饰数道凹弦纹。内口径20、外口径26、最大腹径44、复原高44、底径17厘米（图五九，1）。

带耳罐　1件。标本 IYST3④A:17，泥质灰陶，残留口沿。直口微侈，圆唇外鼓，

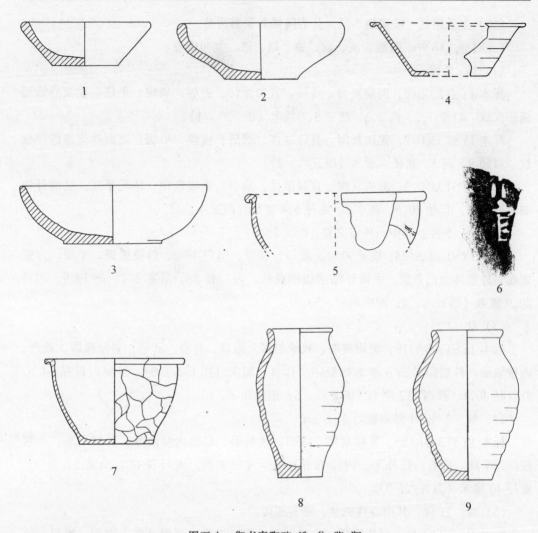

图五八　御书亭陶碗、洗、盆、鉴、瓶

1.碗 I YST33④：5　2.碗 I YST33④：2　3.碗 I YST33④：3　4.洗 I YST3④A：24　5.盆 I YST3④A：19　6.盆
上戳印文字 I YST3④A：19 拓本　7.鉴 I YST3④A：25　8.瓶 I YST44④：1　9.瓶 I YST44④：2(1～3、6 为 1/2,
8、9 为 1/4,5 为 1/8,4 为 1/10,7 为 1/20)

束颈，溜肩，鼓腹，肩部残留一耳。复原内口径23.9、残高7.6厘米（图五九，2）。

（7）瓮　4件。形制相似，纹样略有不同。

标本 IYST3④A：26，泥质灰陶。上部残缺，下腹成反弧形急收，小平底，底心内凸外凹。内壁环饰凹弦纹，外壁素面。残高45、底径28厘米（图五九，3）。

标本 IYST3④A：27，泥质灰陶。火候一般。形制同上。内壁饰麻点纹，近底部环饰凹弦纹，外壁上腹环饰椭圆形乳钉纹间饰篮纹，腹部模印斜向粗绳纹，近底部素面无纹。残高92.4、残留最大腹径85、底径30厘米（图五九，4）。

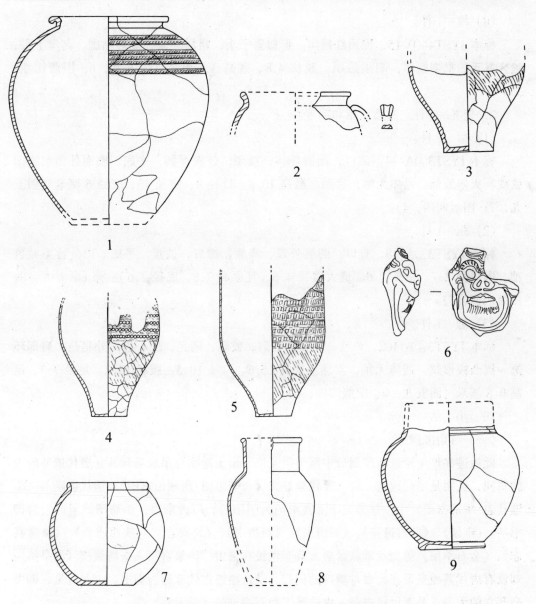

图五九　御书亭陶罐、瓮、模，瓷盂、瓶、罐

1.水波纹陶罐Ⅰ YST3④A:30　2.带耳陶罐Ⅰ YST3④A:17　3.大陶瓮Ⅰ YST3④A:26　4.大陶瓮Ⅰ YST3④A:27
5.大陶瓮Ⅰ YST3④A:21　6.陶模Ⅰ YST44④:15　7.白瓷盂Ⅰ YST3④A:44　8.瓷瓶Ⅰ YST3④A:48　9.白瓷罐
Ⅰ YST3④A:102(6、8 为 1/2，7、9 为 1/4，1、2 为 1/8，3 为 1/20，4、5 为 1/30)

标本ⅠYST3④A:21，泥质灰陶。火候较高。上部已残，鼓腹较直，下腹成反弧形
急收，小平底，底心内凸外凹。内壁饰麻点纹，近底部饰凹弦纹。外壁上腹环饰方块形
乳钉纹间饰篮纹，下腹模印斜向粗绳纹，近底部素面无纹。残高110、残留最大腹径
87、底径30厘米（图五九，5）。

（8）模　1件。

标本 IYST44④:15，泥质红褐陶。形似狮子头，粗眉环眼，竖耳贴腮，高鼻上翻，龇牙露舌，抿嘴衔环，胡须后飘。残长 4.8、残高 3.8 厘米（图五九，6；图版四四，3）。

2. 瓷器　4件。有盂、瓶和罐等。

（1）盂　2件。

标本 IYST3④A:44，敛口，圆唇外侈，矮颈，鼓腹浑圆，平底。底面外饰细线凹弦纹。火候偏低，通体无釉，素胎。通高 10.8、口径 9、腹径 13、底径 6 厘米（图五九，7；图版四四，4）。

（2）瓶　1件。

标本 IYST3④A:48，直口，圆唇外鼓，高领，溜肩，鼓腹，平底。内外皆施赭色釉。内口径 2.7、领高 1.6、最大腹径 4.6、复原高 7.8、底径 2.6 厘米（图五九，8；图版四四，5）。

（3）罐　1件。

标本 IYST3④A:102，口残。高领，溜肩，鼓腹，圈足，底心内凹外稍凸。肩部环饰一周凸棱形纹。通体无釉，素胎。通高 15.6、口径 10.5、腹径 15.2、足径 7.3、足高 0.8 厘米（图五九，9；图版四四，6）。

四、小　结

（一）称谓考辨

此遗迹在整个遗址地层划分中属于第4层。出土遗物与星辰汤和其它唐代遗址的遗物雷同，证明是唐代建筑无疑。元代李好文《长安志图·唐骊山宫图》、清代乾隆本《临潼县志·华清宫图》中，都标明华清宫南门为昭阳门，门内东边，星辰汤的紧西边为御书亭。《雍录》、《资治通鉴》、《旧唐书》、《新唐书》、《长安志》、《陕西通志》、《临潼县志》、《金石萃编》等文献都叙录唐太宗李世民在骊山"汤泉宫"飞毫濡墨撰《温泉铭》，却没有唐代其他皇帝在此书丹撰碑的记载。皇帝墨迹古代尊称为御书。由此可见，御书亭刊立的无疑就是李世民书丹、由铁笔工勒石镌刻的《温泉铭》碑。

李好文《长安志图·唐骊山宫图》虽然没有比例尺可供计算御书亭距离星辰汤的远近，但实际测量骊山、温泉总源、昭阳门夯土遗迹和这次发掘出土星辰汤几个已知点的位置，就能推算出御书亭在唐华清宫中比较确切的位置。

从星辰汤池南端至骊山北陬，实测距离为 43 米，其空间为华清宫温泉总源和玉女殿之所在。根据当地人张振民回忆：由星辰汤"斗池"向西约 90 米，有一高大的夯土台基，民国时期被平掉，在此山脚取土烧砖。经实际探沟揭示，现窑址依然保存，可见言无谬误。本世纪七十年代修建华清池男大池建筑处理地基时，将上述夯土台基东面一东西长约 20、南北宽 15、高 2～3 米的夯土台基挖掉，现局部地段的夯土仍有保留。两夯土台基中间为宽约 7～8 米的路面。路往南连接骊山。山脚坡面上至今仍保存凿石而修成的崎岖山路。1959 年未扩建华清池以前，当地人就是经此路上山至朝元阁、老君殿。分析此山路当为唐代皇帝游幸华清宫时登山的御用"辇道"。

西夯土台基西接向西延伸的宫城南墙夯土墙基，东夯土台基向东连接宫城南墙夯土墙基，南临骊山山脚。从其所处地理位置和建筑结构形制注释，非唐华清宫昭阳门遗迹莫属。

这次出土的建筑遗迹位于星辰汤殿址西墙外仅 1 米，昭阳门夯土台基东北侧约 30 米，中间只有一条回廊相隔，所处位置与文献记载唐华清宫御书亭位置基本吻合，而其附近再没有发现唐代建筑遗存，定名曰"御书亭"遗迹当不为错。

唐玄宗李隆基为了尊崇祖宗，将先皇"御汤"易名星辰汤作为圣物供奉，又把专为志庆"御汤"落成而书丹的《温泉铭》遗墨镌碑建亭保护，两者毗邻而建可谓是珠联璧合、相得益彰的美事。

（二）始建年代

御书亭和华清宫内其它许多建筑一样，史书没有明确记载它的修建年代。这并非史家的疏忽，而是由于它和擢发难数的唐代著名建筑比起来太微不足道了。史家之纰漏，为我们提出了新的课题，要回答这个问题，还须追溯《温泉铭》的来历。文献记载，唐贞观十八年（公元 644 年），将作少匠阎立德督建的"御汤"落成之际，唐太宗即兴撰《温泉铭》曰："……云□可以蠲□□□，金浆玉液可以怡神驻寿。然而举霞□雾，仰其术者难□，策凤驱鸾，访其踵者罕继。是以秦皇锐思，不免兹山之尘；汉帝穷神，终郁茂陵之草。故知仙道纡阔，孰长龄之可希，未若兹泉近怡情性者□。朕以忧劳积虑，风疾屡婴，每灌患于斯源，不移时而获损。于是面山开宇，徙旧裁基。泉涌殿而紫池，砌环流而起岸。岩虹曜彩，曲曲垂梁，岫月澄轮，低低入牖。遡调风以荡志，鉴灵泉而肃心。贵乎炎景铄时，长波不足其热；霜风击岁，叠浪不稍其寒。不以古今变质，不以凉暑易操。无宵无旦，与日月而同流；不盈不虚，将天地而齐固，永济民之沉疴，长决施于无穷。故勒芳碑，乃为铭曰：

岩岩秀岳，横基渭滨。滔滔灵水，吐岫标神。

古之不旧，今之不新。蠲痾荡瘵，疗俗医民。

铄冻霜夕，飞炎雪晨。林寒尚翠，谷暖先春。

年序屡易，暄凉几积。其妙难穷。其神靡规。

落花缬岸，轻台网石。霞泛朝红，烟腾暮碧。

疏檐岭际，抗殿岩阴。柱穿流腹，砌裂泉心。

日莹文浅，风幽响深。荡兹瑕秽，濯此虚衿。

伟哉灵穴，凝温镜澈。人世有终，芳流无竭"！[1]

《册府元龟·帝王部·巡幸二》卷一百一十三记载唐太宗李世民于贞观"二十二年（公元 648 年）正月戊戌幸温汤，癸卯，御制温汤碑以赐群臣。戊申，还宫"。说明《温泉铭》撰于星辰汤落成之后。《温泉铭》碑拓片上有"永徽四年八月，围谷府果毅儿"附注。"永徽"是唐高宗李治的年号，即公元 653 年。两文献提供了《温泉铭》碑产生的年代，也说明御书亭绝对不可能先于《温泉铭》脱稿之前而问世。更何况上山采石磨碑镌刻，也并非一朝一夕之事。

御书亭基址出土有中唐时期绳纹条砖、带工匠手印条砖，却没有出土初唐时期星辰汤池底平砌较中唐时期为大的绳纹砖、带工匠戳印和带工匠名字的绳纹砖。而且御书亭和星辰汤西墙做工不一致，西北角保存南北长 2.03、东西宽 0.08、深 0.15 米的沟槽，明显地反映出了御书亭和星辰汤不是一次做成的，从而证明了御书碑亭晚于星辰汤。

御书亭出土的绳纹条砖、莲花纹瓦当、莲花纹方砖与天宝二年在骊山上修建的唐华清宫老君殿及后文将要叙述的莲花汤、海棠汤的同类建筑材料的纹样、造型完全相同，就连处理亭子和回廊之间关系的方法，也有相同之处，似乎出自一人之手，从而确定了它的修建年代，上限不早于唐贞观十八年，下限至唐代末年。

（三）用途和目的

御书亭顾名思义，就是放置唐代皇帝勒石为碑的地方。从出土早、中、晚三期遗迹反映的建筑大小、形制上也可见用途的某些征兆。

御书亭基址空间东西 7.5、南北 7.7 米，平面近似方形，中间减柱，面积约 57.75 平方米。皇帝在如此狭小的空间内作沐浴前的准备，或沐浴后小憩、酌酒、饮茶，都显得拥挤不堪，也不合乎唐代宫廷礼制，但供奉竖立一通长不过 2 米的碑石则绰绰有余。

唐玄宗李隆基新修御书碑亭的缘因，就这件事本身的表面现象而言，仅仅是为了保存镌有先皇遗墨的一通石碑，好像别无所求。但把唐玄宗执掌朝政之前的武周革命、韦后专权、宫廷政变迭起等历史事件和开元、天宝年间唐代统治者在意识形态领域里进行尊崇道教、供奉老子这场史无前例的政治革命联系起来分析，就不难发现玄宗皇帝为《温泉铭》专修碑亭陈列，供人观瞻，其背后藏匿的政治目的：首先，是想利用唐太宗在全国人民心目中的崇高威望，统一武周革命、韦后专权后在国内造成的思想混乱，特别是在朝廷内部引起的思想混乱，正本清源，拨乱反正，拥护自己这个太宗皇帝的嫡孙执政；其次，借举国敬奉的偶像唐太宗也曾游幸骊山温泉宫之事为自己在华清宫流连忘返，穷奢极侈以解口谗；最后，表示自己要以太宗皇帝为楷模，继承"贞观"遗风，作

1）　罗振玉编：《墨林星凤·唐太宗·温泉铭》。

一代名君，为万民造福，同时也希望文武百官像促成"贞观之治"的贤相良将那样，为大唐王朝鞠躬尽瘁，死而后已，确保李家江山固若金汤，传之千秋万代！由此可以窥见，御书亭在母体孕育之际，就带上了为现实社会政治需要服务的胎记。

（四）《温泉铭》碑今何在？

人们对区区碑亭的毁坏犹不足惜，更多关心的却是一代英主名碑墨宝的存留与否？

唐代至宋元丰八年（公元 1085 年），《温泉铭》碑的情况不详。宋元祐年间刊刻《唐骊山宫图》上也标明《温泉铭》碑的位置，说明其安然无恙，此后就未见文献记载，下落不明。

时至今日，《温泉铭》碑是踣倒掩埋地下，还是被人收藏，或者毁坏无遗，现不得而知？今《温泉铭》碑文，是引自唐代"永徽四年（公元 653 年）八月，围谷府果毅儿"收藏的《温泉铭》拓片。拓片真迹在清光绪二十二年（公元 1896 年），被法国人伯希和从敦煌花钱买去，流落海外，现收藏于巴黎图书馆。时过百年，"墨林星凤"何时飞回故里，国人翘首以待。

（五）问题诠释

1. 早期亭基内青石用途　早期亭基内青石形状和亭基内柱础石相同，并和南北向中间柱础石、从南向北东西向第三排柱础石基本在一条线上。这就提出了这块青石是柱础石还是别有它用的问题。

从青石所处位置看，作为亭基柱础石似乎能够成立。但就亭基柱础石布局分析，在东西 5 米、南北 7.7 米的中间立柱础石实属多余之举，也不符合古代建筑柱础石布局的规律。另外，青石低于早期亭基地面 0.05～0.07 米，南边地面又有扰动，而其它柱础石表面则与地面平。依此分析，此青石可能为御书亭内刊立《温泉铭》碑的基础石。

2. 御书亭面向　已发掘出土的唐华清宫内星辰汤、太子汤、尚食汤、莲花汤、海棠汤等建筑的坐向都是坐南面北。位于星辰汤和尚食汤之间的御书亭柱础石间距近似方形，面阔、进深均为三间，从东向西第一、二开间小于第三开间 0.3 米，好像是安门位置，结合星辰汤和尚食汤的坐向，确定御书亭坐向为坐南面北似乎比较接近实际。

亭基出土的遗迹现象使人不能不对御书亭坐南面北的正确性提出以下质疑：首先，面阔三间的建筑安门不在明间却在次间，这不符合古建筑的立柱、梁架结构和一般安门规律。其次，西墙柱础石东边有扰坑，说明原柱础石有过扰动。再次，西墙当心间中有扰坑，分析是原安置门栏石被取出后所留。另外东、西两墙均明间大，次间小，证明是安门位置。最后，南散水沟和星辰汤西廊共用，若南面开门，人出入不便。亭基保留北墙残段，说明南、北两面有墙。有墙，自然不能开门。南、北两面墙不能开门，就排除了御书亭坐南面北的可能性。结合东、西两面明间大于次间的布局，原御书亭应是坐东面西。

3. 早期亭基复原　早期亭基南、北两边皆残，大小不得而知。按照中国古代建筑对称布局的原理，依据东墙柱础石中心距东台明外边 0.65 米，南墙柱础石中心距南台明外边 1.3 米复原西、北两面台明宽度和亭基东西、南北长度。亭基东西残长 6.2 米。从东台明外边至西墙柱础石中心 5.65 米，若加西台明宽 0.65 米为 6.3 米。亭基南北残长 8.45 米。从南台明外边至北墙柱础石中心 9 米，若加北台明宽 1.3 米为 13.3 米。说明亭基东西为 6.3 米，南北为 13.3 米，面积约 84.8 平方米，接近原作。

4. 早、中、晚期亭基建筑的始建和毁坏年代　御书亭内安置唐太宗李世民撰《温泉铭》碑。碑撰于星辰汤落成之后，加之御书亭和星辰汤之间有一小沟及出土物有别，证明前者晚于后者。

早期御书亭南台明、南散水沟砌砖内有手印纹条砖。由此推测，其修建于唐玄宗李隆基开元元年至开元二十九年（公元 712～741 年）。

中期御书亭南台明、南散水沟砌砖内有绳纹间几何纹条砖。依此推测，其修建时间在唐玄宗李隆基天宝元年至天宝十四年（公元 742～756 年）。

晚期亭基出土方砖、条砖比较多，早晚期掺杂，难以作为断代标准。晚期亭基叠压在早、中期亭基之上，说明修建时间在唐天宝十四年之后，即唐肃宗至德元年至唐哀宗天祐三年（公元 756～907 年）。

（六）中期亭基建筑复原

亭基东西残长 8.8 米，西台明被破坏，宽度不详。亭基南北残宽 9.25 米，北台明被破坏，宽度不详。东檐柱础中心距台明外边 0.65 米，南檐柱础中心距台明外边 1.3 米，依此复原西、北两面台明宽度。亭基东西残长为 8.8 米，若加西台明宽 0.65 米是 9.45 米，南北残宽为 9.25 米，若加北台明宽 1.3 米是 10.55 米。

亭基东、南两面皆用条砖、方砖包沿，现高分别为 0.06、0.14～0.17 米，东、南、西、北四台明复原须加明础高 0.12 米，则分别为 0.18、0.3～0.33、0.3～0.33、0.3～0.33 米（图六〇）。

现存柱础分布清楚，由东向西，进深开间依次为 2.5、2.5、2.85 米，面阔从南向北依次为 2.43、2.85、2.42 米。西墙从南向北第二柱础石无存，按东墙第一、第二柱础石间距 2.43 米复原。第一柱础石东边有东西 0.33～0.35、南北 0.67～0.7、深 0.14～0.15 米扰坑，第二柱础石东边有东西 0.32～0.34、南北 0.63～0.68、深 0.14～0.15 米扰坑，说明原柱石向西移动了 0.33～0.35 米。现按东边进深 2.5 米复原则亭基进深都为 2.5 米，比较符合原建筑实际。从东边明间面阔大于其它两间 0.42 米和南、北两面柱础排列不甚规则这两点来分析，原建筑是坐东面西，东、西两面开门，南、北两面版筑夯土墙。

柱础排列说明原御书亭为东西面阔三间，南北进深三间结构。从南北两边柱础中心

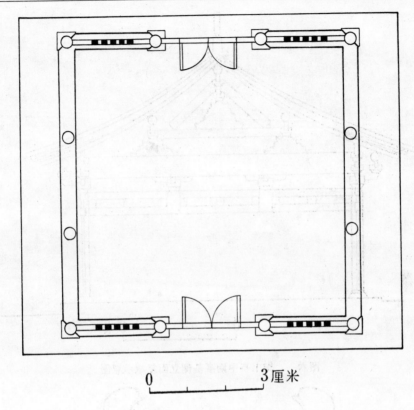

图六〇　御书亭中期亭基平面复原示意图

间距 7.71 米、东西两边柱础中心间距 7.5 米看，原柱础排列平面近似正方形。这种形制的建筑屋顶结构可复原为四角攒尖顶或歇山顶。考虑御书亭东西两边都有殿宇建筑，若复原为攒尖顶，在建筑整体布局上显得不甚合理，且攒尖顶等级低，安置"御书"碑对先皇有失尊敬，故御书亭屋顶结构复原成歇山顶为妥。屋顶形制结构可参考山东曲府孔庙金代碑亭屋顶结构设计。

复原东、南、西、北四边台明分别距檐柱中心为 0.65、1.3、0.65、1.3 米。

东、南、西、北四面散水宽分别为 0.91、0.33、0.91、0.33 米。

从柱础表面保留有直径约 0.3 米的立柱白灰浆分析，原立柱直径即为是数。唐代及辽代初期，古建筑柱径与柱高之比约为 1:8～1:9。现取 1:9 计算，则亭柱高为 2.7 米。这也符合宋代《营造法式》："若副阶廊舍，下檐柱虽长，不越间之广"的规定。开间和进深的尺寸若按每唐尺合今 0.294 米计算，则西面开间可折合为 8.5、9.7、8.5 唐尺。铺作按宋代《营造法式》六等材，以材宽×材高（10×15 份），每份为 1.36 厘米计算，即单材为 13.6×20 厘米，栔高 11～12 厘米，足材高 28.6 厘米。承檐结构设定为四铺作偷心造。转角铺作可作三向出跳。开间和进深的柱间作单额枋，中间立蜀柱。

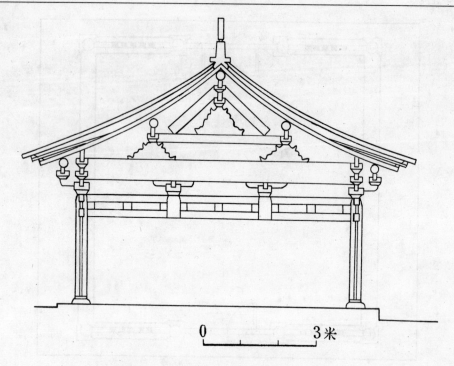

0　　　　　　3米

图六一　御书亭中期亭基侧立面复原示意图

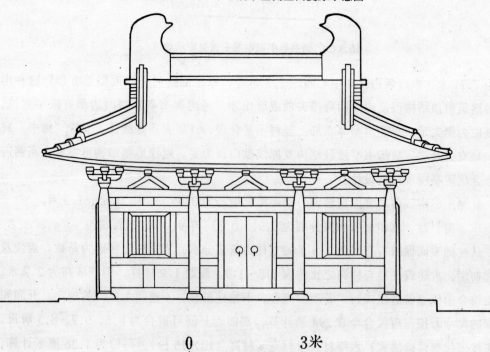

0　　　　　　3米

图六二　御书亭中期亭基正立面复原示意图

亭盖上的板瓦、筒瓦、脊头砖参照遗址出土同类器物复制。檐角上套兽仿照陶套兽制做。复原瓦当依照遗址出土的唐代中期宽边八瓣九蕊莲花纹图案为准。滴水板瓦为花边垂唇。角梁下挂风铎（图六一）。

亭基砖砌围墙厚0.7米，两侧面与檐柱齐。正、背面明间装木板门，次间安直棂格子窗。墙内外粉白灰壁面，画出红色底脚线。立柱、斗拱、门、窗等均上红油漆（图六二）。

第三节　太子汤

太子汤位于Ⅰ区遗迹中部，南距星辰汤、御书亭北边石砌墙2.3米（彩版五），位于T6、T7、T11、T12四个探方，出土部分汤池地面建筑、汤池、供水设施及大量建筑材料。

一、地层堆积

（一）西剖面地层堆积，以T6、T11西壁为例：

第1层，现代扰乱层　厚0.2~0.8米，内含现代砖瓦残块以及宋、元、明、清各代砖瓦残块、木炭块、瓷管道残块、青石块、残瓷片等。

第2层，明、清文化层　厚0.25~1.45米，土质较硬，呈灰色，内含唐、宋、元、明、清各代砖瓦残块、灰陶容器残块、残瓷片、木炭灰、水管道等遗物。

第3层，宋、元文化层　厚0.4~1米，土质松散，呈灰黄色，内含唐代灰陶质砖瓦、莲花纹瓦当残块，宋代瓷器残片，元代长条砖、灰陶质容器残片和水管道残块。

第4层，唐代文化层　分4A、4B两层：

4A层　为唐代晚期建筑基础，厚0.25~1.9米，土质硬，呈褐色，内含唐代陶质容器、板瓦、筒瓦、条砖残块等。

4B层　为唐代早期文化堆积，厚1.6~1.78米，内含唐代早期汤池，保留池底及砌砖。池内出土唐代青棍瓦、筒瓦、花头板瓦、锈铁钉、莲花纹瓦当、带字条砖、方砖等。

第5层，生土层（图六三，1）。

（二）北剖面地层堆积，以T6、T7北壁剖面为例：

第1层，现代扰土层　厚0.27~1.3米，土质松散，土色不纯，包含现代砖、瓦及其它建筑垃圾。

第2层，明、清文化层　厚0.35~1.4米，土质略硬，呈灰色，内含黑瓷碗底、白底蓝花瓷片、瓷器等。

第3层，宋、元文化层　厚0.25~0.95米，土质结构疏松，呈灰色，内含宋代建筑材料和青、黄、黑瓷残片。

第4层，唐文化层　分4A、4B两层：

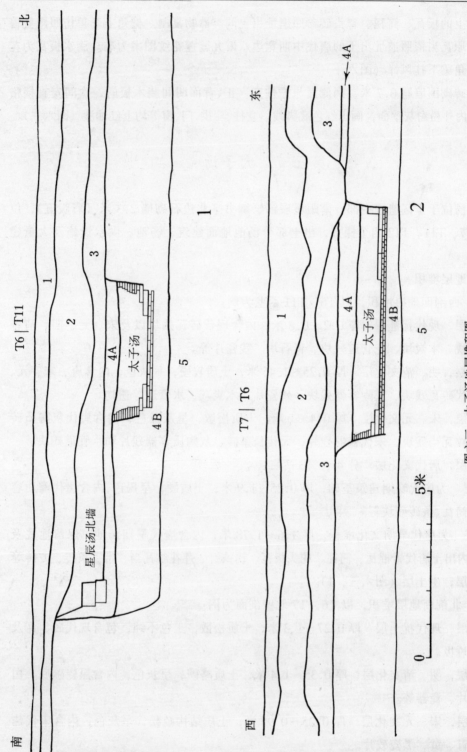

图六三　太子汤地层堆积图
1. T6、T11 西壁剖面　2. T6、T7 北壁剖面

4A层　为唐代晚期建筑遗存，厚0.5~0.7米，土质疏松，呈褐色，内含唐代绳纹条砖、素面铺地方砖、陶容器残片。

4B层　为唐代早期建筑遗存，厚1.2~1.5米，土质结构松散，呈黄褐色，内含唐代早期汤池。池内出土唐代青棍砖瓦、带陶文板瓦、花头瓦、莲花纹瓦当、粗与细斜向绳纹带工匠戳印条砖等。

第5层，生土层（图六三，2）。

二、建筑遗迹

（一）殿宇建筑

由于汤池废弃时间较早，原汤池地面殿宇建筑除保留西部西、北墙基和散水外，其余无存（图六四；图版四五，1）。

1. 西散水　位于殿宇之西，南北残长0.55、东西宽0.43、高出室外地面0.04米。

2. 西墙　紧贴西散水修造，呈南北走向，南北残长0.9、东西宽0.52米，保留底层砌砖，高0.07米。距墙北端4.77米，有一南北长0.51、东西宽0.5、深0.3米的凹坑。坑底中间夯打，比较坚实，分析原为安放暗础的位置。

3. 北散水　位于殿宇之北，东部残缺，现东西残长4.5、南北宽0.43、高出室外地面0.05米。

4. 北墙　紧贴北散水修造，呈东西走向，西偏北11°，南距汤池北壁3.4米，东西残长4.6、南北宽0.52米，残存二层砌砖，高0.15米，中间1.1米砌砖全无。距墙西端3.55米，有东西长0.56、南北宽0.55、深0.29米的凹坑。坑底中间经夯打，比较坚硬，分析原为安放暗础的位置。

西、北散水的做法：用规格为34.5×16×6.5厘米的绳纹条砖南北向平砖丁砌，外用相同规格的条砖东西向侧砖顺砌做边。顺砌砖外边再砌"牙角"形砖加固（图六四；图版四五，1）。

西、北墙的做法：是从地面向下挖0.2米，经夯打处理后，用规格为35×16×7厘米的三排绳纹条砖，东西向平砖错缝顺砌。

（二）汤池建筑

1. 汤池供水设施

汤池供水设施由分水口、陶质供水管道和汤池供水口组成。

（1）分水口　在星辰汤排水道上，南距汤池南壁2.3米。分水口结构在第一节星辰汤中已叙清楚，毋庸再述。

（2）供水道　为陶质绳纹管道，呈东南西北走向，呈南高北低斜坡状，两端高差0.95米，东端已残。水道从分水口向西北延伸3.78米，再以弧形向北1.55米连接汤池南壁进水口。管道是子母口套接，周围用三层唐代板瓦包裹，白灰浆粘合抹缝（图六

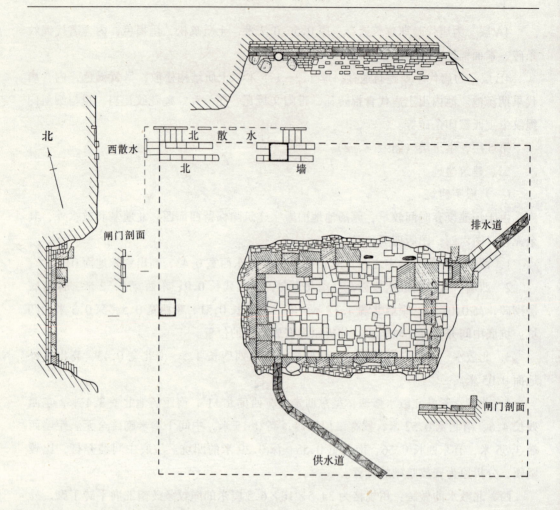

图　例　□柱　坑　⬭枋　木　▨青　石　▭砌　砖　▤闸　门　▦陶管道　0　　　2米

图六四　太子汤平、剖面图

四；图版四五，2）。

（3）供水口　位于汤池西南部池南壁和池底结合处，距池西壁 0.53 米，上部结构已残，东西长 0.19、南北宽 0.17、深 0.12 米，雕凿在一块砂石之上，中置陶质水管道供水。

2. 汤池

汤池呈东西长方形，位于围护建筑正中，用砂石和青石混砌而成，东西长 5.2、南北宽 2.77、残深 1.2 米，面积约 14.4 平方米，方向 101°。汤池池身四壁和底部均遭受不同程度的破坏（图六四；彩版七；图版四六，1）。

（1）池东壁　南北走向，双层结构，里石外砖，南北长 2.74 米。砌石保留二层，

东西宽 0.4、残高 0.1~0.3 米。外边帮砌加固的砖墙，东西宽 0.25~0.3、残高 0.75
米。

（2）池南壁　呈东西走向，双层结构，里石外砖，东西长 5.2 米。砌石南北宽
0.13~0.5、残高 0.1 米。外边帮砌加固的砖墙，南北宽 0.3、残高 0.77 米。

（3）池西壁　呈南北走向，双层结构，里石外砖，南北长 2.77 米。砌石东西宽
0.2~0.4、残高 0.1 米。外边帮砌加固的砖墙，东西宽 0.3、残高 0.8 米。

（4）池北壁　呈东西走向，双层结构，里石外砖，东西长 6.3 米。砌石南北宽
0.24~0.45、残高 0.1~0.34 米。外边帮砌加固的砖墙，南北宽 0.37、残高 0.11 米。
北壁东端底层砌石下，出土腐朽木残块若干。用途何在？是出于建筑物自身结构的需
要，还是礼制规定的需要，不得而知。

（5）池底　呈东西长方形，破坏极为严重，青石板大多被揭取，仅存西边部分砌
石。池底结构从下向上分为三层：第一层是经过夯打、厚约 0.5~0.8 米的防渗漏水土
层，土质较硬，呈黑褐色，无包含物。黑褐色土的形成是汤池沐浴污水淋渗下去所致；
第二层平砌两层规格为 34×17×7、34×17×7.2 厘米绳纹带工匠戳印的条砖；第三层
是表面打磨光滑，四边切割规整，厚约 0.15 米的青石板。石板和砖之间有厚约 0.01~
0.012 米的白灰粘接材料。为了方便排除池内积水，池底西南部略高于东北部 0.04 米，
呈微斜坡状。

池底和池壁结合处、池底青石板和砌砖之间加垫铜钱。铜钱腐蚀不堪，字迹模糊，
从大小和字迹辨认，为"开元通宝"。砌石的规格有 0.84×0.2×0.19、0.78×0.24×
0.2、0.54×0.22×0.14、0.5×0.44×0.14 米等多种规格。

3. 汤池排水设施

汤池排水设施由排水口、闸门、排水道、窨井组成。

（1）排水口　位于汤池东北角，平面呈长方形，东西长 1.2、南北宽 0.57、残深
0.5 米，用规格为 0.7×0.24×0.04、0.6×0.26×0.1 米的青石砌成。排水口东北角有
东西长 0.9~0.95、南北宽 0.23、深 0.4 米的砖砌水道口和绳纹陶质管道连接（图六
四；图版四六，2）。

（2）闸门　在排水口中部偏西，距池东壁 0.4 米，上部已残，现保留有南、北壁和
底部卡挡水板的凹槽。南壁凹槽用砖砌成，南北长 0.24、东西宽 0.125、残高 0.079
米。北壁凹槽的形状、大小与南凹槽相同。底部凹槽雕凿在青石板上，南北长 0.39、
东西宽 0.125、深 0.116 米，东边垂直，西边斜坡状，断面呈直角三角形。这种做法优
点有三：一是防止挡水板放下之后，卡不严实，底下缝隙漏水；二是挡水板插下去稳
定；三是放水时提取方便省力，不易被其它杂物卡住（图六四；图版四六，2）。

（3）排水道　是外饰绳纹的陶质圆形水管道，子母口套接，直径 0.27 米，位于唐

代地面下 1.2 米，南接排水口，向东北方向延伸 4.3 米，又呈弧形向北 17 米，再呈弧线状向东北方向延伸 10 米和莲花汤排水道上南边窨井相接。窨井和水道向北情况在第五节莲花汤里再叙。排水道南高北低，呈斜坡状，有一定的高差比降。

汤池内砌石、管道接口粘接材料为白灰浆。砌砖的粘接材料为泥浆。

三、出土遗物

出土遗物按用途可分为建筑材料和生活用具两类。

（一）建筑材料　263 件。

1. 陶质建筑材料

有条砖、方砖、套兽、板瓦、筒瓦、瓦当和陶水管等。

（1）条砖　40 件。

"将作匠甘保逞"绳纹条砖　7 件。标本 ITZT7④:4，泥质灰陶。一面素面，另一面饰三个斜向菱形粗绳纹，再竖斜向钤盖"将作匠甘保逞"楷书戳印。规格 34.5×18×7 厘米（图六五，1；图版四七，1）。

"官匠马世通"绳纹条砖　3 件。标本 ITZT7④:5，泥质灰陶。一面素面，另一面饰三个斜向菱形粗绳纹，再竖斜向钤盖"官匠马世通"楷书戳印。规格 34.5×15×7 厘米（图六五，2；图版四七，2）。

"官匠□立"绳纹条砖　1 件。标本 ITZT7④:7，泥质灰陶。一面素面，另一面饰两个斜向菱形细绳纹，再竖斜向钤盖"官匠□立"楷书戳印。规格（残）27×17×7 厘米（图六五，3；图版四七，3）。

"官匠王昌"绳纹条砖　2 件。标本 ITZT6④B:2，泥质灰陶。一面素面，另一面饰三个斜向菱形粗绳纹，再竖斜向钤盖"官匠王昌"楷书戳印。规格 35×16.5×7 厘米（图六五，4；图版四七，4）。

"官匠任通"绳纹条砖　3 件。标本 ITZT6④B:59，泥质灰陶。一面素面，另一面饰三个斜向菱形细绳纹，再竖斜向钤盖"官匠任通"楷书戳印。规格 33×16×7 厘米（图六五，5；图版四七，5）。

"官匠于□"绳纹条砖　1 件。标本 ITZT6④B:4，泥质灰陶。一面素面，另一面饰四个斜向菱形细绳纹，再竖斜向钤盖"官匠于□"楷书戳印。印框长 10.5、宽 3 厘米。规格 34.5×17.5×7.4 厘米（图六五，6；图版四七，6）。

"官匠田文"绳纹条砖　2 件。标本 ITZT6④B:6，泥质灰陶。一面素面，另一面饰两个斜向菱形细绳纹，再竖斜向钤盖"官匠田文"楷书戳印。规格 34.2×15.5×7 厘米（图六六，1；图版四八，1）。

"官匠王君"绳纹条砖　1 件。标本 ITZT6④B:24，泥质灰陶。一面素面，另一面饰三个斜向菱形粗绳纹，再竖斜向钤盖"官匠王君"楷书戳印。印框长 14、宽 3 厘米。

图六五　太子汤条砖戳印文字拓本

1.	"将作匠甘保逞"ⅠTZT7④:4　2."官匠马世通"ⅠTZT7④:5　3."官匠□立"ⅠTZT7④:7
4.	"官匠王昌"ⅠTZT6④B:2　5."官匠任通"ⅠTZT6④B:59　6."官匠于□"ⅠTZT6④B:4

规格27.5（残）×16.7×7厘米（图六六，2；图版四八，2）。

　　"匠郭世直"绳纹条砖　1件。标本ⅠTZT6④B:58，泥质灰陶。一面素面，另一面饰斜向粗长绳纹，中间竖直向钤盖"匠郭世直"戳印。印框长12.5、宽2.5厘米。规格19.5（残）×16×7.5厘米（图六六，3；图版四八，3）。

图六六　太子汤条砖戳印文字拓本

1."官匠田文"ⅠTZT6④B:6　2."官匠王君"ⅠTZT6④B:24　3."匠郭世直"ⅠTZT6④B:58　4."朱□宁"
ⅠTZT6④B:21　5."朱孝倩"ⅠTZT6④B:26　6."□□合□"ⅠTZT7④:6

　　"朱□宁"绳纹条砖　4件。标本ⅠTZT6④B:21，泥质灰陶。一面素面，另一面饰三个斜向菱形细绳纹，再竖斜向钤盖"朱□宁"楷书戳印。规格34×16.5×7厘米（图六六，4；图版四八，4）。

"朱孝倩"绳纹条砖　5件。标本ITZT6④B:26，泥质灰陶。一面素面，另一面饰两个斜向菱形细绳纹，再竖斜向钤盖"朱孝倩"楷书戳印。规格34.2×16.2×7厘米（图六六，5；图版四八，5）。

"□□合□"绳纹条砖　2件。标本ITZT7④:6，泥质灰陶。一面素面，另一面饰三个斜向菱形粗绳纹，再竖斜向钤盖"□□合□"楷书戳印。规格31（残）×16.5×5.5~6.5厘米（图六六，6；图版四八，6）。

两个菱形细绳纹条砖　7件。标本ITZT6④B:62，泥质灰陶。一面素面，另一面印饰两个斜向菱形细绳纹。规格34×17.5×7.5厘米。

三个菱形绳纹条砖　1件。标本ITZT6④B:5，泥质灰陶。一面素面，另一面印饰三个斜向菱形细绳纹。规格34.5×17×7厘米。

（2）方砖　22件。根据正面纹样，分为花卉纹、莲花纹、绳纹三种。

花卉纹方砖　1件。

标本ITZT6④B:12，泥质灰陶。残缺三角。正面四周作宽带和双细线相互平行的边框，两线内饰变形忍冬纹，边角缀七点梅花纹。线框内依次饰花叶、缠枝葡萄纹。两花中间缀九点梅花纹。背面饰绳纹，已被磨。规格23（残）×17.5（残）×7.5厘米（图六七，1；图版四九，1）。

莲花纹方砖　13件。

十二瓣九蕊莲花纹方砖　6件。标本ITZT6④B:15，泥质灰陶。残缺一边。正面四周作双粗线相互平行的边框，中间饰乳钉纹，四角为变形忍冬纹，自外而内作三个同心圆，第一圆带内饰粗线蔓草纹，第二圆带内作十二瓣莲花纹。花瓣凸长，外饰细线，有三角形隔棱。圆心为九点梅花形花蕊。背面纹样模糊。规格32.4×（残）27.5×6.8厘米（图六七，2；图版四九，2）。

标本ITZT6④B:13，泥质灰陶。正面四周作窄带和粗线相互平行的边框，中间饰乳钉纹，四角为变形忍冬纹，由外向内作三个同心圆，第一圆带内为蔓草纹，第二圆带内作十二瓣莲花纹，花瓣饱满，外饰细线，有三角形隔棱。圆心内为九点梅花形花蕊。背面饰水波纹。规格34×33.5×7厘米（图六七，3、4；图版四九，3、4）。

十六瓣七蕊莲花纹　7件。标本ITZT6④B:14，泥质灰陶。正面四周作宽带和细线相互平行的边框，四角饰忍冬纹，自外而内作五个同心圆，第一、四圆内饰乳钉纹，第二圆带为蔓草纹，第三圆带作十六瓣莲花纹。花瓣圆鼓，外饰细线，每组旁边有三角形粗线隔棱。中心为七点梅花形花蕊。背面饰绳纹。规格33.5×31×6.5厘米（图六八，1、2；图版四九，5、6）。

标本ITZT6④A:2，泥质灰陶。残缺较多。正面四周作窄带和细线相互平行的边框，中间饰乳钉纹，四角饰变形忍冬纹，由外向内作三个同心圆，第一圆带饰勾云纹，

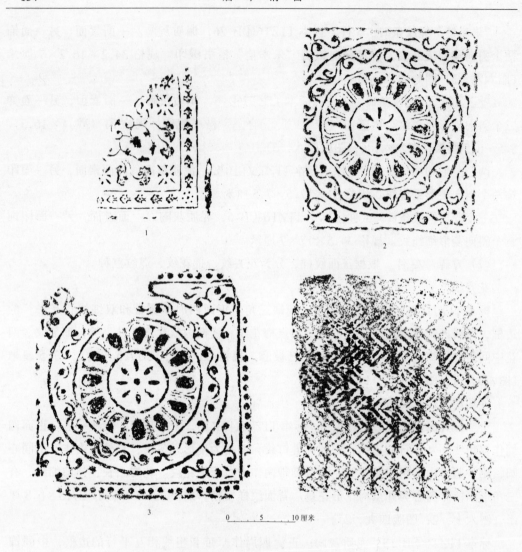

图六七　太子汤方砖纹样拓本

1.花卉纹ⅠTZT6④B:12　2.十二瓣九蕊莲花纹ⅠTZT6④B:15　3.十二瓣九蕊莲花纹ⅠTZT6④B:13(正)
4.水波纹ⅠTZT6④B:13(背)

第二圆带作十六瓣莲花纹。花瓣较小，顶端有一圈波状细线。圆心内为七点梅花形花蕊。背面为栏格纹间饰两行"／"形纹。规格29.5（残）×29.5（残）×4厘米（图六八，3、4；图版五〇，1、2）。

绳纹方砖　8件。

标本ITZT6④B:16，泥质灰陶。素面，背面为细绳纹间饰一行"×"形纹。规格32.4×31×6.8厘米（图六九，1；图版五〇，3）。

标本ITZT6④A:3，泥质灰陶。素面，背面为粗绳纹间饰两行带状隔棱。规格30×

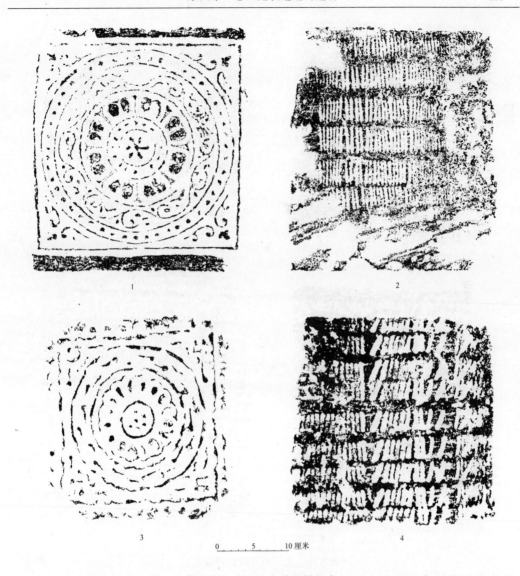

图六八　太子汤方砖纹样拓本

1.十六瓣七蕊莲花纹ⅠTZT6④B:14(正)　2.绳纹ⅠTZT6④B:14(背)　3.十六瓣七蕊莲花纹ⅠTZT6④A:2(正)

4.栏格纹ⅠTZT6④A:2(背)

29×6厘米（图六九，2；图版五〇，4）。

标本ⅠTZT7④:2，泥质灰陶。素面，背面饰不规则的粗绳纹。规格31.6×（残）28.6×5.8厘米（图六九，3；图版五〇，5）。

标本ⅠTZT11④A:21，泥质灰陶。素面磨光，背面为粗刻划栏格纹，间饰两行"×"形纹。规格33.5×31.5×5.5厘米（图六九，4；图版五〇，6）。

（3）套兽　1件。

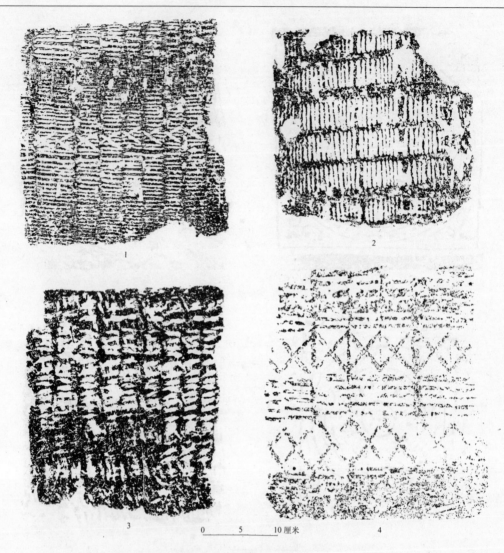

图六九　太子汤方砖纹样拓本

1.绳纹ⅠTZT6④B∶16　2.绳纹ⅠTZT6④A∶3　3.绳纹ⅠTZT7④∶2　4.绳纹ⅠTZT11④A∶21

标本ⅠTZT12④∶63，泥质灰陶。兽头形，带翼。头顶略残，吐舌抿嘴，上唇下钩，长于下唇。竖耳，尖鼻，粗眉环目。眼睛中有一直径0.9、深2.5厘米的圆孔。须髯后飘，尾部略呈方形，外饰翼翅，底部中间有一直径8.5、深26厘米的圆孔和木构件套接。隔梁上有一长3、宽1.8厘米的长方形钉孔，用于固定套兽，防止从木构件上脱落。残长37、宽11.5～19、高14～25厘米（图七〇，1；图版五一，1）。

（4）板瓦　71件。

素面板瓦　4件。

标本ⅠTZT11④A∶60，泥质灰陶。外素面，内饰粗布纹。长42、宽边弦径24.5、

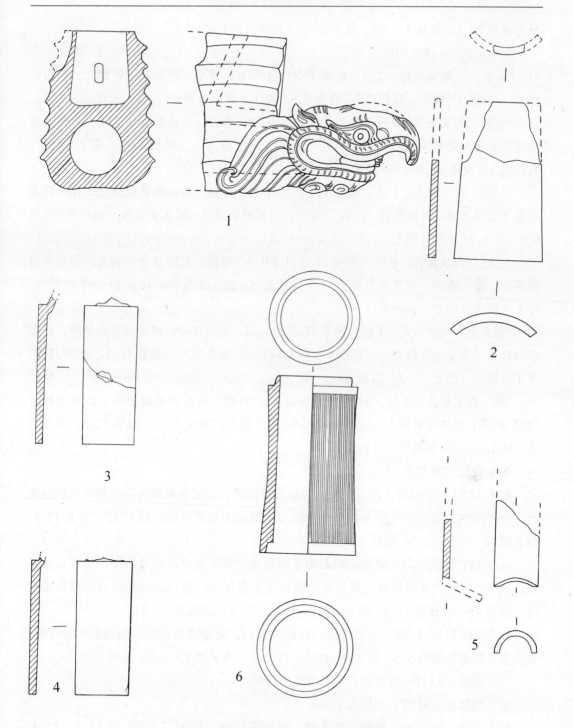

图七〇　太子汤陶套兽、板瓦、筒瓦、水管

1.灰陶套兽ⅠTZT12④:63　2.素面板瓦ⅠTZT11④A:60　3.无瓦当筒瓦ⅠTZT6④B:52　4.无瓦当筒瓦
ⅠTZT12④:58　5.带瓦当筒瓦ⅠTZT12④:62　6.水管ⅠTZT6④B:8(1 为 1/10,2～6 为 1/10)

窄边弦径20.5、弦高5.5~6、厚1.8~2.1厘米（图七〇，2）。

陶文板瓦　9件。均残。

"作匠□"陶文板瓦　2件。标本ITZT6④B:39，青棍。两面均素面磨光，在凸面钤盖"作匠□"戳印。残长7.7、残宽5.8、厚1.8厘米（图七一，1；图版五一，2）。

"官匠"陶文板瓦　3件。标本ITZT6④B:38，青棍。两面均素面磨光，在凸面近窄端2.8厘米处竖向钤盖楷书"官匠"戳印，字迹较大。印框长10.5、宽2.5厘米。残长8.1、残宽5、厚1.65厘米（图七一，2；图版五一，3）。

"□通"陶文板瓦　1件。标本ITZT6④B:41，青棍。两面皆素面磨光，在凸面近窄端2.2厘米处，竖向钤盖"□通"陶文。印框残长3.7、宽2.2厘米。残长8、弦径6.8、厚1.75厘米（图七一，3；图版五一，4）。

"□过"陶文板瓦　1件。标本ITZT11④B:5，青棍。两面皆素面磨光，凸面竖向钤盖"□过"戳印，字迹粗壮较大。印框残长5、宽2.8厘米。残长11、残宽10.1、厚1.9厘米（图七一，4）。

"留长仑"陶文板瓦　1件。标本ITZT6④:43，泥质灰陶。两面均素面被磨，凸面竖向钤盖"留长仑"陶文，字迹细小。印框残长7、宽2厘米。残长12.2、残宽11.7、厚1.6厘米（图七一，5；图版五一，5）。

"牍"陶文板瓦　1件。标本ITZT6④:44，青棍。两面皆素面被磨，凸面上钤盖"牍"戳印，字迹粗壮较大。印框残长3.5、宽3厘米。残长10.4、残宽12.5、厚2厘米（图七一，6；图版五二，1）。

花头板瓦　58件。

标本ITZT11④B:11，泥质灰陶。两面皆素面磨光，宽边端顶头用刀划切成四层花边，由外向内，第一、三层为齿形纹，第二、四层为长弧线纹。残长12、残宽11.5、厚2厘米（图七一，7；图版五二，2）。

标本ITZT11④B:7，青棍。两面均素面磨光，宽边端顶头作成四层花边，由外向内，第一、三层为短弧形纹，弧与弧连接处用手指按压，第二、四层用刀切成长弧线纹。残长15.7、残宽11.5、厚1.5厘米（图七一，8；图版五二，3）。

标本ITZT11④A:86，泥质灰陶。两面皆素面，宽边端顶头用刀划切成四层花边，每层呈方块形。残长5.5、残宽8~10.5、厚2.1厘米（图七一，9；图版五二，4）。

（5）筒瓦　33件。分为无瓦当和带瓦当两种。

无瓦当筒瓦　31件。规格大小不一。

标本ITZT6④B:52，青棍。外素面，内饰粗布纹。长36.7、外弦径14.5~15.3、厚2~2.4、唇长2.7厘米（图七〇，3；图版五二，5）。

标本ITZT12④:58，泥质灰陶。唇残。外素面，内饰粗布纹。长30.7、外弦径

图七一　太子汤板瓦戳印文字及瓦头纹样拓本

1."作匠□"ⅠTZT6④B:39　2."官匠"ⅠTZT6④B:38　3."□通"ⅠTZT6④B:41　4."□过"ⅠTZT11④B:
5　5."留长仑"ⅠTZT6④B:43　6."牍"ⅠTZT6④B:44　7.花头ⅠTZT11④B:11 纹样拓本　8.花头Ⅰ
TZT11④B:7纹样拓本　9.花头ⅠTZT11④A:86纹样拓本

12.8～13.5、厚1.2～2厘米（图七〇，4；图版五二，6）。

带瓦当筒瓦　2件。

标本ITZT12④:62，泥质灰陶。子端残，母端瓦当脱离，残留当痕，当头向前倾斜，倾角为25°，外素面，内饰粗布纹。残长22.9、外弦径12、厚1.7厘米（图七〇，5）。

（6）瓦当　92件。根据当面纹样分为莲花纹和兽面纹两种。

莲花纹瓦当　88件。

十六瓣九蕊变形莲花纹瓦当　2件。标本ITZT11④A:42，泥质灰陶。残缺近半。作带状窄边，由外向内依次是两圈乳钉纹，十六瓣莲花纹。花瓣外环细线，中心下凹。花心缀九点梅花形花蕊。复原面径12.5、厚1～1.5、边宽1.3厘米（图七二，1；图版五三，1）。

六瓣八蕊莲花纹瓦当　11件。标本ITZT12④:34，青棍。残缺。作宽带和细线相互平行的边框，中间饰乳钉纹，面饰六瓣莲花纹。花瓣略长，近似葫芦形，外环细线，一侧间饰三角形隔棱。花心中缀八点梅花形花蕊。复原面径12.7、厚1.8、边宽1.8厘米（图七二，2；图版五三，2）。

六瓣九蕊莲花纹瓦当　3件。标本ITZT12④:24，泥质灰陶。残缺。作带状和细线相互平行的边框，中间饰乳钉纹，面饰六瓣莲花纹。花瓣鼓凸，外环细线，旁边有三角形隔棱。花心细线圆内缀九点梅花形花蕊。面径12.5、厚1.5、边宽1.5厘米（图七二，3；图版五三，3）。

八瓣单蕊莲花纹瓦当　6件。标本ITZT6④B:36，青棍。作宽带和粗线相互平行的边框，中间饰乳钉纹，面饰八瓣莲花纹。花瓣为豆瓣状，每瓣一侧间饰三角形隔棱。花心中缀一实心圆点。面径14.9、厚1.4～2.2、边宽1.9厘米（图七二，4；图版五三，4）。

八瓣八蕊莲花纹瓦当　2件。标本ITZT11④A:36，泥质灰陶。作带状和细线相互平行的边框，中间是乳钉纹，面饰八瓣莲花纹。花瓣鼓突，外饰齿形细线，旁边隔三角形乳钉。花心细线圆内缀八点梅花形花蕊。面径12、厚1.3、边宽1.3厘米（图七二，5；图版五三，5）。

八瓣九蕊莲花纹瓦当　27件，纹样略有区别。标本ITZT6④A:5，青棍。残缺。作带状和细线相互平行的边框，中间饰乳钉纹，面饰八瓣莲花纹。花瓣窄长鼓突，呈梭形，外饰细线，旁边有"Y"形隔棱。花心细线圆内缀九点梅花形花蕊。面径12.3、厚1.4、边宽1.5～2.1厘米（图七二，6；图版五三，6）。

标本ITZT7④:10，青棍。作带状和细线相互平行的边框，中间饰乳钉纹，面饰八瓣莲花纹。花瓣鼓凸被磨，旁边有粗线隔棱。花心细线圆内缀九点梅花形花蕊。面径

图七二　太子汤瓦当纹样拓本

1.十六瓣九蕊变形莲花纹ⅠTZT11④A:42　2.六瓣八蕊莲花纹ⅠTZT12④:34　3.六瓣九蕊莲花纹ⅠTZT12④:24
4.八瓣单蕊莲花纹ⅠTZT6④B:36　5.八瓣八蕊莲花纹ⅠTZT11④A:36　6.八瓣九蕊莲花纹ⅠTZT6④A:5

13.3、厚1.5、边宽1.5~2厘米（图七三，1；图版五四，1）。

标本ⅠTZT11④A:58，泥质灰陶。残缺。作带状和细线相互平行的边框，中间饰乳

图七三　太子汤瓦当纹样拓本

1.八瓣九蕊莲花纹ⅠTZT7④:10　2.八瓣九蕊莲花纹ⅠTZT11④A:58　3.十二瓣六蕊莲花纹ⅠTZT12④: 16　4.十二瓣七蕊莲花纹ⅠTZT12④:39　5.十四瓣七蕊莲花纹ⅠTZT12④:17　6.十四瓣九蕊莲花纹Ⅰ TZT11④A:57

钉纹，面饰八瓣莲花纹。花瓣窄长被磨，旁边有三角形隔棱。花心中缀九点梅花形花蕊。面径9.9、厚1.15、边宽1.3厘米（图七三，2；图版五四，2）。

标本ITZT11④A：13，泥质灰陶。残缺。作带状和细线相互平行的边框，中间饰小乳钉纹，面饰八瓣莲花纹。花瓣呈梭形，外饰齿形线，旁边隔三角形乳钉。花心细线圆内缀九点梅花形花蕊。面径12.3、厚1、边宽2～2.5厘米（图版五四，3）。

十二瓣六蕊莲花纹瓦当　4件。标本ITZT12④：16，青棍。作带状和细线相互平行的边框，中间饰乳钉纹，面饰十二瓣莲花纹，每组外饰细线，间隔三角形乳钉。花心细线圆内缀六点梅花形花蕊。面径11.5、厚1.2、边宽1.9厘米（图七三，3；图版五四，4）。

十二瓣七蕊莲花纹瓦当　3件。标本ITZT12④：39，泥质灰陶。残缺。作带状和粗线相互平行的边框，中间饰乳钉纹，面饰十二瓣莲花纹。花瓣被磨，外勾细线，每组一侧上方间饰小圆乳钉。花心细线圆中缀七点梅花形花蕊。当面下凹，中心兀突，做工粗糙。面径13、厚1.15、边宽2.3厘米（图七三，4；图版五四，5）。

十四瓣七蕊莲花纹瓦当　2件。标本ITZT12④：17，泥质灰陶。稍残。作带状和细线相互平行的边框，中间饰大小乳钉纹，面饰十四瓣莲花纹。花瓣呈豆瓣状，外饰细线，旁边隔三角形乳钉。花心细线圆中缀七点梅花形花蕊。面径11.8、厚1.5、边宽1.5厘米（图七三，5）。

十四瓣九蕊莲花纹瓦当　15件。标本ITZT11④A：57，泥质灰陶。残缺。作带状和细线相互平行的边框，中间是大小相间的乳钉纹，面饰十四瓣莲花纹。花瓣略凸被磨，每组外环倒卷细线，旁边有"丫"形隔棱。花心圆线内缀九点梅花形花蕊。面径13、厚1.4、边宽1.4厘米（图七三，6；图版五四，6）。

十六瓣七蕊莲花纹瓦当　6件。标本ITZT6④A：9，泥质灰陶。残缺。作带状和细线相互平行的边框，中间饰大圆乳钉纹，面饰十六瓣莲花纹。花瓣饱满，外环细线上卷，每组一侧上方间饰三角形乳钉。花心细线圆中缀七点梅花形花蕊。面径14、厚1.3、边宽1.6厘米（图七四，1；图版五五，1）。

十六瓣九蕊莲花纹瓦当　5件。标本ITZT12④：19，泥质灰陶。残缺。作带状和粗线相互平行的边框，中间饰大小不同的乳钉纹，面饰十六瓣莲花纹。花瓣呈豆瓣状，鼓凸被磨，每组外环细线，顶端间饰小乳钉。花心细线圆内缀九点梅花形花蕊。面径15、厚1.7、边宽1.5厘米（图七四，2；图版五五，2）。

多瓣单蕊莲花纹瓦当　1件。标本ITZT6④B：7，泥质灰陶。残缺。作宽带和双粗线相互平行的边框，内饰多瓣莲花纹。花瓣呈三角形，细而尖。花心圆内缀一实心圆点。面径11.9、厚0.95、边宽1.3厘米（图七四，3；图版五五，3）。

十六瓣莲花纹瓦当　1件。标本ITZT11④B：32，泥质灰陶。残缺。作带状窄边，

图七四　太子汤瓦当纹样拓本

1.十六瓣七蕊莲花纹ⅠTZT6④A:9　2.十六瓣九蕊莲花纹ⅠTZT12④:19　3.多瓣单蕊莲花纹ⅠTZT6④B:7

4.十六瓣莲花纹ⅠTZT11④B:32　5.兽面纹ⅠTZT11④A:52　6.兽面纹ⅠTZT11④A:44

面饰十六瓣莲花纹。花瓣饱满凸起，外环粗线上卷，每组一侧上端间饰大圆乳钉。花心内作一凸棱圆圈，中心下凹成一平面。复原面径为13.8、厚1.7～2.5、边宽1.2厘米（图七四，4；图版五五，4）。

兽面纹瓦当　4件。

标本ITZT11④A:52，泥质灰陶。稍残。作带状和粗线相互平行的边框，中间饰乳钉纹，内作直发瞪目、阔口如盆的怪兽头。面径12.6、厚1.15、边宽1.9～2.5厘米（图七四，5；图版五五，5）。

标本ITZT11④A:44，泥质灰陶。作双线相互平行的边框，中间饰乳钉纹，面饰一额突竖耳，瞪目翘鼻，方嘴长唇，顶舌露齿，髭鬣飞卷的怪兽头。面径12.5、厚1.45、边宽0.7厘米（图七四，6；图版五五，6）。

（7）水管　4件。纹饰、规格有所不同。

标本ITZT6④B:8，泥质灰陶。火候一般。子唇内敛较短，唇长2.5厘米，顶端面平，饰直向细线凹弦纹。管内壁为粗布纹，外饰粗绳纹，两头留有2～3厘米的素面宽带。通长47，内径18～19.5、外径24.5～25.6、壁厚3.1厘米。该水管出土于太子汤供水管道（图七〇，6；图版五六，1）。

2．陶质建筑材料登记表

表一二　　　　　　　　　　　　太子汤条砖登记表　　　　　　　　单位：厘米

序号	纹样	器号	长×宽×厚	备注
1	三个菱形粗绳纹	ITZT7④:4	34.5×18×7	灰陶，"将作匠甘保逞"
2	三个菱形粗绳纹	ITZT7④:3	残30×16.7×7	灰陶，"将作匠甘保逞"
3	三个菱形粗绳纹	ITZT6④B:17	残32×17.5×7	灰陶，"将作匠甘保逞"
4	三个菱形粗绳纹	ITZT6④B:53	35×16×6.5	灰陶，"将作匠甘保逞"
5	三个菱形粗绳纹	ITZT6④B:18	残26×17×5.5	灰陶，"将作匠甘保逞"
6	四个菱形粗绳纹	ITZT6④B:27	33.5×16×6.5	灰陶，"将作匠甘保逞"
7	四个菱形粗绳纹	ITZT6④B:68	35×16.8×7	灰陶，"将作匠甘保逞"
8	三个菱形粗绳纹	ITZT7④:5	34.5×15×7	灰陶，"官匠马世通"
9	三个菱形粗绳纹	ITZT6④B:28	残30×16.5×7	灰陶，"官匠马世通"
10	三个菱形粗绳纹	ITZT6④B:29	34.5×16.5×7.5	灰陶，"官匠马世通"
11	残留两个菱形细绳纹	ITZT7④:7	残27×17×7	灰陶，"官匠□立"

续表一二

序 号	纹 样	器 号	长×宽×厚	备 注
12	三个菱形粗绳纹	ITZT6④B:2	35×16.5×7	灰陶，"官匠王昌"
13	三个菱形粗绳纹	ITZT6④B:25	34.4×16×7	灰陶，"官匠王昌"
14	两个菱形细绳纹	ITZT6④B:59	33×16×7	灰陶，"官匠任通"
15	三个菱形细绳纹	ITZT6④B:3	残 29.5×16×7	灰陶，"官匠任通"
16	三个菱形细绳纹	ITZT6④B:30	34×16×7	灰陶，"官匠任通"
17	四个菱形细绳纹	ITZT6④B:4	34.5×17.5×7.4	灰陶，"官匠于□"
18	两个菱形细绳纹	ITZT6④B:6	34.2×15.5×7	灰陶，"官匠田文"
19	三个菱形细绳纹	ITZT6④B:32	35.5×17×7.2	灰陶，"官匠田文"
20	三个菱形粗绳纹	ITZT6④B:24	残 27.5×16.7×7	灰陶，"官匠王君"
21	斜向长粗绳纹	ITZT6④B:58	残 19.5×16×7.5	灰陶，"匠郭世直"
22	三个菱形细绳纹	ITZT6④B:21	34×16.5×7	灰陶，"朱□宁"
23	三个菱形细绳纹	ITZT6④B:60	35×16.5×6.8	灰陶，"朱□宁"
24	三个菱形细绳纹	ITZT6④B:20	35×17×7	灰陶，"朱□宁"
25	四个菱形细绳纹	ITZT6④B:19	35×16.5×7	灰陶，"朱□宁"
26	两个菱形细绳纹	ITZT6④B:26	34.2×16.2×7	灰陶，"朱孝倩"
27	三个菱形细绳纹	ITZT6④B:22	34×17×7	灰陶，"朱孝倩"
28	三个菱形细绳纹	ITZT6④B:23	35×16.5×7.4	灰陶，"朱孝倩"
29	两个菱形细绳纹	ITZT6④B:61	33×16×7	灰陶，"朱孝倩"
30	五个菱形细绳纹	ITZT6④B:69	35×16×7	灰陶，"朱孝倩"
31	三个菱形粗绳纹	ITZT7④:6	残 31×16.5×5.5～6.5	灰陶，"□□合□"
32	三个菱形粗绳纹	ITZT6④B:31	残 28×16×7	灰陶，"□□合□"
33	两个菱形细绳纹	ITZT6④B:62	34×17.5×7.5	灰陶
34	两个菱形细绳纹	ITZT6④B:70	33×16.5×6.5	灰陶
35	两个菱形细绳纹	ITZT6④B:66	33×16×6.2	灰陶
36	两个菱形细绳纹	ITZT6④B:64	36×15.5×7.5	灰陶
37	两个菱形细绳纹	ITZT6④B:67	35×16×6.5	灰陶
38	两个菱形细绳纹	ITZT6④B:65	34.5×17×7	灰陶
39	两个菱形细绳纹	ITZT6④B:63	34×16.5×7	灰陶
40	三个菱形细绳纹	ITZT6④B:5	34.5×17×7	灰陶

| 表一三 | | 太子汤方砖登记表 | | | 单位：厘米 |

序　号	正面纹样	背面纹样	器　号	边长×边长×厚	备　注
1	花卉纹	细绳纹	ITZT6④B:12	残23×残17.5×7.5	灰陶，残缺
2	十二瓣九蕊莲花纹	纹样模糊	ITZT6④B:15	32.4×残27.5×6.8	灰陶，残缺
3	十二瓣九蕊莲花纹	纹样模糊	ITZT6④B:56	残27×残21.5×6	灰陶，残缺
4	十二瓣九蕊莲花纹	水波纹	ITZT6④B:13	34×33.5×7	灰陶
5	十二瓣九蕊莲花纹	水波纹	ITZT6④B:11	33.8×33×6.1	灰陶
6	十二瓣九蕊莲花纹	水波纹	ITZT6④B:54	35×残31×7	灰陶，残缺
7	十二瓣九蕊莲花纹	水波纹	ITZT6④B:55	残30×残20×6.2	灰陶，残缺
8	十六瓣七蕊莲花纹	细绳纹	ITZT6④B:14	33.5×31×6.5	灰陶
9	十六瓣七蕊莲花纹	细绳纹	ITZT6④B:1	32×31.5×7	灰陶
10	十六瓣七蕊莲花纹	细绳纹	ITZT7④B:1	32×32×7	灰陶
11	十六瓣七蕊莲花纹	细绳纹	ITZT6④B:10	33.5×31.5×6	灰陶
12	十六瓣七蕊莲花纹	栏格纹间两行"╱"纹	ITZT6④A:2	残29.5×残29.5×4	灰陶
13	十六瓣七蕊莲花纹	栏格纹间两行"╱"纹	ITZT6④A:1	残29×残22×5.2	灰陶，残缺
14	十六瓣七蕊莲花纹	栏格纹	ITZT11④A:20	32.3×30×5	灰陶
15	素面	细绳纹间"×"纹	ITZT6④B:16	32.4×31×6.8	灰陶
16	素面	细绳纹间"×"纹	ITZT6④B:57	31.5×31.2×7	灰陶，残缺
17	素面	粗绳纹间两行带状隔梁	ITZT6④A:3	30×29×6	灰陶
18	素面	粗绳纹间两行带状隔梁	ITZT11④A:23	33×31×6	灰陶，残缺
19	素面	不规则粗绳纹	ITZT7④:2	31.6×残28.6×5.8	灰陶，残缺
20	素面	刻划栏格纹间两行"×"纹	ITZT11④A:21	33.5×31.5×5.5	灰陶
21	素面	刻划栏格纹间两行"×"纹	ITZT6④A:4	32×30.4×5.5	灰陶，残缺
22	素面	刻划栏格纹间两行"×"纹	ITZT11④A:22	31×31×5.5	灰陶，残缺

| 表一四 | | 太子汤板瓦登记表 | | | | 单位：厘米 |

序　号	纹样	器　号	长	窄弦径	宽弦径	厚	备　注
1	外素面，内粗布纹	ITZT11④A:60	42	20.5	24.5	1.8~2.1	灰陶
2	外素面，内粗布纹	ITZT11④A:54	残25.5	残14.7	残16.7	2.1	灰陶，内磨
3	外素面，内粗布纹	ITZT11④A:55	残28	残18.3	残18.3	1.5~1.8	灰陶，残缺
4	外素面，内粗布纹	ITZT11④A:53	残18.7	残18.4	残18.4	1.8	灰陶，残缺
5	两面皆素面磨光	ITZT6④B:39	残8	残8		1.7	"作匠□"

续表一四

序 号	纹 样	器 号	长	窄弦径	宽弦径	厚	备 注
6	两面皆素面磨光	ITZT6④B:40	残 7.3	残 9		1.85	"□匠"
7	两面皆素面磨光	ITZT6④B:38	残 8.1	残 5		1.65	"官匠"
8	两面皆素面磨光	ITZT6④B:37	残 9.5	残 8		1.55	"官匠"
9	两面皆素面磨光	ITZT6④B:45	残 6.6	残 11.4		1.7	"官"
10	两面皆素面磨光	ITZT6④B:41	残 8	残 6.8		1.75	"□通"
11	两面皆素面磨光	ITZT11④B:5	残 11	残 10.1		1.9	"□过"
12	两面皆素面磨光	ITZT6④B:43	残 12.2	残 11.7		1.6	"留长仑"
13	两面皆素面磨光	ITZT6④B:44	残 10.4	残 12.5		2	"牒"
14	两面皆素面磨光	ITZT11④B:11	残 12		残 11.5	2	灰陶
15	两面皆素面磨光	ITZT11④B:21	残 9.5		残 7	2	灰陶
16	两面皆素面磨光	ITZT11④B:7	残 15.7		残 11.5	2	青棍
17	两面皆素面磨光	ITZT11④A:76	残 10.3		残 10	1.5	灰陶
18	两面皆素面磨光	ITZT11④A:83	残 10.5		残 11	1.5	青棍
19	两面皆素面磨光	ITZT11④A:86	残 5.5		8~10.5	2.1	灰陶
20	两面皆素面磨光	ITZT11④A:64	残 8.5~13.5		18.5	2.2	青棍
21	两面皆素面磨光	ITZT11④A:63	残 14.5		残 11.5	2.2	灰陶
22	两面皆素面磨光	ITZT11④A:67	残 9.7		残 13.4	1.8	灰陶
23	两面皆素面磨光	ITZT11④A:68	残 6.7		残 13.5	2.15	青棍
24	两面皆素面磨光	ITZT11④A:80	残 10		残 9	2	青棍
25	两面皆素面磨光	ITZT11④A:82	残 7.7		残 10.7	1.95	青棍
26	两面皆素面磨光	ITZT11④A:89	残 5.5		残 7	1.5	青棍
27	两面皆素面磨光	ITZT11④B:8	残 8.3		残 13.5	1.9	青棍
28	两面皆素面磨光	ITZT11④B:15	残 7.9		残 11.8	1.9	青棍
29	两面皆素面磨光	ITZT11④B:18	残 6.5		残 10.3	1.9	青棍
30	两面皆素面磨光	ITZT11④B:20	残 6		残 8.2	2	青棍
31	两面皆素面磨光	ITZT11④B:23	残 6.5		残 11	2.1	青棍
32	两面皆素面磨光	ITZT11④B:9	残 10		残 16.5	2	青棍
33	两面皆素面磨光	ITZT11④A:61	残 16.5		残 14.5	2.1	青棍
34	两面皆素面磨光	ITZT11④A:62	残 12.9		残 9.5	1.9	青棍
35	两面皆素面磨光	ITZT11④A:65	残 17.5		残 12.5	2	青棍
36	两面皆素面磨光	ITZT11④A:66	残 11.5		残 13.7	2.1	青棍

续表一四

序　号	纹　样	器　号	长	窄弦径	宽弦径	厚	备　注
37	两面皆素面磨光	ITZT11④A:71	残 10.6		残 14	2.1	青棍
38	两面皆素面磨光	ITZT11④A:73	残 11		残 7.5	2.6	青棍
39	两面皆素面磨光	ITZT11④A:75	残 11.5		残 9.5	1.8	青棍
40	两面皆素面磨光	ITZT11④A:77	残 8		残 10	1.75	青棍
41	两面皆素面磨光	ITZT11④A:81	残 10		残 9	2	青棍
42	两面皆素面磨光	ITZT11④A:85	残 8.5		残 8	1.8	青棍
43	两面皆素面磨光	ITZT11④A:87	残 10.8		残 7.2	1.8	青棍
44	两面皆素面磨光	ITZT11④A:88	残 6.7		残 8.5	1.95	青棍
45	两面皆素面磨光	ITZT11④A:93	残 8.2		残 7.5	1.9	青棍
46	两面皆素面磨光	ITZT11④B:27	残 9.8		残 17	1.85	青棍
47	两面皆素面磨光	ITZT11④B:10	残 11		残 8	2	青棍
48	两面皆素面磨光	ITZT11④B:12	残 8.5		残 10.2	2.1	青棍
49	两面皆素面磨光	ITZT11④B:13	残 8.9		残 10.5	2	青棍
50	两面皆素面磨光	ITZT11④B:14	残 8.7		残 10.5	2	青棍
51	两面皆素面磨光	ITZT11④B:17	残 8		残 8.5	2	青棍
52	两面皆素面磨光	ITZT11④B:22	残 10		残 6	1.7	青棍
53	两面皆素面磨光	ITZT11④B:24	残 9		残 11	2.2	青棍
54	两面皆素面磨光	ITZT11④B:25	残 5.6		残 6	2	青棍
55	两面皆素面磨光	ITZT11④B:26	残 7.1		残 7.7	2.1	青棍
56	两面皆素面磨光	ITZT11④A:69	残 10		残 14	2.2	灰陶
57	两面皆素面磨光	ITZT11④A:70	残 6		残 10.1	2.2	灰陶
58	两面皆素面磨光	ITZT11④A:74	残 12.3		残 13	1.7	灰陶
59	两面皆素面磨光	ITZT11④A:79	残 10.5		残 8	1.9	灰陶
60	两面皆素面磨光	ITZT11④A:84	残 6.8		残 10.4	1.5	灰陶
61	两面皆素面磨光	ITZT11④A:90	残 8.2		残 6.3	2	灰陶
62	两面皆素面磨光	ITZT11④A:91	残 8		残 8.2	1.9	灰陶
63	两面皆素面磨光	ITZT11④A:92	残 6.3		残 6.5	1.45	灰陶
64	两面皆素面磨光	ITZT11④A:94	残 4.5		残 11	2.15	灰陶
65	两面皆素面磨光	ITZT11④A:95	残 7.5		残 9.5	1.9	灰陶
66	两面皆素面磨光	ITZT11④A:96	残 5.3		残 9	2.1	灰陶
67	两面皆素面磨光	ITZT11④A:97	残 6.7		残 6.3	1.8	灰陶

续表一四

序 号	纹 样	器 号	长	窄弦径	宽弦径	厚	备 注
68	两面皆素面磨光	ITZT11④B:16	残 7.1		残 10.5	1.9	灰陶
69	两面皆素面磨光	ITZT11④B:19	残 5.2		残 7.4	2.3	灰陶
70	两面皆素面磨光	ITZT11④A:78	残 8.8		残 10	2.1	灰陶
71	两面皆素面磨光	ITZT11④A:72	残 9.8		残 6	2.5	青棍

表一五　　　　　　　　　　太子汤筒瓦登记表　　　　　　　　　单位：厘米

序 号	纹 样	器 号	长	外弦径	厚	唇长	备 注
1	外素面，内粗布纹	ITZT6④B:52	36.7	14.5～15.3	2～2.4	2.7	灰陶
2	外素面，内粗布纹	ITZT6④B:46	35	14.8～15.1	1.9～2.3	3.3	灰陶
3	外素面，内粗布纹	ITZT11④A:105	34.3	15.6	2.1～2.9	残	灰陶
4	外素面，内粗布纹	ITZT6④B:49	36.5	15.1	2	残	灰陶
5	外素面，内粗布纹	ITZT11④A:102	34.7	14.7～15	2～2.5	残	灰陶
6	外素面，内粗布纹	ITZT11④A:98	35.2	15～15.5	2.5	残	灰陶
7	外素面，内粗布纹	ITZT11④A:104	34.8	15	2～2.3	残	灰陶
8	外素面，内粗布纹	ITZT11④A:107	34	15～16.5	2.5	残	灰陶
9	外素面，内粗布纹	ITZT11④A:103	34.4	14.6	2	残	青棍
10	外素面，内粗布纹	ITZT11④A:101	35	15～15.9	2～2.5	残	青棍
11	外素面，内粗布纹	ITZT11④A:99	34.8	15	2～2.5	残	青棍
12	外素面，内粗布纹	ITZT12④:57	残 24.4	15～15.5	2.2	残	青棍
13	外素面，内粗布纹	ITZT12④:56	残 24	15	2.3	2.8	青棍
14	外素面，内粗布纹	ITZT11④A:106	34.9	15～16	2～2.5	3	青棍
15	外素面，内粗布纹	ITZT6④B:47	35.5	15.2～16.5	1.8～2.6	残	青棍
16	外素面，内粗布纹	ITZT6④B:51	36.2	15.2	2	残	青棍
17	外素面，内粗布纹	ITZT6④B:50	35	14.9～15.2	2～2.5	残	青棍
18	外素面，内粗布纹	ITZT7④:13	35.8	14.7～15	2～2.5	残	青棍
19	外素面，内粗布纹	ITZT6④B:48	35.4	14.4～14.7	2.1	残	青棍
20	外素面，内粗布纹	ITZT11④A:100	34.8	14.5	1.9～2.2	残	灰陶
21	外素面，内粗布纹	ITZT12④:60	残 15.3	13.1	2	2.8	青棍
22	外素面，内粗布纹	ITZT11④A:108	32.7	13.3	1.6～2	2.7	青棍
23	外素面，内粗布纹	ITZT7④:14	32	12.8	1.9	2.3	青棍

续表一五

序号	纹样	器号	长	外弦径	厚	唇长	备注
24	外素面，内粗布纹	ITZT6④A:10	32.5	12.5~13	2	2	青棍
25	外素面，内粗布纹	ITZT11④A:109	32.6	12.9	2	3	灰陶
26	外素面，内粗布纹	ITZT12④:59	残17.2	13	2.1	2.3	灰陶
27	外素面，内粗布纹	ITZT7④:15	残28.7	13.1	1.7~2	残	灰陶
28	外素面，内粗布纹	ITZT12④:58	30.7	12.8~13.5	1.2~2	残	灰陶
29	外素面，内粗布纹	ITZT6④A:11	残24.8	10.3	1.55	残	灰陶
30	外素面，内粗布纹	ITZT11④A:110	残13.7	10.2	1.5	2.3	灰陶
31	外素面，内粗布纹	ITZT11④A:111	残17.4	9.5	1.4	2	灰陶
32	外素面，内粗布纹	ITZT12④:62	残22.9	12	1.7	残	灰陶，有当痕
33	外素面，内粗布纹	ITZT12④:61	残19.7	13	1.9	残	灰陶，当面平

表一六　　　　　　　　　　**太子汤瓦当登记表**　　　　　　　　单位：厘米

序号	纹样	器号	面径	厚	边宽	备注
1	十六瓣九蕊变形莲花纹	ITZT11④A:42	12.5	1~1.5	1.3	灰陶，残缺
2	十六瓣九蕊变形莲花纹	ITZT12④:48	复原12.5	1.1~1.6	1.4	灰陶，残缺
3	六瓣八蕊莲花纹	ITZT12④:34	复原12.7	1.8	1.8	青棍，残缺
4	六瓣八蕊莲花纹	ITZT12④:21	13.3	1.5	1.8	青棍，带筒瓦
5	六瓣八蕊莲花纹	ITZT7④:12	13	1.15	1.8	灰陶，残缺
6	六瓣八蕊莲花纹	ITZT12④:31	13.2	1.3	1.5	灰陶，带筒瓦
7	六瓣八蕊莲花纹	ITZT7④:9	13	1.6	1.3	灰陶，残缺
8	六瓣八蕊莲花纹	ITZT7④:8	12.7	1.6	1.3	青棍，残缺
9	六瓣八蕊莲花纹	ITZT11④A:40	复原12.5	1.5	2~2.4	青棍，残缺
10	六瓣八蕊莲花纹	ITZT11④A:46	复原12.7	1.15	1.6	灰陶，残缺
11	六瓣八蕊莲花纹	ITZT12④:49	复原12.5	1.15	1.7	灰陶，残缺
12	六瓣八蕊莲花纹	ITZT12④:36	13.4	1.45	1.7	红褐陶，残缺
13	六瓣八蕊莲花纹	ITZT12④:22	残10	1.2	残0.4	灰陶，残缺
14	六瓣九蕊莲花纹	ITZT12④:24	12.5	1.5	1.5	灰陶，残缺
15	六瓣九蕊莲花纹	ITZT12④:38	12.7	1.3	1.6	灰陶，残缺
16	六瓣九蕊莲花纹	ITZT12④:37	12.5	1.6	1.4	灰陶，残缺
17	八瓣单蕊莲花纹	ITZT6④B:36	14.9	1.4~2.2	1.9	青棍

续表一六

序 号	纹 样	器 号	面 径	厚	边 宽	备 注
18	八瓣单蕊莲花纹	ITZT6④B:35	14.8	2	2	灰陶，残缺
19	八瓣单蕊莲花纹	ITZT6④B:72	13.5	1.8	2.1	灰陶，残缺
20	八瓣单蕊莲花纹	ITZT6④B:34	复原 14.5	1.6	1.8	灰陶，残缺
21	八瓣单蕊莲花纹	ITZT6④B:71	复原 14.5	1.8	2	灰陶，残缺
22	八瓣单蕊莲花纹	ITZT6④B:33	复原 15	1.5	1.8	灰陶，残缺
23	八瓣八蕊莲花纹	ITZT11④A:36	12	1.3	1.3	灰陶
24	八瓣八蕊莲花纹	ITZT11④A:51	12.3	1.6	2	青棍，残缺
25	八瓣九蕊莲花纹	ITZT6④A:5	12.3	1.4	1.5～2.1	青棍，残缺
26	八瓣九蕊莲花纹	ITZT12④:28	复原 12	1	1.6	青棍，残缺
27	八瓣九蕊莲花纹	ITZT11④A:48	12.3	1.1	2	青棍，残缺
28	八瓣九蕊莲花纹	ITZT11④A:30	12.3	1	1.6	残缺
29	八瓣九蕊莲花纹	ITZT7④:10	13.3	1.5	1.5～2	青棍，带筒瓦
30	八瓣九蕊莲花纹	ITZT6④A:7	12.3	1.2	1.8	灰陶
31	八瓣九蕊莲花纹	ITZT12④:47	12.7	1.2	2	灰陶，残缺
32	八瓣九蕊莲花纹	ITZT12④:30	12.8	1.5	1.7	灰陶，残缺
33	八瓣九蕊莲花纹	ITZT12④:32	12.6	1.4	1.6	灰陶，残缺
34	八瓣九蕊莲花纹	ITZT11④A:58	9.9	1.15	1.3	灰陶，残缺
35	八瓣九蕊莲花纹	ITZT6④A:6	10.3	0.9	1.6	灰陶，残缺
36	八瓣九蕊莲花纹	ITZT11④A:24	9.7	1.1	1.3	灰陶，残缺
37	八瓣九蕊莲花纹	ITZT12④:29	10.2	0.9	1.6	青棍，残缺
38	八瓣九蕊莲花纹	ITZT11④A:54	10	0.9	1.6	青棍，残缺
39	八瓣九蕊莲花纹	ITZT11④A:47	11	1.1	1.6	灰陶，残缺
40	八瓣九蕊莲花纹	ITZT12④:35	9.5	1.2	1.3	灰陶，残缺
41	八瓣九蕊莲花纹	ITZT12④:44	11:5	1.4	1.4	灰陶，残缺
42	八瓣九蕊莲花纹	ITZT12④:43	9.4	1.2	1.3	青棍，带筒瓦
43	八瓣九蕊莲花纹	ITZT11④A:13	12.3	1	2～2.5	灰陶，残缺
44	八瓣九蕊莲花纹	ITZT12④:46	12	1.5	2	灰陶，残缺
45	八瓣九蕊莲花纹	ITZT11④A:49	11.7	1.1	2	灰陶，残缺
46	八瓣九蕊莲花纹	ITZT12④:23	12.6	1.3	1.9	灰陶，残缺
47	八瓣九蕊莲花纹	ITZT11④A:53	11.5	1.1	2	灰陶，残缺
48	八瓣九蕊莲花纹	ITZT11④A:27	9.8	1.1	1	灰陶，残缺

续表一六

序　号	纹　样	器　号	面　径	厚	边　宽	备　注
49	八瓣九蕊莲花纹	ITZT11④A:25	10	1.1	1	灰陶，带筒瓦
50	八瓣九蕊莲花纹	ITZT12④:26	12	1.2	1.7	青棍，残缺
51	八瓣九蕊莲花纹	ITZT11④A:39	13.4	1.4	1.6	青棍，残缺
52	十二瓣六蕊莲花纹	ITZT12④:16	11.5	1.2	1.9	青棍
53	十二瓣六蕊莲花纹	ITZT12④:33	13	1.5	2	青棍，残缺
54	十二瓣六蕊莲花纹	ITZT12④:40	13	1.2	2	青棍，残缺
55	十二瓣六蕊莲花纹	ITZT11④A:28	12.5	1.3	1.9	灰陶，残缺
56	十二瓣七蕊莲花纹	ITZT12④:39	13	1.15	2.3	灰陶，残缺
57	十二瓣七蕊莲花纹	ITZT12④:27	复原 13	1.2	1.6	青棍，残缺
58	十二瓣七蕊莲花纹	ITZT11④A:50	15	1.6	2.6	灰陶，残缺
59	十四瓣七蕊莲花纹	ITZT12④:17	11.8	1.5	1.5	灰陶，残缺
60	十四瓣七蕊莲花纹	ITZT12④:25	11.2	1.5	1.4	青棍
61	十四瓣九蕊莲花纹	ITZT11④A:57	13	1.4	1.4	灰陶，残缺
62	十四瓣九蕊莲花纹	ITZT6④A:8	13.9	1.4	2	灰陶，残缺
63	十四瓣九蕊莲花纹	ITZT11④A:59	12.6	1.2	1.6	灰陶，残缺
64	十四瓣九蕊莲花纹	ITZT11④A:35	13.4	1.3	1.9	灰陶，残缺
65	十四瓣九蕊莲花纹	ITZT11④A:34	13.3	1.7	1.3	青棍，残缺
66	十四瓣九蕊莲花纹	ITZT11④A:56	复原 13	1.4	1.4	青棍，残缺
67	十四瓣九蕊莲花纹	ITZT11④A:31	13.2	1	2	青棍，残缺
68	十四瓣九蕊莲花纹	ITZT11④A:32	13.7	1.4	1.8	灰陶，残缺
69	十四瓣九蕊莲花纹	ITZT11④A:37	13.2	1.3	2	灰陶，残缺
70	十四瓣九蕊莲花纹	ITZT11④A:33	13	1.3	2	灰陶，残缺
71	十四瓣九蕊莲花纹	ITZT11④A:29	13	1.4	1.7	灰陶，残缺
72	十四瓣九蕊莲花纹	ITZT11④A:38	13.5	1.4	2	灰陶，残缺
73	十四瓣九蕊莲花纹	ITZT11④A:26	复原 13	1.4	1.4	青棍，带筒瓦
74	十四瓣九蕊莲花纹	ITZT12④:45	复原 13	1.6	1.7	青棍，残缺
75	十四瓣九蕊莲花纹	ITZT11④A:55	复原 13.2	1.5	1.5	青棍，残缺
76	十六瓣七蕊莲花纹	ITZT6④A:9	14	1.3	1.6	青棍，残缺
77	十六瓣七蕊莲花纹	ITZT12④:51	复原 13.8	1.7	1.7	青棍，残缺
78	十六瓣七蕊莲花纹	ITZT12④:20	复原 13.8	1.6	1.5	青棍，残缺
79	十六瓣七蕊莲花纹	ITZT12④:41	复原 13.8	1.4	1.4	青棍，残缺

续表一六

序 号	纹 样	器 号	面 径	厚	边 宽	备 注
80	十六瓣七蕊莲花纹	ITZT11④A:41	复原13.7	1.3	2	青棍，残缺
81	十六瓣七蕊莲花纹	ITZT12④:50	复原14	1	1.9	青棍，残缺
82	十六瓣九蕊莲花纹	ITZT12④:19	15	1.7	1.5	青棍，残缺
83	十六瓣九蕊莲花纹	ITZT12④:18	15	1.5	1.7	青棍，残缺
84	十六瓣九蕊莲花纹	ITZT12④:42	15	1.5	1.7	青棍，残缺
85	十六瓣九蕊莲花纹	ITZT7④:11	15	1.7	1.7	青棍，残缺
86	十六瓣九蕊莲花纹	ITZT12④:52	15	1.75	1.7	青棍，带筒瓦
87	多瓣单蕊莲花纹	ITZT6④B:7	11.9	0.95	1.3	灰陶，残缺
88	十六瓣莲花纹	ITZT11④B:32	复原13.8	1.7~2.5	1.2	灰陶，残缺
89	兽面纹	ITZT11④A:52	12.6	1.15	1.9~2.5	灰陶，残缺
90	兽面纹	ITZT11④A:43	复原12.5	1.25	2.4	灰陶，残缺
91	兽面纹	ITZT11④A:44	12.5	1.45	0.7	灰陶，残缺
92	兽面纹	ITZT11④A:45	12.5	1.1	0.5	灰陶，残缺

表一七 太子汤陶水管登记表 单位：厘米

序 号	纹 样	器 号	通 长	内 径	外 径	厚	唇 长	备 注
1	内布纹，外粗绳纹	ITZT6④B:8	47	18~19.5	24.5~25.6	3.1	2.5	供水道
2	内布纹，外粗绳纹	ITZT6④B:9	47	18~19.5	25~26.5	3.1	2.3	供水道
3	内布纹，外粗绳纹	ITZT10④:49	47	18~19.3	24.1~25.2	3.1	2	排水道
4	内布纹，外粗绳纹	ITZT10④:50	47.2	17.7~19.2	24.8~26.3	3.1	2.2	排水道

（二）生活用具

生活用具按质地不同，分为陶器和瓷器两类。

1. 陶器 34 件。有甑、碗、洗、鉴和瓮等。

（1）甑 1 件。

标本 ITZT7④:21，泥质灰陶。敛口，方唇，腹微鼓，平底，内外壁均素面。唇沿外部环饰四圈刻划凹弦纹。底心内平外凹。底面有直径约 0.35 厘米的九个穿透小圆孔，排列近似正方形。高 21.2、内口径 8、外口径 9.2 厘米，最大腹径 14.8、底径 9.3 厘米（图七五，1；图版五六，2、3）。

（2）碗 28 件。残缺者较多。

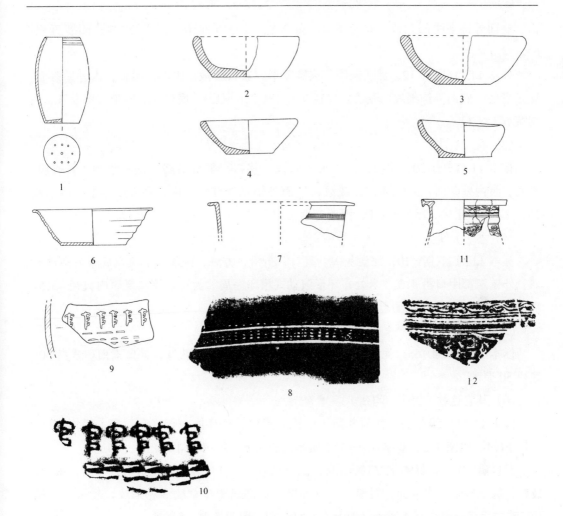

图七五　太子汤陶甑、碗、洗、鉴、口沿及陶片戳印文字

1.甑ⅠTZT7④:21　2.碗ⅠTZT7④:25　3.碗ⅠTZT7④:23　4.碗ⅠTZT7④:22　5.碗ⅠTZT6④A:12
6.洗ⅠTZT7④:20　7.鉴ⅠTZT11④A:10　8.鉴ⅠTZT11④A:10纹样拓本　9."官"字陶片ⅠTZT11④A:
11　10.陶片ⅠTZT11④A:11"官"字戳印拓本　11.器口沿ⅠTZT7④:34　12.器口沿ⅠTZT7④:34纹样拓
本(2～5、8、10、12为1/3,9、11为1/6,1为1/9,7为1/12,6为1/15)

　　标本ⅠTZT7④:25，泥质灰陶。直口微侈，圆唇内鼓，弧腹，平底，底心内凹。腹
内外壁素面，底面外饰细线凹弦纹。口径9.4、高3.2、底径6厘米（图七五，2；图版
五六，4）。

　　标本ⅠTZT7④:23，泥质灰陶。残缺。直口微敞，圆厚唇，弧腹，内外壁素面，平
底。底心内凹。底面外饰细线凹弦纹。口径10.8、高4、底径4.6厘米（图七五，3；
图版五六，5）。

　　标本ⅠTZT7④:22，泥质灰褐陶。直口微敛，圆唇，斜腹略弧，平底。腹内外壁素面，底面外饰细线凹弦纹。口径8.4、高2.8、底径5厘米（图七五，4；图版五六，6）。

标本ITZT6④A:12，泥质灰陶。火烧变形。直口微敞，尖唇，斜腹，内外壁素面，矮足平底。底面外饰细线凹弦纹。口径7.6、高2.6～3.3、底径4.6厘米（图七五，5；图版五七，1）。

（3）洗　1件。

标本ITZT7④:20，泥质灰陶。火候较高。侈口，平折沿略上翘，圆唇，斜直腹，平底，腹内壁素面，外壁环饰凹弦纹，底面外饰细线弦纹。内口径45.2、沿宽4、高15、底径28厘米（图七五，6；图版五七，2）。

（4）鉴　1件。

标本ITZT11④A:10，泥质灰陶。直口，折沿，方唇，深腹，下腹及底残。内壁素面，外壁腹部距口沿4.3厘米处，环形滚动式模印一周"齿"形纹。复原内口径43.5、沿宽4、残高12厘米（图七五，7、8；图版五七，3）。

（5）瓮　1件。

标本ITZT12④:65，泥质灰陶。斜腹，平底。内壁饰凹弦纹，外壁素面。残高30、底径30厘米。

（6）其它遗物　2件。均残。

标本ITZT11④A:11，泥质灰陶。内饰麻点纹，外环饰一行"官"字，间饰篮纹。残长14.4、残宽7.2、壁厚0.9～1.1厘米（图七五，9、10；图版五七，4）。

器口沿　1件。标本ITZT7④:34，泥质红褐陶。直口微敛，平折沿，宽唇，束颈，鼓肩，肩下残缺。内素面，粗糙不平，外壁颈肩部线刻蔓草纹和花果纹。复原内口径10、沿宽2.3、残高6.4厘米（图七五，11、12；图版五七，5）。

2、瓷器　37件。有盅、碗、盘、杯形器、擂钵和绿釉瓷枕等。

（1）盅　5件。形制、施釉略有不同。

黑釉小瓷盅　1件。标本ITZT7④:52，残缺。直口微敞，圆唇，浅直腹，底心内外皆平。底面外饰细线凹弦纹。内壁唇沿下全施黑色釉，外壁无釉素胎。口径4.3、高1.6、底径3.3厘米（图七六，1；图版五七，6）。

黑褐釉瓷盅　4件。标本ITZT11④A:17，残缺。敞口，圆唇内鼓，斜腹较浅，底心内外皆平。底面外饰细线凹弦纹。外壁无釉素胎，内壁唇沿下施黑褐色釉。外口径7.1、高2.2、底径3.7厘米（图七六，2；图版五八，1）。

（2）碗　18件。

白瓷碗　11件。标本ITZT11④B:1，敞口，圆唇，弧腹，璧形足，足心外平，底心内凹。内壁及外壁上腹施白釉。釉色光亮。余皆素胎。通高3.8、复原口径12.9、足

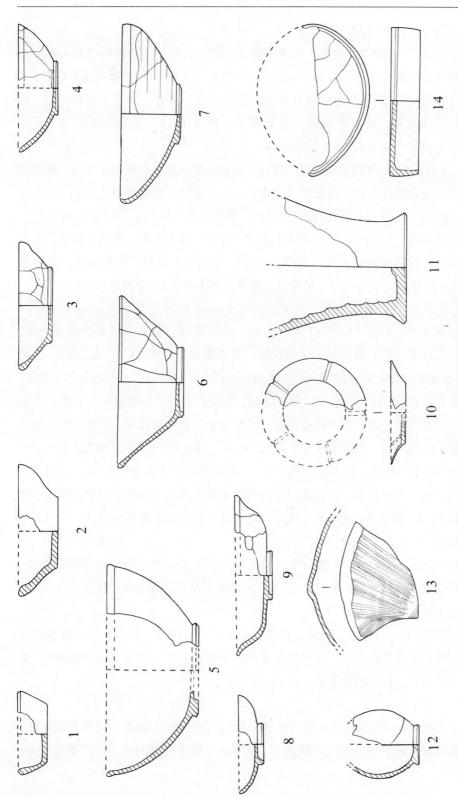

图七六　太子汤瓷盂、碗、盘、杯形器、罐、擂钵、枕

1. 黑釉瓷盂ⅠTZⅠ7④:52　2. 黑褐釉瓷盂ⅠTZⅠ11④A:17　3. 黑褐釉瓷盂ⅠTZⅠ11④B:1　4. 白瓷碗ⅠTZⅠ12④:1　5. 白瓷碗ⅠTZⅠ7④:39　6. 青瓷碗ⅠTZⅠ12④:1
7. 生烧姜黄釉瓷碗ⅠTZⅠ11④B:3　8. 浅腹黑褐釉瓷盘ⅠTZⅠ7④:36　9. 折腹圈足白瓷盘ⅠTZⅠ12④:66　10. 五瓣葵口白瓷盘ⅠTZⅠ12④:2　11. 杯形器ⅠTZⅠ12④:
4　12. 黑釉小罐ⅠTZⅠ7④:42　13. 擂钵ⅠTZⅠ7④:45　14. 绿釉枕ⅠTZⅠ7④:37(1,2,11为1/2,3~10,12,13,14为1/4,14为1/6)

径8.3厘米（图七六，3；图版五八，2）。

标本ITZT12④:1，敞口，圆唇，弧腹，圈足，底心内外皆平。内外壁施白釉。足心素胎。通高4、口径13.6、足径5.7、足高0.4厘米（图七六，4；图版五八，3）。

标本ITZT7④:39，残缺较多。敞口微敛，圆唇外鼓，弧腹，圈足，底心内凹。内外壁上部施白中泛黄釉，间施灰褐釉，其余素胎。通高10.3、复原口径22.5、足径10.3、足高0.6厘米（图七六，5；图版五八，4）

青瓷碗 1件。标本ITZT11④A:1，敞口，圆唇外鼓，斜直腹较深，圈足，底心内平，足心内平，施白中泛黄釉，内外壁皆施青釉，表面粗糙。釉色暗淡。通高7.2、口径18.6、足径7.2、足高0.9厘米（图七六，6；图版五八，5）。

生烧姜黄釉瓷碗 6件。标本ITZT11④B:3，直口，唇沿内敛，弧腹，圈足，底心内凹，足心微凸，内壁印饰蔓草纹，内壁及外壁上部施姜黄色釉。釉色暗淡，余皆素胎。通高6.6、口径19、足径6.5、足高0.5厘米（图七六，7；图版五八，6）。

（3）盘 4件。形制不同。

浅腹黑褐釉瓷盘 1件。标本ITZT7④:36，残缺近半。敞口，圆唇，弧腹较浅，圈足，底心内凹外平。唇沿部内外施黑褐色釉，其余素胎。口径11.2、高2.85、足径4.2、足高0.8厘米（图七六，8；图版五九，1）。

折腹圈足白瓷盘 1件。标本ITZT12④:66，残缺。敞口，平沿圆唇，斜腹，下腹平折，圈足，底心内平，足心平，内壁满釉，外壁半釉，近足根部及足无釉素胎。釉呈浅白色。口径17、高3.9、足径5.3、足高0.6厘米（图七六，9；图版五九，2）。

五瓣葵口白瓷盘 2件。标本ITZT12④:2，残缺近半。五瓣葵口外侈，尖唇，反弧形腹，平底。底心凸于周围。内壁腹部有凸棱细直线和葵口沿相接，内外全施浅白色釉。复原口径11.3、高1.6、底径6.7厘米（图七六，10；图版五九，3）。

（4）杯形器 4件。均残。

标本ITZT12④:4，口残，斜腹内收，饼足较大，足心内鼓外凹，内壁饰凹弦纹，施赭色釉，外壁及底无釉素胎。残高2.6~7、足径6.1厘米（图七六，11）。

（5）黑釉小罐 3件。

标本ITZT7④:42，口沿残，溜肩，鼓腹，饼足，底心内凸，足心外平，饰细线凹弦纹，素胎，外壁半施黑褐色釉。腹底及足露胎。胎呈灰白色。残高7.5、腹径7、足径4.3厘米（图七六，12；图版五九，4）。

（6）擂钵 1件。

标本ITZT7④:45，残缺甚多。敞口微敛，口沿捏有浅流，斜腹，内壁刻划篦纹，素胎，外壁施草绿色釉。残长12.2、残高7、壁厚0.5厘米（图七六，13；图版五九，5）。

（7）绿釉枕　2件。

标本 ITZT7④:37，平面呈椭圆形。平顶下凹，腹内收，齐口，内空，素胎，外施草绿色釉。釉色光亮。顶面周围及腹壁上端环饰两道黑釉弦纹。面径 18.4～24.5、高 4.8 厘米（图七六，14；图版五九，6）。

四、小　结

（一）称谓考辨

汤池和殿宇建筑出土在整个遗址地层划分中的第 4 层。汤池池底和池身四壁砖墙内的绳纹条砖不但和星辰汤出土的条砖规格、形制、纹样相同，而且与西安地区唐代建筑及墓葬出土条砖也相似，证明汤池建于唐代。

清乾隆本《临潼县志·古迹》曰："由玉女殿过御汤而西为日华门，门之南曰太子汤"。《资治通鉴》卷二百一十七·唐纪三十三曰："胡注：御汤曰九龙殿，亦曰莲花汤（津阳门诗注曰：……次西曰太子汤。）"。宋程大昌《雍录·温泉》卷四记载："御汤九龙殿（在飞霜殿之南）亦名莲花汤（津阳门诗注曰：……次西曰太子汤。）"。宋代宋敏求《长安志》卷十五曰："御汤九龙殿（在飞霜殿之南）亦名莲花汤（津阳门诗注曰：……次西曰太子汤。）"。

元李好文《长安志图·唐骊山宫图》所标绘的太子汤在莲花汤西南，星辰汤西北角。新出土的汤池之东再无汤池遗迹出土，之南 2.3 米即星辰汤，东北角 7.45 米为莲花汤，所处位置与文献记载相符，说明其为唐代骊山温泉行宫内太子汤无误。

（二）始建与沿革

太子汤的始建年代，史籍没有明确记载，这对确定修建年代多有不便。

把太子汤出土的绳纹条砖、带工匠戳印、工匠名字的绳纹条砖、砌池用的砂石条和陶质绳纹供、排水管道等遗物与已出土的所有汤池的遗物进行比较，发现与星辰汤同类器物的大小、形制、纹样相同。再比较已出土的所有汤池的用料和做法，唯有星辰汤、太子汤和后文将要叙及的无名汤汤池，在池壁下层砌砂石条，表面砌光滑规整的青石条，池底下垫铺二层绳纹条砖，而其它汤池则全用青石砌筑，池底也没有垫铺条砖，而是采用在夯筑防渗水地层上直接砌石的做法。还有，太子汤和星辰汤在池底和池壁中加垫"开元通宝"货币，池底垫枋木的做法，也是其它汤池所没有的。更耐人寻味的是太子汤的供水道竟借用星辰汤排水道供水，则进一步说明了太子汤与星辰汤关系密切及在时间上的不可分割性。

综合上述现象分析，太子汤和星辰汤修建的时间相同，即同时诞生于唐贞观十八年（公元 644 年）。

关于太子汤的废弃年代，史籍也无记载。

太子汤的地层剖面，经发掘证明在唐代存在早、晚两次修建遗迹。从汤池底往上

0.8米为早期堆积，从0.8米到唐代地面为晚期堆积。太子汤掩埋在早期堆积中，池内有大量早期建筑材料。而晚期地层堆积和唐代室外地面平，无打破现象，土呈黄褐色，内除少量料姜石小块外，别无他物，质地坚硬，似经平夯，局部有砌砖痕迹。这种迹象表明，为了整体建筑更新设计的需要，人为的将太子汤废弃，用拆除建筑物的垃圾填平汤池，上边再重新填垫较为纯净的黄褐色土，经处理加工成地面。

星辰汤殿基北墙、门道的改变，也为太子汤废弃年代提供了证据。为了加固星辰汤殿宇，将殿基北边石砌墙向北扩移1.4～1.5米，使采用勾心斗角建筑手法、距星辰汤北墙很近的太子汤地面建筑物南墙再要存在下去，就非常困难了。另外，星辰汤早期北门距太子汤池东壁很近，北边再修莲花纹方砖踏道，这就使太子汤殿宇东墙更无立足之地了。出土星辰汤莲花纹方砖踏道就叠压在太子汤建筑物之上，上面所砌的莲花纹方砖、绳纹条砖和唐贞观、天宝年间同类器物有别，晚于贞观年间而早于天宝二年。这正好与唐玄宗李隆基开元十一年"十月，丁酉，上幸骊山，作温泉宫"[1]和"唐年小录曰：开元十年置，实录与元和志则曰：开元十一年置"[2]温泉宫的史作记载相一致，说明太子汤是在开元十一年（公元723年），唐玄宗为了温泉宫总体改建的实际需要废弃而掩埋于地下，直至这次发掘出土，才重现人间。

（三）问题诠释

1. 太子汤的沐浴者

太子汤的沐浴者，顾名思义就是东宫皇太子。太子汤从公元644年建成迄公元723年废弃，前后共历八十多年，中经唐太宗、高宗、武则天、唐中宗、睿宗、玄宗六位皇帝。据《旧唐书》，唐太宗贞观元年，长子李承乾被立为皇太子，贞观十七年以谋反罪被废为庶人。其后，李治进为太子，是为唐高宗。唐高宗"永徽三年（公元652年），立忠为皇太子……，显庆元年（公元656年），废忠为梁王"[3]。国不可没有皇储，唐高宗又于当年立第五子李弘为皇太子，谁料"上元二年（公元675年）太子从幸合璧宫，寻薨，年二十四"[4]。唐高宗悲伤之余，再立李贤为皇太子。李贤精明能干，颇负重望，却被武则天视为篡位代唐的严重障碍，到调露二年（公元680年），"乃废贤为庶人，幽于别所。崇俨为盗所杀，则天疑贤所为。俄使人发其阴谋事，诏中书侍郎薛元超、黄门侍郎裴炎、御史大夫高智周与法官推鞫之。于东宫马坊搜得皂甲数百领。……逼令自杀，年三十二"[5]。武则天荣登宸枢，唐中宗李显、睿宗李旦先后为皇太子。唐中宗复

1) 〔宋〕司马光编著：《资治通鉴·卷二百一十二·唐纪二十八》，中华书局，1976年版，6757页。
2) 〔宋〕程大昌撰：《雍录·温泉》卷四。
3) 〔后晋〕刘昫撰：《旧唐书·高宗中宗诸子》，中华书局，1975年版，2824页。
4) 〔后晋〕刘昫撰：《旧唐书·高宗中宗诸子》，中华书局，1975年版，2830页。
5) 〔后晋〕刘昫撰：《旧唐书·高宗中宗诸子》，中华书局，1975年版，2832页。

位，在神龙二年（公元708年）秋天，立第三子李重俊为太子。李重俊于神龙三年七月，因发动兵变诛韦庶人未果而被杀。

李隆基发动兵变，诛灭韦皇后及其余党，拥立李旦登上宸极，因功而储君东宫。李隆基践祚，于开元三年颁诏册立第二子李瑛为皇太子，"及武惠妃宠幸"[1]，其母赵"丽妃恩乃渐驰"[2]，加之无人庇佑，李林甫等人联袂谗言，在开元"二十五年四月，杨洄又构于惠妃，言瑛兄弟三人与太子妃兄驸马薛锈常构异谋。……使中官宣诏于宫中，并废为庶人，锈配流，俄赐死于城东驿"[3]。

从上述文献记载可以得知，先后在太子汤沐浴的有皇太子李承乾、李治、李忠、李弘、李贤、李显、李旦、李重俊、李隆基、李瑛十人。其中除李弘过早夭折外，九位太子中仅四位君临天下，而其他五位都成了皇权争斗的牺牲品。由此可见唐代宫廷内部争夺皇位是何等的激烈和残酷无情。

2. 太子汤和"御汤"的布局

太子汤位于"御汤"莲花踏道西侧，南距石墙2.3米，两者相距甚近。这种布局排列，从建筑角度分析，不甚合理，若不是受制于某种制度规定，决不会如此。那这种制度是什么呢？唐王朝是中国古代社会飞速发展的时期，在政治、经济、军事、文化等各个领域承前启后，继往开来。礼制制度也不例外，大多是萧规曹随，言依经典，动必合礼，劳役兴作，告天禀地。大凡营建宫殿、明堂等重要建筑，上要合苍穹星宿，下需应地祇五行，小到皇帝的乘车设计制造，都要符合天文地理。"车之盖圆，以象天，舆方，以象地。轮辐三十，以象日月。盖撩二十有八，以象列宿……。其取象也大，其彰德也明，是以王者尚之。"[4]据此推理，华清宫内"御汤"和太子汤池的位置排列布局是不可能没有礼制依据的随意之作，而是史家之盖阙或史籍散佚为我们留下的历史之谜。

众所周知，唐长安城内布局，宫城居廓城北正中，为天子住宿理政之地，后新建大明宫于城东北角，地势最高，居高临下，尊位北。宫城内东为太子东宫，西为掖庭宫。皇城位于宫城之南，设有百官衙署。廓城住百姓。而骊山温泉宫皇帝、太子汤池却违犯礼制排位，主位在南，次位排北，看起来似乎令人费解？探赜索隐，实际则是由于骊山温泉独特的地理环境影响的缘故。骊山的地形是南高北低，山体座南面北，温泉水由高往低为南北流向，根据这种地理环境若要遵循旧制，按照唐长安城那样的布局设计修建离宫，实在是有些强人所难了。但这并没有难倒唐代设计者和礼制官，他们用自己的聪明才智和渊博的学识，在浩瀚的史作中找出了新的理论依据，巧妙地化解了这一难

---

1)　〔后晋〕刘昫撰：《旧唐书·玄宗诸子》，中华书局，1975年版，3259页。

2)　〔后晋〕刘昫撰：《旧唐书·玄宗诸子》，中华书局，1975年版，3259页。

3)　〔后晋〕刘昫撰：《旧唐书·玄宗诸子》，中华书局，1975年版，3260页。

4)　〔唐〕魏征等撰：《隋书·礼仪五》，中华书局，1973年版，199～200页。

题。

这种理论依据在《旧唐书·礼仪志》中可见一斑。神龙元年（公元705年），洛水上涨，右卫骑曹宋务光上疏唐中宗曰："臣闻太子者，君之贰，国之本，易有其卦，天有其星，今古相循，率由兹道。……离明不可辍曜，震位不可久虚。"[1]《唐会要·杂录》卷四曰："皇太子地在震方，礼绝群后。"说明唐代设立皇太子不仅符合易经，沿用历代储君东宫的礼制，还需上合星位，秉承天神旨意。《周易·说卦》曰："震为雷，为龙，为玄黄，为敷，为大涂，为长子。""震"在《周易》中主长子。按照中国古代形成的嫡长子继承制度，皇帝长子是理所应当的皇太子。《周易·说卦》又曰："万物出乎震，震东方也。"天地间东西方向中排位上下，东方为上，西方为下。中国古代社会太子住东宫，称东宫太子，可能溯源于《周易》震主东方之故。但若要皇太子和当朝皇帝排位上下，皇帝是当仁不让居上位东方。按《礼记·礼器》记载："君之南面，答阳之义也。臣之北面，答君也。"再结合《隋书》载洪范五行学说，火主南方为阳，水主北方为阴。阳为上，阴为下，若南北排位，无疑是南上北下了。若如此，星辰汤居上位东南，太子汤排位西北，也自然不足为奇了。

再进一步探索两汤池的排列还另有一层意思。历代星象官认为，宇宙空间各星位的排列是有一定的次序的，日月运行也有一定的规律，是"天人合应，百福斯臻"[2]，"天有常度，日月成象，众星有宫分，方物有体类。在朝象官，在野象物，在人象事，理自然也。"[3]《隋书·天文上》曰："五帝坐北一星曰太子，帝储也。"今太子汤正好位于"御汤"之北，与天空中帝星和太子星宿的排位吻合。若把"御汤"和太子汤这种排列布局翻过来成为座北面南方向，则"御汤"就位居北，而太子汤排位东南了。这和北高南低的唐长安城内帝宫在北，东都洛阳城宫城内帝宫居西北，东宫在东南的方向位置基本一致。由此不难看出，唐代设计师的缜密巧思，把礼制上非常棘手的问题，通过汤池方位变换排列，就变得上合天象星位，下依《周易》、五行学说，上下左右都可以自圆其说了。

3. 太子汤借用"御汤"排水道

太子汤借用"御汤"排水道作为供水道，也就是说太子汤通过"御汤"提供温泉水沐浴。这种解决太子汤供水问题的做法说明了什么呢？

太子汤位于"御汤"北边，要做供水道，除过借用"御汤"排水道，还有两种办法：一是穿过"御汤"建筑物走直线；二是绕过"御汤"建筑走曲线。这两种供水线路，都或多或少对"御汤"高台建筑的安全产生一定的影响。按唐代当时高超的建筑施

---

1)　〔后晋〕刘昫撰：《旧唐书·五行》，中华书局，1975年版，1355页。

2)　〔后晋〕刘昫撰：《旧唐书·天文下》，中华书局，1975年版，1319页。

3)　〔唐〕瞿昙悉达撰：《唐开元占经·天体浑宗》，中国书店，1989年版，12页。

工技术和财力，解决这个问题是易如反掌的事。但唐代设计师却摈弃上述两种做法而不为，究其原因，还是缘于不合礼制规定之故。因为不论是直线还是绕道，供水道都要另开口连接"御汤"，或直接接温泉水源向太子汤分流，其中都暗含太子和皇帝平分秋色之隐喻，有损当朝天子尊严。这就犯了古代王朝维护皇权之大忌。

太子汤采用"御汤"排水道供水，既明显地降低了皇太子的身分，又提高了当朝皇帝的地位，恰如其分地摆正了二者之间的尊卑关系，解决了礼制犯忌的问题，同时还有一定的合理因素：一方面最大限度地减少了多开水道对"御汤"建筑物安全的威胁，同时还能够厉行节俭，减少施工难度，省时省工省料，降低工程总造价；另一方面也向世人反映了皇帝和皇太子之间一脉相传、不同寻常的亲密关系，寓意来自"御汤"的温泉，能使皇太子常沐父皇恩泽，再"加亲戚之恩"[1]。这决不是其他皇子皇孙所能得到的殊荣。

4．供、排水道定位

"御汤"排水道从太子汤地面围护建筑东南部穿过，向东北方向延伸。借用"御汤"排水道的太子汤供水道完全可以从分水口向北引一条较短的直行管道供水，但唐代工匠却舍近求远而不为，偏要费时费工费料，从分水口用陶管道将水引向西南角再入汤池。这种不符合正常施工的做法，是不是考虑到太子汤排水道在东北角，供水道也在东边，这样把供、排水道分布一边的排列，不合乎唐代宫廷礼制中某些鲜为人知的规定，还是因为不符合堪舆理论要求而移位西南呢？还是按江河百川流向，取流水东归之意也未可知，姑且作谜存疑吧！

排水口定位东北，管道向东北延伸和下文将要叙述的莲花汤窨井相接，使两个汤池的排水道合二而一。这与星辰汤、莲花汤、尚食汤、小汤的排水口定位池北或西北，管道向北的做法不同。这种做法除有礼制规定的因素之外，更主要的则是为了加快工程进度，减少劳动量，节约人力和财力。同时也符合战后唐太宗奉行休养生息、勤俭节约、富国强民的国策。

（四）殿宇建筑和汤池建筑复原

1．殿宇建筑复原

太子汤殿基除保留西北角外，其余无存。从汤池西、北壁到西、北两面墙外壁的距离分别为2.9、3.4米。海棠汤、莲花汤、小汤、尚食汤的汤池均在殿宇正中，估计太子汤也不例外。依此从池东、南两壁向外各量2.9、3.4米，则殿基的东西长为11米，南北宽为9.5米，面积是104.5平方米。墙外就是散水，宽0.43米，没有发现台基。这大概是早期建筑特点（图七七）。

---

1)　〔唐〕魏征等撰：《隋书·天文上》，中华书局，1973年版，623页。

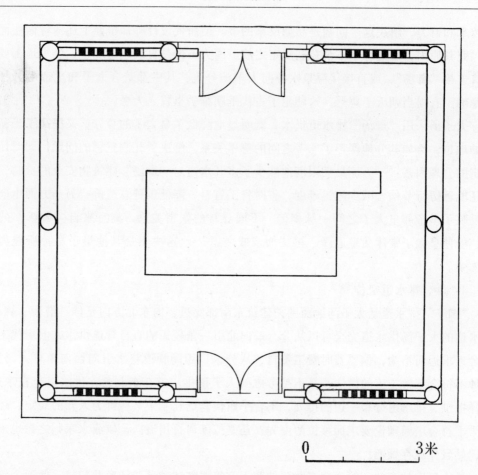

0　　　　　　　　　3米

图七七　太子汤平面复原示意图

　　从殿址西、北两墙保留的立柱暗础石坑计算，殿宇为面阔三间，进深二间。北墙柱
础坑中心距西墙中心 3.25 米。这即西边次间间宽。依此推算出东边次间间宽亦为 3.25
米。11 米减去东、西墙 0.5 米的宽和两次间间宽 6.5 米，知明间面阔为 4 米。西墙柱
础坑位中心距北墙中心约 4.77 米，减去 0.02 米的误差，进深为 4.75 米。推测结构形
式当为厅堂通檐用二柱。按宋代《营造法式》："若副阶廊舍，下檐柱虽长，不越间之
广"。复原殿宇明间立柱高为 4 米。次间柱高加上生起 0.06 米为 4.06 米，再加侧脚
0.06 米。柱径参考南禅寺殿宇柱径为 41 厘米。柱头有卷刹。柱础仿照遗址出土的莲花
柱础制作。

　　太子汤殿宇形制结构与山西唐代南禅寺相同，铺作计算可以此作为蓝本，高 0.57
米。承檐结构设定为四铺作偷心造。转角铺作可作三向出跳。由柱中心到檐口的出檐为
1.8 米。开间和进深的尺寸若按每唐尺合 0.294 米计算，则各开间可折合为 11、13.9、
11 唐尺。参考唐南禅寺大殿，铺作按宋代《营造法式》三等材，以材宽×材高（10×

15 份），每份为 1.6 厘米计算，即单材 16×24 厘米，栔高 11～12 厘米，足材高 34 厘米。铺作总高由檐斗底至檐槫上皮为 1.44 米。柱间作双额，中间立蜀柱，补间采用人字拱及斗字蜀柱，形制参考唐代韦贵妃、李重俊墓过洞壁画和初唐制作的大雁塔门楣石线刻佛殿图（图七八）。

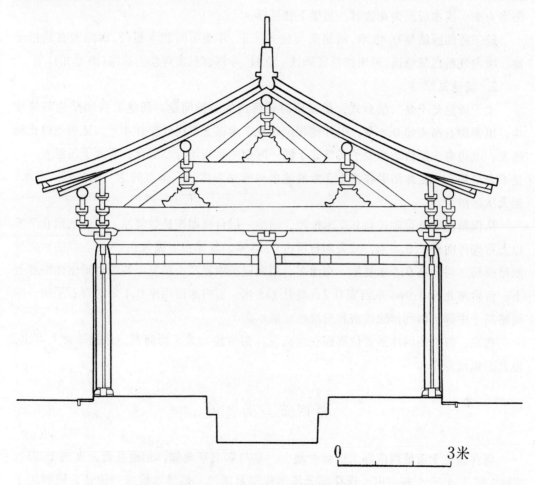

图七八　太子汤侧立面复原示意图

明栿加工成月梁形式，两端用偷心造斗拱承托。殿内顶设平闇，形制仿照日本法隆寺金堂、唐招提寺金堂及南禅寺大殿的作法，中心向上凸起作盝顶式，上施彩画，样式模拟唐代韦贵妃、永泰公主、章怀太子和懿德太子墓壁画。

梁架结构为四椽三间，脊槫下为"人"字叉手、平梁。木作形式仿山西唐南禅寺大殿。建筑物举架高 7.8 米，总高 9.8 米。殿址是长方形，屋盖不应是四角攒尖顶。从长方形的平面布局和太子的身份等级分析，也不可能是四阿式，复原成歇山式比较实际。搏风钉帽、悬鱼、昂端面上的铜饰件，仿遗址出土铁莲花、铜花叶制作。搏风板、悬山、山花仿法隆寺金堂。考虑沐浴的需要开气窗。悬鱼在搏风正面压缝，下端作卷草纹式样。

屋盖上的板瓦、筒瓦、脊头砖、鸱尾和条砖、莲花纹砖等参照遗址出土同类器物复制。檐角上套兽仿照陶套兽制做。复原瓦当依照遗址出土的唐代早期的宽边八瓣单蕊莲花纹图案为准。滴水板瓦为花边唇。角梁下挂风铎。

殿宇砖砌围墙厚 0.45 米，两侧面与柱齐。正、背面明间装木板门，次间安直棂格子窗。墙内外粉白灰壁面，画出红色底脚线。立柱、斗拱、门、窗等均上红漆（图七九）。

2. 汤池复原

太子汤池是不是二层台式，是复原时要解决的关键问题。汤池池身四壁为双层结构，里侧砌石高未超 0.4 米，但外侧帮砌砖 0.7 米以上都向外扩 0.4 米，证明池口比池底大，上边有二层台。和太子汤修建于同一时期的星辰汤有二层台，若太子汤没有，一是不合情理，二是沐浴者在深 1.2 米的池内只能站着沐浴，坐着的话，就只好"潜水"而无从沐浴了。

从保留池壁外帮砌砖高 0.7 米推断，汤池一层台高即按是数复原。保留池壁 0.7 米以上帮砌砖向外扩 0.4 米，减去砌石所占 0.15 米，复原台面宽为 0.25 米。二层台高参照星辰汤二层台高 0.5 米复原。在池东、西两壁正中参照小汤复原四级台阶供沐浴者上下。台阶南北长 0.99、东西宽 0.2、高 0.145 米。室内地面用厚 0.1 米的青石平砌，四面略高于中部，以利排除沐浴和清洗地面赃水。

莲花、海棠汤因沐浴者位尊而在北面设沐浴专座。太子为储君，地位非常人可比，池北面也设专座。

第四节 尚食汤

尚食汤位于遗址西南部二级台阶地上，东与御书亭毗邻，相距甚近，发现于 T32、T34、扩 T34 三个探方内，现存部分汤池建筑及汤池、供排水设施等遗迹，同时出土有条砖、方砖、覆盆式柱础、筒瓦等遗物。

一、地层堆积

（一）南剖面地层堆积，以 T34、扩 T34 南壁为例：

第 1 层，现代扰乱层 厚 1~2.25 米，土质疏松，内有华清池浴池排水道，民国初年冯玉祥修建汤池围墙遗存。出土物有民国时期钱币、扣子等。

第 2 层，明、清文化层 厚 0.05~0.67 米，土质松散，内含灰陶脊兽块、铜钱、残瓷罐、蓝花瓷碗、黑瓷碗底、窄条砖、素面方砖等。

第 3 层，宋、元文化层 厚 0.15~0.5 米，土质结构不甚紧密，内含残瓷盅、青瓷

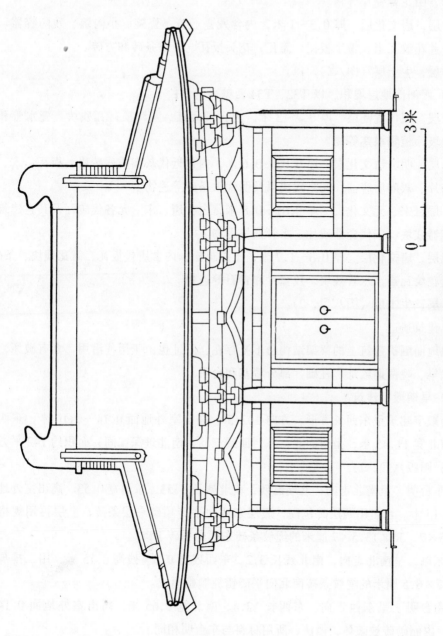

图七九　太子汤正立面复原示意图

残碗口沿、团花青瓷片等物。

第 4 层，唐文化层　厚 0.3～1 米，内含残瓷壶流、瓷碗、小陶碗、残陶容器、陶质水管、莲花纹瓦当、带字板瓦、筒瓦、花头板瓦、绳纹条砖和方砖。 ·

第 5 层，生土层（图八〇，1）。

（二）西剖面地层堆积，以 T32、T34 西壁面为例：

第 1 层，现代扰乱层　厚 0.7～3 米，内含现代红、灰陶质砖瓦残块、瓷水管和其它建筑垃圾，植物根茎等物。

第 2 层，明、清文化层　厚 0.02～0.6 米，内含近代灰陶质残砖块、板瓦，宋、明清时期瓷片、灰陶质容器、瓦当残块以及明代大条砖等遗物。

第 3 层，宋、元文化层　厚 0.01～0.8 米，内含唐、宋、元各代砖瓦及其它建筑材料、陶容器残块、宋代瓷器残片、水管残块等物。

第 4 层，唐文化层　厚 0.3～1.7 米，土质疏松，内含唐代板瓦、筒瓦残块、条砖、方砖、莲花纹瓦当、水管残块、残瓷片和青石等遗物。

第 5 层，生土层（图八〇，2）。

二、建筑遗迹

汤池地面围护建筑上的梁架结构已不复存在，殿址也由于历代沿用，多有破坏，现保存唐代早、晚两期殿址、柱础、部分墙基和台明。

（一）早期殿宇建筑

早期殿宇建筑呈东西长方形，方向 102.5°，高出室外地面 0.14～0.16 米，东西长12.4、南北宽 11.45 米，坐南面北，东西面阔三间，南北进深二间，面积约 142 平方米（图八一；图版六〇，1）。

1. 东台明　呈南北走向，北端已残，南北残长 8.53、东西宽 0.53、高出室外地面0.14～0.15 米。台名用两层砖包砌，底层东西向平砖顺砌一层条砖，上层再用规格为37×13.5×7、36×13.5×7 厘米的绳纹条砖东西向平砖丁砌。

2. 东墙　呈南北走向，南北残长 3.2、东西残宽 0.3、残高 0.15 米，用二排规格为 34×17×6.5 厘米的绳纹条砖南北向平砖错缝顺砌而成。

3. 南台明　呈东西走向，东西长 12.4、南北宽 0.65 米，高出室外地面 0.14～0.16 米，内侧砌砖被破坏，做法、所用材料与东台明相同。

4. 南墙　呈东西走向，东西长 11.3、南北宽 0.9 米，现存二层砌砖，残高 0.15米。南、北两边用规格为 35×15.5×7、33.5×13.5×7.3 厘米的绳纹条砖东西向平砖错缝顺砌，中间平砖乱砌残砖，用泥浆灌缝。

5. 西台明　呈南北走向，南北长 11.45、东西宽 0.53 米，高出室外地面 0.14 米，内侧砌砖被破坏，做法、所用材料与东台明相同。

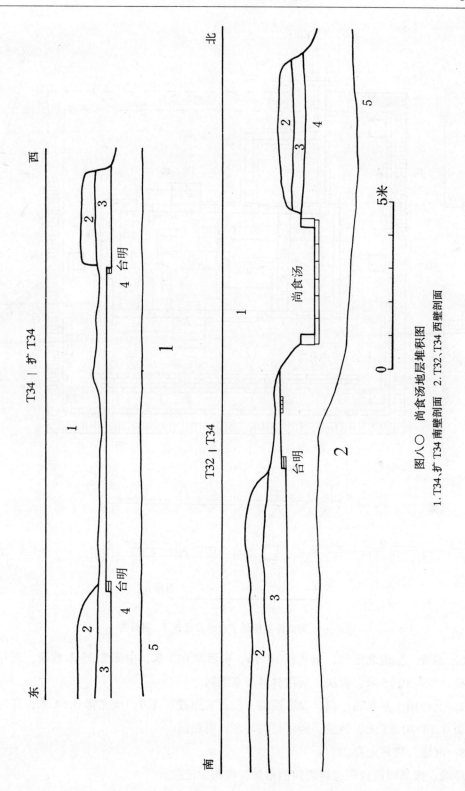

图八〇　尚食汤地层堆积图
1. T34、扩 T34 南壁剖面　2. T32、T34 西壁剖面

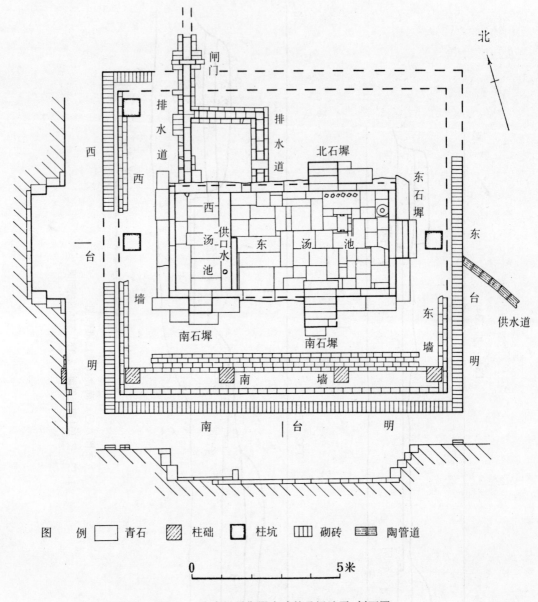

图八一　尚食汤早期殿宇建筑及汤池平、剖面图

6. 西墙　呈南北走向，南北长 10.15、东西宽 0.3 米，中部 2.35 米残缺，现存两层砌砖，残高 0.15 米，做法、所用材料与东墙同。

7. 北台明　呈东西走向，仅存西端一段，东西残长 1.7、南北宽 0.64 米，高出室外地面 0.14～0.15 米，做法、所用材料与东台明相同。

8. 北墙　破坏无存。

砖墙、殿基四面台明砌砖之间的粘接材料均为泥浆。

9. 柱础　7个。其中四个砂石质暗础，三个立柱础坑位，分布在南、北檐墙和东、西山墙之内。东山墙南边第一柱础为砂石质，规格为0.46×0.46×0.15米，中心距殿基东台明0.98米，距南台明1.28米，与北边第二立柱础坑位中心间距4.45米。柱础坑东西0.59、南北0.59、深0.2米。南檐墙东边第一柱础即东山墙南边第一柱础。第二柱础规格、形状与第一柱础相同，东距第一柱础中心3.25米，西距规格为0.48×0.48×0.15米的第三柱础3.95米。第三柱础与西山墙南边第一柱础中心间距3.24米。西山墙南边第一柱础规格为0.48×0.48×0.15米，中心距西台明0.98米，与北边南北0.58、东西0.57、深0.195米的第一柱础坑位中心间距4.47米。第一柱础石坑位和南北0.575、东西0.6、深0.215米的第二柱础坑位中心间距4.46米。北檐墙西边第一柱础即西山墙北边第一柱础，与东西0.55、南北0.6、深0.3米的立柱础坑位中心间距3.1米。测量东、西山墙和南、北檐墙的间距，分别为11.35、10.15米。

檐墙柱础坑位底部比周围土质坚硬，结构紧密，说明安置柱础前曾对地基都进行了夯打。从南檐墙中部出土的方座覆盆式柱础看，殿基柱础是下垫暗柱，上置覆盆式明柱础。

10. 室内地面　双层结构，下土上砖，除南边保留东西残长9.2、南北残宽0.45米的砌砖外，其余地方已被破坏。墁地砖的做法是平砖顺砌而成，缝距0.02～0.03米。条砖的规格有32×15×7、34×15.5×7厘米两种。

（二）晚期殿宇建筑

晚期殿宇建筑东西11.3、南北宽10.15米，面积114.7平方米。从保留立柱柱础计算，原建筑面阔三间，进深三间。

保留二个柱础，砂石质，位于汤池西边0.93米，南北向一字排列。南边柱础规格为0.515×0.25～0.52×0.125米，中心距早期南墙外壁3.55、西墙外壁0.9米，与规格为0.49×0.1～0.65×0.145米的北边柱础中心间距3.05米。北柱础中心距早期北墙外壁3.58米（图八二）。

（三）汤池建筑

汤池建筑由汤池供水设施、汤池和汤池排水设施组成。汤池位于殿宇建筑正中，保存较为完整，做成二层台式，平面呈东西长方形，东西长7.76～7.88、南北宽3.67～3.85米，面积约30平方米，全用青石砌成，由一石隔梁分为东、西两池（图八三；彩版八）。

1. 汤池供水设施

汤池供水设施由温泉引水口、供水道、供水池组成。

（1）温泉引水口　即星辰汤"斗池"西壁底部出水口K1。

（2）供水道　用陶质绳纹管道东接温泉引水口，呈东南高、西北低斜坡状，向西弧形延伸约50米，连接汤池供水池，两端高差较大。陶水管单节长0.425、外围直径0.255米，上饰绳纹，子母口衔接，白灰浆抹缝，上盖两层板瓦，两侧用条砖侧砖顺砌

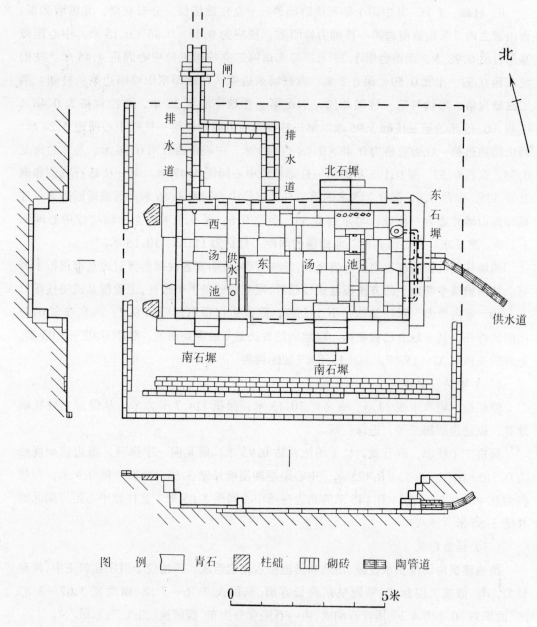

图八二　尚食汤晚期殿宇建筑及汤池平、剖面图

加固保护（图七）。

（3）供水池　位于汤池东边，分为早、晚两期。

早期供水池　长方形，位于距汤池东壁西边 1.27 米处，设计较为复杂，东西长 0.425、南北宽 0.285、深 0.245 米。池底和池身四壁均为青石板，上盖一块东西长 0.555、南北宽 0.485、厚 0.13 米的青石板。池底和四壁石板的规格分别为 0.78×0.21

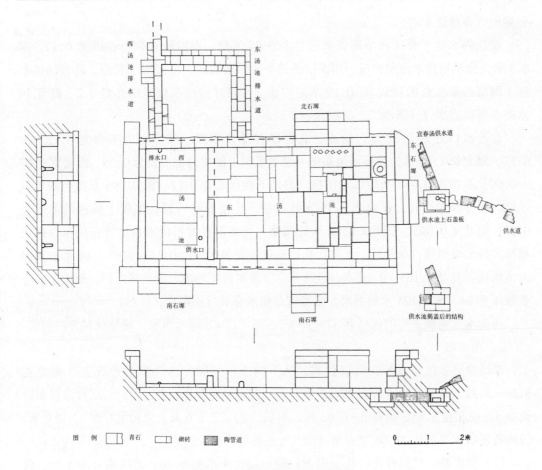

图八三 尚食汤汤池平、剖面图

×0.245、0.35×0.195×0.245、0.43×0.195×0.245、0.285×0.165×0.245、0.7×0.55×0.15 米。在石盖板上距北边 0.08、东边 0.18 米处，有一直径 0.12 米的圆孔和陶水管道相接，温泉水由此进入供水池。供水池盖板顶距唐代地表 1.11 米（图八三；图版六一，1、2）。

陶质引水管道和供水池接口处，上边盖有一块长 0.95、宽 0.65、厚 0.26～0.33 米的青石块，中部有宽 0.33 米凹槽。凹槽正好卡住陶水管道，然后用白灰浆抹缝，使接口更加牢固，以防渗水造成地基下陷而威胁汤池建筑的安全。供水池西壁中嵌有一直径 0.25、长 0.385 米的陶质水管道，与汤池东壁上上口宽 0.18、下口宽 0.155、高 0.2 米的供水口连接，温泉由此而入汤池。供水池底部比汤池底低 0.35 米。

另外在供水池的北壁有一东西长 0.275、上下高 0.115 米的方口，外接一条呈西北走向，残长 2.2 米，子母口相接，直径 0.265 米的粗绳纹陶水管道。此水管道纹样、造型、尺寸与东南方向供水管道相同，为同一时期遗物。从水道走向分析，是给后文将要叙述的宜春汤送水的。

晚期供水池　叠压在早期供水池之上 0.04 米处，东西长 0.85、南北宽 0.17、深 0.3 米，是早期供水池淤塞后，用绳纹条砖平砖顺砌而成，东接陶水管道，西接汤池东壁上雕凿的南北宽 0.195、高 0.19 米的沟槽。沟槽连接池东壁里南北宽 0.2、高 0.14 米的半圆形进水口（图八二；图版六〇，2）。

在进水口之东 0.32 米，向南、北各砌一条分水道。南分水道东西宽 0.12、深 0.17、南北长 1.15 米，连接汤池东壁一层台里侧上雕凿的上下长为 0.25、南北宽 0.07 ～0.09、东西深 0.039 米的弧形凹槽。凹槽下接南北宽 0.11、深 0.095 米的半圆形供水口。北分水道已残，在向北 0.75 米处西拐，连接池壁一层台里侧上雕凿的上下长 0.22、南北宽 0.095、东西深 0.04 米的凹槽。凹槽下接青石供水口。青石供水口做工精细，外形略似张口状蟾蜍，上有二孔：东边为进水孔，长 0.13、直径 0.14 米；顶部为出水孔，直径 0.165～0.18 米。进水孔由于流水长年冲击，使里侧内凹，形成了一个东西深 0.14、高 0.125 米的石窝。真可谓是滴水穿石（图版六二，1）。

砖砌水道绳纹条砖的规格有 37×16×7、35×17×8 厘米两种，粘接材料为白灰浆。

2. 东汤池

东汤池呈东西长方形，二层台式，从下向上：一层台池口东西长 5.25、南北宽 3.26～3.32、高 0.5 米，面积 17.27 平方米，大约可容水 8.6 立方米；二层台池口东西长 5.5、南北宽 3.85、高 0.6～0.63 米，面积约 21.23 平方米，大约可容水 13 立方米，汤池若放满水，可达 21.66 立方米（图八三；图版六二，2）。

（1）池东壁　二层台式，从下向上：第一层台南端高 0.48、北端高 0.465 米，南北长 3.32 米，台面宽 0.25～0.26 米，用 0.97×0.29×0.465、1×0.305×0.48 米等规格的青石侧石顺砌而成；第二层台南端高 0.6、北端高 0.63、南北长 3.86 米，保留两层砌石，下层用高 0.43～0.46、厚 0.46 米的青石侧石顺砌，上层用长 1.48、宽 0.49 ～0.5、厚 0.17 米的青石平石错缝顺砌（图八三；图版六二，1）。

（2）池东壁石墀　位于东壁正中，被扰动改造，呈西低东高台阶状，从下向上分为四级：第一级南北长 1.32、东西宽 0.25、高 0.36 米；第二级南北长 1.3、东西宽 0.23、高 0.26 米；第三级南北长 1.28、东西宽 0.2、高 0.25 米；第四级南北长 1.28、高 0.26 米至池面。台阶用石条平石南北向顺砌，两边用侧石丁砌加固（图八三；图版六二，1）。

（3）池南壁　二层台式，从下向上：一层台东西长 5.25、高 0.5 米，台面宽 0.25 米，用长 0.87～1.15、宽 0.32、高 0.5 米等规格的青石侧石顺砌；二层台东西长 5.5、高 0.59 米，保留两层砌石，下层用长 1.1、宽 0.28～0.35、高 0.4～0.45 米等规格的青石侧石顺砌，上层用长 1.05～1.08、宽 0.45～0.47、厚 0.18 米等规格的青石平石顺砌（图版六二，2）。

　　(4) 池南壁石墀　距池东壁 2.1 米，呈北低南高台阶状，有一定程度的破损，从下向上，分为七级：第一级东西长 1.18、南北宽 0.3、高 0.18 米；第二级东西长 1.1、南北宽 0.28、高 0.15 米；第三级东西长 1.1、南北宽 0.27、高 0.15 米；第四级东西长 1.1、南北宽 0.26、高 0.15 米；第五级东西长 1.1、南北宽 0.25、高 0.16 米；第六级东西长 1.1、南北宽 0.24、高 0.18 米；第七级东西长 1.1、高 0.16 米至池面。石墀用青石条平石东西向顺砌，两边用侧石丁砌加固（图八四，1；图版六二，2）。

　　(5) 池西壁　北端已残，现南北残长 1.75、下宽 0.195、上宽 0.175、高 0.35 米的一段青石条。石条南端雕凿有东西宽 0.15、南北长 0.025、高 0.352 米的榫头，北端雕凿有东西宽 0.09～0.105、高 0.352 米的榫头。在汤池南壁一层台面上保留着南北长 0.24、东西宽 0.23、深 0.01 米的卯槽；南壁雕凿有东西宽 0.18、上下高 0.477、南北深 0.025 米的卯槽。池南壁二层台上雕凿有东西宽 0.17、上下高 0.42、南北深 0.02 米的卯槽。根据上述数据分析，池西壁原高约 0.897、南北原长 3.78 米，用石条侧石错缝顺砌而成（图版六三，1）。

　　(6) 池北壁　二层台式，从下向上：一层台东西长 5.23、台面宽 0.23～0.26、高 0.46～0.5 米，用规格为 1.15×0.33×0.46 米的青石侧石顺砌为壁；二层台西部残缺，东西长 5.5、高 0.64 米，保留两层砌石，下层用规格为 0.96×0.38×0.48 米的青石侧石顺砌，上层用规格为 1.2×0.5×0.17 米的青石平石顺砌。

　　(7) 池北壁石墀　距东壁 2 米，与池南壁石墀相对，呈南低北高台阶状，从下向上，分为六级：第一级被破坏，从保留遗痕测量，东西长 1、南北宽 0.24、高 0.17 米；第二级东西长 1.01、南北宽 0.26、高 0.14 米；第三级东西长 1、南北宽 0.26、高 0.17 米；第四级东西长 1、南北宽 0.24、高 0.25 米；第五级东西长 1、南北宽 0.22、高 0.22 米；第六级东西长 1、高 0.18 米至池面。北石墀做法与池南壁石墀相同（图八三）。

　　(8) 池底　东西长 5.25、东边南北宽 3.32、西边宽 3.26 米，三层结构：上层用表面光滑如玉，四边规整，1.3×0.5×0.14、0.24×0.95×0.13～0.15、0.62×0.81×0.13～0.15、0.52×0.55×0.13～0.15、0.45×0.65×0.13～0.15、0.35×1.1×0.13～0.15、0.6×0.85×0.13～0.15、0.35×0.85×0.13、0.25×0.37×0.13～0.15、0.45×0.97×0.15 米等多种规格的青石板平砌而成；下层为一层厚约 0.1 米的夯打硬面；再下是厚约 0.5 米的黑泥土，结构极为紧密，防渗漏性能颇佳。为了便于排水，池底东部略高于西部 0.01 米。池底铺石表面凹凸不平，接茬空隙加大，乃是温泉水长期浸蚀和历代沿用沐浴的结果。在池底距东壁 1.15、北石墀 0.13 米处、一块规格为 1.27×0.65×0.14 米的青石上，有六个边长 0.09～0.1、深 0.04 米、东西向一字排列的方形凹坑。这块青石是唐代栏座，凹坑是为安装阑杆而凿，并非唐代人为沐浴所做。栏座出现在汤池底，是后代人修缮汤池一时找不到合适的材料，拿来替代的缘故。

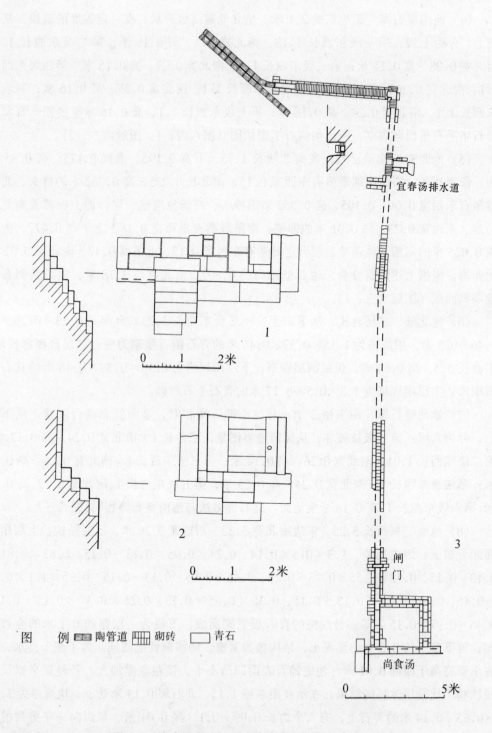

宜春汤排水道

0 　1 　2米

1

0 　1 　2米

2

闸
门

尚食汤

3

0 　　　　　　5米

图 例 ▦▦陶管道 ▦砌砖 ▢青石

图八四　尚食汤东、西汤池石墀结构及汤池排水道
1.东汤池南壁石墀结构图　2.西汤池南壁石墀结构图　3.排水道平、剖面图

3．西汤池

西汤池呈南北长方形，二层台式，从下向上：一层台池口南北长 3.22、东西宽约 1.9、深 0.37~0.4 米，面积约 6.12 平方米，约容水 2.44 立方米；二层台池口南北长 3.67、东西宽 2.13、深 0.55~0.6 米，面积 7.82 平方米，约容水 4.29 立方米，若放满水，汤池可容水 6.73 立方米（图八三；图版六三，1）。

（1）池东壁　即东汤池西壁，前已叙及，不再赘述。在距池南壁 0.56 米处，池东壁和池底结合处有南北宽 0.195、高 0.19 米、上部呈圆弧形的进水孔（图八三；图版六三，2）。

（2）池南壁　呈东西走向，二层台式，从下向上：一层台东西长 1.9、台面宽 0.25~0.26、高 0.37~0.4 米，用规格为 1.05×0.47×0.37~0.4 米的青石侧石顺砌；二层台东西长 2.13、东边高 0.58、西边高 0.55 米，保留两层砌石，下层用规格为 0.52×0.34×0.57 米的青石侧石顺砌，上层用规格为 1.25×0.4×0.17~0.18 米的青石平石顺砌。

（3）池南壁石墀　西边距池西壁 0.65 米，呈北低南高台阶状，从下向上，台阶分为四级：第一级东西长 0.81、南北宽 0.25、高 0.25 米；第二级东西长 0.8、南北宽 0.25、高 0.24 米；第三级东西长 0.8、南北宽 0.25、高 0.25 米；第四级东西长 0.8、高 0.25 米至池面。石墀做法与上述三个石墀做法相同（图八四，2；图版六三，1）。

（4）池西壁　呈南北走向，二层台式，从下向上：一层台南北长 3.22、南边台面宽 0.23、北边台面宽 0.2、高 0.4 米，用 1.4×0.46×0.4、0.97×0.46×0.4 米等规格的青石侧石顺砌而成；二层台南北长 3.67、南边高 0.57、北边高 0.6 米，保留两层砌石，下层用规格为 1.1×0.37×0.39~0.4 米的青石侧石顺砌，上层用规格为 1×0.5×0.19~0.2 米的青石平石错缝顺砌。

（5）池北壁　呈东西走向，二层台式，从下向上：一层台东西长 1.89、台面宽 0.23、高 0.38 米，用规格为 1.05×0.52×0.38 米的青石侧石顺砌；二层台虽被破坏，但从原立石痕迹测量，其东西长 2.13 米。

（6）池底　呈南北长方形，南北长 3.22、东西宽 1.9 米，平砌厚约 0.15 米的青石板，南部低于北部 0.027 米，高于东汤池底 0.15 米。在池底东南角距池南壁 0.565、池东壁 0.208 米处，有一直径 0.11、深 0.22 米的圆孔。圆孔和池东壁底下圆进水孔相通，为西汤池供水孔。

西汤池底和东汤池底结构相同。两汤池砌石之间的粘接材料均为白灰浆。

4．汤池排水设施

汤池排水设施由东、西汤池排水道、闸门组成。

（1）东汤池排水道　排水口位于池北壁和池底结合处，距池东壁 4.35 米，顶部为半圆形，东西宽 0.15、高 0.18、南北长 0.28 米，外接东西宽 0.25、深 0.5 米的砖砌排水道。排水道从排水口向北 2.7 米，成直角向西延伸 2.55 米和西汤池向北的排水道合二为一。排水道用青石板平砌为底，两边用条砖南北向平砖错缝顺砌为壁，上盖青石、砂石板（图八四，3；图版六四，1、2）。

（2）西汤池排水道　排水口位于池北壁和池底结合处，西距池西壁 0.39 米，东西宽 0.11、高 0.18 米。由于池底高于排水道底，排水口在池内仅露出 0.03 米，外接呈南北走向、长 34.5 米的排水道。排水道内口宽 0.25、深 0.23～0.32 米，从汤池排水口向北 20 米突然垂直下降 0.28 米，再继续向北延伸 8.15 米成直角西拐 6.35 米，连接呈东南西北走向的双排陶质水管道的东侧管道。陶管道用子母口套接，白灰浆粘接合缝，外径 0.31 米，一直向西北延伸至探方外，现仅清理出土 4.5 米。

砖砌水道从突然下降处向北 3.3 米的西壁上，向西有一分水口，似二次做工，呈东西走向，残长 0.9、宽 0.165～0.23 米，残留 4 层砌砖，高 0.27 米。水道用规格为 37×18×6、32×17×6 厘米的绳纹条砖平砖错缝顺砌，中间平砖丁砌条砖做底。此水道似与双排陶管道西侧的管道相连。

排水道由排水口向北 3.7 米，用 0.8×0.4×0.26、0.82×0.45×0.23 米等多种规格的青石平砌作底，从 20 米下降处向北 0.7 米的底部平砌砂石，两边侧石顺砌长宽不等、高 0.16 米的砂石块。再从 20.7 米向北，水道底部没有砌石和砖，两边用规格为 36×17×8 厘米的绳纹条砖南北向平砖错缝顺砌为壁，其上再用相同规格的条砖，采取平砖丁砌和侧砖丁砌上下组合式砌法，做水道棚盖。盖上覆盖黄土。水道底部和两壁沉淀厚 0.2～0.5 米的水锈（图八四，3；图版六五，1、2）。

排水道砌砖之间的粘接材料为泥浆，砌石之间的粘接材料为白灰浆。

（3）闸门　位于西汤池排水口向北 4.3 米处，在排水道东、西两壁和底砌石上雕凿有固定挡水板的凹槽。东凹槽南北宽 0.155、东西进深 0.175、残高 0.925 米，西凹槽南北宽 0.155、东西进深 0.141、残高 0.14 米。底部凹槽东西长 0.566、南北宽 0.155、深 0.11 米。

三、出土遗物

出土遗物按用途可分为建筑材料、生活用具两类。

（一）建筑材料　19 件。

按质地不同，分为陶质和石质两种。

1. 陶质建筑材料　17 件。有板瓦、筒瓦、瓦当和陶水管等。

（1）板瓦　2 件。均残，带戳印。

标本 ISST34④A:14，泥质灰陶。内粗布纹，外素面，钤盖"□南"戳印。残长 6.5、残宽 9、厚 1.55 厘米（图八五，1；图版六六，1）。

（2）无瓦当筒瓦　2 件。

标本 ISST34④A:16，泥质灰陶。外素面，内粗布纹。长 36、外弦径 14.7～15.9、

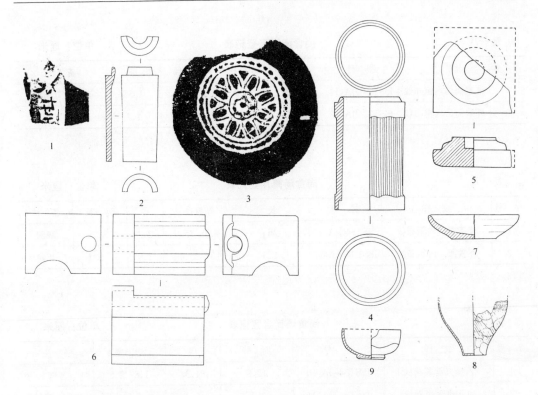

图八五　尚食汤板瓦,筒瓦,瓦当,陶水管,石柱础、流水槽,陶碗、瓮,瓷碗

1.“□南”板瓦戳印拓本ⅠSST34④A:14　2.无瓦当筒瓦ⅠSST34④A:16　3.八瓣九蕊莲花纹瓦当纹样拓本ⅠSST34④A:10　4.陶水管ⅠSST3④B:1　5.素面覆盆石柱础ⅠSST34④A:20　6.青石流水槽ⅠSST34④A:15　7.陶碗ⅠSST34④A:5　8.陶瓮ⅠSST34④A:19　9.黑釉瓷碗ⅠSST34④A:21(1,3,7为1/3,9为1/6,2,4为1/15,6为1/24,5为1/30,8为1/45)

厚2.2、唇长3.7厘米(图八五,2;图版六六,2)

(3)瓦当　3件。均为八瓣九蕊莲花纹瓦当。

标本ⅠSST34④A:10,泥质灰陶。作带状和细线相互平行的边框,中间饰小乳钉纹,面饰八瓣莲花纹。花瓣呈梭形,外饰齿形线,旁边隔三角形乳钉。花心细线圆内缀九点梅花形花蕊。面径12.9、厚1.3、边宽1.8~2.5厘米(图八五,3;图版六六,3)。

(4)水管　10件。

标本ⅠSST3④B:1,泥质灰陶。烧制火候较低,有夹生现象。子唇内敛,圆鼓,唇长2.2厘米,顶端面内饰斜向细线凹弦纹,管内粗布纹,外饰直向粗绳纹,两端留有6~6.5厘米的素面宽带。通长47、内径22~23.3、外径31.4、壁厚4~4.6厘米(图八五,4;图版六六,4)。

2.陶质建筑材料登记表

表一八　　　　　　　　　　　尚食汤板瓦登记表　　　　　　　　　单位：厘米

序 号	纹 样	器 号	长	窄弦径	宽弦径	厚	备 注
1	外素面，内粗布纹	ISST34④A:14	残 6.5	残 9		1.55	灰陶，"□南"
2	外素面，内粗布纹	ISST34④A:13	残 7	残 8.9		1.7	灰陶，"南"

表一九　　　　　　　　　　　尚食汤筒瓦登记表　　　　　　　　　单位：厘米

序 号	纹 样	器 号	长	外弦径	厚	唇 长	备 注
1	外素面，内粗布纹	ISST34④A:16	36	14.7～15.9	2.2	3.7	灰陶
2	外素面，内粗布纹	ISST34④A:17	31.3	13～13.4	1.9	3	灰陶

表二〇　　　　　　　　　　　尚食汤瓦当登记表　　　　　　　　　单位：厘米

序 号	纹 样	器 号	面 径	厚	边 宽	备 注
1	八瓣九蕊莲花纹	ISST34④A:10	12.9	1.3	1.8～2.5	灰陶
2	八瓣九蕊莲花纹	ISST34④A:11	12	1.3	2	灰陶，残缺
3	八瓣九蕊莲花纹	ISST34④A:12	12	1.5	2	带筒瓦，残缺

表二一　　　　　　　　　　　尚食汤陶水管登记表　　　　　　　　　单位：厘米

序 号	纹 样	器 号	通 长	内 径	外 径	厚	唇 长	备 注
1	内粗布纹，外粗绳纹	ISST3④B:1	47	22～23.3	31.4	4～4.6	2.2	供水管道
2	内粗布纹，外粗绳纹	ISST3④B:2	45.8	22.3	31.2	4～4.4	3.5	供水管道
3	内粗布纹，外粗绳纹	ISST3④B:3	46.1	21.4	31.2	4.5	2.7	供水管道
4	内粗布纹，外粗绳纹	ISST3④B:4	46.7	21.6	31	4.3	3	供水管道
5	内粗布纹，外粗绳纹	ISST3④B:5	45.7	21.8	31.5	4.2	2.4	供水管道
6	内粗布纹，外粗绳纹	ISST3④B:6	45.7	21.8	31.5	4.2	2.4	供水管道
7	内粗布纹，外粗绳纹	ISST3④B:7	47.2	22.3	31.5	4.3	2.8	供水管道
8	内粗布纹，外粗绳纹	ISST43④:23	45.4	21.8	31.5	4.2	3	排水管道
9	内粗布纹，外粗绳纹	ISST43④:24	45.4	22	30.8	4	2.4	排水管道
10	内粗布纹，外粗绳纹	ISST43④:25	残 46.7	21.6	30.5	4	3.1	排水管道

3．石质建筑材料　2件。

（1）素面覆盆柱础　1件。

标本 ISST34④A：20，青石质。残缺。方座覆盆形，通高 0.25 米。底座规格为 0.7 ×0.7×0.14 米，覆盆高 0.08 米，柱质直径 0.38 米，中有直径 0.16、深 0.1 米固定立 柱的卯洞（图八五，5；图版六六，5）。

（2）流水槽　1件。

标本 ISST34④A：15，青石质。素面。上有长 64、宽 12、深 7 厘米的流水槽。水槽 流长 3 厘米。长 64、宽 40、高 51 厘米（图八五，6）。

（二）生活用具

按质地分，有陶器和瓷器两类。

1．陶器　5件。有碗和瓮。

（1）小碗　4件。

标本 ISST34④A：5，泥质灰陶。敞口，尖唇，斜腹较浅，内外壁均素面，平底。 底心内凹。底面外饰细线凹弦纹。口径 7.9、高 2、底径 3.7 厘米（图八五，7）。

（2）瓮　1件。

标本 ISST34④A：19，泥质灰陶。火候较高。上部已残，鼓腹较直，下腹成反弧形 急收，内壁饰麻点纹。小平底，底心内凸外凹。外上腹环饰横人字形凸棱纹间篮纹，下 腹模印斜向粗绳纹，近底部素面无纹。残高 68、残留腹径 90、底径 30 厘米（图八五， 8）。

2．瓷器　3件。形状者可辨者一件，为黑釉瓷碗。

标本 ISST34④A：21，残缺近半。直口，圆唇，弧腹较深，圈足。底心内平，足心 外凸。内壁及外壁上腹施黑色釉，其余露胎。胎呈黄褐色。高 5、口径 12.24、足径 4.8、足高 0.8 厘米（图八五，9；图版六六，6）。

四、小　结

（一）称谓考辨

发掘出土汤池和地面殿宇建筑在整个遗址发掘区地层划分中属于唐代文化层。出土 的条砖、方砖、瓦当不但与星辰汤、御书亭、太子汤的同类遗物相同，而且与唐长安城 内建筑遗址同类遗物也相同，证明出土汤池和建筑为唐代建筑遗存。

清乾隆本《临潼县志·古迹》曰："由玉女殿过御汤而西曰日华门，门之南曰太子 汤，次西曰少阳汤。又西曰尚食汤。"宋程大昌《雍录·温泉》卷四记载："御汤九龙殿 （在飞霜殿之南）亦名莲花汤（津阳门诗注曰：……次西曰太子汤，又次西少阳汤，又 次西尚食汤）。"宋敏求《长安志》卷十五曰："御汤九龙殿（在飞霜殿之南）亦名莲花 汤（津阳门诗注曰：……次西曰太子汤，又次西少阳汤，又次西尚食汤）。"

元李好文《长安志图·唐骊山宫图》所标注的尚食汤在星辰汤西北，太子汤和少阳汤以西。新出土汤池在星辰汤以西，太子汤西南。两者中间是"三号温泉水源"。据1972年挖掘水源的工人回忆，在地下发现叠砌非常规范的砖墙，砖缝之间还有"开元通宝"。为了证明工人们所说的可靠性，我们将典型的唐代方砖、条砖和秦汉、明清时代的砖瓦堆放在一起，让其找出与当年水源内出土相同的砖瓦，最后的结果证明，他们所说的地下文物遗迹时代为唐无误。

在"三号温泉水源"紧东边发掘出土了带两道闸门的砖砌排水道和一条用筒瓦扣合而成圆形的水道，北边发掘出土了一段残墙基，西边发掘出土了绳纹陶质水管道。对比出土文物，四处遗迹的时代均为唐代，说明此处原为唐代一座可供沐浴的汤池，结合文献记载分析，即唐华清宫内"少阳汤"之所在。按史作"少阳汤"西为尚食汤，此次出土汤池自然非其莫属。

（二）始建与沿革

尚食汤修建和废弃年代，史乘没有明确记载，只能根据出土文物进行分析，但要作出精确的结论是比较困难的。

尚食汤全用青石砌成，池身四壁外无砖砌加固墙。青石材料上也无纹样和文字可进行对比断代。加之汤池造型比较特殊，无雷同形制的汤池可进行对比来区分时代早晚。惟有出土汤池供、排水道的绳纹陶水管和砌砖可与其它汤池的水管、条砖进行对比。经对比研究，发现陶质水管的纹样、大小、形制与星辰汤汤池早期晚段排水道出土的绳纹陶质水管完全相同，却与天宝二年修建的骊山老君殿、梨园遗址出土的陶水管有别。砖砌排水道用常见的绳纹条砖和带工匠手印纹条砖砌成，没有发现唐贞观年间带工匠名字和官匠戳印的绳纹条砖，说明尚食汤供、排水道的修建时间晚于星辰汤汤池早期晚段排水道修建的时间，即唐贞观十八年以后（公元644年），而早于唐天宝二年修建的排水道，从而证明汤池的始建年代应在唐贞观十九年至天宝元年之间（公元645年至公元742年）。至于在哪一年，《资治通鉴·卷二百一十二·唐纪二十八》关于唐玄宗李隆基于开元十一年"冬，十月，丁酉，上幸骊山，作温泉宫"的记载，为尚食汤提供了比较准确的修建年代。

从尚食汤池底的做法上，也可见唐开元年间汤池做工的某些遗痕。后文将要叙述的、修建于唐开元年间的莲花汤、小汤和尚食汤池底的做法相同，直接在夯土上平砌石条，而不是采用星辰汤、太子汤在夯土上平砌二层条砖，砖上再砌石条的做法。这种做法亦为尚食汤始建于唐开元十一年的一个重要佐证。

关于尚食汤的废弃年代，史籍也无明文记载。从尚食汤汤池四周保留明清时代的建筑墙基、散水和供水道温泉水畅通无阻，直入汤池，排水道有明、清两代遗迹等诸种迹象分析，池从唐开元十一年始建，经五代、宋、元、明一直沿用至清末，后被民国年间冯玉祥在上边修建的水泥汤池覆压而废弃。

汤池保存宋、元时期的砖砌供水道，位于池壁外东北侧南北走向，长 2.7、宽 0.17、深 0.32 米，南端与池东壁唐代晚期供水口相接，北接陶管道。陶管道由南向北延伸 2.85 米后，呈弧形向东北继续延伸 0.7 米被破坏。管道外径 0.26 米，子母口相接，白灰浆粘接合缝。排水道仍沿用唐代排水道。

民国时期在汤池上修建东西长 10.35、南北宽 10.5 米、面阔和进深各三间的房屋建筑。其内用水泥在唐代汤池上浇筑了一座东西长 7.35、南北宽 3.35、深 1.2 米带二层台的汤池，命名曰"香凝池"（图八六）。

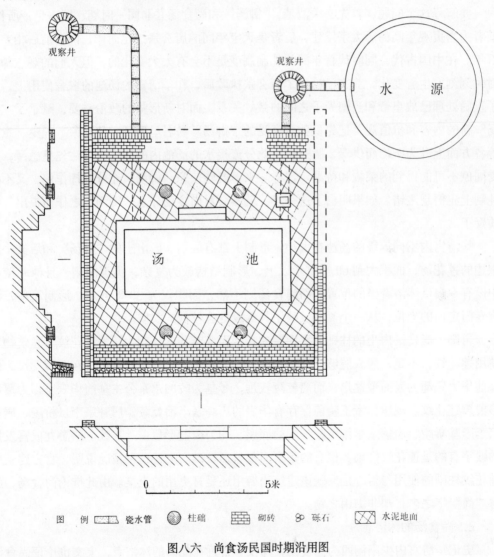

图八六　尚食汤民国时期沿用图

（三）问题诠释

1. 汤池等级

尚食汤中的"尚"，据《大唐六典·殿中省》尚食局注记载："周礼有膳夫内饔。秦置六尚，有尚食之名，如淳以为主天子物曰'尚'。"意思带"尚"字的即为皇帝御用之物。加之前节叙述太子汤时，曾提到太子汤供水道若要直接连接"御汤"，会暗含皇太子和当朝天子平分秋色的隐喻而犯忌。现在尚食汤不仅前带"尚"字，而且从"御汤"直接分水，这就不能不使人们对其用途、等级提出疑问。往往会误解其为皇帝的御用汤池，沐浴人的地位、等级可与"御汤"的沐浴者并驾齐驱。

要解释这个问题，首先必须清楚，"御汤"和尚食汤并非同一时期、同一皇帝所作。前者为唐贞观年间的唐太宗修建，后者是天宝年间的唐玄宗扩建而作，两者前后相差近百年。在中国古代，同时代百年间的礼制制度是不会有太大变化的，但人们的观念却在时时刻刻发生着变化。前文已论述了唐玄宗执政后，在华清宫内汤池的取舍使用上，为了正确处理已故皇帝和当朝天子之间的微妙关系，面对新形势的政治需要，赋予了"御汤"新的内容和价值观，把先皇独自享受的"御汤"易名星辰汤，从现象、理论、意识等各方面上升为圣物而供奉，臆造出从此分流接水的汤池内的沐浴者可沾先皇恩泽，享受同僚不可能得到的荣耀和待遇。这样一来，既能使原"御汤"充分发挥作用，又不在礼制上犯僭越之错。如果明白了这一点，就不会对尚食汤分水"御汤"之作而提出等级质疑了。

华清宫内不同等级的汤池在大小、形制上都有区别。已出土的"御汤"和后文将要叙述的莲花汤，面积大到60平方米以上，形制结构较为复杂，寓意深刻，且池北壁正中设有专门供沐浴者坐的位置。而尚食汤则不然，面积仅为30平方米，形制简单，没有专门定向的坐位，从一个侧面反映了其等级地位较低的实质。

再则，尚食汤出土的柱础为素面覆盆式，而莲花汤的柱础为覆瓣莲花纹。建筑物上使用莲花纹，不是一般人能够享受的礼遇。唐太宗李世民韦贵妃墓虽近在昭陵咫尺，但墓前华表座却为素面覆盆形，而离乾陵较远，号墓为陵的永泰公主墓前华表座却为覆盆形覆瓣莲花纹。现唐代帝王陵前保存有华表的唐高宗李治乾陵、唐睿宗李旦桥陵、唐玄宗李隆基泰陵、唐僖宗李儇靖陵华表的底座，均为覆盆形覆瓣莲花纹。麟游九成宫发掘的殿宇有的是莲花纹柱础，也有的是素面覆盆形柱础。上述这种情况说明，官方建筑中莲花纹柱础的使用与否，是反映该建筑物御用还是官吏用的圭臬。由此推论尚食汤，虽有"尚"字之名，却非御用之物。

2. 尚食汤的沐浴者

史记华清宫内少阳汤西为尚食汤，却没有告诉在此汤的沐浴者，上文也论证尚食汤非皇帝御用，那么沐浴者究竟是何许人也？

"汤"在华清宫是专指沐浴池，"尚食"则是浴池之间相互区别的名称。这个名称反映了在此沐浴者的身份、归属官衙。按图索骥，冠以"尚食"之名的东京洛阳皇帝居住的宫城内有"尚食厨"[1]。在西京长安宫城"曰尚食内院（《长安志》作'尚食院'。《大典阁本图》有'内'字。旧书韩偓传言帝行武德殿前，因至尚食局，当即此院）。"[2]说明尚食厨、尚食院即尚食局。据《旧唐书》、《唐六典》、《唐会要》诸文献记载，唐代官制机构中有殿中省，下辖尚食局。尚食局有奉御二人，直长五人，食医八人，主食十六人，职能是"尚食奉御掌供天子之常膳，随四时之禁，适五味之宜。当进食，必先尝。凡天下诸州进甘滋珍异，皆辨其名数，而谨其储供。"[3]总而言之，尚食局就是专为皇帝供奉饮食的机构。

那么尚食局和尚食汤之间又有什么联系呢？

按事物的定名规律，若其相互间没有必然或内在的联系，一般是不可能取名相同或名称相连，古今中外，概莫能外。唐朝皇宫内的尚食局和尚食汤，由于"局"和"汤"一字之差，反映了二者相互区别又相互联系的实质，区别说明了其局部的和各自用途不同的个性，联系在于反映整体的和它们所拥有的共性。"尚食"二字正是这种紧密联系的纽带。按唐代东、西两京城将殿中省、尚辇局、尚舍局设在皇城，却将尚食局设在宫城内的布局，反映了尚食局非同一般的特殊地位。再结合尚食局就设在皇宫，其官员和皇帝朝夕相处，为皇帝服务，成年累月以皇宫为家的工作性质，皇帝为他们修建汤池沐浴，汤池以官号取名尚食汤也是完全合乎情理的。按此逻辑推理，尚食汤即为尚食局官员沐浴之所，也似乎是无可非议的定论了。再不妨也看看唐代皇宫内宫殿和各种官吏机构名称，除尚食局和尚食汤有联系外，其余则风马牛不相及，从逻辑、情理之中找不出丝毫关系，似乎也排除了其他官吏机构内官员沐浴的可能性。

其实不然。据文献记载，殿中省除尚食局外，还有尚药、尚衣、尚舍、尚乘、尚辇五局官员，职能是"凡听朝，则率其属执繖扇以列于左右。凡大祭祀，则进大珪、镇珪于壝门之外；既事，受而藏之。凡行幸，则侍奉于仗内；若游燕、田阅，则骖乘以从焉"[4]。据新旧唐书官职志记载，负责皇帝吃饭、穿衣、医疗保健、乘车出行、沐浴、就寝等日常生活琐事的有六千人之多。虽说游幸时随员可能精简，但和尚食局几乎同等重要的、为皇帝更衣、进行医疗保健服务的尚衣和尚药局人员，以及须臾不离皇帝的贴身侍卫、内侍省官员、心腹宦官，特别像权势显赫的高力士等人则是不可缺少的。如果说尚食汤是专供尚食局官员沐浴之所，那么其他随幸的内侍官员将沐浴何处呢？

1) 徐松撰、张穆校补《唐两京城坊考·东京·宫城》，中华书局，1985年版，135页。
2) 徐松撰、张穆校补《唐两京城坊考·东京·宫城》，中华书局，1985年版，6页。
3) 〔唐〕李林甫等撰：《唐六典·殿中省·尚食汤》，中华书局，1992年版，323～324页。
4) 〔唐〕李林甫等撰：《唐六典·殿中省》，中华书局，1992年版，323页。

实际考古发掘证明，尚食汤向西二十米以内的范围再无汤池。星辰汤和"三号温泉水源"向西也未发现水道，至于未发掘的"温泉总源"还有无向别的方向的分水道，目前还不敢妄断。如果说有分水道，也应是史记华清宫内长汤十六所的供水道。

《长安志》、《雍录》、《明皇杂录》、《津阳门诗并序》诸文献记载华清宫有星辰汤、太子汤、少阳汤、尚食汤、宜春汤、长汤十六所、莲花汤、海棠汤、小汤、阿鸊汤十座汤池。十汤池中除阿鸊汤未标注位置外，其余九汤均有图文说明所在。这次考古发掘出土的七座汤池位置和文献记载基本吻合，证明了文献记载的真实可靠性。另据文献记载，皇帝沐浴星辰汤、莲花汤；太子沐浴太子汤、少阳汤；杨贵妃沐浴海棠汤，嫔妃宫女沐浴长汤十六所；剩下未注明沐浴者身份的小汤、宜春汤、阿鸊汤，就所在位置和各自名称来推断，也均与尚食汤无缘，也就是说无尚食汤第二存在。可见其他为皇帝服务随侍华清宫，住在皇宫的内侍省高级官员若不在尚食汤沐浴，就只能望池却步，无池可浴了。

在同为皇帝服务的内侍官员中间，明显的重此轻彼，即使昏庸、但未丧失理智的皇帝都不会如此悖谬常理，更不用说当朝皇帝还是深谙权术之道的唐玄宗了。

既然如此，这就不能不对尚食汤的沐浴对象、人数提出质疑。《礼·典礼》、《论语》、古文献中，"尚"包含赐与给与之意。这样尚食汤在华清宫，也可解释为皇帝尚赐等级很高或地位一般的随幸内侍人员的沐浴池。例如《旧唐书·安禄山》载："玄宗宠禄山，赐华清宫汤浴。"《安禄山事迹》曰：天宝九载，安禄山入朝，"至温泉赐浴。"

再就尚食汤的整体结构分析，中间设置石墙将汤池分成东西两池，合乎情理的诠释就是在此汤沐浴者是有一定等级差别的，身份低者，合洗东池，身份高者，独浴西池。西池是否为高力士等身份较高的内侍沐浴池，也未可知？东池东、南、北三面修砌石墀而无固定坐向位置，证明在此沐浴者身份复杂，人数较多。集于以上推论可知，在尚食汤沐浴者，不光有尚食局官员，还有尚衣、尚舍、尚药局以及随侍华清宫，与皇帝形影不离的其他身份较高的宦官，有时则赏赐心爱的宠臣在此沐浴。

（四）殿宇建筑和汤池复原

1. 殿宇建筑复原

尚食汤早期殿宇台基东西长 12.4、南北宽 11.45、残高 0.14～0.16 米。现台基残高与暗柱础表面平，说明实际高度低一明柱础。尚食汤出土柱础高为 0.25 米。台基复原高度 0.3 米，四周用经过细磨的条砖错缝包砌。台基周围没有发现设置栏座遗迹，现不再增加。其南北两边设置砌砖踏道，供沐浴者出入（图八七）。

从现保存的立柱暗础和被搬走而留下的柱础坑位看，殿宇面阔三间，进深二间，明间阔 3.9 米，次间 3.25 米，进深柱距为 4.5 米，形制结构为宋代《营造法式》记载的厅堂通檐用二柱。按宋代《营造法式》"若副阶廊舍，下檐柱虽长，不越间之广"的规定，尚食汤殿宇明间立柱高不会超过 3.9 米。鉴于殿宇规模较小，复原明间柱高为 3.9

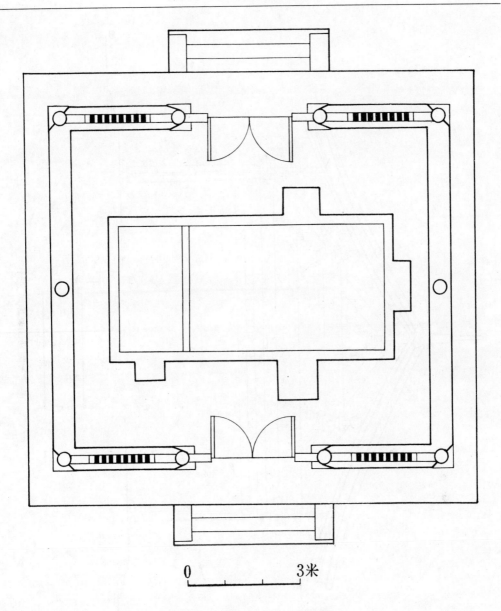

0　　　　　　　3米

图八七　尚食汤平面复原示意图

米。柱应有生起，按角柱比平柱生高是三间生二寸，每增加两间又递增二寸，至十三间生高一尺二寸止[1]。宋尺一寸，约合今 3.2 厘米，唐尺一寸合 2.94 厘米，现取整数一寸 3 厘米，二寸合 6 厘米。次间柱高加上生起 0.06 米为 3.96 米，再加侧脚 0.06 米。柱径参考唐南禅寺大殿柱径，取 40 厘米。柱头有卷刹。柱础仿照遗址出土的覆盆形柱础制作。

1)　陈明达撰：《营造法式大木作制度研究》，文物出版社，1993 年版，18 页。

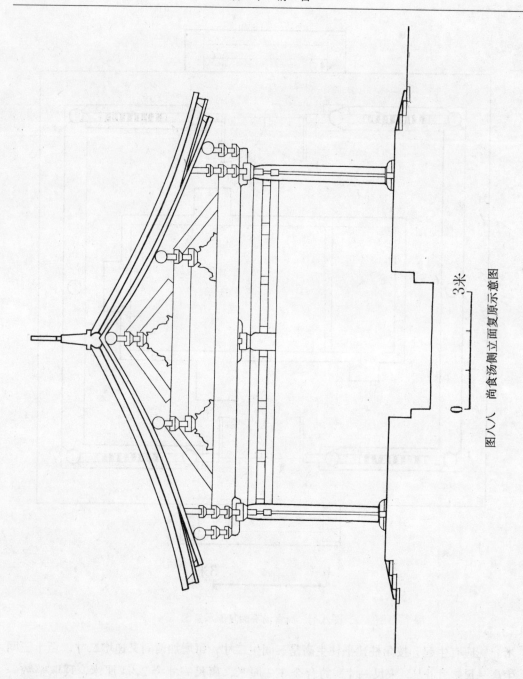

图八八　尚食汤侧立面复原示意图

0　　　　　　　　　3米

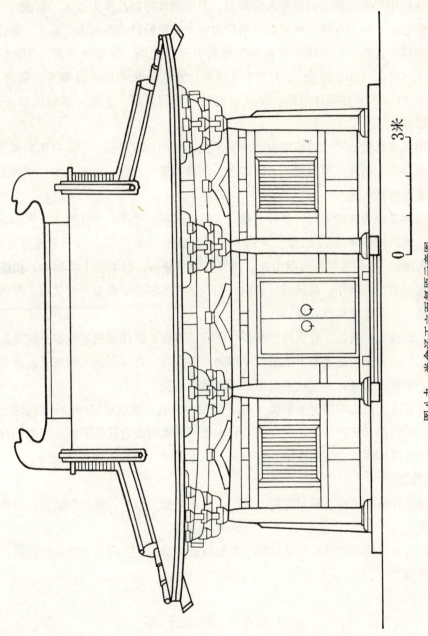

图八九　尚食汤正立面复原示意图

尚食汤殿宇形制结构与南禅寺大殿类似，复原铺作可以此作为依据。承檐结构设定为四铺作偷心造。转角可作三向出跳。出檐由柱中心至檐口的距离为 1.8 米。铺作材料可参考唐南禅寺大殿，但考虑尚食汤的等级要低于星辰汤，取宋代《营造法式》四等材，以材宽×材高（10×15 份），每份 1.4 厘米计算，即单材 14×21 厘米。栔高 11 厘米，足材高 30 厘米。柱间作双额，中间立蜀柱。补间采用人字拱，形制仿照唐李寿、韦贵妃墓壁画。

明栿加工成月梁形式，两端用偷心斗拱承托。殿内顶设平阇，形制模仿南禅寺大殿的作法，中心向上凸起作盝顶式，上施彩画，图样如唐韦贵妃、永泰公主、章怀太子和李重俊墓壁画所示（图八八）。

梁架结构复原为四椽三间，脊枋下做"人"字叉手，平梁。木作形式、大小参考南禅寺大殿。建筑物举架高 7.75 米，总高 9.8 米。建筑平面在 3∶2 以上至接近方形时，宜用厦两头屋盖[1]。屋盖复原成歇山式。搏风钉帽，悬鱼，昂端面上的铜饰，仿遗址出土的铁莲花和铜花叶制作。搏风板、悬山、山花仿日本法隆寺金堂并开气窗。悬鱼在搏风正面压缝，下端作卷草纹式样。

屋盖上的板瓦、筒瓦、脊头砖、套兽、条砖、方砖、鸱尾参照遗址出土同类器物复制。复原瓦当纹样选用遗址出土的唐代中期的八瓣六蕊莲花纹图案。檐头板瓦滴水做成花边重唇。角梁下挂风铎。室内平砌厚 0.1 米的青石板。

唐华清宫遗址出土殿宇夯土围墙一般厚 0.35～1 米。复原殿宇外围设版筑夯土墙，厚 0.5 米，两侧面与柱齐，正、背面明间装木板门，次间安直棂格子窗。墙内外粉白灰壁面，画出红底脚线。立柱、斗拱、门、窗等均上红漆（图八九）。

2. 汤池复原

尚食汤保存基本完整，形制清楚，可按唐代工匠做工槽线，将局部缺损处修补，即能再现原貌。

东、西汤池之间的池壁虽已被破坏，但池南壁保留的上下高 0.897 米的卯槽，为复原提供了依据。

第五节　莲花汤

莲花汤位于星辰汤东北 12.4 米，占用 T9、T10、T5、T8、T24、T13、T27、扩T27、T28 九个探方，发掘出土了较为完整的汤池上地面围护建筑、汤池、供、排水设施遗迹和三彩套兽、莲花纹方砖、绳纹方砖、带工匠手印条砖、莲花瓦当、板瓦、筒瓦

---

1)　陈明达撰：《中国古代结构建筑技术》，文物出版社，1990 年版，48 页。

等大量建筑材料。

一、地层堆积

（一）东剖面地层堆积，以 T27、T28 东壁为例：

第 1 层，现代扰乱层　厚 0.75～2.05 米，土色杂乱，内含现代建筑物倒塌垃圾，保留小青砖砌的水道和地面。

第 2 层，明、清文化层　厚 0.5～1.3 米，土质结构疏松，呈灰色，内含蓝、白瓷残片、陶容器残片等遗物。

第 3 层，宋、元文化层　厚 0.35～0.6 米，土质结构松散，呈灰黄色，内含唐、宋、元时代的砖、瓦、莲花纹瓦当残块、宋瓷残片、鸱尾、脊兽残块、陶容器残片和木炭灰等遗物。

第 4 层，唐文化层　厚 0.5～1.45 米，土质结构松散，土色不纯，内含唐代灰陶质板瓦、筒瓦、绳纹条砖、方砖、莲花纹瓦当、陶容器碎片、鸱尾、兽角和青石、白灰材料。

第 5 层，秦汉文化层　厚 1.1～2.05 米，土质结构细密，呈黑褐色，内含秦代灰陶板瓦、筒瓦残块、细绳纹条砖、小方格纹和回纹方砖块、云纹瓦当、朽木块、陶质水管等遗物。

第 6 层，生土层（图九〇，1）。

（二）南剖面地层堆积以 T9、T27 南壁为例：

第 1 层，现代扰乱层　厚 0.8～1.1 米，土色杂乱，结构紧密，内含小青砖、楼板、砖铺地面和红砖墙。

第 2 层，明、清文化层　厚 0.8～1.2 米，土质结构松散，土色不纯，内含清代瓷片、碑石残块、铜钱等。

第 3 层，宋、元文化层　厚 0.5～0.9 米，土质结构疏松，呈黄褐色，为建筑倒塌堆积物，内含青瓷碟、残瓷碗。

第 4 层，唐文化层　厚 0.5～1 米，土质结构松散，呈灰褐色，建筑倒塌堆积物中内含小瓷盅、小陶碗、大容器口沿、陶瓮、方砖、条砖、带字板瓦、花边板瓦、筒瓦、陶质水管。

第 5 层，秦汉文化层　厚 0.95 米，土质结构较紧密，呈灰色，内含绳纹窄条砖、小方格纹方砖、褐色陶质水管、管道箍。遗迹有乱石帮砌的陶质供水管道。

第 6 层，生土层。

（三）西剖面地层堆积，以 T9、T24 西壁为例：

第 1 层，现代扰乱层　厚 1～1.9 米，土色不纯，五花八门，为现代建筑倒塌堆积。

第 2 层，明、清文化层　厚 0.6～1.9 米，土质结构紧密，呈黄褐色，内含明清瓷

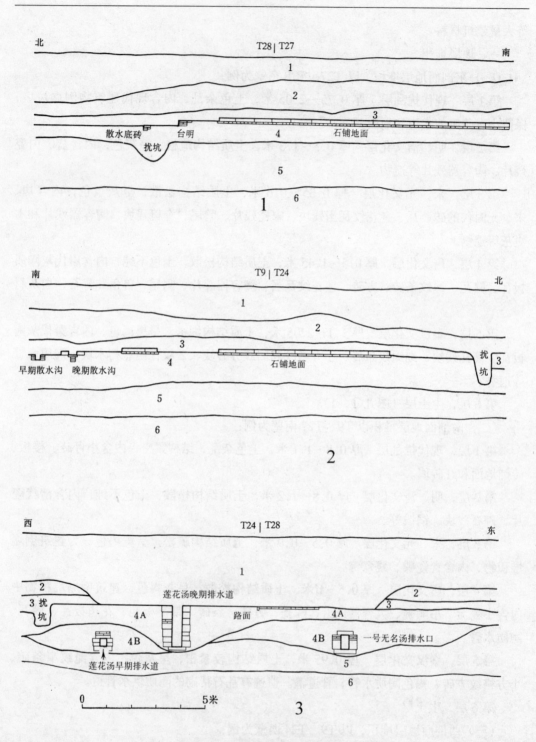

图九〇 莲花汤地层堆积图
1. T27、T28 东壁剖面 2. T9、T24 西壁剖面 3. T24、T28 北壁剖面

片、清代铜钱。遗迹有给海棠汤供水的陶水管道。

第3层，宋、元文化层　厚0.01~0.8米，土质结构疏松，呈黄褐色，内含细瓷碟、青瓷碗、盘和其它残瓷片。

第4层，唐文化层　0.5~1.5米，上层为建筑倒塌堆积，土质结构松散，呈灰褐色，内含陶容器口沿、板瓦、筒瓦、莲花纹方砖、条砖、带字板瓦、花头板瓦、小陶碗；下层为莲花汤殿基。

第5层，北周秦汉文化层　厚1.1~1.4米，呈灰色，土质疏松，遗迹有北周时期用鹅卵石铺设的散水和细绳纹条砖铺设的路面。散水残长1.9、宽0.57米，东西两边侧砖顺砌双排灰条砖做边，南边侧砖顺砌单条砖做边，内铺鹅卵石块，每排8~11个，共残留21排。路面用细绳纹灰条砖平砌，南北残长0.78、东西宽0.62米。

第6层，生土层（图九〇，2）。

（四）北剖面地层堆积，以T24、T28北壁地层为例：

第1层，现代扰乱层　厚1.9~4.5米，土质结构疏松，呈灰色，内含现代瓷水管道、砖砌水道、铁水管道、青砖和水泥板铺的地面。由于汤池1949年以后还在沿用，扰动层直至汤池地面。

第2层，明、清文化层　厚0.02~0.6米，土质结构较硬，呈黄褐色，建筑倒塌堆积物内含黑、白、青、蓝瓷片。出土明代《重修唐华清宫》记事碑一通，记载临潼知县王予爵曾于公元1621年修缮莲花汤。

第3层，宋、元文化层　厚0.01~1.25米，土质结构疏松，呈褐色，内含宋代青瓷小碗、白瓷盘、绳纹条砖、砖砌水道等。

第4层，唐代文化层．分4A、4B两小层：

4A层，厚0.4~2米，上层土质结构松散，呈灰褐色，建筑倒塌堆积物内含莲花纹方砖、青石质柱础、手印纹条砖、带陶文板瓦、瓦当等；下层有莲花汤路面，汤池排水道。

4B层，厚0.9~1.5米，土质疏松，呈灰褐色，内含一号无名汤汤池排水道及细绳纹条砖。

第5层，秦汉文化层　厚0.7~1.3米，土色灰褐，结构细密，内含秦代细绳纹条砖和板瓦残块。

第6层，生土层（图九〇，3）。

二、建筑遗迹

（一）殿宇建筑

殿宇基址座北面南，高出室外地面0.25米，残缺较多，呈东西长方形，方向102°，东西长19.15~19.2、南北宽15.7~15.73米，面阔五间，进深四间，面积301.3平方米。殿宇地面围护建筑围墙、门、窗、木梁架结构已无存，保存殿宇踏道、散水、部分柱础和室内石砌地面（图九一；彩版九，1；图版六七）。

1. 北踏道　殿宇地面围护建筑结构特殊，与其它汤池建筑不同，北边专修上殿宇的踏道。踏道位于殿宇北散水以北 10.4 米，呈东西走向，西端已残，东端延伸于探方外，表面砌砖大多被揭掉，从底下砌砖测量，东西残长 7.4 米，从北往南分为三级：第一级南北宽 0.45、高 0.07 米；第二级南北宽 0.45、高 0.07 米；第三级高 0.1 米至地面（图九一）。

2. 砖砌路面　位于殿基北边正中，南北方向，南、北两端已残，现残长 2.5～2.73、东西宽 2.65 米，用规格为 36.5×16.2×6.2 厘米的手印纹条砖和规格为 32×32×5.5 厘米、一面素面、另一面饰绳纹的方砖南北向间隔平砌，两边用条砖南北向侧砖顺砌加固。路面中间微鼓，两边高出地面 0.02 米，是专为从北踏道去殿内沐浴而铺设的（图九一；图版六八，1）。

北踏道、砖铺路面砌砖之间的粘接材料均为泥浆。

3. 早期散水　除南散水保留外，其余东、西、北三面无存。南散水位于殿基之南，北距南檐柱中心 2.7 米，东西走向，两端已残，现残长 20.75、内口宽 0.22、深 0.22 米。散水做法较简单，先挖成宽约 0.55～0.57、深 0.3 米的东西向沟槽，再用规格为 39×18×8 厘米的手印纹条砖东西向平砖错缝顺砌做边。底部砌砖无存（图九一；图版六八，2）。

4. 晚期北散水　位于殿基之北，呈东西走向，保留东部一段，东西残长 6.7、南北宽 0.34 米，南边破坏无遗。散水底层东西向平砖顺砌一层条砖，其上东西向平砖顺砌双排绳纹条砖，上面平砖丁砌一层条砖。顶部高于室外地平面，外无加固砖（图九一）。

5. 晚期东散水　北端已残，呈南北走向，残长 17.15、内口宽 0.34、深 0.19 米。散水两个边用 28（残）×17×7、31.5×14.5×5 厘米等规格的绳纹条砖东西向侧砖丁砌，上边平砌方砖做面，西边和殿基之间用土填实，东边外沿用条砖南北向侧砖顺砌帮衬，其外用"牙角"砖加固。底部平砌方砖，下垫二层绳纹条砖，高 0.14 米。下层南北向垫砌砖的做法是平砖一丁一顺砌，上层是平砖二顺一丁砌。垫砖规格为 32×16.5×6.5 厘米，烧制火候不高，有夹生现象（图九一；图版六九，1）。

6. 晚期南散水　位于殿基之南，早期散水之北，呈东西走向，残存东、西端两段，东段残长 15.9、西段残长 1.75、内口宽 0.34、残深 0.135 米。散水上部和外侧加固砖的做法与晚期东散水相同，底部有别，方砖下垫三层规格为 34×16.5×7、33.5×16×6.5 厘米的绳纹条砖，高 0.235 米。垫砖的做法是东西向平砖错缝顺砌（图九一；图版六八，2）。

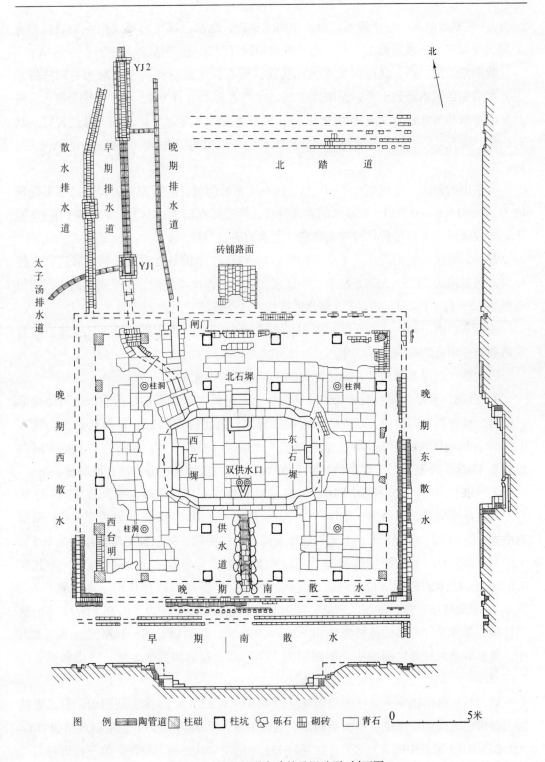

北

YJ 2

散水排水道

早期排水道

晚期排水道

太子汤排水道

YJ1

砖铺路面

北踏道

闸门

晚期西散水

北石墀

柱洞

柱洞

西石墀

东石墀

双供水口

柱洞

西台明

供水道

晚期南散水

晚期东散水

早期南散水

图例 ▨陶管道 ▨柱础 □柱坑 砾石 砌砖 □青石 0 5米

图九一 莲花汤殿宇建筑及汤池平、剖面图

7. 晚期西散水　位于殿基之西，呈南北走向，北部已残，南部残长 4.25、内口宽 0.34、残深 0.135 米，做法与东、南两散水相同（图九一；图版六九，2）。

晚期东、南、西、北四面散水相互接通，所有积水最后流归于北散水西端的排水道。水道距西散水西边 1 米，呈南北走向，内口宽 0.28、深 0.35 米，南接北散水，向北延伸 6 米与南北长 0.85、东西宽 0.65、深 1 米的长方形窨井相连。水道过窨井向北 7.1 米，和下文将要叙及的莲花汤早期排水道上的二号窨井相通（图九一；图版七〇，1）。

排水道的做法：先挖宽 0.4～0.45、深 0.4 米的沟槽，进行夯打处理，底部平砌规格为 32×31×6、31×31×6 厘米的素面方砖，两边用规格为 34×17×7、33×16×7 厘米的绳纹条砖南北向平砖错缝顺砌做壁，上盖方砖，与地面平。

窨井的做法：先挖南北长 1.2、东西宽 1、深 1.2 米的长方形坑，对坑底进行夯打处理，用规格为 31.5×31×6 厘米、一面素面、另一面饰绳纹的方砖平砌做底，四周用规格为 35×17×7、34×17×7.5 厘米的绳纹条砖平砖错缝顺砌做壁。

晚期东、南、西、北四面散水高出室外地面 0.15 米，低于殿基地面 0.1 米，与殿宇四周檐柱中心距离均为 1.3 米。

四面散水、排水道和窨井砌砖之间的粘接材料均为泥浆。

8. 台明　殿基四面台明皆为二层结构，上石下砖，但砌石破坏严重，边沿结构形状难辨。惟有西台明南端下层砌砖保存较为完整，南北残长 2.25、东西宽 0.51、残高 0.14 米，用规格为 34×17×6 厘米的绳纹条砖东西向平砖丁砌。砌砖在两柱础中间向里缩 0.15 米，外壁抹了一层厚约 0.01～0.013 米的白灰墙皮，外饰红色墙脚线。

9. 柱础　14 个。立柱础坑 14 个。柱础排列整齐有序，从西向东，南北向一字排列 6 行，从南向北，东西向一字排列 6 行。从西向东，南北向第一排南边第一柱的暗础规格为 0.5×0.55×0.13 米，上置覆盆形覆瓣莲花纹明础。第二柱的暗础规格为 0.5×0.53×0.145 米，上置覆盆形复瓣莲花纹明础。第三立柱保存东西长 0.58、南北宽 0.6、深 0.43 米的柱础坑位，缺明、暗础。第四立柱保存东西长 0.61、南北宽 0.63、深 0.46 米的柱础坑位，缺明、暗础。第五立柱的暗础规格为 0.7×0.38×0.14 米，缺明柱础。第六立柱的暗础规格为 0.61×0.7×0.2 米，缺明础。第一和第二、第二和第三、第五和第六柱础之间的中心间距均为 3 米，第三和第四为 3.1 米，第四和第五为 3.03 米。

第二行柱础南边第一立柱的暗础规格为 0.47×0.47×0.13 米，缺明础。第二立柱的明础借用地面砌石凿成，平面呈圆形，直径 0.5、深 0.16 米，下边暗础规格为 0.64×0.64×0.13 米，中间有直径 0.12、深 0.12 米固定立柱的圆形柱洞。第三柱础与第二柱础形状、大小、做工相同。第四立柱的暗础规格为 0.48×0.65×0.23 米，缺明础。

第一、二、三、四柱础的中心间距分别为3.03、9、3.01米（图九一；图版七〇，2）。

第三行柱础南边第一立柱保留南北长0.62、东西宽0.6、深0.45米的柱础坑位。第二立柱的柱础坑位南北长0.6、东西宽0.63、深0.5米。第三立柱的柱础坑位南北长0.55、东西宽0.54、深0.47米。第四立柱的柱础坑位南北长0.7、东西宽0.65、深0.45米。第一、二、三、四立柱的中心间距分别为3.01、9.03、3米。

第四行柱础南边第一立柱保留南北长0.61、东西宽0.6、深0.48米的柱础坑位。第二立柱的柱础坑位南北长0.62、东西宽0.63、深0.46米。第三立柱的柱础坑位南北长0.57、东西宽0.54、深0.475米。第四立柱的柱础坑位南北长0.61、东西宽0.6、深0.45米。第一、二、三、四立柱的中心间距分别为3.01、9.01、3.02米。

第五行柱础南边第一立柱保留南北长0.61、东西宽0.6、深0.42米的柱础坑位，缺明、暗柱础。第二、三柱础的形状、大小、做工与上述第二行的第二、三柱础相同。第四立柱保留南北长0.57、东西宽0.58、深0.4米的柱础坑位，缺明、暗柱础。第一、二、三、四柱础的中心间距分别为3、9、3米（图九一；图版七一，1）。

第六行柱础南边第一立柱暗础的规格为0.51×0.5×0.2米，缺明础。第二立柱保留南北长0.53、东西宽0.55、深0.4米的立柱坑位，缺明、暗柱础。第三立柱暗础的规格为0.35×0.37×0.153米，缺明础。第四立柱暗础的规格为0.65×0.3×0.13米，缺明础。第五立柱保留南北长0.61、东西宽0.63、深0.43米的立柱础坑位，缺明、暗柱础。第六立柱的暗础为砂石质，椭圆形，直径0.42～0.52、厚0.14米，缺明础。第一、二、三、四、五、六柱础的中心间距分别为3、3、2.98、3.01、3米。

第一、二、三、四、五、六行柱础的中心间距分别为3、4.05、4.6、4.06、3米。

东、西、南、北四边檐柱柱础中心距殿基四面台明外边分别为0.21、0.21、0.3、0.3米。

10. 室内地面　除东部保存较好外，南、西、北三部均有不同程度的破坏。地面结构从下往上，可分为三层：第一层是经过夯打，厚约0.15～0.2米的黄褐色土；第二层是在其上平砌一层厚约0.07米的绳纹条砖和绳纹、莲花纹方砖残块，砖面上垫厚0.01～0.02米的黄土；第三层平铺表面剔磨光亮、四边切割整齐、合缝极为紧密、厚约0.148～0.153米的青石板作面。砌石有0.57×0.91×0.15、0.67×1.59×0.15～0.16、1.35×1.3×0.152、1.1×0.8×0.153、1.1×1×0.15、1.5×0.32×0.151、0.75×1.17×0.15～0.16、0.5×0.72×0.15～0.16、0.9×0.85×0.15、0.9×1.36×0.15～0.16、0.73×2.02×0.15～0.16米等多种规格。粘接材料为白灰浆。

（二）汤池建筑

汤池建筑由汤池供水道、汤池、汤池排水道组成。汤池位于殿宇建筑正中，全用"墨玉石"砌成，平面略呈椭圆形，东西长10.6、南北宽4.7～6、深1.5～1.54米，从下向上，分为二层台式。

1．汤池供水设施

汤池供水设施由温泉水源、供水道、汤池供水口组成。

（1）温泉水源　位于汤池围护建筑之南27.5米，上口距现地表2.5米，南北长3、东西宽5.55米未到边，南、北壁为双层结构，外砖里石，外层用不规则的乱石垒砌，残高0.7、宽0.9米，里层用秦汉时期规格为34×34×3厘米的小方格纹方砖和37×33×3厘米的几何纹方砖贴面。从水源南壁砌石底层向下清理约2米，距现地表约4.5米，发现一个直径约0.25～0.3米的出水口，温泉水从此流出，而不是从地下上溢成泉，说明真正的温泉出水口还在南边，具体位置不明（图九二；彩版一1，1；图版七一，2）。

水源内出土大量的新石器时代仰韶文化时期的红彩陶片，说明水源设施始建于距今

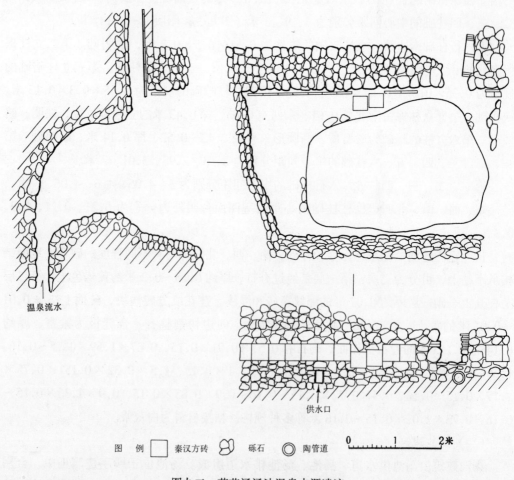

图　例　□ 秦汉方砖　⬭ 砾石　◎ 陶管道　　0　　1　　2米

图九二　莲花汤汤池温泉水源遗迹

约六千年前的原始社会母系氏族时期，并一直沿用至秦汉时代，迄南北朝时被掩埋地下，但温泉流水如故，故唐代未作任何修葺，继续利用。水源设施的建设者，当为考古学上已经确认的仰韶文化时期的姜寨先民。

（2）供水道　位于汤池建筑正南地下约 1.5～1.8 米深处，呈南北走向，南接仰韶时期的"温泉水源"，北连汤池双供水孔，南北长 35.2、东西宽 0.55～0.65、深 0.6～0.7 米，两边用不规则的石块叠砌，中间安置西周至秦汉时期的粗绳纹陶水管道，上边平砌两层秦汉时期的方砖保护。陶水管单节长 0.545、直径 0.56 厘米，用陶管箍套接（图九一；图版七二，1）。

（3）汤池双供水口　位于汤池底南部正中，距池南壁 0.85 米，结构新颖，独辟蹊径，在供水道之上盖两层石板。下层石板南北长 0.7、东西宽 1.35、厚 0.25 米，上凿"人"字形凹槽。凹槽长 0.75、深、宽皆为 0.15 米，向北与上层南北长 0.435、东西宽 1.35、厚 0.15 米的石板上两个直径为 0.15 米的圆形进水孔相通。两进水孔中心间距 0.5 米，外围凸起直径 0.35、高约 0.09～0.11 米的圆榫头。温泉水通过供水道进入"人"字形凹槽，过圆孔而流入池内。进水口上特制圆榫头，说明上边原来一定有特殊的供水装置（图九一；图版七二，2）。

2. 汤池一层台

汤池一层台平面呈较规整的八边形，东西口长 9.26、南北最宽处 5.06、最窄处 3.88、深 0.64～0.74 米，面积约 40 平方米，约可容水 29 立方米，由于沿用时间较长，台面都有不同程度的破坏（图九一；图版七三）。

（1）东边　用二层青石平石错缝顺砌而成，呈南北方向，南北长 4.05、台面东西宽 0.6、高 0.64 米（图九一；图版七四，1）。

（2）东石墀　位于东边正中，西低东高，分为三级，从西向东：第一级南北长 1.12、东西宽 0.12、高 0.19 米；第二级南北长 0.765、东西宽 0.34、高 0.29 米；第三级高 0.16 米至一层台面。石墀用南北长 1.12、东西宽 0.46、高 0.19 米和南北长 0.765、东西宽 0.34、高 0.29 米两块整石平石叠砌（图九一；图版七四，1）。

（3）东南边　用二层青石平石错缝顺砌而成，呈东北西南方向，长 1.84、台面宽 0.2～0.45、残高 0.45 米，上层石板被破坏。

（4）南边　用三层青石平石错缝顺砌而成，呈东西方向，东西长 5.85、台面南北宽 0.45～0.5、高 0.66 米。

（5）西南边　用二层青石平石错缝顺砌而成，呈东南西北方向，长 1.82、台面宽 0.26～0.44、高 0.7 米。

（6）西边　用二层青石平石错缝顺砌而成，保存完好，呈南北方向，南北长 3.88、台面东西宽 0.27～0.58、高 0.69 米（图版七四，2）。

（7）西石墀　位于西边正中，东低西高，分为三级，从东向西：第一级南北长1.34、东西宽0.4、高0.18米；第二级南北长1.34、东西宽0.38、高0.22米；第三级高0.3米至一层台面。石墀用南北长1.34、东西宽0.78、高0.18米和南北长1.34、东西宽0.38、高0.22米两块整石平石叠砌（图版七五，1）。

（8）西北边　用二层青石平石错缝顺砌而成，呈西南东北方向，长1.82、台面宽0.3～0.39、残高0.61米，上层盖板石被破坏。

（9）北边　呈东西方向，用二层青石平石错缝顺砌而成，东西长5.8、台面南北宽0.36～0.56、东端高0.69、西端高0.74米，上层盖板石大多破坏。

（10）北石墀　位于北边正中，和二层台上石墀相对，南低北高，分为四级，从南向北：第一级东西长1.55、南北宽0.2、高0.15米；第二级东西长1.07、南北宽0.25、高0.2米；第三级砌石无存，从砌石痕迹测量，东西长1.07、南北宽0.35、高0.17米；第四级高0.17米至一层台台面。石墀用东西长1.55、南北宽0.8、高0.15米和东西长1.07、南北宽0.6、高0.2米及东西长1.07、南北宽0.35、高0.17米三块整石平石叠砌（图九一，图版七五，1）。

（11）东北边　用二层青石平石错缝顺砌而成，呈西北东南方向，长1.8、台面宽0.32～0.45、高0.67米，上层砌石边缘大部分破损。

池壁八个边均为双层结构，外砖内石。外层砖砌护墙的长与内层砌石相等，宽0.3、高0.5米。

（12）池底　东西长9.2、南北最宽处5.06米，平面呈八边形，东南高于西北约0.05米，呈微斜坡状，便于排除池内积水。池底为上下两层结构，下层是经过夯打、厚约0.5～0.8米的防渗水土层，上层平铺做工规整，表面打磨光滑，规格为1.05×2.27×0.15、0.87×1.41×0.15、0.79×1.41×0.15、0.8×1.5×0.15、1.05×1.15×0.15、1.1×1.05×0.15、0.85×1.72×0.15米的青石板。由于长期沿用洗澡，石板表面磨损程度达0.02～0.03米。

汤池经过一千多年的人间沧桑变化，保存基本完好，说明原做工十分细致考究，整体结构牢固耐用，充分反映了唐代工匠高超的工艺水平。现池壁上斑斑伤痕和一层台四角结合处出现的0.02～0.05米的小缝隙，究其原因，不能说与地壳运动不无关系，而其中主要的则是温泉水长期剥蚀和冲击的结果。

3. 汤池二层台

汤池二层台东西长10.6、东边南北最窄处宽5、西边最窄处宽4.8、正中最宽处为6、深0.76～0.8米，面积约60平方米，东西两端已残。从唐代工匠做工时留下的做工槽线看，壁面用六组拱券石做成布局合理、相互对称的"莲花"形状（图九一；彩版九，2）。

（1）池东、西壁　形制做法相同，为内石外砖两层结构，内砌石大部分残缺。从唐代工匠留下的做工槽线看，原池壁用两层拱券石叠砌成流畅的弧线形，正中合缝处做成向外凸出 0.03 米的壶门形状。砌石外用双排绳纹条砖平砖错缝顺砌加固。砖砌墙宽 0.25~0.35、高 0.83、残长 1.7 米。砌砖有绳纹、手印纹，有 39.3×15.5×7、35×16.7×6.5 厘米等多种规格（图九一；图版七四，1、2）。

（2）池南、北壁　形制做法相同，保存较为完整，单层结构，用两层拱券石叠砌成流畅的弧线形，与东、西池壁圆滑吻接，高 0.76~0.8 米。

（3）北壁石墀　位于池北壁正中，虽形状保存完好，但磨损严重，南低北高，分为四级，从下向上：第一级东西长 1.19、南北宽 0.32、高 0.23 米；第二级东西长 1.16、南北宽 0.31、高 0.2 米；第三级东西长 1.14、南北宽 0.34、高 0.2 米；第四级东西长 1.14、高 0.17 米至地面（图九一）。

石墀用整块青石东西向平石顺砌，两侧用石块侧石丁砌加固。

汤池砌石、砌砖之间的粘接材料均用白灰浆。

4. 汤池排水设施

汤池排水设施由排水口、排水道、闸门、窨井组成，保存基本完整。

（1）排水口　2 个。位于一层台西北边和池底结合处。东出水口东西宽 0.275、高 0.175、南北长 0.44 米；西出水口东西宽 0.275、高 0.175、南北长 0.43 米，中心间距 0.46 米（图九三，1；图版七五，1）。

（2）早期排水道　南接双排水口，由排水口南壁向北 2.8 米呈弧线形状向西北延伸 3.35 米，再呈弧线形状向北 4.3 米，与窨井 1（YJ1）连接（图九三，1；彩版一〇，2；图版七五，2）。穿过窨井 1（YJ1），排水道改做直径为 0.32 米的双排绳纹陶质水管道，向北 7.3 米和窨井 2（YJ2）相接。陶质水管道子母口套接，白灰浆合缝，两侧用不规则的石块叠砌加以保护。水道从窨井 2（YJ2）向北继续延伸至探方外，再向北约 35 米西拐，长度走向不明（图版七七，1）。

双排水管道的出现，是考虑到太子汤和莲花汤同时排水时水量增加，必然出现排泄不畅的实际情况而特意铺设的。

排水道 2.8 米那一段，距唐代地面约 1.9 米，内口宽 0.46~0.56、深 1.5 米，底部平砌青石板，两边用青石平石错缝顺砌做壁，上平盖石板。砌石、砖之间的粘接材料均用白灰浆。

从 2.8 米至窨井 1（YJ1）3.35 米这一段排水道，内口宽 0.3、高 0.3 米，用砂石铺底砌边，上盖砂石板，其上平砌二层规格为 34×17×7 厘米带工匠名字和戳印的绳纹条砖，高 0.15、外宽 1.25 米。

排水道南北两端有一定的比降，方便排水。

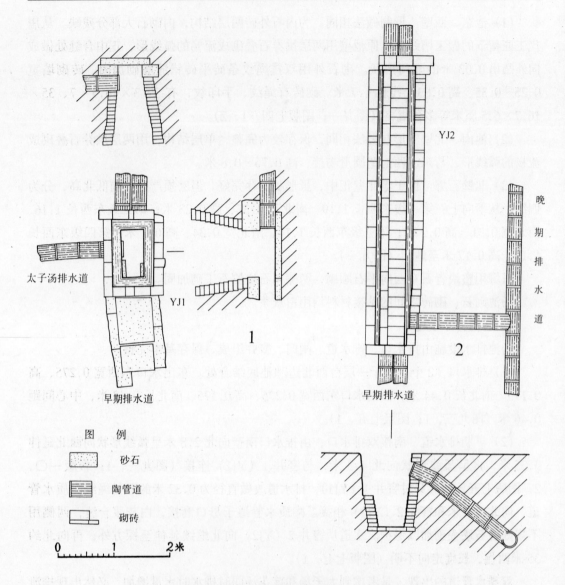

太子汤排水道

YJ1

早期排水道

YJ2

晚期排水道

早期排水道

图 例
- 砂石
- 陶管道
- 砌砖

0 　 1 　 2米

图九三　莲花汤早期排水道窨井 YJ1、YJ2
1.莲花汤排水道 YJ1 结构图　2.莲花汤排水道 YJ2 与晚期排水道关系图

（3）晚期排水道　是因为早期排水道从 2.8 米至 YJ1 之间这一段里面塌陷淤塞，于是从 2.8 米向北重修了一条南北长 5、东西内宽 0.49、深 1.9 米的石砌水道。水道再向北与外径为 0.27 米的绳纹陶质水管道连接。管道单节长 0.39～0.43、直径 0.27 米，粘接材料为白灰浆。陶管道一直向北延伸至探方外，长度不明，此次仅清理出土 14.8 米（图九一）。

从陶管道南端向北 11.3 米处，有一段东低西高，外径 0.28、长 2.05 米，呈斜坡状的陶水管道。管道下接晚期排水道,上连窖井 2（YJ2）（图九三,2；图版七七,2）。

古代骊山温泉地区气候特殊,天气变化比较有规律,每当山顶阴云四合,雨即降临,继而暴雨如注。由于傍依山地的缘故,小雨地面积水,大雨平地水深近尺。唐代关中气候湿润多雨,骊山华清宫内排水是一个非常重要的问题。设计不但要考虑排除宫内积水,同时还要排除骊山上滚山水。YJ2 和晚期水道之间连接陶管道,主要是为了排泄地面积水而设。

（4）窖井 2 个。编号为 YJ1、YJ2。

YJ1,位于殿基北台明西北方向 3.65 米处,顶部被破坏,平面呈南北长方形,上大下小,上口南北长 1.2、东西宽 0.78 米；下口南北长 0.85、东西宽 0.47、残深 1.53、四周壁厚 0.165 米。井底砌厚 0.15 米的青石板,其上东壁砌高 0.22、西壁砌高 0.17 米的青石块。四壁用规格为 33.5×16.5×6 厘米的绳纹条砖平错缝顺砌,每层砌砖向外叠涩出台。台面宽约 0.01 米（图九三,1；图版七六,1）。

YJ2,位于 YJ1 之北 7.3 米,南北长 4.85～4.93 米,上大下小,上口东西宽 0.67、底宽 0.47、残深 0.54～1.31 米。窖井的做法是先挖南北长约 5.5、东西宽约 1、深约 1.5 米的土坑,底部夯打处理平整,用绳纹条砖平砖顺砌和丁砌相间,四边用单排条砖平砖错缝顺砌做壁,每层砌砖向外叠涩出台约 0.01 米。条砖有 35×16×6.5、34.5× 17×7、33×17×7 厘米等多种规格（图九三,2；图版七六,2）。

两窖井砌砖之间的粘接材料均用泥浆。

（5）闸门 位于汤池排水口向北 6 米的石砌水道上,在水道底和两壁修砌有卡挡水板的凹槽。东凹槽东西长 0.2、南北宽 0.25、高 1.85 米。西凹槽东西长 0.2、南北宽 0.22、残高 1.75 米。水道底上凹槽被破坏。

三、出土遗物

出土遗物有建筑材料、生活用具和货币三类。

（一）建筑材料 176 件。

按质地不同,可分为陶质和石质两类。

1. 陶质建筑材料 174 件。有条砖、方砖、板瓦、筒瓦、瓦当、角形器和陶水管等。

（1）条砖 53 件。有绳纹和手印纹两种。

"将作匠张域"绳纹条砖 3 件。标本 ILHT10④:15,泥质灰陶。一面素面,另一面饰三个斜向菱形粗绳纹,再竖斜向钤盖"将作匠张域"楷书戳印。规格 34.5×17×7 厘米（图九四,1；图版七八,1）

"官匠王昌"绳纹条砖 3 件。标本 ILHT24④B:2,泥质灰陶。一面素面,另一面饰三个斜向菱形粗绳纹,再竖斜向钤盖"官将王昌"楷书戳印。规格 34.5×16×7 厘米

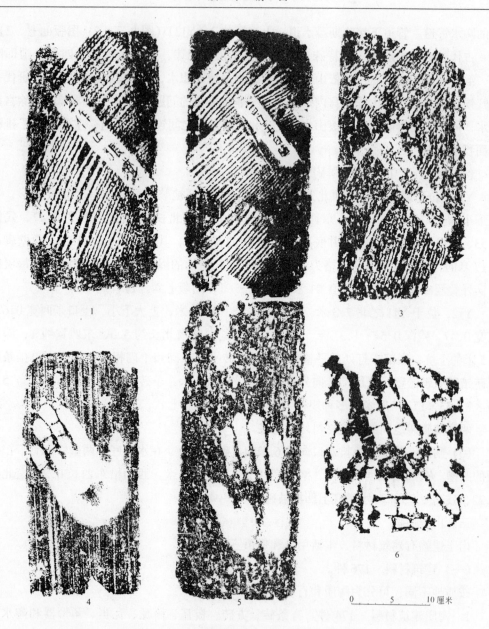

图九四　莲花汤条砖戳印文字及手印纹拓本

1."将作匠张域"ⅠLHT10④:15　2."官匠王昌"ⅠLHT24④B:2　3."朱孝倩"ⅠLHT9④:17

4.左手印ⅠLHT9④:16　5.右手印ⅠLHT9④:18　6.多手印ⅠLHT10④:17

（图九四，2；图版七八，2）。

"朱孝倩"绳纹条砖　1件。标本ⅠLHT9④:17，泥质灰陶。一面素面，另一面饰三个斜向菱形细绳纹，再竖斜向钤盖"朱孝倩"楷书戳印。规格35.5×17×6厘米（图九四，3；图版七八，3）。

　　四菱形绳纹条砖　5件。标本 ILHT25④:3，泥质灰陶。一面素面，另一面模印四个斜向菱形粗绳纹。规格 34×17×7 厘米（图版七八，4）。

　　三菱形绳纹条砖　11件。标本 ILHT25④:5，泥质灰陶。一面素面，另一面模印三个斜向菱形粗绳纹。规格 34.2×16.5×7.5 厘米（图版七八，5）。

　　弧形粗绳纹条砖　9件。标本 ILHT9④:21，泥质灰陶。一面素面，另一面模印弧形粗绳纹。规格 35×16.7×6.5 厘米（图版七八，6）。

　　粗直长绳纹条砖　8件。标本 ILHT24④A:5，泥质灰陶。一面素面，另一面一侧模印直向粗长绳纹。规格 33×17×7 厘米（图版七九，1）。

　　左手印纹条砖　3件。标本 ILHT9④:16，泥质灰陶。一面素面，另一面上按全左手印纹，四指并拢，指节分明，掌心凸起，后掌下凹。印迹长 16.3、宽 10.5 厘米。规格 31.5×14.5×5 厘米（图九四，4；图版七九，2）。

　　右手印纹条砖　6件。标本 ILHT9④:18，泥质灰陶。一面素面，另一面上按全右手印纹，四指并拢，五指较细，印迹长 18、宽 10 厘米。规格为 37.5×16×7～8 厘米（图九四，5；图版七九，3）。

　　多手印纹条砖　1件。标本 ILHT10④:17，泥质灰陶。一面素面，另一面上按多个手印纹。规格 26（残）×18×7 厘米（图九四，6；图版七九，4）。

　　绳纹间饰几何纹条砖　3件。标本 ILHT28④A:13，泥质灰陶。一面素面，另一面一侧模印直向粗绳纹间饰一个"／"形纹。规格 35.8×16.3×6 厘米（图版七九，5）。

　　标本 ILHT10④:14，泥质灰陶。一面素面，另一面一侧模印直向粗绳纹间饰一个"×"形纹。规格 34×16.4×6.2 厘米（图版七九，6）。

　　（2）方砖　33件。根据正面纹样之不同，分为莲花纹、绳纹两种。

　　莲花纹方砖　18件。

　　十二瓣九蕊莲花纹方砖　2件。标本 ILHT28④A:8，泥质灰陶。正面四周作宽带和粗线相互平行的边框，内饰乳钉纹，四角为忍冬纹，自外而内作三个同心圆：第一圆带内为勾云纹。第二圆带面饰六组十二瓣莲花纹。花瓣较小，外饰粗线，每组旁边有三角形隔棱。圆心为九点梅花形花蕊。背面饰粗绳纹。规格 31.8×31.5×5.9 厘米（图九五，1、2；图版八〇，1）。

　　十六瓣单蕊莲花纹方砖　4件。标本 ILHT27④:2，泥质灰陶。正面四周作双粗线相互平行的边框，中间饰乳钉纹，四角为变形忍冬纹，中间是对称的勾云纹，自外而内作三个同心圆：第一圆带内为十六瓣莲花纹。花瓣呈棒槌形，面平。第二圆带内为不规则的八边形。圆心中缀一实心圆点。背面饰粗栏格纹，中间缀饰一行"×"形纹。规格 29.5×29×6 厘米（图九五，3、4；图版八〇，2）。

　　标本 ILHT10④:6，泥质灰陶。正面四周作宽带和粗线相互平行的边框，中间饰乳

钉纹，四角为变形忍冬纹，中间用波状粗线相连，自外而内作三个同心圆：第一圆带内作十六瓣莲花纹。花瓣略鼓，棒槌形，外饰细线，有隔棱。第二圆带内空白无纹。第三圆带内为不规则的八边形。圆心点缀一实心圆点。背面饰粗绳纹。规格 33.5×33.1×6.9厘米（图九六，1、2；图版八〇，3）。

十六瓣七蕊莲花纹方砖　5件。标本 ILHT10④:39，泥质灰陶。正面四周作宽带和细线相互平行的边框，四角饰忍冬纹，自外而内作五个同心圆：第一、四圆内饰乳钉纹。第二圆带为蔓草纹。第三圆带作十六瓣莲花纹。花瓣鼓圆，外饰细线，每组旁边有三角形粗线隔棱。中心为七点梅花形花蕊。背面饰细绳纹。规格 32×32×6厘米（图九

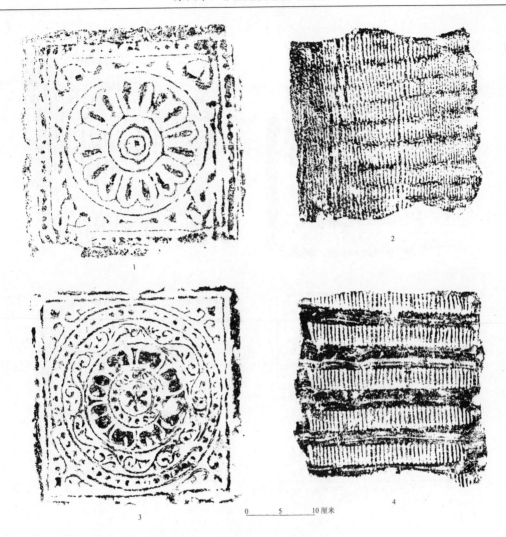

图九六　莲花汤方砖纹样拓本

1.十六瓣单蕊莲花纹ⅠLHT10④:6(正)　2.粗绳纹ⅠLHT10④:6(背)　3.十六瓣七蕊莲花纹Ⅰ
LHT10④:39(正)　4.细绳纹ⅠLHT10④:39(背)

六，3、4；图版八〇，4)。

　　十六瓣九蕊莲花纹方砖　7件。标本ⅠLHT24④A:3，泥质灰陶。残缺两角。正面
四周作宽带和粗线相互平行的边框，内饰乳钉纹，四角为忍冬纹，自外而内作三个同心
圆：第一圆带内为勾云纹。第二圆带面饰十六瓣莲花纹。花瓣较小，外饰粗线，每组旁
边有三角形隔棱。圆心为九点梅花形花蕊。背面饰粗栏格纹加饰一行"米"形纹。规格
32×30.5×6.5厘米(图九七，1、2；图版八〇，5、6)。

　　标本ⅠLHT10④:8，泥质灰陶。正面四周作窄带和粗线相互平行的边框，中间饰乳
钉纹，四角为变形忍冬纹，由外向内作三个同心圆：第一圆带饰蔓草纹。第二圆带内作

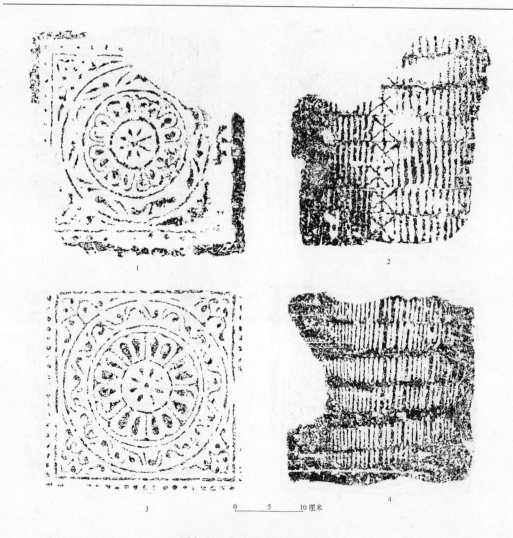

图九七　莲花汤方砖纹样拓本

1.十六瓣九蕊莲花纹ⅠLHT24④A：3(正)　2.粗栏格纹加饰"*"形纹ⅠLHT24④A：3(背)

3.十六瓣九蕊莲花纹ⅠLHT10④：8(正)　4.栏格纹ⅠLHT10④：8(背)

十六瓣莲花纹。花瓣略小，顶端饰勾线，每组一侧粗线隔棱和花瓣饰线相接。圆心内为九点梅花形花蕊。背面饰栏格纹。规格 30.5×30×6 厘米（图九七，3、4；图版八一，1）。

绳纹方砖　15 件。

标本 ILHT28④B：7，泥质灰陶。素面，背面饰细线菱形网格纹。规格 30×29×6.8 厘米（图九八，1；图版八一，2）。

标本 ILHT9④：10，泥质灰陶。素面，背面饰倾斜向粗绳纹。规格 31（残）×23.5×6.8 厘米（图九八，2）。

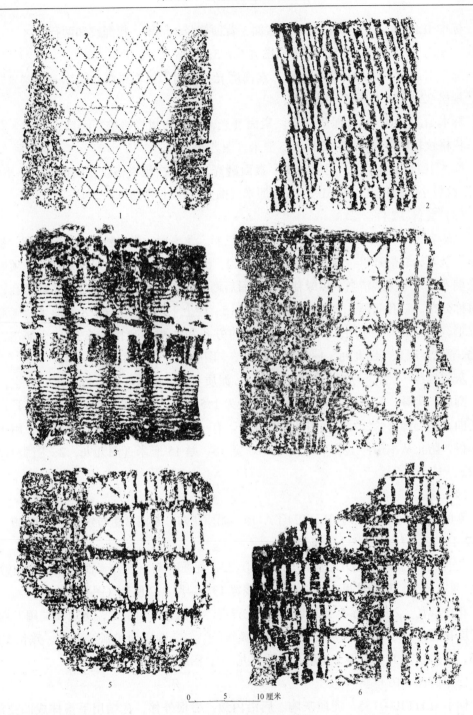

0　　　5　　　10厘米

图九八　莲花汤方砖纹样拓本
1.绳纹ⅠLHT28④B:7　2.绳纹ⅠLHT9④:10　3.绳纹ⅠLHT9④:13　4.绳纹ⅠLHT10④:42
5.绳纹ⅠLHT9④:14　6.绳纹ⅠLHT10④:11

标本 ILHT9④:13，泥质灰陶。素面，背面饰竖条隔梁、粗绳纹和两行"×"、"╱"形纹。规格 31.5×29.5×5.5 厘米（图九八，3；图版八一，3）。

标本 ILHT10④:42，泥质灰陶。素面磨光，背面为粗栏格纹，间饰一行"×"形纹。规格 32×32×5 厘米（图九八，4）。

标本 ILHT9④:14，泥质灰陶。素面磨光，背面饰粗栏格纹，间饰一行"×"形纹。栏格纹较密。规格 31×30×5.5 厘米（图九八，5）。

标本 ILHT10④:11，泥质灰陶。素面磨光，背面饰粗栏格纹，间饰"×"形纹。"×"纹较小。规格 33.5×31.5×5.6 厘米（图九八，6；图版八一，4）。

（3）套兽　2件。

三彩套兽　1件。标本 ILHT25④:11，三彩。龙头形，张口龇牙，长唇上翻，卷唇遮鼻，竖耳，粗眉环目，眼珠中有一直径 1.2、深 2 厘米的圆孔。双角残缺，腮须唇髭成撮翻卷，须毛缕缕清晰，以绿釉为主。唇后两侧各有两个直径为 0.8 厘米的钉孔，上下对称分布。钉孔间距 5.5、距后端 10～10.5、距上下两边各为 6、8.5 厘米。尾部近似方形，有 17.5×19 厘米，壁厚 1 厘米的方孔和木构件套接。长 32.8～36.8、高 21.5、宽 20 厘米（图九九，1；彩版一〇，3；图版八一，5、6）。

灰陶套兽　1件。标本 ILHT28④A:5，泥质灰陶。残缺较多。兽头形，内空，张口，圆唇，尖鼻，高鼻梁。鼻孔朝前，直径为 1.5、深 2.4 厘米。垂眉凸眼，耸耳，腮须卷曲，额部饰有弦纹。背面内凹成板瓦形，有一长 2、宽 0.7 厘米的瓦钉孔，用于固定套兽，防止从木构件上脱落。残高 24、宽 18、厚 15 厘米（图九九，2；图版八二，1、2）。

（4）板瓦　6件。

素面板瓦　3件。标本 ILHT24④A:10，泥质灰陶。素面，粗布纹里。残长 39、残宽 17.1～23.3、厚 1.6～2.1 厘米。

"□官泉"板瓦　1件。标本 ILHT9④:33，泥质灰陶。内外素面磨光，凸面钤盖"□官泉"陶文，粗布纹里。残长 10.9、残宽 13.5、厚 2.2 厘米（图版八二，3）。

花头板瓦　2件。标本 ILHT9④:34，青棍。两面皆素面磨光，宽边顶端用刀划切成四层花边，由外向内：第一、三层为短弧线纹，二、四层为长弧线形纹。残长 10.4～13、宽边弦径 12.5、厚 2.1 厘米（图九九，3；图版八二，4）。

（5）筒瓦　16件。

标本 ILHT10④:35，泥质灰陶。唇沿内敛，唇根外侈，瓦端用手指抹成凹弦纹，素面磨光，粗布纹里。长 40、外弦径 13.8～14.8、厚 1.5～2、唇长 3.5 厘米（图九九，4；图版八二，5）。

标本 ILHT28④A:18，青棍。素面磨光，粗布纹里。长 31.9、外弦径 12.6、厚 1.7

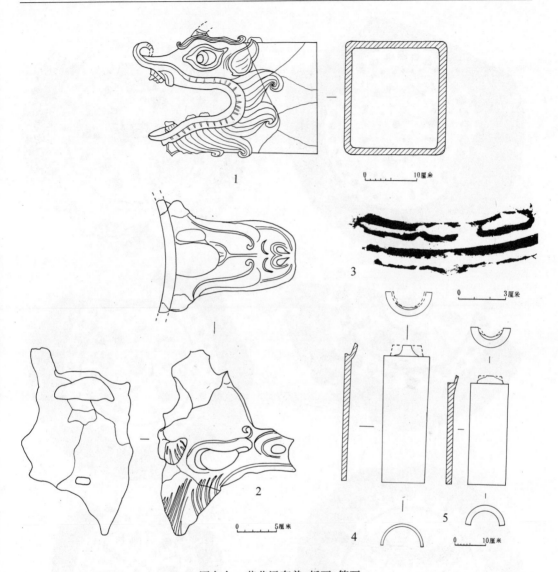

图九九　莲花汤套兽，板瓦，筒瓦

1.三彩套兽Ⅰ LHT25④:11　2.灰陶套兽Ⅰ LHT28④A:5　3.板瓦Ⅰ LHT9④:34 花头拓本

4.无瓦当筒瓦Ⅰ LHT10④:35　5.无瓦当筒瓦Ⅰ LHT28④A:18

~2、唇长2.5厘米（图九九，5；图版八二，6）。

（6）瓦当　51件。根据纹样之不同，可分为莲花纹和兽面纹两种。

莲花纹瓦当　47件。有变形莲花纹和莲花纹。

十五瓣十蕊变形莲花纹瓦当　3件。标本 ILHT28④A:30，泥质灰陶。作带状宽边，自外而内依次是大、小两圈乳钉纹，十五瓣莲花纹。花瓣不甚规范。中心为十点梅花形花蕊。面径12.9、厚0.8~2.2、边宽2~2.7厘米（图一〇〇，1；图版八三，1）。

0　　　　　　　5厘米

图一〇〇　莲花汤瓦当纹样拓本

1.十五瓣十蕊变形莲花纹ⅠLHT28④A：30　2.六瓣单蕊莲花纹ⅠLHT9④：23　3.八瓣单蕊莲花纹ⅠLHT9④：26
4.八瓣单蕊莲花纹ⅠLHT10④：25　5.八瓣八蕊莲花纹ⅠLHT28④A：19　6.八瓣九蕊莲花纹ⅠLHT9④：31

六瓣单蕊莲花纹瓦当　2件。标本 ILHT9④:23，泥质灰陶。残缺。作宽带和粗线相互平行的边框，中间饰乳钉纹，框内饰六瓣莲花纹。花瓣低平，不甚规则，每瓣一侧间饰隔棱。花心圆中缀一实心圆点。面径 14.5、厚 1.8、边宽 2.2 厘米（图一〇〇，2；图版八三，2）。

八瓣单蕊莲花纹瓦当　9件。标本 ILHT9④:26，泥质灰陶。作宽带和粗线相互平行的边框，中间饰乳钉纹，面饰八瓣莲花纹。花瓣为豆瓣状，每瓣一侧饰三角形隔棱。中缀一实心圆点。面径 12.7、厚 1.8、边宽 2 厘米（图一〇〇，3；图版八三，3）。

标本 ILHT10④:25，泥质灰陶。残缺。作宽带和粗线相互平行的边框，中间饰乳钉纹，面饰八瓣莲花纹。花瓣表面被磨，每瓣一侧间饰三角形隔棱。正中为不规则八边形，中缀一实心圆点。面径 12.5、厚 1.1～2.2、边宽 2 厘米（图一〇〇，4；图版八三，4）。

八瓣八蕊莲花纹瓦当　15件。标本 ILHT28④A:19，泥质灰陶。稍残。作带状和细线相互平行的边框，中间饰大乳钉纹，面饰八瓣莲花纹。花瓣窄小被磨，外饰隔线，顶旁缀一乳钉。花心圆圈内为八点梅花形花蕊。面径 13.5、厚 0.5～1.75、边宽 1.6 厘米（图一〇〇，5；图版八三，5）。

八瓣九蕊莲花纹瓦当　4件。标本 ILHT9④:31，青棍。残缺甚多。作带状和细线相互平行的边框，中间饰乳钉纹，面饰八瓣莲花纹。花瓣窄长被磨，旁边有三角形隔棱。花心缀九点梅花形花蕊。面径 9.5、厚 1.1、边宽 1.4 厘米（图一〇〇，6；图版八三，6）。

八瓣十一蕊莲花纹瓦当　6件。标本 ILHT9④:24，青棍。残缺甚多。作带状和粗线相互平行的边框，中间饰大小不同的乳钉纹，面饰八瓣莲花纹。花瓣呈椭圆形被磨，外饰细线，旁边有"丫"形隔棱。花心圆内缀十一点梅花形花蕊。面径 14.4、厚 1.5～2.5、边宽 2 厘米（图一〇一，1；图版八四，1）。

十四瓣七蕊莲花纹瓦当　5件。标本 ILHT28④A:39，泥质灰陶。残缺。作带状和细线相互平行的边框，中间为大小乳钉纹，面饰十四瓣莲花纹。花瓣呈豆瓣状，外饰顶端倒卷细线，旁边隔三角形乳钉。花心细线圆中缀七点梅花形花蕊。面径 13.5、厚 1.2、边宽 1.8 厘米（图一〇一，2；图版八四，2）。

标本 ILHT28④A:43，泥质灰陶。稍缺。作带状和细线相互平行的边框，中间饰乳钉纹，面饰十四瓣莲花纹。花瓣小而饱满，外环细线，每组一侧上方间饰三角形乳钉。花心细线圆中缀七点梅花形花蕊。面径 10.4、厚 1.2、边宽 1 厘米（图一〇一，3；图版八四，3）。

十六瓣八蕊莲花纹瓦当　3件。标本 ILHT10④:27，泥质灰陶。作带状宽边，由外向内依次饰乳钉纹，十六瓣莲花纹。花瓣呈椭圆形被磨，每组一侧上方间饰小乳钉。花

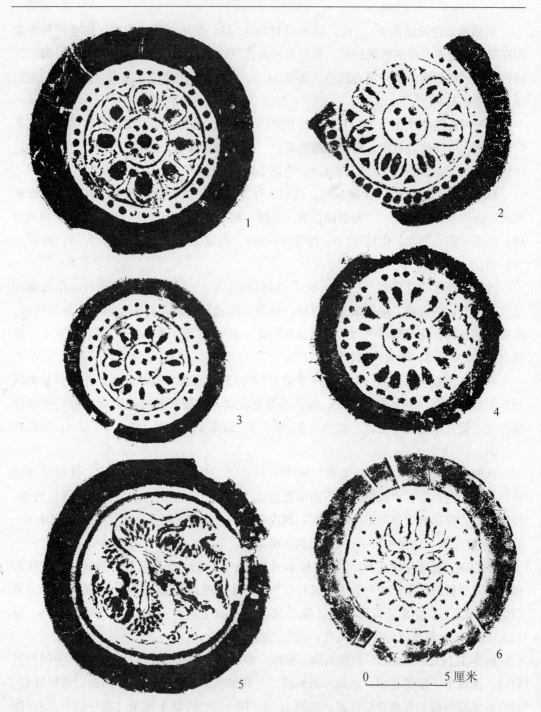

图一〇一　莲花汤瓦当纹样拓本

1.八瓣十一蕊莲花纹ⅠLHT9④:24　2.十四瓣七蕊莲花纹ⅠLHT28④A:39　3.十四瓣七蕊莲花纹ⅠLHT28④A:
43　4.十六瓣八蕊莲花纹ⅠLHT10④:27　5.盘龙纹ⅠLHT28④A:33　6.兽面纹ⅠLHT10④:32

心粗线圆内缀八点梅花形花蕊。面径 12.1、厚 1.2、边宽 1.6 厘米（图一〇一，4；图版八四，4）。

盘龙纹瓦当　2件。标本 ILHT28④A:33，泥质灰陶。作宽带和粗线相互平行的边框，内饰一躯体外凸，鳞甲丰满，蟠屈腾跃，栩栩如生的飞龙。面径 14.8、厚 1.2～2.3、边宽 2 厘米（图一〇一，5；图版八四，5）。

兽面纹瓦当　2件。标本 ILHT10④:32，泥质灰陶。作带状和细线相互平行的边，

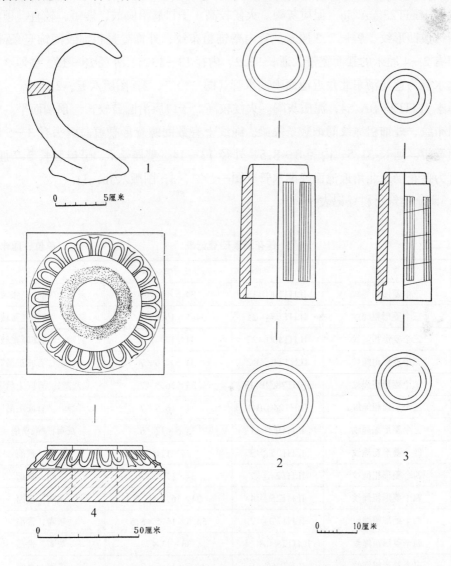

图一〇二　莲花汤角形器,陶水管,莲花纹石柱础

1.角形器ⅠLHT28④A:48　2.陶水管ⅠLHT28④A:56　3.陶水管ⅠLHT28④A:54

4.莲花纹石柱础ⅠLHT10④:55

中间局部饰乳钉纹，当面饰直发双角，环眼高鼻，月形口，卷舌，有鬃鬣的怪兽头。面径12.8～1.3、厚1.4、边宽1.5厘米（图一〇一，6；图版八四，6）。

（7）角形器　4件。

标本 ILHT28④A：48，泥质灰陶。形似羊角。根部较粗，上端弯曲呈弓形。长14.5、宽1～1.4、厚1.5～2.5厘米（图一〇二，1；图版八五，1）。

（8）水管　9件。纹样、规格不同。

标本 ILHT28④A：56，泥质灰陶。火候较高。子口唇沿圆鼓，矮短，较直，顶端面用手指抹成凹形纹，唇长2.5厘米。管内壁饰粗布纹，外饰少量粗绳纹间饰竖条隔梁，两头留有2～4厘米的素面宽带。通长33.2、内径13～13.5、外径18～19、壁厚2.6厘米。此水管为莲花汤东北角近池面晚期水管（图一〇二，2；图版八五，2）。

标本 ILHT28④A：54，泥质灰陶。火候较高。子口唇沿圆鼓较长，顶端面平。管内壁饰粗布纹，外饰粗绳纹间饰竖条隔梁。绳纹上有数圈螺旋形勒痕。两头有3～5厘米的素面宽带。通长31.5、内径8～8.5、外径13～14、壁厚2.5、子口唇长2.7厘米。此水管为莲花汤东北角近池面晚期水管（图一〇二，3；图版八五，3）。

2. 陶质建筑材料登记表

表二二　　　　　　　　　　　莲花汤条砖登记表　　　　　　　　　单位：厘米

序　号	纹　样	器　号	长×宽×厚	备　注
1	三个菱形粗绳纹	ILHT10④：15	34.5×17×7	灰陶，"将作匠张域"
2	三个菱形粗绳纹	ILHT10④：21	34.5×16.6×7.2	灰陶，"将作匠张域"
3	三个菱形粗绳纹	ILHT10④：22	34×17×7.5	灰陶，"将作匠张域"
4	三个菱形粗绳纹	ILHT24④B：2	34.5×16×7	灰陶，"官匠王昌"
5	三个菱形粗绳纹	ILHT28④B：18	35×16.5×7	灰陶，"官匠王昌"
6	三个菱形粗绳纹	ILHT24④B：1	34×16.5×7	灰陶，"官匠王昌"
7	三个菱形细绳纹	ILHT9④：17	35.5×17×6	灰陶，"朱孝倩"
8	四个菱形粗绳纹	ILHT25④：3	34×17×7	灰陶，素面
9	四个菱形粗绳纹	ILHT25④：7	34×17×6.7	灰陶，素面
10	四个菱形粗绳纹	ILHT25④：4	34×16.5×6.7	灰陶，素面
11	四个菱形粗绳纹	ILHT27④：7	33.5×16.5×6.5	灰陶，素面
12	四个菱形粗绳纹	ILHT28④B：14	36×17×7	灰陶，素面
13	三个菱形粗绳纹	ILHT25④：5	34.2×16.5×7.5	灰陶，素面
14	三个菱形粗绳纹	ILHT25④：6	38×16×8	灰陶，素面
15	三个菱形粗绳纹	ILHT28④B：12	35×16×7	灰陶，素面

续表二二

序　号	纹　样	器　号	长×宽×厚	备　注
16	三个菱形粗绳纹	ILHT25④:8	34×17×7	灰陶，素面
17	三个菱形粗绳纹	ILHT25④:9	35.5×17×7	灰陶，素面
18	三个菱形粗绳纹	ILHT27④:5	34×15.5×6.5	灰陶，素面
19	三个菱形粗绳纹	ILHT27④:6	34.5×15.5×7～7.5	灰陶，素面
20	三个菱形粗绳纹	ILHT28④B:13	35×16×7	灰陶，素面
21	三个菱形粗绳纹	ILHT28④B:15	35×17×7	灰陶，素面
22	三个菱形粗绳纹	ILHT28④B:25	35×17×8	灰陶，素面
23	三个菱形粗绳纹	ILHT10④:23	35×18×7	灰陶，素面
24	弧形粗绳纹	ILHT9④:21	35×16.7×6.5	灰陶，素面
25	弧形粗绳纹	ILHT28④B:17	33×16×5	灰陶，素面
26	弧形粗绳纹	ILHT9④:19	35×15×6	灰陶，素面
27	弧形粗绳纹	ILHT10④:43	36.8×16×5～7	灰陶，素面
28	弧形粗绳纹	ILHT10④:44	32×16.5×5～7	灰陶，素面
29	弧形粗绳纹	ILHT10④:45	36×16×5～7	灰陶，素面
30	弧形粗绳纹	ILHT10④:46	37×15.5×5.3～6.8	灰陶，素面
31	弧形粗绳纹	ILHT10④:47	35×16×7	灰陶，素面
32	弧形粗绳纹	ILHT10④:48	34×17×6.5	灰陶，素面
33	一侧饰粗长直绳纹	ILHT24④A:5	33×17×6	灰陶，素面
34	一侧饰粗长直绳纹	ILHT24④A:7	32.2×15×6	灰陶，素面
35	一侧饰粗长直绳纹	ILHT10④:18	32×16×5	灰陶，素面
36	一侧饰粗长直绳纹	ILHT28④A:10	残 29×13.5×5	灰陶，素面
37	一侧饰粗长直绳纹	ILHT24④A:6	35×17.5×7	灰陶，素面
38	一侧饰粗长直绳纹	ILHT28④A:11	33×16×7.2	灰陶，素面
39	一侧饰粗长直绳纹	ILHT10④:19	37.5×15.5×7	灰陶，素面
40	一侧饰粗长直绳纹	ILHT28④A:15	32.5×15×6	灰陶，素面
41	左手印纹	ILHT9④:16	31.5×14.5×5	灰陶，素面
42	左手印纹	ILHT24④A:4	37×16.5×6	灰陶，素面
43	左手印纹	ILHT10④:16	35×15.5×6.5	灰陶，素面
44	右手印纹	ILHT9④:18	37.5×16×7～8	灰陶，素面
45	右手印纹	ILHT9④:20	32.5×14.5×5	灰陶，素面
46	右手印纹	ILHT28④A:12	38×16.5×6.5	灰陶，素面

续表二二

序　号	纹　样	器　号	长×宽×厚	备　注
47	右手印纹	ILHT9④:22	38×18×7	灰陶，素面
48	右手印纹	ILHT28④A:9	35×16×6	灰陶，素面
49	右手印纹	ILHT28④A:14	37×18×6	灰陶，素面
50	多手印纹	ILHT10④:17	残26×18×7	灰陶，素面
51	粗长直绳纹间"╱"纹	ILHT28④A:13	35.8×16.3×6	灰陶，素面
52	粗长直绳纹间饰×"纹	ILHT10④:14	34×16.4×6.2	灰陶，素面
53	粗长直绳纹间饰×"纹	ILHT10④:20	35.3×17.8×8	灰陶，素面

表二三　　　　　　　　　　莲花汤方砖登记表　　　　　　　　　单位：厘米

序　号	正面纹样	背面纹样	器　号	边长×边长×厚	备注
1	十二瓣九蕊莲花纹	粗绳纹	ILHT28④A:8	31.8×31.5×5.9	灰陶，残
2	十二瓣九蕊莲花纹	粗绳纹	ILHT24④A:2	31.5×31.5×5.5	灰陶
3	十六瓣单蕊莲花纹	栏格纹，间一行"×"纹	ILHT27④:2	29.5×29×6	灰陶
4	十六瓣单蕊莲花纹	粗栏格纹，间一行"×"纹	ILHT24④A:1	31×29×7	灰陶，残
5	十六瓣单蕊莲花纹	粗绳纹	ILHT10④:6	33.5×33.1×6.9	灰陶
6	十六瓣单蕊莲花纹	粗绳纹	ILHT10④:7	33.5×33×6.5	灰陶
7	十六瓣七蕊莲花纹	细绳纹	ILHT10④:39	32×32×6	灰陶
8	十六瓣七蕊莲花纹	细绳纹	ILHT9④:9	32×31×6.5	灰陶
9	十六瓣七蕊莲花纹	细绳纹	ILHT10④:10	31.5×31.5×6	灰陶
10	十六瓣七蕊莲花纹	细绳纹	ILHT10④:40	31.5×30.5×6.5	灰陶
11	十六瓣七蕊莲花纹	细绳纹	ILHT10④:41	32×32×6	灰陶
12	十六瓣九蕊莲花纹	粗栏格纹加一行"＊"纹	ILHT24④A:3	32×30.5×6.5	灰陶
13	十六瓣九蕊莲花纹	粗栏格纹加一行"＊"纹	ILHT10④:5	33×32.7×7	灰陶
14	十六瓣九蕊莲花纹	栏格纹	ILHT10④:8	30.5×30×6	灰陶
15	十六瓣九蕊莲花纹	栏格纹	ILHT10④:9	32.4×31.5×6	灰陶
16	十六瓣九蕊莲花纹	栏格纹中缀"人"字纹	ILHT25④:2	34×32.5×6	灰陶
17	十六瓣九蕊莲花纹	栏格纹中缀"人"字纹	ILHT9④:7	31.5×残26.5×6	灰陶，残
18	十六瓣九蕊莲花纹	栏格纹中缀"人"字纹	ILHT9④:8	33×残24×7	灰陶，残
19	素面	细线菱形网格纹	ILHT28④B:7	30×29×6.8	灰陶
20	素面	细线菱形网格纹	ILHT9④:11	33.5×33×7	灰陶

续表二三

序号	正面纹样	背面纹样	器号	边长×边长×厚	备注
21	素面	细线菱形网格纹	ILHT9④:15	35.4×残30×7.2	灰陶，残
22	素面	细线菱形网格纹	ILHT27④:4	残31×残27.5×7	灰陶，残
23	素面	细线菱形网格纹	ILHT27④:3	残30×残25×6.5	灰陶，残
24	素面	细线菱形网格纹	ILHT28④B:6	残31×30×6.5	灰陶，残
25	素面	细线菱形网格纹	ILHT28④B:8	残30×残28×6	灰陶，残
26	素面	斜向粗绳纹	ILHT9④:10	31×残23.5×6.8	灰陶，残
27	素面	粗绳纹间"×""人"纹	ILHT10④:13	31.5×残25×5	灰陶，残
28	素面	绳纹间"×""∕"纹	ILHT9④:13	31.5×29.5×5.5	灰陶
29	素面	绳纹间"×""∕"纹	ILHT9④:12	30.5×30.5×6.5	灰陶
30	素面	绳纹间"×""∕"纹	ILHT10④:12	31×29×6	灰陶
31	素面磨光	栏格纹间"×"纹	ILHT10④:42	32×32×5	灰陶
32	素面磨光	栏格纹间"×"纹	ILHT9④:14	31×30×5.5	灰陶
33	素面磨光	栏格纹间"×"纹	ILHT10④:11	33.5×31.5×5.6	灰陶

表二四　　　　　　　　　　　　莲花汤板瓦登记表　　　　　　　　　　　单位：厘米

序号	纹样	器号	长	窄弦径	宽弦径	厚	备注
1	外素面，内粗布纹	ILHT24④A:10	残39	残17.1	残23.3	1.6~2.1	灰陶，残
2	外素面，内粗布纹	ILHT28④A:16	残16.6	残23.4	残23.4	1.7	灰陶，残
3	外素面，内粗布纹	ILHT9④:32	残29.4	残14.4	残14.4	2.5	灰陶，残
4	两面皆素面磨光	ILHT9④:33	残10.9	残13.5		2.2	灰陶，"□官泉"
5	两面皆素面磨光	ILHT9④:34	残10.4~13		残12.5	2.1	青棍，花头
6	两面皆素面磨光	ILHT10④:38	残33.3	19.8	22	1.7	灰陶，残

表二五　　　　　　　　　　　　莲花汤筒瓦登记表　　　　　　　　　　　单位：厘米

序号	纹样	器号	长	外弦径	厚	唇长	备注
1	外素面磨光，内粗布纹	ILHT10④:35	40	13.8~14.8	1.5~2	3.5	灰陶
2	外素面磨光，内粗布纹	ILHT28④A:18	31.9	12.6	1.7~2	2.5	青棍，残缺
3	外素面磨光，内粗布纹	ILHT24④A:12	残31	15	1.7~2	3.5	灰陶，残缺
4	外素面磨光，内粗布纹	ILHT9④:35	35	15.4	2.4	残	灰陶

续表二五

序 号	纹 样	器 号	长	外弦径	厚	唇 长	备 注
5	外素面磨光，内粗布纹	ILHT24④A：11	35.6	15～16	2.5	残	灰陶
6	外素面磨光，内粗布纹	ILHT27④：8	残 26.5	16	2.5	残	灰陶
7	外素面磨光，内粗布纹	ILHT28④A：17	残 27.2	15.7	2～2.5	残	青棍，残缺
8	外素面磨光，内粗布纹	ILHT10④：34	36	15～15.5	2	残	青棍
9	外素面磨光，内粗布纹	ILHT9④：38	残 28.2	12.5～13	1.8～2.2	2	青棍，残缺
10	外素面磨光，内粗布纹	ILHT27④：9	32.9	13.1	2.1	残	青棍
11	外素面磨光，内粗布纹	ILHT9④：36	31.2	12.3～13	1.8～2.1	2.5	灰陶
12	外素面磨光，内粗布纹	ILHT9④：39	32.3	13.3	1.5～2.3	残	灰陶
13	外素面磨光，内粗布纹	ILHT10④：37	30.5	12.5～13.4	1.7	残	灰陶
14	外素面磨光，内粗布纹	ILHT9④：40	残 20.6	12.5～13	1.7～2.1	残	灰陶，残缺
15	外素面磨光，内粗布纹	ILHT9④：37	31.5	12.9	1.8～2.2	残	灰陶
16	外素面磨光，内粗布纹	ILHT10④：36	33.6	12.5	2	残	灰陶

表二六 莲花汤瓦当登记表 单位：厘米

序 号	纹 样	器 号	面 径	厚	边 宽	备 注
1	十五瓣十蕊变形莲花纹	ILHT28④A：30	12.9	0.8～2.2	2～2.7	灰陶，残缺
2	十五瓣十蕊变形莲花纹	ILHT28④A：31	12.9	0.5～1.9	2.3	灰陶，残缺
3	十五瓣十蕊变形莲花纹	ILHT10④：24	复原 12.9	0.7～1.9	2.1	灰陶，残缺
4	六瓣单蕊莲花纹	ILHT9④：23	14.5	1.8	2.2	灰陶，残缺
5	六瓣单蕊莲花纹	ILHT28④A：36	12.8	2.1	2.3	灰陶，残缺
6	八瓣单蕊莲花纹	ILHT9④：26	12.7	1.8	2	灰陶，残缺
7	八瓣单蕊莲花纹	ILHT28④B：28	残 9	1.7	残	灰陶，残缺
8	八瓣单蕊莲花纹	ILHT9④：27	复原 13.4	1.5	2.3	灰陶，残缺
9	八瓣单蕊莲花纹	ILHT10④：25	12.5	1.1～2.2	2.2	灰陶，残缺
10	八瓣单蕊莲花纹	ILHT28④B：27	12.5	1.2	1.7	灰陶
11	八瓣单蕊莲花纹	ILHT10④：29	12.5	1.1	1.7	灰陶，残缺
12	八瓣单蕊莲花纹	ILHT9④：30	12.5	1.1	1.8	灰陶，残缺
13	八瓣单蕊莲花纹	ILHT10④：30	12.6	1.5	1.6	灰陶，残缺
14	八瓣单蕊莲花纹	ILHT28④B：26	12.5	1.7	2.2	灰陶，残缺
15	八瓣八蕊莲花纹	ILHT28④A：19	13.5	0.5～1.75	1.6	灰陶，残缺

续表二六

序　号	纹　样	器　号	面　径	厚	边　宽	备　注
16	八瓣八蕊莲花纹	ⅠLHT9④:25	12.5	0.8～1.75	1.7	灰陶，残缺
17	八瓣八蕊莲花纹	ⅠLHT28④A:24	13.4	0.4～1.8	1.9	灰陶，残缺
18	八瓣八蕊莲花纹	ⅠLHT28④A:44	11.8	0.4～1.7	1.8	灰陶，残缺
19	八瓣八蕊莲花纹	ⅠLHT28④A:32	11.6	0.5～1.8	1.5	灰陶，残缺
20	八瓣八蕊莲花纹	ⅠLHT28④A:40	12.5	1～1.7	1.7	灰陶，残缺
21	八瓣八蕊莲花纹	ⅠLHT28④A:23	13.5	0.5～1.7	2	灰陶，残缺
22	八瓣八蕊莲花纹	ⅠLHT28④A:21	12.7	0.4～1.9	2	灰陶，残缺
23	八瓣八蕊莲花纹	ⅠLHT28④A:22	12.7	0.5～1.7	1.7	灰陶，残缺
24	八瓣八蕊莲花纹	ⅠLHT10④:33	12.3	0.8～1.7	1.8	灰陶，残缺
25	八瓣八蕊莲花纹	ⅠLHT28④A:27	12.5	0.6～1.9	2	灰陶，残缺
26	八瓣八蕊莲花纹	ⅠLHT28④A:26	12.5	0.7～1.8	2	灰陶，残缺
27	八瓣八蕊莲花纹	ⅠLHT28④A:28	复原12.5	0.6～1.9	2	灰陶，残缺
28	八瓣八蕊莲花纹	ⅠLHT28④A:25	复原12.5	0.6～1.8	1.6	灰陶，残缺
29	八瓣八蕊莲花纹	ⅠLHT28④A:29	复原12.5	0.2～1.9	1.8	灰陶，残缺
30	八瓣九蕊莲花纹	ⅠLHT9④:31	9.5	1.1	1.4	青棍，残缺
31	八瓣九蕊莲花纹	ⅠLHT9④:28	10	0.8	1.6	青棍，残缺
32	八瓣九蕊莲花纹	ⅠLHT28④A:42	10	1.3	1.3	青棍，残缺
33	八瓣九蕊莲花纹	ⅠLHT10④:31	10	1.2	1.2	青棍，残缺
34	八瓣十一蕊莲花纹	ⅠLHT9④:24	14.4	1.5～2.5	2	青棍，残缺
35	八瓣十一蕊莲花纹	ⅠLHT9④:29	14.2	1.4～2	2.3	青棍，残缺
36	八瓣十一蕊莲花纹	ⅠLHT28④A:41	复原14.2	1.4～2.2	2	青棍，残缺
37	八瓣十一蕊莲花纹	ⅠLHT10④:28	14.5	1.1～2.7	2.3	灰陶，残缺
38	八瓣十一蕊莲花纹	ⅠLHT28④A:37	12.7	1.1～2.1	1.8	灰陶，残缺
39	八瓣十一蕊莲花纹	ⅠLHT28④A:35	复原14	1.2～2.3	2	灰陶，残缺
40	十四瓣七蕊莲花纹	ⅠLHT28④A:39	13.5	1.2	1.8	灰陶，残缺
41	十四瓣七蕊莲花纹	ⅠLHT28④A:38	13.6	1.1	1.5	灰陶，残缺
42	十四瓣七蕊莲花纹	ⅠLHT28④A:43	10.4	1.2	1	灰陶，残缺
43	十四瓣七蕊莲花纹	ⅠLHT28④A:47	复原10.4	0.9	1.2	灰陶，残缺
44	十四瓣七蕊莲花纹	ⅠLHT28④A:20	复原10.4	0.8	1.5	灰陶，残缺
45	十六瓣八蕊莲花纹	ⅠLHT10④:27	12.1	1.2	1.6	灰陶
46	十六瓣八蕊莲花纹	ⅠLHT28④A:46	12.5	1.2	1.6	灰陶，残缺

续表二六

序 号	纹 样	器 号	面 径	厚	边 宽	备 注
47	十六瓣八蕊莲花纹	ILHT28④A:45	12	1.3	1.8	带筒瓦，稍残
48	盘龙纹	ILHT28④A:33	14.8	1.2～2.3	2	灰陶
49	盘龙纹	ILHT28④A:34	复原14.8	1.5	1.5	灰陶，残缺
50	兽面纹	ILHT10④:32	12.8～13.1	1.4	1.5	灰陶，残缺
51	兽面纹	ILHT10④:26	复原13	1.2	1.6	灰陶，残缺

表二七　　　　　　　　　　莲花汤陶水管登记表　　　　　　　　单位：厘米

序 号	纹 样	器 号	通 长	内 径	外 径	厚	唇长	备 注
1	内粗布纹，外粗绳纹	ILHT28④A:56	33.2	13～13.5	18～19	2.6	2.5	排水道
2	内粗布纹，外粗绳纹	ILHT28④A:57	33.6	13.5	19.5	2.7	2.8	排水道
3	内粗布纹，外粗绳纹	ILHT28④A:55	33.4	13	18.3	2.6	2.2	排水道
4	内粗布纹，外粗绳纹	ILHT28④A:58	33.1	13.2	19.5	3	2.5	排水道
5	内粗布纹，外粗绳纹	ILHT24④A:8	33.7	12.8	19.4	3.1	3	
6	内粗布纹，外粗绳纹	ILHT25④:14	残42.5	16.2～18	22.6～24	3	3.8	
7	内粗布纹，外粗绳纹	ILHT24④A:9	31.3	14.5	21	3.2	2.6	
8	内粗布纹，外粗绳纹	ILHT28④A:54	31.5	8～8.5	13～14	2.5	2.7	排水道
9	内粗布纹，外粗绳纹	ILHT28④A:53	31.5	8.6	14	2.7	2.6	排水道

3．石质建筑材料　2件。为青石莲花纹柱础。

标本 ILHT10④:55，底方上圆，上雕一直径 0.66、高 0.115 米的圆平台，台上浮雕二十瓣覆莲，外饰弧线。莲台高 0.09 米。柱质直径 48、高 0.025 米，中心雕凿一直径 0.23、深 0.28 米的圆洞，用于固定上边立柱。通高 0.28，底边长 0.7×0.7 米（图一○二，4）。

（二）生活用具

生活用具分为陶器和瓷器两类。

1．陶器　6件。有瓶、罐、瓮、砚、球等。

（1）瓶　1件。

标本 ILHT27④:1，泥质灰陶。火候一般。唇残，残留颈部，直颈较粗，上端饰凸棱状花边，下端外侈，内壁素面粗糙，外壁素面，环饰椭圆形纵立状"珍珠"纹。残高11、内径 4.5～6.2、外径 7、壁厚 1.1 厘米（图一○三，1、2；图版八五，4）。

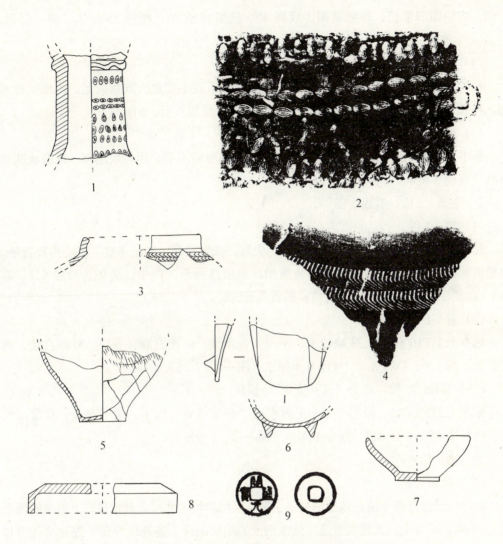

图一〇三 莲花汤陶瓶、罐、瓮、砚、瓷盅、盖,货币

1.陶瓶ⅠLHT27④:1 2.陶瓶ⅠLHT27④:1纹样拓本 3.陶罐ⅠLHT9④:2 4.陶罐ⅠLHT9④:2
纹样拓本 5.陶瓮ⅠLHT27④:10 6.陶砚ⅠLHT28④A:1 7.白瓷盅ⅠLHT9④:4 8.白瓷盖Ⅰ
LHT10④:54 9."开元通宝"钱币ⅠLHT9④:5(2、4、7~10 为 1/2,1、6 为1/4,3 为 1/8,5 为 1/20)

(2) 罐 2件。皆残。

标本ⅠLHT9④:2,泥质灰陶。残留口沿。直领敛口,圆唇,斜肩。肩部外壁环饰
细线 "＜＜＜＜" 形纹,内壁饰麻点纹。残高5.4、复原内口径22.5、沿宽2厘米(图
一〇三,3、4)。

(3) 瓮 1件。

标本ⅠLHT27④:10,泥质灰陶。残留底部,下腹成反弧形急收,平底。底心内凸

外凹。内壁饰凹形纹，外壁素面。残高 40、残留腹径 70、底径 25 厘米（图一○三，5）。

（4）砚 1 件。

标本 ILHT28④A:1，泥质灰陶。形似簸箕，下置小尖足，残留两足，内外壁皆素面。残长 6.5、宽 8.8、高 3 厘米（图一○三，6；图版八五，5）。

（5）球 1 件。

标本 ILHT13④:3，泥质灰陶。圆球形，表面粗糙不平，用砖块削剥，琢磨成圆球形状。直径 5 厘米。

2. 瓷器 2 件。有盅、盖等。

（1）盅 1 件。

标本 ILHT9④:4，残缺较多。直口，尖唇，弧腹较浅，矮足平底。底心内外皆平。内壁满釉，外壁上部及足施釉，其余露胎。胎呈红褐色，白中泛黄釉。口径 6.1、高 2.3、底径 2.6 厘米（图一○三，7；图版八五，6）。

（2）盖 1 件。

标本 ILHT10④:54，残缺较多。平顶，盖顶微凸，浅直腹，齐口，外施白釉，内壁素胎。高 1.6、口径 8.2、壁厚 0.4 厘米（图一○三，8）。

（三）货币 5 枚，均为"开元通宝"，铜质。

标本 ILHT9④:5，圆廓方穿，正面模铸"开元通宝"四字，隶书对读，背素面无纹。面径 2.45、穿径 0.7、厚 0.1 厘米（图一○三，9）。

四、小 结

（一）称谓考辨

新出土汤池按整个遗址地层划分属于第 4 层的唐代文化层。其位置在上述星辰汤以北 12.4 米，两者中间无建筑遗迹。汤池出土的绳纹条砖、莲花纹方砖、莲花纹瓦当和唐代同类器物对比相同，证明此汤池修建于唐代。

据清乾隆本《临潼县志·古迹》记载，华清宫内飞霜"殿南为御汤九龙殿。……御汤南为玉女殿，殿前有虚阁，阁下即温泉，曰星辰汤"。《临潼县志》记述唐华清宫的宫殿、汤池顺序是由北而南，若由南往北，星辰汤之北即御汤九龙殿。《长安志》、《陕西通志》、《雍录》、《津阳门诗并序》、清康熙本《临潼县志》诸文献也有基本相同的记载。元李好文《长安志图·唐骊山宫图》标注的华清宫内宫殿和汤池，星辰汤南为温泉总源，北是御汤九龙殿，再北为飞霜殿，也与上述文献记载相符。证明出土汤池按位置排列当为唐华清宫内的御汤九龙殿，即莲花汤。

这次在汤池仅北扰坑内出土明代天启元年（公元 1621 年）雕镌的《重修华清宫》碑上，也记载为唐华清宫内御汤九龙殿。

"御汤九龙殿（在飞霜殿之南）亦名莲花汤。"[1]莲花汤的造型结构特殊，"周环数丈，悉砌以白石，莹澈如玉，面皆隐起鱼龙花鸟之状。四面石座阶级而下，中有双白石莲泉眼自瓮中涌出，喷注白莲之上。"[2]《唐语林》也有大同小异的描述："周环数丈，悉砌白石，莹澈如玉，石面皆起鱼龙花鸟之状，四面石座，阶级而下，中有双白石瓮，连腹异口，瓮中复植双白石莲，泉眼自莲中涌出，注白石之面"。两文献都说莲花汤在华清宫汤池中面积较大，全用白石砌成，池壁线刻精美绝伦的图案，四面设置石座，中有双莲花进水孔和泉眼相连。发掘出土的汤池全用青石（俗称墨玉石）砌成，由于受温泉水的长期浸蚀，发生化学反应，表面全成白色，古人误认为砌石质地就是白色。汤池面积达60平方米，东、北、西三面设置石座，靠南壁正中池底有双进水孔下接温泉。双进水孔至今保留空心榫头，说明其上原有特殊的进水装置。这些都与文献记载的莲花汤形状吻合。还有一点不可忽视，上述文献记载莲花汤温泉水是直接从池底地下自然涌出，经莲花形状的进水口进入汤池。对这一点，唐玄宗李隆基在此汤沐浴之后赋诗中也说："桂殿与山连，兰汤涌自然。"[3]说明唐代人当时都以为莲花汤下就是一个温泉水源而就地修池沐浴。实际发掘证明，莲花汤的水是经过秦汉时期的水道从南边流到此，由于受到地壳内的巨大压力，溢出成泉。如果不是进行实际考古发掘，恐怕谁也无法揭穿莲花汤供水之谜。有趣的是唐代人千年前虑事不慎之错，今天却倒成了我们判断该池就是莲花汤的一个重要依据。

不啻前证，实际出土汤池的平面形状就是莲花形，又有文献上记载的装置双莲花的双进水孔，取名莲花汤，完全符合以形定名的逻辑。结合考古地层划分、出土文物佐证及其在各汤池中所处的位置考证，此汤即唐华清宫内莲花汤当无谬误可言。

（二）始建与沿革

莲花汤的始建年代，《长安志》、《陕西通志》、《雍录》、《资治通鉴》、《津阳门诗并序》、《旧唐书》、清代康熙、乾隆本《临潼县志》诸文献均没有明确记载。但从其叙述莲花汤时引用《明皇杂录》曰："玄宗幸华清宫，新广汤池，制作宏丽"的记载中能略窥时间端倪。因为华清宫不仅是骊山温泉行宫的名称，而且本身就有时间概念。文献记载骊山行宫在唐太宗时名"汤泉宫"，唐高宗咸亨二年易名"温泉宫"，天宝六载改为华清宫。既然莲花汤是唐玄宗李隆基游幸华清宫时所建，那么其始建年代应为天宝六载至天宝十四载之间。这种推理有一定的合理性，也存在着很大的片面性。因为华清宫是骊山温泉行宫发展史上最为辉煌的鼎盛时期，文献记载习惯把唐玄宗游幸骊山温泉行宫统称为游幸华清宫，孰不知骊山温泉行宫从唐玄宗开元元年（公元712年）荣登九五之尊

1)　〔宋〕程大昌撰：《雍录·温泉》，卷四。

2)　《四库全书·贾氏谈录》第一○三六册，上海古籍出版社，1987年版，127页。

3)　《全唐诗·明皇》，中华书局，1979年版，30页。

至天宝六载（公元 745 年）三十五年间，一直沿用原名"温泉宫"未改。如果把这三十五年也算为易名华清宫后的历史，莲花汤的始建年代将会出现三十五年的误差，而恰恰在这三十五年间的开元十一年冬十月，唐玄宗游幸骊山，扩建温泉宫。修没有修莲花汤，史作没有明言，不能妄断有无，需要做进一步的探讨。另外，骊山温泉宫之所以改名华清宫，是因为唐玄宗企求得道成仙，从天宝二年到天宝六载在骊山温泉地区大规模的修茸扩建，"疏崖剔薮"[1] 为天子游观，温泉宫面貌发生变化之故。这一点不但有文献依据，也有遗址出土唐代板瓦上带"天宝二年内作官瓦"的陶文为证，可见莲花汤建于天宝六载或以后的推论就值得商磋了。

集于以上疑问，莲花汤始建年代就有开元十一年，天宝二年至天宝六载或以后两说。孰说为是，出土遗物可以去伪辨真。

前文证明，星辰汤、太子汤始建于唐贞观十八年以前。现将莲花汤汤池与星辰汤、太子汤汤池进行比较，东西两边池壁和星辰汤、太子汤池壁的做法相同，都有帮砌加固砖；池底做工与尚食汤、小汤相同，却无星辰汤、太子汤池底下平铺的两层绳纹条砖。说明莲花汤在做工上既有唐贞观年间技法的遗风，也有新时代的创新。建筑用料也有区别。星辰汤、太子汤是里层用砂石，表面用青石；莲花汤除早期排水道一段用砂石外，整个池子则全用青石砌筑。造型风格也迥然不同。莲花汤取材花卉，星辰汤取材山水，反映了同一时代不同年代的审美意识和社会风尚。再从建筑构件进行对比，出土的两个莲花纹柱础的造型风格、纹样图案、雕镂技法与唐开元四年修建的唐睿宗桥陵保存的华表莲花座，开元二十九年修建的庆山寺莲花纹柱础完全相同，证明莲花汤的修建年代晚于唐贞观十八年，为唐玄宗秉政时期的遗物。

唐玄宗执政时间达四十五年之久，其中有开元、天宝二个年号，而骊山温泉行宫在这两个年号内都有一次扩建的记载。所幸的是莲花汤排水道保存早、晚两期修茸的遗存，送给了我们打开保存莲花汤始建年代记载柜子铁锁的钥匙。

砖、砂石混砌的早期排水道南部及加固池壁的条砖有绳纹、手印纹两种。绳纹条砖形体比星辰汤、太子汤条砖略小，绳纹较细，上面没有带工匠名字、工匠戳印。带工匠名字或工匠戳印的条砖是唐贞观年间的代表器物。手印纹条砖在华清宫使用时间是从唐高宗永徽元年（公元 650 年）开始至唐玄宗开元二十九年（公元 741 年），是开元年间条砖断代的代表器物。根据条砖的纹样、大小判定莲花汤的修建时间晚于唐贞观十八年，早于唐天宝二年。这与文献记载唐开元十一年修建温泉宫的时间相符。第四节已讲到太子汤于开元十一年废弃移位是因为修建莲花汤的论断也可为证。莲花汤晚期排水道为陶质绳纹管道，造型、纹样与天宝二年修建的唐华清宫骊山老君殿遗址、星辰汤池身

1)　〔宋〕欧阳修、宋祁撰《新唐书·房琯传》，中华书局，1975 年，4625 页。

晚期的陶质绳纹排水管道相同。由此可以得出结论，莲花汤始建于唐开元十一年，二次整修水道的时间在天宝年间。

文献记载和考古发掘证明，华清宫毁坏之后，由于莲花汤砌石于地下，修筑坚固，水道畅通，"五代十国"、宋、元都先后修葺沿用，原称未改（图一〇四）。明代中叶，莲花汤易名"混池"，供一般过往民众沐浴。天启元年（公元1621年），汤池淤塞，县令王予爵清淤后勒碑为记（图一〇五）。清代迄中华人民共和国建立初年，莲花汤仍为民众沐浴之所，1960年改作蓄水池，称为骊山第二"温泉水源"（图一〇六），一直沿用至1986年，经这次考古发掘出土，揭开谜底，才重现庐山真面目。

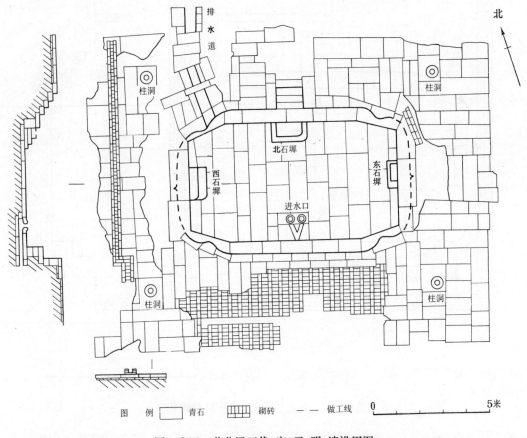

图一〇四　莲花汤五代、宋、元、明、清沿用图

（三）问题诠释

1. 莲花汤的沐浴者　莲花汤由于历代沿用，除保存两个莲花纹柱础、三彩龙形套兽和莲花纹瓦当外，原建筑倒塌物多不复存在。莲花纹柱础在华清宫是御用之物，龙是天子的象征，难怪莲花汤原名"御汤九龙殿"。

殿内汤池为双层结构，上莲花，下八极，造型倬诡，寓意深远，面积达60多平方

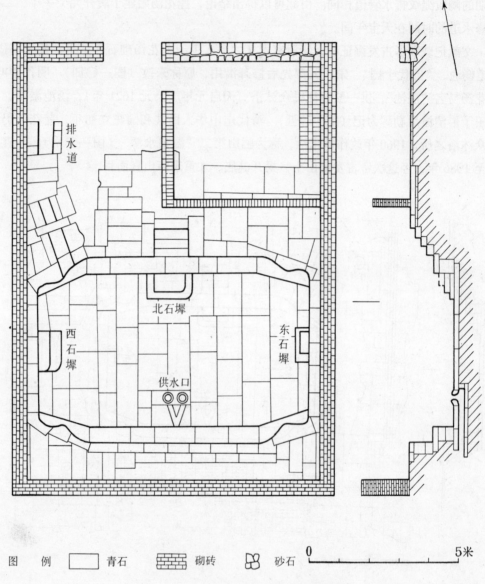

排水道

北石墀

西石墀

东石墀

供水口

图　例 □青石 ▥砌砖 ❀砂石 　0　　　　　5米

图一○五　莲花汤清末至民国时期沿用图

米，是尚食汤和后文将要叙述的海棠汤、小汤永远无法比拟的，说明莲花汤不但殿宇装饰着不可僭越的皇权徽号，而且汤池上也保留着天子至高无上的烙印。不言而喻，能在"龙殿"莲花汤沐浴者，非当朝最高统治者皇帝莫属。

那这位皇帝又是谁呢？

元李好文《长安志图·唐骊山宫图》引游师雄题跋曰："天宝六载……因改宫为华清宫，明皇岁幸焉。殿曰'九龙'，以待上浴；曰'飞霜'，以奉御寝。"明皇就是唐玄宗

北

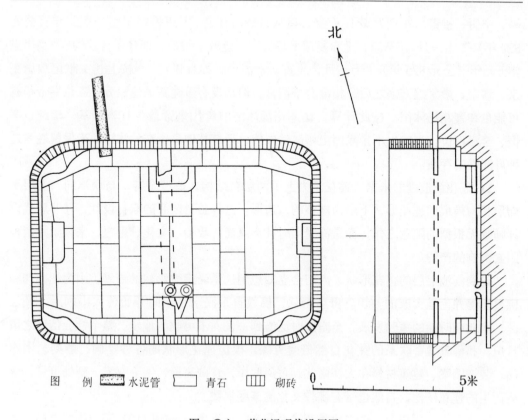

图　例　▨水泥管　▢青石　▥砌砖　　0　　　　　5米

图一〇六　莲花汤现代沿用图

李隆基。"九龙"即御汤九龙殿的简称。

　　《长安志》、《资治通鉴》、《雍录》、《津阳门诗并序》、清康熙、乾隆本《临潼县志》等文献记载莲花汤均引用《明皇杂录》曰："玄宗幸华清、新广汤池，制作宏丽。安禄山于范阳以白玉石为鱼龙凫雁，仍为石梁及石莲花以献，雕镌巧妙，殆非人工。上大悦，命陈于汤中，又以石梁横亘汤上，而莲花绽出于水际。上因幸华清宫，至其所，解衣将入，而鱼龙凫雁皆若奋麟举翼，状欲飞动。上甚恐，遽命撤去，其莲花至今犹存。"这段文献不但明确告诉了莲花汤的沐浴者就是唐玄宗李隆基，而且还记述了唐玄宗在莲花汤沐浴时那段鲜为人知的轶闻趣事。

　　"安史之乱"后，唐玄宗逊位称太上皇，于公元757年从四川回銮京城。唐肃宗李亨至德三载（公元758年）十月"甲寅，上皇幸华清宫，上送于灞上。……十一月丁丑，……是日，上皇至自华清宫，上迎于灞上。"[1]唐宪宗李纯元和十五年（公元820年）十一月"上将幸华清宫。戊午，宰相率两省供奉官诣延英门，三上表切谏，……皆不听。谏官伏门下，至暮，乃退。己未，未明，上自复道出城，幸华清宫，独公主、驸

1)　〔后晋〕刘昫等撰《旧唐书·本纪第十·肃宗》，中华书局，1975年版，253~254页。

马、中尉、神策六军使帅禁兵千余人扈从，晡时还宫。”[1]唐穆宗李恒长庆二年（公元822年）冬十一月，“辛未，上自复道幸华清宫，遂畋于骊山，即日还宫。”[2]唐敬宗李湛宝历元年（公元825年）“十一月，庚寅，幸温汤，即日还宫。”[3]按上述文献记载唐宪宗、穆宗、敬宗继玄宗之后，相继游华清宫，但却没有重建新汤池，分析三位皇帝很有可能也在莲花汤沐浴。按此计算，在莲花汤沐浴的唐代皇帝最少有李隆基、李纯、李恒、李湛四位，当然也不排除因史籍散佚失传，还有其他皇帝在此沐浴而未保留姓名这种可能性的存在。

2. 莲花汤造型的依据　莲花汤为上下两层台结构，造型奇特，与众不同，上层平面形状为模拟的莲花形，下层为规整的八边形。这种独具匠心的取材设计，并非唐代设计师毫无根据的随意之作，而是深受当时社会风尚、政治、文化、思想、宗教崇拜诸种因素影响的产物。

说到汤池上层的莲花形状，人们会立即想到这是受佛教影响的结果。因为把莲花和佛教相提并论是大家的共识。毋庸否认，佛教自东汉永平年间开始传入中国后，经三国、南北朝时期的蓬勃发展，至隋唐时泛滥到一发而不可收的地步。整个社会信佛之风日炽，和佛教紧密联系的莲花自然倍受青睐。模仿莲花形状的各种绘画、雕刻艺术作品、装饰图案、建筑材料在大江南北，黄河两岸，青藏高原，塞上荒漠，到处可见，应运而生的莲花汤池，自然也带有佛教文化的某些揭橥。

唐代是中国历史上一个文化繁荣、百花齐放、百家争鸣的时代。宗教领域里门派甚多，但主要是佛道两教争领风骚。由于受最高统治者的政治需要和对两教好恶态度的影响，一段时间内佛强道弱，又一段时间内则道强佛弱。唐高祖李渊受禅秉政之初，曾下诏禁佛，武则天出于兴周代唐的政治需要，尊佛薄道。唐玄宗李隆基为了巩固李唐王朝的万里江山，表面容佛道共存，实则尤倡道教，使道教的地位在开元末到天宝年间扶摇直上，在当时的思想意识形态领域里已经占据了主导地位，所以要将莲花形状汤池的面世，单纯地解释为由于受佛教传播作用的结果是不完全正确的，带有很大的片面性。因为莲花既是佛教的象征，又是道教的桂冠和宝座。据《太平御览·百卉·芙蕖》记载：“真人阅尹传曰：‘老子语喜，天崖之渊，真人所游，各各坐莲华之上，一华辄径十丈’”，又曰：“顾启期娄地记曰：娄门东南有华敷陂，中生千叶莲花。其荷无异，菡萏色白，岂佛经所载者乎。”《太平御览·道部十九·几案》云：“文始内传曰：诸天各奉莲花座，以宝盖覆之。”不仅如此，文献还叙录道教供奉的天仙、真人戴芙蓉冠、芙蓉巾。“真诰曰：有一老人着绣裳，戴芙蓉冠，倚九节杖而立。芙蓉冠即礼之爵弁，粗欲相似，

1) 〔宋〕司马光编著：《资治通鉴·卷二百四十一·唐纪五十七》，中华书局，1976 年版，7786~7787 页。
2) 〔宋〕司马光编著：《资治通鉴·卷二百四十一·唐纪五十七》，中华书局，1976 年版，7822 页。
3) 〔宋〕司马光编著：《资治通鉴·卷二百四十一·唐纪五十七》中华书局，1976 年版，7845 页。

但不知真人以何物作之耳，自非已成真不得此冠此。"[1] "上清变化经曰：太元真人巾芙蓉冠。"[2] "登真隐诀曰：太玄上丹霞玉女戴紫巾，又戴紫华芙蓉巾。"[3] "桐柏山真人王子乔年甚少，整顿非常，建芙蓉冠。"[4] "太极左仙公起居注曰：太上三天锡仙公芙蓉冠。"[5] 唐华清宫老君殿供奉开元二十九年（公元 741 年）雕刻的道教始祖汉白玉老君像，就是变形覆瓣莲花纹宝座。山西省博物馆现收藏开元七年（公元 719 年）雕刻的常阳天尊石造像，头戴莲花冠，宝座四周线刻莲花，忍冬和仙鹤等[6]。底座侧面线刻弟子道士像七幅。七人均站在莲花宝座上，其中有三幅人物头上戴莲花形冠，一人手持莲花。说明莲花在唐代开元、天宝年间不仅是佛教的象征，而且也是道教的象征。

中国历史上佛、道两教在孰先孰后的争论中，互道长短，竭尽诽谤之能事，不惜使用极其下流污秽的语言恶意中伤。说到莲花自然有一个早晚的问题。现姑且不论输入中国的佛教和土生土长的道教在崇拜莲花这个问题上孰早孰晚，以及谁借鉴谁，单就莲花汤修建于开元年间尊道这个特定的历史环境而言，其造型除有受佛教文化影响的因素之外，更多的则是受了道教文化影响的结果。

不惟如此，唐玄宗之所以将自己沐浴的汤池造型选择成莲花形状，也与中国古代人们赋予莲花所代表和象征的及很多与众不同的特性、神秘的寓意密切相关。《太平御览·百卉·芙蕖》载："《周书》曰：鱼成龙则薮泽竭，即莲藕掘。……《毛诗义疏》曰：芙蕖为荷，其华未发为菡萏。已发为芙蕖，其实莲。……或可磨以为饭，轻身益气，令人强健。……《抱朴子》曰：千岁神龟巢于莲叶之上。……《华山记》曰：山顶有池，池中生千叶莲花，服之羽化，因名华山。《诸草木方》曰：……九月九日采莲实九分，阴乾下簁，服方寸匕，令人不老。"《太平御览·果部·莲》："《史记》曰：龟千岁游于莲叶之上焉。"集众家之言可知，莲花寓意、象征甚多，既能养育成龙，又可使人延年益寿，长生不老，羽化成仙，与日月同在，和天地共存。莲花这些使人神往的秉性，正好吻合了唐玄宗尊崇道教、"慕长生"[7]的凤愿。难怪他摈弃百卉之王牡丹的美貌而不取，却独钟情莲花，其用心毋庸赘言。

汤池一层台的造型与二层台的莲花形状迥异，做成正东西方向的规整八边形。在动辄依礼，事必法古的唐代社会，建造皇帝御用之物必有寓意和所指。这八边形又寓意着什么呢？

1) 〔宋〕李昉等撰：《太平御览·道部十七·冠》，中华书局，1960 年版，3007 页。
2) 〔宋〕李昉等撰：《太平御览·道部十七·冠》，中华书局，1960 年版，3008 页。
3) 〔宋〕李昉等撰：《太平御览·道部十七·冠》，中华书局，1960 年版，3008 页。
4) 〔宋〕李昉等撰：《太平御览·道部十七·冠》，中华书局，1960 年版，3009 页。
5) 〔宋〕李昉等撰：《太平御览·道部十七·冠》，中华书局，1960 年版，3009 页。
6) 《常阳天尊》，《文物》，1991 年第 2 期。
7) 〔宋〕司马光编著：《资治通鉴·卷二百一十六·唐纪三十二》，中华书局，1976 年版，6900 页。

在无法揭示宇宙天体奥秘的中国古代社会，人们根据对天体长期直观的观察，发现万里长空中日月、星辰的运行有一定的规律，得出了"天圆地方，极枢中央"[1]，"天道曰圆，地道曰方"[2]，"又周髀象云'天圆如张盖，地方如棋局'"[3]的模糊观念。随着人们认识的逐步提高，将天分为九天，地划八方。八方有多种的称谓。《史记·司马相如传》曰："上畅九垓，下溯八埏。"《后汉书·明帝传》曰："恢弘大道，被之八极。"注引《淮南子》曰："九州之外有八寅，八寅之外有八纮，八纮之外有八极。"《魏书·高允传》云："四海从风，八垠渐化。"《文选·木华海赋》曰："迤涎八裔"。"八埏"、"八极"、"八垠"、"八裔"均指大地的东、西、南、北、东南、西南、东北、西北八个方位。莲花汤二层台八边形的八边排列，正对八方。其中正对东、南、西、北四方的四边比正对东南、西南、东北、西北四隅的四边长，清楚地表明了方隅位置。莲花汤一层台不做成像太子、尚食、小汤那种长方形，而做成八边形，推测是用八边代表大地之八极，取"溥天之下，莫非王土"之意。

这种推测的合理性，从汤池一、二层台上莲花和大地八极形状的上下排列位置上也可见一斑。就莲花和大地的关系而论，莲花设计在大地八极之上，完全合乎莲花根植大地土壤之中，花浮水上的生长规律。如果设计师将大地八极设计建造在莲花之上，就犯了古人最担心的阴阳颠倒，万物失序，违背自然界正常发展规律而酿成天灾人祸，危及皇权，影响社稷安危之大忌。且不说汤池造型美观与否，仅犯忌一点若被道破玄机，无论是工程的主持者还是设计者，都注定是要倒大霉的，轻则遭贬，重则论斩。

唐代的礼制官和设计师为了维护皇权，煞费苦心，将御用汤池取意莲花、八极，既满足了皇帝企求万寿无疆，长生不老的私欲，又能被巧舌如簧的御用文人解释为皇恩浩荡，德及八方，恩泽万民。这无疑是一个别出心裁的创作。

3. 窨井1（YJ1）的修建时间和追溯　窨井1（YJ1）和南边3.35米和这一段水道的砌砖全是带工匠名字和戳印的绳纹条砖。这种砖是唐贞观年间的典型器物，证明窨井和3.35米这段水道修建于唐贞观十八年。

窨井1（YJ1）和水道砌砖与莲花汤池砌砖在时间上有早晚之分，加之汤池南边有秦汉供水道（唐代人认为温泉水源），排水道向北延伸和3.35米水道相接处有明显的接茬，推测这里原就修有汤池，后在唐玄宗修莲花汤被拆除，保留排水道。太子汤排水道不走直线却走东北方向与窨井1（YJ1）相接，也证明了这一点。

（四）殿宇建筑和汤池复原

1. 殿宇建筑复原

---

1)　〔唐〕瞿昙悉达著：《唐开元占经·天体浑宗》，中华书局，1989年版，6页。

2)　刘安著、高诱注：《诸子集成·淮南子·天文训》，上海书店影印出版社，1986年版，35页。

3)　〔唐〕魏征等撰：《隋书·天文上》，中华书局，1973年版，506页。

莲花汤殿宇遗址保存较为完整，虽局部有一定程度的破坏，但制度犹在，为复原提供了比较可靠的依据。

（1）台基　东西长 19.2、南北宽 15.7 米，双层结构，面石底砖。底层砖和散水上口相平，上层砌石高出散水顶部 0.1 米。加上散水高出地面 0.19 米，台基的实际高度为 0.29 米。

晚期散水形状虽然保存比较完整，但复原设计以南边早期散水为依据，做成沟槽式散水。散水南北宽 0.2、深 0.3 米，中心距檐柱 2.9 米，两边用条砖平砖错缝顺砌为壁。

（2）柱础　按现存立柱暗础和柱础坑位排列形状，为宋代《营造法式》上记载的"金箱斗底槽"结构。南、北檐是六个立柱，从东向西，立柱中心间距依次是 2.94、4.1、4.5、4.1、2.94，内柱与之相同。

东、西檐是六个立柱，中心间距均为 3 米。从东檐立柱所对内柱保留原唐代石铺地面没有立柱洞的实际情况分析，原莲花汤殿宇，减去了南北内柱之间的八根立柱，使南北内柱的跨度达到 8.9 米（图一〇七）。

（3）柱径与柱高　立柱直径，内外有别。檐、内柱直径根据此殿宇出土柱础质测量，是 0.48 和 0.49 米。按唐及辽代初期，柱径与柱高比为 1:8～1:9，用莲花柱础质直径 0.48 米乘以 8 或 9，求知檐柱高分别为 3.84、4.41 米。根据《营造法式》："若副阶廊舍，下檐柱虽长，不越间之广"的记载，用莲花汤当心间广 4.5 米，对照上边两个数据，3.84 米显得略低，4.41 米则比较接近实际。考虑唐宋时代建筑高低有别，这次复原以 4.2 米为依据。

柱原应有生起，按角柱比平柱生高是三间生二寸，每增加两间又递增二寸，至十三间生高一尺二寸止[1]。宋代尺一寸约合今 3.2 厘米，二寸合 6.4 厘米。每增加两间，即柱高增加 6.4 厘米。唐代一尺合今 2.94 厘米，现取整数，一寸合 3 厘米，二寸合 6 厘米计算，明间柱高 4.2 米，则次间柱高 4.26 米，梢间柱高 4.32 米。柱亦应有侧脚，以 6 厘米为级数等比递增，即次间侧脚 6 厘米，梢间角柱侧脚为 12 厘米。柱头有卷刹。柱础依照遗址出土的莲花纹石础制做。

（4）材栔　莲花汤开间和进深的尺寸是确定的，若按每唐尺折合 0.294 米计算，则各开间可折合为 10、13.6、15、13.6、10 唐尺。佛光寺的大小木作是国内唐代铺作的实例，就以此为依据进行设计复原。佛光寺殿宇面积和开间均比莲花汤大，选用一等材，每份合今 2 厘米。莲花汤的铺作也按《营造法式》一等材下料，以材宽×材高（10×15 份），每份为 1.9 厘米计算，即单材为 19×28.5 厘米，足材高 40 厘米，栔高 12

1)　陈明达：《营造法式大木作制度研究》，文物出版社，1993 年版，18 页。

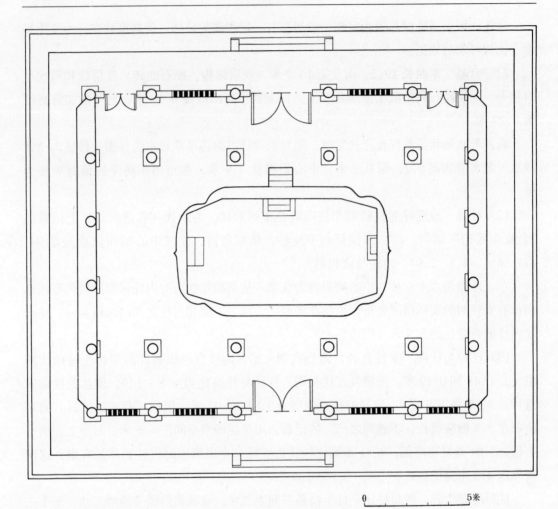

图一〇七　莲花汤平面复原示意图

厘米为复原设计依据。

（5）斗拱和梁架结构　莲花汤为盛唐时期建筑，斗拱出跳一般在二跳以上，复原参考佛光寺大殿的斗拱形式设计，承檐柱头斗拱为外转双杪单下昂出二跳五铺作偷心造，里转四铺作单杪，内柱斗拱里转四铺作单杪，外转五铺作双杪。铺作由栌斗底至檐檩上皮为1685厘米。檐柱中心至檐口为2.9米，滴水正好流进散水沟。在昂的构造上，参考日本法隆寺金堂，下昂不从斗口出，而托在斗口平出的略如华拱的枋木上。使昂头令拱座落在平挑的枋木与昂的轴线交点上，这样受力更为合理[1]。柱间作双额（阑额、由

---

1)　杨鸿勋：《建筑考古学论文集·唐长安青龙寺真言宗殿堂（遗址）复原研究》，文物出版社，1987年版，220页。

额）中间立蜀柱。柱头出单杪，补间采用人字拱及斗子蜀柱，转角铺作可作三向出跳。形制参考初唐制作的大雁塔门楣线刻佛殿图、唐韦贵妃、李寿墓第一过洞壁画重楼阁。

明栿、剳牵加工成月梁形式，两端用偷心造斗拱承托。殿堂内顶设平阁，形制仿照日本法隆寺金堂、唐招提寺金堂及佛光寺大殿的作法，中心向上凸起作盝顶式，上施彩画，样式模拟韦贵妃、永泰公主、章怀太子和懿德太子墓壁画。

梁架结构为六椽五间，脊榑下为"人"字叉手，平梁，四椽栿月梁。木作形式仿佛光寺大殿。建筑物举架高9.55米，总高12米。"而屋盖形式是依据房屋规模和平面比例决定的。即平面正侧面长在3∶2至2∶1时，宜用四阿屋盖"[1]。莲花汤殿基正侧两面的长比较接近3∶2，加之又是皇帝御用沐浴之所，屋盖结构复原设计为四阿式比较接近原样（图一〇八）。

再从出土屋面红烧土上保留的遗痕看，椽子上原有比较密集的棚盖物承泥浆。泥浆上再施瓦。屋盖上的板瓦、筒瓦、脊头瓦、鸱尾参照遗址出土同类器物复制。檐角上套兽仿照出土三彩套兽制做。复原瓦当依照遗址出土的唐中期的八瓣六蕊莲花纹图案为准。滴水板瓦为花边重唇。四角梁下挂风铎。此殿基低矮，原建筑应无栏座设施，这里不再画蛇添足。

（6）墙、门、窗　唐华清宫遗址出土殿宇夯土墙一般厚0.35～1米，复原大殿外围设版筑夯土墙，厚度以0.9米为准，两侧面与柱齐。正面明、梢间仿照唐韦贵妃、李重俊墓壁画安装木板门，次间作直棂格子窗；背面明间亦装木板门，次、梢间作直棂格子窗。墙内外粉白灰壁面，画出红色底角线。斗拱、柱、门、窗等木作上红漆（图一〇九）。

2. 汤池复原

莲花汤池全用打磨规范的青石砌成，除东西两端和一些地方局部遭到破坏之外，整体基本保存完好。从已破坏地方保留的非常清楚的唐代工匠为做工规整而剔凿的做工槽线看，莲花汤池东、西两端被破坏的地方，原为壸门形状。现依历历在目的做工槽线砌石，即可恢复莲花汤池昔日的形制。

从莲花汤池进水口上部现保留的圆榫头分析，上边原有特制的进水设施。据《明皇杂录》记载，唐玄宗在华清宫"新广汤池，制作宏丽。安禄山于范阳，……仍为石梁及石莲花以献。……而莲花绰出于水际。其莲花至今犹存"。《贾氏谈录》曰："汤泉凡一十八所，第一是御汤，周环数丈，悉砌以白石，莹澈如玉，面皆隐起鱼龙花鸟之状，四面石座阶级而下，中有双白石莲，泉眼自瓮口中涌出，喷注白莲之上。"《唐语林》记载华清宫内"第一即御汤，……中有双白石瓮，连腹异口。瓮口中复植白玉莲，泉眼自莲

1)　陈明达撰：《中国古代木结构建筑技术》，文物出版社，1990年版，48页。

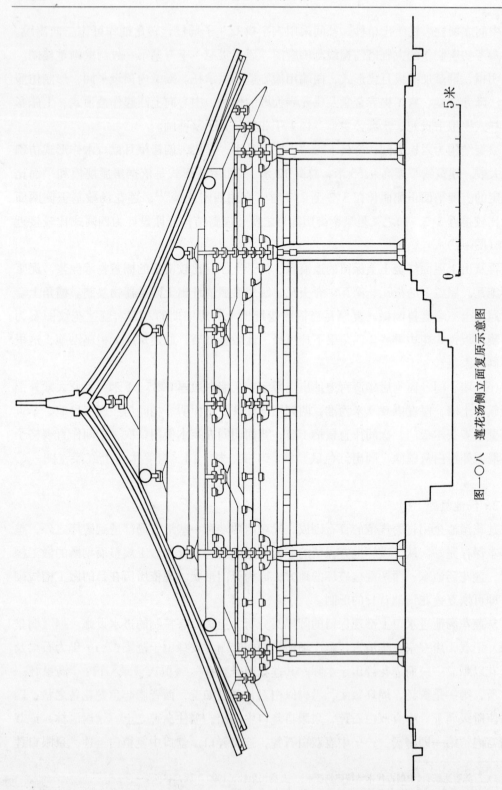

图一〇八　莲花汤侧立面复原示意图

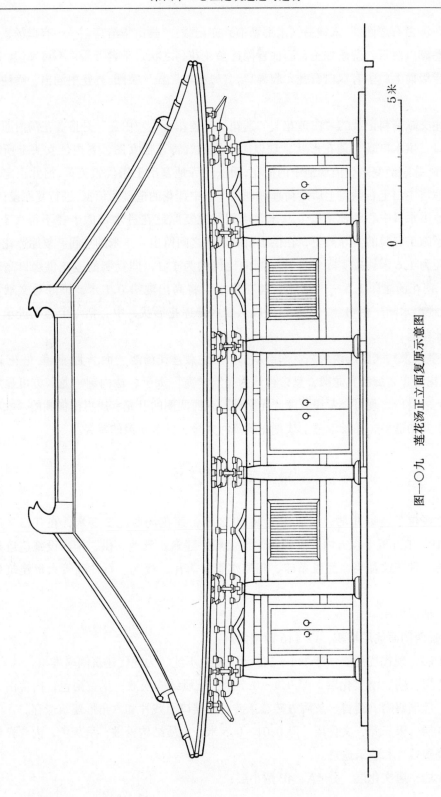

图一〇九 莲花汤正立面复原示意图

中涌出，注白石之面。"宋钱易《南部新书》亦记载："骊山华清宫，……有御汤，周环数丈，悉砌以白石，莹澈如玉，石面皆隐起鱼龙花鸟之状，千名万品，不可殚记。四面石座，皆级而上。中有双白石瓷，腹异口，（粤雅本'异'字阙。）瓷中涌出，喷注白莲之上"。

上述文献资料记载的"白莲花"、"莲花"、"莲花石"、"白莲"是指莲花汤内原石莲花供水口。供水口既为莲花形状，现以唐人周昉《簪花仕女图》卷内仕女头上所戴莲花，唐代阿弥陀经变画金琉璃池中的荷花，唐法门寺地宫出土唐代银芙蕖，河北正定开元寺初唐地宫中出土石函盖上所绘荷莲和现实生活中莲花的造型为依据，进行复原设计。

汤池供水口中心距池南壁 0.9 米，也就是说复原莲花进水口的半径不得大于 0.9 米。考虑施工安装的实际需要，在供水口和南壁之间留出 0.1 米的空间。复原莲花供水口的直径为 1.6 米。按实际中莲花宽高的比例约为 1∶1，即复制的莲花供水口高亦为 1.6 米。莲花汤池深 1.5～1.52 米，莲花供水口将高出池沿 0.1 米，正好与文献记载"而莲花绕出水际"相吻合。供水口做成八瓣六蕊莲花形状，中心钻六个透孔进水，同时又象征花蕊。

《明皇杂录》、《贾氏谈录》、《南部新书》均记载莲花汤池"面皆隐起鱼龙花鸟之状"。莲花汤亦名御汤九龙殿，皇帝被认为是真"龙"天子，池内刻"龙"方可显示其至高无上的身份。现可参考唐乾陵"无字碑"东西两侧的升龙和唐卢楞伽画的《六尊者象册》中龙的造型，在汤池壁上线刻龙跃江河大海、劈波斩浪的雄姿。

第六节　海棠汤

海棠汤位于遗址北部，星辰汤之北 29.3 米，莲花汤西北 2.3 米，在 T13、T16、T17、T19、T20 五个探方内，发现汤池地面殿宇建筑、汤池、供、排水设施遗迹和莲花纹方砖、莲花纹瓦当、绳纹条砖、陶质水管、筒瓦、板瓦、石柱础等大量建筑材料（彩版一一）。

一、地层堆积

（一）西剖面地层堆积，以 T16 西壁为例：

第 1 层，现代扰乱层　厚 1.1～1.5 米，土色不纯，为现代建筑倒塌堆积。

第 2 层，明、清文化层　厚 0.4～0.7 米，土质结构松散，呈黄褐色，内含白、青花瓷片、琉璃鸱吻、蹲兽、灰陶方砖、条砖、陶器口沿残片和六角形建筑遗存。

第 3 层，宋、元、文化层　厚 0.01～0.5 米，土质结构松散，呈灰色，内含脊兽残块、青瓷碗残片和建筑遗迹。

第 4 层，唐文化层　分 4A、4B 两小层：

4A层，为晚期建筑遗存，厚0.25~1.7米，保留青石板和砖铺地面。

4B层，为唐代早期建筑遗存，厚0.7~0.8米，上层是厚0.1~0.15米的杂土，结构松散，呈褐色，内有板瓦、瓦当残块；下层是一层砖铺地面，有莲花纹方砖、绳纹方砖和绳纹条砖。

第5层，秦汉文化层　厚0.7~1.6米，土色灰褐，出土秦汉时代的建筑材料。

第6层，生土层（图一一〇，1）。

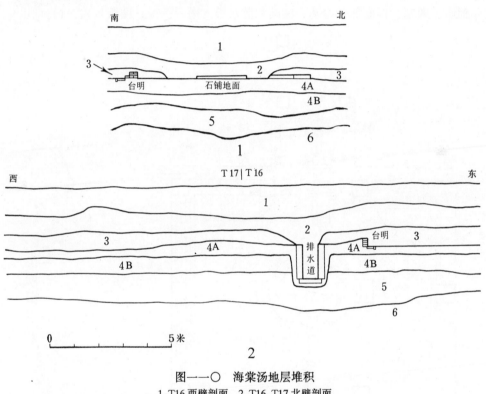

图一一〇　海棠汤地层堆积
1. T16西壁剖面　2. T16、T17北壁剖面

（二）北剖面地层堆积，以T16、T17北壁为例：

第1层，现代扰乱层　厚0.75~1.4米，土色不纯，为现代建筑倒塌堆积，内含现代铁管道。

第2层，明、清文化层　厚0.45~2.57米，土质结构松散，内含宋、元、明、清各代砖瓦及其残块、宋瓷残片、明、清青瓷片和陶水管、锈铜钱、白灰块、木炭灰、陶容器残片等。

第3层，宋、元文化层　厚0.025~0.8米，土质结构疏松，呈黄褐色，内含唐代砖瓦残块、宋团花纹、缠枝纹青瓷残片、姜黄瓷碗、条砖、陶容器残片等。

第4层，唐文化层　厚0.3~1.9米，内有唐代早期板瓦、筒瓦块，星辰汤排水道、石砌水道及砖砌台明、散水等。

　　第 5 层，秦汉文化层　厚 0.55~1，土色灰褐，出土秦汉时代的建筑材料。

　　第 6 层，生土层（图一一○，2）。

　　二、建筑遗迹

　　（一）殿宇建筑

　　殿宇建筑由殿宇和北门廊两部分组成，现地面的立柱、梁架、屋面已被破坏无存，保存廊墙、殿基、四面部分墙基、柱础和散水等（图一一一；图版八六，1）。

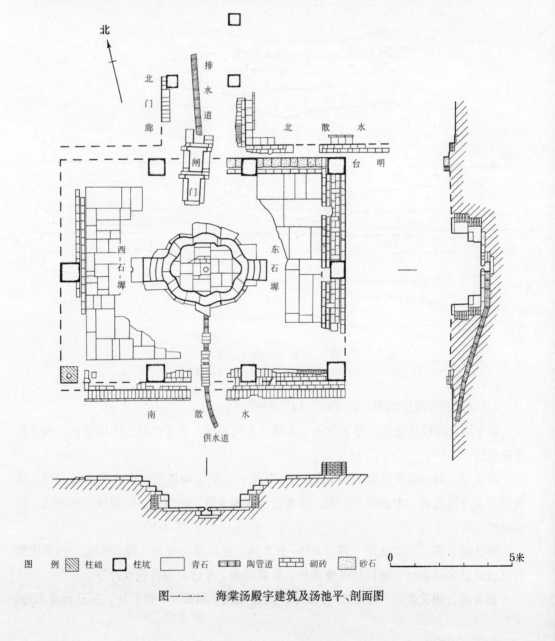

图例　柱础　柱坑　青石　陶管道　砌砖　砂石　0　5米

图一一一　海棠汤殿宇建筑及汤池平、剖面图

1. 北门廊 位于殿基北面正中，南北方向，东西面阔 3.5 米，南北残长 2.8 米，现保存部分东、西散水和墙。廊地面由于后期修补排水道被破坏。

（1）东散水 位于门廊之东，南北方向，南端和殿基北散水东段相接，残长 2.24、宽 0.38、高出室外地面 0.05 米。散水的做法是在轻夯的地面上，平砌规格为 31.6×31.6×6 厘米一面素面、另一面饰绳纹的单行方砖，外用规格为 31.5×15×6 的绳纹条砖侧砖东西向顺砌做边（图版八六，1）。

（2）东墙 呈南北走向，紧贴东散水修砌，南端与殿基北台明连接，残长 1.97、宽 0.35、高 0.21 米，残存三层砌砖，保留两个立柱的暗础坑位，中心间距 2.53 米。南边坑位距东墙西边 0.182、殿基北檐墙 3.17 米处，南北长 0.48、东西宽 0.5、深 0.35 米。北边坑位南北长 0.46、东西宽 0.51、深 0.32 米。坑底内夯有碎石块。墙用规格为 33.5×15.5×7 厘米的绳纹条砖南北向平砖错缝顺砌。

（3）西散水 破坏无存。

（4）西墙 南北走向，仅存底部一层砌砖，南端被破坏，残长 1.8、宽 0.35、高 0.07 米，在内侧距东边 0.18、殿基北檐墙 3.17 米处，有一南北长 0.51、东西宽 0.49、深 0.32 米的立柱暗础坑位。墙的做法与东墙相同。

东、西墙间距 3.5、立柱坑位中心间距 2.65 米。

2. 殿宇建筑 坐南面北，方向 258°。东西长方形，南边高出室外地面 0.22、北边高出 0.21 米，东西长 12、南北宽 9.95 米，面积 119.4 平方米，面阔三间，进深二间（图一一一；图版八六，2）。

（1）北散水 位于殿基之北，呈东西走向，西半部全被破坏，东半部的中间和东端亦遭破坏，东西残长 4.55、南北宽 0.38、高出室外地面 0.06 米。散水的做法是在夯打的地面上，平砌规格为 31.6×31.6×6 厘米、正面素面、背面饰绳纹的单排方砖，外用条砖侧砖东西向顺砌做边（图版八六，1）。

（2）北台明 紧贴北散水修建，呈东西走向，西半部被破坏无遗，东段残存 6.05、南北宽 0.56 米，保存三层砌砖，高出散水 0.21 米。台明的做法是外边用规格为 35×16×7、36×16×6.5、35.5×17.5×7 厘米的绳纹条砖，东西向平砖错缝顺砌双排条砖，上边用相同规格的条砖侧砖丁砌，最上面东西向平砖错缝顺砌双排条砖。

（3）北墙 呈东西走向，仅存底层砌石，东西残长 4.25、南北宽 0.6、残高 0.27 米。墙基南边用和南墙相同规格的绳纹条砖，东西向平砖错缝顺砌，北边用较规整的砂石块平石顺砌作边。在距墙基东端 3.22 米处，发现一块砂石上阴刻楷书"杨"字。

（4）东墙 呈南北走向，南端已残，南北残长 7.15、东西宽 1 米，残留七层砌砖，高 0.51 米。墙基两边用规格为 35×16×5、34×6.5×5.3 米的绳纹条砖，南北向平砖错缝顺砌，中间用乱砖平砌填实（图版八七，1）。

（5）南散水　位于殿基南面，保存两次修建遗迹。一期散水破坏极为严重，仅保留西部南边一段帮砌砖，残长1.5米，用规格为37×15.2×6厘米绳纹条砖东西向侧砖顺砌，外用"牙角"形砖加固，北距南檐柱础中心1.35米，高出室外地面0.03米。

二期散水位于一期散水之北，紧贴南台明第一台阶修建，呈东西方向，残长11、南北宽0.41、高出室外地面0.05米，东西两端和中间一段被破坏。其做法是在经过轻夯的地面上，用规格为34×17×7厘米的条砖平砖丁砌，再用相同规格的条砖，侧砖东西向顺砌做边。

散水东端有陶质绳纹管道，呈西南东北方向，残长0.86米，子母口套接，白灰浆合缝。管道单节长31、内径14～15厘米。

（6）南台明　紧贴二期南散水之北修建，呈东西走向，残长10.95米，两端和中间一段残缺，做成南低北高台阶状，由南向北：第一台阶高出散水0.07、南北宽0.17米；第二台阶高0.15、南北宽0.18米，用规格为35×16×7厘米的绳纹条砖，东西向平砖错缝顺砌而成（图版八七，2）。

（7）南墙　呈东西走向，西端和中间残缺，东西残长10.2、南北宽0.55、残高0.215米，保留三层砌砖。墙基南边用规格为36×17×6、35×18.6×6、36.1×18×7厘米的绳纹条砖，东西向平砖错缝顺砌，北边用相同规格的条砖侧砖丁砌做基础，上边用条砖平砖错缝顺砌（图版八七，2）。

（8）西墙　呈南北走向，南、北两端已残，仅留其内边近地面的一层砌砖，南北残长5.1、东西残宽0.35、高0.07米。墙的做法是用规格为33×16×6厘米的绳纹条砖平砖错缝顺砌。

北门廊散水、墙和殿基散水、台明和墙砌砖之间的粘接材料均用泥浆。

（9）柱础　殿基保存青石柱础1个、立柱暗础坑位8个，分布在南、北檐墙和东西山墙中。

东山墙从南向北，第一立柱暗础坑位南北长0.76、东西宽0.78、深0.48米；第二立柱暗础坑位南北长0.7、东西宽0.62、深0.6米；第三立柱暗础坑位南北长0.69、东西宽0.73、深0.16米。三柱中心间距均为4.2米。

南檐墙从东向西，第一立柱即东山墙南边第一立柱；第二立柱暗础坑位南北长0.7、东西宽0.65、深0.14米；第三立柱暗础坑位南北长0.72、东西宽0.77、深0.2米；第四立柱暗础为青石质，方形，低于石砌地面0.15米，规格为0.635×0.69×0.33米，表面有直径为0.155、深0.14米固定立柱的圆洞。第一、二、三、四立柱的中心间距分别为3.6、4.02、3.65米（图版八八，1）。

西山墙从南向北，第一立柱即南墙西边第一立柱；第二立柱暗础坑位南北长0.77、东西宽0.8、深0.25米。两立柱暗础坑位中心间距4.21米。

北檐墙从东向西，第一立柱暗础坑即东山墙北边第一立柱；第二立柱暗础坑南北长0.68、东西宽0.67、深0.23米；第三立柱暗础坑南北长0.68、东西宽0.7、深0.19米；第四立柱暗础坑位被破坏无存。第一、二、三、四立柱坑位中心间距分别为3.66、4.01、3.64米。

解剖立柱坑位发现，唐代工匠立柱前按柱础大小，挖出几乎同样大小的土坑，接着对坑位底进行夯打，有的坑位将碎石夯入其中，使地基更为结实，此时放置暗础，其上再置明础与立柱。

（10）室内地面　东西长9.07、南北宽7.88米，平砌打磨光滑，砌边整齐的青石板。石板合缝紧密，缝距0.002～0.003米。由于后代修葺汤池，使其周围约20平方米的砌石遭到破坏。

地面为双层结构，上石下砖，四周略高于中间部分，呈微斜坡状，便于打扫卫生，使擦洗地面的脏水能够通过汤池排水道顺利流出室外。青石板有2×0.5×0.17、1×1.05×0.17、1.25×0.72×0.17、1.1×0.55×0.17、0.85×0.3×0.17、1.32×0.65×0.17米等多种规格。

（二）汤池建筑

汤池建筑由汤池供水设施、汤池和汤池排水设施三部分组成。汤池位于殿宇正中，小巧玲珑，形状美观奇特，东西宽，南北窄，平面形状酷似一朵盛开的"海棠花"，从下向上，分为二层台（图一一一；彩版一一，2）。

1. 汤池供水设施　供水设施简单，由供水道和供水孔组成。

（1）供水道　为绳纹陶质管道，北端位于汤池南边正中地下1.47米处，往南逐渐升高，呈北低南高斜坡状，底部高差1.32米。陶管道出汤池地面建筑后，呈弧形向东南延伸至14.4米被破坏。陶质水管单节长0.31、直径0.17米，外饰绳纹，子母口套接，用二层板瓦包裹，白灰浆抹缝。从陶管道的走向和管道被破坏留下的遗迹观察，向东和莲花汤池西壁相接（图版八八，2、八九，1）。

（2）供水口　位于汤池底部正中，直径0.13、深0.32米，下接供水道。在供水口周围有直径0.35米的圆圈。圈内保留凹凸不平的剔凿痕迹。这是出于和特制的进水装置相连接的实际需要而专门雕凿的（图版八九，2）。

2. 汤池一层台

汤池一层台保存完整，东西口长3.1、南北口宽2.22米；东边高0.52、南边高0.56、西边高0.535、北边高0.55米；东台面宽0.26～0.29、南台面宽0.26～0.35、西台面宽0.26～0.3、北台面宽0.3～0.38米（图版九〇，1）。

（1）池壁　用"墨玉"拱券石围砌成八瓣海棠花形状，从北台座东边起测量，第一、二、三、四、五、六、七拱券石弦长分别为0.9、0.95、0.9、1.03、0.95、0.9、

0.92 米，弦高分别为 0.22、0.23、0.225、0.23、0.235、0.22、0.23 米。

　　池壁双层结构，内石外砖。砌石比较特殊，从里边看是二层拱券石叠砌，实际是将宽 0.47、高 0.52～0.56 米的整块"墨玉"里边打磨成拱券形，然后再剔凿出深 0.21～0.25、宽 0.31 米的二层台。台上再错缝叠砌宽 0.305、高 0.2～0.24 米的拱券石。拱券石顶面保留工匠为砌筑上层池壁而专门剔凿的做工槽线(图一一二，1；图版九〇，1)。

　　砌石外边用规格为 31.5×15×6 厘米的双排绳纹条砖平砖错缝环砌加固。砌砖高 0.52～0.56 米，宽 0.34 米。

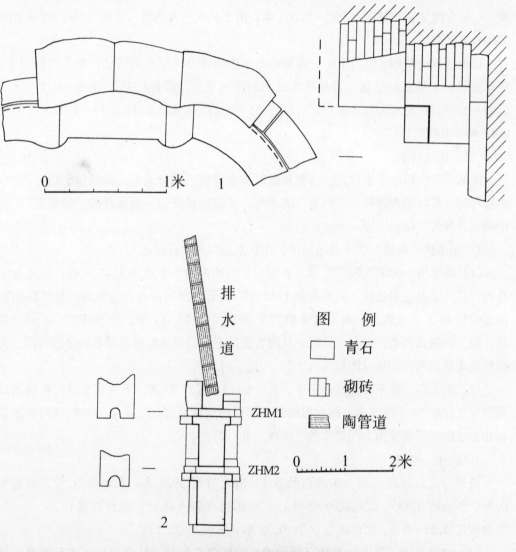

图一一二　海棠汤池壁结构、排水道及闸门
1.池壁结构图　2.排水道及闸门结构图

（2）台座　位于汤池一层台北壁正中，南低北高，呈台阶状，分为二级，从南向北：第一级已被破坏，从残留痕迹测量，东西长 0.9、南北宽 0.36、高 0.28 米；第二级东西长 0.85、南北残宽 0.058、高 0.27 米至一层台面。

（3）池底　保存基本完好，东西长 3.1、南北宽 2.22 米，平面为八瓣葵口形，双层结构，下层是厚约 0.6～0.7 米经过夯打的防渗水土层，上层平砌厚约 0.14 米，打磨光滑的"墨玉"石板。石板由于沿用时间较长，磨损 0.02～0.03 米。合缝处因温泉水长时间冲击腐蚀，缝距扩大至 0.02～0.03 米。砌石有 0.93×0.4×0.14～0.15、0.48×0.57×0.14～0.15、0.37×0.42×0.14～0.15、0.55×0.92×0.14～0.15、0.33×0.58×0.14～0.15 米等多种规格。

3. 汤池二层台

汤池二层台用"墨玉"拱券石亦砌成八瓣海棠花形状，东西口长 3.6、南北口宽2.92、深 0.74 米，现保留部分池壁和东、西石墁（图版九〇，2）。

（1）池壁　用二层拱券石错缝叠砌，上层砌石无遗，现存下层四块拱券石，编号为HT1、HT2、HT3、HT4。HT1 弦长 0.65、背面长 0.66、高 0.58、两边宽分别为 0.4、0.48、中间宽 0.53 米；HT2 弦长 0.58、背面长 0.56、高 0.6、两边宽各为 0.405、中间宽 0.45 米；HT3 弦长 0.65、背面长 0.8、高 0.58、两边宽分别为 0.36、0.46、中间宽 0.3 米；HT4 弦长 0.61、背面长 0.7、高 0.58、两边宽分别为 0.42、0.5、中间宽0.4 米。

（2）东石墁　位于汤池二层台东边正中，呈西低东高台阶状，分为四级，从西向东：第一级南北长 0.84、东西宽 0.24～0.26、高 0.2 米；第二级南北长 0.88、东西宽0.235～0.25、高 0.18 米；第三级南北长 0.9、东西宽 0.32～0.37、高 0.17；第四级台阶已残。

（3）西石墁　位于汤池二层台西边正中，与东石墁相对，呈东低西高台阶状，分为四级，从东向西：第一级南北长 0.86、东西宽 0.26、高 0.185 米；第二级南北长 0.9、东西宽 0.28、高 0.18 米；第三级南北长 0.97、东西宽 0.3～0.36、高 0.19 米；第四级南北长 0.98、高 0.195 米至室内地面。

东、西石墁每层台阶内打磨成弧线形，与四周拱券石圆滑吻接，南北两边用青石板侧石顺砌加固做边。

整个汤池砌石、砌砖之间的粘接材料均用白灰浆。

4. 汤池排水设施

汤池排水设施由排水口、排水道、闸门组成。

（1）排水口　位于汤池西北角池底和池壁结合处，形状为半椭圆形，东西长 0.18、高 0.05 米。

（2）排水道　位于汤池北边地下 1.36 米处，南接排水口，向北延伸 11.5 米至探方外，长度不明。从排水口向北 1.8 米水道用青石砌成东西宽 0.25、深 0.26 的暗沟。由 1.8 米向北 3.7 米为外宽 0.95、内宽 0.53～0.6、深 1.36 米的石砌水道，再向北 7.5 米为直径 0.21 米的绳纹陶质水管道。水道南高北低有一定的比降，以利于排水（图一一二，2）。

（3）闸门　2 个。位于石砌水道上，编号为 ZHM1、ZHM2。

ZHM1　位于排水口向北 2.7 米处的石砌水道上，在东、西两壁各设置卡挡水板的凹槽。东凹槽东西长 0.13、南北宽 0.16、残高 1.1 米；西凹槽东西长 0.12、南北宽 0.17、残高 0.95 米。紧挨东、西凹槽北边，设置稳定挡水板的青石板。青石板东西长 0.59、高 0.6、厚 0.15 米，在与池底结合处有直径 0.24 米的半圆形排水孔（图一一二，2）。

ZHM2　位于 ZHM1 之北 1.1 米处，在水道底和东、西两壁各设置卡挡水板的凹槽。东凹槽东西长 0.11、南北宽 0.12、残高 0.65 米；西凹槽东西长 0.11、南北宽 0.14、残高 0.68 米。水道底凹槽东西 0.58、深 0.08 米。紧挨东、西凹槽北面亦设置稳定挡水板的青石板。青石板东西长 0.65、高 0.69、厚 0.1 米，在与池底结合处有直径 0.2 米的半圆形排水孔。

三、出土遗物

出土遗物有建筑材料、生活用具、货币三类。

（一）建筑材料

建筑材料按质地不同，分为陶质和石质两类。

1. 陶质建筑材料　129 件。有条砖、方砖、板瓦、筒瓦、瓦当和陶水管等。

（1）条砖　51 件。有绳纹和手印纹两种。

绳纹条砖　20 件。

标本 IHTT14④:13，泥质灰陶。一面素面，另一面印饰粗直绳纹。规格 34×17×7 厘米（图一一三，1；图版九一，1）。

标本 IHTT14④:12，泥质灰陶。一面素面，另一面一侧印饰直长粗绳纹。规格 33×15.2×6 厘米（图一一三，2；图版九一，2）。

标本 IHTT17④A:15，泥质灰陶。一面素面，另一面印饰弧形粗绳纹。规格 34×17×7 厘米（图一一三，3；图版九一，3）。

标本 IHTT13④:16，泥质灰陶。一面素面，另一面一侧印饰粗直绳纹，间饰一个"⁄"形纹。规格 33.5×15.5×7 厘米（图一一三，4；图版九一，4）。

标本 IHTT13④:15，泥质灰陶。一面素面，另一面一侧印饰直向粗绳纹，间饰两个"×"形纹。规格 31.5×15×6 厘米（图一一三，5；图版九一，5）。

图一一三　海棠汤条砖纹样拓本

1.绳纹ⅠHTT14④:13　2.绳纹ⅠHTT14④:12　3.绳纹ⅠHTT17④A:15　4.绳纹ⅠHTT13④:16
5.绳纹ⅠHTT13④:15　6.右手印纹ⅠHTT16④A:18

右手印纹条砖　31件。

标本 ⅠHTT16④A:18，泥质灰陶。一面素面，另一面上按全右手印纹，五指分开，指尖较细，指根较粗，用力较重。印迹长 18.5、宽 16 厘米。规格 39×18×8 厘米（图一一三，6；图版九一，6）。

（2）方砖　21 件，根据正、背面纹样不同，分为莲花纹和绳纹两种。

莲花纹方砖　8 件。

十二瓣九蕊莲花纹方砖　4 件。标本 IHTT17④A:1，泥质灰陶。残缺。正面四周作宽带和粗线相互平行的边框，内饰乳钉纹，四角为忍冬纹，自外而内作三个同心圆。第一圆带内为勾云纹。第二圆带面饰十二瓣莲花纹。花瓣较小，外饰粗线，每组旁边有三角形隔棱。圆心为九点梅花形花蕊。背面饰粗绳纹。规格 31.5×31（残）×5.8 厘米（图一一四，1、2；图版九二，1、2）。

标本 IHTT20④:2，泥质灰陶。残缺。正面四周作宽带和粗线相互平行的边框，中间饰乳钉纹，四角为忍冬纹，自外而内作三个同心圆。第一圆带内饰蔓草纹。第二圆带作十二瓣莲花纹。花瓣略鼓，外饰粗线，有三角形隔棱。圆心内饰十点梅花形花蕊。背面饰水波纹。规格为 33.7×20（残）×4.9 厘米（图一一四，3、4；图版九二，3、4）。

十六瓣九蕊莲花纹方砖　4 件。标本 IHTT20④:1，泥质灰陶。残缺一半。正面作宽带和粗线相互平行的边框，中间饰乳钉纹，四角为忍冬纹，自外面内作四个同心圆。第一、三圆带内饰乳钉纹。第二圆带作十六瓣莲花纹。花瓣窄长被磨，外饰粗线。圆心为九点梅花形花蕊。背面饰细绳纹。规格 33.5×18（残）×6.5 厘米（图一一四，5、6；图版九二，5、6）。

绳纹方砖　6 件。

标本 IHTT17④A:5，泥质灰陶。正面素面；背面饰细绳纹。规格 32.8×32.6×5.8 厘米（图版九三，1）。

标本 IHTT14④:6，泥质灰陶。正面素面磨光；背面饰细绳纹，间饰两行"回"形纹。规格 32.5×31×6 厘米（图一一五，1；图版九三，2）。

标本 IHTT13④:5，泥质灰陶。正面素面；背面饰粗绳纹。规格 34×34×6 厘米（图版九三，3）。

绳纹间几何纹方砖　7 件。

标本 IHTT13④:6，泥质灰陶。正面素面；背面作小方框。框内饰"×"形纹。规格 35.2×33.5×6.2 厘米（图一一五，2；图版九三，4）。

标本 IHTT17④A:4，泥质灰陶。正面素面；背面饰细刻划纹，间饰三行"×"和两行"*"形纹。规格 33×33×6 厘米（图一一五，3；图版九三，5）。

标本 IHTT14④:5，泥质灰陶。正面素面；背面饰"×"形纹和斜条纹，一半被剔，已看不清楚。规格 32.7×31×5.4 厘米（图一一五，4；图版九三，6）。

标本 IHTT16④A:11，泥质灰陶。残缺一半。正面素面磨光；背面饰绳纹和方框

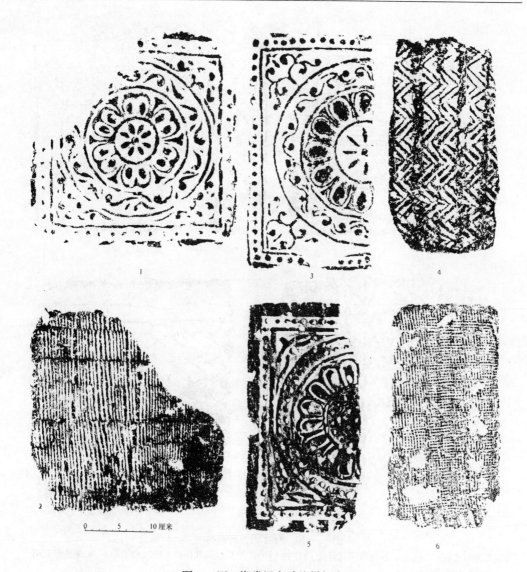

图——四 海棠汤方砖纹样拓本

1.十二瓣九蕊莲花纹ⅠHTT17④A∶1（正） 2.粗绳纹ⅠHTT17④A∶1（背） 3.十二瓣九蕊莲花纹Ⅰ
HTT20④∶2（正） 4.水波纹ⅠHTT20④∶2（背） 5.十六瓣九蕊莲花纹ⅠHTT20④∶1（正） 6.细绳纹Ⅰ
HTT20④∶1（背）

纹，间饰一行"×"形纹。规格34×18.5（残）×6.8厘米（图版九四，1）。

（3）板瓦 5件。有素面和花头两种。

素面板瓦 3件。标本ⅠHTT19④∶5，泥质灰陶。素面，里饰粗布纹。长37.2、宽
边弦径23.5、窄边弦径19、弦高5.5～6、厚1.7～2厘米（图——六，1；图版九四，
2）。

图一一五　海棠汤方砖纹样拓本

1.绳纹ⅠHTT14④:6　2.绳纹间几何纹ⅠHTT13④:6　3.绳纹间几何纹ⅠHTT17④A:4　4.绳纹间几何
纹ⅠHTT14④:5

花头板瓦　2件。标本ⅠHTT16④A:35，泥质灰陶。内外皆素面，宽边端顶头用刀
划切成四层花边，每层呈方块形。残长11.5、残宽10.6、厚2.4厘米。

（4）筒瓦　20件。规格不一。

标本ⅠHTT14④:31，泥质灰陶。唇沿内敛，唇根外侈，瓦端内斜。唇和瓦结合部
饰细线凹弦纹。外素面磨光，里饰粗布纹。长33.5、外弦径12.4、厚1.8、唇长2.5
厘米（图一一六，2；图版九四，3）。

标本ⅠHTT14④:27，泥质灰陶。外素面，里饰粗布纹。长36、外弦径15、厚2、
唇长3厘米（图一一六，3；图版九四，4）。

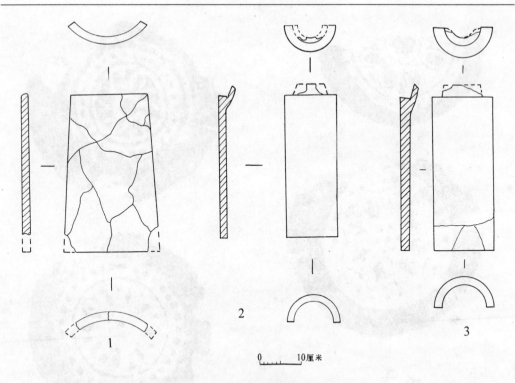

图一一六　海棠汤板瓦、筒瓦
1.素面板瓦ⅠHTT19④:5　2.无瓦当筒瓦ⅠHTT14④:31　3.无瓦当筒瓦ⅠHTT14④:27

（5）瓦当　17件。

八瓣单蕊莲花纹瓦当　5件。标本ⅠHTT16④A:34，泥质灰陶。残。作宽带和粗线相互平行的边框，中间饰乳钉纹，面饰八瓣莲花纹。花瓣鼓突，近似椭圆形，外环细线。花心内作一圆，间饰小乳钉，中缀一实心圆点。面径11.7、厚1.3、边宽0.8~1.5厘米（图一一七，1；图版九四，5）。

标本ⅠHTT16④A:30，泥质灰陶。残缺。作宽带和双线相互平行的边框。双线中饰乳钉纹。框内饰八瓣莲花纹。花瓣呈豆瓣状，每瓣一侧间饰三角形隔棱。花心中缀一实心圆点。面径13.4、厚0.9~2.4、边宽3厘米（图一一七，2；图版九四，6）。

八瓣七蕊莲花纹瓦当　2件。标本ⅠHTT13④:21，泥质灰陶。残缺。作带状窄边，自外而内，依次饰大小乳钉纹、八瓣莲花纹。花瓣近似菱形，外环波折细线，每瓣一侧上方间饰乳钉。花心中缀七点梅花形花蕊。面径12.6、厚1~1.7、边宽1.8厘米（图一一七，3；图版九五，1）。

九瓣十蕊莲花纹瓦当　2件。标本ⅠHTT13④:19，青棍。作带状和粗线相互平行的边框，中间是乳钉纹，面饰九瓣莲花纹。花瓣窄长，旁边有隔棱。花心为十点梅花形花蕊。面径12.4、厚1.5、边宽1.9厘米（图一一七，4；图版九五，2）。

图一一七　海棠汤瓦当纹样拓本

1.八瓣单蕊莲花纹ⅠHTT16④A:34　2.八瓣单蕊莲花纹ⅠHTT16④A:30　3.八瓣七蕊莲花纹ⅠHTT13④:21

4.九瓣十蕊莲花纹ⅠHTT13④:19　5.十二瓣六蕊莲花纹ⅠHTT13④:22　6.十六瓣七蕊莲花纹ⅠHTT16④A:29

7.十六瓣九蕊莲花纹ⅠHTT16④A:31　8.十六瓣莲花纹ⅠHTT14④:15

十二瓣六蕊莲花纹瓦当　4件。标本 IHTT13④:22，泥质灰陶。残缺近半。作带状和细线相互平行的边框，中间饰乳钉纹，面饰十二瓣莲花纹，每组外饰细线，间隔三角形乳钉。花心细线圆内缀六点梅花形花蕊。面径 14、厚 1.5、边宽 2.3 厘米（图一一七，5；图版九五，3）。

十六瓣七蕊莲花纹瓦当　1件。标本 IHTT16④A:29，泥质灰陶。残缺。作带状和细线相互平行的边框，中间饰乳钉纹，面饰十六瓣莲花纹。花瓣窄长，旁边间饰粗线隔棱。花心粗线圆内缀七点梅花形花蕊。面径 10、厚 1.1、边宽 1.4 厘米（图一一七，6；图版九五，4）。

十六瓣九蕊莲花纹瓦当　2件。标本 IHTT16④A:31，泥质灰陶。残缺。作宽带和粗线相互平行的边框，自外而内依次是小乳钉纹、十六瓣莲花纹。花瓣瘦小，外环细线倒卷，每组一侧顶端间饰三角形乳钉。花心粗线圆内缀九点梅花形花蕊。面径 12.5、厚 1、边宽 2 厘米（图一一七，7；图版九五，5）。

十六瓣莲花纹瓦当　1件。标本 IHTT14④:15，泥质灰陶。残缺甚多。作带状窄边，由外向内，依次是乳钉纹、十六瓣莲花纹。花瓣鼓凸，饱满，外环细线，每组一侧上方间饰"丫"形纹。花心已残。面径 11.5、厚 1.5、边宽 1.2 厘米（图一一七，8；图版九五，6）。

（6）水管　16件。规格、纹样不同。

标本 IHTT16④A:39，泥质灰陶。火候较低，有夹生现象。子唇较直，唇长 2.7 厘米，顶端呈凸棱状，顶端面平，母端大于子端。管内壁饰粗布纹，外饰直向细绳纹，两端留有 2.5~7 厘米的素面宽带。该水管为海棠汤排水管道。通长 48、内径 18~19.8、外径 25~26、壁厚 3 厘米（图一一八，1；图版九六，1）。

标本 IHTT13④:29，泥质灰陶。火候较高。子口唇沿短直，唇长 2.5 厘米，顶端面内饰斜向细线凹弦纹，外饰粗绳纹。子口一头留有 1.8 厘米的素面宽带。该水管为海棠汤进水管道。通长 35、内径 13~13.5、外径 18.3~19、壁厚 2.7 厘米（图一一八，2；图版九六，2）。

标本 IHTT16④A:41，泥质灰陶。火候较高。子唇内敛，矮短，唇长 2.5 厘米，顶端面平，饰细线凹弦纹。管内壁饰粗布纹，外饰斜向粗绳纹，两头留有 2.5~4 厘米的素面宽带，母端带内环饰数周凹弦纹。通长 36.5、内径 13~14.5、外径 19~20、壁厚 3 厘米（图一一八，3；图版九六，3）。

标本 IHTT13④:28，泥质灰陶。火候较高，呈浅蓝色。子唇矮短较直，唇长 2.5 厘米，顶端面用手指抹成凹形纹。管内壁饰粗布纹，外先饰竖条隔梁，然后再横勒成不明显的方块形纹，两头留有 3~5 厘米的素面宽带，母端带内环饰四圈凸棱弦纹。此水管为海棠汤殿基南散水的排水道。通长 31、内径 14~15、外径 20~21.7、壁厚 3 厘米

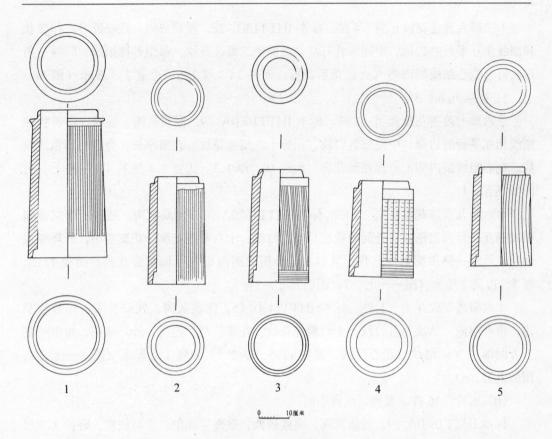

0 ___ 10厘米

图一一八 海棠汤陶水管

1. ⅠHTT16④A:39 2. ⅠHTT13④:29 3. ⅠHTT16④A:41 4. ⅠHTT13④:28 5. ⅠHTT16④A:47

（图一一八，4；图版九六，4）。

标本 ⅠHTT16④A:47，泥质灰陶。火候较高，呈浅蓝色。子唇长 2.7 厘米，顶端面平。管内壁饰粗布纹，外壁全饰弧形刻划纹。通长 31.7、内口径 14～15、外径 19.7～20.7、壁厚 2.5 厘米（图一一八，5；图版九六，5）。

2. 陶质建筑材料登记表

表二八		海棠汤条砖登记表		单位：厘米
序 号	纹样	器 号	长×宽×厚	备 注
1	素面，背面饰较直的粗绳纹	ⅠHTT14④:13	34×17×7	灰陶
2	素面，背面饰较直的粗绳纹	ⅠHTT14④:11	34×16.5×7	灰陶
3	素面，背面饰直长粗绳纹	ⅠHTT14④:12	33×15.2×6	灰陶
4	素面，背面饰直长粗绳纹	ⅠHTT19④:4	33×15×4.5	灰陶

续表二八

序　号	纹样	器　号	长×宽×厚	备　注
5	素面，背面饰直长粗绳纹	IHTT17④A:8	37.5×17×7.4	灰陶
6	素面，背面饰直长粗绳纹	IHTT17④A:9	35×16×7	灰陶
7	素面，背面饰直长粗绳纹	IHTT17④A:10	38×15×7.5	灰陶
8	素面，背面饰直长粗绳纹	IHTT17④A:11	35×16×7	灰陶
9	素面，背面饰直长粗绳纹	IHTT17④A:12	38×16.5×7	灰陶
10	素面，背面饰直长粗绳纹	IHTT17④A:13	36×17×7	灰陶
11	素面，背面饰直长粗绳纹	IHTT17④A:14	34×16×7	灰陶
12	素面，背面饰直长粗绳纹	IHTT17④A:7	38×17×6~7	灰陶
13	素面，背面饰直长粗绳纹	IHTT13④:17	32.4×16×6.5	灰陶
14	素面，背面饰直长粗绳纹	IHTT19④:3	33×16×6	灰陶
15	素面，背面饰弧形粗绳纹	IHTT17④A:15	34×17×7	灰陶
16	素面，背面饰弧形粗绳纹	IHTT17④A:16	35×16×7	灰陶
17	素面，背面一侧饰粗绳纹间"╱"纹	IHTT13④:16	33.5×15.5×7	灰陶
18	素面，背面一侧饰粗绳纹间"╱"纹	IHTT14④:10	33×14.7×5.2	灰陶
19	素面，背面一侧饰粗绳纹间两个"×"纹	IHTT13④:15	31.5×15×6	灰陶
20	素面，背面一侧饰粗绳纹间两个"×"纹	IHTT14④:9	34×16.5×7	灰陶
21	素面，背面按压右手印纹	IHTT16④A:18	39×18×8	灰陶
22	素面，背面按压右手印纹	IHTT16④A:14	36×15.4×7.3	灰陶
23	素面，背面按压右手印纹	IHTT14④:8	37×17×7	灰陶
24	素面，背面按压右手印纹	IHTT16④A:16	39×16×7	灰陶
25	素面，背面按压右手印纹	IHTT16④A:26	35.5×16×6.5	灰陶
26	素面，背面按压右手印纹	IHTT16④A:17	39×16.5×8	灰陶
27	素面，背面按压右手印纹	IHTT13④:18	35×16×6.7	灰陶
28	素面，背面按压右手印纹	IHTT14④:7	39.2×15.5×7	灰陶
29	素面，背面按压右手四指	IHTT16④A:15	35×16.5×4.8~5.5	灰陶
30	素面，背面按压右手四指	IHTT13④:9	37×16.5×6.3	灰陶
31	素面，背面按压右手印纹	IHTT14④:14	38×15.5×7	灰陶
32	素面，背面按压右手四指	IHTT13④:10	39.5×16×7.7	灰陶
33	素面，背面按压右手四指	IHTT13④:13	37.5×19×6	灰陶
34	素面，背面按压右手四指	IHTT16④A:19	37.5×16.5×6.5	灰陶
35	素面，背面按压右手印纹	IHTT16④A:24	36.5×15×6.5	灰陶

续表二八

序 号	纹 样	器 号	长×宽×厚	备 注
36	素面，背面按压右手印纹	IHTT18④:4	37×17×6	灰陶
37	素面，背面按压右手三指	IHTT8④:5	35×17×7	灰陶
38	素面，背面按压右手四指	IHTT16④A:23	36×16×6.5	灰陶
39	素面，背面按压右手四指	IHTT16④A:25	35.5×17.5×7	灰陶
40	素面，背面按压右手四指	IHTT20④:5	残30×14×5.4	灰陶
41	素面，背面按压右手四指	IHTT16④A:20	32.5×14.7×5	灰陶
42	素面，背面按压右手四指	IHTT19④:1	34.5×15.5×4.8	灰陶
43	素面，背面按压右手三指	IHTT13④:11	33×16×5	灰陶
44	素面，背面按压右手四指	IHTT13④:14	33×14.5×6	灰陶
45	素面，背面按压右手四指	IHTT16④A:28	32×15×6	灰陶
46	素面，背面按压右手印纹	IHTT13④:12	33×15×5.3	灰陶
47	素面，背面按压右手印纹	IHTT16④A:21	残30×16×7	灰陶
48	素面，背面按压右手印纹	IHTT16④A:22	34×17×7	灰陶
49	素面，背面按压右手印纹	IHTT16④A:27	33×15.8×6.5	灰陶
50	素面，背面按压右手印纹	IHTT17④A:6	33×17×7	灰陶
51	素面，背面按压右手四指	IHTT19④:2	残31.5×17×5.8	灰陶

表二九　　　　　　　　　海棠汤方砖登记表　　　　　　单位：厘米

序号	正面纹样	背面纹样	器 号	边长×边长×厚	备 注
1	十二瓣九蕊莲花纹	粗绳纹	IHTT17④A:1	31.5×残31×5.8	灰陶，残缺
2	十二瓣九蕊莲花纹	粗绳纹	IHTT17④A:2	31×残29×5.1	灰陶，残缺
3	十二瓣九蕊莲花纹	水波纹	IHTT20④:2	33.7×残20×4.9	灰陶
4	十二瓣九蕊莲花纹	细栏格纹间"×"纹	IHTT14④:4	30×残23×5.5	灰陶，残缺
5	十六瓣九蕊莲花纹	细绳纹	IHTT20④:1	33.5×残18×6.5	灰陶，残缺
6	十六瓣九蕊莲花纹	细绳纹	IHTT16④A:9	34.4×残29×6.3	灰陶，残缺
7	十六瓣九蕊莲花纹	细绳纹	IHTT13④:4	32.5×残18×6.5	灰陶，残缺
8	十六瓣九蕊莲花纹	细绳纹	IHTT16④A:10	33×残18×7	灰陶，残缺
9	素面	细绳纹	IHTT17④A:5	32.8×32.6×5.8	灰陶
10	素面磨光	细绳纹间两行"回"纹	IHTT14④:6	32.5×31×6	灰陶
11	素面磨光	细绳纹间两行"回"纹	IHTT20④:3	残16.5×残14.5×5.4	灰陶，残缺

续表二九

序号	正面纹样	背面纹样	器　号	边长×边长×厚	备　注
12	素面	粗绳纹	IHTT13④:5	34×34×6	灰陶
13	素面	粗绳纹	IHTT13④:8	残28×残27×6	灰陶，残缺
14	素面	粗绳纹	IHTT17④A:3	31×残26×6	灰陶，残缺
15	素面	方框纹内饰"×"纹	IHTT13④:6	35.2×33.5×6.2	灰陶
16	素面	方框纹内饰"×"纹	IHTT13④:7	32×残29×6.8	灰陶
17	素面	刻划纹间三行"×"和两行"米"纹	IHTT17④A:4	33×33×6	灰陶
18	素面	刻划纹间三行"×"和两行"米"纹	IHTT16④A:12	31.9×残20×5.7	灰陶，残缺
19	素面	"×"纹和斜条纹	IHTT14④:5	32.7×31×5.4	灰陶
20	素面	"×"纹和斜条纹	IHTT16④A:13	32.5×31×5	灰陶
21	素面磨光	绳纹、方框和"×"纹	IHTT16④A:11	34×残18.5×6.8	灰陶，残缺

表三〇　　　　　　　　　　　　海棠汤板瓦登记表　　　　　　　　　　单位：厘米

序号	纹　样	器　号	长	窄弦径	宽弦径	厚	备　注
1	外素面，内粗布纹	IHTT19④:5	37.2	19	23.5	1.7～2	灰陶，残缺
2	外素面，内粗布纹	IHTT19④:6	残19.5	残10	残18	1.7	灰陶，残缺
3	外素面，内粗布纹	IHTT20④:4	残26.7	19.8	残21.3	1.3～1.9	灰陶，残缺
4	两面皆素面磨光	IHTT16④A:35	残11.5		残10.6	2.4	灰陶，残缺，花头
5	两面皆素面磨光	IHTT16④A:36	残6.1		残6.8	1.9	灰陶，残缺，花头

表三一　　　　　　　　　　　　海棠汤筒瓦登记表　　　　　　　　　　单位：厘米

序　号	纹　样	器　号	长	外弦径	厚	唇长	备　注
1	外素面，内粗布纹	IHTT14④:31	33.5	12.4	1.8	2.5	灰陶
2	外素面，内粗布纹	IHTT14④:30	31.7	12.5～13	1.6～1.9	2.8	青棍
3	外素面，内粗布纹	IHTT14④:32	残17.2	13	2.15	2.2	青棍，残缺
4	外素面，内粗布纹	IHTT14④:33	32	12～13	1.2～2	2.5	青棍
5	外素面，内粗布纹	IHTT16④A:38	31.5	12.5～13.3	1.5～2	3.1	青棍
6	外素面，内粗布纹	IHTT13④:27	30.3	12.5～14	1.7～2	2.7	灰陶
7	外素面，内粗布纹	IHTT14④:27	36	15	2	3	灰陶
8	外素面，内粗布纹	IHTT14④:23	36.5	15.8	2.4	残	青棍，残缺

续表三一

序　号	纹　样	器　号	长	外弦径	厚	唇　长	备　注
9	外素面，内粗布纹	IHTT14④:29	36	15.2~15.5	2.2~2.5	残	灰陶，残缺
10	外素面，内粗布纹	IHTT14④:19	35	14.7	2	残	灰陶，残缺
11	外素面，内粗布纹	IHTT17④A:17	35.1	15.5	2~2.5	残	灰陶，残缺
12	外素面，内粗布纹	IHTT14④:20	36.4	15.1	2	残	青棍，残缺
13	外素面，内粗布纹	IHTT14④:22	35.8	15~15.3	2	3.3	青棍
14	外素面，内粗布纹	IHTT14④:25	残22	16	2.1	残	青棍，残缺
15	外素面，内粗布纹	IHTT14④:24	35.5	15.6	2.3	残	青棍，残缺
16	外素面，内粗布纹	IHTT14④:21	36.3	15~15.3	1.7~2.5	残	青棍，残缺
17	外素面，内粗布纹	IHTT17④A:18	残21.6	15	2~2.5	残	青棍，残缺
18	外素面，内粗布纹	IHTT16④A:37	35.2	15~15.4	2	残	青棍，残缺
19	外素面，内粗布纹	IHTT14④:26	36.5	15.8	2.4	残	青棍，残缺
20	外素面，内粗布纹	IHTT14④:28	36	15	2	残	灰陶，残缺

表三二　　　　　　　　　　海棠汤瓦当登记表　　　　　　　　　　单位：厘米

序　号	纹　样	器　号	面　径	厚	边　宽	备　注
1	八瓣单蕊莲花纹	IHTT16④A:34	11.7	1.3	0.8~1.5	灰陶，带筒瓦
2	八瓣单蕊莲花纹	IHTT14④:16	复原12	1.3	1.8	灰陶，残缺
3	八瓣单蕊莲花纹	IHTT14④:17	残6	1.3	残	灰陶，残缺
4	八瓣单蕊莲花纹	IHTT13④:24	12.5	1	1.6	灰陶，残缺
5	八瓣单蕊莲花纹	IHTT16④A:30	13.4	0.9~2.4	3	灰陶，残缺
6	八瓣七蕊莲花纹	IHTT13④:21	12.6	1~1.7	1.8	灰陶，残缺
7	八瓣七蕊莲花纹	IHTT14④:18	复原11.5	1.2~1.7	2.3	灰陶，残缺
8	九瓣十蕊莲花纹	IHTT13④:19	12.4	1.5	1.9	青棍
9	九瓣十蕊莲花纹	IHTT13④:25	12.4	1.5	2	青棍，残缺
10	十二瓣六蕊莲花纹	IHTT13④:22	14	1.5	2.3	灰陶，残缺
11	十二瓣六蕊莲花纹	IHTT16④A:33	13	1.4	2.2	灰陶，残缺，带筒瓦
12	十二瓣六蕊莲花纹	IHTT13④:23	13	1.4	2.1	灰陶，残缺
13	十二瓣六蕊莲花纹	IHTT13④:26	13	1.5	2	灰陶，残缺
14	十六瓣七蕊莲花纹	IHTT16④A:29	10	1.1	1.4	灰陶，残缺
15	十六瓣九蕊莲花纹	IHTT16④A:31	12.5	1	2	灰陶，残缺

续表三二

序　号	纹　样	器　号	面　径	厚	边　宽	备　注
16	十六瓣九蕊莲花纹	IHTT16④A:32	15	1.7	1.7	灰陶，残缺
17	十六瓣莲花纹	IHTT14④:15	复原11.5	1.5	1.5	灰陶，残缺

表三三　　　　　　　　　　　海棠汤陶水管登记表　　　　　　　单位：厘米

序　号	纹　样	器　号	通长	内径	外径	壁　厚	唇长	备　注
1	内粗布纹，外细绳纹	IHTT16④A:39	48	18～19.8	25～26	3	2.7	排水道
2	内粗布纹，外细绳纹	IHTT16④A:40	42.7	17.3～21	22～28	3.1	2.6	排水道
3	内粗布纹，外粗绳纹	IHTT13④:29	35	13～13.5	18.3～19	2.7	2.5	供水道
4	内粗布纹，外粗绳纹	IHTT13④:30	41.5	20.9	27.9	3.4	3.7	
5	内粗布纹，外粗绳纹	IHTT16④A:44	残43.5	17.8～19.3	24.3～25.4	3.1	残	
6	内布纹，外粗绳纹	IHTT16④A:45	46.4	17～18.8	23.5～24.7	3	2.2	
7	内布纹，外粗绳纹	IHTT16④A:46	48	18～19.5	23～24	3	4	
8	内布纹，外斜向粗绳纹	IHTT16④A:41	36.5	13～14.5	19～20	3	2.5	
9	内布纹，外斜向粗绳纹	IHTT16④A:42	32.2	13	19.6	3.1	2.9	
10	内布纹，外斜向粗绳纹	IHTT16④A:43	32.6	12.5	19	3	3.1	
11	内布纹，外斜向粗绳纹	IHTT16④A:48	33.7	12.8	8.5	2.8	3	
12	内布纹，外斜向粗绳纹	IHTT16④A:49	32.2	12	19.5	3.5	2.7	
13	内布纹，外勒饰方块纹	IHTT13④:28	31	14～15	20～21.7	3	2.5	殿宇散水排水道
14	内布纹，外勒饰方块纹	IHTT16④A:50	31.5	14.7	21.2	3.2	2.6	殿宇散水排水道
15	内粗布纹，外饰弧形纹	IHTT16④A:47	31.7	14～15	19.7～20.7	2.5	2.7	
16	内粗布纹，外饰弧形纹	IHTT13④:32	32.5	14	20.5	2.8	2	

3. 石质建筑材料　1件。为带"杨"字砂石。

标本 IHTT16④A:7，略呈方形，出土于海棠汤殿基北墙基正中外侧，上面粗凿一不甚工整的阴刻楷书"杨"字。四面粗糙，凹凸不平。长38、宽35、厚20厘米（图一一九，1、2；图版九六，6）。

（二）生活用具

生活用具有瓷盖、壶流、哨。

1. 盖　1件。

标本 IHTT16④A:5，盖作圆盝顶，上平，直径4.4厘米。直壁，齐口，口沿向内

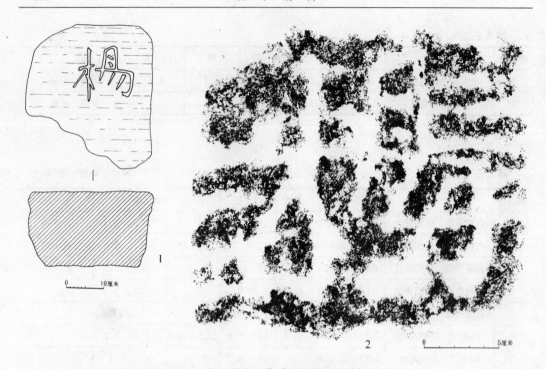

图一一九　海棠汤带"杨"字砂石及其拓本
1.带"杨"字砂石 I HTT16④A:7　2.带"杨"字砂石 I HTT16④A:7 拓本

稍斜，内外壁无釉露胎。胎呈黄褐色。高 3.3、腹径 7.8 厘米（图一二〇，1；图版九七，1）。

2. 壶流　1件。

标本 IHTT16④A:1，根端较粗，流端稍细略弯，无釉素胎。长6、口径 1.5～2.5 厘米（图一二〇，2；图版九七，2）。

3. 黑釉羊形瓷哨　1件。

标本 IHTT13④:1，绵羊形，低头，咬嘴，弯角，卷毛，前腿双弓，后腿双蹬，呈纵跳状。臀部至腰际之间有一斜洞，长 3.2、直径为 0.4～0.5 厘米。头部全施黑色釉。釉色光亮可鉴。四肢及躯干素胎。哨声清脆响亮。长6、高 2.8～3.8 厘米（图一二〇，3；图版九七，3）。

（三）货币　5枚。铜质。皆为"开元通宝"。

标本 IHTT16④A:3，圆廓方穿。正面模铸"开元通宝"四字，隶书对读；背素面无纹。面径 2.45、穿径 0.7、厚 0.1 厘米（图一二〇，4；图版九七，4）。

标本 IHTT16④A:4，圆廓方穿，穿成八边形。正面模铸"开元通宝"四字，隶书对读；背面廓穿之间饰"月牙"形纹。面径 2.4、径 0.6、厚 0.1 厘米（图一二〇，5；图版九七，5）。

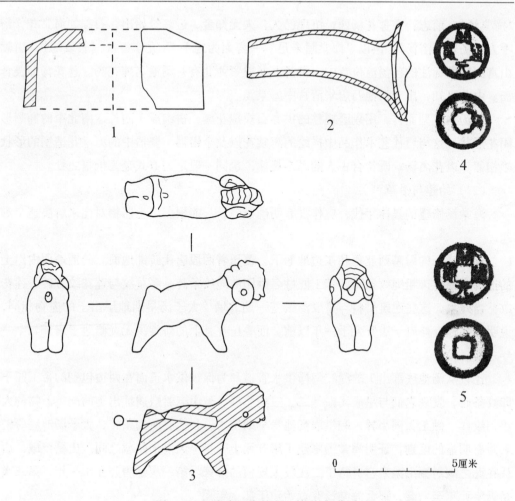

图一二〇　海棠汤瓷盖、流、羊形哨，货币

1.瓷盖ⅠHTT16④A:5　2.瓷流ⅠHTT16④A:1　3.黑釉羊形瓷哨ⅠHTT13④:1　4."开元通宝"钱Ⅰ
HTT16④A:3　5."开元通宝"钱ⅠHTT16④A:4

四、小　结

(一)称谓考辨

新出土汤池按整个遗址地层划分，属于第4层的唐代文化层，位于星辰汤之北，莲花汤(御汤九龙殿)紧西稍偏北。随汤池出土的绳纹条砖、莲花纹方砖、莲花纹瓦当与星辰汤、太子汤、尚食汤、莲花汤和唐长安城遗址出土同类器物对比相同，证明汤池和建筑物为唐代遗迹。

"御汤西北角，则妃子汤，面稍狭。"[1]《关中胜迹图志》卷五曰："芙蓉汤(县志)一名海棠汤，在莲花汤西。"清乾隆本《临潼县志·古迹·华清宫》记载："芙蓉汤一名

---

1)　〔宋〕钱易撰：《南部新书》，中华书局，1958年版，66页。

'海棠汤'。前志：在莲花汤西，沉埋已久，人无知者，近修筑始出，石砌如海棠花，俗呼为'杨妃赐浴汤'，岂以'海棠睡未足'一言而为之乎。"元李好文《长安志图·唐骊山宫图》所标注的各汤池位置中，御汤九龙殿紧西北有一汤池名莲花汤。莲花汤即芙蓉汤。由此可知，出土汤池乃唐华清宫中海棠汤。

就汤池造型而言，用剔磨规整的拱券石模拟花瓣，拼组成东西长、南北窄的椭圆形团花形状。这与唐代艺术作品中描绘的海棠花以及金银器、瓷器中的海棠花造型的形状颇相似。以花名汤，既符合古人的思维规律，也同一般定名方式毫无抵牾之处。

(二) 始建与沿革

海棠汤修建的具体年代，史作没有明确敷陈，只能根据出土器物对比来解决这个难题。

在海棠汤的殿基西北角和东边地面下，覆压着两段唐代砖铺地面。砖铺地面内出土的遗物有通体饰粗绳纹条砖、带工匠姓名戳印的绳纹条砖、蔓草纹与莲花纹方砖、莲花纹瓦当残块。这些建筑材料与星辰汤殿基一期北墙、太子汤早期地层出土的遗物相同，说明砖铺地面修砌于唐开元十一年以前。而叠压在其上的海棠汤无疑修建于唐开元十一年之后。

比较从汤池底部出土的绳纹陶质供水管道和为保护供水道而在两边包砌的带工匠手印纹条砖，发现它们与星辰汤殿基二、三期北墙、骊山老君殿遗址出土的同类器物的大小、纹样、做工大同小异，和星辰汤池身早期排水道、池底所砌条砖，太子汤池底所砌条砖有明显的区别，证明海棠汤修建于唐开元十一年至天宝十四载之间。史籍记载，唐代在此之间对骊山温泉宫进行了二次较大规模的修葺。第一次是唐开元十一年，第二次是天宝元年至六载，那么海棠汤究竟始建于那一年呢？

文献叙录海棠汤是唐玄宗李隆基为爱妃杨玉环修建的沐浴汤池 (后文还要论证)。从唐开元"二十四年惠妃薨，帝悼惜久之，后庭数千，无可意者。或奏玄琰女姿色冠代，宜蒙召见。时妃衣道士服，号曰'太真'。既进见，玄宗大悦，不期岁，礼遇如惠妃"[1] 的记载可知，杨玉环是在开元二十四年之后进宫的，具体是哪一年，《旧唐书》、《新唐书》、《杨贵妃传》、《资治通鉴》，包括《大唐诏令集》载《度寿王妃为女道士敕》均没有明言杨玉环入宫时间，《资治通鉴·卷二百一十四·唐纪三十》胡注认为是"旧史盖讳之耳"。

正史无载，野史可补阙。宋人乐史撰《杨太真外传》云："(开元) 二十八年十月，玄宗幸温泉宫，使高力士取杨氏女于寿邸，度为女道士，号太真，住内太真宫。天宝四载七月，册左卫中郎将韦昭训女配寿邸。是月，于凤凰园册太真宫女道士为贵妃，半后

---

1) 〔后晋〕刘昫等撰：《旧唐书·玄宗杨贵妃传》，中华书局，1975 年版，2178 页。

服用。"《资治通鉴·卷二百一十五·唐纪三十一》记载，唐玄宗于天宝四载"八月，壬寅，册杨太真为贵妃"。上述史料证明杨玉环在开元二十八年入宫，大得唐玄宗宠爱，于是在天宝四载正式册立为贵妃。玄宗为爱妃专修汤池沐浴，海棠汤始建于天宝四载于情于理当毋庸置疑。但历史事实会使人们提出这样的质疑：杨玉环对外以道士身份进住太真宫修道，实则唐玄宗金屋藏娇。那么开元二十八年至天宝四载之间，秘密随幸温泉宫时沐浴何处呢？按唐代宫廷礼制规定，开元二十八年刚入宫，且没有名份的杨玉环，唐玄宗是不可能马上给予殊礼而有乖宫闱礼制为其专修汤池的。当然也不排除唐玄宗这位至高无上的统治者为了进一步赢得杨玉环的欢心，特意先赏赐汤池的可能性。这就对海棠汤是否始建于天宝四载提出了质疑。往事越千年，史籍散佚不全，加之唐代宫闱深深，内幕非外人尽知，特别是对这些有犯讳避忌之事，更是秘而不宣，所以海棠汤是否修建于天宝四载以前也实未可知。因此，客观地说，海棠汤始建年代在开元二十八年至天宝五载之间应比较确切。

"渔阳鼙鼓动地来，惊破霓裳羽衣曲"[1]。唐天宝十五载（公元756年）十月，正当唐玄宗和杨贵妃在华清宫游幸之时，手握天下劲兵的安禄山发动兵变，烽烟四起，唐军节节败退，哥舒翰兵败被俘，潼关失守，玄宗仓皇出逃四川，途经马嵬坡将杨贵妃缢死。平叛战争胜利之后，当时朝野上下将"安史肇乱"归咎于杨贵妃蛊惑圣听所致。"海棠汤"亦因涉嫌杨贵妃沐浴而弃置。这从发掘出土海棠汤供水道被人为的、有意识切断的迹象上可以得到充分证明。

史记后唐庄宗同光二年（公元924年）、宋仁宗年间（公元1023～1054年）、元太宗至宪宗年间（公元1240～1253年）三修华清宫温泉屋宇。海棠汤再现花容，被重新修砌供水道而沿用沐浴到明代再次倾圮掩埋（图一二一）。

清代初年为迎接康熙皇帝西巡修建骊山温泉时，海棠汤再次被发现，上边改修六角形建筑物遮雨挡风（图一二二），供人沐浴。清末又掩埋于地下。这次发掘又重现人间。

（三）问题诠释

1. "杨"字刻石由来

海棠汤殿基北墙基底出土的"杨"字刻石，是工匠自书的姓名，还是镌刻的沐浴者尊姓？是记载海棠汤名称的石志？还是别的什么？刻字的作者又是谁？引起了人们多种不同的猜测。

华清宫发掘大小汤池九座，仅海棠汤出土一块刻字石，无其它参照可对比物。就这个"杨"字而言，肯定是唐代特定历史时代某人的姓而不是名。按星辰汤、太子汤出土绳纹条砖上，凡带有文字的，不外乎下列四种形式："官匠马世通"、"朱孝倩"、"将作

1）《全唐诗·白居易·长恨歌》，中华书局，1979年版，4818页。

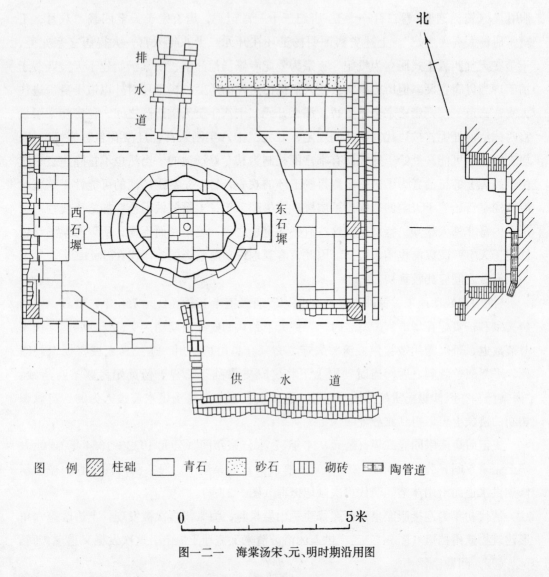

图一二一　海棠汤宋、元、明时期沿用图

匠张域"、"匠郭世直"。这四种署名方式的共同特点是，工匠都有名有姓，以便于日后因为砖的质量出现问题，便于查找。不但在华清宫遗址如此，就是唐长安城大明宫遗址出土工匠署名砖也如此，而不像海棠汤刻字石单纯的有姓无名。可见这个"杨"字不是工匠的自姓，而是在海棠汤沐浴的杨贵妃的尊姓。

　　"杨"字刻石虽然出土在墙基之下，但与大明宫含光殿出土的正方形，长宽各0.535米，石心较周围磨制光滑，长宽均是0.31米，上刻"含光殿及毬场等，大唐大和辛亥岁乙未月建"[1]石志以及与已出土的大量唐代墓志进行比较，表面凹凸不平，四

───────────────

1)　《唐长安大明宫·含光殿的发现》，科学出版社，1959年版，51页。

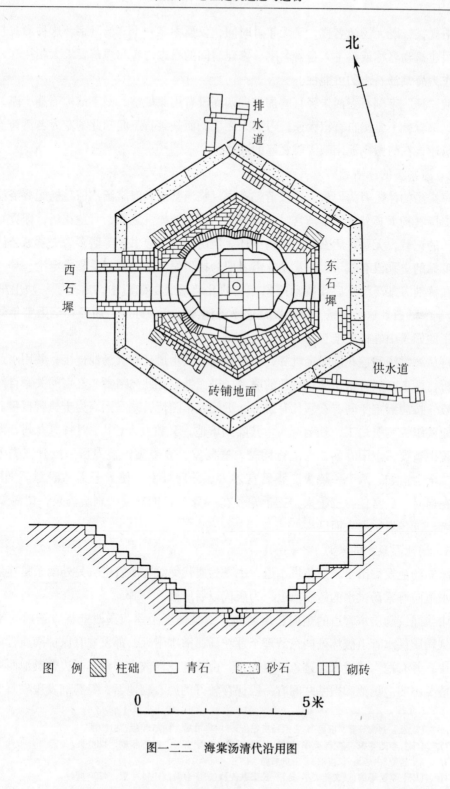

北

排水道

西石墀

东石墀

供水道

砖铺地面

图　例　柱础　　青石　　砂石　　砌砖

0　　　　　　　　　　5米

图一二二　海棠汤清代沿用图

周又不规整，既无汤池名称，又无年月时间，仅孤零零一个"杨"字。这种形式与庄重的标明建筑物名称或墓主人身份名字、修建时间的石志内容和规范要求大相径庭，排除了其作为海棠汤石志的可能性。

就"杨"字刻石表面未经打磨加工，四周没有剔除规整，刻字结构不甚严谨，字形粗拙，一看就不是出自官宦大家、习书人之手，而是某石工闻知此汤专为名贯天下的杨贵妃所建，在修殿砌池闲暇无聊之际的戏作。

2. 海棠汤的沐浴者

海棠汤的沐浴者为何许人。按清乾隆本《临潼县志》海棠汤"俗呼杨妃赐浴池"和宋乐史撰《杨太真外传》华清宫"有端正楼，即贵妃梳洗之所，有莲花汤，即贵妃澡沐之室"的记载，无疑是唐玄宗爱妃杨玉环。但由于《旧唐书》等诸多为史学家公认记史翔实可靠的史乘没有叙录，海棠汤沐浴者即为杨贵妃沐浴之所似乎难成定论。

在解剖海棠汤没有后代扰动迹象存在的北墙最底层砌石中，出土了一块上刻楷书"杨"字的砂石。这个"杨"字无疑是这座汤池沐浴者的姓氏。唐开元至天宝年间，玄宗皇帝的妃子中姓杨的唯有杨玉环一人。

再从海棠汤和莲花汤殿宇毗邻，相距甚近，供水道又和其汤池连接，共用水道等情况分析，两者必然有密切的、特殊的联系，进而推论在此沐浴者和玄宗的关系自然也非同一般。按唐天宝年间"玄宗凡有游幸，贵妃无不随侍，乘马则高力士执辔授鞭。宫中供贵妃院织锦刺绣之工，凡七百人，其雕刻熔造，又数百人。"[1]"时省风九州，泥金五岳，骊山雪夜，上阳春朝，与上行同辇，居同室，宴专席，寝专房。虽有三夫人、九嫔、二十七世妇、八十一御妻、暨后宫才人、乐府妓女，使天子无顾盼意。"[2]由此观之，在当时"后宫佳丽三千人，三千宠爱在一身"[3]，能享受"别疏汤泉，诏赐藻莹"[4]殊荣者，唯杨贵妃一人而已。

3. 汤池温泉水的来源

海棠汤池发掘出土了三条供水道，一条为唐代绳纹陶质管道，另外两条是连接莲花汤排水道向海棠汤供水的砖砌水道，为唐代以后所修。

唐代绳纹陶质水管道的走向是由北向东南延伸至距莲花汤西壁葵口正西6米被破坏。从陶质供水管道破坏处向东清理至莲花汤西散水附近，都发现有保护陶质管道的板瓦残块，并有挖沟铺设水道迹象。再向东，由于莲花汤散水和殿基西边暨汤池西壁被破坏，情况不明。汤池和殿基之间有一段保存较好的原石砌地面，经解剖发现砌石底下所

1) 〔后晋〕刘昫等撰《旧唐书·玄宗杨贵妃传》，中华书局，1975年版，2179页。
2) 〔宋〕李昉等编：《文苑英华·陈鸿·长恨歌传》，中华书局，1966年版，4200页。
3) 《全唐诗·白居易·长恨歌》，中华书局，1979年，4818页。
4) 〔宋〕李昉等编：《文苑英华·陈鸿·长恨歌传》，中华书局，1966年版，4200页。

有垫砖无规律可循，难以说明是原作还是被扰动过。发掘陶水管道被破坏处南、北两侧地层土壤结构，没有任何被扰动现象，远处也没有陶质水管道和砖砌水道铺设遗存及修砌水道挖土的迹象，排除了海棠汤供水道向南或北拐的可能性。

就已发掘的华清宫内温泉水源的分布看，都在海棠汤南边，所以海棠汤的供水道不可能向北拐，而只能向南延伸连接星辰汤或向东延伸取水莲花汤。

如果说海棠汤向南取水星辰汤，这样特别方便，因为海棠汤正对星辰汤排水道，两者相距不过29.3米，既省工，又省料，也可减少日后难以维修的麻烦，完全没有必要先东拐后再向南拐而舍近求远。这里是不是存在原早期供水道走直线连接星辰汤取水，以后因故改线的可能性呢？经过地层解剖，否定了这种可能性的存在。

排除了海棠汤取水星辰汤，就只剩下连接莲花汤这一种可能性了。连接莲花汤取水有从供、排水道、汤池西壁三种可能。根据海棠汤供水道在接近莲花汤时，逐渐升高接近地面仅0.2米和莲花汤供、排水道上没有发现接口这种情况分析，海棠汤供水道只能东接莲花汤西壁二层台引水。

海棠汤供水道接口在莲花汤西壁不同高度的层位上，就会有不同的结果。接口处选择在二层台上，是莲花汤盈水之后海棠汤才能水满，若日后管道堵塞，维修也方便。接口选择在一层台下，则可能是两池水位同时上升。按照唐代宫廷礼制规定，君主臣从，男尊女卑，凡事先君后臣，先男后女。海棠汤供水管道向莲花汤延伸时不断上升的迹象表明，供水道接口选择二层台上而不是一层台下。这种使流水先满君池后盈妃池的作法，除考虑维修困难诸种因素之外，更主要的还是为了符合风行唐代社会君权神授，皇权高于一切的尊君思想和礼制制度的规定。

4．汤池供水道毁坏的原因

海棠汤供水道比降较大，没有被水锈锈实堵塞现象，至今仍畅通无阻。但东部和莲花汤连接处那一段石砌地面下的水管道却被全部扒掉，又用残砖填补了空隙。这说明其破坏是有人出于某种目的而为。

有目的的将海棠汤和莲花汤相连接的供水道破坏，这与汤池沐浴者杨贵妃因罪赐缢有着直接的关系。众所周知，"安史之乱"使歌舞升平的唐开元天宝盛世，成了人们痴心追求的美梦。饱受战争蹂躏之苦的人们将战乱的原因归咎于杨国忠专权。而杨国忠之所以能把持朝政，则得力于杨贵妃迷惑皇帝受宠后宫。因此，当潼关失守，唐玄宗出逃至马嵬驿，禁军大将陈玄礼和太子李亨密谋诛杀了杨国忠父子，"既而四军不散，玄宗遣力士宣问，对曰'贼本尚在'，盖指贵妃也。力士复奏帝不获已，与妃诀，遂缢死于佛室"[1]。唐玄宗回銮长安，路过马嵬驿，令中使祭奠杨贵妃，回銮后又诏令改葬杨贵

1)　〔后晋〕刘昫等撰《旧唐书·玄宗杨贵妃传》，中华书局，1975年版，2180页。

妃，"礼部侍郎李揆曰：'龙武将士诛国忠，以其负国肇乱。今改葬故妃，恐将士疑惧，葬礼未可行。'乃止"[1]。

不能依礼重新改葬，就意味着不能为杨贵妃祸国殃民的罪名昭雪平反。作为当年发动政变，以后执掌朝政的唐肃宗李亨又怎么可能为被他认为是罪大恶极、十恶不赦的杨贵妃平反昭雪呢？他不但不会那样去做，就连与唐玄宗和杨贵妃名字连在一起的华清宫在"安史之乱"后也一次未曾涉足，足见其忌讳之深。唐代郭湜《高力士传》曰："乾元元年冬，上皇幸温泉宫，二十日却归。因此被贼臣李辅国阴谋不轨，欲令猜阻，更树勋庸，移仗之端，莫不由此。"李辅国以唐玄宗李隆基去华清宫游幸为借口，造谣说玄宗怀旧想重新执政，唆使唐肃宗下诏将年过七旬的老父亲软囚在西内。说明华清宫在当时是一个非常敏感的问题。

按唐代处理祸国乱朝贼臣的的惯例，除将其从肉体上消灭外，与之相关的一切东西也是不会任其存在的。唐太宗因鲠臣魏征涉嫌侯君集谋反案而将其神道碑剔字砸毁；为大唐王朝的建立驰骋沙场，浴血奋战，立下赫赫战功的名将李绩，因孙子李重业举兵反对武则天，被武则天下令毁了神道碑。陈希烈、李林甫受宠时，唐玄宗命能工巧匠雕刻俩人石像侍奉太清宫玄元皇帝像两侧，后俩人被定罪而褫爵，石像立即搬出砸毁，就是其中三例。

按杨贵妃以负国肇乱罪被赐缢自尽，大得人心，即便是唐肃宗不去华清宫，宫内继续保存朝臣皆知的杨贵妃沐浴的海棠汤，也必然会遭受各方面的非议，使人们仍会感到其阴魂犹在，有碍朝政。解决此事唯一的办法，就是切断管道堵水，填池以杜绝口馋，来表示新皇帝决心拨乱反正，革除旧弊，防止后宫干政，惑乱圣听，重振朝纲的雄心壮志。

5. 唐玄宗和杨贵妃的沐浴生活

唐玄宗和贵妃杨玉环这对违犯中国传统礼教与人伦道德而结合在一起的老夫少妻的爱情生活，经过唐代陈鸿撰的《长恨歌传》，诗坛巨匠白居易妙笔生花写成的《长恨歌》，清代洪升的《长生殿》等文学作品的夸张、演义、渲染，使人们对唐玄宗和杨贵妃之间近乎现代意义上的罗曼蒂克式的爱情逸闻产生了浓厚的兴趣，却对他们的沐浴生活很少问津。这种现象的发生，一是唐代典章制度上没有明确的记载，仅有的叙录，也是描述的逸闻趣事。唐代杜佑编撰的《通典》内唐代礼制中有人死之后沐浴和怎样沐浴的记载，有皇帝和皇后同牢时"皇帝盥于南洗，皇后盥于北洗"的规定，却无日常生活中沐浴的敷陈。这大概是怕披露皇帝的隐私吧！二是皇宫深九重，皇帝和妃子房内事非一般常人所能尽知，了解实情的也只有那些日夜随侍的内官。但这些人和外界接触甚

---

1)　〔后晋〕刘昫等撰《旧唐书·玄宗杨贵妃传》，中华书局，1975年版，2181页。

少，更不敢轻言"天子"房内秘事，所以流传民间的可能性较少。正因为如此，唐皇帝和妃子的沐浴事就更加神秘，引起古今中外种种的猜测。唐华清宫遗址未发掘之前，唐玄宗和杨贵妃怎样沐浴，人们根据唐代陈鸿《长恨歌传》中杨贵妃"时省风九洲，泥金五岳，骊山雪夜，上阳春朝，与上行同辇、居同室、宴专席、寝专房"和《明皇杂录》、《旧唐书·玄宗杨贵妃传》的记载，会不由自主地得出俩人浴同池的结论。

　　唐华清宫内唐玄宗沐浴的莲花汤和杨贵妃沐浴的海棠汤重现人间，揭开了千年来人们百思不解的谜团。两汤池共存，近在咫尺，一方面反映了唐玄宗和杨贵妃亲密无间，不同寻常的关系，同时也说明，尽管唐玄宗拥有至高无上的权力，风流浪漫，在华清"宫内除供奉两汤池，内外更有汤十六所。长汤每赐诸嫔御。其修广与诸汤不侔，甃以文瑶宝石，中央有玉莲捧汤泉，喷以成池。又缝缀绮绣为凫雁于水中。上时于其间泛钑镂小舟，以嬉游焉。"[1] 但在日常生活中，皇帝和妃子还是汤池有别，同床不同浴。虽然玄宗皇帝对杨贵妃宠爱有加，集众爱于一身，经常花前月下，卿卿我我，难分难舍，但也必须带头遵循礼制，不敢恣行无忌，起码在表面上如此，以免授臣民以越礼之把柄。

　　唐代典章制度上虽然对皇帝和妃子的沐浴没有具体明确的条文规定，但在实际中却是实实在在存在的，要不然何必浪费人力、财力修建两个汤池呢？而且是两个大小非常悬殊的汤池。从海棠汤和莲花汤的存在关系可以看出，唐皇帝沐浴规定的依据就是《礼记·内则》"男女不同椸（枷），不敢县于夫之楎椸，不敢藏于夫之箧笥，不敢共湢浴"。至于是不是"五日则燂汤请浴，三日具沐"和《礼记·玉藻》"浴用二巾，上絺下绤。出杅，履蒯席，连用汤；履蒲席，衣布晞身，乃屦，进饮"，今无考古资料可证，难以妄断。根据皇帝和妃子在沐浴时遵循《礼记》，男女不同池共浴推测，沐浴间隔的时间，方式和程序应和古礼大同小异。当然也有可能随着社会的发展，文明程度和物质生活的进一步提高，特别是皇帝在沐浴器具、室内装饰摆设、洁身用物上会更加奢靡豪华，同时在水里加香料或其它有益于健康的草药。《杨太真外传》中记载贺怀智告诉唐玄宗，有一次杨贵妃的领巾被风吹到他的领巾上"良久，回身方落。及归，觉满身香气"。玄宗告诉他曰：'此瑞龙脑香也。吾曾施于暖池玉莲朵，再幸尚有香气宛然。况乎丝缕润腻之物哉'"。以风流倜傥著称的唐玄宗和杨贵妃的沐浴大原则和基本模式，没有脱离《周礼·内则》的规定，唐代其他皇帝自然也不会离谱太远，朝内的高官显宦和一般平民百姓就更不用说了。

　　莲花汤和海棠汤的出土，不仅揭开了围在皇帝和妃子沐浴房内秘事上的薄纱，而且证明了中华民族很多被公认为优秀的传统文化、礼仪道德、典章制度及生活准则，不以王朝换代而废驰，更不以江山易姓而摈弃，而是通过一代一代慢慢地积厚流广，形成了自立于

---

1)　《全唐诗·郑嵎·津阳门诗并序》，中华书局，1979年版，1447年。

世界民族文化之林、独树一帜的中华民族大文化,也形成了大文化中的沐浴文化。

(四)殿宇建筑和汤池复原

1. 殿宇建筑复原

实际发掘出海棠汤殿宇台基东西 12、南北 9.95、残高 0.2~0.3 米,复原高度以 0.3 米为准,四周用条砖平砖错缝包砌。台基四周没有发现设置栏座遗迹,加之殿基低矮,这里不再增加。其南、北两边按出土遗迹所示,分别设置二级砌砖踏道和慢道供沐浴者出入(图一二三)。

从现存立柱暗础石和保留柱础坑看,殿宇为面阔三间,进深二间,明间面阔 4.01~4.02 米,次间面阔 3.64~3.66 米,进深 4.2~4.23 米。复原明间阔 4、次间阔 3.6、进深 4.2 米。结构形式为厅堂通檐用二柱。按宋代《营造法式》:"若副阶廊舍,下檐柱虽长,不越间之广"。复原殿宇立柱高为 4 米。海棠汤和莲花汤相距 2.3 米,屋檐必呈勾心斗角之势。要呈勾心斗角之势,两建筑物必然一低一高,在这里莲花汤建筑面积大,沐浴者又是皇帝,位尊无比,其必然高于海棠汤。莲花汤柱高为 4.2 米,海棠汤若立柱高为 4 米,两者之间有 0.2 米的高差,再加上铺作高低和材份大小有别,高差会进一步加大。海棠汤明间复原设计柱高为 4 米,次间柱高加上生起 0.06 米为 4.06 米,再加侧脚 0.06 米。柱径参考南禅寺殿柱径为 0.41 米。柱头有卷刹。柱础仿照遗址出土的莲花柱础制作。

海棠汤殿宇形制结构与山西唐代南禅寺相同,铺作计算可以此作为蓝本,高 0.57 米。承檐结构设定为四铺作偷心造。转角铺作可作三向出跳。由柱中心到檐口的出檐为 1.8 米。海棠汤的开间和进深的尺寸是已知的,若按每唐尺合 0.294 米计算,则各开间可折合 12.2、13.6、12.2 唐尺。参考唐南禅寺大殿,铺作按宋《营造法式》三等材,以材宽×材高(10×15 份),每份为 1.6 厘米计算,即单材 16×24 厘米,契高 11~12 厘米,足材高 34 厘米。铺作总高由檐斗底至檐檩上皮为 1.44 米。柱间作双额,中间立蜀柱,补间采用人字拱及斗字蜀柱,形制参考唐韦贵妃、李重俊墓过洞壁画和初唐制作的大雁塔门楣石线刻佛殿图。

明栿加工成月梁形式,两端用偷心造斗拱承托。殿内顶设平闇,形制仿照日本法隆寺、唐招提寺金堂及南禅寺大殿的作法,中心向上凸起作盝顶式,上施彩画,样式模拟唐韦贵妃、永泰公主、章怀太子和懿德太子墓壁画。

梁架结构为四椽三间,脊枋下为"人"字叉手,平梁。木作形式仿南禅寺大殿。建筑物举架高 8 米,总高 11 米。建筑平面在 3:2 以上至接近方形时,宜用厦两头屋盖[1]。殿基是长方形,屋盖不应是四角攒尖顶。从长方形的平面布局和杨贵妃的身份等

---

1) 陈明达著:《中国古代木结构建筑技术》,48 页。

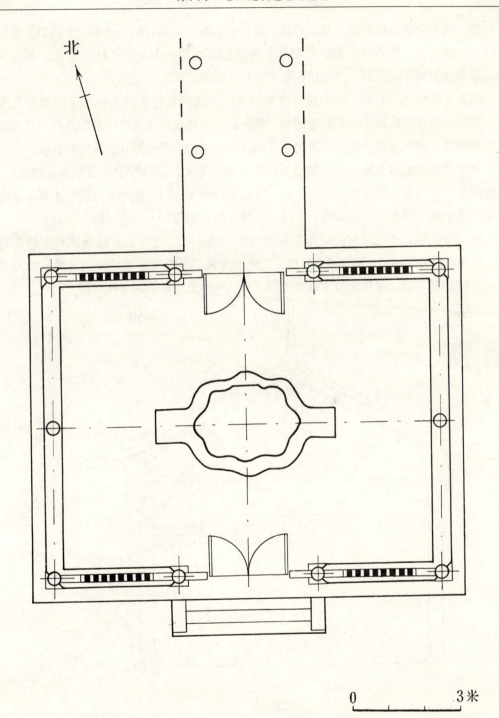

图一二三　海棠汤平面复原示意图

级分析，也不可能是四阿式，复原成歇山式比较实际。搏风钉帽、悬鱼、昂端面上的铜饰件，仿遗址出土铁莲花、铜花叶制作。搏风板、悬山、山花仿法隆寺金堂，并开气窗。悬鱼在搏风正面压缝，下端作卷草纹式样（图一二四）。

屋盖上的板瓦、筒瓦、脊头砖、鸱尾和条砖、莲花纹砖参照遗址出土同类器物复制。檐角上套兽仿照出土三彩套兽制做。复原瓦当依照遗址出土唐中期的八瓣六蕊莲花纹图案为准。滴水板瓦为花边。角梁下挂风铎。室内地面平砌厚 0.2 米的青石板。

唐华清宫遗址出土殿宇夯土围墙一般厚 0.35～1 米。复原殿宇外围设版筑夯土墙，厚度以 0.5 米为准，两侧面与柱齐，正、背面明间装木板门，次间安直棂格子窗。墙内外粉白灰壁面，画出红色底脚线。立柱、斗拱、门、窗等均上红漆（图一二五）。

根据海棠汤北边正对北门的地方发现台明、散水、立柱坑位，证明原殿宇修建有廊。廊东西跨距为 3.5、南北开间 2.5、出檐 0.8 米。复原廊东西跨距为 3 米，南北开间、出檐数据不变。廊顶形制为横栿上架"人"字形叉手，两边立柱，即宋代《营造法

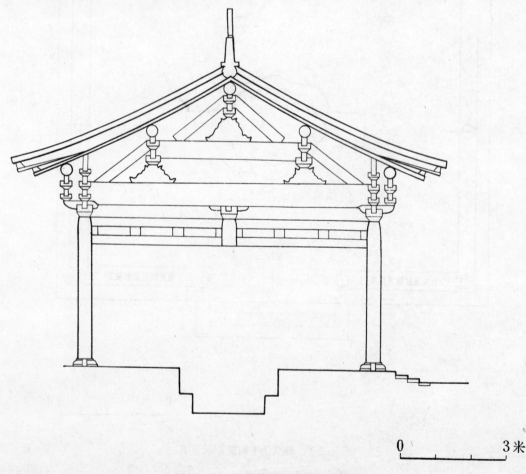

0　　　　　　　3 米

图一二四　海棠汤侧立面复原示意图

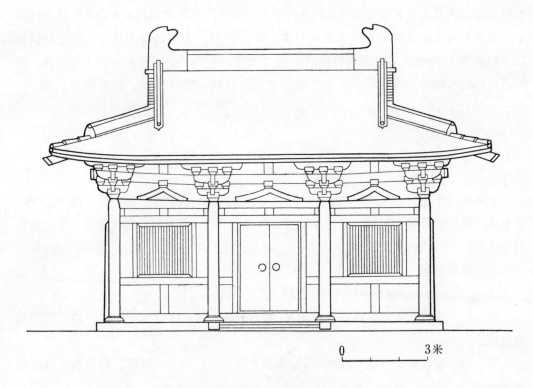

0　　　　　　　　3米

图一二五　海棠汤正立面复原示意图

式》记载的"四架橼屋通檐用二柱"的样式。廊内地面用莲花纹砖墁地，立柱直径取
0.3米。按唐代建筑柱径和柱高比为1:8计算，立柱高为2.4米，形制参照唐韦贵妃墓
回廊建筑壁画，柱头一斗三升。柱间作双额，中间立蜀柱，补间采用人字拱。明柱础做
成莲花式样。

　　2. 汤池复原

　　海棠汤汤池由于沿用时间较长，一层台、北边台阶、供水口设施已破坏。明清时期
对一层台进行修缮，改变了唐代造型，所幸的是在下层砌石面上保存唐代工匠做工槽
线。这次修复以此为据。

　　北边坐台第一台阶被破坏，根据砌石遗痕东西长0.9、南北宽0.36、高0.28米复
原。

　　池底保留安装供水口设施的遗痕直径为0.35米，说明这里原有特制的供水装置。
《开元天宝遗事十种·陈鸿·长恨歌传》按语引明刻《文苑英华》附《丽情集》中有"诏
浴华清池，清澜三尺，中洗明玉。莲开水上，鸾舞鉴中"之说。鉴于海棠汤的造型为海
棠花形状，供水口设施的造型复原设计成莲花的写实形状则比较接近原作。莲花的造型
参考唐周昉《簪花仕女图》、唐卢棱伽《阿弥陀经变画》金琉璃池中的莲花、法门寺出

土银芙蕖，河北正定开元寺初唐地宫出土石函盖斜刹上莲花纹和现实中荷花形状制做。

海棠汤池底南北宽 2.22、东西长 3.1、深 1.25 米。若按汤池深设计，则莲花供水口直径亦为 1.25 米，这样汤池内南北空间太狭窄，不利于沐浴者在内活动。因此，将供水口做成八瓣六蕊莲花形状，中心钻六个透孔进水，象征花蕊，高宽均为 0.35 米，低于一层台 0.15～0.21 米。

第七节　宜春汤

宜春汤位于遗址西北部，T22、T23、T42、T43 四个探方中，南距尚食汤 16.7 米，出土早、晚期汤池殿宇建筑，汤池供、排水道遗迹和莲花纹方砖、绳纹条砖、莲花纹瓦当等遗物。

一、地层堆积

（一）东剖面地层堆积，以 T42、T43 东剖面为例：

第 1 层，现代扰乱层　厚 0.57～1.38 米，土色不纯，内有现代小青砖铺设的南北向路面。

第 2 层，明、清文化层　厚 0.3～1 米，土质结构松散，呈黄色，内含明、清时代瓷片。

第 3 层，宋、元文化层　厚 0.35～1 米，土质结构不甚紧密，呈褐色，内含铜钱、板瓦残块、青瓷残片。

第 4 层，唐代文化层　厚 0.5～0.8 米，呈灰黑色，有建筑遗存，土质结构比较密实，内有早期遗物碎片。

第 5 层，秦汉文化层　厚 0.35～0.5 米，土色黄褐，内含秦汉板瓦残块。

第 6 层，生土层（图一二六，1）。

（二）北剖面地层堆积，以 T22、T42 北剖面为例：

第 1 层，现代扰乱层　厚 0.85～2.7 米，土质结构松散，呈黄褐色，内有红砖墙、瓷管道、三合土路面和砖砌水道。

第 2 层，明、清文化层　厚 0.5～0.8 米，土质结构较疏松，呈黄色，内含蓝花瓷片、铜钱、陶容器和砖瓦残块。

第 3 层，宋、元文化层　厚 0.4～0.7 米，土质结构松散，呈褐色，内含青瓷片、残破砖瓦等遗物。

第 4 层，唐代文化层　厚 0.35～0.8 米，土质结构不甚紧密，呈灰色，出土物有方砖、条砖、莲花纹瓦当、带陶文板瓦。遗迹有砖砌水道、墙基和散水等。

第 5 层，秦汉文化层　厚 0.4～1 米，土质结构较细密，呈黄褐色，内含秦汉建筑

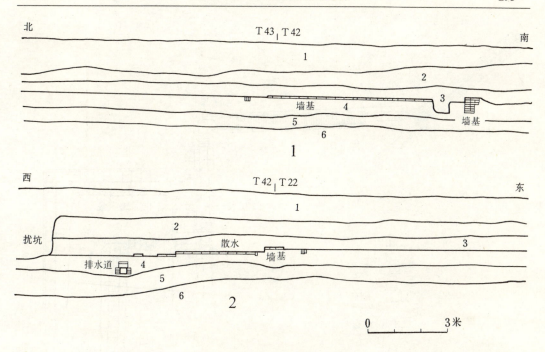

图一二六 宜春汤地层堆积图
1. T42、T43 东壁剖面 2. T22、T42 北壁剖面

材料残块。

第6层，生土层（图一二六，2）。

二、建筑遗迹

汤池地面殿宇建筑存在明显的叠压关系，分为早、晚两期（彩版一二）。

（一）早期殿宇建筑

早期殿基略呈方形，北偏西13°，东西长4.1、南北残宽3.3、高0.07米，面积13.53平方米。地面上围墙、柱础、立柱、屋架等已破坏殆尽，仅残留部分殿基、散水和墙基（图一二七；图版九八，1）。

1. 东散水 位于殿基之东，南端已残，北端部分铺砖无存，东西宽0.405、南北长4.35米，高出室外地面0.05米。散水结构为两层，底层用规格为37×17×7厘米的绳纹双排条砖，南北向平砖错缝顺砌，上层用规格为32.5×31×5.3厘米、正面素面、背面饰绳纹的方砖平砌，外沿用条砖南北向侧砖顺砌加固。

2. 东墙 紧贴东散水修砌，南端已残，南北走向，现残长1.11、东西宽0.34米，残留一层砌砖，高0.07米。墙基用规格为36×16×7、32×15.5×6厘米的绳纹条砖东西向平砖丁砌。

3. 西散水 位于殿基之西，南、北两端均残，现南北残长0.6、东西宽0.42、高

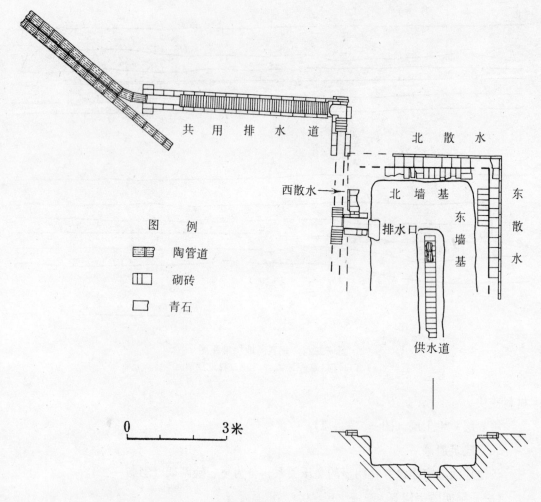

图一二七 宜春汤早期殿宇建筑平、剖面图

出室外地面约 0.048 米。做法与东散水相同。方砖规格为 34.5×33.5×6 厘米。

4．北散水 位于殿基之北，东西残长 3.45、南北宽 0.42、高出室外地面约 0.053 米，做法与东散水相同。所砌方砖的规格有 34×31.5×5、34×35×5、34×28×5 厘米三种。

5．北墙 紧贴北散水修砌，西段已残，东西走向，现残长 2.75、南北宽 0.37 米，保存两层砌砖，高 0.15 米，做法与东墙相同。砌砖有 37×17×7、31×15.5×7 厘米两种规格。

以上建筑砌砖之间的粘接材料均为泥浆。

（二）晚期殿宇建筑

晚期殿宇建筑叠压在早期建筑基址之上 0.13 米，略呈方形，东西长 6.83、南北残宽6.2、残高0.07米，面积约42.35平方米，地面屋架、立柱、柱础等破坏无遗，残存部分殿基散水、墙基（图一二八；彩版一二）。

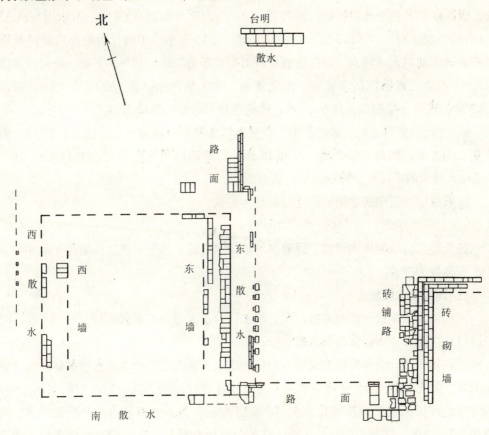

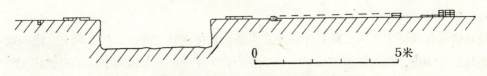

图一二八　宜春汤晚期殿宇建筑平、剖面图

1. 东散水　位于殿基之东，南北走向，表面砌砖和侧立砌砖大多被揭取，从残存遗迹测量，南北残长7.55、东西宽1.05、高出室外地面0.03米。

2. 东墙　紧贴东散水修砌，南北走向，南、北两端均残，现南北残长6、东西宽0.97米，残留一层砌砖，高0.07米。墙基做法：用规格31.5×14.5×6、38×16.5×8、38×17.5×6、38×17×7、37×17×7厘米的绳纹条砖，西边南北向平砖顺砌，东边东西向平砖丁砌与顺砌相间。

3. 南散水　位于殿基之南，呈东西走向，西端和中部已残，现东部残长2.3、残宽 0.28、高出室外地面 0.025 米。

4. 西散水　位于殿基之西，南北走向，南、北两端已残，保留中部 1.15 米长的一段，表面砌砖及侧立砖被揭取，东西宽 0.9、高出室外地面 0.03 米。散水用规格 32.5×16.5×5.2、35×17×6.5 厘米的绳纹条砖，东西向平砖丁砌，边沿外用相同规格的双排条砖南北向侧砖顺砌，砖外接缝处再帮砌 "牙角" 砖，其外再平砌一块残砖加固。

5. 西墙　紧贴西散水修砌，南北走向，南、北两端已残，现残长 3.65、东西宽 0.97 米，残留一层砌砖，高 0.07 米，砌砖规格和做法与东墙相同。

6. 北墙　东西走向，破坏严重，仅留东端外壁面一段砌砖，东西残长 0.75、南北残宽 0.165 米，保留二层砌砖，高 0.15 米。墙壁两边用规格为 33.5×14×5、38.5×17.8×8 厘米的手印纹条砖南北平砖错缝顺砌。

晚期殿宇建筑砌砖之间的粘接材料均为泥浆。

（三）汤池建筑

汤池建筑由汤池供水设施、汤池和汤池排水设施三部分组成。汤池位于殿宇建筑正中，破坏极为严重。

1. 汤池供水设施

汤池供水设施位于汤池南边，现存接水口、供水道、汤池供水口。

（1）接水口　即尚食汤供水池北壁开口。

（2）供水道　为陶质绳纹管道，南接接水口，向西北延伸 2.2 米被破坏。水管单节长 0.4、直径 0.265 米，子母口套接，白灰浆抹缝（图版九八，2）。在殿基南边中间，保存南北残长 2.95、东西宽 0.365、深 0.25 米的沟槽。沟槽呈南高北低斜坡状，两端高差为 0.27 米，底部平砌绳纹条砖，砖面中间尚有长 0.7 米的管道破碎残块，两边保留南北向保护管道的侧立条砖，北端东西向侧立一条砖，说明供水道终点到此（图版九九，1）。其上应是汤池供水口位置。

供水管道各段做工不同，殿基外是挖好沟槽，直接将管道放进，然后填土，进入殿基内则是挖好沟槽，用规格为 37×17×6.7 厘米的绳纹条砖，东西向平砖丁砌做底，两边用相同规格的条砖南北向侧砖顺砌做壁，然后再将陶质管道安置中间。这样可以保障流水畅通，以防出现管道受压破裂而拆除汤池维修，既影响沐浴，又会增加施工难度，造成更大的浪费。

（3）供水口　根据管道终端位置，分析应在汤池底部正中。但由于池底破坏无遗，进水口大小和形状与结构不得而知。

2. 汤　池

汤池位于殿基正中，四壁和池底已被破坏得面目皆非，现仅清理出南北长 3.5、东西宽 3～3.3、深约 1 米原砌池时挖的土坑。至于汤池的真实形状、结构、大小已无从考证。汤池西壁外加固砌砖呈南北走向，两端残缺，现南北残长4.53、东西宽0.5米，保留二层砌砖，高0.15米。用条砖、方砖、青石块混砌而成，粘接材料为泥浆。

3．汤池排水设施

汤池排水设施现保存排水口和排水道。

（1）排水口　位于殿基西边稍偏北处，东西长0.32、南北宽0.195、高0.17米，距早期殿基北边沿1.55米（图版九九，2），西与尚食汤排水道相接。

（2）排水道　与尚食汤共用一个排水道（图版一〇〇，1），详见第三节，并见图八四，3。

（四）其它建筑设施

其它建筑设施有东、北边砖隔墙、莲花纹砖铺路面等。

1．东边砖墙　位于殿基以东6.75米，呈曲尺形，两端残缺，从东向西2.3米，成直角南拐4.4米残断。墙东西宽0.56米，保留三层砌砖，残高0.21米，两边用规格为36×16.2×6.5、35×16.5×7厘米的绳纹和手印纹条砖平砖错缝顺砌（图版--〇〇，2）。

2．莲花纹方砖道路　位于东边砖墙紧西侧，呈曲尺形，高出室外地面0.06、宽0.65～0.95米，表面砌砖大多被揭取，从北向南4.65米，成直角西拐5.85米和殿基东、南两面散水相连。路面砌砖二层：下层用残缺的条砖、方砖平砖乱砌，无规律可言，上垫厚0.01～0.02米的黄土取平；上层平砌两排规格为31.7×31.7×5.5、32.5×30.5×5.3厘米的莲花纹方砖，南北两边用规格为35.2×15.5×6.5、37×17×6.7厘米的手印纹双排条砖，东西向侧立顺砌加固。

3．北边砖墙　位于晚期殿基东北6.3米，呈东西走向，两端均残，东西残长1.5、南北残宽0.17米，保留一层砌砖，高0.07米，用绳纹条砖平砖错缝顺砌。

4．散水　位于北边砖墙南侧，呈东西走向，两端均残，东西残长2.05、南北宽0.42米，高出室外地面0.03米，用规格为35×36×6厘米、正面素面、背面饰绳纹的方砖平砌，南边用绳纹条砖侧砖顺砌加固。

5．条砖铺设道路　位于散水东端北侧，呈南北走向，北端残，残长2.05、残宽0.52、高出地面0.035米，用规格为37×17.5×7厘米的绳纹条砖平砖丁砌，东边沿用相同规格的双排绳纹条砖侧砖顺砌加固。

其它建筑设施砌砖之间的粘接材料均用泥浆。

三、出土遗物

出土遗物按用途分为建筑材料和生活用具。

（一）建筑材料　82件。

1．陶质建筑材料　有条砖、方砖、板瓦、筒瓦、瓦当和陶水管等。

（1）条砖　19件。有绳纹、手印纹、绳纹间饰几何纹和素面四种。

绳纹条砖　5件。

标本 IYCT42④:24，泥质灰陶。一面素面，另一面一侧印饰直向粗长绳纹。规格 36.5×17.5×7 厘米（图版一〇一，1）。

手印纹条砖　2件。

标本 IYCT42④:21，泥质灰陶。一面素面，另一面上按压全右手印纹。规格 37×17×6.5 厘米（图一二九，1；图版一〇一，2）。

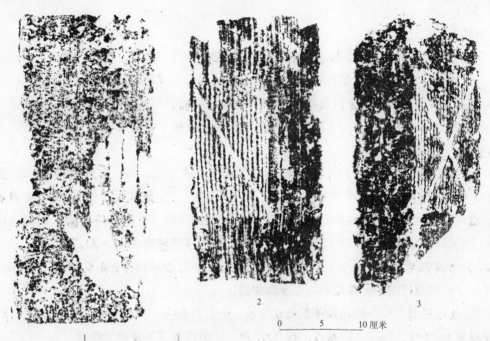

图一二九　宜春汤条砖纹样拓本
1.右手印纹ⅠYCT42④:21　2.绳纹间几何纹ⅠYCT23④:2　3.绳纹间几何纹ⅠYCT43④:7

绳纹间几何纹条砖　3件。

标本 IYCT23④:2，泥质灰陶。一面素面，另一面近一侧印饰粗直长绳纹，间饰一个"／"形纹。规格 32.5×16.5×4.3～5.2 厘米（图一二九，2；图版一〇一，3）。

标本 IYCT43④:7，泥质灰陶。一面素面，另一面近一侧印饰粗直长绳纹，间饰一个"×"形纹。规格 35×16.5×7 厘米（图一二九，3；图版一〇一，4）。

素面条砖　9件。

标本 IYCT42④:28，泥质灰陶。两面均素面无纹。规格 55.5×23×7 厘米。

（2）方砖　8件。根据正、背面纹样之不同，分莲花纹、几何纹和手印纹三种。

莲花纹方砖　4件。

十二瓣莲花纹方砖　1件。标本 IYCT22④:1，泥质灰陶。残缺近半。正面四周作双粗线相互平行的边框，中间饰乳钉纹，四角为忍冬纹，自外而内作三个同心圆。第一圆带内为勾云纹。第二圆带内作十二瓣莲花纹。花瓣略凸，外饰粗线，每组旁边有三角形隔棱。圆心内饰梅花形花蕊。背面饰栏格纹间"回"形纹。规格 30.5×17.5（残）×5厘米（图一三〇，1、2；图版一〇一，5、6）。

十二瓣七蕊莲花纹方砖　3件。标本 IYCT42④:16，泥质灰陶。残缺一角。正面四周作窄带和粗线相互平行的边框，中间饰乳钉纹，四角为变形忍冬纹，自外而内作三个同心圆。第一圆带饰变形蔓草纹。第二圆带作十二瓣莲花纹。花瓣鼓凸窄长，外环粗线，每组一侧间饰三角形隔棱。圆心为七点梅花形花蕊。背面饰粗栏格纹。规格 30.2×30×4厘米（图一三〇，3；图版一〇二，1）。

几何纹方砖　1件。

标本 IYCT23④:1，泥质灰陶。残缺甚多。正面素面，背面饰细线菱形网格纹。规格 23（残）×20（残）×5.5厘米（图版一〇二，2）。

手印纹方砖　3件。

标本 IYCT42④:18，泥质灰陶。正面素面，背面上按四个手印纹，分别为两左、两右手。规格 43.5×30×6厘米（图一三〇，4；图版一〇二，3）。

（3）板瓦　10件。皆为有陶文的板瓦，残缺甚多。

"天宝二年内"陶文板瓦　3件。标本 IYCT42④:67，泥质灰陶。内外素面磨光，凸面钤盖楷书"天宝二年内"戳印，字迹细小，清晰可辨。印框残长8、宽2厘米。残长20、残宽13、厚2.1厘米（图一三一，1；图版一〇二，4）。

"田"陶文板瓦　1件。标本 IYCT43④:18，青棍。内外皆素面磨光，凸面钤盖楷书"田"戳印，字迹粗壮较大，印框模糊。残长7.9、残宽5.9、厚1.9厘米（图一三一，2；图版一〇二，5）。

"泉六"陶文板瓦　1件。标本 IYCT43④:20，泥质灰陶。粗布纹里，外素面竖向钤盖"泉六"戳印，字迹较细。印框残长6、宽2.3厘米。残长13、残宽10.2、厚1.57厘米（图一三一，3；图版一〇二，6）。

"官□南"陶文板瓦　1件。标本 IYCT43④:17，泥质灰陶。粗布纹里，外素面竖向钤盖楷书"官□南"戳印，字迹较细，清晰可辨。印框残长7、宽2厘米。残长9.2、残宽9、厚1.7厘米（图一三一，4；图版一〇三，1）。

（4）筒瓦　5件。

标本 IYCT22④:4，泥质灰陶。唇沿内敛，唇根外侈，瓦端内斜，唇和瓦结合部饰细线凹弦纹，外素面磨光，内饰粗布纹。长35.5、外弦径15～15.5、厚2～2.4、唇长3厘米（图一三四，1；图版一〇三，2）。

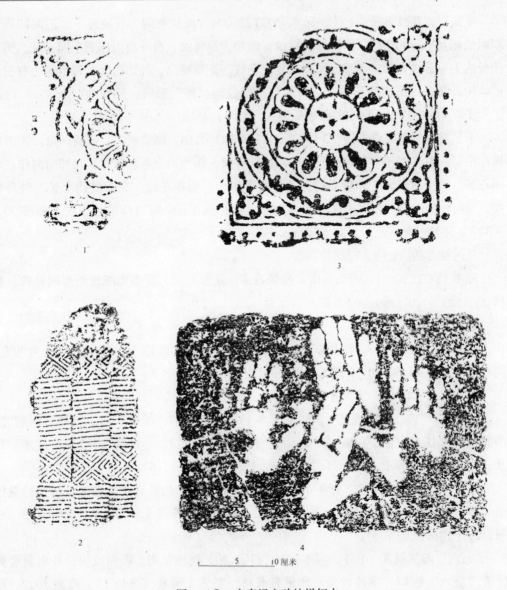

图一三〇　宜春汤方砖纹样拓本

1.十二瓣莲花纹ⅠYCT22④：1（正）　2.栏格纹间"回"形纹ⅠYCT22④：1（背）　3.十二瓣七蕊莲花纹Ⅰ
YCT42④：16（正）　4.手印纹ⅠYCT42④：18

（5）瓦当　37件。根据当面纹样分莲花纹、兽面纹两种。

莲花纹瓦当　36件。

单瓣莲花纹瓦当　3件。标本ⅠYCT42④：64，泥质灰陶。残缺较多。作宽带和细线相互平行的边框，中间饰乳钉纹，自外向内依次是单瓣莲花纹和花蕊。复原面径12.5、厚1.4～1.6、边宽0.9厘米（图版一〇三，3）。

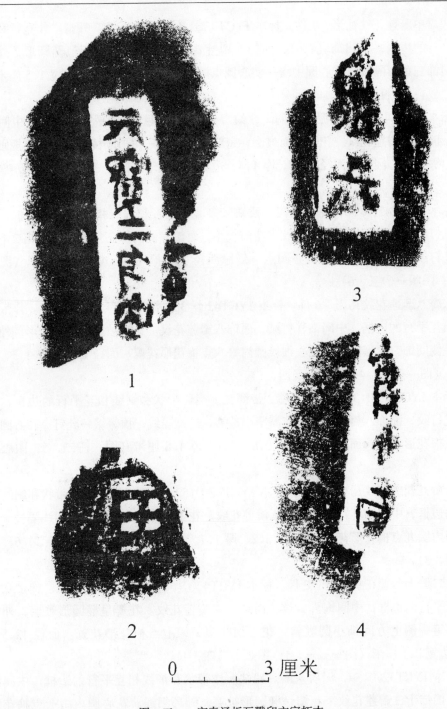

图一三一　宜春汤板瓦戳印文字拓本

1. "天宝二年内" ⅠYCT42④:67　2. "田" ⅠYCT43④:18　3. "泉六" ⅠYCT43④:20
4. "官□南" ⅠYCT43④:17

八瓣单蕊莲花纹瓦当　7件。标本 IYCT43④:10,泥质灰陶。残缺。作宽带和粗线相互平行的边框,中间饰乳钉纹,面饰八瓣莲花纹。花瓣鼓突,近似椭圆形,外环细线,间饰三角形隔棱。花心圆中缀一实心圆点。面径 12.5、厚 1.3、边宽 1.5 厘米(图一三二,1;图版一〇三,4)。

标本 IYCT42④:41,泥质灰陶。残缺。作宽带和粗线相互平行的边框,中间饰乳钉纹,面饰八瓣莲花纹。花瓣表面被磨,每瓣一侧间饰三角形隔棱。正中为不规则八边形,中缀一实心圆点。面径 12.2、厚 1.4、边宽 1.7 厘米(图一三二,2;图版一〇三,5)。

标本 IYCT42④:50,泥质灰陶。残缺较多。作宽带和细线相互平行的边框,中间饰小乳钉纹,框内面饰八瓣莲花纹。花瓣较小,每瓣一侧间饰三角形隔棱,花纹下端饰一圈乳钉纹。花心圆内缀一实心圆点。复原面径 12、厚 1.6、边宽 1.5 厘米(图一三二,3;图版一〇三,6)。

八瓣八蕊莲花纹瓦当　6件。标本 IYCT42④:35,泥质灰陶。残缺较多。作带状和细线相互平行的边框,中间饰乳钉纹,面饰八瓣莲花纹。花瓣被磨平,呈梭形,外环细线,一侧间饰三角形隔棱。花心细线圆内缀八点梅花形花蕊。面径 12.8、厚 1.3、边宽 2 厘米(图一三二,4;图版一〇四,1)。

标本 IYCT42④:39,泥质灰陶。带筒瓦。当作带状和细线相互平行的边框,中间饰大乳钉纹,面饰八瓣莲花纹。花瓣窄小被磨,外饰隔线,顶旁缀一乳钉。花心圆圈内为八点梅花形花蕊。面径 12.5、厚 0.8~2.1、厚 1.8 厘米(图一三二,5;图版一〇四,2)。

八瓣九蕊莲花纹瓦当　3件。标本 IYCT42④:52,青棍。残缺。作带状和细线相互平行的边框,中间饰乳钉纹,面饰八瓣莲花纹。花瓣鼓凸被磨,旁边有粗线隔棱。花心细线圆内缀九点梅花形花蕊。面径 13.2、厚 1.7、边宽 1.5 厘米(图一三二,6;图版一〇四,3)。

十二瓣七蕊莲花纹瓦当　8件。标本 IYCT42④:66,泥质灰陶。残缺。作带状和粗线相互平行的边框,中间饰乳钉纹,面饰十二瓣莲花纹。花瓣呈椭圆形被磨,外勾细线,每组一侧上方间饰小圆乳钉。花心细线圆中缀七点梅花形花蕊。面径 12.5、厚 1.3、边宽 2.1 厘米(图一三三,1;图版一〇四,4)。

标本 IYCT42④:59,泥质灰陶。残缺。作带状和细线相互平行的边框,中间饰乳钉纹,面饰十二瓣莲花纹。花瓣呈椭圆形被磨,外环细线。花心圆内缀七点梅花形花蕊。复原面径 14、厚 1.1、边宽 1.9 厘米(图一三三,2;图版一〇四,5)。

十六瓣七蕊莲花纹瓦当　4件。标本 IYCT42④:55,青棍。稍残。作带状和细线相互平行的边框,中间为大小乳钉纹,面饰十六瓣莲花纹。花瓣为豆瓣状,外饰顶端倒卷

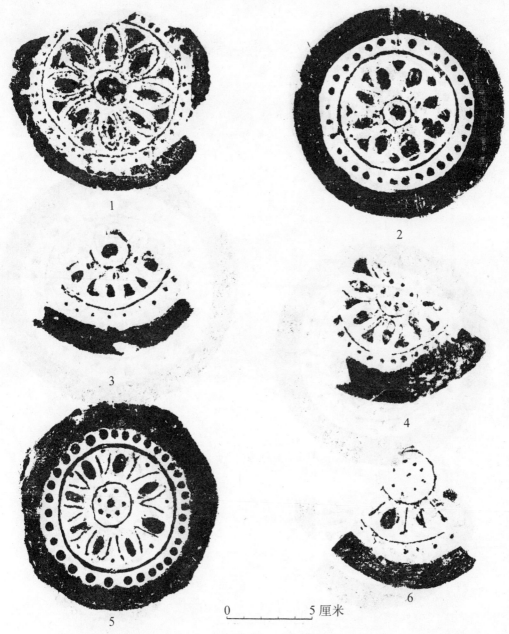

图一三二　宜春汤瓦当纹样拓本

1. 八瓣单蕊莲花纹ⅠYCT43④:10　2. 八瓣单蕊莲花纹ⅠYCT42④:41　3. 八瓣单蕊莲花纹ⅠYCT42④:50
4. 八瓣八蕊莲花纹ⅠYCT42④:35　5. 八瓣八蕊莲花纹ⅠYCT42④:39　6. 八瓣九蕊莲花纹ⅠYCT42④:52

细线，旁边隔三角形乳钉。花心细线圆中缀七点梅花形花蕊。面径13.5、厚1.15、边宽1.7厘米（图一三三，3；图版一〇四，6）。

标本ⅠYCT42④:38，泥质灰陶。残缺。作带状宽边，自外向内，依次是小乳钉纹，

图一三三　宜春汤瓦当纹样拓本

1.十二瓣七蕊莲花纹ⅠYCT42④:66　2.十二瓣七蕊莲花纹ⅠYCT42④:59　3.十六瓣七蕊莲花纹ⅠYCT42④:55
4.十六瓣七蕊莲花纹ⅠYCT42④:38　5.十六瓣八蕊莲花纹ⅠYCT42④:46　6.兽面纹ⅠYCT42④:44

十六瓣莲花纹。花瓣呈梭形，两边有隔棱。花心细线圆中缀七点梅花形花蕊。面径
11.5、厚1、边宽1.5~1.8厘米（图一三三，4；图版一○五，1）。

　　十六瓣八蕊莲花纹瓦当　5件。标本ⅠYCT42④:46，青棍。残缺近半。作带状和细

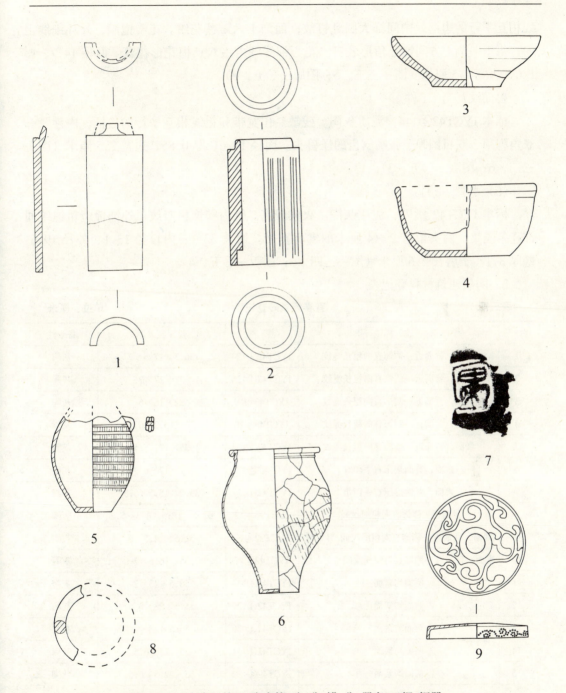

图一三四　宜春汤筒瓦,陶水管、碗、盆、罐、瓮、器底,玉镯,铜器

1.无瓦当筒瓦ⅠYCT22④:4　2.陶水管ⅠYCT42④:73　3.陶碗ⅠYCT42④:3　4.陶盆ⅠYCT43④:3　5.陶罐Ⅰ
YCT42④:78　6.陶瓮ⅠYCT42④:77　7.陶器底戳印文字拓本ⅠYCT43④:2　8.玉镯ⅠYCT42④:1　9.铜器Ⅰ
YCT23④:4(3、7~9为1/2,4为1/6,5为1/8,1、2为1/10,6为1/30)

线相互平行的边框，中间饰大圆乳钉纹，面饰十六瓣莲花纹。花瓣饱满，外环细线上卷，每组一侧上方间饰三角形乳钉。花心细线圆内缀八点梅花形花蕊。面径14.7、厚1.6、边宽1.5厘米（图一三三，5；图版一〇五，2）。

兽面纹瓦当　1件。

标本 IYCT42④:44，泥质灰陶。残缺。作宽带和粗线相互平行的边框，内浮雕一双角腮须、双目圆睁、张嘴露齿的怪兽头。面径11.6、厚0.85、边宽2.5厘米（图一三三，6；图版一〇五，3）。

（6）水管　3件。

标本 IYCT42④:73，泥质灰陶。火候较高。管内壁饰粗布纹，外饰稀疏粗绳纹间饰竖条隔梁，两头留有2～4厘米的素面宽带。通长33.1、内口径13.1、外径19.6、壁厚3.1、子唇长2.6厘米（图一三四，2；图版一〇五，4）。

2. 陶质建筑材料登记表

表三四　　　　　　　　　　宜春汤条砖登记表　　　　　　　　单位：厘米

序号	纹　样	器　号	长×宽×厚	备　注
1	素面，背面近一侧饰直向粗长绳纹	IYCT42④:24	36.5×17.5×7	灰陶
2	素面，背面近一侧饰直向粗长绳纹	IYCT42④:25	37×17×7	灰陶
3	素面，背面近一侧饰直向粗长绳纹	IYCT43④:9	32×16×6	灰陶
4	素面，背面近一侧饰直向粗长绳纹	IYCT43④:8	36×16.2×6.5	灰陶
5	素面，背面近一侧饰直向粗长绳纹	IYCT42④:23	35×17×6.5	灰陶
6	素面，背面按压右手印纹	IYCT42④:21	37×17×6.7	灰陶
7	素面，背面按压右手四指	IYCT42④:22	35.2×15.5×6.5	灰陶
8	素面，背面近一侧饰直向粗绳纹间"／"纹	IYCT23④:2	32.5×16.5×4.3～5.2	灰陶
9	素面，背面近一侧饰直向粗绳纹间"／"纹	IYCT22④:3	31.5×14.5×6	灰陶
10	素面，背面近一侧饰直向粗绳纹间"×"纹	IYCT43④:7	35×16.5×7	灰陶
11	两面均素面	IYCT42④:28	55.5×23×7	灰陶
12	两面均素面	IYCT42④:29	55.5×23×6.5	灰陶
13	两面均素面	IYCT42④:30	55.5×23×7	灰陶
14	两面均素面	IYCT42④:31	55×23×6.5	灰陶
15	两面均素面	IYCT42④:32	55×22.5×6.5	灰陶
16	两面均素面	IYCT42④:33	55.5×22.5×6.5	灰陶
17	两面均素面	IYCT42④:34	55.5×23×6.5	灰陶
18	两面均素面	IYCT42④:26	55.2×25.1×7	灰陶
19	两面均素面	IYCT42④:27	55.6×22.7×7	灰陶

表三五　　　　　　　　　　　　　　　宜春汤方砖登记表　　　　　　　　　　　单位：厘米

序　号	正面纹样	背面纹样	器　号	边长×边长×厚	备　注
1	十二瓣莲花纹	栏格纹间"回"纹	IYCT22④:1	30.5×残17.5×5	灰陶，残缺
2	十二瓣七蕊莲花纹	粗栏格纹	IYCT42④:16	30.2×30×4	灰陶，残缺
3	十二瓣七蕊莲花纹	粗栏格纹	IYCT42④:17	33.5×残29×5	灰陶，残缺
4	十二瓣七蕊莲花纹	粗栏格纹	IYCT22④:2	34.1×残28×6	灰陶，残缺
5	素面	细线菱形网格纹	IYCT23④:1	残23×残20×5.5	灰陶，残缺
6	素面磨光	两左、两右手印	IYCT42④:18	43.5×30×6	灰陶
7	素面磨光	一个右手印	IYCT42④:19	残24.5×32.3×5.5	灰陶
8	素面磨光	一个右手印	IYCT42④:20	残23×32.2×6	灰陶

表三六　　　　　　　　　　　　　　　宜春汤板瓦登记表　　　　　　　　　　　单位：厘米

序　号	纹样	器　号	长	窄弦径	宽弦径	壁　厚	备　注
1	两面素面磨光	IYCT42④:67	残20	残13		2.1	灰陶，"天宝二年内"
2	两面素面磨光	IYCT42④:69	残7.8	残8.5		1.9	灰陶，"宝二年"
3	两面素面磨光	IYCT43④:19	残9.5	残7		2	灰陶，"二年内作"
4	两面素面磨光	IYCT43④:21	残12.8	残6.7		2	灰陶，"将作匠"
5	两面素面磨光	IYCT42④:67	残10.7	残9		1.7	灰陶，"作匠"
6	两面素面磨光	IYCT42④:70	残8	残8		1.7	灰陶，"作匠"
7	两面素面磨光	IYCT43④:16	残8.9	残8.2		1.8	灰陶，"将作"
8	两面素面磨光	IYCT43④:18	残7.9	残5.9		1.9	灰陶，"田"
9	素面，内粗布纹	IYCT43④:20	残13	残10.2		1.57	灰陶，"泉六"
10	素面，内粗布纹	IYCT43④:17	残9.2	残9		1.7	灰陶，"官泉□南"

表三七　　　　　　　　　　　　　　　宜春汤筒瓦登记表　　　　　　　　　　　单位：厘米

序　号	纹样	器　号	长	外弦径	壁　厚	唇　长	备　注
1	素面磨光，内粗布纹	IYCT22④:4	35.5	15~15.5	2~2.4	3	灰陶
2	素面磨光，内粗布纹	IYCT42④:71	36	15.5	2	残	青棍
3	素面磨光，内粗布纹	IYCT23④:3	残35.4	15.6~15.9	2.2	残	青棍
4	素面磨光，内粗布纹	IYCT43④:22	32	13.1	1.6~2.1	3	青棍
5	素面磨光，内粗布纹	IYCT22④:5	残26	12.7	1.6~2	2.6	灰陶，残缺

表三八　　　　　　　　　　　　　宜春汤瓦当登记表　　　　　　　　　　　单位：厘米

序 号	纹 样	器 号	面 径	厚	边 宽	备 注
1	单瓣莲花纹	IYCT42④:64	复原12.5	1.4~16	0.9	灰陶，残缺
2	单瓣莲花纹	IYCT42④:57	复原12.3	2	1	灰陶，残缺
3	单瓣莲花纹	IYCT42④:42	复原12.9	1.7	1.1	灰陶，残缺
4	八瓣单蕊莲花纹	IYCT43④:10	12.5	1.3	1.5	灰陶，残缺
5	八瓣单蕊莲花纹	IYCT43④:14	12.5	1.4	1.4	灰陶，残缺
6	八瓣单蕊莲花纹	IYCT42④:60	复原14.5	1.7	2	灰陶，残缺，带筒瓦
7	八瓣单蕊莲花纹	IYCT42④:41	12.2	1.4	1.7	灰陶，残缺
8	八瓣单蕊莲花纹	IYCT42④:40	12.6	1.4	1.9	灰陶，残缺
9	八瓣单蕊莲花纹	IYCT42④:58	12.5	1.1	1.7	灰陶，残缺
10	八瓣单蕊莲花纹	IYCT42④:50	12	1.6	1.5	灰陶，残缺
11	八瓣八蕊莲花纹	IYCT42④:35	12.8	1.3	2	灰陶，残缺
12	八瓣八蕊莲花纹	IYCT42④:37	11.9	1.4	1.7	青棍，残缺
13	八瓣八蕊莲花纹	IYCT42④:43	复原12.8	1.2	2	青棍，残缺
14	八瓣八蕊莲花纹	IYCT42④:39	12.5	0.8~2.1	1.8	灰陶，残缺，带筒瓦
15	八瓣八蕊莲花纹	IYCT42④:61	12.5	0.8~1.7	1.7	灰陶，残缺，带筒瓦
16	八瓣八蕊莲花纹	IYCT42④:48	12.7	0.9~1.7	1.8	灰陶，残缺
17	八瓣九蕊莲花纹	IYCT42④:52	13.2	1.7	1.5	青棍，残缺
18	八瓣九蕊莲花纹	IYCT42④:53	复原12.5	1.4	1.5	灰陶，残缺
19	八瓣九蕊莲花纹	IYCT42④:51	复原12.5	1.1	2	青棍，残缺
20	十二瓣七蕊莲花纹	IYCT42④:66	12.5	1.3	2.1	灰陶，残缺
21	十二瓣七蕊莲花纹	IYCT42④:36	12	1.3	2.1	灰陶，残缺
22	十二瓣七蕊莲花纹	IYCT42④:49	13	1	2.3	青棍，残缺
23	十二瓣七蕊莲花纹	IYCT43④:12	复原13	1	2.1	灰陶，残缺
24	十二瓣七蕊莲花纹	IYCT42④:63	13	1.1	2	灰陶，残缺
25	十二瓣七蕊莲花纹	IYCT42④:65	复原13	1.5	2	灰陶，残缺，带筒瓦
26	十二瓣七蕊莲花纹	IYCT42④:59	复原14	1.1	1.9	灰陶，残缺
27	十二瓣七蕊莲花纹	IYCT43④:13	复原14	1	2.1	灰陶，残缺
28	十六瓣七蕊莲花纹	IYCT42④:55	13.5	1.15	1.7	青棍，稍残
29	十六瓣七蕊莲花纹	IYCT42④:45	复原13.5	1.3	2	青棍，残缺
30	十六瓣七蕊莲花纹	IYCT42④:62	复原13.3	1.3	1.8	青棍，带筒瓦
31	十六瓣七蕊莲花纹	IYCT42④:38	11.5	1	1.5~1.8	灰陶，残缺

续表三八

序号	纹样	器号	面径	厚	边宽	备注
32	十六瓣八蕊莲花纹	IYCT42④:46	14.7	1.6	1.5	青棍，残缺
33	十六瓣八蕊莲花纹	IYCT42④:47	14	1.4	1.5	青棍，残缺
34	十六瓣八蕊莲花纹	IYCT43④:11	复原13.8	1.2	1.9	青棍，残缺
35	十六瓣八蕊莲花纹	IYCT42④:54	复原13.6	1.6	1.5	青棍，残缺
36	十六瓣八蕊莲花纹	IYCT42④:56	复原14	1.4	1.4	灰陶，残缺
37	兽面纹	IYCT42④:44	11.6	0.85	2.5	灰陶，残缺

表三九　　　　　　　　　　宜春汤陶水管登记表　　　　　　　　　单位：厘米

序号	纹样	器号	通长	内径	外径	壁厚	唇长	备注
1	内粗布纹，外粗绳纹，间竖条隔梁	IYCT42④:73	33.1	13.1	19.6	3.1	2.6	
2	内粗布纹，外粗绳纹，间竖条隔梁	IYCT42④:72	33.3	13	19.4	3.1	2.3	
3	内粗布纹，外粗绳纹，间竖条隔梁	IYCT42④:74	34.1	13.2	18.7	2.6	2.6	

（二）生活用具

生活用具按质地不同，分陶器、玉器和铜器。

1. 陶器　14件。有碗、盆、罐、瓮和残器底等。

（1）碗　10件。

标本 IYCT42④:3，泥质灰陶。敞口，圆厚唇，斜腹，内外壁均素面，平底。底心内凹，外饰细线凹弦纹。口径8.2、高2.7、底径3.8厘米（图一三四，3；图版一〇五，5）。

（2）盆　1件。

标本 IYCT43④:3，泥质灰陶。直口微敞，圆唇外鼓，深弧腹，内外壁均素面，平底。底面外饰细线凹弦纹。口径21.6、高11.5、底径13.4厘米（图一三四，4；图版一〇五，6）。

（3）罐　1件。

标本 IYCT42④:78，泥质灰陶。口沿残，溜肩，鼓腹，小平底，内饰凹弦纹，外饰细篦栉纹。肩部有一耳，长3、宽2、厚0.6厘米。残高20.4、腹径18.5、底径8.2厘米（图一三四，5；图版一〇六，1）。

（4）瓮　1件。

标本 IYCT42④:77，泥质灰陶。火候一般。直口内敛，平折沿，圆唇外鼓，束颈，溜肩，鼓腹浑圆，下腹成反弧形急收，小平底。底心内凸外凹。内壁饰麻点纹，近底部环饰凹弦纹。外壁颈部环饰凸棱纹，腹部模印斜向粗绳纹，余皆素面。纹样模糊，用力较轻。内口径63、沿宽7、最大腹径89.6、高115、底径33.7厘米（图一三四，6；图版一〇六，2）。

（5）印字器底　1件。

标本IYCT43④：2，泥质灰陶。底内素面，外钤盖阳文篆书"日利"戳印。印框长2.7、宽2.35厘米。残长3.5～4.3、残宽3.6、厚0.7厘米（图一三四，7；图版一〇六，3）。

2．玉镯　1件。

标本IYCT42④：1，白玉质。残缺较多，圆环形，表面光滑。复原外径8.7、粗1.2厘米（图一三四，8；图版一〇六，4）。

3．铜器　1件。

标本IYCT23④：4，红铜质。顶面平，隆凸，中心有直径1厘米的圆孔，直腹，齐口，内壁粗糙。外壁错嵌花纹。外径5.6、高0.8、壁厚0.12厘米（图一三四，9；图版一〇六，5）。

四、小　结

（一）名称考辨

汤池和地面上的殿宇建筑在整个遗址地层划分中属于第4层的唐代文化层，出土遗物中方砖、条砖和陶质水管与星辰汤、御书亭、太子汤、尚食汤、莲花汤、海棠汤同类遗物规格、形制、纹样大多雷同，证明为唐代建筑遗存无疑。

清乾隆本《临潼县志·古迹》记载："日华门之南曰太子汤、次西曰少阳汤、又次西曰尚食汤、又次西曰宜春汤。"元李好文《长安志图·唐骊山宫图》上所绘太子汤之西汤池，依次亦是少阳、尚食、宜春汤。宋程大昌《雍录·温泉》卷四莲花汤（注）曰："次西曰太子汤、又次西少阳汤、又次西尚食汤、又次西宜春汤，又次西长汤十六所。"宋敏求《长安志》卷十五莲花汤（注）亦曰："次西曰太子汤、又次西少阳汤、又次西尚食汤、又次西宜春汤，又次西长汤十六所。"《资治通鉴卷二百一十七·唐纪三十三》胡注云："御汤曰九龙殿，亦曰莲花汤。……次西曰太子汤，又次西宜春汤，又次西长汤十六所。"《资治通鉴》与《雍录》和《长安志》记载虽然略有不同，都说明原唐华清宫内确有宜春汤。按文献记载，宜春汤的位置在尚食汤之西。但通过在尚食汤之西进行考古发掘，没有发现汤池，排除了尚食汤之西15米内还保存有汤池的可能性。出土汤池虽在尚食汤之北，与文献记载的位置不符，但考虑古代人绘图没有严格的比例，只标大致方位，前后有一定的误差，和新出土汤池距尚食汤最近，面积小，等级不高，沐浴者地位较低等因素，当为唐华清宫内宜春汤。

（二）宜春汤的沐浴者

宜春汤的沐浴者是何许人？史作无证。《旧唐书·音乐一》曰："太常又有别教院，教供奉新曲。太常每凌晨，鼓笛乱发于太乐署。别教院廪食千人，宫中居宜春院。"唐代人崔令钦撰《教坊记》云："妓女入宜春院谓之内人，亦曰前头人。常在上前也。其家犹在教坊。"说明唐长安、洛阳宫内建有为皇帝表演歌舞、戏和演奏音乐的妓女居住的宜春院。宜春汤和宜春院仅一字之差，顾名思义，就是专供为皇帝表演歌舞的妓女沐浴的汤池。

后周王仁裕《开元天宝遗事》记载："念奴者，有姿色，善歌唱，未尝一日离帝左右。每执板当席顾眄，帝谓妃子曰：'此女妖丽，眼色媚人'。每啭声歌喉则声出于朝霞之上，虽钟鼓笙竽嘈杂而莫能遏。宫妓中帝之钟爱也。"又记"宫妓永新者善歌，最受明皇宠爱，每对御奏歌，则丝竹之声莫能遏。帝常谓左右曰：'此女歌值千金'。"《杨太真外传》云："新丰有女伶谢阿蛮，善舞《凌波曲》，旧出入宫禁，贵妃厚焉"，赏赐金粟装臂环。杨贵妃为张云容的翩翩舞姿吟诗云："罗袖动香香不已，红蕖袅袅秋烟里。轻云岭上乍摇风，嫩柳池边初拂水。"[1] 念奴、谢阿蛮、永新和张云容这些为皇帝和妃子在华清宫表演歌舞的优伶，虽然地位不高，但由于得到皇帝和妃子的宠爱，都很有可能就在宜春汤沐浴。

（三）始建年代

宜春汤遗址保存早、晚两期修建遗存。早期建筑中出土的条砖中没有发现星辰汤、太子汤带工匠名字和戳印的绳纹条砖，却以绳纹和手印纹条砖为主，再结合和尚食汤共用供水道之间的关系，证明修建时间不会早到唐贞观十八年。晚期建筑中出土的莲花纹方砖和唐天宝年间的砖相同，证明时间不会晚于唐天宝十五年。宋程大昌《雍录》卷三记载宜春院始置于唐开元二年。宜春汤肯定修建于其后。《资治通鉴》叙录唐玄宗开元十一年扩建温泉宫。由此可以断定，宜春汤早期遗存修建的年代应在唐开元十一年（公元723年）；晚期在天宝二年至天宝六载之间（公元743年至公元747年）。

（四）毁坏原因和时间

宜春汤毁坏的原因和时间，虽无直接明确的文献资料可供判断，但从遗迹保存状况仍能发现一些线索。汤池地面殿宇建筑保存的遗迹高度和唐代地面平，形状依稀可辨。汤池则不然，不仅池底被全部扒掉，连供、排水道也几乎无留。唐华清宫内的汤池都修砌在室内地下，上口基本和地面平，一般来讲，自然破坏力或战火是不容易将其毁坏的，果真如此的话，汤池必然还保留残骸，不会像现在这样砌石全无。星辰汤、太子汤、莲花汤、海棠汤、小汤、尚食汤就是例证。联系宜春汤上层叠压有宋元时期修建的

---

1)　《全唐诗·杨贵妃·赠张云容舞》，上海古籍出版社，1986年版，34页。

汤池底所砌青石板之间的粘接材料是泥浆，泥浆内石板底部及四边附着白灰浆痕迹和其中有一石板残缺部分还保留在唐代文化层分析，汤池是在宋元时代因新修汤池缺少石材而被人为地、有目的地拆除的。

第八节　一号无名汤

一号无名汤位于莲花汤东北角 T28、T29 两个探方内。由于汤池废弃较早，汤池地面殿宇建筑荡然无存，只出土了汤池、供排水道遗迹和绳纹条砖等遗物。

一、地层堆积

北剖面地层堆积，以 T24、T28 北壁地层为例：

第 1 层，现代扰乱层　厚 0.85～2.7 米，土质结构疏松，呈灰色，内含现代瓷水管、砖砌水道、铁水管、青砖和水泥板铺的地面。由于莲花汤池 1949 年以后还在沿用，扰动层直至汤池地面。

第 2 层，明、清文化层　厚 0.5～0.65 米，土质结构较硬，呈黄褐色，建筑倒塌堆积物内含黑、白、青瓷片。出土明代《重修唐华清宫》记事碑一通。

第 3 层，宋、元文化层　厚 0.25～1.25 米，土质结构疏松，呈褐色，内含宋代青瓷小碗、白瓷盘、绳纹条砖和砖砌水道等。

第 4 层，唐代文化层　分 4A、4B 两层。

4A 层　厚 0.45～2.1 米，土质结构松散，呈灰褐色，建筑倒塌堆积物内含莲花纹方砖、青石柱础、手印条砖、带陶文板瓦和瓦当等。

4B 层　厚 1.35～1.45 米，土质松，呈灰褐色，内含汤池排水道及细绳纹条砖。

为了保护唐代建筑遗迹不被破坏，第四层以下未发掘清理（图九〇，3）。

二、汤池建筑遗迹

汤池建筑由供水设施、汤池和排水设施三部分组成（图一三五，彩版一三，1）。

（一）汤池供水设施

供水设施位于汤池南边，现保存部分供水道和挡水闸门。

1. 供水道　位于汤池之南，呈南北走向，用砂石砌成，现残长 4.8、东西宽 0.35、深 0.24～0.26 米，其中北部 2.1 米保存水道底和两边，南部 2.7 米仅存底部砌石，顶部盖板石无存。

水道做工细致认真，双层结构，底部平砌 0.62×0.3×0.07、0.6×0.5×0.072、0.62×0.32×0.071、0.6×0.42×0.072、0.6×0.45×0.06、0.7×0.31×0.065 米等多种规格、打磨规整的砂石板，上层平砌宽 0.35、厚 0.1 米，长短不等的长方形砂石板；东边砌长 1.2、宽 0.15、残高 0.34 米的砂石板；西边砌长 0.95、宽 0.17、高 0.36

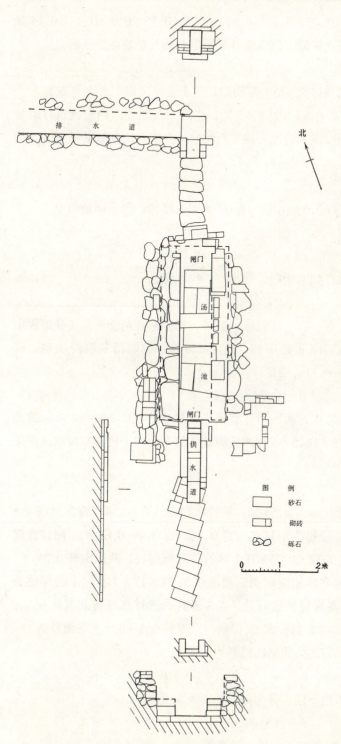

图一三五　一号无名汤汤池供、排水道及汤池平、剖面图

米的砂石板。从东边砌石外侧保留一块侧立石看，原东西两边外侧都有加固的侧立石。顶部结构不清楚（图版一○七，1）。

2. 闸门　位于水道从北向南 0.18 米处，东西两壁上卡槽无存，现保留水道底部挡水板凹槽。凹槽东西长 0.35、南北宽 0.14、深 0.05 米。

（二）汤　池

汤池呈南北长方形，方向 165°，可容水 6.82 立方米，从下向上，分为两层台式（图版一○七，2）。

1. 汤池一层台

一层台南北池口长 4.5、东西池口宽 0.87、面积 3.92 平方米。

（1）池东壁　残长 3.45、台面宽 0.45 米，残存三层砌石，高 0.44 米。砌石不甚规则。

（2）池西壁　全长 4.5、台面宽 0.5 米，保留一层砌石，残高 0.2～0.26 米。砌石比较规整（图版一○八，1）。

（3）池南壁　破坏无遗。

（4）池北壁　亦遭破坏，残高 1.15 米，砌石无存。

（5）池底　平面呈长方形，南北长 4.5、东西宽 0.87 米，二层结构，下层是经过夯打的防渗水层,上层平砌 0.75×0.45×0.15、0.67×0.35×0.15、0.9×0.35×0.15 米等多种规格的砂石块。池底砌石残缺处,保存修补时留下的唐代早期绳纹条砖。

2. 汤池二层台

汤池二层台顶部已残,南北池口长 4.5、东西池口宽 1.8 米,面积 8.1 平方米。

(1) 池东壁　残长 4.5、残高 0.63、宽 0.55 米,内外双层结构,内层砌筑打磨规范的砂石块,外层帮砌厚 0.2～0.25 米的乱石块。石块中夹杂秦汉时期残砖破瓦块和仰韶文化时期的彩陶片。

(2) 池南壁　破坏无遗。

(3) 池西壁　残长 4.5、残高 0.6～0.97、宽 0.55 米,结构、砌石同池东壁。

(4) 池北壁　即一层台北壁。

(三) 汤池排水设施

排水设施位于汤池北边,保存挡水闸门、排水口、排水道。

1. 闸门

闸门位于汤池和出水口结合部,有一定程度的破坏,现存东西两壁用条砖叠砌固定闸门的凹槽。东凹槽东西长 0.1、南北宽 0.18、残高 0.6 米;西凹槽东西长 0.11、南北宽 0.17、残高 0.26 米 (图版一○八,2)。

2. 排水口

排水口方形,东西宽 0.3、高 0.6 米,用打磨规矩、规格为 33×62×14 厘米的砂石块棚盖。石下用三层规格为 35×16.5×6 厘米的绳纹条砖东西向平砖错缝顺砌 (图版一○八,2)。

3. 排水道

排水道埋在地下,顶部距唐代地表 0.55 米,从排水口向北 2.65 米成直角西拐 4.5米,被一扰坑破坏。2.65 米这一段排水道口东西宽 0.31、深 0.6～0.64 米,用打磨规范、规格为 0.4×0.77×0.11、0.37×0.75×0.1 米的砂石板砌底,两边砌高 0.37 米、长宽不等的砂石块。石上南北向平砖错缝顺砌三层规格为 34×17×7.5 厘米的绳纹条砖,高 0.23 米。砖上边棚盖不甚规整的砂石块。4.5 米这一段排水道南北宽 0.65、深0.85 米,两边用乱石块垒砌,底部没有砌石铺砖,保留一层厚约 0.1～0.3 米的细砂砾。

汤池、供、排水道砌砖和砌石之间的粘接材料均为泥浆。

三、出土遗物

出土遗物有建筑材料。按质地不同,分为陶质和石质两类。

(一) 建筑材料

1. 陶质建筑材料　17 件。有条砖、套兽、筒瓦等。

(1) 条砖　15 件。有绳纹和素面两种。

　　绳纹条砖　13件。标本 IWM1T28④B:9，泥质灰陶，规格 35×16.5×6 厘米，一面素面，另一面模印弧形粗绳纹（图版一〇九，1）。

　　标本 IWM1T28④B:19，泥质灰陶，规格 34×17×7.5 厘米，一面素面，另一面模印波折粗绳纹（图版一〇九，2）。

　　标本 IWM1T28④B:3，泥质灰陶。一面素面，另一面下凹，横向模印绳纹。规格 32×12×5.6 厘米（图版一〇九，3）。

　　素面条砖　2件。标本 IWM1T28④B:4，泥质灰陶。火候不高。一面素面磨光，另一面素面粗糙。规格 34.3×17.2×4.5~5.2 厘米（图一三六，1）。

　　(2) 套兽　1件。

　　标本 IWM1T29④A:2，泥质灰陶。兽头形，残缺甚多，保留下唇，龇牙张口，唇尖微翘，唇下呈覆瓦状。残长 10.5、残宽 12、残高 4.5~6 厘米（图一三六，2；图版一〇九，4）。

　　(3) 筒瓦　1件。

　　标本 IWM1T29④A:5，青棍。唇沿内敛，根部外侈，瓦端内斜，唇和瓦结合部饰细线凹弦纹，外素面磨光，内饰粗布纹。长 30.2、外弦径 12.6、厚 1.7~2、唇长 2.2 厘米（图一三六，3；图版一〇九，5）。

　　2. 陶质建筑材料登记表

表四〇　　　　　　　　　　　一号无名汤条砖登记表　　　　　　　　　单位：厘米

序　号	纹　样	器　号	长×宽×厚	备　注
1	素面，背面饰弧形粗绳纹	IWM1T28④B:9	35×16.5×6	灰陶，闸门砌砖
2	素面，背面饰弧形粗绳纹	IWM1T28④B:10	34×17×6.7	灰陶，闸门砌砖
3	素面，背面饰弧形粗绳纹	IWM1T28④B:11	34×16×7	灰陶，闸门砌砖
4	素面，背面饰波折粗绳纹	IWM1T28④B:19	34×17×7.5	灰陶
5	素面，背面饰波折粗绳纹	IWM1T28④B:20	34×17×7.5	灰陶
6	素面，背面饰波折粗绳纹	IWM1T28④B:21	34×17×7.5	灰陶
7	素面，背面饰波折粗绳纹	IWM1T28④B:22	34.5×17.2×7.3	灰陶
8	素面，背面饰波折粗绳纹	IWM1T28④B:23	34×17×7.5	灰陶
9	素面，背面饰波折粗绳纹	IWM1T28④B:24	34×17×7	灰陶
10	素面，背面饰波折粗绳纹	IWM1T28④B:16	35×16×7	灰陶
11	素面，背面下凹，横饰粗绳纹	IWM1T28④B:3	32×12×5.6	灰陶
12	素面，背面下凹，横饰粗绳纹	IWM1T28④B:1	31.2×13.2×5.5	灰陶
13	素面，背面下凹，横饰粗绳纹	IWM1T28④B:2	32.5×12.5×5	灰陶

续表四〇

序　号	纹　样	器　号	长×宽×厚	备　注
14	两面皆素面	IWM1T28④B:4	34.3×17.2×4.5～5.2	灰陶
15	两面皆素面	IWM1T28④B:5	37×18×6.1	灰陶

3. 石刻　1件。

标本 IWM1T29④A:4，汉白玉质。似走兽。头、四肢、尾皆残，瘦脊嶙峋，鬃鬣飞扬，腹部较瘦，表面光滑。残高19、残宽20、最厚处10厘米（图一三六，4、5，图版一〇九，6）。

四、小　结

（一）名称考辨

新出土汤池按整个遗址地层划分，属于第4层的唐代文化层，位于莲花汤东北部。随汤池出土的绳纹条砖与星辰汤、太子汤和唐长安城遗址出土同类器物相同，证明汤池和建筑物为唐代遗迹。

现存有关记载唐代华清宫的史册中，都没有说莲花汤紧东北角有汤池。从新出汤池保存的形状、结构看，无特殊之处，与史载华清宫内其它汤池也丝毫无联系，故无法定名，暂称做一号无名汤。

（二）始建与废弃

新出汤池用料、做工和形制与修建于唐开元天宝年间的莲花汤、海棠汤、尚食汤、小汤区别甚大，显然不是修建于同一时期，也就是说不是修建于唐开元十一年之后。若和星辰汤、太子汤的做工、用料作比较，发现三者有些共同之处。前者池壁为双层结构，内砌砂石，外是不规整的乱石块，砌石中间未发现垫钱，粘接材料是泥浆；后者池壁亦为双层结构，内为砂石，外是砖砌墙，砌石中间加垫"开元通宝"钱，粘接材料是白灰浆。宋程大昌《雍录·温泉》卷四曰："温汤在临潼县南一百五十步，在骊山西北。十道志曰：泉有三所，其一处即皇堂石井，后周宇文护所造，隋文帝又修屋宇，并植松柏千余株。"宋敏求《长安志》卷十五曰："十道志曰：今按：泉有三所，其一处即皇堂石井，周武帝天和四年大冢宰宇文护所造，隋文帝开皇三年又修屋宇，列树松柏千余株。"结合以上文献记载推断，新出汤池的始建年代，比星辰汤和太子汤可能还要早。但从新出汤池排水道出土的绳纹条砖看，时代与星辰汤、太子汤出土的条砖相同，证明其最后一次修缮的年代不晚于唐贞观十八年（公元644年）。

前文已考证出莲花汤修建于唐开元十一年。新出汤池位于莲花汤紧东北角，池口低于莲花汤地面约0.2～0.3米，且莲花汤殿宇的散水就压在其上，说明是在唐开元十一年因修建莲花汤的需要而被废弃。从新出汤池形制简单、做工粗糙、面积狭小这一点分

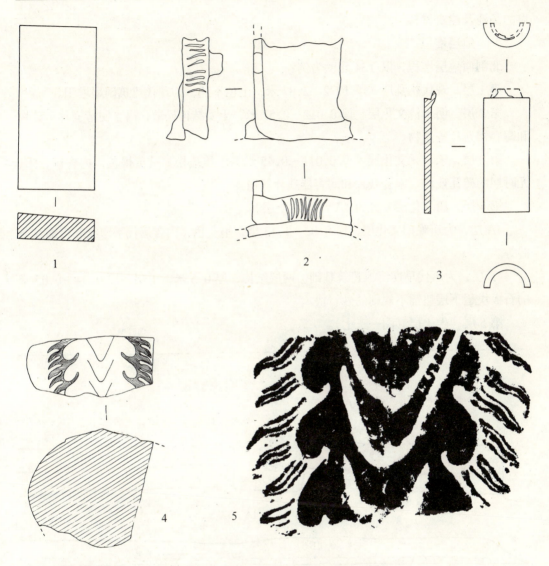

图一三六　一号无名汤条砖，套兽，筒瓦，石刻

1.素面条砖ⅠWM1T28④B:4　　2.套兽ⅠWM1T29④A:2　　3.无瓦当筒瓦ⅠWM1T29④A:5　　4.石刻ⅠWM1T29 ④A:4　　5.石刻ⅠWM1T29④A:4纹样拓本(5为1/2,2为1/4,4为1/6,1为1/8,3为1/10)

析，在此沐浴者的身份、地位和等级不会很高。

第九节　二号无名汤

二号无名汤位于遗址西南部 T34 内，现华清池"三号水源"西边，尚食汤池北边 3.9 米。由于后代在此建筑，该汤池的地面建筑全被毁，仅出土地面建筑墙基和残破不堪的汤池及建筑材料。

一、地层堆积

北剖面地层堆积，以 T34 北壁为例：

第 1 层，现代扰乱层　厚 1.72～2.87 米，土色不纯，为现代建筑倒塌堆积。

第 2 层，明、清文化层　厚 0.012～0.57 米，土质结构松散，内含明清瓷片、砖块和陶容器残片等遗物。

第 3 层，宋、元文化层　厚 0.011～0.45 米，土质疏松，呈黄褐色，内含唐、宋、元时期的砖瓦残块、宋瓷残片和陶容器残片等遗物。

第 4 层，唐文化层　分为 4A、4B 两小层。

4A 层，为唐晚期文化层，厚 0.82～1.13 米，呈灰色，内含唐代手印纹和粗绳纹条砖等。

4B 层，为唐代早期汤池建筑基础，两层结构，厚 0.5 米，上层为厚 0.04～0.05 米的石板块，下层垫铺不规则的砂石块。

第 5 层，生土层（图一三七）。

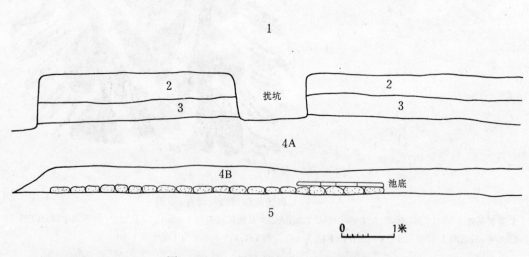

图一三七　二号无名汤 T34 北壁剖面图

二、建筑遗迹

（一）殿宇建筑

殿宇建筑几乎破坏无遗，形状难辨，现保留部分石墙和木构件（图一三八；图版一一〇，1）。

1. 砂石墙　呈东西走向，方向 102.5°，东西残长 5.57、南北宽 1.3、残高 0.52

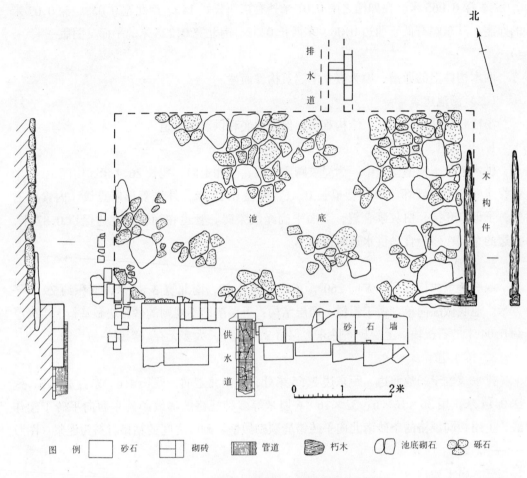

图一三八 二号无名汤殿宇建筑及汤池平、剖面图

米，内外两层结构。内层用规格为 37×17.5×7.5 厘米的绳纹条砖顺砌一层做基，上边用规格为 0.8×0.51×0.25、0.75×0.28×0.22 米的砂石平砌；外层平砌两行规格为 0.55~0.86×0.35~0.57×0.25、0.65×0.32×0.225、0.55×0.56×0.23 米、打磨规范的砂石块，缝距 0.01~0.02 米（图版一一〇，2）。

2. 木构件 位于砂石墙北边，用卯榫结合在一起，编号 MGJ1、MGJ2。

MGJ1 呈南北方向，南北残长 2.98、直径 0.08~0.18 米，北端已残，南端保留较好，上有一与南边东西方向的 MGJ2 相连的木榫。榫长 0.056、宽 0.09、厚 0.065 米。在木榫之北 0.07 米处有一南北长 0.182、东西宽 0.06、深 0.045 米的卯槽（图版一一一，1）。

MGJ2 呈东西方向，东西残长 1.2、直径 0.06~0.225 米，西端朽残，东部保存较好，距东端 0.09 米有一与北边 MGJ1 相连的卯槽。卯槽东西宽 0.092、南北长

0.058、深 0.065 米。在卯槽之南 0.01 米处有东西长 0.145、南北宽 0.058、深 0.07 米的卯洞。其东端有低于西边 0.06、东西长 0.33、南北宽 0.225 米的平面（图版一一一，1）。

两木构件上的卯槽，原为嵌立木建筑构件而凿。

（二）汤池建筑

汤池残缺甚多，形状、结构难辨，保留池底和供、排水道。

1. 供水道

供水道位于池南壁正中，为绳纹陶质管道，南北走向，残长 26.4 米，中间 12.2 米在修建尚食汤时破坏。单节管道长 0.41、外径 0.28 米，外饰菱形麻点纹，内素面磨光，子母口套接，白灰浆合缝，下面平砌绳纹条砖。管道在尚食汤北边保留 0.82 米，南边的东部在修尚食汤供水道时被破坏。

2. 池底

池底呈东西长方形，方向 260°，东西长约 7.57，南北宽 3.87 米，面积约 29.3 平方米。池底做法简单，做工粗糙，两层结构：下层垫铺不规则的砂石块做基；上层砌厚约 0.04 米的石板块。上层砌石除东边保留 2.4 米外，大多无存（彩版一三，2）。

3. 排水道

排水道位于汤池北边，距东边 2.55 米处，呈南北走向，残长 4.6、东西宽 0.3、残深 0.14 米，用 30×16×6、32×16×6 厘米等多种规格的绳纹条砖东西向平砖丁砌作底，上用相同规格的条砖南北向平砖错缝顺砌做壁。砌砖之间的粘接材料为泥浆（图版一一一，2）。

三、出土遗物

出土遗物有建筑材料和生活用具两类。

（一）建筑材料 有陶质和石质两类。

1. 陶质建筑材料 9 件。

（1）板瓦 1 件。

标本 IWM2T34④B:1，泥质灰陶。内粗布纹，外素面，竖向钤盖"官王石"戳印，字迹细大。印框残长 5.5、宽 2.5 厘米。残长 6.8、残宽 9、厚 2.1 厘米（图一三九，1；图版一一二，1）。

（2） 筒瓦 1 件。

标本 IWM2T34④A:18，青棍。残长 21、外弦径 12.2、厚 1.8 厘米。外素面，内粗布纹，子端残，母端带当。当残，面径 12、厚 1.5、边宽 1.2 厘米，面饰八瓣九蕊莲花纹（图一三九，2；图版一一二，2）。

（3）水管 7 件。

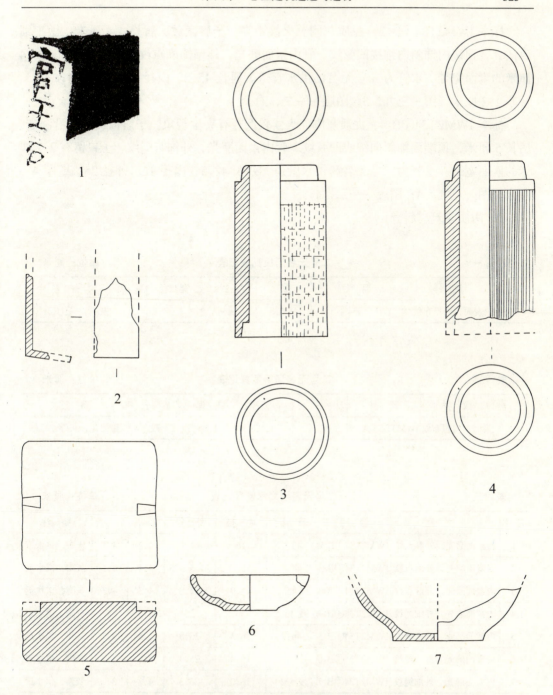

图一三九　二号无名汤板瓦,筒瓦,陶水管,石构件,陶碗

1.板瓦戳印文字"官王石"ⅠWM2T34④B:1 拓本　2.带瓦当筒瓦ⅠWM2T34④A:18　3.陶水管ⅠWM2T34④B:2
4.陶水管ⅠWM2T34④B:4　5.石构件ⅠWM2T34④B:9　6.陶碗ⅠWM2T34④A:7　7.陶碗ⅠWM2T34④A:8
(1、6、7 为 1/2,2~4 为 1/10,5 为 1/8)

　　标本 IWM2T34④B:2，泥质灰陶。火候不高。子唇微敛，唇长 4.4 厘米，做工细致认真，顶端内饰斜向细线凹弦纹，管内素面磨光，外壁饰麻点纹，子口一端留有 6.4 厘米的素面宽带。水管为二号无名汤供水管道。通长 45.5、内径 16、外径 24.4~25、壁厚 4.2 厘米（图一三九，3；图版一一二，3）。

　　标本 IWM2T34④B:4，泥质灰陶。火候较低，有夹生现象。子唇内敛，唇沿圆鼓，唇长 5 厘米，顶端面饰斜向细线凹弦纹。管内素面磨光，外饰直绳纹，子口留有 2.7 厘米的素面宽带。水管为二号无名汤供水管道。残长 42.5、内径 16、外径 25、壁厚 4.5 厘米（图一三九，4；图版一一二，4）。

　　2. 陶质建筑材料登记表

表四一　　　　　　　　　　二号无名汤板瓦登记表　　　　　　　　单位：厘米

序　号	纹　样	器　号	长	窄弦径	宽弦径	壁　厚	备　注
1	素面，内粗布纹	IWM2T34④B:1	残 6.8	残 9		2.1	灰陶，"官王石"

表四二　　　　　　　　　　二号无名汤筒瓦登记表　　　　　　　　单位：厘米

序　号	纹　样	器　号	长	外弦径	壁　厚	唇　长	备　注
1	素面，内粗布纹	IWMT34④A:18	残 21	12.2	1.8	残	带筒瓦，灰陶，残缺

表四三　　　　　　　　　　二号无名汤陶水管登记表　　　　　　　单位：厘米

序号	纹　样	器　号	通 长	内 径	外 径	壁厚	唇长	备 注
1	内素面磨光，外麻点纹	IWM2T34④B:2	45.5	16	24.4~25	4.2	4.4	灰陶，供水道
2	内素面磨光，外麻点纹	IWM2T34④B:3	44.7	15.7	24.5~25	4.4	4.1	灰陶，供水道
3	内素面磨光，外麻点纹	IWM2T34④B:8	45	15.9	24.8	4.3	4.3	灰陶，供水道
4	内素面磨光，外细绳纹	IWM2T34④B:4	残 42.5	16	25	4.5	5	灰陶，供水道
5	内素面磨光，外细绳纹	IWM2T34④B:5	46.7	16.3	25.8	4.5	3.7	灰陶，供水道
6	内素面磨光，外细绳纹	IWM2T34④B:6	残 41.7	16.4	25.9	4.5	4.2	灰陶，供水道
7	内素面磨光，外细绳纹	IWM2T34④B:7	残 42.4	16.3	25.3	4.3	3.7	灰陶，供水道

　　3. 石质建筑材料　1件。

　　标本 IWM2T34④B:9，砂石质。略呈方形，表面磨光，对应边中部凿有二个梯形小凹槽。凹槽长 8、宽 3.5~4.7、深 4 厘米。凹槽内铁锈斑斑，安装铁栓板。长 60、宽54、厚25厘米。该石为二号无名汤池南墙砌石（图一三九，5）。

（二）生活用具 2件。为小陶碗。

标本 IWM2T34④A：7，泥质灰陶。敞口，圆唇，弧腹，平底，底心稍平。内外壁素面。底面外饰细线凹弦纹。口径6.6、高1.9、底径3厘米（图一三九，6；图版一一二，5）。

标本 IWM2T34④A：8，泥质灰陶。口残，斜直腹，大平底，底心内凹，中有一直径为0.4～0.45厘米的穿透圆孔。底面外饰细线凹弦纹。残高2.8、底径5厘米（图一三九，7；图版一一二，6）。

四、小 结

（一）名称考辨

新出土汤池按整个遗址地层划分，属于第4层的唐代文化层。随汤池出土的绳纹条砖与星辰汤、太子汤和唐长安城遗址出土同类器相同，证明汤池和建筑物为唐代遗迹。

新出汤池位于尚食汤紧北。但史籍却无在尚食汤之北还另有汤池的记载。从汤池保存的形状、结构看，没有什么特殊之处，与史载华清宫内其它汤池也无丝毫联系，难以定名，暂称为二号无名汤。

（二）始建与废弃

新出汤池用料、做工和形制与修建于唐开元天宝年间的莲花汤、海棠汤、尚食汤、小汤的做法和所用材料有较大的区别，明显不是同一时期所建。从汤池出土条砖的纹样和使用木构件看，与星辰汤、太子汤修建年代相近，即不会晚于唐贞观十八年。

程大昌《雍录·温泉》卷四曰："温汤在临潼县南一百五十步，在骊山西北。十道志曰：泉有三所，其一处即皇堂石井，后周宇文护所造，隋文帝又修屋宇，并植松柏千余株。"宋敏求《长安志》卷十五曰："十道志曰：今按：泉有三所，其一处即皇堂石井，周武帝天和四年大冢宰宇文护所造，隋文帝开皇三年又修屋宇，列树松柏千余株。"结合以上文献记载，再联系池底结构、建筑材料和粘接材料为泥浆这一点来综合分析，二号无名汤的始建年代可能还要早到北周和隋代。

前文已考证尚食汤修建于唐开元十一年。出土汤池位于尚食汤紧北边，南边室内地面压在尚食汤北边台基之下，说明其当在唐开元十一年因修建尚食汤的需要而被拆除。

从新出汤池形制简单、做工粗糙、面积较小这一点分析，其一定非御用之物。

第一〇节 其它建筑遗迹

Ⅰ区除出土星辰汤、莲花汤等八个汤池之外，同时还出土砖井、水管道、踏道等其它建筑遗迹。

一、地层堆积

（一）T46 北剖面地层堆积

第 1 层，现代扰乱层　厚 0.47～0.7 米，土质结构松散，土色不纯，内含现代建筑杂物。

第 2 层，明、清文化层　厚 1.02～1.32 米，土质结构疏松，呈灰色，内含明、清时期的白、蓝花瓷片等物。

第 3 层，宋、元文化层　厚 0.9～1.24 米，土质结构疏松，呈灰褐色，内含宋代青、黑瓷片，砖、瓦残块，以及陶容器残片。

第 4 层，唐代文化层　厚 0.01～0.37 米，土质结构松散，呈灰色，内含唐代板瓦、筒瓦、莲花纹瓦当、砖块和陶容器残片等。

为了保护唐代建筑遗迹不被破坏，第 4 层以下未清理发掘。

（二）T47 北剖面地层堆积

第 1 层，现代扰乱层　厚 0.4～1.85 米，土质结构松散，土色不纯，内含现代铁管道和砖块等杂物。

第 2 层，明、清文化层　厚 0.12～1.9 米，土质结构疏松，呈黄褐色，内含明、清时代的瓷片。

第 3 层，宋、元文化层　厚 0.75 米，土质结构疏松，呈灰黄色，内含宋代青、黑瓷片，砖瓦块，及唐代瓦当、砖瓦残块。

第 4 层，唐文化层　厚 0.4～0.9 米，土质结构松散，呈灰色，上层为建筑倒塌堆积，内含唐代板瓦、筒瓦、莲花纹瓦当、残砖块和陶容器残块等物；下层为唐代建筑遗迹。

为了保护唐代建筑遗迹不被破坏，第 4 层以下未清理发掘（图一四〇）。

二、建筑遗迹

（一）莲花纹方砖踏道

莲花纹方砖踏道位于 I 区 T14、海棠汤西南方向，南距太子汤 8.3 米，西距宜春汤 19.5 米，东距莲花汤 17.4 米，呈东低西高斜坡状，西、北两边已残，东西残长 1.1、南北残宽 4.9 米，斜坡和地面的夹角为 15°。

踏道南边有一段东西残长 2.45、南北宽 0.5 米，保留七层砌砖、高 0.5 米的砖墙。砖墙北壁细磨平整，用规格为 37×17×7、39×15.5×7、38×15.5×7 厘米的绳纹和手印纹条砖，东西向平砖错缝顺砌而成。踏道和砖墙东部结合部之间，做成东南稍高，西北微低的三角形斜面，东边沿底层南北向并排平砖顺砌三行绳纹条砖，上层平铺规格为 32.7×31×5.4 厘米的素面方砖（图一四一，1；图版一一三，1）。

踏道的做法：先用黄土夯筑成东低西高斜坡状土台，上面平砌规格为 38×17.5×

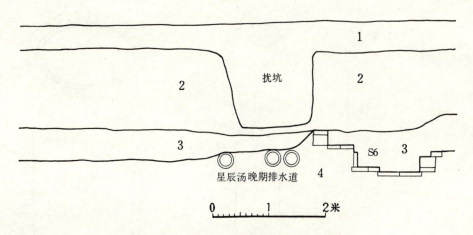

图一四〇　Ⅰ区其它建筑遗迹 T47 北壁剖面图

7、36×17×6.7 厘米等不同规格的绳纹条砖，其上再平砌规格为 32×30.5×6.5、31.5×31.5×5.5 厘米正面为莲花纹、背面饰网格纹或绳纹的方砖。两层砌砖中间，平抹一层厚约 0.01~0.02 米的泥浆粘接。砌砖东西向残留 4 行，每行 8 砖，共残留 22 块。

莲花纹方砖踏道、砖墙砌砖之间的粘接材料用泥浆。

（二）井　3 口。编为 J1、J2、J3。

J1　位于尚食汤西北侧 17.5 米，与星长汤殿基石砌北墙墙北 J1、J2 基本在一条东西向直线上。井口出现于遗址文化层第 4 层，原井口已被破坏，现存砖井口距地表 2.81 米，低于唐代地面 0.7 米。井用规格为 21（残）×15.2×6.5、25（残）×15.5×6 厘米的绳纹和手印纹条砖平砖错缝环砌做壁，做工粗糙，平面基本呈圆形。井身为圆筒形，内直径 0.8 米，壁厚 0.15~0.22 米。从残井口到井底淤泥深 3 米，即井底距现代地表深 5.81 米。井壁现存八层砌砖。（图一四一，2）

从现存井口以下 3 米的文化堆积，可分为上、下两层。上层厚 0.64 米，土呈黄褐色，结构疏松，内含灰烬，唐代残砖碎瓦、小陶瓶、陶碗以及一些生活用具残片；下层距井口 0.64 米，井壁砖砌到此为止，井底有一层厚约 0.05~0.1 米的淤泥，再往下为生土，没有其它任何遗物。

J2　位于Ⅰ区 T10、莲花汤早期散水距西端 1.3 米之南 0.52 米处，为初唐遗存。井口出现于遗址文化层第 4 层，原井口已被破坏，现存砖井口距现地表 2.4 米，低于唐代地面 0.2 米，平面呈“菱形”，顶部已破坏，最大口径 0.6、深 1.2 米，四周用规格为 37×17×7、37×17×6.7 厘米的手印纹条砖平砖错缝环砌做壁。从残井口到井底深 1.2 米，即井底距现代地表深 3.6 米。井壁现存十七层砌砖。底部有数层乱砖，砖下为乱石块，与秦汉时期温泉水道间接相连。当地面积水流入渗井后，经过碎乱石块空隙过滤，渗入温泉中，从汤池排水道排泄出外（图一四一，3）。

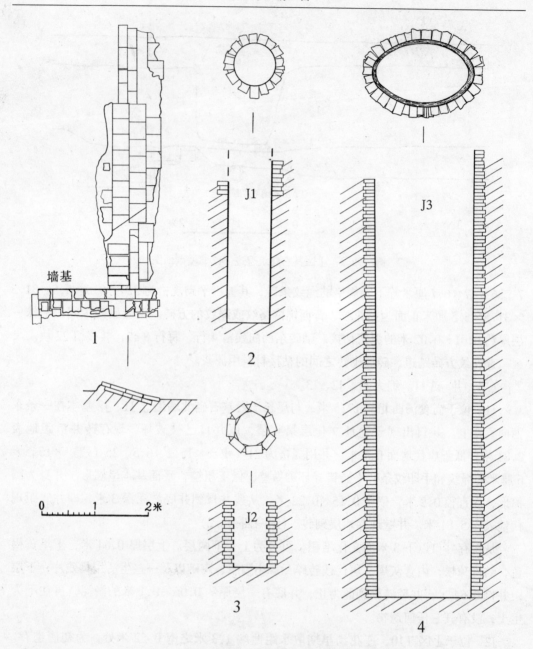

墙基

图一四一　Ⅰ区其它建筑遗迹莲花踏道及唐井平、剖面图
1.莲花踏道　2.J1　3.J2　4.J3

　　J3　位于Ⅰ区T46、现华清池双人池西北方向，南距海棠汤约65米。井口出现于遗址文化层第4层，原井口被破坏，现存井口距地表2.67米。井口呈椭圆形，南北长1.9、东西长1.26米。井身呈椭圆筒形，下部略小，底部南北1.8、东西1.1、壁厚0.25米，用规格为32.5×14.7×5、32.7×14.6×5.2厘米的绳纹和手印纹条砖平砖错

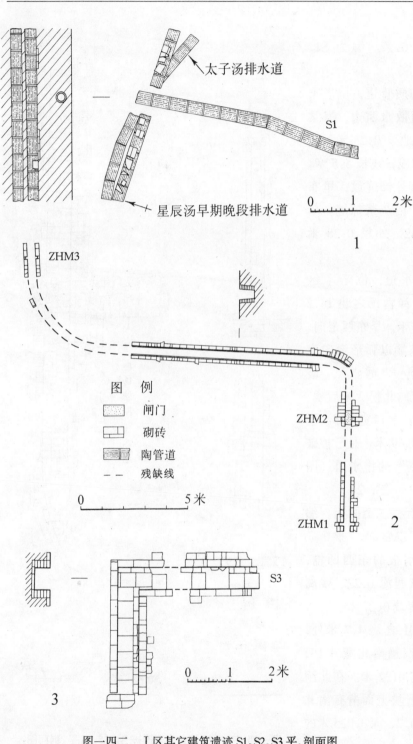

缝环砌做壁，做工较为规范。做法式样与星辰汤J2下部做法相同。从井口到井底深8.3米，即井底距现代地表深10.97米。井内堆积物一次性形成，土质结构松散，土色黄褐，内含物丰富，出土有唐莲花纹方砖、莲花纹瓦当、条砖、板瓦、筒瓦残块、红烧土块、白灰墙皮、白瓷片、小陶碗、陶洗及大型储水陶鉴、陶缸等生活器具（图一四一，4）。

三口井砌砖之间的粘接材料皆为泥浆，做法大同小异，先在平地挖成圆筒形土井，然后用绳纹条砖平砖错缝环

太子汤排水道

S1

星辰汤早期晚段排水道

0   1   2米

1

ZHM3

图 例
闸门
砌砖
陶管道
残缺线

0   5米

ZHM2

ZHM1

2

S3

0   1   2米

3

图一四二 Ⅰ区其它建筑遗迹 S1、S2、S3 平、剖面图
1.陶水管道 S1   2.砖砌水道 S2   3.砖砌水道 S3

砌做壁，底无铺砖。

（三）水道　6 条。编为 S1、S2、S3、S4、S5、S6。

S1　为绳纹陶质管道，位于Ⅰ区 T13、莲花汤西散水西边，海棠汤南墙外 1.05 米地下 0.23 米，呈东西走向，两端均残，残长 5.5 米，为初唐遗存。管道外饰绳纹，里布纹，子母口套接，白灰浆抹缝。单节管长 0.4～0.42、外径 0.28 米（图一四二，1）。

S2　为砖砌水道，位于Ⅰ区 T33、T40、T41、尚食汤之北 14.2 米、宜春汤之南 5 米，呈东西走向，有一定的比降，东端以弧形弯向南拐 8 米被现华清池"三号水源"破坏；西端以弧形弯向北拐 3 米后残。水道全长 26.1 米，上口宽 0.5、下口宽 0.38、残深 0.69 米，是已被破坏无存的"少阳汤"的排水道（图一四二，2；图版一一三，2）。

水道由东向西有三个闸门，编号为 ZM1、ZM2、ZM3。

ZM1　卡挡水板的东西凹槽，南北宽 0.165、东西深 0.22、残高 0.42 米，距水道南端 0.27 米。

ZM2　在 ZM1 之北 4.7 米处，卡挡水板的东西凹槽南北宽 0.16、东西深 0.2、残高 0.32 米。在此闸门的水道底部砂石块上面凿有南北宽 0.16、东西长 0.2、深 0.025 米的凹槽。

ZM3　在 ZM2 西北 19.6 米，卡

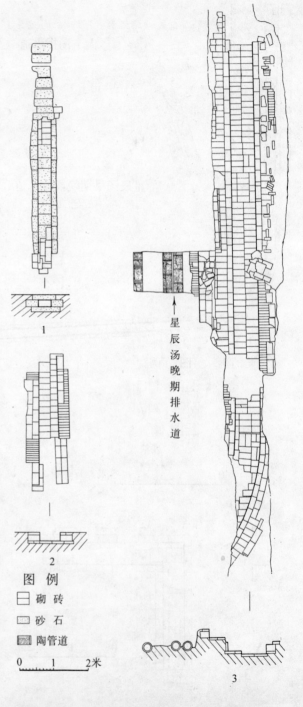

星辰汤晚期排水道

图 例
▭ 砌　砖
▢ 砂　石
▨ 陶管道

0　　1　　2米

图一四三　Ⅰ区其它建筑遗迹 S4、S5、S6 平、剖面图
1.砖石混砌水道 S4　2.砖砌水道 S5　3.砖砌水道 S6

挡水板的东凹槽南北宽 0.1、东西深 0.1、残高 0.3 米；西凹槽南北宽 0.1、东西深 0.1、残高 0.4 米。

水道的做法：先在地面挖宽 0.85、深 0.7 米的沟槽，用 34×15.5×6.5、33.8×15×6 厘米等不同规格的条砖平砖错缝顺砌做边，每两层向外叠涩约 0.01 米。砌砖之间的粘接材料为泥浆。

S3 为砖砌水道，晚唐建筑遗迹，位于Ⅰ区 T20、海棠汤墙基西端北边 3.8 米，呈南北走向，有一定的比降，从南向北延伸长 3.25 米，直角拐向东 3.4 米后被唐代以后水道破坏。水道口宽 0.5、深 0.375 米，底平砌方砖和条砖，上面平砖错缝顺砌双排条砖做壁。砌砖之间的粘接材料为泥浆（图一四二，3）。

S4 为砖石混砌水道，位于Ⅰ区 T2。海棠汤北墙西部，呈南北走向，有一定的比降，南北长 6.6、东西宽 0.4、深 0.2 米，延伸至探方外，北端急骤下降。水道做法：底部用条砖平砖一丁一顺砌成，两边顺砌砂石块做壁，上盖有石块。砌石、砌砖之间的粘接材料为白灰浆（图一四三，1；图版一一四，1）。

S5 为砖砌水道，晚唐建筑遗存，位于Ⅰ区 T17、海棠汤西墙以西 2.4 米，呈南北走向，南北两端均残，有一定的比降，南北残长 3.95、东西宽 0.5~0.6、深 0.24 米，底部用 37×18×6、37×16.5×6.3 厘米等不同规格的条砖平砖丁砌，其上两边用相同规格的条砖侧砖丁砌做壁。砌砖之间的粘接材料为泥浆（图一四三，2；图版一一四，2）。

S6 为砖砌水道，晚唐建筑遗存，位于Ⅰ区 T47、海棠汤之北，南北走向，东西宽 0.75、深 0.25、南北清理出土 16 米，南端呈弧形向西延伸，北端延伸至探方外。水道做法：底部用双排绳纹条砖东西向平砖丁砌，两边底层用双排绳纹条砖南北向平砖错缝顺砌，上边用绳纹条砖东西向侧砖丁砌。砌砖有 37×18×6、37×16.5×6.3 厘米等不同规格，粘接材料为泥浆（图一四三，3；图版一一五，1）。

（四）长 廊

初唐建筑遗存，位于Ⅰ区 T10、莲花汤西侧，南连星辰汤北莲花纹方砖踏道东边，呈南北走向，南北残长 18.1 米。由于东边破坏，宽度不详，保留西散水、西台明和柱础（图一四四，1）。

（1）西散水 位于长廊西边，呈南北走向，南北残长 18、东西宽 0.5、高出室外地面 0.06 米。散水用绳纹条砖平砖丁砌，西边沿用条砖侧砖顺砌，外用"牙角"形砖加固。砌砖有 35×16.5×6.5、37×16.7×7 厘米等多种规格，粘接材料是泥浆。

（2）西台明 紧接西散水修造，南北残长 18.1、东西宽 0.34 米，残留一层砌砖，高 0.07 米，用双排绳纹条砖南北向平砖错缝顺砌。

（3）柱础 2 个。呈南北向一字排列，南柱础青石质，规格为 0.5×0.5×0.25 米，

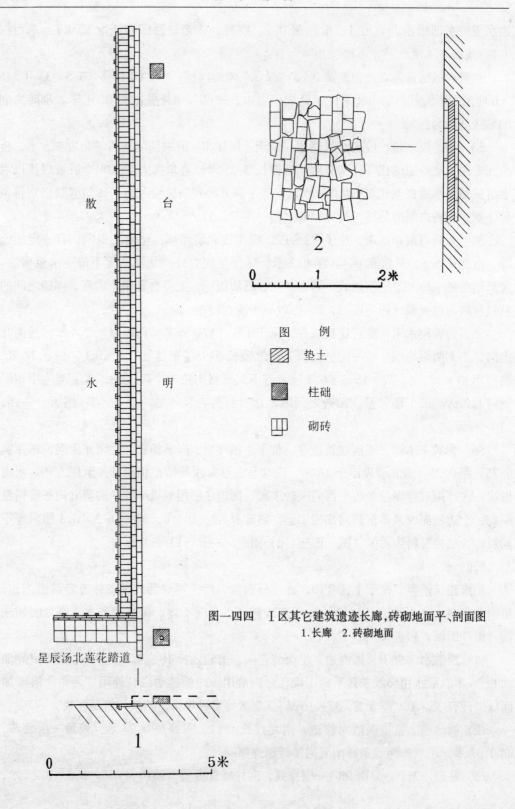

散　台

水　明

星辰汤北莲花踏道

2

0　　　　　1　　　　　2米

图　例

⬚ 垫土

⬛ 柱础

⬚ 砌砖

图一四四　Ⅰ区其它建筑遗迹长廊,砖砌地面平、剖面图
1.长廊　2.砖砌地面

1

0　　　　　　　5米

中心距西台明 0.93 米，表面中心有直径 0.14、深 0.09 米固定立柱的卯洞。它与北边规格为 0.43×0.42×0.24 米青石柱础中心间距 17.4 米，说明原柱础缺少甚多。

（五）砖砌地面

初唐建筑遗迹，位于Ⅰ区 T16、海棠汤东墙外地下约 0.15～0.24 米，呈东西走向，东端被晚期水道破坏，西端延伸迄海棠汤东墙下，东西残长 1.55、南北残宽 1.85 米。地面做法：先夯打地面，上平砌残砖。砖上垫一层厚约 0.11 米的黄土，土上再平砌一层砖（图一四四，2；图版一一五，2）。

（六）砖砌台明和散水

位于海棠汤西北，呈南北走向。散水南北走向，东西宽 0.5、高出室外地面 0.02 米，南北清理出土 2.8 米，用条砖、方砖及其残块平砌，外用条砖侧砖顺砌加固。台明紧接散水东侧修砌，东西宽 0.35、高 0.175、南北清理出土 1.3 米，用绳纹条砖侧砖丁砌。散水、台明砌砖之间的粘接材料为泥浆。

三、出土遗物

出土遗物按用途不同，分为建筑材料、生活用具和石刻。

（一）建筑材料　152 件（内含采集品）。

建筑材料分为陶质和石质两类。

1. 陶质建筑材料　147 件。有条砖、方砖、板瓦、筒瓦、瓦当、套兽、兽面砖、陶水管等。

（1）条砖　21 件。饰绳纹、手印纹和绳纹间几何纹。

标本 IT40④:10，泥质灰陶。一面素面，另一面印饰细绳纹加饰两个菱形纹。规格 34.5×15×6.5 厘米（图一四五，1；图版一一六，1）。

标本 IT41④:16，泥质灰陶。一面素面，另一面近一侧印饰粗直绳纹。规格 33×15.5×5 厘米（图一四五，2；图版一一六，2）。

标本 IT15④:19，泥质灰陶。一面素面，另一面上按压全右手印纹。规格 33×15.8×6.5 厘米（图一四五，3；图版一一六，3）。

（2）方砖　16 件。根据正、背面纹样之不同，分花卉纹、莲花纹和绳纹三种。

花卉纹方砖　3 件。

标本 IT41④:13，泥质灰陶。正面作凹边和粗线相互平行的边框，四角为变形牡丹团花纹，自外向内作两个同心圆。圆带内依次为乳钉纹和九点梅花形花蕊。背面饰细绳纹。规格为 33.3×33.3×7 厘米（图一四六，1；图版一一六，4、5）。

莲花纹方砖　4 件。

十二瓣八蕊莲花纹方砖　1 件。标本 IT41④:14，泥质灰陶。正面四周作窄带和粗线相互平行的边框，中间饰乳钉纹，四角为变形忍冬纹，自外而内作三个同心圆。第一

0 ——— 5 ——— 10厘米

图一四五　Ⅰ区其它建筑遗迹条砖纹样拓本
1.绳纹ⅠT40④:10　2.绳纹ⅠT41④:16　3.右手印纹ⅠT15④:19

圆带为勾云纹。第二圆带内作十二瓣莲花纹。花瓣紧连鼓凸，外饰粗线，每组一侧上方间饰三角形乳钉。圆心为八点梅花形花蕊。背面作粗栏格纹间饰"×"形纹。规格30.5×30.5×6厘米（图一四六，2；图版一一六，6）。

　　十二瓣九蕊莲花纹方砖　1件。标本IT21④:1，泥质灰陶。正面四周作窄带和粗线相互平行的边框，中间饰乳钉纹，四角为变形忍冬纹，自外向内作三个同心圆。第一圆带内为蔓草纹。第二圆带内作十二瓣莲花纹。花瓣饱满，外饰细线，有三角形隔棱。圆心内为九点梅花形花蕊。背面饰水波纹。规格34.5×34.2×7.4厘米（图一四六，3；图版一一七，1）。

　　十六瓣九蕊莲花纹方砖　2件。标本IT21④:3，泥质灰陶。正面四周作宽带和粗线相互平行的边框，中间饰乳钉纹，四角为变形忍冬纹，自外而内作三个同心圆。第一圆带饰变形蔓草纹。第二圆带内作十六瓣莲花纹。花瓣略长，外饰细线。圆心为九点梅花形花蕊。背面饰栏格纹，中缀"×"形纹。规格31.7×31.7×5.5厘米（图一四六，4、一四七，1；图版一一七，2）。

　　绳纹方砖　9件。

　　标本IT15④:12，泥质灰陶。缺一角。正面素面磨光；背面饰细绳纹。规格32.5×32×5.5厘米（图版一一七，3）。

图一四六　Ⅰ区其它建筑遗迹方砖纹样拓本

1.花卉纹ⅠT41④:13(正)　2.十二瓣八蕊莲花纹ⅠT41④:14(正)　3.十二瓣九蕊莲花纹ⅠT21④:1(正)

4.十六瓣九蕊莲花纹ⅠT21④:3(正)

标本 IT15④:14，泥质灰陶。正面素面；背面饰粗绳纹间饰一行斜"╱"形纹。规格 34.6×34×6.4 厘米（图一四七，2；图版一一七，4）。

标本 IT18④:2，泥质灰陶。正面素面；背面饰细刻划纹。规格 33.5×31.5×5.6 厘米（图一四七，3；图版一一七，5）。

标本 IT15④:17，泥质灰陶。残缺一角。正面素面；背面饰粗刻划栏格纹，间饰一行"×"形纹。规格 31×31×6 厘米（图一四七，4；图版一一七，6）。

（3）板瓦　8件。分素面和带陶文的两种。

图一四七　Ⅰ区其它建筑遗迹方砖纹样拓本

1.栏格纹ⅠT21④:3(背)　2.绳纹ⅠT15④:14　3.绳纹ⅠT18④:2　4.绳纹ⅠT15④:17

素面板瓦　4件。

标本 IT15④:45，泥质灰陶。残缺。素面，布纹里。残长42、宽边弦径21.5、窄边弦径残宽17.3、弦高5~6、厚1.5~1.8厘米（图版一一八，1）。

陶文板瓦　4件。均残。

"天宝二年内"陶文板瓦　3件。标本 IT41④:62，青棍。残缺甚多。两面均素面磨光，凸面钤盖楷书"天宝二年内"戳印。残长10.7、残宽9、厚2厘米（图一四八，1；图版一一八，2）。

"将作匠"陶文板瓦　1件。标本 IT41④:61，青棍。两面皆素面磨光，凸面钤盖楷书"将作匠"戳印，字迹粗壮被磨。印框残长9、宽3.3厘米。残长15、残宽12、

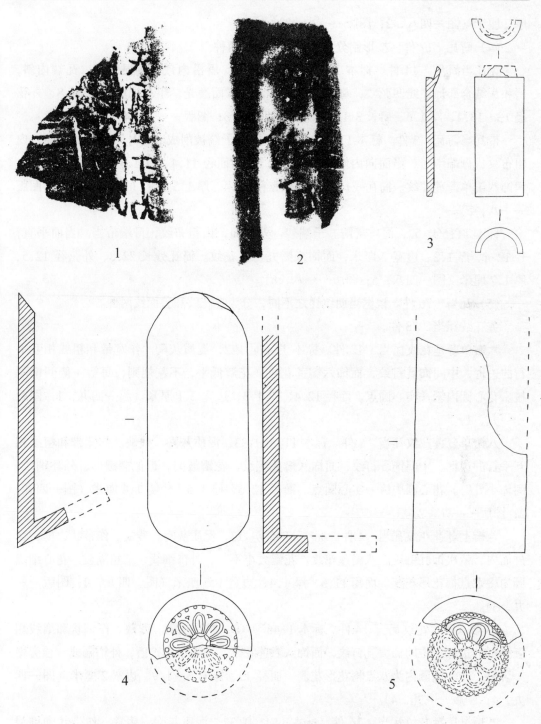

图一四八　Ⅰ区其它建筑遗迹板瓦及筒瓦

1.板瓦ⅠT41④:62 戳印文字"天宝二年内"拓本　2.板瓦ⅠT41④:61 戳印文字"将作匠"拓本　3.无瓦当筒瓦Ⅰ
T40④:12　4.带瓦当筒瓦ⅠT41④:17　5.带瓦当筒瓦ⅠT15④:52(1、2 为 1/2,4、5 为 1/4,3 为 1/10)

厚2厘米（图一四八，2；图版一一八，3）。

（4）筒瓦　17件。按形制分无瓦当、带瓦当两种。

无瓦当筒瓦　14件。标本 IT40④:12，青棍。唇沿内敛，唇根外侈，瓦端内斜，唇和瓦结合部饰细线凹弦纹，母端内壁外侈，外素面磨光，粗布纹里。长31.8、外弦径13~13.4、厚1.6、唇长3.1厘米（图一四八，3；图版一一八，4）。

带瓦当筒瓦　3件。标本 IT41④:17，青棍。子端被削成"马耳"状，外素面，内粗布纹，母端带当。当面向内倾斜，倾角为30°，面径11.4、厚1.3、边宽1.3厘米，面饰八瓣单蕊莲花纹。筒瓦残长26.5、外弦径11.4、厚1.5厘米（图一四八，4；图版一一八，5）。

标本 IT15④:52，泥质灰陶。子端残，外素面，内粗布纹，母端带当。当面平直，径12.4、厚1.2、边宽2厘米，面饰八瓣九蕊莲花纹。筒瓦残长22.8、外弦径12.5、厚1.7厘米（图一四八，5；图版一一八，6）。

（5）瓦当　76件。根据当面纹样之不同，分为莲花纹和兽面纹两种。

莲花纹瓦当　73件。

六瓣单蕊莲花纹瓦当　12件。标本 IT41④:22，泥质灰陶。作宽带和粗线相互平行的边框，中间饰乳钉纹，面饰六瓣莲花纹。花瓣低平，不甚规则，每瓣一侧间饰隔棱。花心圆内缀一实心圆点。面径12.4、厚1.3、边宽2.1厘米（图一四九，1；图版一一九，1）。

八瓣单蕊莲花纹瓦当　3件。标本 IT15④:33，泥质灰陶。残缺。作宽带和粗线相互平行的边框，中间饰乳钉纹，面饰八瓣莲花纹。花瓣鼓突，近似椭圆形，外环细线，间饰小乳钉。花心圆中缀一实心圆点。面径12.6、厚1.5、边宽1.6厘米（图一四九，2；图版一一九，2）。

八瓣七蕊莲花纹瓦当　4件。标本 IT45④J:13，泥质灰陶。残缺。作带状边框，自外而内，依次饰乳钉纹、八瓣莲花纹。花瓣大小不一，外饰细线、三角隔棱。花心细线圆内缀七点梅花形花蕊。面径11.5、厚1.4、边宽1.5厘米（图一四九，3；图版一一九，3）。

八瓣八蕊莲花纹瓦当　4件。标本 IT46④J:8，泥质灰陶。残缺。作带状和细线相互平行的边框，中间饰大乳钉纹，面饰八瓣莲花纹。花瓣窄小被磨，外饰隔线，顶旁缀一乳钉。花心圆圈内为八点梅花形花蕊。面径13、厚0.3~1.9、边宽2厘米（图一四九，4；图版一一九，4）。

八瓣九蕊莲花纹瓦当　26件。标本 IT41④:32，泥质灰陶。残缺。作带状和细线相互平行的边框，中间饰乳钉纹，面饰八瓣莲花纹。花瓣窄长鼓突，呈梭形，外饰细线，旁边有"丫"形隔棱。花心细线圆内缀九点梅花形花蕊。面径12、厚1、边宽2厘

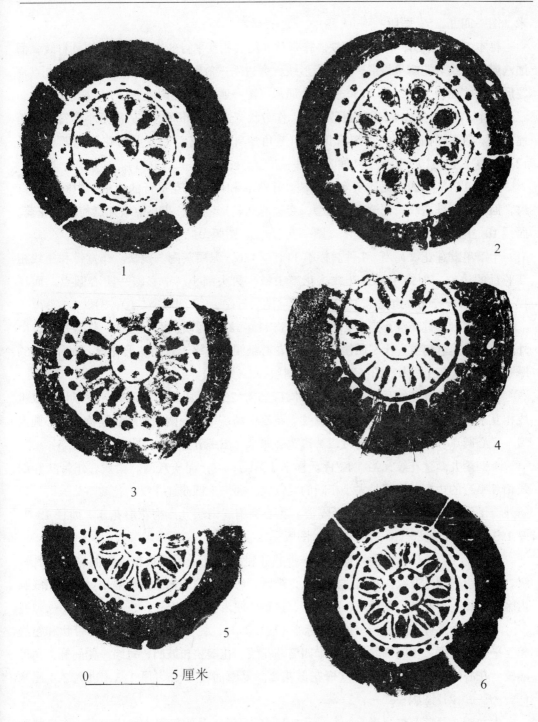

图一四九 Ⅰ区其它建筑遗迹瓦当纹样拓本

1.六瓣单蕊莲花纹ⅠT41④:22　2.八瓣单蕊莲花纹ⅠT15④:33　3.八瓣七蕊莲花纹ⅠT45④J:13　4.八瓣八蕊莲花纹ⅠT46④J:8　5.八瓣九蕊莲花纹ⅠT41④:32　6.八瓣九蕊莲花纹ⅠT41④:26

米（图一四九，5；图版一一九，5）。

标本 IT41④:26，青棍。残缺。作带状和细线相互平行的边框，中间饰乳钉纹，面饰八瓣莲花纹。花瓣呈梭形，外饰齿形线，旁边隔三角形乳钉。花心细线圆内缀九点梅花形花蕊。面径 12.1、厚 1.5、边宽 2 厘米（图一四九，6；图版一一九，6）。

标本 IT41④:43，泥质灰陶。残缺。作带状宽边，自外而内，依次是小乳钉、八瓣莲花纹。花瓣呈椭圆形，顶端有饰线和三角形乳钉。花心为九点梅花形花蕊。面径 12.7、厚 1.1～1.7、边宽 2.4 厘米（图一五〇，1；图版一二〇，1）。

标本 IT15④:29，泥质灰陶。残缺。作带状和细线相互平行的边框，中间饰乳钉纹，面饰八瓣莲花纹。花瓣窄长被磨，旁边有三角形隔棱。花心中缀九点梅花形花蕊。面径 10、厚 1.3、边宽 1.6 厘米（图一五〇，2；图版一二〇，2）。

十瓣单蕊莲花纹瓦当　1 件。标本 IT15④:26，泥质灰陶。残缺。作宽带和粗线相互平行的边框，面饰十瓣莲花纹。花瓣中鼓，两头细小。中心缀一实心圆点。面径 12.9、厚 1.1～2.6、边宽 1.4～2.1 厘米（图一五〇，3；图版一二〇，3）。

十二瓣十蕊莲花纹瓦当　4 件。标本 IT41④:21，泥质灰陶。残缺。作宽带边，由外向内依次是乳钉纹、十二凹瓣莲花纹。花心细线圆内缀十点梅花形花蕊。面径 11.5、厚 1.3、边宽 1.3 厘米（图一五〇，4；图版一二〇，4）。

十四瓣单蕊莲花纹瓦当　1 件。标本 IT15④:25，泥质灰陶。残缺。作带状和双粗线相互平行的边框，内饰十四瓣莲花纹。花瓣模糊，每组一侧间饰细线隔棱。花心圆内缀一实心圆点。面径 12.3、厚 1.2、边宽 2 厘米（图一五〇，5；图版一二〇，5）。

十四瓣九蕊莲花纹瓦当　12 件。标本 IT41④:37，泥质灰陶。稍残。作带状和细线相互平行的边框，中间是大小相间的乳钉纹，面饰十四瓣莲花纹。花瓣略凸被磨，每组外饰倒卷细线，旁边有"V"形隔棱。花心圆圈线内缀九点梅花形花蕊。面径 13.7、厚 1.3、边宽 2 厘米（图一五〇，6；图版一二〇，6）。

标本 IT15④:42，青棍。残缺。作带状和粗线相互平行的边框，中间饰大圆乳钉纹，面饰十四瓣莲花纹。花瓣呈豆瓣状，被磨，每组一侧间饰三角形隔棱。花心粗线圆内缀九点梅花形花蕊。面径 13、厚 1.9、边宽 2 厘米（图一五一，1；图版一二一，1）。

十四瓣十蕊莲花纹瓦当　1 件。标本 IT41④:44，泥质灰陶。残缺。作带状和粗线相互平行的边框，中间饰乳钉纹，十四瓣莲花纹。花瓣狭长鼓凸，每组一侧间饰三角形隔棱。花心细线圆圈内残留三点梅花形花蕊。复原面径 14.5、厚 1.3、边宽 2.4 厘米（图一五一，2；图版一二一，2）。

十六瓣八蕊莲花纹瓦当　4 件。标本 IT41④:31，泥质灰陶。残缺近半。作带状和细线相互平行的边框，中间饰大小相间乳钉纹，面饰十六瓣莲花纹。花瓣宽凸，顶端外饰倒卷细线，旁边有"钉"形隔棱。花心细线圆内缀八点梅花形花蕊。面径 12.5、厚

图一五〇　Ⅰ区其它建筑遗迹瓦当纹样拓本

1.八瓣九蕊莲花纹ⅠT41④:43　2.八瓣九蕊莲花纹ⅠT15④:29　3.十瓣单蕊莲花纹ⅠT15④:26　4.十二瓣十蕊
莲花纹ⅠT41④:21　5.十四瓣单蕊莲花纹ⅠT15④:25　6.十四瓣九蕊莲花纹ⅠT41④:37

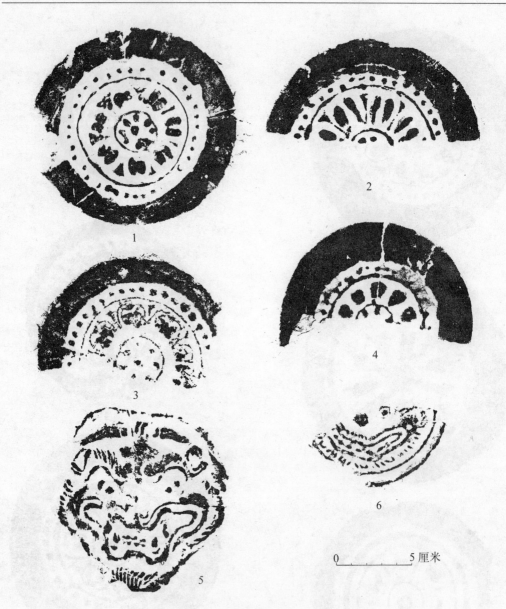

图一五一　Ⅰ区其它建筑遗迹瓦当纹样拓本

1.十四瓣九蕊莲花纹ⅠT15④∶42　2.十四瓣十蕊莲花纹ⅠT41④∶44　3.十六瓣八蕊莲花纹ⅠT41④∶31
4.十六瓣莲花纹ⅠT41④∶35　5.兽面纹ⅠT15④∶31　6.兽面纹ⅠT15④∶35

0.7、边宽1.8厘米（图一五一，3；图版一二一，3）。

十六瓣莲花纹瓦当　1件。标本 IT41④∶35，泥质灰陶。残缺甚多。作带状和细线相互平行的边框，中间饰乳钉纹，面饰十六瓣莲花纹。花瓣鼓凸，近似圆形，被磨。花心圆圈内残留三点花蕊。复原面径12.5、厚1.5、边宽1.5厘米（图一五一，4；图版一二一，4）。

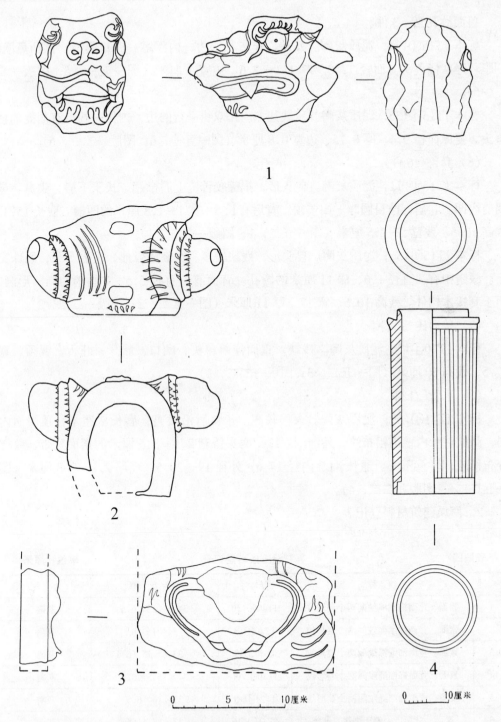

图一五二　Ⅰ区其它建筑遗迹套兽,兽面砖,陶水管
1.套兽ⅠT15④:11　2.套兽ⅠT15④:56　3.兽面砖ⅠT30④:7　4.陶水管ⅠT41④:69

兽面纹瓦当　3件。

标本 IT15④:31，泥质灰陶。残缺。作带状窄边，内浮雕一张口露齿、额凸鼻隆、凹眼环睁状怪兽头。面径 12.3、厚 1.1~2.6、边宽 1 厘米（图一五一，5；图版一二一，5）。

标本 IT15④:35，泥质灰陶。残缺甚多。作双线平行的边，内作一阔口有胡髭的怪兽头。复原面径 9.4、厚 0.75、边宽 0.8 厘米（图一五一，6；图版一二一，6）。

（6）套兽　6件。

标本 IT15④:11，泥质灰陶。兽头形，抿嘴咬舌，上唇微翘，长于下唇，尖鼻。鼻朝前内凹。卷眉，凸目圆睁。山羊须。背后有长 5、宽 1~1.8 厘米的凹槽。残长 15.3、残高 10.5、残宽 5~7.5 厘米（图一五二，1；图版一二二，1）。

标本 IT15④:56，泥质灰陶。兽头形，残缺较多。宽额成弧形，垂眉凸眼，眼珠突出。眼睛中有一直径 1.6、深 11 厘米的圆孔。背面有一直径 5.5~7 厘米的椭圆形洞，用于套接木构件。残高 10.5、宽 17、厚 11 厘米（图一五二，2；图版一二二，2）。

（7）兽面砖　2件。

标本 IT30④:7，泥质灰陶。残缺。正面浮雕兽头，阔口，龇牙，吐舌，飘须。宽17.5、残高 10 厘米（图一五二，3；图版一二二，3）。

（8）水管　1件。

标本 IT41④:69，泥质灰陶。火候较高。子口唇沿矮直，唇长 2 厘米，顶端面内斜，凸鼓。管内壁饰粗布纹，外饰刻划纹，两头留有 2.5~3.5 厘米的素面宽带，纹样分布稀疏，轻重不一。通长 41、内径 14.6、外径 19~20.5、壁厚 2.2~2.8 厘米（图一五二，4；图版一二二，4）。

2．陶质建筑材料登记表

表四四	其它遗迹条砖登记表			单位：厘米
序　号	纹　样	器　号	长×宽×厚	备　注
1	素面，背面饰细绳纹间两个菱形纹	IT40④:10	34.5×15×6.5	灰陶
2	素面，背面饰细绳纹间两个菱形纹	IT40④:8	34×15×6	灰陶
3	素面，背面饰细绳纹间两个菱形纹	IT40④:9	33.8×15×6	灰陶
4	素面，背面饰细绳纹间两个菱形纹	IT40④:11	34×15.5×6.5	灰陶
5	素面，背面饰细绳纹间两个菱形纹	IT21④:6	33×16×6.5	灰陶
6	素面，背面近一侧印饰粗直绳纹	IT41④:16	33×15.5×5	灰陶
7	素面，背面近一侧印饰粗直绳纹	IT21④:5	32×15×6	灰陶

续表四四

序　号	纹　样	器　号	长×宽×厚	备　注
8	素面，背面近一侧印饰粗直绳纹	IT26④:1	34.5×16×6.5	灰陶
9	素面，背面近一侧印饰粗直绳纹	IT26④:2	35×15×6	灰陶
10	素面，背面按压一个右手印纹	IT15④:19	32×15×6	灰陶
11	素面，背面按压右手三指	IT18④:3	34×16.2×6	灰陶
12	素面，背面按压右手四指	IT15④:22	34×16.5×6	灰陶
13	素面，背面按压一个右手印纹	IT46④J:15	32.8×15×5.6	灰陶
14	素面，背面按压右手四指	IT46④J:16	32.7×14.6×5.2	灰陶
15	素面，背面按压右手四指	IT46④J:17	33.7×14.8×5.3	灰陶
16	素面，背面按压一个右手印纹	IT46④J:18	33.5×15.3×5.2	灰陶
17	素面，背面按压一个右手印纹	IT41④:15	36×15.4×7.3	灰陶
18	素面，背面按压右手四指	IT21④:4	36.5×16.2×6.2	灰陶
19	素面，背面按压一个右手印纹	IT30④:4	35×17.5×6～7	灰陶
20	素面，背面按压一个右手印纹	IT15④:20	37×16×6.5	灰陶
21	素面，背面按压一个右手印纹	IT15④:21	残34×16×6	灰陶

表四五　　　　　其它遗迹方砖登记表　　　　　单位：厘米

序　号	正面纹样	背面纹样	器　号	边长×边长×厚	备　注
1	花卉纹	细绳纹	IT41④:13	33.3×33.3×7	灰陶，残缺
2	花卉纹	细绳纹	IT41④:11	残22×残14×7	灰陶，残缺
3	花卉纹	细绳纹	IT41④:12	残27.5×残17.5×7.3	灰陶，残缺
4	十二瓣八蕊莲花纹	粗栏格纹间饰"×"纹	IT41④:14	30.5×30.5×6	灰陶
5	十二瓣九蕊莲花纹	水波纹	IT21④:1	34.5×34.2×7.4	灰陶
6	十六瓣九蕊莲花纹	栏格纹中缀"×"纹	IT21④:3	31.7×31.7×5.5	灰陶
7	十六瓣九蕊莲花纹	栏格纹中缀"×"纹	IT21④:2	30.5×30.5×5	灰陶
8	素面磨光	细绳纹	IT15④:12	32.5×32×5.5	灰陶
9	素面磨光	细绳纹	IT15④:18	35×残30.3×6	灰陶，残缺
10	素面磨光	细绳纹	IT18④:1	33.2×30.5×5.8	灰陶
11	素面磨光	细绳纹	IT15④:13	31.8×31.8×5.7	灰陶
12	素面磨光	粗绳纹间饰一行"╱"纹	IT15④:14	34.6×34×6.4	灰陶
13	素面	粗绳纹间饰一行"╱"纹	IT15④:15	31.5×31.5×6	灰陶

续表四五

序 号	正面纹样	背面纹样	器 号	边长×边长×厚	备 注
14	素面	粗绳纹间饰一行"／"纹	IT15④:16	32.5×32.5×5.8	灰陶
15	素面	细刻划纹	IT18④:2	33.5×31.5×5.6	灰陶
16	素面	刻划栏格纹间"×"纹	IT15④:17	31×31×6	灰陶

表四六　　　　　　　　　其它遗迹板瓦登记表　　　　　　　　　单位：厘米

序号	纹样	器 号	长	窄弦径	宽弦径	厚	备 注
1	外素面，内粗纹	IT15④:45	42	残17.3	残21.5	1.5～1.8	灰陶，残缺
2	外素面，内粗布纹	IT15④:47	42	残19.7	残22	1.6～2	灰陶，残缺
3	外素面，内粗布纹	IT15④:46	残25	残9.3	残22.3	1.7	灰陶，残缺
4	外素面，内粗布纹	IT18④:6	残17.6		残23	2	灰陶，残缺
5	两面皆素面磨光	IT41④:62	残10.7	残9		2	灰陶，残缺，"天宝二年内"
6	两面皆素面磨光	IT41④:63	残6.8	残9		2.1	灰陶，残缺，"宝二"
7	两面皆素面磨光	IT41④:64	残8.8	残6.3			灰陶，残缺，"宝二"
8	两面皆素面磨光	IT41④:61	残15	残12		2	青棍，残缺，"将作匠"

表四七　　　　　　　　　其它遗迹筒瓦登记表　　　　　　　　　单位：厘米

序号	纹 样	器 号	长	外弦径	壁 厚	唇 长	备 注
1	素面磨光，内粗布纹	IT40④:12	31.8	13～13.4	1.6	3.1	青棍
2	素面磨光，内粗布纹	IT15④:51	残26.2	13	1.9	2.2	青棍，残缺
3	素面磨光，内粗布纹	IT15④:49	残29.4	13.9	1.8	残	青棍，残缺
4	素面磨光，内粗布纹	IT41④:68	31.9	12.9～13.3	1.75	3	灰陶
5	素面磨光，内粗布纹	IT26④:4	31.2	13.6	1.7～2.4	3	灰陶
6	素面磨光，内粗布纹	IT40④:14	32.9	12	1.7	3	灰陶
7	素面磨光，内粗布纹	IT15④:50	31	12～12.5	1.5～2	3	灰陶
8	素面磨光，内粗布纹	IT29④:7	30.2	12.6	1.7～2	2.2	青棍
9	素面磨光，内粗布纹	IT40④:13	残26	11.8～12.3	1.8～2.5	残	青棍，残缺
10	素面磨光，内粗布纹	IT15④:53	残20.5	10.9	1.9	1.8	青棍，残缺
11	素面磨光，内粗布纹	IT15④:55	残17.7	10.7	1.7	残	青棍，残缺
12	素面磨光，内粗布纹	IT15④:48	35.1	15	2～2.5	残	灰陶，残缺
13	素面磨光，内粗布纹	IT18④:7	36	15～15.5	2～3	3.2	青棍

续表四七

序号	纹　样	器　号	长	窄弦径	宽弦径	厚	备　注
14	素面磨光，内粗布纹	IT26④:3	36	15	2.2	2.7	青棍
15	外素面，内粗布纹	IT41④:17	残26.5	11.4	1.5	残	青棍，残，当面斜
16	外素面，内粗布纹	IT15④:52	残22.8	12.5	1.7	残	灰陶，残缺
17	外素面，内粗布纹	IT15④:54	残18.5	11.6	1.5	残	灰陶，残缺

表四八　　　　　　其它遗迹瓦当登记表　　　　　单位：厘米

序　号	纹　样	器　号	面　径	厚	边　宽	备　注
1	六瓣单蕊莲花纹	IT41④:22	12.4	1.3	2.1	灰陶
2	六瓣单蕊莲花纹	IT41④:25	12.7	1.3	2~2.5	灰陶
3	六瓣单蕊莲花纹	IT41④:24	12.5	1.3	2	灰陶
4	六瓣单蕊莲花纹	IT15④:23	12.5	1.2	1.6	灰陶
5	六瓣单蕊莲花纹	IT15④:44	13.6	1.3	2.2	灰陶
6	六瓣单蕊莲花纹	IT15④:24	12.5	1.2	1.5	灰陶，残缺
7	六瓣单蕊莲花纹	IT41④:47	11.5	1.4	1.4	灰陶，残缺
8	六瓣单蕊莲花纹	IT15④:27	13	1.35	2.3	灰陶，残缺
9	六瓣单蕊莲花纹	IT41④:30	10.6	1.1	2.3	灰陶，残缺
10	六瓣单蕊莲花纹	IT41④:40	12.5	1.3	2.3	灰陶，残缺
11	六瓣单蕊莲花纹	IT41④:38	复原12.5	1.25	2.1	灰陶，残缺
12	六瓣单蕊莲花纹	IT41④:54	复原11.5	1.3	2.1	灰陶，残缺
13	八瓣单蕊莲花纹	IT15④:33	12.6	1.5	1.6	灰陶，残缺
14	八瓣单蕊莲花纹	IT15④:28	复原11.5	1.3	1.6	灰陶，残缺
15	八瓣单蕊莲花纹	IT15④:40	复原13.3	1.3	1.7	灰陶，残缺
16	八瓣七蕊莲花纹	IT45④J:13	11.5	1.4	1.5	灰陶，残缺
17	八瓣七蕊莲花纹	IT41④:39	12.3	1.25	1.5	灰陶，残缺
18	八瓣七蕊莲花纹	IT41④:52	复原12.2	1.2	2	灰陶，残缺
19	八瓣七蕊莲花纹	IT46④J:13	复原12.2	1	1.7	灰陶，残缺
20	八瓣八蕊莲花纹	IT46④J:8	13	0.3~1.9	2	灰陶，残缺
21	八瓣八蕊莲花纹	IT46④J:10	13.5	0.6~1.8	2.4	灰陶，残缺

续表四八

序 号	纹 样	器 号	面 径	厚	边 宽	备 注
22	八瓣八蕊莲花纹	IT41④:57	12.5	0.8~1.8	1.8	灰陶，残缺
23	八瓣八蕊莲花纹	IT41④:58	复原12.5	0.5~1.2	1.8	灰陶，残缺
24	八瓣九蕊莲花纹	IT41④:32	12	1	2	灰陶，残缺
25	八瓣九蕊莲花纹	IT15④:37	复原13	1.2	1.6	灰陶，残缺
26	八瓣九蕊莲花纹	IT46④J:7	复原12	1.3	1.5	青棍，残缺
27	八瓣九蕊莲花纹	IT41④:26	12.1	1.5	2	青棍，残缺
28	八瓣九蕊莲花纹	IT41④:19	12.5	1.5	2	青棍，带筒瓦
29	八瓣九蕊莲花纹	IT45④J:12	13	1.5	2	青棍，残缺
30	八瓣九蕊莲花纹	IT41④:60	12	1.3	1.7	青棍，残缺
31	八瓣九蕊莲花纹	IT45④J:11	11.5	1.2	1.7	青棍，残缺
32	八瓣九蕊莲花纹	IT41④:27	12.3	1.2	2.3	青棍
33	八瓣九蕊莲花纹	IT41④:33	12	1.1	2.2	青棍，稍残
34	八瓣九蕊莲花纹	IT41④:50	复原11.2	1.3	1.7	青棍，残缺
35	八瓣九蕊莲花纹	IT46④J:9	复原10.4	1.2	1.1	灰陶，残缺
36	八瓣九蕊莲花纹	IT41④:41	13.3	1.1	1.7	青棍，残缺
37	八瓣九蕊莲花纹	IT41④:56	13.2	1.2	2	青棍，残缺
38	八瓣九蕊莲花纹	IT41④:45	12	1.1	2	青棍，残缺
39	八瓣九蕊莲花纹	IT15④:39	10	1	1.7	灰陶，残缺
40	八瓣九蕊莲花纹	IT41④:43	12.7	1.1~1.7	2.4	灰陶，残缺
41	八瓣九蕊莲花纹	IT41④:36	11.5	1.5	1.9	灰陶，残缺
42	八瓣九蕊莲花纹	IT41④:23	12.1	1.5	1.9	青棍，残缺
43	八瓣九蕊莲花纹	IT41④:49	11.5	1.5	1.9	青棍，残缺
44	八瓣九蕊莲花纹	IT41④:34	复原11.5	1.5	1.9	青棍，残缺
45	八瓣九蕊莲花纹	IT15④:29	10	1.3	1.6	灰陶，残缺
46	八瓣九蕊莲花纹	IT41④:53	9.5	1.1	1.6	灰陶，残缺
47	八瓣九蕊莲花纹	IT41④:18	残9.7	1.2	残0.6	灰陶，残缺
48	八瓣九蕊莲花纹	IT46④J:12	复原10	1	1.4	灰陶，残缺
49	八瓣九蕊莲花纹	IT15④:36	复原10	0.9	1.5	灰陶，残缺
50	十瓣单蕊莲花纹	IT15④:26	12.9	1.1~2.6	1.4~2.1	灰陶，残缺

续表四八

序 号	纹 样	器 号	面 径	厚	边 宽	备 注
51	十二瓣十蕊莲花纹	IT41④:21	11.5	1.3	1.3	灰陶，残缺
52	十二瓣十蕊莲花纹	IT41④:48	11.5	1.7	1.1	灰陶，残缺
53	十二瓣十蕊莲花纹	IT15④:43	复原11.5	1.5	1.2	灰陶，残缺
54	十二瓣十蕊莲花纹	IT15④:38	复原11.5	1.5	1.4	灰陶，残缺
55	十四瓣单蕊莲花纹	IT15④:25	12.3	1.2	2	灰陶，残缺
56	十四瓣九蕊莲花纹	IT41④:37	13.7	1.3	2	灰陶，残缺
57	十四瓣九蕊莲花纹	IT15④:34	13.4	1.4	1.6	灰陶，残缺
58	十四瓣九蕊莲花纹	IT41④:42	13.4	1.7	1.4	青棍，残缺
59	十四瓣九蕊莲花纹	IT41④:46	13.4	1.4	1.4	青棍，残缺
60	十四瓣九蕊莲花纹	IT41④:20	14	1.4	2.2	青棍，带筒瓦
61	十四瓣九蕊莲花纹	IT41④:55	复原13.7	1.4	1.5	青棍，残缺，带筒瓦
62	十四瓣九蕊莲花纹	IT41④:51	复原13.4	1.4	1.5	青棍，残缺，带筒瓦
63	十四瓣九蕊莲花纹	IT41④:59	13.4	1.3	1.5	青棍，残缺
64	十四瓣九蕊莲花纹	IT41④:29	12.8	1.6	1.4	灰陶，残缺
65	十四瓣九蕊莲花纹	IT15④:42	13	1.9	2	青棍，残缺
66	十四瓣九蕊莲花纹	IT46④J:14	14.5	1.5	2.5	青棍，残缺
67	十四瓣九蕊莲花纹	IT46④J:11	复原14.2	1.6	1.8	灰陶，残缺
68	十四瓣莲花纹	IT41④:44	复原14.5	1.3	2.4	灰陶，残缺
69	十六瓣八蕊莲花纹	IT41④:31	12.5	0.7	1.8	灰陶，残缺
70	十六瓣八蕊莲花纹	IT41④:28	复原12.5	0.7	1.8	灰陶，残缺
71	十六瓣八蕊莲花纹	IT15④:30	复原13.7	1.4	1.6	灰陶，残缺
72	十六瓣八蕊莲花纹	IT15④:32	复原12.6	1.1	1.6	灰陶，残缺
73	十六瓣莲花纹	IT41④:35	复原12.5	1.5	1.5	灰陶，残缺
74	兽面纹	IT15④:31	12.3	1.1~2.6	1	灰陶，残缺
75	兽面纹	IT15④:35	复原9.4	0.75	0.8	灰陶，残缺
76	兽面纹	IT15④:41	复原9.5	0.8	0.8	灰陶，残缺

表四九　　　　　　　　**其它遗迹陶水管登记表**　　　　　　　　**单位：厘米**

序 号	纹 样	器 号	通 长	内 径	外 径	壁 厚	唇 长	备注
1	内粗布纹，外饰刻划纹	IT41④:69	41	14.6	19~20.5	2.2~2.8	2	灰陶

（二）生活用具

生活用具按质地不同，分为陶器和瓷器两类。

1. 陶器　34件。有釜、碗、洗、盆、缸、鉴、罐、瓶、器底、灯、俑腿等。

（1）釜　2件。

标本 IT30④:1，泥质灰陶。直口，折沿下斜，尖唇，上直腹，下腹急收成"锅底"状，小圆平底，内外壁均素面。内口径 34.8、沿宽 3、复原高 18.5 厘米（图一五三，1；图版一二二，5）。

（2）碗　11件。

标本 IT15④:2，泥质灰陶。敞口，圆唇，斜壁微弧，内外壁均素面，矮足平底，底心内凹，底面外饰细线凹弦纹。口径 8.3、高 2.9、底径 4.5 厘米（图一五三，2；图版一二二，6）。

（3）洗　1件。

标本 IT46④J:1，泥质灰陶。火候不高。残缺较多。敛口，折沿上翘，弧腹，平底，底心内凹，内壁素面，外壁饰凹弦纹。复原口径 45.6、沿宽 4.5、高 15.2、底径 28.3 厘米（图一五三，3；图版一二三，1）。

（4）盆　3件。其中一件较完整。

标本 IT15④:9，泥质灰陶。敛口，侈沿下斜微卷，圆唇内鼓，束颈，弧腹，平底。内外壁均素面。底心内凸外稍凹，底面外饰细线凹弦纹。高 14.9、内口径 26.7、底径 16.2 厘米（图一五三，4；图版一二三，2）。

（5）缸　1件。

标本 IT46④J:3，泥质灰陶。火候一般。敞口，平沿下折，口沿内壁鼓圆，弧腹较深。内饰麻点纹，外素面。内口径 84、沿宽 5、复原高 50、底径 40 厘米（图一五三，5；图版一二三，3）。

（6）鉴　1件。

标本 IT46④J:2，泥质灰陶。火候一般。直口微敞，平折沿，方唇，弧腹下坠，平底。内壁素面，外壁饰凹弦纹。底心内凸外凹。底面外饰细线凹弦纹。内口径 58.5、沿宽 4.5、高 35、底径 28 厘米（图一五三，6；图版一二三，4）。

（7）罐　5件。

标本 IT15④:57，泥质灰陶。火候一般。呈灰白色，弧腹下斜，内外壁皆素面，小平底。残高 21.8、残留最大腹径 17.6、底径 7.3 厘米（图一五三，7）。

（8）瓶　7件。

标本 IT45④J:4，泥质灰陶，残缺。口颈残，弧腹下斜，内外壁饰凹弦纹，小平底。底心内凸。残留最大腹径 12.2、残高 4~11、底径 5.2 厘米（图一五三，8）。

（9）印字器底　1件。

标本 IT41④:10，泥质灰陶。形似器底，底内素面，底面外饰两道凸棱细线弦纹，内钤盖阳文篆书"□"字。印迹残长 2.15、宽 1.6 厘米。残长 8.9、残宽 3~6、厚 1.1

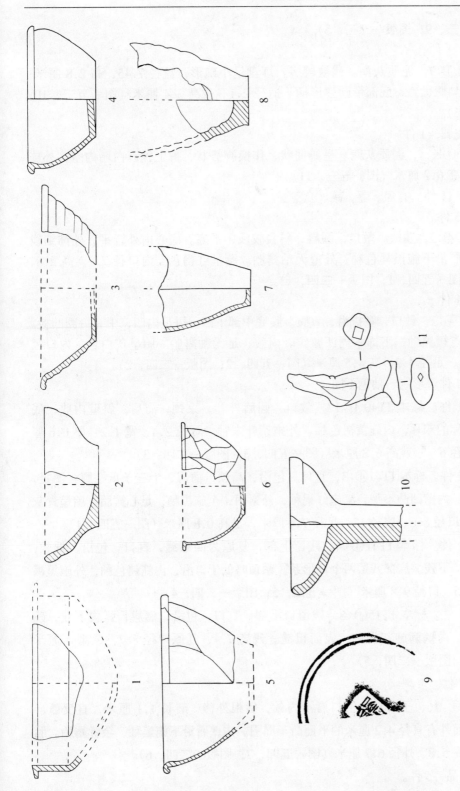

图一五三　Ⅰ区其它建筑遗迹陶釜、碗、洗、盆、缸、鉴、罐、器底、灯、俑腿

1.陶釜ⅠT30④:1　2.陶碗ⅠT15④:2　3.陶洗ⅠT46④J:1　4.陶盆ⅠT46④J:2　5.陶罐ⅠT15④:9　6.陶鉴ⅠT46④J:3　7.陶缸ⅠT15④:57　8.陶瓶Ⅰ
T45④J:4　9.器底ⅠT41④:10 戳印文字拓本 10.陶灯ⅠT41④:7　11.陶俑左腿ⅠT40④K:4(2,9~11为1/2,8为1/4,4,7为1/8,1,3为1/5,5,6为1/20)

厘米（图一五三，9；图版一二三，5）。

（10）灯　1件。

标本IT41④:7，泥质灰陶。残缺较多。灯盘呈小碗形，盘径7.45、高2.8厘米，敞口，圆唇，斜腹微弧，底部带圆柱形柄。柄径2.1、残高3.4厘米（图一五三，10；图版一二三，6）。

（11）俑左腿　1件。

标本IT40④K:4，泥质灰陶。呈蜷曲状，作换脚势状，裤上挽。白胎内空，外施黄褐色釉。残高6.2厘米（图一五三，11）。

2. 瓷器　11件。有盅、盏、罐、盒等。

（1）盅　5件。

标本IT15④:3，残缺。敞口，圆唇，斜腹较浅，平底。底心内外皆平，外饰细线凹弦纹。内壁唇沿下施黑褐色釉，外壁无釉露胎。胎呈红褐色。内口径7.7、高2.8、底径4厘米（图一五四，1；图版一二四，1）。

（2）盏　1件。

标本IT41④:2，敛口，宽折沿，直腹。腹底中部下凹。饼足内凹，中有一圈凸棱。口沿施绿釉，点缀黑釉，下饰一周凹弦纹。内腹、足无釉露胎。胎呈灰白色。内口径5.7、沿宽2.2、足径4.2、高4.5厘米（图一五四，2；图版一二四，2）。

（3）罐　4件。形制、釉色不同。

双耳罐　1件。标本IT40④:17，敛口，圆唇外卷，束颈，溜肩，斜壁内收，底残。肩部有对称的双耳，内施黄褐色釉，外施茶叶末釉。耳长2.4、宽1.2、厚0.6厘米。复原内口径6.4、残高6.8厘米（图一五四，3；图版一二四，3）。

瓜形罐　1件。标本IT41④:3，直口，包沿，高领，溜肩，十三条瓜棱腹，圈足，底心内外皆平。内壁凹凸不平，满施红褐釉，外素面，全施黑釉，足心露胎。胎呈青灰色。通高16、口径8.6、腹径13、足径7.4厘米，足高0.8厘米（图一五四，4）。

四系罐　1件。标本IT41④:4，残留上部，复原为四系罐，直口，包沿，低领，溜肩，腹微鼓，下残。肩部残留两个环形系。系顶略低于口沿，内施赭色釉，外施黑褐色釉。残高8.5、口径9.8厘米（图一五四，5；图版一二四，4）。

带把罐　1件。标本IT15④:8，残留口沿部，直口，包沿，溜肩，弧腹下残，残留一扁平曲把。内壁满施灰褐釉，表面粗糙。残高7.4、复原口径8.7、领高4厘米（图一五四，6；图版一二四，5）。

（4）盒　1件。

标本IT40④:16，子母口。子口唇沿内敛，唇根外侈，唇长1.1厘米，直反弧形腹，平底。底面外有直径4.2厘米的平面凸于周围。内壁唇沿下施黑釉，余皆露胎。胎呈灰白色。通高5.8、外径6.7厘米（图一五四，7；图版一二四，6）。

（三）采集品　5件。

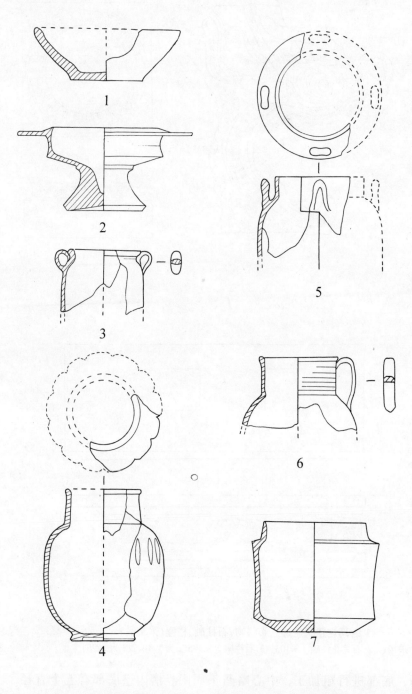

图一五四　Ⅰ区其它建筑遗迹瓷盅、盏、罐、盒

1.盅Ⅰ T15④:3　2.盏Ⅰ T41④:2　3.双耳罐Ⅰ T40④:17　4.瓜形罐Ⅰ T41④:3　5.四系罐Ⅰ T41④:4　6.带把罐Ⅰ T15④:8　7.盒Ⅰ T40④:16(1、2、7为1/2,3～6为1/4)

1. 三彩鸱吻 1件。

标本采:01 出土于北距莲花汤约50米的华清池"双人池"建设工地。龙形,三彩白胎,平底内空,壁厚4.8厘米,张口龇牙,卷唇遮鼻,粗眉凸目。眼珠有一直径2.5、深1.8厘米的圆洞。扇形耳。头上有直径3、长23厘米的双角。双角下合上分,成弧状。腮须稀疏飘逸,短髭似张。顶部和后边残缺。高60、宽30～55、厚25～30厘米(图一五五,1;图版一二五,1)。

2. 五龙注水器 1件。

标本采:02 青石质。半球形,上端凿成直径为28厘米的平面,内凿直径26、深9厘米的圆形凹

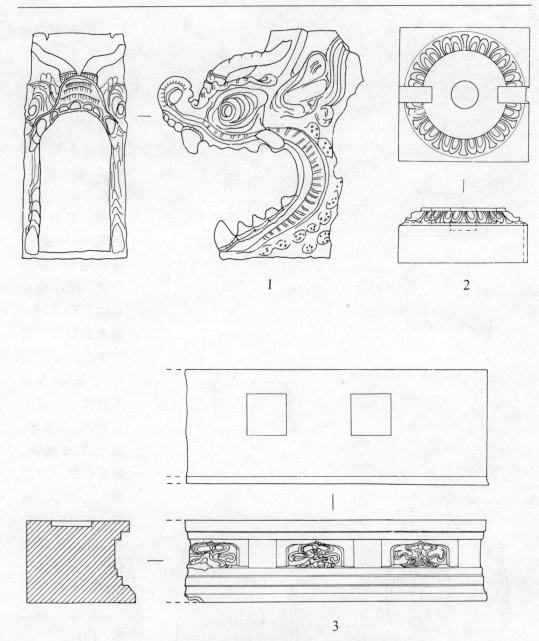

图一五五　Ⅰ区其它建筑遗迹三彩鸱吻, 石柱础、栏座(采集品)
1.三彩鸱吻 采:01　2.石莲花柱础 采:03　3.石栏座 采:05(1 为 1/10, 2、3 为 1/20)

槽。槽内壁凿錾均匀，底部进行粗加工，中心略凸于周围。槽内壁底部有五个直径
2.2、间距 16 厘米的圆孔。外壁凸雕五个间距相等、形制相同、大小一样的龙首。龙首
长 7、宽 4.5~10、厚 8~10、凸于器表 7 厘米，中心间距 23 厘米，距上端 13.5、下端
19.5 厘米。其中四条龙首遭到不同程度的破坏。龙双角向上内弯，角梢起叉，鬃鬣随

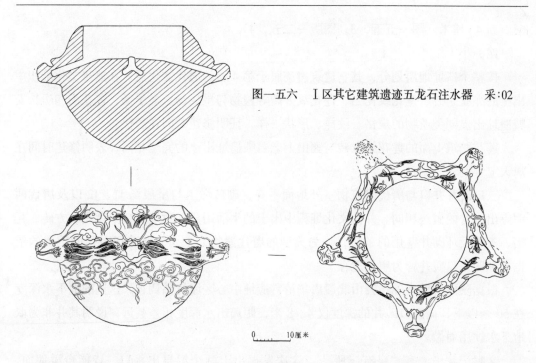

图一五六　Ⅰ区其它建筑遗迹五龙石注水器　采:02

角飞扬，凸额，杏眼环睁，眉色飞舞，两耳贴腮，抿嘴噙舌，上唇翻卷，三角高鼻，须髯飘飘。舌根两侧有直径 1.1 厘米的圆孔和凹槽内所对圆孔上下倾斜相通。凹槽内注入水，经舌根，向口唇两侧分流。五龙之间用"减地平钑"技法雕刻一团团祥云纹，表面光滑。底部素面无纹。注水器直径 39、高 33 厘米（图一五六；图版一二五，2）。

3. 莲花纹石柱础　2 件。

标本采:03　青石质。底方上圆，上雕一直径 67、高 9 厘米的圆平台。台上浮雕十二组覆瓣莲，外饰弧线。莲台高 6 厘米。柱质直径 47、高 2 厘米，中心雕凿一直径 14、深 11.5 厘米的圆洞，用于固定立柱。在距圆洞两边各 11 厘米处，对称的凿有长 17.5、宽 9、深 9 厘米的长方形卯槽，用于安装门槛。通高 29、边长 71×71 厘米（图一五五，2；图版一二五，3）。

4. 石栏座　1 件。

标本采:05　青石质。残。上面剔平磨光，中心部凿有 22×22×3 厘米方形凹槽两个，中心间距 57、距两端分别为 24、33 厘米。栏座正面凿有三个壶门。壶门宽 30、高 11、中心间距 58 厘米，中心距一端 34 厘米，内浮雕身着斜襟宽袖长袍、下长裙起褶、肩搭飘带的乐伎。伎乐有的吹箫，有的舞蹈，有的按笛。壶门上下作成台阶式，顶端二层，由下向上，分别高 4.5、5.5、凸出 3.5、4.5 厘米，表面素面磨光；下端三层台，由上向下，分别高 4、5、9、凸出 1.8、3、3.5～8 厘米。第一、二层素面磨光，第三层台上部倾斜，表面磨光，线刻蔓草纹，其它面略做粗加工。残长 165、上宽 57、下宽

61、高 43 厘米（图一五五，3；图版一二五，4）。

四、小　结

按整个遗址地层划分，其它建筑遗迹属于第 4 层的唐代文化层。在遗迹文化堆积中出土的绳纹条砖、莲花纹瓦当、莲花纹方砖等遗物与星辰汤、太子汤、莲花汤和唐长安城遗址出土同类遗物的规格、纹样、形状一样，证明修建时间在唐代。

莲花踏道上面的莲花纹方砖与骊山上老君殿遗址出土的完全相同，表明修建时间在唐天宝年间。

三口砖井井口与唐代建筑物室外地面平齐，砌砖做工与星辰汤 J1、J2 以及唐代西明寺出土井的做法相同。井内文化堆积中出土的生活用具，建筑材料如莲花纹方砖、瓦当、条砖及环砌井壁用的条砖，均为典型的唐代遗物，是划分井确切时代的重要的依据，证明三口砖井皆为唐代遗存。

根据陕西省勘查院在骊山北麓唐华清宫遗址中心区域打钻调查，这里的地下水深度在 50 米以下，而三口砖井的深度仅 4~8 米，距离出水深度相差甚远，说明其并非为取地下水饮用而做。

文献记载华清宫"泉有三所"[1]。这次发掘出土两个温泉出水口，皆能自溢地面，自动流进各汤池。"一号水源"高出井口 2 米多，为星辰汤、尚食汤、太子汤、二号无名汤、宜春汤供水，"二号水源"低于井口 2 米多，为莲花汤、海棠汤、一号无名汤送水，供人沐浴。这说明三口人工井也不是为了用于汲取地下温泉水而凿。

宋程大昌撰《雍录·温泉》卷四和宋敏求《长安志》卷十五记载唐代在华清宫"益治汤井为池。"三口砖井的出土，似乎与文献记载吻合。但根据各井既无进水道，又无排水道，井内壁无上下脚窝，周围无房屋建筑遗迹诸种因素分析，也不可能用于沐浴。掘地出水曰井。文献记载"溢治汤井为池"是指的平地掘坑修砌汤池而言。

从 J1 和星辰汤北 J1、J2 成东西向一字形排列在华清宫遗址由南向北三级阶地、星辰汤大殿和尚食汤建筑北边的庭院内。在此院内发掘出土了太子、莲花、海棠汤三座建筑。由于修建汤池的特殊需要，殿基较低，台明仅高出唐代地面 0.15~0.3 米，结合骊山地区雨量充沛、降雨极易积水的实际情况分析，三口砖井当是唐代工匠为了排除庭院积水而挖掘的渗水井。

由于受发掘面积的限制，不可能完全了解遗址内渗水井的数量和分布情况。但这样的渗水井在遗址的其它区域内或许还有。

长廊叠压在星辰汤第三期建筑遗存之下，北边在修建海棠汤时被破坏，砌砖规格、形状、纹样与星辰汤第一期建筑的砖相同，依此分析，修建时间应在唐贞观十八年。

---

1)　〔宋〕程大昌撰：《雍录·温泉》，卷四。

　　砖砌地面压在海棠汤建筑之下，出土条砖、方砖的规格、纹样雷同于太子汤和星辰汤第一期建筑的砖，依此推断，修建时间应在唐贞观十八年至唐开元二十九年间。

　　砖砌散水和台明的做法与莲花汤晚期散水相同，砌砖的规格、形状、纹样和海棠汤、莲花汤散水建筑使用的砖一样，证明修建时间在唐开元至天宝年间。

第五章　Ⅱ区建筑遗迹与遗物

　　Ⅱ区建筑遗迹位于今临潼县华清池内新浴池紧北，南距八十年代发掘出土的Ⅰ区建筑遗迹约 80 米。1994 年经过钻探、试掘，确定了具体位置。1995 年 5 月至 10 月 30 日配合华清池管理处建设工程进行了考古发掘，开 10×10 米探方 8 个，10×11 米探方 1 个，10×4 米探方 1 个，11×4 米探方 1 个，10×6.7 米探方 3 个，发掘面积 1095 平方米（图一五七）。清理出土了小汤和梨园殿址、烧火坑、厕所、水道等遗迹及莲花纹瓦当、莲花纹方砖、手印纹条砖、带陶文板瓦、铁莲花、铜花叶等大量建筑材料（图一五八；彩版一四）。

第一节　梨　园

　　梨园位于 T1~T6、T8、T9 内，清理出土的遗迹有东庭院、西庭院、南庑、北庑、主体建筑、烧火坑、排水道、渗井等。由于受发掘面积限制，其中有些遗迹仅清理了局部地方。

　　一、地层堆积

　　（一）东剖面地层堆积，以 T2、T3 东剖面为例：

　　第 1 层，现代扰乱层　厚 2.83 米，土质结构紧密，呈灰黄色，内含现代建筑杂物。距现地表 1.4 米处，发现十一层夯土，厚 1.4 米，为 1959 年扩建华清池时的建筑遗存。

　　第 2 层，明、清文化层　厚 0.9~1.55 米，土质结构疏松，呈灰黄色，内含明、清时代瓷片、陶容器残块、灰陶板瓦、筒瓦块和条砖等。

　　第 3 层，宋、金、元文化层　厚 0.7~1.2 米，土质结构松散，呈灰色，内含宋、金、元时代瓷片、瓷碗、砖瓦堆积、锈铁钉、青石块及建筑倒塌物。

　　第 4 层　唐代文化层　分 4A、4B 两层：

　　4A 层为唐代晚期堆积，厚 0.96~1.35 米，上层为唐代建筑倒塌堆积，内含红烧土块、木炭碴、板瓦、筒瓦、瓦当、条砖、方砖、白灰墙皮、铁帽钉、铜饰件等；下是建筑基础，土质结构细密，经夯打处理，呈棕褐色，内有少量建筑材料碎块。

　　4B 层　为唐代早期堆积，厚 1.4~1.6 米，上层为建筑倒塌堆积，土质结构松散，呈红褐色，内含板瓦、筒瓦、莲花方砖、条砖、陶水管残块、锈铁钉等；下层为建筑基

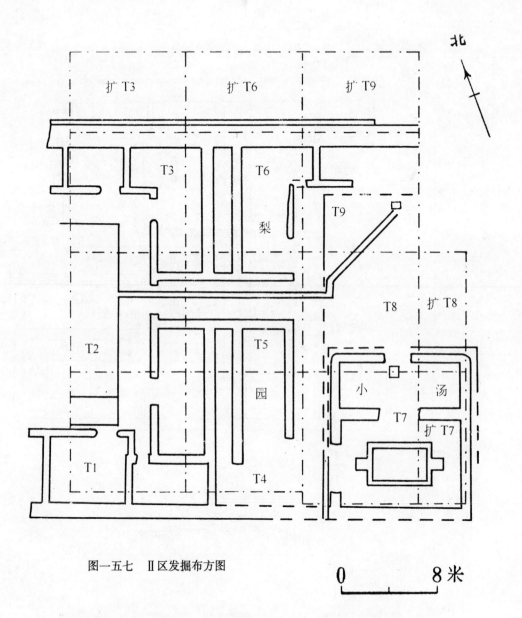

图一五七　Ⅱ区发掘布方图

址，土质结构细密，土色不纯，呈灰棕色。

　　第5层，秦汉文化层　厚0.6~0.8米，土质结构不甚紧密，呈灰褐色，内含秦汉时代建筑材料。

　　第6层，仰韶文化层　距地表8.3~8.85、厚1.05~1.55米，土质结构不甚密实，呈黄褐色，内含草木灰及仰韶时期的红陶与彩陶片。

　　第7层，生土层（图一五九，1）。

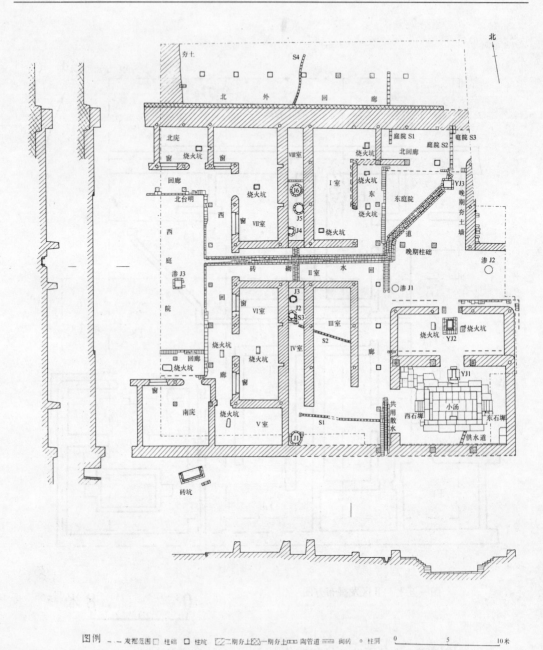

图一五八　Ⅱ区建筑遗迹平、剖面总图

（二）西剖面地层堆积，以 T3 和扩 T3 西剖面为例：

第 1 层，现代扰乱层　厚 2.8~3.23 米，土质结构紧密，呈灰黄色，内含现代建筑杂物，距现地表 1.4~1.9 米处，保留 1959 年扩建华清池时的建筑夯土，厚 1.4 米。

第 2 层，明、清文化层　厚 1~1.97 米，土质结构疏松，呈灰黄色，内含明、清时

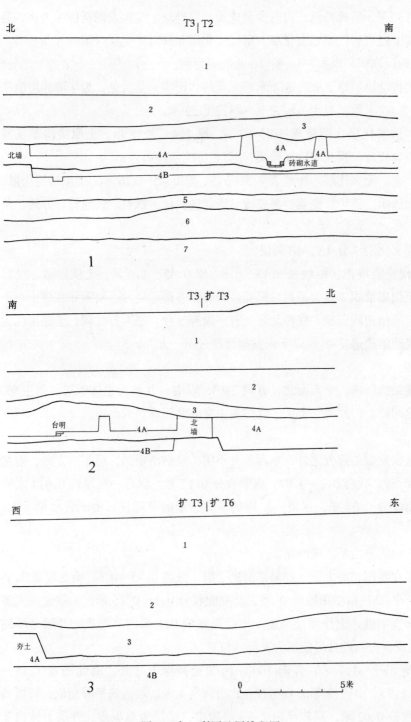

图一五九 梨园地层堆积图

1. T2、T3 东剖面 2. T3、扩 T3 西剖面 3. 扩 T3、扩 T6 北剖面

代瓷片、陶容器残块、灰陶板瓦、筒瓦块和条砖等。

第 3 层，宋、金、元文化层 距地表 3.8～5.2、厚 0.4～0.75 米，土质结构松散，呈灰色，内含宋、金、元时代瓷片、瓷盘、瓷碗、瓷罐、砖瓦堆积、锈铁钉、青石块及建筑倒塌物。

第 4 层，唐代文化层分 4A、4B 两层：

4A 层 为唐代晚期堆积，上层为建筑倒塌堆积，内含红烧土块、木炭碴、板瓦、筒瓦、瓦当、条砖、方砖、白灰墙皮、铁帽钉和铜饰件等。下层是建筑基础，土质结构细密，经夯打处理，呈棕褐色，内有少量建筑材料碎块。这次发掘至该层为止，通过解剖沟发现，其下还有唐代早期文化层、秦汉文化层和仰韶文化层（图一五九，2）。

（三）北剖面地层堆积，以扩 T3、扩 T6 北剖面为例：

第 1 层，现代扰动层　厚 3.25～3.4 米，土质结构密实，呈黄色，为华清池浴池基础，距地表 1.9～2.05 米处，有十一层夯土，厚约 1.35 米。

第 2 层，明、清文化层　距地表 3.25～3.4、厚 1.4～2.15 米，土质结构不甚紧密，呈灰黄色，内含瓷片、板瓦和筒瓦残块。

第 3 层，宋、金、元文化层　距地表 4.8～5.5、厚 0.45～1.6 米，土质结构松散，呈灰色，内含宋代钱币、瓷炉、瓷盖、黑瓷罐和唐代锈铁块、铁钉、铁泡钉、方砖、条砖和烧灰等。

第 4 层，唐代文化层　分 4A、4B 两层。

4A 层　为唐代晚期堆积，距地表 6.45～6.8、厚 0.45～1.6 米，土质松散，呈红褐色，上层为建筑倒塌堆积，内含板瓦、筒瓦、条砖、方砖、瓷片、陶碗和红烧土。下层为建筑基址，土质结构较细密，在西北角处有一段夯土台，经夯打处理，呈棕褐色。

为了保护唐代建筑遗迹，4B 层以下未发掘清理（图一五九，3）。

二、建筑遗迹

出土建筑遗迹结构特殊，坐南面北，方向 280°，以南、北墙为主体框架，由主室、东庭院、东庭院北回廊、西庭院、南庑、北庑和主室外北回廊组成。

（一）主体建筑

主室南墙在这次发掘的探方之外，东西长度不明，经解剖得知，呈东西方向，南北底宽 1.03、顶宽 0.87、残高 0.2～0.87、南壁收分 0.12 米，保存一层厚约 0.014 米的草泥墙皮；北壁面收分 0.04 米，保留一层厚约 0.013 米的草泥皮，由于含水量太大，无法分层。

北墙呈东西方向，分为早、晚两期。

早期北墙叠压在晚期北墙之下，经局部解剖了解，残高 0.45～0.6、南北底宽 2.48～2.5、顶宽 2.2～2.25、南壁面收分 0.15、北壁面收分 0.1～0.15 米。两壁泥皮大多脱落。东端壁面垂直如削，上抹两层墙皮，里层是厚约 0.1 米的草泥皮，外层是厚约 0.007 米的白灰泥皮。分析此处可能原为安门的位置。

晚期北墙清理出土 31.7 米，方向 100°。两端延伸探方之外，南北底宽 1.75～1.85、顶宽 1.7～1.75、南边残高 0.4～0.7、北边残高 1 米。墙版筑平夯而成，每版高 0.22 米，南壁面收分 0.02 米，局部保留 2～3 层墙皮，里层为草泥皮，外层上抹白灰泥皮，具体结构在叙述各室围墙时再作介绍。北壁面墙皮大多脱落，从局部保留的残段看，分为二层，里层为厚约 0.013 米的草泥皮，外层是厚约 0.005～0.007 米的白灰泥皮。

主体建筑方向10°，平面呈南北长方形，南北面宽八间，东西进深三间，加两边回廊为进深五间，南北长32.6～32.8（南墙到北墙）、东西宽17.5～17.7米（东、西回廊台明间距），面积580.56平方米，用版筑平夯夯土墙分隔成形状不同、大小不等的八个室。各室之间的相互关系是：Ⅰ室位于主室东北角，出东、南门为东回廊和东院。Ⅱ室即过厅，连接东、西两院，位于Ⅰ室之南。Ⅲ室位于Ⅱ室之南偏东，出东门即为东回廊和东院。Ⅳ室位于Ⅲ室之西，出北门可到Ⅱ室。Ⅴ室在Ⅳ室之西偏南，西与南庑毗邻，出北门即到西回廊、西院。Ⅵ室位于Ⅱ室之南，Ⅳ室之西，Ⅴ室之北，出西门即为西回廊、西院。Ⅶ室位于主室西北角，Ⅱ室之北偏西，西与北庑相连，出西门即到西回廊、西院。Ⅷ室位于Ⅶ室之东，Ⅰ室之西，Ⅱ室之北，出南门可到Ⅱ室（图一五八，图版一二六）。

1. Ⅰ室

Ⅰ室平面呈曲尺形。南北面阔三间，东西进深一间，室内南北长10.4～10.5、南部东西宽3.6米。从南墙向北6.95米，向东扩1.8米，北部东西宽6.1米，面积45.76平方米。保留安门位置。四周有夯土墙和部分柱础（图版一二七，1）。

（1）东门　位于东墙南部，门、门框无存，保留2.8米的安门空间（图版一二七，2）。

（2）东墙　从北向南2.9米成直角西拐2.45米，再成直角南拐4.13米。2.9米这段墙东西宽0.5、残高0.25米，其中2.15米残缺，西壁面墙皮分为两层，里层泥皮厚约0.01米，外层白灰墙皮厚0.005米，上面保留上下宽0.13米的红色墙脚线；东壁面墙泥皮全部剥落。墙两端均有柱础，中心间距3.37米。南柱础素面，规格为0.45×0.44×0.1米。北柱础在墙内，外露立柱洞，直径0.21米。4.13米这段墙东西残宽0.55、残高0.2～0.43米，西墙面残损较多；东墙面上两层泥皮，里层是厚约0.013米的草泥皮，外层是厚约0.005米的白灰草泥皮，上面饰宽0.13米的红色墙脚线。墙内保留两个柱础，中心间距3.9米。北柱础用两块条砖拼成，东西长0.38、南北宽0.35、高0.075米。南柱础在墙内，外露立柱洞，直径0.21、深0.45米。柱洞距墙南端0.4米。墙南端外有包砖，用规格为36×16×6.2厘米的绳纹条砖侧砖顺砌。

（3）南墙　东西走向，东西长5.1、南北底宽0.7、顶宽0.58、残高0.54～0.7、两边收分各为0.06米。南壁面墙皮分为两层，里层草泥皮厚0.12米，外层白灰泥皮厚0.004米。北壁面墙皮亦为两层，里层草泥皮厚0.013米，外层白灰墙皮大多剥落，仅留残痕。墙顶面外露两个柱洞，中心间距4.2米，东柱洞直径0.2、深0.54米，柱石低于室内地面0.03米；西柱洞直径0.21、深0.7米，柱石低于室内地面0.05米。

（4）西墙　呈南北走向，南北长10.5、东西底宽0.93、顶宽0.75、残高1.3米，西壁面收分 0.12 米，墙皮分为两层，里层草泥皮厚 0.012 米，外层白灰墙皮厚 0.005 米；东壁面收分 0.08 米，粘贴瓦片引平，外涂厚 0.025 米的草泥皮。墙内一字形排列四个立柱洞，内有石柱础。从南向北：第一柱洞即南墙西柱洞；第二柱洞直径 0.23、深 0.65 米；第三柱洞直径 0.24、深 1.3 米；第四柱洞直径 0.24、深 1.25 米。四个柱洞中心间距分别是 3.65、3.9、3.4 米，与东墙立柱洞中心间距 4.2 米。

（5）北墙　即主体建筑北墙，东西长 7.55、南北底宽 1.8、顶宽 1.7、南边残高 0.5、收分 0.035、北边残高 1.12、收分 0.065 米。墙内靠南边东西向一字排列三个立柱洞，内置石柱础，从东向西：第一柱洞即东墙北边第一柱洞；第二柱洞平面呈方形，东西长 0.24、南北宽 0.22、深 0.5 米；第三柱洞即西墙北边第一柱洞。三个柱洞间距分别是 2.4、4.21 米。

（6）室内地面　比较平整，经过夯打处理，局部铺砖痕迹犹在。

（7）烧火坑　2 个。在室内地面。南烧火坑距南墙壁 0.77、西壁 0.55 米，东西长 0.37、南北宽 0.28、深 0.16 米，内有陶罐残块、灰白色烧灰，上盖规格为 34×25×5.5 厘米的绳纹方砖。砖面与坑口平。坑四周用规格为 37×17×7 厘米的绳纹条砖侧砖顺砌，底部无铺砖，是红烧土层（图版一二七，3）。

北烧火坑在东北角，距北墙 1.38、距东墙北段 0.7 米，东西长 0.45、南北宽 0.33、深 0.16 米，上层 0.075 米的填土中，有瓦片、陶器残片；下层是厚约 0.085 米的灰白色烧灰。坑四壁用 36×16×6.2 厘米的手印纹条砖顺砌做边。底无铺砖，为红烧土硬面（图版一二七，4）。

2.Ⅱ室

Ⅱ室平面呈东西长方形，室内东西长 11.5、南北宽 3.2 米，面积 36.65 平方米，保留安门位置、南北隔墙和部分柱础（图版一二八，1）。

（1）东门　在东墙，保留有安门位置，详情不明。

（2）东墙　南边残存南北 0.1、东西 0.31、0.2 米一段。

（3）南墙　东西长 12.2、南北底宽 0.7、顶宽 0.5、残高 1、南北壁面收分各为 0.1 米。两壁面墙皮结构均为两层，里层草泥皮厚 0.012、外层白灰墙皮厚 0.005 米，局部地方保留红色墙脚线。墙内东西向一字形排列四个立柱洞，内置石柱础，从东向西：第一柱洞直径 0.2、深 1.5 米；第二柱洞直径 0.21、深 1.1 米；第三柱洞直径 0.22、深 0.9 米；第四柱洞直径 0.21、深 0.55 米。四个柱洞中心间距分别是 4.2、2.93、4.4 米。

（4）北墙　东西长 12.2、南北底宽 0.7、顶宽 0.48、残高 1.2、南北壁面收分各为 0.11 米。两壁面墙皮结构均为两层，里层草泥皮厚约 0.013、外层白灰墙皮厚约 0.005 米，局部保留红色墙脚线。墙内东西向一字形排列四个立柱洞，内填红烧土块，底置石

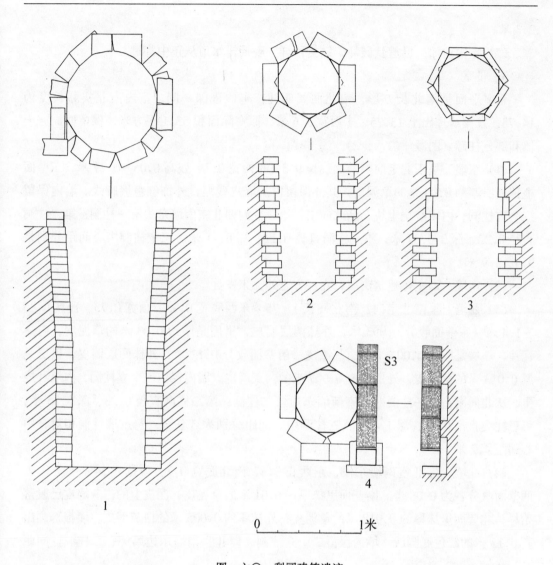

图一六〇　梨园建筑遗迹

1. Ⅳ室内 J1 平、剖面图　2. Ⅳ室内 J2 平、剖面图　3. Ⅳ室内 J3 平、剖面图　4. Ⅳ室内 J2 与 S3 关系图

柱础，从东向西：第一、二柱洞即Ⅰ室南墙二个柱洞；第三柱洞直径 0.23、深 0.7 米；第四柱洞直径 0.22、深 0.67 米。四柱洞中心间距分别是 4.21、2.92、4.4 米。南、北墙柱洞相对，中心间距为 3.75～3.85 米。

（5）西门　位于西墙上，门、门框无存。西墙中间 2.3 米的空间即为安门处。

（6）西墙　内外壁面已遭破坏，保留南、北两段，南段南北残长 0.4、东西宽 0.68、残高 0.65 米；北段南北残长 0.37、东西宽 0.68、残高 0.7 米。两段中间相距

2.3 米。

（7）室内地面　已遭受破坏，结构不详，晚期排水道从正中穿过。

3．Ⅲ室

Ⅲ室平面呈南北长方形，南北面阔四间，东西进深一间，室内南北实际长度为 14.75、发掘清理出土 13.75、东西宽 3.6 米，原实际面积 53.1 平方米，保留四周夯土墙和部分柱础（图版一二八，2）。

（1）东墙　呈南北走向。南北残长 9.3、东西宽 0.7、残高 0.05～0.27 米，东壁面上抹一层厚约 0.03 米的草泥皮，其外保留白灰墙皮残痕，外饰红色墙脚线。墙内保留三个立柱洞，内填红烧土块，从北向南：第一柱洞即Ⅱ室南墙东边第一柱洞；第二柱洞直径 0.22、深 0.0.37 米；第三柱洞直径 0.22、深 0.41 米。三个柱洞中心间距分别是 3.9、3.9 米。

（2）南墙　即主体建筑南墙，在探方之外，未发掘。

（3）西墙　呈南北走向。南北残长 11.75、东西底宽 0.95、顶宽 0.73、残高 0.25～1.4 米，东壁面收分 0.095 米，外抹两层墙皮，里层是厚约 0.03 米的草泥皮，内夹瓦片，外层是厚约 0.004 米的白灰墙皮；西壁面收分 0.12 米，外抹两层墙皮，里层是厚 0.013 米的草泥皮，外层是厚 0.007 米的白灰墙皮。墙内保留三个立柱洞，内填红烧土，从北向南：第一柱洞即Ⅱ室南墙东边第二柱洞；第二柱洞直径 0.23、深 0.35 米；第三柱洞直径 0.22、深 1.4 米。三柱洞中心间距分别为 3.9 米，与东墙柱洞相对，中心间距 4.2 米。

（4）北墙　即Ⅱ室南墙东段，东西长 3.6、南北底宽 0.7、顶宽 0.54、残高 0.9、两壁面收分各为 0.08 米。南壁面里抹厚约 0.01 米的草泥皮，泥皮上的白灰墙皮已脱落殆尽；北壁面里抹厚约 0.012 米的草泥皮，外抹厚约 0.005 米的白灰墙皮，墙根部画出高 0.13 米的红色底脚线。墙内保留二个立柱洞，即Ⅱ室南墙东边第一、二柱洞，间距 4.2 米。

（5）室内地面　已遭破坏，面目全非。

4．Ⅳ室

Ⅳ室呈南北长方形，室内南北长 14.75、东西宽 1.5 米，面积 21.13 平方米，保留安门位置、四周夯土墙和部分柱础（图版一二九，1）。

（1）北门　位于北墙处，门、门框无存，保留 1.45 米的安门空间。

（2）北墙　为晚期增建，同Ⅱ室南墙，早期无。

（3）东墙　即Ⅲ室西墙。

（4）南墙　即主体建筑南墙，压在探方之外，详情不明。

（5）西墙　即Ⅴ、Ⅵ室东墙。

（6）室内地面 原状已被破坏，发现三口砖井，编号为 J1、J2、J3 和三条陶水管道，编号 S1、S2、S3。

J1 位于室内南部，距东墙 0.33、西墙 0.26 米。井口出现于遗址第 4B 层中，原井口被破坏。现存砖井口距地表 6 米，平面呈椭圆形，东西 0.91、南北 0.98 米，井壁为圆筒形，下部略窄，东西 0.73、南北 0.82 米，保留砌砖 32 层，深 2.3 米，即井底距现代地面深 8.3 米。井底平整，似经夯打，从底部向上 1.15 米，用规格为 34.5×17×7 厘米的手印纹条砖平砖错缝砌成较规整的八边形，其余部分用条砖平砖错缝环砌。从井口向下十六层砌砖有断裂缝，当为地壳变动所致。井内堆积物与整个遗址第 4 层堆积相同，土色褐，内含大量的唐代砖瓦（图一六〇，1；图版一二九，2）。

J2 位于 J1 之北 10.7 米。井口出现于遗址第 4B 层中，原井口被破坏。现存砖井口距地表 6.08 米，六边形，边长 0.33～0.36、最大口径 0.61、底径 0.5、深 1.2 米，即井底距现代地面深 7.28 米。井口用条砖平砖错缝顺砌。井壁保留砌砖 17 层，用 37×17×7、36×17×7 厘米等多种规格的手印纹条砖平砖错缝环砌。井底地面平整。井内堆积与整个遗址第四层堆积相同，土色褐，包含大量的唐代砖瓦（图一六〇，2；图版一三〇，1）。

J3 位于 J2 之北 0.91 米，井口出现于遗址第 4B 层中，原井口被破坏。现存砖井口距地表 6.1 米，平面呈不规则的六边形，东西 0.6、南北 0.56、深 1.18 米，即井底距现代地表 7.28 米。井壁做法上下不同，上部 0.68 米的四层砌砖，用规格为 37×17×7 厘米的手印纹条砖侧砖平砖错缝环砌；下部 0.5 米的七层砌砖，用与上边规格相同的条砖平砖错缝环砌，平面近似圆形，直径约 0.64 米。井内堆积与整个遗址第 4 层堆积相同，土褐色，出土带"将作官瓮"戳印的残陶瓮和大量的唐代砖瓦残块（图一六〇，3；图版一三〇，2）。

J1、J2、J3 砌砖之间的粘接材料皆为泥浆。

S1 位于 J1 之北约 1.6 米，距唐代地表 0.07 米，东西走向，西高东低，高差 0.4、全长 8.15 米，中间 1.1 米被一扰坑破坏，西端南北向平砌一规格为 36.5×16.5×7 厘米的绳纹条砖，东端和小汤殿基西边散水沟相接。管道单节长 0.28～0.31 米不等，外径 0.192 米，布纹里，外饰绳纹，子母口套接，白灰浆合缝（图版一三〇，3、4）。

S2 在 J2 东南角 0.7 米，距唐代地表 0.1 米，东南西北走向，西高东低，高差 0.2、残长 5.3 米，东端被破坏，从走向看，原与小汤殿址西边散水沟相接。管道形制、规格、做法、粘接材料与 S1 相同。

S3 紧贴 J2 东壁修造，距唐代地表 0.07 米，南北走向，南端和一东西长 0.19、南北宽 0.15、深 0.175 米的砖砌小坑相接，向北延伸 1 米残缺。管道形制、规格、做法与 S1、S2 相同（图一六〇，4）。

5. Ⅴ室

Ⅴ室呈东西长方形。室内东西长 6.57、南北宽 3.5 米，面积 23.1 平方米，保留安门位置、四周夯土墙和部分柱础（图版一三一，1）。

（1）北门　位于北墙两段墙缺口处，门、门楣无存，保留 1.7 米的安门空间。墙内两端有直角台棱，是为安门的需要而做的。出北门有一南北长 2、东西宽 1.65 米的过道（图版一三一，2）。

（2）北墙　呈东西走向。全长 7.15、南北底宽 0.7、现顶宽 0.44、残高 0.8~1.22 米，西部有 1.3 米的缺口，分为两段。东段长 5.62 米，西端南壁做成直角台棱，台面东西 0.2、南北 0.19 米；西段长 0.2 米，东端与东段西端形状相同。墙南壁面收分 0.1 米，外上两层墙皮，里层抹厚约 0.017 米的草泥皮，外层的白灰墙皮已脱落；北壁面收分 0.16 米，上两层墙皮，里层抹厚约 0.08 米的草泥皮，内褙瓦片，外层白灰墙皮已脱落。

（3）东墙　呈南北走向。南北长 3.5、东西宽 0.62、残高 0.7 米，大部分在探方外。

（4）南墙　即主体建筑南墙，东西长 6.57、南北宽 0.87~1.03、残高 1 米。

（5）西墙　即南庑东墙。

（6）室内地面　较平整，铺砖被揭掉，保留有铺砖痕迹。

（7）烧火坑　1 个。在室内地面上，距北门 0.93 米，南北长 0.79、南边东西宽 0.38、北边宽 0.27、深 0.16~0.21 米，平面近似梯形，坑四壁有厚约 0.035 米的烧结硬层，内保存厚约 0.075 米的灰白色细烧灰（图版一三一，2）。

6. Ⅵ室

Ⅵ室平面呈南北长方形。面阔三间，进深一间，室内南北长 10.5、东西宽 3.8 米，面积 39.9 平方米，保留安门、窗位置，四周夯墙和部分柱础。

（1）西门　位于西墙缺口处，门、门框无存，保留南北宽 2.1 米的安门空间。门槛虽无存，但位置一清二楚，南北长 2.1、东西宽 0.4、残高 0.15 米（图版一三二，1）。

（2）西墙　呈南北走向，与东墙相互平行，东西底宽 0.68、现顶宽 0.5、残高 0.2~1.1、全长 11.15 米，中间有 2.1 米的缺口。墙东壁面收分 0.05 米，西壁面收分 0.13 米，两壁墙皮无遗。墙中有柱洞 4 个，内填红烧土，底置石柱础，从南向北：第一柱洞直径 0.22、深 1 米；第二柱洞直径 0.24、深 1.15 米，石柱础低于室内地面 0.13 米；第三柱洞直径 0.27、深 0.6 米，下置规格为 0.28×0.28×0.13 米的石柱础。石础低于室内地面 0.15 米；第四柱洞即Ⅱ室南墙西边第一柱洞。四个柱洞的中心间距分别是 3.62、3.75、3.75 米。东、西墙柱础中心相距 4.4 米。

（3）东墙　呈南北走向，南北长 11.15、东西底宽 0.99、顶宽 0.6、残高 1.05 米，向东微倾，两壁面墙皮全部脱落。西壁面收分为 0.39 米。墙内南北向一字排列四个立柱洞，内填红烧土，从北向南：第一柱洞即Ⅱ室南墙西边第二柱洞；第二柱洞南北 0.24、东西 0.42、深 1.15 米，底置石柱础（图版一三二，2）；第三柱洞南北 0.28、东西 0.52、深 10.9 米，底置规格为 21（残）×17.5×7.5 厘米的手印纹条砖（图版一三二，3）；第四柱洞直径 0.26、深 1.1 米，底置石柱础。四个柱洞中心间距分别是 3.75、3.75、3.63 米。中间二个壁柱的做法是在夯好的土墙上先挖出立柱槽，立柱完毕，周围加镶土坯、瓦片，外抹泥皮。

（4）南墙　即Ⅴ室北墙。

（5）窗户　2 个。位于西门南北两侧，木窗框不存，只保留窗位。南窗口距门南边 1.5 米，西大东小，四边呈台阶状，东壁面窗口南北长 1.8、残高 0.5 米，窗台面东西宽 0.26 米，距室内地面 0.5 米；西壁面窗口南北长 2.1、残高 0.65 米，窗台面东西宽 0.4 米，距室外回廊地面 0.35 米（图一六一，1；图版一三三，1）。

北窗口距北门边 1.65 米，残留北端，形制与南窗相同，东壁面窗口南北残长 1.45、残高 0.2 米，窗台面东西宽 0.26 米，距室内地面 0.5 米；西壁面窗口南北残长 1.55、残高 0.35 米，窗台面东西宽 0.4 米，距回廊地面 0.35 米（图一六一，1）。

（6）北墙　即Ⅱ室南墙西部，东西长 3.8、南北底宽 0.7、现顶宽 0.5、残高 0.7～1 米，东、西壁面各收分 0.1 米。北壁面墙皮为二层，里层抹厚约 0.012 米的草泥皮，外层是厚约 0.005 米的白灰墙皮。南壁面现存厚约 0.013 米的草泥皮。

（7）室内地面　比较平整，经火烧成一硬面，铺砖无存。

（8）烧火坑　1 个。位于室内地面上距南墙壁 4.4、东墙壁 1.8 米处，平面呈长方形，南北长 0.53、东西宽 0.3、深 0.14 米，坑四边用规格为 37.5×17.5×7.5 厘米的手印纹条砖侧砖顺砌，西边砌砖被揭取，内有模印"将作官巩"戳印陶瓮、兽骨残块、红烧土块、白灰墙皮和锈铁器等，最下层是厚约 0.05 米的白色烧灰（图版一三三，2）。

7. Ⅶ室

Ⅶ室平面呈曲尺形。南北面阔三间，东西进深一间，室内南北长 10.65～10.7、南部东西宽 3.8 米，从南墙向北 7.3 米，向西扩大 2.45 米，北部东西宽 6.2 米，面积 48.82 平方米，保留安门窗位置、四周夯土墙和部分柱础（图版一三四，1）。

（1）西门　位于西墙缺口处，门、门槛皆无存，仅保留宽 2.05 米的门道（图版一三四，2）。

（2）西墙　呈南北走向，东西底宽 0.68、顶宽 0.5、残高 0.8、南北长 7.3 米，中间有一 2.05 米的缺口。墙东壁收分 0.055 米，上抹厚约 0.01 米的草泥皮；西壁面收分 0.125 米，上抹二层草泥皮，里层厚 0.013 米，外层厚 0.006 米。墙内保留三个立柱洞，内填红烧土块，底置青石柱础，由南向北：第一柱洞即Ⅱ室北墙西边第一柱洞；第

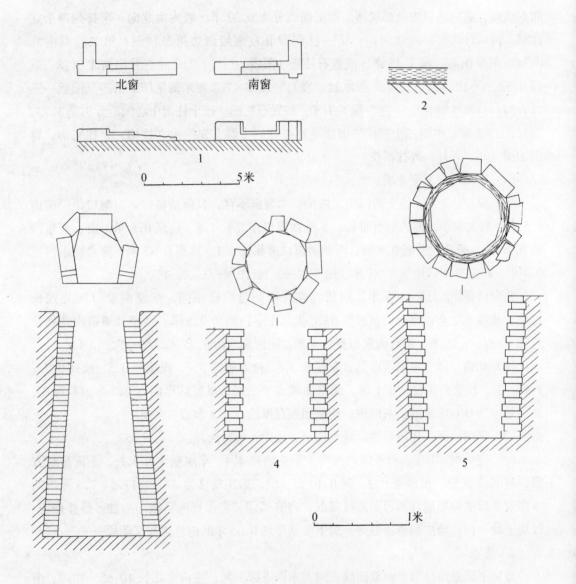

图一六一　梨园建筑遗迹

1. Ⅵ室西窗平、侧面图　2. Ⅶ室内地面结构图　3. Ⅷ室内J4平、剖面图　4. Ⅷ室内J5平、剖面图　5. Ⅷ室内J6平、剖面图

二柱洞直径0.21、深0.8米，石柱础面低于室内地面0.03米；第三柱洞直径0.27、深0.35米，石柱础面与室内地面平（图版一三五，1）。三个柱洞中心间距分别为3.73、3.64米。西墙从7.3米处成直角西折2.45米，与北庑东墙相接。墙南北宽0.53、残高0.33米，两壁面上各抹厚0.015米的草泥皮。

（3）东墙　呈南北走向，南北长10.3、东西底宽0.99、现顶宽0.64、残高1.1

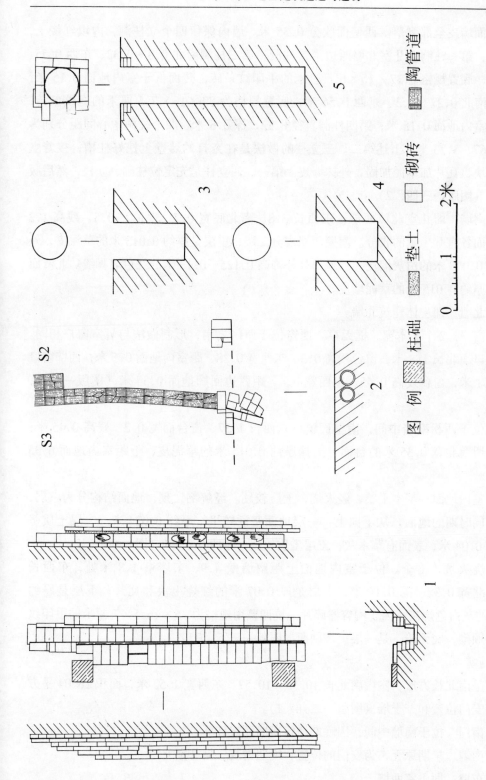

图例　柱础　垫土　砌砖　陶管道

0　1　2米

图一六二　梨园建筑遗迹

1. 梨园、小汤共用散水平、剖面图　2. 东庭院排水管道 S2、S3 平、剖面图　3. 东庭院渗井 J1 平、剖面图
4. 东庭院渗井 J2 平、剖面图　5. 西庭院渗井平、剖面图

米，两壁面墙皮全部剥落。西壁面收分 0.35 米。墙内保留四个立柱洞，内填红烧土，从南向北：第一柱洞即Ⅱ室北墙西边第二柱洞；第二柱洞南北 0.3～0.32、东西 0.55、深 1.2 米，底置规格为 37×15×6.5 厘米的手印纹条砖，砖面低于室内地面 0.15 米；第三柱洞南北 0.27～0.3、东西 0.56 米，底置规格为 32×15×7.5 厘米的绳纹条砖，砖面低于室内地面 0.15 米；第四柱洞直径 0.22、深 0.8 米。四个柱洞中心间距分别为 3.75、3.67、3.73 米。上述第二、三立柱的做法是在夯打的墙壁上挖好柱槽，接着立柱，用砖块、瓦片加草泥加固，外抹墙皮。第一、四立柱是先定位柱础、立柱，然后版筑夯土墙（图版一三四，2）。

（4）南墙　即Ⅱ室北墙西部，东西长 3.8、南北底宽 0.7、现顶宽 0.5、残高 1.2 米，两壁面各有 0.1 米的收分。南壁面墙皮分二层，里层是厚约 0.013 米的草泥皮，外层是厚约 0.005 米的白灰墙皮，近地面处外饰高 0.125～0.13 米的红色墙脚线。北壁面保留一层厚约 0.015 米的草泥墙皮。

（5）北墙　即主体建筑北墙。

（6）窗户　2 个。木窗、框无存。西窗位于西门之南，形制做法与Ⅵ室窗户相同。东壁面窗口南北长 1.8 米，窗台残高 0.3、东西宽 0.28、距室内地面 0.5 米；西壁窗口南北长 2.1 米，窗台残高 0.45、东西宽 0.4、距西边回廊地面 0.35 米（图版一三五，2）。

南窗位于西拐南墙中间，南壁面窗口东西长 1.57、窗台面宽 0.2、残高 0.45 米；北壁面保留南北宽 0.35 米的台面，上抹厚约 0.015 米的草泥皮，下距室内地面 0.35 米。

（7）室内地面　基本平整，经火烧，土质较硬。经解剖发现，地面结构分为三层，为三个不同时期的地面，从下向上：一层地面坚硬较平，厚约 0.024 米；二层土质坚硬，厚约 0.04 米，表面有草木灰；三层土质较硬，厚约 0.13 米（图一六一，2）。

（8）烧火坑　1 个。位于室内地面上距南墙壁 4.9、东墙壁 1.8 米处，东西长 0.45、南北宽 0.32、深 0.14 米，上层是厚 0.07 米的红烧土块和瓦片；下层是厚约 0.065 米的灰白色烧灰，内含陶容器碎片。坑四壁用规格为 35×16.5×7 厘米的手印纹条砖侧砖顺砌，底无砖，是一层火烧硬面（图版一三五，3）。

8. Ⅷ室

Ⅷ室呈南北长方形，室内南北长 10.53～10.57、东西宽 1.52 米，面积 16.04 平方米，保留安门位置和夯土墙（图版一二九，1）。

（1）南门　位于南墙中间，因晚期增筑南墙而被破坏。

（2）南墙　早期原无，为安门的位置，晚期增筑，见Ⅱ室北墙。

（3）东墙　即Ⅰ室西墙。

（4）西墙　即Ⅶ室东墙。

（5）北墙　即主体建筑北墙。

（6）室内地面　被破坏，北部有东西长 1.55、南北宽 0.17、残高 1.2 米的砖砌隔墙。墙用规格为 37×17×7、35×16.5×6.5 厘米的手印纹和绳纹条砖平砖错缝顺砌而成。

室内还出土三个砖砌井，编号为 J4、J5、J6，和一条陶水管道，编号为 S4。

J4　距南墙 0.57 米。井口出现于遗址第 4B 层中，原井口已被破坏，结构不得而知。现存井口距地表 6.35 米，平面呈不规则的六边形，东西 0.58、南北 0.54 米，上小下大，底径 0.97、深 2.35、即井底距现地表 8.7 米。井壁用 34×16×6、35×15.5×6 厘米不同规格的绳纹条砖平砖错缝环砌，现保存砌砖 41 层，西壁无砌砖。井内堆积物与遗址第 4 层堆积相同（图一六一，3；图版一三六，1）。

J5　位于 J4 东北 1.5 米。井口出现于遗址第 4B 层中，原井口被破坏，结构不得而知。现存井口距地表 6.2 米，平面呈圆形，直径 0.66 米，上小下大，底径 0.76、深 1.15、即井底距现地表 7.35 米。井壁用 34×15.8×6、35×15.5×5.7 厘米等不同规格的手印纹条砖平砖错缝环砌，现保留砌砖 16 层。井内堆积物与 J1 相同（图一六一，4；图版一三六，2）。

J6　位于 J5 之北 0.92 米。井口出现于遗址第 4B 层中，原井口被破坏，结构不得而知。现存井口距地表 6.2 米，平面呈圆形，直径 0.95 米，上大下小，底径 0.8、深 1.5、即井底距现地表 7.7 米。井壁用 35×16×6.5、33×16.5×6.5 厘米等不同规格的手印纹条砖平砖错缝环砌，现保留砌砖 21 层。井内堆积与 J1、J2 相同（图一六一，5；图版一三六，3）。

三个砖井砌砖之间的粘接材料皆用泥浆。

S4　为陶管道，位于室内北部，南北走向，穿过主室北墙延伸至探方之外，南高北低，高差 0.8 米，现清理出土 5.2、室内是 0.4 米。管道直径 0.16、单节长 0.26～0.3 米不等，粗布纹里，外饰绳纹，子母口套接，白灰浆合缝。

9. 东回廊

东回廊位于主体建筑Ⅰ、Ⅱ、Ⅲ室东边，南北长 26.3、东西宽 2.55～2.8 米，面阔七间，进深一间，保留有立柱础、台明和散水（图版一三七，1）。

（1）台明　位于回廊东边，被一晚期东西向排水道分为南北两段，做法不同。北段南北长 6.8、高出东庭院地面 0.15 米，用两层手印纹和绳纹条砖包边，下层平砖顺砌，上层平砖丁砌。条砖规格有 38×17×7、35×16×6、37×17×7 厘米三种。

台明南段借用下文将要叙述的小汤殿址西散水沟的西壁，南端延伸至探方外，北端和东西向排水道相接，现清理出土 18.3 米，南高北低，有 0.2 米的高差，中间 9.7 米砌砖被破坏。南部保留砌砖长 5.42 米，东西底宽 0.25、上口宽 0.34、深 0.4 米；北端东西宽 0.27、深 0.13 米。水道做法是底平砌条砖，东壁做成二层台，下层用手印纹条砖侧砖顺砌，高 0.15～0.17 米，台面东西宽 0.045 米；上层用三层条砖平砖错缝顺砌做壁，高 0.25 米。上、下二层间有 0.04 米的垫土，内夹杂瓦片。西壁用五层条砖错缝顺砌做壁，高 0.4～0.42 米，上有 0.02 米的收分。砌砖规格有 38×16×6、39×15.5×6.5、36×16×6、39×16×6.5 厘米四种。北部保留砌砖长 3 米，底平砌条砖，两侧用二层条砖平砖错缝顺砌做壁，上平砌条砖封闭。砖上再垫 0.17 米黄土平夯为地面（图一六二，1；图版一三七，2）。

（2）檐柱　保留柱础和立柱坑位各 4 个，南北向一字排列，从南向北：第一柱础规格为 0.44×0.44×0.1 米；第二柱础规格为 0.41×0.4×0.17 米；第三柱础被揭取，坑位边长 0.45×0.45、深 0.15 米；第四石础被揭取，坑位边长 0.43×0.43、深 0.13 米；第五柱础已无存，坑位边长 0.4×0.4、深 0.14 米；第六柱础规格为 0.47×0.4×0.1 米；第七柱础规格为 0.4×0.38×0.12 米；第八柱础即Ⅰ室东墙北边第二柱础。八个立柱石础中心间距分别为 3.9、3.9、3.9、3.9、3.85、3.65、3.9 米，西与Ⅰ、Ⅱ、Ⅲ室东墙立柱相对，间距 2.3～2.37 米。

（3）回廊地面　平整，分为两层，下层经人工夯打处理，表面有草木灰，上层土质较硬，厚约 0.2 米。

（4）烧火坑　2 个。位于回廊地面上，间距 2.62 米。南边烧火坑南北长 0.46、东西宽 0.37、深 0.17、东距台明外边 1.5、南距排水道 4.35 米，上部 0.07 米填土内夹杂陶器片、烧土块等，下部 0.095 米灰白色烧灰内有陶容器残片（图版一三七，3）。

北边烧火坑距台明外边 1.55 米，东西长 0.38、南北宽 0.25、深 0.15 米，上层 0.06 米填土内夹杂瓦片、陶片等；下层 0.084 米的灰白色烧灰中有陶容器残片。两个烧坑的做法相同，四壁用规格为 36×16×6 厘米的手印纹条砖侧砖顺砌做边，底无铺砖，均为红烧土硬面（图版一三七，4）。

10．西回廊

西回廊位于主体建筑Ⅱ、Ⅵ、Ⅶ室西边，南北长 19.7 米，面阔六间，东西宽 2.69～2.72 米，进深一间，保留有台明、立柱础（图版一三八，1）。

（1）台明　位于回廊西边，高出西庭院地面 0.15 米，下边用四层规格为 35×16.5×6.5、35×15.5×6 厘米的手印纹条砖平砖错缝顺砌包边，上层用规格为 36.5×36×6.5 厘米、正面素面、背面饰绳纹的方砖平砌做面。

（2）檐柱　保留素面青石柱础 5 个，南北向一字排列，从南向北，规格分别为 0.44×0.43×0.11、0.45×0.44×0.11、0.38×0.36×0.1、0.38×0.38×0.1、0.4×0.38×0.11 米。柱础东距檐墙内立柱中心 2.41～2.46、西到台明外边 0.62～0.63 米。

檐柱从南向北，中心间距分别为 3.61、3.75、3.75、3.75、3.75、3.63 米。

（3）回廊地面　平整，经夯打处理，上面砌砖全部被揭取。

（4）烧火坑　1 个。位于Ⅵ室西门外，南北长 0.56、东西宽 0.29、深 0.15 米，上层 0.08 米填土内有板瓦块、锈铁钉、烧土；下层是厚 0.07 米的灰白色烧灰，内有陶容器残片。坑四壁用规格为 37.5×17.5×7 厘米的手印纹条砖侧砖顺砌做边，底无砌砖，是红烧土硬面。

11. 北外回廊

北外回廊位于主体建筑基址之北，依北墙而建，坐南面北，东、西、北三面均延伸至探方外，现东西清理出土 27.8 米，面阔六间，南北残宽 2.95 米，进深一间，保留廊墙、檐柱及比较完整的地面（图版一三八，2）。

（1）廊墙　即主体建筑北墙。

（2）檐柱　保留三个石柱础和四个立柱坑，东西向一字排列，从东向西：第一、第二、第三柱础皆素面，青石质，规格分别为 0.43×0.43×0.12、0.4×0.4×0.13、0.43~0.47×0.47×0.13 米。第四、五、六、七柱石无遗，保留立柱石坑位，大小相同，边长 0.45×0.45、深 0.137 米。柱石之间中心相距 3.3、南距北墙壁 2.75 米。

（3）廊内地面　较硬，保留长期踩踏路土，南高北低，倾角 2.5°，分为上下二层，下层表面夯打，有草木灰；上层是厚 0.07 米的夯土。西部地面有扰坑，内有陶容器残片、朽骨和烧灰等。

（二）东庭院

东庭院位于主体建筑基址东边，向东延伸至探方外，分为早、晚两期。早期庭院南北长 16.7、东西清理出土 11.7 米；晚期由于汤池殿宇北边增建，南北面积减少，变为 12.~12.15 米。院内地面低于南台明 0.2、北台明 0.15 米，南边比北边略高，便于排除雨水。院内有排水道、渗井处理积水（图版一三七，1）。

1. 排水道　3 条。编号为 S1、S2、S3。

S1　为绳纹陶质管道，位于东庭院西北角，南北方向，南高北低，两端高差 0.52 米，现清理出土 6.7 米，南部 2.6 米破坏，保留安装管道时挖的沟槽和水道残块，北端延伸到探方之外。管道在唐代地面之下 0.02~0.175 米，单节长 0.4~0.42、直径 0.24 米，子母口套接，白灰浆合缝（图版一三九，1）。

S2　为绳纹陶质管道，位于 S1 之东 5.95 米，南北方向，现残存 0.6 米一段，单节管道长 0.4、外径 0.28 米，粗布纹里，子母口套接，白灰浆合缝（图一六二，2）。

S3　为绳纹陶质管道，位于 S2 之西 0.01 米，南北方向，南高北低，清理出土 3.6 米，南端与北台明齐，北端延伸至探方之外。管道在唐代地面之下 0.07~0.11 米，单节长 0.38、0.39 米不等，外径 0.28 米，子母口套接，白灰浆合缝。S3 是因 S2 废弃之后而铺设（图一六二，2；图版一三九，2）。

2. 渗井　2口。编号为J1、J2。

J1　位于东院中部偏西，南距小汤殿址北墙1.45米，西距主殿东回廊台沿0.65米。井口出现在遗址第4层，原井口被破坏，现存井口距地表6.3米，平面呈圆形，直径0.7、深1.4、即井底距现代地面深7.7米。井壁为圆筒形，底部土质疏松，内填唐代灰陶板瓦块、筒瓦块、砖块及淤泥（图一六二，3）。

J2　位于J1之东8.5米，南距小汤殿址北墙3.1米。井口出现在遗址第4层，原井口被破坏，现存井口距地表6.25米，平面呈圆形，直径0.75、深1.2、即井底距现代地面深7.45米。井壁为圆筒形，底部土质疏松，内填唐代板瓦、筒瓦、砖、瓦当块和淤泥等（图一六二，4）。

3. 北回廊

北回廊位于主体建筑东北角，东庭院北部，北依主室基址北大墙而建，坐北面南，东西面阔三间，长8.8米，南北进深一间，宽3.95米，保留南台明、南、北夯土墙和柱础等（图版一三九，3）。

（1）南台明　位于回廊之南，呈东西走向，南北宽0.38、高出东庭院地面0.14米，用条砖包砌。砌砖做法：用规格为37.5×17×7、35×17×6.5厘米的双排手印纹条砖平砖错缝顺砌，上用相同规格的条砖南北向平砖丁砌而成。

（2）南墙　呈东西走向，紧接南台明修造，东西残长3.3、南北宽0.52、残高0.2米，南壁面上抹二层墙皮，里层是厚约0.01米的草泥皮，外层是厚约0.004米的白灰墙皮；北壁面泥皮无存。墙内保留三个素面石柱础和一个立柱础坑位，从东向西：第一柱础在南北向夯墙内，外露直径0.25、深0.6米的柱洞；第二柱础无存，保留南北边长0.52、东西宽0.51、深0.15米的坑位；第三柱础规格为0.5×0.5×0.12米；第四柱础即主室Ⅰ室东墙北边第二石础。四个柱础中心间距分别是3.25、2.95、2.8米，中心距南台明0.85米。

（3）西墙　即主体建筑中Ⅰ室东檐墙北段。

（4）北墙　借用主体建筑北墙延伸部分，东西清理出土6.05、残宽1.85、残高0.45米，南北两壁墙皮全部脱落。南壁面外露三个立柱洞，从东向西，第一柱洞直径0.24、深0.75米，下垫规格为24×26×5.5厘米的砖块；第二柱洞直径0.21、深0.65米，下置石块；第三柱洞即主室Ⅰ室东墙北边第一石础。三柱洞中心间距分别是2.95、2.8米，与南墙内柱础相对，中心间距3.32米。

（5）地面　全部被破坏，结构不清楚。

（三）西庭院

西庭院位于主体建筑基址西边，向西延伸至探方之外，分为早、晚两期。早期庭院南北长 17、东西清理出土 4.25 米；晚期因为南庑向北扩大，南北面积减少，变为 14.7 米。院内地面低于东、南、北台明，分别为 0.15、0.15、0.14 米，西高东低，以利排水（图版一四〇，1）。

庭院南北两边修建南、北庑。

1. 早期南庑

早期南庑位于主体建筑基址西南角，西庭院南部，坐南面北，平面呈东西长方形，用夯土墙隔成室，北边有回廊，向西延伸到探方外。清理出土的室东西面阔二间，南北进深一间，室内东西长 6.5～6.7、南北宽 3.95 米，面积 21.07 平方米。保存台明、夯土墙和柱础。

（1）东墙　即主体建筑中Ⅴ室西墙。

（2）南墙　即主体建筑南墙向西延伸部分。

（3）西墙　压在晚期西墙之下，情况不明。

（4）北台明　位于南庑之北，南距柱础中心 2.56 米，用规格为 35×16×6.5 厘米的绳纹条砖平砖错缝顺砌包边，现保留三层砌砖，残高 0.2 米，向西延伸于探方外，现仅清理出土 1 米（图版一四〇，2）。

（5）北檐墙柱础　2 个。东西向排列，东边柱础青石质，素面，规格为 0.4×0.4×0.1 米，与规格为 0.4×0.37×0.1 米的西边素面青石柱础中心间距 3.47 米。北檐墙柱础中心和南墙相距 3.95 米。

南庑面对庭院，东、南、西三墙为封闭式无开口，推测门在北檐墙上，可能就是晚期南庑北门位置。

2. 晚期南庑

晚期南庑叠压在早期南庑建筑之上，平面呈东西长方形，用夯土墙隔成室，北边有回廊，向西延伸至探方外，有多少室不详。清理出的室东西面阔二间，南北进深一间，室内东西长 6.5～6.7、南北宽 5.7 米，面积 37.62 平方米。保留部分柱础和安门位置，四周围墙虽大多在探方外，但经解剖可知，版筑夯成，夯层不清（图一六三，1）。

（1）北门　位于北墙缺口处，东西 1.8 米，门、门框、门槛无存。缺口处墙头为半圆形，是出于安门的需要而特意夯筑的（图版一四〇，2）。

（2）北墙　呈东西走向，东西长 7.65、南北底宽 0.57、顶宽 0.5、残高 0.4～0.8 米，东部有一 1.8 米的缺口。墙南壁面有 0.03 米的收分，保留一层厚约 0.02 米的草泥墙皮；北壁面有 0.04 米的收分，保留一层厚约 0.015 米的草泥皮。墙内现存一直径 0.24、深 0.8 米的立柱洞，内贮木炭灰、烧土块，下有青石柱础，中心距东墙 3.47 米，距南墙约 6 米。

（3）北窗　位于北墙之上，北门之西 1.6 米，窗无存，保留窗口下部，里大外小，

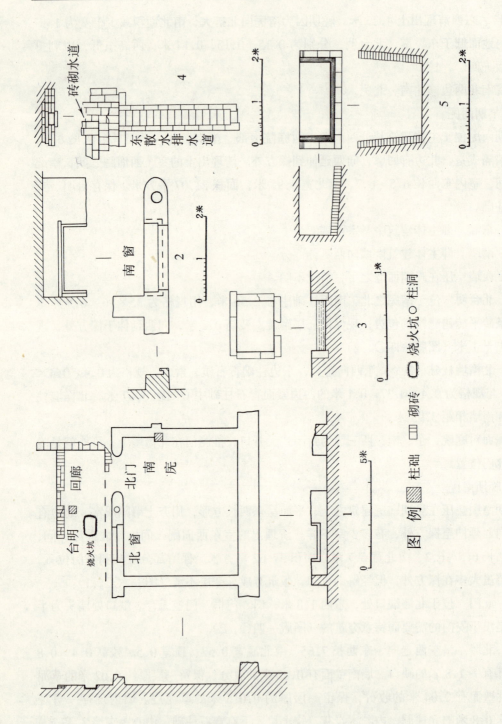

图一六三　梨园建筑遗迹

1. 晚期南庑平、剖面图　2. 北庑南窗平、剖面图　3. 北庑室内烧火坑平、剖面图　4. 东回廊散水与砖砌水道关系图　5. 砖坑平、剖面图

图　例　▨柱础　▥砌砖　◯柱洞　☐烧火坑

呈台阶状，南壁口东西长 1.8、残高 0.4 米，台面南北宽 0.33、距室内地面 0.36 米；北壁口东西长 1.6、残高 0.3 米，台面南北宽 0.24、距室外回廊地面 0.5 米。

（4）东墙 呈南北走向，全长 6.3、底部东西宽 0.6、顶宽 0.54、残高 0.7 米。墙两面均保留三层泥皮，里层厚 0.05、中层厚 0.02、外层厚 0.013 米。泥内可见"麦䴖"和"麦芼"。墙内保留柱础 1 个，与南墙间距 3.95 米，北与回廊南第一柱础中心间距 3.61 米。

（5）南墙 即主体建筑基址南墙向西延伸部分，东西长 7.6、底部南北宽 1.03、顶宽 0.87、残高 1 米。墙南、北壁面泥皮厚 0.013 米，由于含水量太大，成泥状，无法分层。

（6）西墙 南北走向，南北长 5.7、东西底宽 0.48、顶宽 0.44、残高 0.7 米，因在探方外，壁面结构不清楚。

（7）回廊 位于北墙之外，东西方向，台明南距北墙壁 2.7 米，东西清理出土 4.25 米，保留规格为 0.47×0.475×0.08 米的素面柱础 1 个，中心距北台明 0.8、南距北墙柱础中心 2.2、东距主室基址西回廊台明 2.87 米。台明包砖保存二层，高 0.15 米，下层用规格为 38×17.5×7 厘米的手印纹条砖平砖错缝顺砌，上层用规格为 38×17.5×7 厘米的绳纹条砖平砖丁砌做面。

（8）烧火坑 1 个。在回廊地面上，东西长 0.88、南北宽 0.53、深 0.15 米，内有烧灰，四边无砌砖，南距北墙 0.8、北距台明 1.35、东距主室基址西回廊台明 3.2 米。

3. 北庑

北庑位于主体建筑基址西北角，西庭院北部，坐北面南，与南庑相对，平面为东西长方形，用夯土墙隔成室，南边有回廊，向西延伸到探方外，有多少室不详。清理出土的室东西面阔二间，南北进深一间。室内东西长 4.75、南北宽 3.4 米，面积 16.15 平方米。保留部分柱础和安门窗的位置。四周围墙虽大多在探方之外，但经解剖得知，版筑夯成，夯层不清（图版一四一，1）。

（1）南门 位于南墙缺口处，东西长 1.65 米，门、门框、门槛无存。缺口处墙头为半圆形，是出于安门的需要而特意夯筑的。西墙头东边保留一规格为 36×17×7 厘米的条砖，分析原为门砧石下垫砖。砖面与室内地面平（图版一四一，2）。

（2）南墙 呈东西走向，东西长 4.75、南北底宽 0.62、顶宽 0.58、残高 1.05 米，东部有一 1.65 米的缺口。墙南壁面有 0.02 米的收分，保留一层厚约 0.012 米的草泥墙皮；北壁面有 0.02 米的收分，保留一层厚约 0.01 米的草泥墙皮。墙内一字形排列三个立柱洞，内填红烧土，底置石柱础，由东向西：第一柱洞即东墙南边第一柱洞；第二柱洞直径 0.25、深 1.05 米；第三柱洞直径 0.24、深 1 米。三个柱洞中心间距分别为 2.6、2.61 米。

（3）南窗　位于北墙之上，南门之西 1.1 米，木窗无存，保留窗口下部，里大外小，呈台阶状。南壁面窗口东西长 1.55、残高 0.55 米，台面南北宽 0.25 米，下距室外回廊地面 0.5 米。北壁面窗口东西长 1.65、残高 0.67 米，台面南北宽 0.34 米，下距室内地面 0.35 米（图一六三，2）。

（4）东墙　南北走向，全长 3.94、东西宽 0.52、残高 0.47 米。墙皮分里外两层，里层是厚约 0.01 米的泥皮，内含"麦䅣"和"麦㰍"；外层为厚约 0.003～0.005 米的白灰泥皮，内有"麻捣"和"麦㰍"等。墙内一字形排列三个壁柱洞，木柱无存，内填红烧土块，从南向北：第一柱洞直径 0.23、深 0.5 米，内置石柱础；第二柱洞平面呈长方形，南北长 0.2、东西宽 0.3、深 0.73 米，下置不规格的石块作础，低于室内地面 0.13 米；第三柱洞直径 0.25、深 0.6 米，内置石柱础。三个柱洞中心间距分别为1.65、2.2 米。

（5）西墙　呈南北走向，南北长 3.4、东西宽 0.52、残高约 0.75 米，两壁墙皮厚约 0.01 米。

（6）北墙　即主体建筑基址北墙向西延伸部分，东西长 4.73、南北宽 1.8、残高0.7 米，墙皮厚约 0.03 米。墙南壁东西向一字排列三个立柱洞，内置石柱础，从东向西：第一柱洞即东墙北边第一柱洞；第二柱洞直径 0.21、深 0.75 米；第三柱洞即西墙北边第一柱洞。三个柱洞中心间距分别是 2.6、2.62 米。

（7）室内地面　较为平整，有铺砖痕迹，但铺砖已无存。

（8）烧火坑　1 个。在室内地面上，距东壁 0.6、北壁 1.8 米处，东西长 0.48、南北宽 0.37、深 0.17 米，四壁用规格为 35×16.4×6.5 厘米的条砖侧砖顺砌，上盖一方砖。坑内有烧土块和瓦片，距上口 0.1 米处，是一层厚约 0.08～0.1 米的灰白色烧灰，内含有陶器残片。坑底无铺砖，是火烧成红褐色的硬面（图一六三，3）。

（9）回廊　位于南墙之外，东西方向，台明距南墙壁 2.37 米，东西清理出土 4.25米，保留素面柱础二个，东西向排列。东边柱础规格是 0.38×0.4×0.14 米，西距规格为 0.375×0.38×0.11 米的第二柱础中心 2.6、北距南墙内柱础中心 2.17、南距台明0.5、东距主室基址西回廊台明 1.95 米。台明包砖保存二层，高 0.14 米，下层用规格为 36.5×17×6.7 厘米的绳纹条砖平砖错缝顺砌而成，上层用规格为 33×33×6 厘米、正面素面、背面饰绳纹的方砖平砖顺砌做面。

4. 渗井　1 口。编号 J3。位于院内东部，东距主体建筑西回廊台明 2.2、南距南庑回廊台明 5.95 米。井口出现在遗址第 4 层，原井口被破坏，现存井口距地表 5.95米。井深 3.6 米，即井底距现代地面 9.55 米。井口平面呈方形，边长 0.7 米见方，用规格为 37×17×6.7、35×16.5×6 厘米的绳纹条砖平砖错缝顺砌，现存三层砌砖，高0.2 米，其下无砌砖。井壁为圆筒形，直径 0.7 米，内填唐代板瓦、筒瓦、条砖块、石刻残块、红烧土块和铁钉等（图一六二，5；图版一四二，1）。

（四）其它遗迹

其它遗迹有夯土墙、柱础、砖砌排水道、砖坑、陶水管道和夯土台基。

1. 夯土墙

夯土墙位于东庭院北回廊之东，呈南北走向，南北长 8.5、东西底宽 0.92、顶宽 0.7、残高 0.25～0.6 米，东壁收分 0.11 米，保存一层厚约 0.014 米的草泥皮；西壁收分 0.11 米，保留二层墙皮，里层是厚约 0.013 米的草泥皮，外层是厚约 0.003 米的白灰墙皮，外饰宽 0.13 米的红色墙脚线。墙内保留三个立柱洞，下置石础，从南向北：第一柱洞直径 0.23、深 0.25 米；第二柱洞直径 0.24、深 0.6 米；第三柱洞即东庭院北回廊南边第一立柱。三个柱洞中心间距均为 3.85 米。墙北端垂直如削，外抹厚 0.012 米的草泥皮；南端成直角向东拐，延伸至探方外，清理出土 2.95 米。墙南北底宽 0.65、顶宽 0.5、残高 1.05 米，南壁面收分 0.08 米，保留二层墙皮，里层是厚约 0.01 米的草泥皮，外层是厚约 0.005 米的白灰墙皮，外饰宽 0.13 米的红色墙脚线；北壁面收分 0.07 米，保留一层厚约 0.012 米的草泥皮。经解剖发现，两墙不是一次筑成，中间有白灰墙皮相隔，说明东拐部分为后期增筑（图版一四二，2）。

2. 柱础　3 个。

柱础位于东庭院北回廊之南 7.7 米，东西向一字排列，由东向西：第一柱础即夯土墙南边第一柱础；第二柱础规格为 0.45×0.45×0.13 米；第三柱础规格为 0.45×0.44×0.12 米。三个柱础中心间距分别是 3.55、3.05 米。

3. 砖砌排水道

砖砌排水道从主体建筑的Ⅱ室中间穿过，西口与西回廊台明齐，由西向东 17.65 米，成直角北拐 1.3 米，呈弧形弯向东北方向延伸 8.4 米北拐 0.8 米和一南北向陶水管道相接。水道西高东低，高差 0.63、南北宽 0.49～0.525 米，两壁保留三层砌砖，高 0.195～0.21 米，东端上口低于地面 0.22 米，西端上口低于地面 0.19 米。水道做法：先挖出南北宽 0.9、深 0.5 米的沟槽，平夯实，上平砌条砖、方砖及其残块，两边用条砖平砖错缝顺砌做壁。砌砖纹样多为手印纹和直绳纹，有 34×15×6.5、33×15×6.5 厘米等多种规格（图一六三，4；图版一四二，3）。

4. 砖坑

砖坑呈"斗"形，位于南庑南墙外 0.85 米。坑口出现于第 4B 层，原坑口已被破坏。现存坑口距地面 5.3 米，平面呈西南东北长方形，东西长 2.02、南北宽 0.86、深 1.65 米，上大下小，底部东西长 1.75 米，南、西、东三壁砌砖分别向外叠涩出 0.12、0.13、0.14 米，北壁砌砖无遗。三壁用 37×17.2×6.5、38×17×7 厘米等多种规格的手印纹条砖平砖错缝顺砌，每层向外叠涩 0.006 米。坑底无铺砖。堆积内涵与整个遗址第4层文化堆积相同，土黑褐色，内含大量唐代砖瓦（图一六三，5）。

5. 陶质水管道　2条。编号为S1、S2。

S1　位于主体建筑基址北墙西北角的夯土台内，东西方向，清理出土0.45米，西端在夯土台内，情况不明。管道单节长0.41、直径0.28米，外饰绳纹，子母口套接，白灰浆抹缝。

S2　位于南庑南墙外2.2米，呈西南东北方向，清理出土0.87米，两端延伸于探方之外，情况不明。管道单节长0.41、直径0.28米，外饰绳纹，子母口套接，白灰浆抹缝。

6. 夯土台

夯土台位于北回廊西部，南北清理出土5.7、东西底宽1.8～2.2、东西顶宽1.1～1.5、高1.6米，呈南高北低斜坡状，西、北端延至探方外，版筑平夯而成。

遗址内水道、砖井、砖坑、台明等所有砌砖之间的粘接材料均用泥浆。

三、出土遗物

出土遗物根据用途不同，分为建筑材料、生活用具、乐器、石刻和货币等。

（一）建筑材料

建筑材料分陶质、铁质、铜质、石质和草泥皮五类。

1. 陶质建筑材料　296件。有条砖、方砖、套兽、板瓦、筒瓦、瓦当、兽面砖、鸱吻、鸱尾残块、角形器和水管等。

（1）条砖　69件。分文字、绳纹、手印纹、绳纹间饰几何纹四种。

文字条砖　4件。

"将作匠甘保逞"绳纹条砖　1件。标本ⅡLYT1④A:29，泥质灰陶。一面素面，另一面饰斜向粗绳纹，并竖斜向盖"将作匠甘保逞"戳印。印框长11.8、宽2.3厘米。规格20（残）×17.5×6.5厘米（图一六四，1；图版一四三，1）。

"将作匠张□"绳纹条砖　1件。标本ⅡLYT1④A:30，泥质灰陶。一面素面，另一面饰两个斜向菱形细绳纹，再竖斜向钤盖"将作匠张□"戳印。印框残长14、宽2.8厘米。规格18（残）×17×7厘米（图一六四，2；图版一四三，2）。

"官匠张文"绳纹条砖　1件。标本ⅡLYT2④A:31，泥质灰陶。一面素面，另一面印饰弧形粗绳纹，再竖斜向钤盖"官匠张文"戳印。印框残长13.5、宽2厘米。规格19（残）×17×8厘米，（图一六四，3；图版一四三，3）。

"作匠□"绳纹条砖　1件。标本ⅡLYT4④A:31，泥质灰陶。一面素面，另一面饰一个斜向菱形粗绳纹，再竖斜向钤盖"作匠□"戳印。印框残长11、宽2.8厘米。规格14（残）×15×7厘米（图一六四，4；图版一四三，4）。

标本ⅡLYT2④A:26，泥质灰陶。一面素面，另一面先饰三个斜向菱形粗绳纹，然

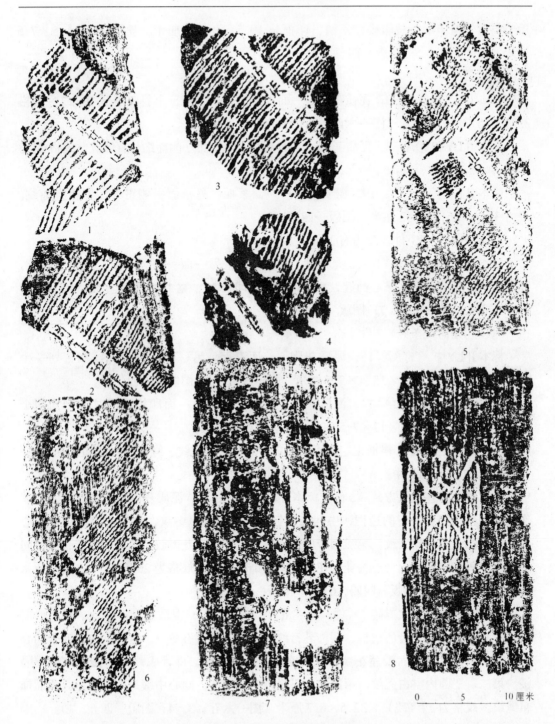

图一六四　梨园条砖戳印文字拓本

1. "将作匠甘保遑" ⅡLYT1④A:29　2. "将作匠张□" ⅡLYT1④A:30　3. "官匠张文" ⅡLYT2④A:31
4. "作匠□" ⅡLYT4④A:31　5. 带戳印条砖 ⅡLYT2④A:26　6. 菱形绳纹 ⅡLYT1④A:33　7. 右手印纹
ⅡLYT4④AJ1:1　8. 绳纹间饰几何纹 ⅡLY扩 T6④A:15

后竖斜向钤盖印章，戳印模糊不清。印框长10.5、宽2.5厘米。规格35×16.5×7.5厘米（图一六四，5；图版一四三，5）。

绳纹条砖　37件。

标本ⅡLYT1④A:33，泥质灰陶。一面素面，另一面饰三个斜向菱形细绳纹。规格33.7×15.2×6.4厘米（图一六四，6；图版一四三，6）。

标本ⅡLYT1④A:32，泥质灰陶。一面素面，另一面一侧饰细长直绳纹。规格37.3×16.7×7.2厘米（图版一四四，1）。

标本ⅡLY扩T3④A:19，泥质灰陶。一面素面，另一面一侧正中印饰粗直绳纹。规格35.4×16.8×6.2厘米（图版一四四，2）。

手印纹条砖　21件。全为右手印纹。

标本ⅡLYT4④AJ1:1，泥质灰陶。一面素面，另一面一侧竖向按压全右手印纹，四指细长，指节分明，掌心凸起，后掌下凹。手印长19、宽10.7厘米。规格37.4×17×6.5厘米（图一六四，7；图版一四四，3）。

绳纹间几何纹条砖　7件。

标本ⅡLY扩T6④A:15，泥质灰陶。一面素面，另一面印饰粗绳纹和刻划一个"×"形纹。规格33.5×15.4×5.5厘米（图一六四，8；图版一四四，4）。

标本ⅡLY扩T6④A:14，泥质灰陶。一面素面，另一面印饰粗绳纹和刻划两个"×"形纹。规格37.2×17×7.5厘米（图版一四四，5）。

（2）方砖　17件。根据正、背面纹样之不同，分莲花纹、绳纹和刻划纹三种。

莲花纹方砖　15件。

十二瓣九蕊莲花纹方砖　3件。标本ⅡLYT1④A:45，泥质灰陶。残缺。正面四周作宽带和粗线相互平行的边框，中间饰乳钉纹，四角饰忍冬纹，自外向内作三个同心圆。第一圆带内饰勾云纹。第二圆带内作十二瓣莲花纹。花瓣较小，外勾粗线，一侧间饰三角形隔棱。圆心为九点梅花形花蕊。背面饰粗绳纹。规格为20（残）×31×6厘米（图一六五，1、2；图版一四四，6）。

十六瓣单蕊莲花纹方砖　4件。标本ⅡLYT9④A:14，泥质灰陶。残缺。正面四周作宽带和细线相互平行的边框，间饰乳钉纹，四角饰变形忍冬纹，自外而内作四个同心圆。第一圆带内作十六瓣莲花纹。花瓣略鼓，呈棒槌形，外环弧线，一侧间饰粗线隔棱。第二、三圆内空白无纹。第四圆为不规则的八边形。圆心中缀一实心圆点。背面饰粗绳纹。规格为29（残）×32.5×6.7厘米（图一六五，3、4；图版一四五，1）。

标本ⅡLYT3④A:31，泥质灰陶。残缺。正面四周作双粗线相互平行的边框，间饰乳钉纹，四角饰变形忍冬纹，中间是对称的勾云纹，自外而内作四个同心圆。第一圆带内作十六瓣莲花纹。花瓣为棒槌形，面平。第二、三圆内空白无纹，第四圆内为不规则

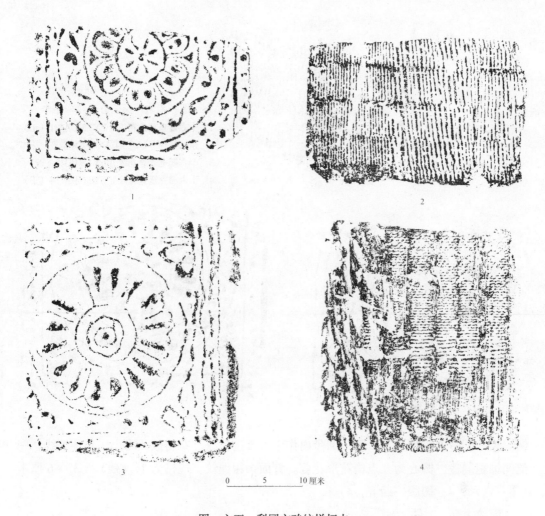

图一六五　梨园方砖纹样拓本

1. 十二瓣九蕊莲花纹ⅡLYT1④A:45（正）　2. 粗绳纹ⅡLYT1④A:45（背）
3. 十六瓣单蕊莲花纹ⅡLYT9④A:14（正）　4. 粗绳纹ⅡLYT9④A:14（背）

的八边形，圆心中缀一实心圆点。背面饰粗长绳纹。规格为19（残）×21（残）×6.2
厘米（图一六六，1、2；图版一四五，2）。

十六瓣七蕊莲花纹方砖　5件。标本ⅡLYT3④B:1，泥质灰陶。残缺。正面四周作
宽带和细线相互平行的边框，四角饰忍冬纹，自外而内作五个同心圆。第一圆带内为乳
钉纹。第二圆带内为蔓草纹。第三圆带内饰十六瓣莲花纹。花瓣鼓圆。第四圆带内饰乳
钉纹。第五圆内为七点梅花形花蕊。背面饰细绳纹。规格为24（残）×28.5×6.5厘米
（图一六六，3；图版一四五，3）。

十六瓣九蕊莲花纹方砖　3件。标本ⅡLYT2④A:34，泥质灰陶。残缺。正面四周
作窄带和细线相互平行的边框，间饰乳钉纹，四角饰变形忍冬纹，自外而内作三个同心

图一六六　梨园方砖纹样拓本
1. 十六瓣单蕊莲花纹ⅡLYT3④A：31（正）
2. 粗长绳纹ⅡLYT3④A：31（背）
3. 十六瓣七蕊莲花纹ⅡLYT3④B：1（正）
4. 十六瓣九蕊莲花纹ⅡLYT2④A：34（正）

0　　5　　10厘米

圆。第一圆带内为蔓草纹。第二圆带内作十六瓣莲花纹。花瓣鼓凸略小，外环细线，一侧间饰粗隔棱。圆心为九点梅花形花蕊。背面饰粗绳纹。规格为17（残）×33×6厘米（图一六六，4；图版一四五，4）。

绳纹方砖　1件。

标本ⅡLYT9④A：15，青棍。正面磨光，背饰细绳纹。规格为32.5×32×5.5厘米（图版一四五，5）。

刻划纹方砖　1件。

标本ⅡLYT9④A：16，泥质灰陶。正面素面，背饰细刻划纹，间饰一行"米"形纹。规格为34.3×34.3×6.5厘米（图版一四五，6）。

（3）套兽　1件。

标本ⅡLYT2④A：41，泥质灰陶。火候较高。残破。正面雕刻兽头状，三角尖鼻，圆孔，张嘴卷唇，獠牙上勾，凸眼环睁，眼皮内敛。眼睛中间有一直径0.6厘米的圆孔。背面粗糙不平，呈圆弧形，残留弦径7、弦高5厘米，似为穿插木棒所做（图一六七，1；图版一四六，1）。

（4）板瓦　56件。分花边、素面和陶文三种。

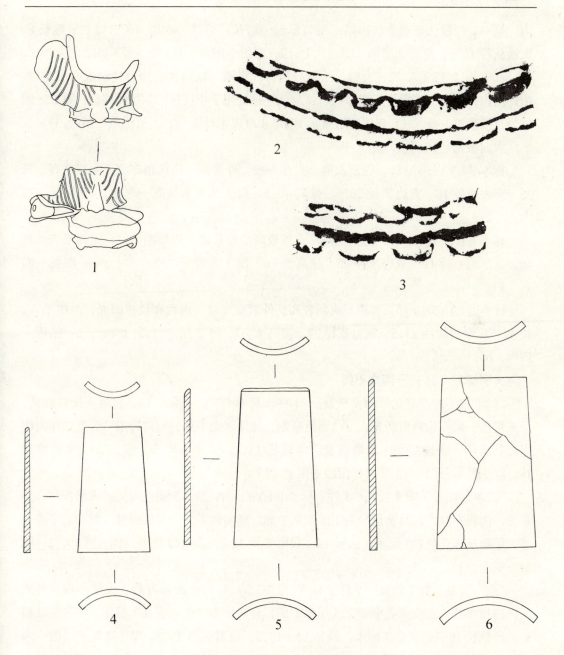

图一六七　梨园套兽及板瓦

1.套兽ⅡLYT2④A:41　2.板瓦ⅡLYT1④A:25花头拓本　3.板瓦ⅡLYT2④A:22花头拓本　4.素面板瓦Ⅱ
LYT1④A:16　5.素面板瓦ⅡLYT1④A:17　6.素面板瓦ⅡLYT3④B:5(2、3为1/2,1为1/4,4～6为1/10)

花头板瓦　6件。均残。花头略有不同。

标本ⅡLYT1④A:25,青棍。呈灰褐色,宽边顶头用刀划切成四层花边,由外向内，第一、三层为短弧形纹；第三层弧厚于一层弧；第二、四层为长弧线纹。残长8、宽端弦径16.6、厚2.8厘米（图一六七，2；图版一四六，2）。

标本ⅡLYT2④A∶22，青棍。火候较高，红褐陶。宽边顶头用刀划切成四层花边，由外向内，第一、三层为短弧形纹，弧与弧连接处用手指按压，一层弧外翻；第二、四层为长弧形纹。残长11，残留宽边弦径10、厚1.9厘米（图一六七，3；图版一四六，3）。

素面板瓦　16件。规格大小不一。

标本ⅡLYT1④A∶16，泥质灰陶。火候一般。外素面，内饰粗布纹，两端平直。长33、窄边弦径16、宽边弦径20.5、弦高4～5、厚1.9厘米（图一六七，4；图版一四六，4）。

标本ⅡLYT1④A∶17，泥质灰陶。火候较高。外素面，内饰粗布纹，宽端平直。长40.5、窄边弦径19、宽边弦径23、弦高5～6、厚1.8厘米（图一六七，5；图版一四六，5）。

标本ⅡLYT3④B∶5，青棍。火候较高。外素面光滑，内粗布纹被磨光，两端平直。长44.5、窄边弦径23.5、宽边弦径27、弦高6～7、厚2厘米（图一六七，6；图版一四六，6）。

文字板瓦　34件。陶文不同。

"天宝二年内作官瓦"陶文板瓦　21件。标本ⅡLYT1④A∶18，青棍。火候较高，呈灰褐色。两面均素面磨光，在凸面近窄端2.8厘米正中处，竖向钤盖"天宝二年内作官瓦"戳印。字迹细小，清晰可辨。印框长13.2、宽2.1厘米。残长20、窄边弦径18、厚2厘米（图一六八，1；图版一四七，1）。

"二年四四月"陶文板瓦　1件。标本ⅡLYT1④A∶24，灰褐色陶质。火候较高。外素面，内粗布纹，在凸面近窄端1.5厘米中部，竖向钤盖"二年四四月"戳印。字迹工整。印框长8、宽1.5厘米。残长17、残留弦径12.5、厚1.7厘米（图一六八，2；图版一四七，2）。

"北六官泉"陶文板瓦　5件。标本ⅡLYT5④A∶17，灰褐陶质。火候一般。外素面，内粗布纹，在凸面近窄端2.5厘米中部，竖向钤盖"北六官泉"戳印。字迹粗壮扁平。印框长10.3、宽2.7厘米。残长13～19.3、残留弦径15.8、厚1.7厘米（图一六八，3；图版一四七，3）。

"六官泉南"陶文板瓦　3件。标本ⅡLYT3④A∶16，泥质灰陶。火候较高。外素面，内粗布纹，在凸面一侧竖向钤盖"六官泉南"戳印。字迹清晰。印框长8.3、宽2厘米。残长10、残留弦径9、厚1.5厘米（图一六八，4；图版一四七，4）。

"天六官瓦"陶文板瓦　3件。标本ⅡLYT4④A∶23，泥质灰陶。火候一般。外素面，内粗布纹，在凸面近窄端4.8厘米处环形滚动式钤盖"天六官瓦"戳印。字迹粗

图一六八　梨园板瓦戳印文字拓本

1. "天宝二年内作官瓦" ⅡLYT1④A:18　2. "二年四四月" ⅡLYT1④A:24　3. "北六官泉" ⅡLYT5④A
:17　4. "六官泉南" ⅡLYT3④A:16　5. "天六官瓦" ⅡLYT4④A:23　6. "郭盖" ⅡLYT4④A:25

壮，连续循环。印框宽 2 厘米。在距印框一侧 0.25 厘米处，又有宽 0.3 厘米的卡槽和
印框相平行，似为印字时，模具为圆柱形，设有"滚轴"。残长 10、残留弦径 9.5、厚

1.6厘米（图一六八，5；图版一四七，5）。

"郭盖"陶文板瓦　1件。标本ⅡLYT4④A：25，泥质灰陶。火候一般。外素面光滑，内粗布纹，在凸面近窄端2.8厘米一侧竖向钤盖"郭盖"戳印。印框长7.6、宽3.5厘米。窄端顶头外鼓。残长12、残留窄边弦径13.5、厚1.5厘米（图一六八，6；图版一四七，6）。

（5）筒瓦　23件。分绿釉、带钉孔、无瓦当和带瓦当四种。

绿釉筒瓦　1件。

标本ⅡLYT4④A：29，子唇口沿内敛，长1.9厘米，瓦端平直。内粗布纹，呈红褐色，外素面，满施绿釉。瓦端及唇无釉。残长18、外弦径13、厚1.6厘米（图一六九，1；图版一四八，1）。

带瓦钉筒瓦　1件。标本ⅡLYT3④A：23，泥质灰陶。子唇口沿内敛，唇长2.2厘米，内粗布纹，外素面，在距瓦舌端4.5厘米正中处有一直径1厘米的圆形钉孔，铁钉犹存，残长5.5、棱宽0.8厘米。残长13、外弦径13.4、厚2厘米（图一六九，2；图版一四八，2）。

无瓦当筒瓦　19件。规格大小不一。

标本ⅡLYT1④A：27，青棍。子口唇沿内敛稍尖，唇根外侈。唇长2厘米。子端口内斜。唇和瓦结合部饰细线凹弦纹。内粗布纹，外素面磨光。长21、外弦径9.4、厚1.4厘米（图一六九，3；图版一四八，3）。

标本ⅡLYT2④A：24，青棍。子口唇沿尖薄，唇根外侈。唇长2.3厘米。子端口内斜。唇和瓦结合部饰细线凹弦纹。内粗布纹，外素面磨光。长32.5、外弦径12.2、厚1.9厘米（图一六九，4；图版一四八，4）。

标本ⅡLYT3④A：21，泥质灰陶。子口唇沿内敛稍尖，唇根外侈。唇长3厘米。子端平直。唇和瓦结合部饰细线凹弦纹。内粗布纹，外素面磨光。长30.6、外弦径13.3、厚1.7厘米（图一六九，5；图版一四八，5）。

标本ⅡLYT2④A：23，青棍。子口唇沿内敛较尖，根部外侈。唇长3.7厘米。子端内斜。唇和瓦结合部饰细线凹弦纹。内粗布纹，外素面磨光。长34.7、外弦径15.2、厚2.1厘米（图一六九，6）。

带瓦当筒瓦　2件。标本ⅡLYT1④A：26，青棍。子唇口沿微敛较尖，根部外侈。唇长2.7厘米。子端内倾。唇和瓦结合部饰细线凹弦纹。母口端带当，残缺。当面向外倾斜，面径12.8、厚1.7、边宽1.6厘米，饰宽边十四瓣九蕊莲花纹。内粗布纹，外素面磨光。长31.7、外弦径12.8、厚2厘米（图一六九，7；图版一四八，6）。

（6）瓦当　114件。均为莲花纹。

六瓣单蕊莲花纹瓦当　6件。标本ⅡLYT3④A：2，青棍。稍残。作带状和细线相互

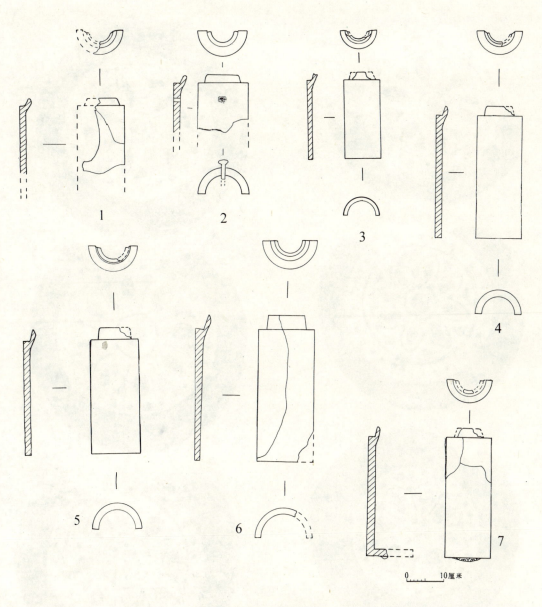

图一六九　梨园筒瓦

1.绿釉筒瓦ⅡLYT4④A:29　2.带瓦钉筒瓦ⅡLYT3④A:23　3.无瓦当筒瓦ⅡLYT1④A:27　4.无瓦当筒瓦Ⅱ
LYT2④A:24　5.无瓦当筒瓦ⅡLYT3④A:21　6.无瓦当筒瓦ⅡLYT2④A:23　7.带瓦当筒瓦ⅡLYT1④A:26

平行的边框，中间饰乳钉纹，框内饰六瓣莲花纹。花瓣呈椭圆形被磨，一侧间饰三角形隔棱。花心细线圆内缀一实心圆点。面径 12、厚 1.3、边宽 2.1 厘米（图一七〇，1；图版一四九，1）。

　　七瓣单蕊莲花纹瓦当　1件。标本ⅡLYT2④A:8，泥质灰陶。作带状宽边，由外向

0 ├───────┤ 5厘米

图一七〇　梨园瓦当纹样拓本

1. 六瓣单蕊莲花纹ⅡLYT3④A:2　2. 七瓣单蕊莲花纹ⅡLYT2④A:8　3. 八瓣单蕊莲花纹ⅡLY扩 T3④A:1
4. 八瓣单蕊莲花纹ⅡLYT1④A:1　5. 八瓣七蕊莲花纹ⅡLYT3④A:3　6. 八瓣九蕊莲花纹ⅡLYT6④A:3

内依次是乳钉纹、七瓣莲花纹。花瓣窄长被磨，呈梭子状，一侧间饰三角形隔棱。花心细线圆内缀一实心圆点。面径12.9、厚1、边宽2.4厘米（图一七〇，2；图版一四九，2）。

八瓣单蕊莲花纹瓦当　18件。标本ⅡLY扩T3④A:1，青棍。残缺。带筒瓦。作带状和粗线相互平行的边框，中间饰乳钉纹，框内饰八瓣莲花纹。花瓣瘦小被磨，外勾细线，每瓣一侧上端间饰三角形乳钉。花心细线圆内缀一实心大圆点。面径12.4、厚1.3、边宽1.7厘米（图一七〇，3；图版一四九，3）。

标本ⅡLYT1④A:1，青棍。稍残。作带状边，由外而内依次饰大小相间乳钉纹、八瓣莲花纹。花瓣呈椭圆形被磨，一侧间饰三角形隔棱。花心粗线圆中缀一实心大圆点。面径13.4、厚1.2、边宽1.8厘米（图一七〇，4；图版一四九，4）。

八瓣七蕊莲花纹瓦当　3件。标本ⅡLYT3④A:3，泥质灰陶。稍残。作带状宽边，自外向内依次饰小圆乳钉纹、八瓣莲花纹。花瓣近似菱形，外环细折线，间饰小乳钉。花心是七点梅花形花蕊。面径12.5、厚1、边宽2.3厘米（图一七〇，5；图版一四九，5）。

八瓣九蕊莲花纹瓦当　26件。标本ⅡLYT6④A:3，青棍。残缺。作带状和粗线相互平行的边框，中间饰乳钉纹，内饰八瓣莲花纹。花瓣鼓突饱满，一侧间饰三角形隔棱。花心细线圆中缀九点梅花形花蕊。面径14、厚1.3、边宽1.7厘米（图一七〇，6；图版一四九，6）。

标本ⅡLYT3④A:4，青棍。稍残。作带状和细线相互平行的边框，中间饰小圆乳钉纹，面饰八瓣莲花纹。花瓣呈梭形被磨，一侧间饰细线隔棱和三角形乳钉。花心细线圆中缀九点梅花形花蕊。面径12、厚1.3、边宽2厘米（图一七一，1；图版一五〇，1）。

八瓣十一蕊莲花纹瓦当　14件。标本ⅡLYT2④A:1，青棍。作带状和细线相互平行的边框，中间饰乳钉纹，面饰八瓣莲花纹。花瓣一侧间饰"丫"状细线隔棱。花心粗线圆中缀十一点梅花形花蕊。面径14、厚1.5、边宽2.3厘米（图一七一，2；图版一五〇，2）。

八瓣团蕊莲花纹瓦当　12件。标本ⅡLYT4④A:2，青棍。带筒瓦。筒瓦残长10.5厘米。当面作带状和细线相互平行的边框，中间饰乳钉纹，内饰八瓣莲花纹。花瓣鼓突，外环细线，一侧上端间饰三角形乳钉。花心细线圆中缀一团梅花形花蕊。面径12.4、厚1.4、边宽1.6厘米（图一七一，3；图版一五〇，3）。

十二瓣八蕊莲花纹瓦当　8件。标本ⅡLYT2④A:10，泥质灰陶。稍残。作带状和细线相互平行的边框，中间饰乳钉纹，内饰十二瓣莲花纹。花瓣饱满，外环细线，每组一侧间饰三角形隔棱。花心细线圆内缀八点梅花形花蕊。面径12.6、厚1.4、边宽1.9厘米（图一七一，4；图版一五〇，4）。

十二瓣十蕊莲花纹瓦当　1件。标本ⅡLYT1④A:2，泥质灰陶。略残。作带状和细

图一七一　梨园瓦当纹样拓本

1.八瓣九蕊莲花纹ⅡLYT3④A:4　2.八瓣十一蕊莲花纹ⅡLYT2④A:1　3.八瓣团蕊莲花纹ⅡLYT4④A:2　4.
十二瓣八蕊莲花纹ⅡLYT2④A:10　5.十二瓣十蕊莲花纹ⅡLYT1④A:2　6.十二瓣团蕊莲花纹ⅡLYT6④A:1

线相互平行的边框，中间饰小乳钉纹，框内饰十二瓣莲花纹。花瓣瘦长，外环细线，每组一侧上端间饰三角形小乳钉。花心凸棱圆圈中缀一实心圆点，外饰一周小乳钉。面径12.4、厚1.3、边宽2厘米（图一七一，5；图版一五〇，5）。

十二瓣团蕊莲花纹瓦当　2件。标本ⅡLYT6④A：1，泥质灰陶。稍残。作带状和细线相互平行的边框，中间饰大小乳钉纹，内饰十二瓣莲花纹。花瓣窄小被磨，环线模糊，每组一侧上端间饰小圆乳钉。花心细线圆内缀一团梅花形花蕊。面径11.7、厚1.1、边宽2厘米（图一七一，6；图版一五〇，6）。

十四瓣九蕊莲花纹瓦当　9件。标本ⅡLYT4④A：3，泥质灰陶。作带状和粗线相互平行的边框，中间饰乳钉纹，框内饰十四瓣莲花纹。花瓣瘦小，呈圆点状，每组外勾粗线，一侧上端间饰"丫"形纹。花心内作一凸棱圆圈，中缀九点梅花形花蕊。面径13.4、厚1.5、边宽2.2厘米（图一七二，1；图版一五一，1）。

十六瓣单蕊莲花纹瓦当　2件。标本ⅡLYT3④A：1，泥质灰陶。残缺。作带状和粗线相互平行的边框，中间饰乳钉纹，框内饰十六瓣莲花纹。花瓣为半圆形，呈逆时针方向旋转。花心内作一圆，中缀一实心大圆点，外饰一圈小乳钉纹。面径14.2、厚1.6、边宽2.4厘米（图一七二，2；图版一五一，2）。

标本ⅡLYT4④A：7，泥质灰陶。残缺。当面十六瓣单蕊莲花纹花瓣舒展，不旋转。面径9、厚0.7、边宽1.9厘米（图一七二，3；图版一五一，3）。

十六瓣八蕊莲花纹瓦当　6件。标本ⅡLYT2④A：7，泥质灰陶。残缺。作带状宽边，由外向内依次饰乳钉纹、十六瓣莲花纹。花瓣呈瓜籽形被磨，每组一侧上方间饰小圆乳钉。花心粗线圆内缀八点梅花形花蕊。面径12.5、厚1、边宽1.6厘米（图一七二，4；图版一五一，4）。

标本ⅡLYT6④A：15，泥质灰陶。残缺。作带状和粗线相互平行的边框，中间饰乳钉纹，框内饰十六瓣莲花纹。花瓣鼓突，瓣尖下斜，每组外环弧线，一侧间饰三角形隔棱。花心下凹，细线圆内缀八点梅花形花蕊。面径12.4、厚1～1.8、边宽1.5厘米（图一七二，5）。

十六瓣十蕊莲花纹瓦当　1件。标本ⅡLYT6④A：2，泥质灰陶。稍残。作带状和细线相互平行的边框，中间饰大小乳钉纹，面饰十六瓣莲花纹。花瓣呈豆瓣状，一侧间饰细线隔棱。花心细线圆中缀十点梅花形花蕊。面径12、厚1.3、边宽2厘米（图一七二，6；图版一五一，5）。

残瓦当　2件。标本ⅡLYT3④A：5，泥质灰陶。作带状窄边，内饰六瓣莲花纹。花瓣呈菱形状，外饰三角形隔棱。花心内作七点梅花形花蕊。面径12.2、厚1.3、边宽1.9厘米（图版一五一，6）。

（7）兽面砖　2件。

图一七二 　 梨园瓦当纹样拓本

1.十四瓣九蕊莲花纹ⅡLYT4④A:3 　 2.十六瓣单蕊莲花纹ⅡLYT3④A:1 　 3.十六瓣单蕊莲花纹ⅡLYT4④A:7

4.十六瓣八蕊莲花纹ⅡLYT2④A:7 　 5.十六瓣八蕊莲花纹ⅡLYT6④A:15 　 6.十六瓣十蕊莲花纹ⅡLYT6④A:2

　 标本ⅡLYT2④A:38，泥质灰陶。残缺。正面浮雕兽头，龇牙咧嘴，长唇上卷，尖鼻深孔，垂眉凸眼，眼睛中有一直径0.8厘米的圆孔，两耳贴腮，状如削竹，双角残。

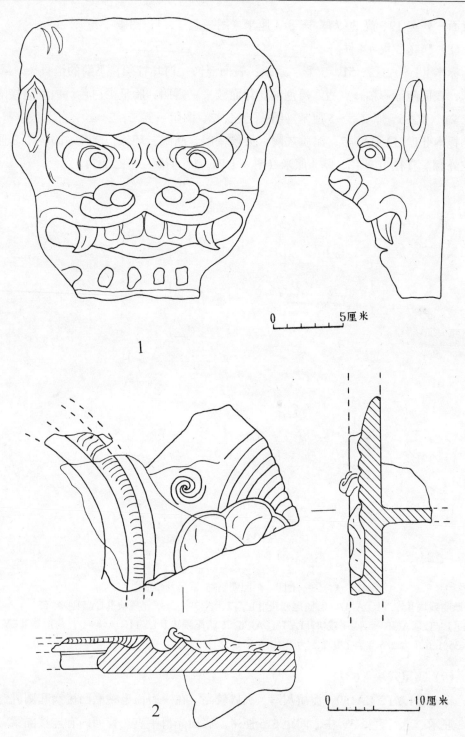

0   5厘米

1

0   10厘米

2

图一七三　梨园兽面砖及三彩鸱吻
1.兽面砖ⅡLYT2④A:38　2.三彩鸱吻ⅡLYT1④A:51

背素面。残宽 19、高 20、厚 3～8.4 厘米（图一七三，1；图版一五二，1）。

（8）鸱吻残块　4 件。

标本ⅡLYT1④A：51，三彩。残缺。表面浮饰一窃耳拧须，飞鳞的怪兽头。鳞距 2 厘米，表面施绿彩釉，点缀红褐色釉。背面较平，露胎。胎呈褐白色。内有连接隔梁。残长 21、宽 16、厚 2.5～5 厘米（图一七三，2；图版一五二，2）。

标本ⅡLYT1④A：47，泥质灰陶。火候一般。凸眼，环珠，圆瞳。瞳径 1.8 厘米。眼皮外翻。直径 10～13、厚 4 厘米（图一七四，1；图版一五二，3）。

图一七四　梨园陶鸱吻、鸱尾及角形器

1.鸱吻残块ⅡLYT1④A：47　2.鸱尾残块ⅡLYT2④A：39　3.鸱尾残块ⅡLYT1④A：53　4.鸱尾残块ⅡLYT2④A：40　5.鸱尾残块ⅡLYT3④A：36　6 鸱尾残块ⅡLYT1④A：49　7.角形器ⅡLYT3④A：35（1、6、7 为 1/6，4 为 1/9，2、5 为 1/12，3 为 1/15）

（9）鸱尾残块　6 件。

标本ⅡLYT2④A：39，泥质灰陶。火候较高。在一表面上粘贴凸棱鳞和圆乳钉。鳞距 2 厘米。乳钉直径 3、中心间距 6.5 厘米。底面光滑平直。背面内有连接隔梁，凹凸不平。残宽 19、高 20、厚 2.3～3.3 厘米（图一七四，2；图版一五二，4）。

标本ⅡLYT1④A：53，泥质灰陶。火候较高。在表面粘贴凸棱弧形鳞和乳钉。鳞宽

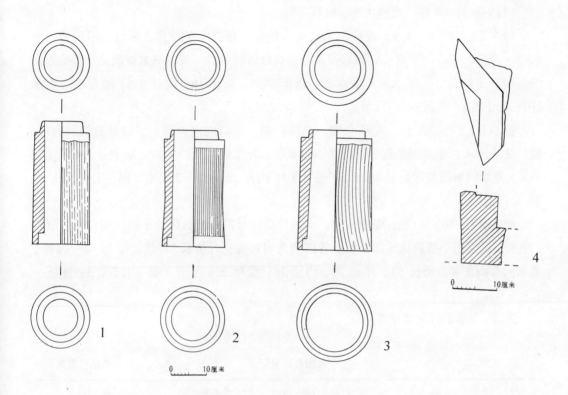

图一七五　梨园陶水管及青石座

1. 陶水管ⅡLYT5④AJ4:5　2. 陶水管ⅡLYT5④A:26　3. 陶水管ⅡLYT6④A:26　4. 青石座ⅡLYT1④A:153

3.5厘米。乳钉无存，乳痕直径6.5厘米。底面平。背面凹凸不平，上做连接隔梁。残宽15～33、残高54、厚2.5厘米（图一七四，3；图版一五二，5）。

　　标本ⅡLYT2④A:40，泥质灰褐陶。火候偏低。在表面粘贴弧形凸棱鳞和二个乳钉。鳞宽3.5、厚2厘米。一乳钉直径6.5、高2.9厘米，另一无存，中心间距9.8厘米。背面粗糙，内做连接隔梁。残宽20、高15.5、厚3.5厘米（图一七四，4；图版一五二，6）。

　　标本ⅡLYT3④A:36，泥质红褐陶。火候较高。表面模压长14、宽2、厚1.5厘米的凸棱弧形鳞。鳞距5～6.5厘米，呈扇形外张。表面磨光。背面粗糙，内做连接隔梁。残宽20、高32、厚2.5～5厘米（图一七四，5；图版一五三，1）。

　　标本ⅡLYT1④A:49，泥质红褐陶。火候较高。呈圆筒状，外素面磨光，剖面有一直径为3.6厘米的圆洞。残长13、直径11～12厘米（图一七四，6；图版一五三，2）。

　　（10）角形器　1件。

　　标本ⅡLYT3④A:35，泥质灰陶。形似鹿角，根部略粗分叉，上端尖细弯曲。长23、直径1.5～3厘米（图一七四，7；图版一五三，3）。

（11）水管　4件。规格大小、纹样不同。

标本ⅡLYT5④AJ4：5，泥质灰陶。火候较低。母口内壁外侈，子口唇沿内敛，唇长2.8厘米，顶端面平直。唇和管壁结合部饰细线凹弦纹。管内壁素面磨光，外饰直向细绳纹，子端有2.5厘米的素面宽带。通长34.5、外径16、内径9.5、壁厚3.2厘米（图一七五，1；图版一五三，4）。

标本ⅡLYT5④A：26，泥质灰陶。火候一般。母口内壁外侈，子口唇沿鼓圆内敛，唇长2.5厘米，顶端面平直。管内壁饰粗布纹，外饰粗直绳纹，间饰窄条带，两头有3～3.5厘米的素面宽带。通长31.5、外径16、内径12、壁厚2厘米（图一七五，2；图版一五三，5）。

标本ⅡLYT6④A：26，泥质灰陶。火候较高。母口内壁微侈，子唇鼓圆较直，唇长2厘米，顶端用手指旋抹成凹形纹。管内壁为粗布纹；外饰弧形刻划纹，子口一端有2厘米的素面宽带。通长33、外径20、内径14、壁厚2.8厘米（图一七五，3；图版一五三，6）。

2．陶质建筑材料登记表

表五〇		梨园条砖登记表		单位：厘米
序　号	纹　样	器　号	长×宽×厚	备　注
1	素面，背面绳纹	ⅡLYT1④A：29	残20×17.5×6.5	灰陶，"将作匠甘保遇"
2	素面，背面绳纹	ⅡLYT1④A：30	残18×17×7	灰陶，"将作匠张□"
3	素面，背面绳纹	ⅡLYT2④A：31	残19×17×8	灰陶，"官匠张文"
4	素面，背面绳纹	ⅡLYT4④A：31	残14×15×7	灰陶，"作匠□"
5	素面，背面绳纹	ⅡLYT2④A：26	35×16.5×7.5	灰陶
6	素面，背面饰三个斜向菱形细绳纹	ⅡLYT1④A：33	33.7×15.2×6.4	灰陶
7	素面，背面饰两个斜向菱形细绳纹	ⅡLYT9④A：12	35×16×6	灰陶
8	素面，背面饰两个斜向菱形细绳纹	ⅡLYT1④A：44	35×18×7	灰陶
9	素面，背面饰细直绳纹	ⅡLYT1④A：32	37.3×16.7×7.2	灰陶
10	素面，背面饰细直绳纹	ⅡLYT2④A：28	残32×16×7	灰陶
11	素面，背面饰细直绳纹	ⅡLYT1④A：34	残34×16×6.5	灰陶
12	素面，背面饰细直绳纹	ⅡLYT1④A：35	36×16×7.4	灰陶
13	素面，背面饰细直绳纹	ⅡLYT1④A：31	36.5×17×7.2	灰陶
14	素面，背面饰细直绳纹	ⅡLYT1④A：38	38×17×7.5	灰陶
15	素面，背面饰细直绳纹	ⅡLYT1④A：39	38×17×7.4	灰陶
16	素面，背面饰细直绳纹	ⅡLYT1④A：40	38×17.2×7	灰陶

续表五〇

序号	纹样	器号	长×宽×厚	备注
17	素面，背面饰细直绳纹	ⅡLYT1④A:36	残33×17.5×7	灰陶
18	素面，背面饰细直绳纹	ⅡLYT1④A:43	残32×17.5×7.5	灰陶
19	素面，背面饰细直绳纹	ⅡLYT2④A:29	残34×17×7	灰陶
20	素面，背面饰细直绳纹	ⅡLYT1④A:37	37×17×7	灰陶
21	素面，背面饰细直绳纹	ⅡLYT2④A:27	37×17.8×6.8	灰陶
22	素面，背面饰细直绳纹	ⅡLY扩T3④A:15	残31×15.5×6	灰陶
23	素面，背面饰细直绳纹	ⅡLY扩T3④A:28	37×16.5×6.8	灰陶
24	素面，背面饰细直绳纹	ⅡLYT3④A:26	38×17.8×7	灰陶
25	素面，背面饰细直绳纹	ⅡLYT5④AJ4:3	36×17×7	灰陶
26	素面，背面饰细直绳纹	ⅡLY扩T3④A:22	36×16.5×7.3	灰陶
27	素面，背面饰细直绳纹	ⅡLY扩T3④A:16	37×17.4×7	灰陶
28	素面，背面饰细直绳纹	ⅡLYT3④A:27	37×16×6.5	灰陶
29	素面，背面饰细直绳纹	ⅡLY扩T3④A:14	37.5×17.8×7.5	灰陶
30	素面，背面饰细直绳纹	ⅡLYT3④A:24	残34.5×17.5×7	灰陶
31	素面，背面饰细直绳纹	ⅡLY扩T3④A:17	37×18×7	灰陶
32	素面，背面饰细直绳纹	ⅡLY扩T3④A:20	残37×17×7.2	灰陶
33	素面，背面饰细直绳纹	ⅡLYT3④A:25	37.5×16.2×7	灰陶
34	素面，背面饰粗直绳纹	ⅡLY扩T3④A:19	35.4×16.8×6.2	灰陶
35	素面，背面饰粗直绳纹	ⅡLYT4④AJ1:10	37.5×17.8×7	灰陶
36	素面，背面饰粗直绳纹	ⅡLY扩T3④A:27	36.5×17×6.5	灰陶
37	素面，背面饰粗直绳纹	ⅡLYT6④A:25	32×16×6	灰陶
38	素面，背面饰粗直绳纹	ⅡLYT4④AJ1:3	33×15×5	灰陶
39	素面，背面饰粗直绳纹	ⅡLYT4④AJ1:9	残35×17×6.5	灰陶
40	素面，背面饰粗直绳纹	ⅡLY扩T3④A:18	35×16.7×6	灰陶
41	素面，背面饰粗直绳纹	ⅡLYT9④A:11	残34.5×16.5×7	灰陶
42	素面，背面饰右手印纹	ⅡLYT4④AJ1:1	37.4×17×6.5	灰陶
43	素面，背面饰右手四指	ⅡLYT2④A:33	35×16×6.5	灰陶
44	素面，背面饰右手四指	ⅡLYT9④A:13	37×15×6	灰陶
45	素面，背面饰右手二指	ⅡLYT4④AJ1:4	37×16.8×6	灰陶
46	素面，背面饰右手四指	ⅡLYT4④AJ1:5	37×17×6.5	灰陶
47	素面，背面饰右手四指	ⅡLY扩T3④A:26	36.5×16×6.2	灰陶

续表五○

序 号	纹 样	器 号	长×宽×厚	备 注
48	素面，背面饰右手印纹	IILYT2④A:32	34×14×6	灰陶
49	素面，背面饰右手印纹	IILY扩T3④A:25	37×17×6.5	灰陶
50	素面，背面饰右手印纹	IILY扩T3④A:24	35.5×16.5×5.5	灰陶
51	素面，背面饰右手印纹	IILYT4④AJ1:11	38×17×7	灰陶
52	素面，背面饰右手印纹	IILYT4④AJ1:8	37.5×16.5×6.5	灰陶
53	素面，背面饰右手印纹	IILYT5④AJ4:4	38×17×7	灰陶
54	素面，背面饰右手印纹	IILYT3④A:29	37×17×6.8	灰陶
55	素面，背面饰右手四指	IILYT3④A:30	残 32×16×6	灰陶
56	素面，背面饰右手印纹	IILYT4④AJ1:6	35.2×16.5×6.7	灰陶
57	素面，背面饰右手四指	IILYT3④A:28	38×17×7	灰陶
58	素面，背面饰右手印纹	IILYT4④AJ1:2	38×16×6	灰陶
59	素面，背面饰右手三指	IILYT4④AJ1:7	36×16×6	灰陶
60	素面，背面饰右手印纹	IILYT1④A:41	37×17×6.5	灰陶
61	素面，背面饰右手四指	IILYT1④A:42	37×17×6.7	灰陶
62	素面，背面饰右手印纹	IILYT4④A:33	32×14×5	灰陶
63	素面，背面绳纹间一个"×"纹	IILY扩T6④A:15	33.5×15.4×5.5	灰陶
64	素面，背面绳纹间一个"×"纹	IILYT6④A:24	33×15×5.5	灰陶
65	素面，背面绳纹间一个"×"纹	IILYT2④A:30	36.5×16×6.5	灰陶
66	素面，背面绳纹间一个"×"纹	IILY扩T3④A:21	36.5×16.5×6.5	灰陶
67	素面，背面绳纹间两个"×"纹	IILY扩T6④A:14	37.2×17×7.5	灰陶
68	素面，背面绳纹间两个"×"纹	IILYT9④A:10	34×16×5.5	灰陶
69	素面，背面绳纹间两个"×"纹	IILY扩T3④A:23	35×14×6	灰陶

表五一　　　　　　　　　　　**梨园方砖登记表**　　　　　　　　　　**单位：厘米**

序 号	纹 样	器 号	长×宽×厚	备 注
1	正面十二瓣九蕊莲花纹，背面粗绳纹	IILYT1④A:45	31×残 20×6	灰陶，残缺
2	正面十二瓣九蕊莲花纹，背面粗绳纹	IILYT1④A:46	残 20×残 17.5×5.5	灰陶，残缺
3	正面十二瓣九蕊莲花纹，背面粗绳纹	IILYT2④A:37	残 17×残 15×6	灰陶，残缺
4	正面十六瓣单蕊莲花纹，背面粗绳纹	IILYT9④A:14	32.5×残 29×6.7	灰陶，残缺
5	正面十六瓣单蕊莲花纹，背面粗绳纹	IILYT3④A:31	残 21×残 19×6.2	灰陶，残缺

续表五一

序号	纹样	器号	长×宽×厚	备注
6	正面十六瓣单蕊莲花纹，背面粗绳纹	ⅡLYT3④A:32	残18.5×残14×7	灰陶，残缺
7	正面十六瓣单蕊莲花纹，背面粗绳纹	ⅡLYT3④A:33	残17×残9×6.5	灰陶，残缺
8	正面十六瓣七蕊莲花纹，背面细绳纹	ⅡLYT3④B:1	残28.5×残24×6.5	灰陶，残缺
9	正面十六瓣七蕊莲花纹，背面细绳纹	ⅡLYT3④B:2	31.5×残16×7	灰陶，残缺
10	正面十六瓣七蕊莲花纹，背面细绳纹	ⅡLYT3④B:3	残24×残18×6.5	灰陶，残缺
11	正面十六瓣七蕊莲花纹，背面细绳纹	ⅡLYT3④B:4	残26×残16×6.5	灰陶，残缺
12	正面十六瓣九蕊莲花纹，背面细绳纹	ⅡLYT2④A:34	33×残17×6	灰陶，残缺
13	正面十六瓣九蕊莲花纹，背面粗绳纹	ⅡLYT2④A:35	残31×残23×6.5	灰陶，残缺
14	正面十六瓣九蕊莲花纹，背面粗绳纹	ⅡLYT2④A:36	残32×残18×6.5	灰陶，残缺
15	正面十六瓣九蕊莲花纹，背面粗绳纹	ⅡLYT4④A:32	32×32×6	灰陶，残缺
16	素面，背面饰细绳纹	ⅡLYT9④A:15	32.5×32×5.5	灰陶，残缺
17	素面，背面刻划纹间几何纹	ⅡLYT9④A:16	34.3×34.3×6.5	灰陶

表五二　　　　　　　　　　梨园板瓦登记表　　　　　　　　单位：厘米

序号	纹样	器号	长	窄弦径	宽弦径	厚	备注
1	内外素面，磨光	ⅡLYT1④A:25	残8		残16.6	2.8	青棍，灰褐色，残缺
2	内外素面，磨光	ⅡLYT4④A:28	残6.5		残8.5	1.3	青棍，灰褐色，残缺
3	内外素面，磨光	ⅡLYT2④A:22	残11		残10	1.9	青棍，红褐色，残缺
4	内外素面，磨光	ⅡLYT5④A:23	残13.5		残13.5	1.9	青棍，灰褐色，残缺
5	内外素面，磨光	ⅡLYT6④A:20	残10.5		残10.5	2.2	青棍，红褐色，残缺
6	内外素面，磨光	ⅡLYT3④A:20	残8		残10	2	青棍，红褐色，残缺
7	素面，内布纹	ⅡLYT1④A:16	33	16	20.5	1.9	灰陶
8	素面，内布纹	ⅡLYT1④A:17	40.5	19	23	1.8	灰陶
9	素面，内布纹	ⅡLYT5④A:16	42.2	20	24	2.2	灰陶
10	素面，内布纹	ⅡLYT5④AJ4:1	38	18	22	1.5	灰陶
11	素面，内布纹	ⅡLYT5④AJ4:2	41	19	24	1.8	灰陶
12	素面，内布纹	ⅡLYT2④A:14	42.5	22	24	1.6	灰陶
13	素面，内布纹	ⅡLYT5④A:15	42	21	25	1.9	灰陶
14	素面，内布纹	ⅡLYT3④A:12	40	19.5	23	1.5	灰陶
15	素面，内布纹	ⅡLYT3④A:13	42.5	21	22.5	1.6	灰陶

续表五二

序号	纹　样	器　号	长	窄弦径	宽弦径	厚	备　注
16	素面，内布纹	IILY扩T3④A：10	42	20	22	1.5	灰陶
17	素面，内布纹	IILY扩T6④A：10	残40	20	残	1.6	灰陶，残缺
18	素面，内布纹	IILYT6④A：16	残32	20	残	1.5	灰陶，残缺
19	素面，内布纹	IILY扩T3④A：9	残38	21	残	1.5	灰陶，残缺
20	素面，内布纹	IILYT2④A：13	41.3	20	23	1.8	灰陶
21	素面，内粗布纹	IILYT4④A：35	41	23	25	1.8	灰陶
22	素面，内布纹被磨	IILYT4④B：5	44.5	23.5	27	2	青棍
23	内外素面磨光	IILYT1④A：18	残20	18		2	褐陶，"天宝二年内作官瓦"
24	内外素面磨光	IILYT2④A：15	残11	20		1.8	灰陶，残，"二年内作官瓦"
25	内外素面磨光	IILYT2④A：16	残14	残11		1.5	灰陶，残，"天宝二年内作官瓦"
26	内外素面磨光	IILYT3④A：18	残5.8	残11		1.5	灰陶，残，"官瓦"
27	内外素面磨光	IILYT3④A：15	残10.5	残15.5		1.7	灰陶，残，"内作官瓦"
28	内外素面磨光	IILYT2④A：21	残10	残11.5		1.4	灰陶，残，"二年内作官瓦"
29	内外素面磨光	IILYT1④A：23	残12.5	残7.5		1.6	灰陶，残，"天宝"
30	内外素面磨光	IILYT2④A：20	残6.7	残12		1.7	灰陶，残，"二年内作官"
31	内外素面磨光	IILYT6④A：17	残7.5	残9		2	灰陶，残，"官瓦"
32	内外素面磨光	IILYT5④A：19	残11.5	残12		1.6	灰陶，残，"天宝二年内"
33	内外素面磨光	IILYT2④A：19	残7.5	残8		1.6	灰陶，残，"官瓦"
34	内外素面磨光	IILYT4④A：27	残12.7	残11		1.8	灰陶，残，"天宝二年内作"
35	内外素面磨光	IILYT2④A：18	残10.5	残6.5		1.7	灰陶，残，"天宝二"
36	素面，内粗布纹	IILYT3④A：19	残13.2	残12.5		1.7	灰陶，"天宝二年内作官瓦"
37	素面，内粗布纹	IILYT6④A：18	残9	残9.3		1.8	灰陶，残，"官瓦"
38	素面，内粗布纹	IILYT5④A：22	残10	残6		1.9	灰陶，残，"宝二年内"
39	素面，内粗布纹	IILYT1④A：20	残18	残6.5		1.8	灰陶，"天宝二年内作官瓦"
40	素面，内粗布纹	IILYT5④A：18	残7	残10		1.8	灰陶，残，"天宝二"
41	素面，内粗布纹	IILYT3④A：14	残6.5	残12		1.9	灰陶，残，"官瓦"
42	素面，内粗布纹	IILYT1④A：22	残12～21	残15		1.8	灰陶，残，"宝二年内作"
43	素面，内粗布纹	IILYT3④A：17	残13	残15		1.8	灰陶，残，"二年内"
44	素面，内粗布纹	IILYT1④A：24	残17	残12.5		1.7	灰褐陶，残，"二年四四月"
45	素面，内粗布纹	IILYT5④A：17	残13～19.3	残15.8		1.7	灰褐陶，残，"北六官泉"
46	素面，内粗布纹	IILYT1④A：19	残18.5	残11		2	灰陶，残，"北六官泉"

续表五二

序号	纹样	器号	长	窄弦径	宽弦径	厚	备注
47	素面，内粗布纹	ⅡLYT5④A:21	残11.5	残7.5		1.8	灰陶，残，"北六官泉"
48	素面，内粗布纹	ⅡLYT2④A:17	残5.7	残13		2	灰陶，残，"北六"
49	素面，内粗布纹	ⅡLYT5④A:20	残10.5	残10		1.6	灰陶，残，"北六官泉"
50	素面，内粗布纹	ⅡLYT3④A:16	残10	残9		1.5	灰陶，残，"六官泉南"
51	素面，内粗布纹	ⅡLYT1④A:21	残20	残20		1.8	灰陶，残，"六"
52	素面，内粗布纹	ⅡLYT6④A:19	残6	残9.5		1.5	灰陶，残，"官泉南"
53	素面，内粗布纹	ⅡLYT4④A:23	残10	残9.5		1.6	灰陶，残，"天六官瓦"
54	素面，内粗布纹	ⅡLYT4④A:24	残9.5	残7		1.7	灰陶，残，"天六官瓦"
55	素面，内粗布纹	ⅡLYT4④A:26	残3.8	残6		1.3	灰陶，残，"天六官瓦"
56	素面，内粗布纹	ⅡLYT4④A:25	残12	残13.5		1.5	灰陶，残，"郭盖"

表五三　　　　　　　　　　　梨园筒瓦登记表　　　　　　　　单位：厘米

序号	纹样	器号	长	外弦径	壁厚	唇长	备注
1	内布纹，外素面施绿釉	ⅡLYT4④A:29	残18	13	1.6	1.9	褐陶，残
2	素面，内布纹，有钉孔	ⅡLYT3④A:23	残13	13.4	2	2.2	灰陶，残
3	素面磨光，内布纹	ⅡLYT1④A:27	21	9.4	1.4	2	青棍
4	素面磨光，内布纹	ⅡLYT1④A:28	21	9.3	1.7	1.8	灰陶
5	素面磨光，内布纹	ⅡLYT2④A:24	32.5	12.2	1.9	2.3	青棍
6	素面磨光，内布纹	ⅡLYT6④A:22	30.3	12.3	1.7	2.7	青棍
7	素面磨光，内布纹	ⅡLYT3④A:21	30.6	13.3	1.7	3	灰陶
8	素面磨光，内布纹	ⅡLYT4④A:30	32	13	2.2	2.8	灰陶
9	素面磨光，内布纹	ⅡLY扩T6④A:13	32	13	1.9	3.2	灰陶
10	素面磨光，内布纹	ⅡLYT6④A:23	32.2	12.7	1.8	2.2	青棍
11	素面磨光，内布纹	ⅡLYT3④A:22	32.3	12.6	2	3	青棍
12	素面磨光，内布纹	ⅡLYT5④A:25	31.8	12.5	2	3.1	青棍
13	素面磨光，内布纹	ⅡLY扩T3④A:11	34.8	13.5	2	2.4	青棍
14	素面磨光，内布纹	ⅡLY扩T6④A:12	32.5	13	2.1	2.7	青棍
15	素面磨光，内布纹	ⅡLY扩T3④A:12	31	13	2.1	残	灰陶，残
16	素面磨光，内布纹	ⅡLY扩T3④A:13	33	12.6	2	残	灰陶，残
17	素面磨光，内布纹	ⅡLY扩T6④A:11	32.5	13.9	2	残	灰陶，残

续表五三

序 号	纹 样	器 号	长	外弦径	壁 厚	唇 长	备 注
18	素面磨光，内粗布纹	IILYT4④A:22	32	13	2	2.5	青棍
19	素面磨光，内粗布纹	IILYT2④A:23	34.7	15.2	2.1	3.7	青棍
20	素面磨光，内粗布纹	IILYT5④A:24	33.7	14.3	1.9	4	青棍
21	素面磨光，内粗布纹	IILYT6④A:21	残26	15.3	2.3	3.4	青棍，残
22	素面磨光，内粗布纹	IILYT1④A:26	31.7	12.8	2	2.7	青棍，带当
23	素面磨光，内粗布纹	IILYT2④A:25	33.5	13.4	2	2.4	灰陶

表五四　　　　　　　　梨园瓦当登记表　　　　　　　　单位：厘米

序 号	纹 样	器 号	面 径	厚	边 宽	备 注
1	六瓣单蕊莲花纹	IILYT3④A:2	12	1.3	2.1	青棍
2	六瓣单蕊莲花纹	IILY扩T6④A:3	13	1.2	2	青棍，残缺
3	六瓣单蕊莲花纹	IILYT4④A:20	11.8	1.3	2	青棍
4	六瓣单蕊莲花纹	IILYT1④A:15	12	1	2.2	青棍，残缺
5	六瓣单蕊莲花纹	IILYT4④A:21	12.4	1.3	1.9	青棍，残缺
6	六瓣单蕊莲花纹	IILYT5④A:14	13	1.5	2.1	褐陶，残缺
7	七瓣单蕊莲花纹	IILYT2④A:8	12.9	1	2.4	灰陶
8	八瓣单蕊莲花纹	IILY扩T3④A:1	12.4	1.3	1.7	青棍，带筒瓦
9	八瓣单蕊莲花纹	IILYT4④A:11	12.5	1	1.5	灰陶，残缺
10	八瓣单蕊莲花纹	IILYT5④A:6	12	1.2	1.6	灰陶，残缺
11	八瓣单蕊莲花纹	IILYT5④A:8	12.2	1.3	1.6	灰陶，残缺
12	八瓣单蕊莲花纹	IILYT6④A:10	12.8	1.4	1.7	褐陶，残缺
13	八瓣单蕊莲花纹	IILYT4④A:19	9.5	1	1.3	灰陶
14	八瓣单蕊莲花纹	IILY扩T3④A:4	12.4	1.5	1.7	灰陶，带筒瓦
15	八瓣单蕊莲花纹	IILYT1④A:1	13.4	1.2	1.8	青棍，残缺
16	八瓣单蕊莲花纹	IILYT4④A:15	13	1.7	2.2	青棍，残缺
17	八瓣单蕊莲花纹	IILYT4④A:16	13.3	1.6	2.4	褐陶
18	八瓣单蕊莲花纹	IILYT1④A:10	13.3	1.5	2.3	灰陶，残缺
19	八瓣单蕊莲花纹	IILY扩T6④A:4	13.7	1.3	2	灰陶，残缺
20	八瓣单蕊莲花纹	IILYT4④A:17	13	1.7	2	灰陶，残缺
21	八瓣单蕊莲花纹	IILYT4④A:6	13	1.8	1.5	灰陶，残缺

续表五四

序 号	纹 样	器 号	面 径	厚	边 宽	备 注
22	八瓣单蕊莲花纹	ⅡLYT1④A:11	残11	1.3	1.7	灰陶，残缺
23	八瓣单蕊莲花纹	ⅡLYT1④A:6	残8	1.5	残1	灰陶，残缺
24	八瓣单蕊莲花纹	ⅡLYT9④A:8	残10	1.5	2	灰陶，残缺
25	八瓣单蕊莲花纹	ⅡLY扩T6④A:5	10	1	1.7	褐陶质
26	八瓣七蕊莲花纹	ⅡLYT3④A:3	12.5	1	2.3	灰陶，残缺
27	八瓣七蕊莲花纹	ⅡLYT9④A:1	12.5	1.1	2.2	灰陶，残缺
28	八瓣七蕊莲花纹	ⅡLYT9④A:2	12.2	1.3	2.1	灰陶，残缺
29	八瓣九蕊莲花纹	ⅡLYT6④A:3	14	1.3	1.7	青棍，残缺
30	八瓣九蕊莲花纹	ⅡLY扩T3④A:8	13.2	1.5	1.6	青棍，带筒瓦
31	八瓣九蕊莲花纹	ⅡLY扩T6④A:1	13.2	1.4	1.6	灰陶
32	八瓣九蕊莲花纹	ⅡLYT6④A:8	12.4	1.3	1.4	灰陶，残缺
33	八瓣九蕊莲花纹	ⅡLY扩T6④A:7	12.3	1.2	1.7	灰陶，残缺
34	八瓣九蕊莲花纹	ⅡLYT2④A:12	13.2	1.4	1.8	灰陶，残缺
35	八瓣九蕊莲花纹	ⅡLYT6④A:5	13.2	1.5	2	灰陶，残缺
36	八瓣九蕊莲花纹	ⅡLYT1④A:14	14	1.4	2	灰陶，残缺
37	八瓣九蕊莲花纹	ⅡLYT9④A:4	13.8	1.7	2	灰陶，残缺
38	八瓣九蕊莲花纹	ⅡLYT1④A:7	12.2	1.7	1.7	灰陶，残缺
39	八瓣九蕊莲花纹	ⅡLY扩T6④A:8	13.4	1.2	1.7	灰陶，残缺
40	八瓣九蕊莲花纹	ⅡLYT1④A:13	13.2	1.4	1.5	灰陶，残缺
41	八瓣九蕊莲花纹	ⅡLYT5④A:11	12.8	1.3	1.5	灰陶，残缺
42	八瓣九蕊莲花纹	ⅡLYT9④A:6	13.3	1.2	1.7	灰陶，残缺
43	八瓣九蕊莲花纹	ⅡLYT6④A:12	12.8	1.4	1.6	青棍，残缺
44	八瓣九蕊莲花纹	ⅡLYT3④A:4	12	1.3	2	青棍，残缺
45	八瓣九蕊莲花纹	ⅡLYT4④A:14	12.2	1	2.2	青棍，残缺
46	八瓣九蕊莲花纹	ⅡLYT4④A:13	12	1	2.2	青棍，残缺
47	八瓣九蕊莲花纹	ⅡLYT4④A:9	12.7	1.6	1.7	青棍，残缺
48	八瓣九蕊莲花纹	ⅡLYT2④A:4	14	1.4	2	青棍，残缺
49	八瓣九蕊莲花纹	ⅡLYT5④A:7	残11	1.4	1.9	青棍，残缺
50	八瓣九蕊莲花纹	ⅡLY扩T3④A:6	12	1.3	2.3	灰陶，带筒瓦
51	八瓣九蕊莲花纹	ⅡLYT6④A:11	12.2	1.3	1.9	灰陶，带筒瓦
52	八瓣九蕊莲花纹	ⅡLYT6④A:4	9.5	1	1	灰陶

续表五四

序　号	纹　样	器　号	面　径	厚	边　宽	备　注
53	八瓣九蕊莲花纹	IILYT3④A:10	12	1.3	1.5	褐陶，残缺
54	八瓣九蕊莲花纹	IILYT5④A:12	12.6	1.4	1.5	褐陶，残缺
55	八瓣十一蕊莲花纹	IILYT2④A:1	14	1.5	2.3	青棍
56	八瓣十一蕊莲花纹	IILYT3④A:8	14.6	1.2	2.1	青棍，残缺
57	八瓣十一蕊莲花纹	IILYT4④A:8	12.6	1.4	1.8	青棍，残缺
58	八瓣十一蕊莲花纹	IILYT6④A:14	残 7	1.5	2	灰陶，残缺
59	八瓣十一蕊莲花纹	IILYT1④A:5	残 9.2	1.3	2	灰陶，残缺
60	八瓣十一蕊莲花纹	IILYT1④A:12	14.2	1.5	2	灰陶，残缺
61	八瓣十一蕊莲花纹	IILY 扩 T3④A:3	14	1.4	2.2	灰陶，残缺
62	八瓣十一蕊莲花纹	IILY 扩 T3④A:7	12.8	1.2	2.2	灰陶，残缺
63	八瓣十一蕊莲花纹	IILYT9④A:5	14.4	1.4	2.2	灰陶，残缺
64	八瓣十一蕊莲花纹	IILYT3④A:11	12.4	1.4	1.7	灰陶，残缺
65	八瓣十一蕊莲花纹	IILYT5④A:2	12.8	1.5	2.1	灰陶，残缺
66	八瓣十一蕊莲花纹	IILYT1④A:3	14.2	1.2	2.3	灰陶，残缺
67	八瓣十一蕊莲花纹	IILYT5④A:9	11	1.4	2.2	灰陶，残缺
68	八瓣十一蕊莲花纹	IILYT4④A:34	14	1.6	2.2	青棍
69	八瓣团蕊莲花纹	IILYT4④A:2	12.4	1.4	1.6	青棍，带筒瓦
70	八瓣团蕊莲花纹	IILYT4④A:4	12.5	1.4	1.8	灰陶
71	八瓣团蕊莲花纹	IILYT3④A:9	12.5	1.2	1.7	灰陶
72	八瓣团蕊莲花纹	IILYT3④A:6	12.8	1.3	1.7	灰陶
73	八瓣团蕊莲花纹	IILYT9④A:7	12.8	1.5	1.7	灰陶，残缺
74	八瓣团蕊莲花纹	IILYT6④A:7	12.8	1.3	1.8	灰陶，残缺
75	八瓣团蕊莲花纹	IILY 扩 T3④A:2	12.8	1.7	2	青棍，带筒瓦
76	八瓣团蕊莲花纹	IILYT6④A:13	残 12	1.4	残 1.2	灰陶，残缺
77	八瓣团蕊莲花纹	IILYT6④A:6	12.3	1.2	2	灰陶，带筒瓦
78	八瓣团蕊莲花纹	IILYT2④A:2	13	1.5	2	褐陶，残缺
79	八瓣团蕊莲花纹	IILYT2④A:3	12.8	1.3	1.6	褐陶，残缺
80	八瓣团蕊莲花纹	IILYT4④A:18	12.8	1.3	2	褐陶，残缺
81	十二瓣八蕊莲花纹	IILYT2④A:10	12.6	1.4	1.9	灰陶，残缺
82	十二瓣八蕊莲花纹	IILYT9④A:3	12.4	1.3	1.7	灰陶，残缺
83	十二瓣八蕊莲花纹	IILY 扩 T6④A:2	12.8	1.7	1.9	灰陶，残缺

续表五四

序 号	纹 样	器 号	面 径	厚	边 宽	备 注
84	十二瓣八蕊莲花纹	ⅡLYT4④A:12	13	1.5	1.7	褐陶，残缺
85	十二瓣八蕊莲花纹	ⅡLY扩T6④A:6	12.2	1.1	2	灰陶，残缺
86	十二瓣八蕊莲花纹	ⅡLY扩T6④A:9	残10	1.2	1.4	灰陶，残缺
87	十二瓣八蕊莲花纹	ⅡLYT2④A:9	13.8	1.3	1.7	青棍，残缺
88	十二瓣八蕊莲花纹	ⅡLYT6④A:9	12.7	1.3	1.5	灰陶
89	十二瓣十蕊莲花纹	ⅡLYT1④A:2	12.4	1.3	2	灰陶，残缺
90	十二瓣团蕊莲花纹	ⅡLYT6④A:1	11.7	1.1	2	灰陶，残缺
91	十二瓣团蕊莲花纹	ⅡLYT5④A:5	11.7	1.4	2.1	灰陶，残缺
92	十四瓣九蕊莲花纹	ⅡLYT4④A:3	13.4	1.5	2.2	灰陶
93	十四瓣九蕊莲花纹	ⅡLYT4④A:10	13.7	1.5	2	灰陶，残缺
94	十四瓣九蕊莲花纹	ⅡLYT1④A:8	残10	2	2.2	灰陶，残缺
95	十四瓣九蕊莲花纹	ⅡLYT2④A:11	13.4	1.5	2.2	灰陶，残缺
96	十四瓣九蕊莲花纹	ⅡLY扩T3④A:5	13	1.6	2	灰陶，残缺
97	十四瓣九蕊莲花纹	ⅡLYT5④A:4	13.6	1.5	1.8	灰陶，残缺
98	十四瓣九蕊莲花纹	ⅡLYT3④A:7	13.7	1.4	2	青棍，残缺
99	十四瓣九蕊莲花纹	ⅡLYT1④A:4	14.5	2	1.8	青棍，残缺
100	十四瓣九蕊莲花纹	ⅡLYT5④A:13	13	1.4	1.7	青棍，残缺
101	十六瓣单蕊莲花纹	ⅡLYT3④A:1	14.2	1.6	2.4	灰陶，残缺
102	十六瓣单蕊莲花纹	ⅡLYT4④A:5	14.4	1.4	2.2	灰陶，残缺
103	十六瓣单蕊莲花纹	ⅡLYT2④A:6	残6.5	1.4	残	灰陶，残缺
104	十六瓣单蕊莲花纹	ⅡLYT2④A:5	残9.2	1.5	残	灰陶，残缺
105	十六瓣单蕊莲花纹	ⅡLYT4④A:7	9	0.7	1.9	灰陶
106	十六瓣八蕊莲花纹	ⅡLYT2④A:7	12.5	1	1.6	灰陶
107	十六瓣八蕊莲花纹	ⅡLYT5④A:1	12.5	1.3	1.5	灰陶
108	十六瓣八蕊莲花纹	ⅡLYT5④A:3	12.4	1.3	1.7	灰陶，残缺
109	十六瓣八蕊莲花纹	ⅡLYT9④A:9	残7	2	2	灰陶，残缺
110	十六瓣八蕊莲花纹	ⅡLYT6④A:15	12.4	1~1.8	1.5	灰陶，残缺
111	十六瓣八蕊莲花纹	ⅡLYT5④A:10	残11	1~1.8	1.5	灰陶，残缺
112	十六瓣十蕊莲花纹	ⅡLYT6④A:2	12	1.3	2	灰陶，残缺
113	残瓦当	ⅡLYT3④A:5	12.2	1.3	1.9	灰陶，残缺
114	残瓦当	ⅡLYT4④A:1	残7	1.1	1.7	灰陶，残缺

表五五		梨园陶水管登记表						单位：厘米
序　号	纹　样	器　号	通　长	内　径	外　径	壁　厚	唇　长	备　注
1	内素面，外饰细直绳纹	ⅡLYT5④AJ4：5	34.5	9.5	16	3.2	2.8	灰陶
2	内素面，外饰细直绳纹	ⅡLYT5④AJ4：6	34.3	10	17	3.5	3.2	灰陶
3	内粗布纹，外粗绳纹间窄隔梁	ⅡLYT5④A：26	31.5	12	16	2	2.5	灰陶
4	内粗布纹，外饰刻划纹	ⅡLYT6④A：26	33	14	20	2.8	2	灰陶

3. 石质建筑材料　1件。

标本ⅡLYT1④A：153，青石质。通体素面磨光，残缺甚多，似为石座。底大上小，有三层台，残高15.6厘米。下层台被打碎，高8厘米，比中层宽6.8厘米；中层平面呈多边形，残留两条边，残边长16.5、高6.8厘米，比上层宽5.5厘米；上层边和中层边对应平行，残留边长10.5、残高0.8厘米（图一七五，4）。

4. 铁质建筑材料　88件。有拉手、钉、帽钉、莲花纹帽钉和莲花纹饰件等。

（1）拉手　1件。

标本ⅡLYT1④A：104，由球形锥体和八边形锥体组成。球径2.9、高2.2厘米。八边锥体高3.1、边长0.6～1.2厘米。锥体底面正中铸有四棱形铁钉。钉长5.5、边棱宽0.8厘米。全长10.8厘米（图一七六，1；图版一五四，1）。

（2）钉　2件。

标本ⅡLYT1④A：54，四棱柱状带圆帽。钉身弯曲，布满铁锈。帽径0.7、厚0.5、钉长15.5、边棱宽0.8厘米（图一七六，2；图版一五四，2）。

（3）帽钉　30件，形制相同，大小有别。

标本ⅡLYT1④A：56，钉头尖细。帽径1.7、高1、钉长2.5、边棱宽0.15厘米（图一七六，3）。

标本ⅡLYT1④A：58，外壁素面较光滑，内壁粗糙不平，帽径4.1、高0.8厘米。残留钉长0.3、边棱宽0.6厘米（图一七六，4）。

标本ⅡLYT2④A：42，钉帽外壁素面，内壁夹有朽木屑。帽径6.7、高1.8、残留铁钉长0.8、边棱宽0.6厘米（图一七六，5；图版一五四，3）。

标本ⅡLYT2④A：48，帽径7.2、高2厘米，外壁素面，内壁夹有朽木屑，残留铁钉长6、边棱宽0.6厘米。钉身生锈，钉头弯曲（图一七六，6）。

标本ⅡLYT1④A：70，钉帽呈“头盔”状，表面粗糙不平，中间鼓凸，周围下斜，折沿外侈，帽径6.3、沿宽0.3、高2.3厘米，内夹有朽木屑，残留钉长1.5、边棱宽0.6厘米（图一七六，7；图版一五四，4）。

图一七六 梨园铁拉手、钉、帽钉、饰件

1.拉手ⅡLYT1④A:104 2.钉ⅡLYT1④A:54 3.帽钉ⅡLYT1④A:56 4.帽钉ⅡLYT1④A:58 5.帽钉Ⅱ
LYT2④A:42 6.帽钉ⅡLYT2④A:48 7.帽钉ⅡLYT1④A:70 8.帽钉ⅡLYT1④A:78 9.莲花纹帽钉ⅡLYT1
④A:79 10.莲花纹饰件ⅡLYT1④A:97

标本ⅡLYT1④A:78，表面锈迹斑斑，呈"头盔"状，帽径7.2、沿宽0.4、高2.2厘米，中间鼓圆，并做1×0.8厘米见方的穿透孔，内壁夹有木屑（图一七六，8；图版一五四，5）。

（4）莲花纹帽钉　40件。形制、规格、纹样相同。

标本ⅡLYT1④A:79，呈"伞"状。钉帽中间凸于周边，表面自外向内依次饰内凹外鼓乳钉纹、六点梅花形花蕊。内壁凹凸，正中铸直径0.2厘米的铁钉。钉头尖细。帽径2.8、高0.5、钉长2厘米（图一七六，9）。

（5）莲花纹饰件　15件。残缺者较多。

标本ⅡLYT1④A:97，平面呈柿蒂形，每叶端有一个"人"字形和两个月牙形穿透孔，中心饰大小相间八瓣莲花纹。与叶片尖对应的花瓣较大、鼓凸。花心内为一个圆乳钉。距叶尖0.7厘米有直径0.2厘米的细小钉眼。钉子无存。背面凹凸不平。最大边长8、最小边长6、厚0.2～0.8厘米（图一七六，10；图版一五四，6）。

5.铜质建筑材料　68件。有帽钉、钩、合页、铺首和饰件等。

（1）帽钉　15件。形制、规格相同。

标本ⅡLYT1④A:105，"伞"状帽，外表光滑，中间鼓圆，周围下斜外侈，成尖沿，内壁粗糙，中间作四棱锥体钉。钉身弯曲，头尖细。帽径2.2、高0.8、钉长3、边棱宽0.3厘米（图一七七，1）。

（2）莲花纹帽钉　28件。"伞"状帽，中间凸于周边，表面自外向内，依次饰内凹外鼓乳钉纹、六点梅花形花蕊，内壁凹凸，正中铸四棱锥体钉。形制、纹样相同，规格有别。

标本ⅡLYT2④A:90，钉身弯曲，头尖细。帽径1.95、高0.3、钉长2、边棱宽0.18厘米（图一七七，2；图版一五五，1右）。

标本ⅡLYT1④A:124，钉身竖直，头尖细。帽径2.2、高0.35、钉长1.9、边棱宽0.2厘米（图一七七，3；图版一五五，1中）。

标本ⅡLYT1④A:121，钉身稍弯，头较细。帽径3、高0.7、钉长3.4、边棱宽0.25厘米（图一七七，4；图版一五五，1左）。

（3）钩　2件。

标本ⅡLYT1④A:135，圆头，曲颈，弧腹，形似奋尾欲飞的珍禽。背面平直，上部距顶端1.5厘米正中处，有四棱锥体钉。钉头尖细，复原长2、边棱宽0.8厘米。通高6厘米（图一七七，5；图版一五五，2右）。

标本ⅡLYT2④A:98，形制同ⅡLYT1④A:135，残高5、钉长2、边棱宽0.8厘米。

（4）合页　2件，形状相同。

标本ⅡLYT1④A:136，一端为圆弧形，三边刹棱，另一端卷成三个间距为0.5厘

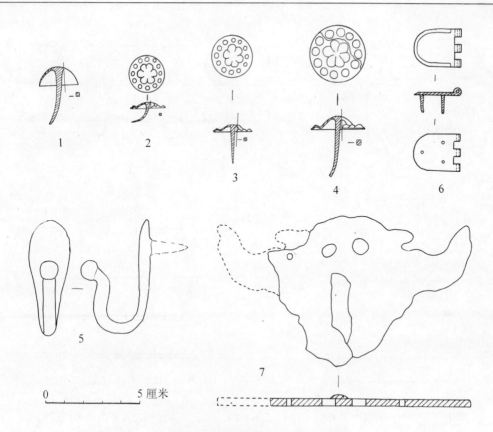

图一七七　梨园铜帽钉、钩、合页、铺首

1. 帽钉ⅡLYT1④A:105　2. 莲花纹帽钉ⅡLYT2④A:90　3. 莲花纹帽钉ⅡLYT1④A:124　4. 莲花纹帽钉ⅡLYT1④A:121　5. 钩ⅡLYT1④A:135　6. 合页ⅡLYT1④A:136　7. 铺首ⅡLYT2④A:99

米的小圆筒。圆筒长0.4、直径0.4厘米，装配中轴，成活动枢机。轴长2.2、轴径0.2厘米。页片背面和圆筒相平，钻有三个直径为0.2厘米的圆孔，呈三角形分布，内有铜钉。钉长1、直径0.2厘米。单页长2.6、宽1.9、厚0.2厘米（图一七七，6；图版一五五，3）。

（5）铺首　1件。

标本ⅡLYT2④A:99，残。铺首正面像牛头形，高鼻，环眼圆睁，咧嘴，竖耳弯角。眼、耳孔均作穿透圆孔，直径分别为0.8、0.4厘米。背素面较平。残长11、宽8、厚0.4厘米（图一七七，7；图版一五五，4）。

（6）饰件　11件。

标本ⅡLYT1④A:146，平面呈六瓣梅花形，花瓣浑圆，瓣尖刹棱，中心内有直径为1.1厘米的穿透圆孔。正面素面，平整光滑，背面中心稍凹，周边微凸。最大直径7.5、最小直径6.8、厚0.2厘米（图一七八，1；图版一五五，5）。

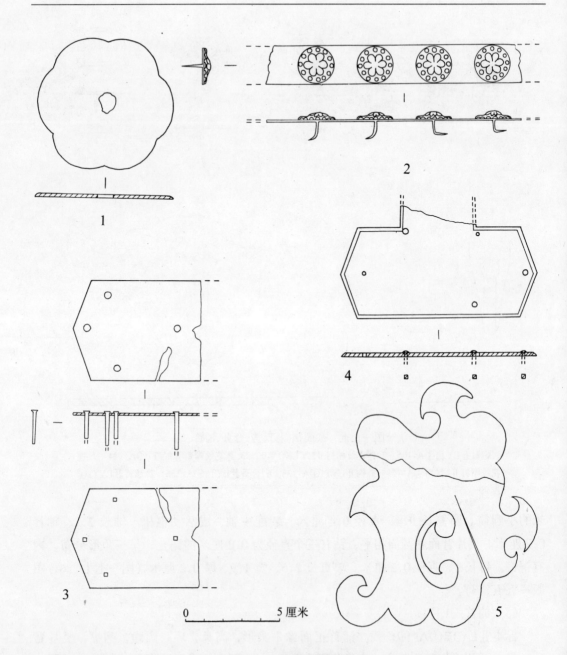

0 ⎯⎯⎯⎯⎯⎯⎯ 5 厘米

图一七八　梨园铜饰件

1. ⅡLYT1④A:146　2. ⅡLYT1④A:147　3. ⅡLYT2④A:101　4. ⅡLYT1④A:149　5. ⅡLYT1④A:152

标本ⅡLYT1④A:147，在一长方形铜片正中"一"字形排列间距相等的四个莲花纹小铜帽钉。铜片残长 13.8、宽 2、厚 0.05 厘米。帽钉间距 3.2、钉孔直径 0.3 厘米（图一七八，2；图版一五五，6）。

标本ⅡLYT2④A:101，在一多边形铜片上，呈梅花形排列小铜钉。铜片残留最大边长6、最小边长3、另一边长5.3、厚0.15厘米，上边保留有四个四棱锥体铜钉。钉残长1.8、边棱宽0.2厘米（图一七八，3；图版一五六，1）。

标本ⅡLYT1④A:149，平面近似"凸"字形，表面光滑，背面粗糙。表面有六个直径为0.18厘米的钉孔，边角刹棱，残留最大边长9、最小边长2.5、厚0.2厘米（图一七八，4；图版一五六，2）。

标本ⅡLYT1④A:152，火烧变形，平面裁剪成镂空勾云纹图案，两面均素面，平整光滑。展开后残长12、宽7、厚0.15厘米（图一七八，5；图版一五六，3）。

6. 草泥皮及墙皮　出土甚多，收集标本20件。

标本ⅡLYT1④A:235，为筒瓦内施泥，含麦草梗，表面印有粗布纹，另一面留有板瓦痕迹。板瓦之间行距至少有6厘米。长10、宽8、厚3.5厘米（图一七九，1）。

标本ⅡLYT1④A:236，泥皮，含麦草梗，草梗长1.5~2厘米。一面凹凸不平，另一面印有"芦苇"状箔痕。箔痕径1.5、相距2厘米。长15、宽9.5、厚5厘米（图一七九，2）。

标本ⅡLYT1④A:238，墙皮最里层有木板痕和镢痕。镢宽4.4厘米。镢痕凹于墙面1.5厘米。麦草梗泥皮分三次施抹，先用镢把土墙面刮削平，上抹2厘米厚的草泥，其上再施4厘米厚的草泥皮，外抹0.5厘米厚的白灰墙皮。长16、宽12、厚6.5厘米（图一七九，3；图版一五六，4）。

标本ⅡLYT1④A:239，墙皮。墙皮最里层留有镢痕迹，深0.7厘米。泥皮分三次施抹，第一次施泥时，先把土墙面用镢顺墙侧立刮削后，上2厘米厚的草泥，其上再施2.5厘米的草泥，局部用小石子引平，外抹0.5厘米厚的白灰墙皮。长16、宽12、厚6厘米（图一七九，4；图版一五六，5）。

标本ⅡLYT1④A:237，泥皮。含麦草梗，一面较平，另一面有板痕和细木棍痕。棍径2.6厘米。长10、宽7、厚3厘米（图一七九，5）。

标本ⅡLYT1④A:240，白灰墙皮。上刻相互平行的边框，中间阴刻印文。印文赭色篆书，字迹模糊难辨，边宽1厘米。长7、残宽4、厚1.3厘米（图一七九，6；图版一五六，6）。

（二）生活用具

生活用具按质地不同，分为陶器、瓷器和铜器。

1. 陶器　108件。有碗、洗、盆、鉴、瓶、罐、瓮、珠、座、砚和灯等。

（1）碗　33件。形制、规格略有不同。

标本ⅡLYT1④A:197，泥质灰陶。直口微敛，尖唇，弧腹，平底。底心内较平，外饰细线凹弦纹。中心有一直径为0.4~0.5厘米的穿透圆孔。孔由内向外钻穿，外口

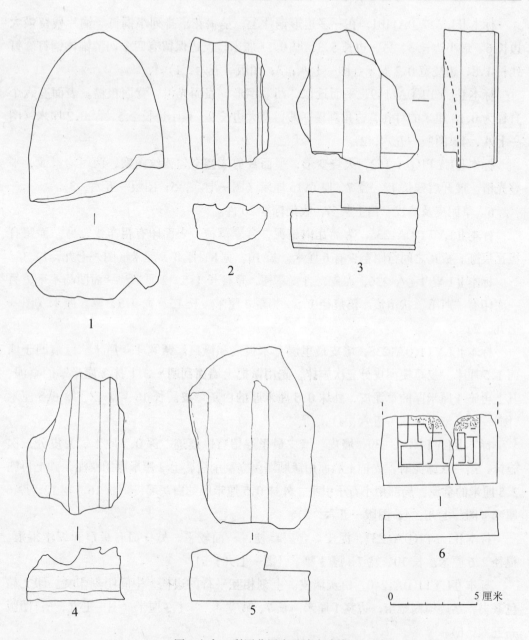

图一七九　梨园草泥皮及墙皮残块

1.草泥残块ⅡLYT1④A:235　2.草泥残块ⅡLYT1④A:236　3.草泥墙皮残块ⅡLYT1④A:238　4.草泥
墙皮残块ⅡLYT1④A:239　5.草泥残块ⅡLYT1④A:237　6.带印章白灰墙皮ⅡLYT1④A:240

粗毛。内外壁均素面。外口径11、高4.2、底径5厘米（图一八〇，1；图版一五七，1）。

标本ⅡLYT9④A:17，泥质灰陶。直口，圆唇，弧腹较深，平底。底心内凹外平。

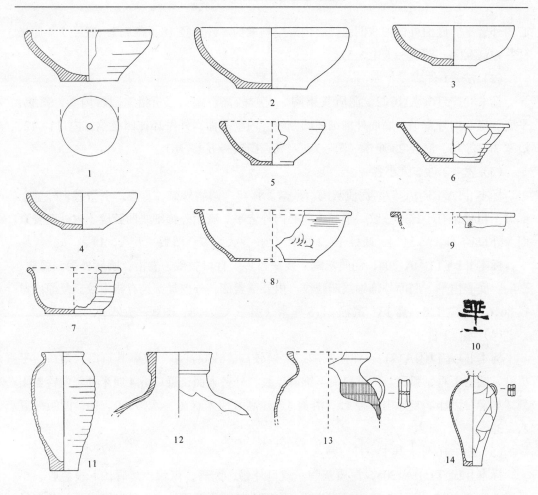

图一八〇　梨园陶碗、洗、盆、鉴、瓶、罐

1.碗ⅡLYT1④A:197　2.碗ⅡLYT9④A:17　3.碗ⅡLYT3④A:53　4.碗ⅡLYT4④A:36　5.碗ⅡLYT5④AJ5:1　6.洗ⅡLYT6④AJ6:2　7.盆ⅡLYT3④A:57　8.盆ⅡLYT1④A:204　9.鉴ⅡLYT1④A:212　10.鉴ⅡLYT1④A:212上的文字拓本　11.瓶ⅡLYT1④A:205　12.瓶ⅡLYT1④A:210　13.篦纹罐ⅡLYT3④B:8　14.单耳罐ⅡLYT2④A:126(1～4、10、12 为 1/3,5、11、13 为 1/6,7、8 为 1/9,6、9、14 为 1/15)

底面外饰细线凹弦纹。内外壁皆素面。外口径 13、高 5～5.3、底径 6 厘米（图一八〇，2；图版一五七，2）。

标本ⅡLYT3④A:53，泥质灰陶。直口，尖唇，弧腹较深，小平底。底心内凹外平。底面外饰细线凹弦纹。内外壁均素面。外口径 10.5、高 3.2、底径 3.8 厘米（图一八〇，3；图版一五七，3）。

标本ⅡLYT4④A:36，泥质红褐陶。敞口，尖唇，弧腹，小平底。内外壁皆素面。外口径 9.6、高 3、底径 3.6 厘米（图一八〇，4；图版一五七，4）。

标本ⅡLYT5④AJ5:1，泥质灰陶。稍残。直口微敛，圆唇，弧腹，矮足平底。底心内外皆平。底面外饰细线凹弦纹。内外壁均素面。外口径 18、高 7.2、底径 7.4 厘米（图一八〇，5；图版一五七，5）。

（2）洗 1 件。

标本ⅡLYT6④AJ6∶2，泥质灰褐陶。火候较高。敞口，折沿，圆唇内卷，斜腹，平底。底心内外皆平。底面外饰细线凹弦纹。内壁素面，外壁环抹凹弦纹。内口径 42、沿宽 3、高 16、底径 23 厘米（图一八〇，6；图版一五七，6）。

（3）盆 2 件。大小各一。

标本ⅡLYT3④A∶57，泥质灰陶。残缺。侈口，圆唇外鼓，直腹，下微鼓，外壁上部做工粗糙，有手抹凹弦纹，平底。底心内外皆平。底面外饰细线凹弦纹。内外壁皆素面。外口径 24、高 11.4、底径 15.2 厘米（图一八〇，7；图版一五八，1）。

标本ⅡLYT1④A∶204，泥质灰陶。残缺较多。直口微敛，卷沿，圆唇外翻，弧腹，平底。底心内平。底面外饰细线凹弦纹。内外壁素面，外壁局部饰有指甲纹。复原内口径 36.6、沿宽 1.8、高 13、底径 21.5 厘米（图一八〇，8；图版一五八，2）。

（4）鉴 1 件。

标本ⅡLYT1④A∶212，泥质灰陶。火候较高。残缺甚多。仅剩其口沿，敞口，平折沿，圆唇下垂，弧腹，内壁口沿下饰麻点纹，外壁素面，近口沿 4 厘米处竖向钤盖阳刻"华青"戳印。复原内口径 45、沿宽 4、残高 6 厘米（图一八〇，9、10；图版一五八，3）。

（5）瓶 16 件。其中一件完整。

标本ⅡLYT1④A∶205，泥质灰陶。敛口外侈，圆唇，束颈，溜肩，下腹急收，小平底。底心内凹。底面外饰细线凹弦纹。腹部上抹数周凹弦纹。内外壁皆素面。外口径 7.5、颈径 6.6、最大腹径 10.5、高 19.5、底径 4.9 厘米（图一八〇，11；图版一五八，4）。

标本ⅡLYT1④A∶210，泥质灰褐陶。小直口，平折沿，宽唇外鼓，束颈，溜肩，腹下残缺。内外壁均素面。内口径 4、沿宽 0.8、颈径 5.7、残高 5.3 厘米（图一八〇，12；图版一五八，5）。

（6）罐 34 件。残缺者较多。

篦纹罐 3 件。标本ⅡLYT3④B∶8，泥质灰陶。火候较高。敛口外侈，平折窄沿外鼓，束颈，溜肩，鼓腹，底残。内壁抹凹形纹，外壁肩部模压篦纹，并粘贴耳。耳长 4.2、宽 2.1 厘米。复原内口径 12.5、沿宽 1.1、残高 11.5 厘米（图一八〇，13；图版一五八，6）。

单耳罐 16 件。 标本ⅡLYT2④A∶126，泥质灰陶。火候较高。残缺。口残，束颈，溜肩，鼓腹，下腹内斜，小平底。底心内凹外平。底面外饰细线凹弦纹。肩部有一耳，长 5.8、宽 3 厘米，中间凹于两边。残高 37、颈径 5、最大腹径 20、底径 7.7 厘米（图一八〇，14；图版一五九，1）。

水波纹罐　11 件。形制相同，规格、水波纹有别。敛口，内壁较直，卷沿，圆唇，束颈，溜肩，鼓腹，下腹呈反弧形急收，小平底。内壁饰麻点纹，外壁素面。颈、肩部环饰细线水波纹。

标本ⅡLYT4④A:46，泥质灰陶。肩部环饰两周（4 行）细线水波纹。高 45、外口径 29、内口径 24.2、最大腹径 37、底径 14 厘米（图一八一，1、一八二，1；图版一五九，2）。

标本ⅡLYT1④A:219，泥质灰陶。肩部环饰两周（5 行）细线水波纹。复原内口径 23、外口径 28.2、残高 12 厘米（图一八一，2、一八二，2；图版一五九，3）。

标本ⅡLYT1④A:218，灰褐陶质。肩部环饰两周（4～5 行）细线水波纹。复原内口径 23.6、外口径 28.8、残高 10 厘米（图一八一，3、一八二，3；图版一五九，4）。

标本ⅡLYT1④A:217，灰褐陶质。肩部环饰两周（7 行）细线水波纹。复原内口径 21.5、外口径 26.5、残高 11.5 厘米（图一八一，4；图版一五九，5）。

标本ⅡLYT2④A:129，泥质灰陶。肩部环饰三周（5～6 行）细线水波纹。复原内口径 24.2、外口径 29.2、残高 12 厘米（图一八一，5、一八二，4；图版一五九，6）。

标本ⅡLYT3④A:65，泥质灰陶。肩部环饰四周（4 行）细线水波纹。复原内口径 23.9、外口径 28.5、残高 13 厘米（图一八一，6、一八二，5；图版一六〇，1）。

标本ⅡLYT3④A:66，泥质灰陶。肩部环饰上下交错细线水波纹。复原内口径 25、外口径 30、残高 13.5 厘米（图一八一，7、一八二，6；图版一六〇，2）。

直口罐　3 件。皆残。标本ⅡLYT1④A:223，红褐陶质。直口，平沿，尖唇外鼓，口沿内壁呈凸棱状，束颈，溜肩，腹及底残，外壁素面，内壁口沿下模压螺旋形小乳钉纹。内口径 33.5、外口径 37.5、沿宽 2、残高 11.5 厘米（图一八三，4；图版一六〇，6）。

（7）瓮　5 件。残留口沿部或颈肩部。有"将作官瓮"陶文。

标本ⅡLYT5④AJ3:1，泥质灰褐陶。形制同标本ⅡLYT4④:46，内壁饰麻点纹，外壁素面，肩部顺时针钤盖阴刻"将作官瓮"戳印一周。内口径 21.3、外口径 26.8、残留最大腹径 38.5、残高 16 厘米（图一八三，1、一八四，1；图版一六〇，3）。

标本ⅡLYT1④A:221，泥质红褐陶。形制同上，外壁肩部逆时针钤盖阴刻"将作官瓮"戳印一周。复原内口径 22、外口径 27、残高 5.8 厘米（图一八三，2、一八四，2；图版一六〇，4）。

标本ⅡLYT1④A:216，泥质灰陶。残缺甚多。仅剩其颈肩部，内壁素面，外壁顺时针钤盖阴刻"将作官巩"戳印一周。字体较小。残高 8.8、壁厚 0.6 厘米（图一八

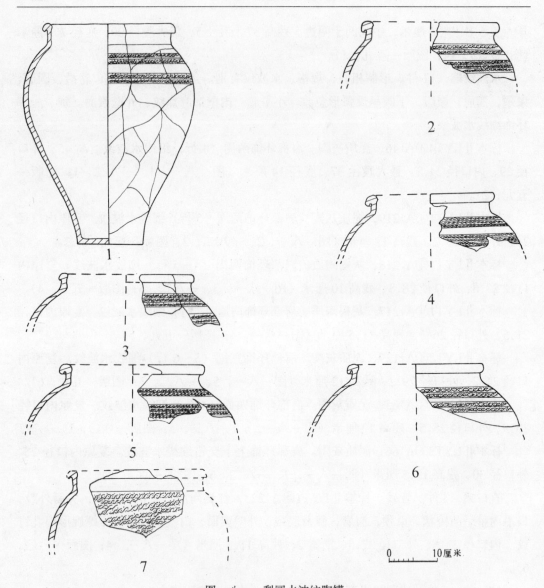

图一八一　梨园水波纹陶罐

1. ⅡLYT4④A:46　2. ⅡLYT1④A:219　3. ⅡLYT1④A:218　4. ⅡLYT1④A:217
5. ⅡLYT2④A:129　6. ⅡLYT3④A:65　7. ⅡLYT3④A:66

三，3、一八四，3；图版一六〇，5）。

标本ⅡLYT1④A:226，泥质灰陶。火候较高。敛口，内壁外侈，卷沿外翻，尖唇下垂，束颈，溜肩。内壁麻点纹，外壁素面。颈部环饰两道凸棱弦纹。复原内口径48、外口径54.5、残高6～12厘米（图一八三，5；图版一六一，1）。

标本ⅡLYT2④A:130，泥质灰陶。敛口，内壁内凹，折沿稍鼓，圆唇外卷，束颈，溜肩。内壁口沿下全饰麻点纹，外壁环饰椭圆形乳钉纹，间饰倒向"官"字戳印一圈。

图一八二　梨园水波纹罐纹样拓本

1. ⅡLYT4④A:46　2. ⅡLYT1④A:219　3. ⅡLYT1④A:218　4. ⅡLYT2④A:129　5. ⅡLYT3④A:65　6. Ⅱ
LYT3④A:66

复原内口径 56、外口径 63.5、沿宽 4.7、残高 8~21 厘米（图一八三，6、一八四，4;
图版一六一，2）。

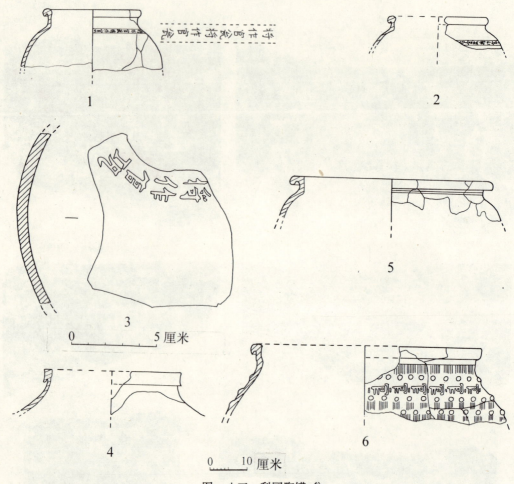

图一八三　梨园陶罐、瓮

1.“将作官瓮”瓮ⅡLYT5④AJ3:1　2.“将作官瓮”瓮ⅡLYT1④A:221　3.“将作官巩”瓮ⅡLYT1④A:216　4.直口残罐ⅡLYT1④A:223　5.瓮ⅡLYT1④A:226　6.“官”瓮ⅡLYT2④A:130

（8）球　8件。灰陶质。规格全同。

标本ⅡLYT2④A:120，表面磨光。直径2.1厘米（图版一六一，3）。

（9）座　1件。

标本ⅡLYT1④A:232，泥质红褐陶。残缺。上小下大，呈“覆盆”形，内空。外壁斜面模压两层下垂的莲花纹，每层均八瓣。上层花瓣肥大，外勾粗线，瓣尖略翘。下层花瓣压于上层两花瓣之间，花瓣较小。上面是直径7.4厘米的平面，周围有连接痕迹，中间有直径为4厘米的圆孔。表面施绿色釉，刷金粉。高2.7、复原底径11、壁厚0.7厘米（图一八五，1；图版一六一，4）。

（10）砚　1件。

标本ⅡLYT9④A:20，泥质灰陶。呈圆饼形。砚池椭圆形，残长3、宽2.2、深0.6

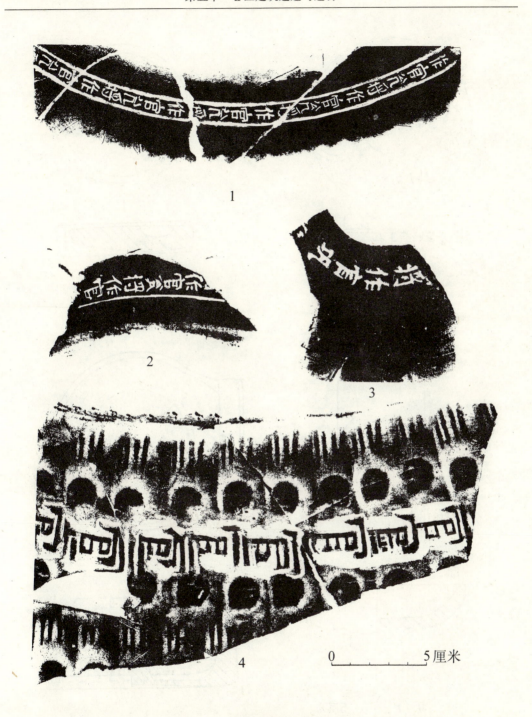

图一八四　梨园陶瓮肩部的文字拓本

1."将作官瓮"瓮ⅡLYT5④AJ3:1(局部)　2."将作官瓮"瓮ⅡLYT1④A:221　3."将作官巩"瓮ⅡLYT1④A:216

4."官"瓮ⅡLYT2④A:130(局部)

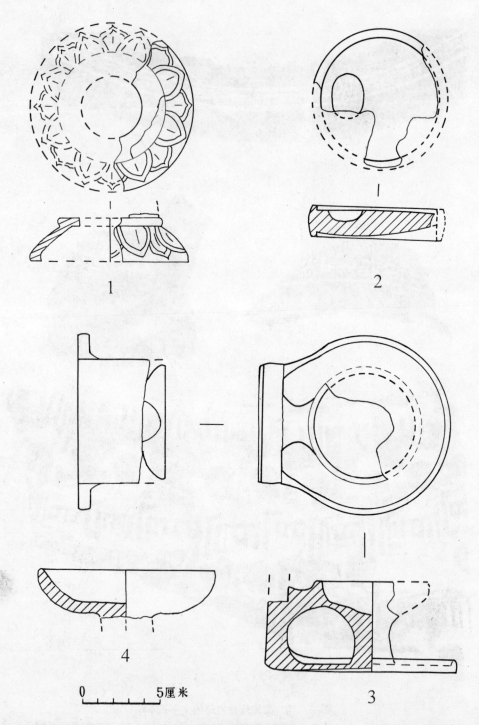

图一八五　梨园陶座、砚、灯

1.陶座ⅡLYT1④A:232　2.陶砚ⅡLYT9④A:20　3.陶灯ⅡLYT9④A:21　4.绿釉陶灯ⅡLYT4④A:42

厘米。砚堂圆形，直径 7.9、深 0.3 厘米。内素面光滑，中心内凸。背面作窄边、内素面磨光。直径 8.6、厚 2 厘米（图一八五，2；图版一六一，5）。

（11）灯　2 件。形制不同。

标本ⅡLYT9④A:21，泥质灰陶。残缺。灯盘小碗形，外口径 7.4、高 2 厘米。盘底有直径 2.2~2.7、高 2.8 厘米的圆柱状短柄，下连直径 11.6、高 0.8~1.6 厘米的圆形底座。底座面外饰细线凹弦纹，通高 5.8 厘米。在灯一侧有一宽 8、残高 4.8、厚 1.25 厘米的陶贴壁和灯盘、底座垂直相连（图一八五，3；图版一六一，6）。

标本ⅡLYT4④A:42，泥质红褐陶。残缺较多。灯盘小碗形，内外壁满施浅绿色釉。外口径 12、高 2.8、柄痕直径 3.6 厘米（图一八五，4；图版一六二，1）。

2. 石球　1 件。

标本ⅡLY 扩 T4④A:29，圆球状，表面磨光。直径 3.5 厘米（图版一六二，2）。

3. 瓷器　14 件。有碗、盖、罐和杯形器等。

（1）碗　4 件。

黄瓷碗　1 件。标本ⅡLYT1④A:228，敞口，尖唇，弧腹，平底，矮足。底心内平。底面外饰细线凹弦纹。内壁满施黄褐色釉。釉色光亮可鉴。外壁素胎。口径 9.8、高 3.2、底径 4、足高 0.3 厘米（图一八六，1；图版一六二，3）。

黑瓷碗　1 件。标本ⅡLYT2④A:132，敞口，圆唇稍尖，弧腹，平底，矮足。底心内平。底面外饰细线凹弦纹。内壁唇下施黑色釉，余皆素胎。口径 10.6、高 4.2、底径 4.7、足高 0.3 厘米（图一八六，2；图版一六二，4）。

白瓷碗　2 件。标本ⅡLYT1④A:229，侈口，圆唇，弧腹，圈足，底心内凹外平。内外壁满施白釉。足根部无釉素胎。复原口径 19.8、高 8、底径 7.8、足高 0.8 厘米（图一八六，3；图版一六二，5）。

（2）盏　1 件。

标本ⅡLYT9④A:27，口沿残，斜腹。腹内中部下凹。饼足。足心内凹。圜形把，中有一凸棱。通体无釉素胎。残高 4、足径 3 厘米（图一八六，4；图版一六二，6）。

（3）罐　8 件。

赭色釉小罐　1 件。标本ⅡLYT1④A:230，残缺。口残，束颈，斜肩，鼓腹下坠，饼足，底心内凸外凹。内壁颈、外壁下腹及底满施赭色釉，外壁上腹及内壁颈部均施白中泛黄釉。复原颈径 3、最大腹径 6.2、底径 3.8、足高 0.9、残高 1.7~5.6 厘米（图一八六，5；图版一六三，1）。

黑釉双柄罐　1 件。标本ⅡLYT1④A:231，直口，包沿，尖唇外鼓，粗颈高领，溜肩鼓腹，圈足，底心内凹外平，肩部两侧有对称的曲柄。柄中间起凸棱，宽 0.5~0.7 厘米。内外壁施黑色釉，近足根部素胎。通高 18.5、内口径 11.2、沿宽 0.6、颈高

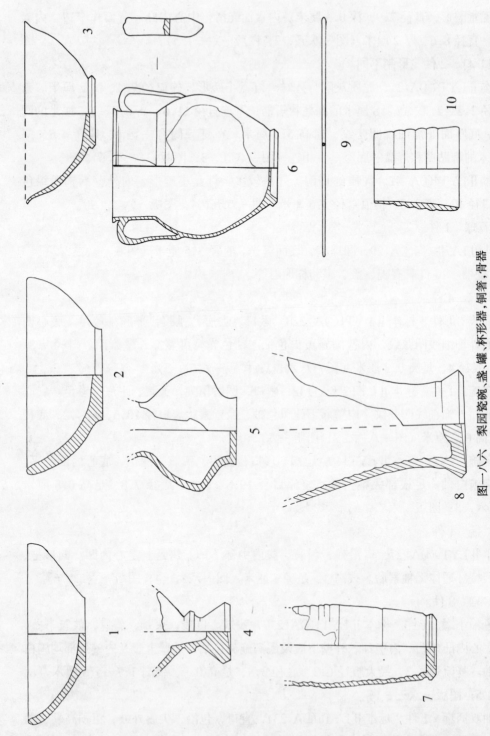

图一八六　梨园瓷碗、盏、罐、杯形器，铜箸，骨器

1.黄瓷碗ⅡLYT1④A:228　2.黑釉瓷碗ⅡLYT2④A:132　3.白瓷碗ⅡLYT1④A:229　4.盏ⅡLYT9④A:27　5.褚色釉小瓷罐ⅡLYT1④A:230　6.黑釉双柄罐ⅡLYT1④A:231　7.黑釉瓷罐ⅡLY扩T3④A:32　8.瓷杯形器ⅡLYT9④A:29　9.铜箸ⅡLYT1④A:233　10.骨器ⅡLYT1④A:222(1、2,4,5,8,10为1/2,3,6,9为1/4,7为1/6)

4.6、最大腹径 15.4、底径 8.2、足高 1 厘米（图一八六，6；图版一六三，2）。

黑釉罐　6 件。皆残。标本ⅡLY扩T3④A:32，口残，斜腹略直，圈足，底心内外皆平。内壁素胎，全饰凹弦纹。外壁上腹环饰凹弦纹，施黑色釉，近底部素胎。残高 18～24、残留最大腹径 13.5、底径 8.4 厘米（图一八六，7；图版一六三，3）。

（4）杯形器　1 件。

标本ⅡLYT9④A:29，口残，斜腹较深，下腹内收，饼足较大，底心内凸外凹。内壁素胎，环饰凹弦纹。外壁施黑褐釉。足素胎。残高 3.5～10、足径 6 厘米（图一八六，8；图版一六三，4）。

4．铜箸　1 件。

标本ⅡLYT1④A:233，红铜质。粗端刹尖，直径 0.6 厘米；细端浑圆，直径 0.25 厘米。通长 25.7 厘米（图一八六，9；图版一六三，5）。

（三）骨器　1 件。

标本ⅡLYT1④A:222，骨质。圆筒形，米黄色，一端较大，直径 4.5 厘米；另一端直径 3.8 厘米，内壁两端外侈，素面磨光，外壁中部环刻五周凹弦纹，表面光滑。通高 4.75、壁厚 0.1～0.3 厘米（图一八六，10；图版一六三，6）。

（四）石刻　142 件。有石造像、石刻残块，皆青石质。

1．造像　14 件。

（1）菩萨造像　2 件。标本ⅡLYT1④A:154，缺头，结跏趺坐于莲花台上，外着开领宽袖长袍，内着长裙，束腰飘带，耸肩，双手置胸捧瓶，表面贴金。底座高 3 厘米，正面浮雕云纹，底部保留有较细的錾痕，近边棱处作磨光处理。背面残缺破裂。残高 12、宽 17 厘米（图一八七，1；图版一六四，1）。

标本ⅡLYT1④A:167，造像座。在莲花台上又增加一层高 1.5 厘米的长方形坐台，左手按台，飘带翻飞遮莲，表面贴金。残长 12、高 5.2 厘米（图一八七，2；图版一六四，2）。

（2）力士造像　3 件。标本ⅡLYT1④A:155，头戴高冠，方脸鼓腮，折眉鼓眼，高鼻努嘴，双耳垂肩，短颈，身着铠甲披肩，有护胸、护心镜，左手作执物状，表面贴金。残高 11.2、宽 8 厘米（图一八七，3；图版一六四，3）。

标本ⅡLYT1④A:160，为力士造像头部。表面贴金。残长 4.8、宽 2.2 厘米（图一八七，4；图版一六四，4）。

标本ⅡLYT1④A:159，为力士造像腹部。表面贴金。残长 4、宽 5 厘米（图一八七，5；图版一六四，5）。

（3）执铜造像　2 件。标本ⅡLYT1④A:157，为一造像右手，执铜，表面贴金。残宽 4.6、残高 3.8 厘米（图一八七，6）。

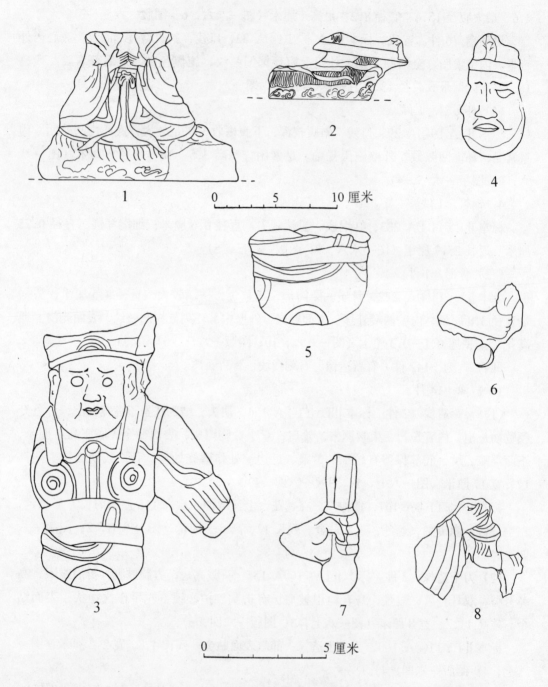

图一八七　梨园残石造像

1.菩萨造像ⅡLYT1④A:154　2.菩萨造像ⅡLYT1④A:167　3.力士造像ⅡLYT1④A:155　4.力士造像ⅡLYT1
④A:160　5.力士造像ⅡLYT1④A:159　6.执铜造像ⅡLYT1④A:157　7.执铜造像ⅡLYT1④A:158　8.执法造
像ⅡLYT1④A:156

标本ⅡLYT1④A:158，为一造像左手，执铜，表面贴金。残高5.6、宽0.8厘米（图一八七，7；图版一六四，6）。

（4）执法造像　1件。标本ⅡLYT1④A:156，为造像手臂残块，宽袖露手，左手端盒，右手揭盖作做法状。表面贴金。残高5.5、宽5厘米（图一八七，8；图版一六五，1）。

（5）其它石造像　6件。

标本ⅡLYT1④A:164，为一造像头部。发髻高耸，双分后梳，面圆丰满，长眉杏眼，高鼻小嘴，双耳下垂，表面贴金。残高5.5、宽5厘米（图一八八，1；图版一六五，2）。

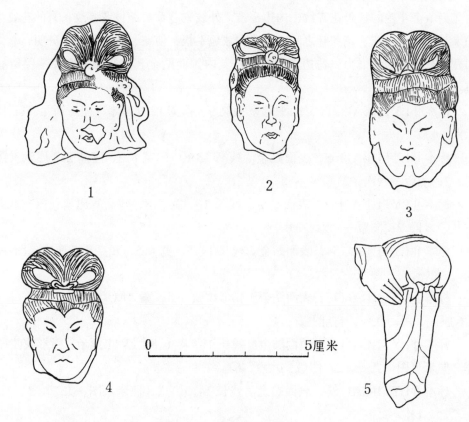

图一八八　梨园残石造像
1.ⅡLYT1④A:164　2.ⅡLYT1④A:161　3.ⅡLYT1④A:162　4.ⅡLYT1④A:163　5.ⅡLYT1④A:165

标本ⅡLYT1④A:161，为一造像头部。高髻束发，双分后梳，面清癯，细眉杏眼，颧骨略高，蒜鼻抿嘴，表面贴金。残高5、宽2.5厘米（图一八八，2；图版一六五，3）。

标本ⅡLYT1④A:162，为一造像头部。束髻高耸，双分后梳，面圆，粗眉细眼，高鼻抿嘴，双耳外伸，表面贴金。残高5.6、宽3.2厘米（图一八八，3；图版一六五，4）。

标本ⅡLYT1④A：163，为一造像头部。束髻高耸，双分后梳，长眉细眼，高鼻小嘴，表面贴金。残高4.5、宽2.5厘米（图一八八，4；图版一六五，5）。

标本ⅡLYT1④A：165，为造像手、腿残块。左手搭在左膝内侧，下肢着袍束带，表面贴金。残长7厘米（图一八八，5；图版一六五，6）。

2. 残石刻　出土甚多，形状可辨者128件（表五六）。

这些石刻残块原为一个整体，由于破坏严重，难以复原。从现存残块纹样看，表面有的用线刻和减地平钑技法雕刻的花纹；有的正面磨光，线刻小团花纹；有的外边宽带内雕刻争奇斗艳的牡丹花卉纹，内边窄带，外线刻蔓草、缠枝花卉纹；有的花纹为团花仙果。团花与团花、花和叶之间空隙地方减地平钑，使花、叶、蔓层次分明，立体效果明显，有很强的渲染力。花边素面窄带及其内侧面贴金。底座及外边一侧保留有细錾痕。背面均残缺。

标本ⅡLYT1④A：171，表面贴金。残高9、残宽12.9厘米（图一八九，1；图版一六六，1）。

标本ⅡLYT1④A：168，表面贴金。残高13.8、残宽8.5、座高2.2厘米（图一八九，2；图版一六六，2）。

标本ⅡLYT1④A：183，表面贴金。残长16、宽5.8、残高6厘米（图一八九，3、一九〇，1、2；图版一六六，3）。

标本ⅡLYT1④A：184，表面贴金。残长14.5、宽4.5、残高4.5厘米（图一八九，4、一九〇，3；图版一六六，4）。

标本ⅡLYT1④A：177，表面贴金。弧形纹弦径3、宽2厘米。残长13.2、宽6、厚6.6厘米（图一九一，1；图版一六六，5）。

标本ⅡLYT1④A：175，表面贴金。残长41、宽6.8、厚11厘米。弧形纹弦径3.4、宽2厘米（图一九一，2；图版一六六，6）。

标本ⅡLYT1④A：188，表面贴金。残长14.5、宽8厘米（图一九二，1、2；图版一六七，1）。

标本ⅡLYT2④A：107，表面贴金。残长11、宽12.5、厚13厘米（图版一六七，2）。

标本ⅡLYT2④A：108，表面贴金。残长12、宽10.6、厚13厘米（图版一六七，3）。

标本ⅡLYT1④A：190，表面贴金。残长15、宽12.2、厚11厘米。

标本ⅡLYT2④A：110，残长11、宽1.2～3、厚1.5厘米（图一九二，3；图版一

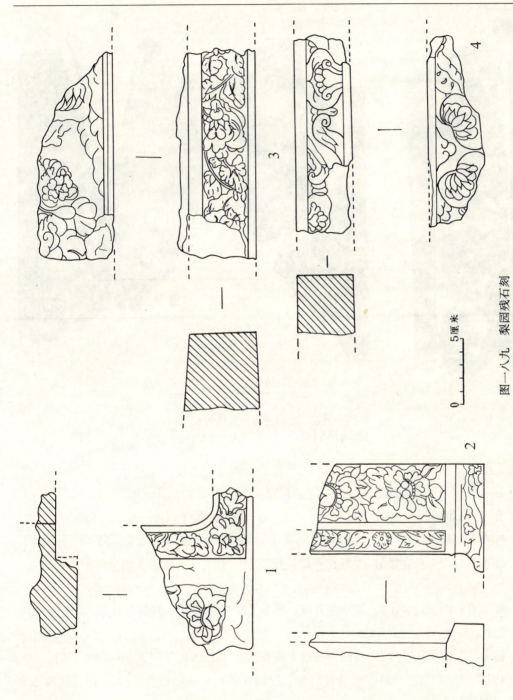

图一八九　梨园残石刻

1. ⅡLYT1④A:171　2. ⅡLYT1④A:168　3. ⅡLYT1④A:183　4. ⅡLYT1④A:184

5厘米

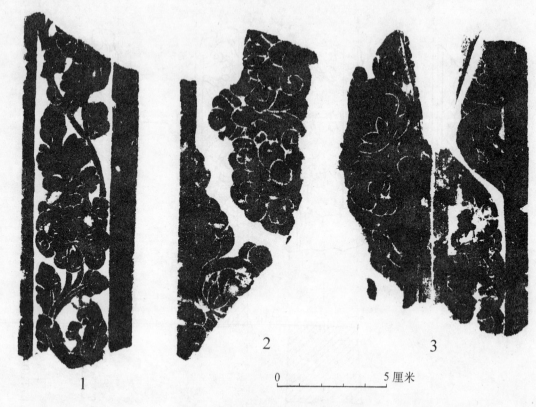

0 _____ 5 厘米

图一九〇　梨园残石刻纹样拓本
1、2. ⅡLYT1④A：183　3. ⅡLYT1④A：184

六七，4）。

　　标本ⅡLYT1④A：195，残长10、宽1～3.8、厚2厘米（图一九二，4）。

　　标本ⅡLYT1④A：194，残长10.5、宽4.3、厚4.4厘米（图一九二，5）。

　　标本ⅡLYT1④A：193，残长10.5、宽4、厚2厘米（图版一六七，5）

　　标本ⅡLYT1④A：186，线刻花卉纹。残长10、残宽4、高4.3厘米（图版一六八，1）。

　　标本ⅡLYT2④A：109，线刻花卉纹。残长12.5、残宽3、残高3厘米。（图版一六八，2）。

　　标本ⅡLYT1④A：172，线刻卷云纹。残长13、残高5厘米（图版一六八，3）。

　　标本ⅡLYT1④A：181，似造像底座，线刻花卉纹，表面贴金。残长10、残高2.8厘米（图版一六八，4）。

　　标本ⅡLYT1④A：173，似造像底座，线刻花卉纹，表面贴金。残长11、残高2.8厘米（图版一六八，5）。

　　标本ⅡLYT1④A：178，线刻花卉纹。残长9.5、残宽2.5厘米（图版一六八，6）。

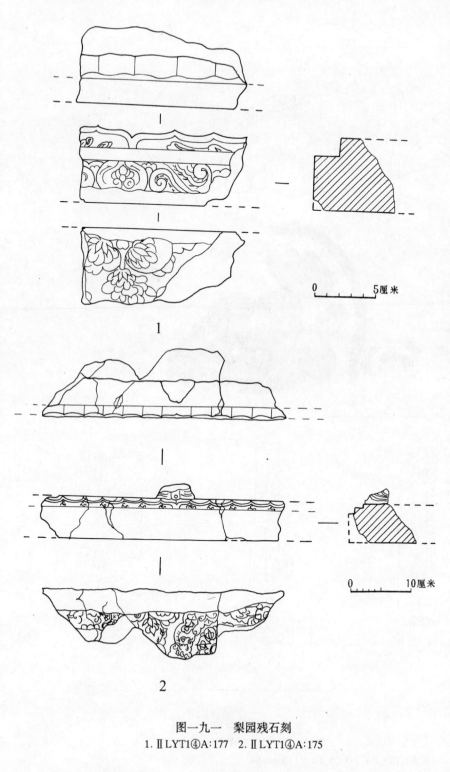

图一九一　梨园残石刻
1. ⅡLYT1④A:177　2. ⅡLYT1④A:175

标本Ⅱ LYT1④A：185，线刻花卉纹。残长12、残高6厘米（图版一六九，1）。

标本Ⅱ LYT2④A：105，凸雕卷叶纹。残长5、残宽7、残高6厘米（图版一六九，2）。

标本Ⅱ LYT1④A：170，雕刻台棱，线刻花卉纹。残长11、残宽6、残高5厘米（图版一六九，3）。

标本Ⅱ LYT2④A：106，线刻团花纹，表面贴金。残长7、残宽4厘米（图版一六九，4）。

标本Ⅱ

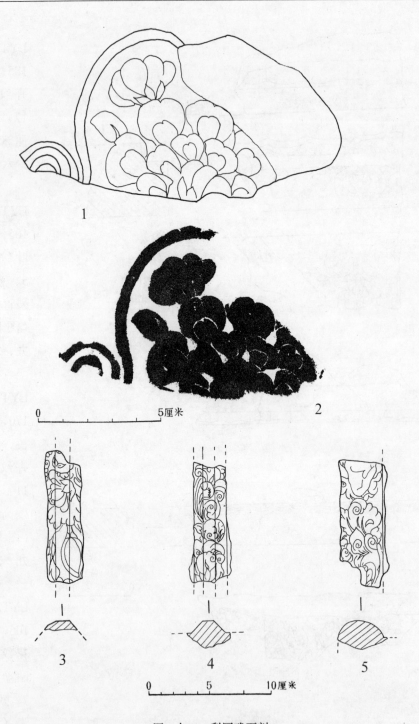

图一九二　梨园残石刻

1. ⅡLYT1④A:188　2. ⅡLYT1④A:188 纹样拓本　3. ⅡLYT2④A:110
4. ⅡLYT1④A:195　5. ⅡLYT1④A:194

LYT1④A：179，雕刻台棱、壶门、花卉纹，表面贴金。残长6.8、残宽3.5、残高7厘米（图版一六九，5）。

标本ⅡLYT1④A：192，雕刻台棱，花卉纹。残长8、残宽9、残高9厘米（图版一六九，6）。

表五六		梨园石刻残块登记表				单位：厘米
序号	纹样	器号	残长	残宽	残高	备注
1	雕刻壶门、团花纹	ⅡLYT1④A：171		12.9	9	表面贴金
2	雕刻台棱、花果纹	ⅡLYT1④A：168		8.5	13.8	表面贴金
3	雕刻团花纹	ⅡLYT1④A：183	16	5.8	6	表面贴金
4	雕刻团花纹	ⅡLYT1④A：184	14.5	4.5	4.5	表面贴金
5	雕刻台棱、弧形纹、花卉纹	ⅡLYT1④A：177	13.2	6	6.6	表面贴金
6	雕刻台棱、弧形纹、花卉纹	ⅡLYT1④A：175	41	6.8	11	表面贴金
7	雕刻弧形窄边、花卉纹	ⅡLYT1④A：188	14.5	8		表面贴金
8	凸雕飘带、衣褶、花卉纹	ⅡLYT2④A：107	11	12.5	13	表面贴金
9	凸雕飘带、衣褶、花卉纹	ⅡLYT2④A：108	12	10.6	13	表面贴金
10	凸雕飘带、衣褶、花卉纹	ⅡLYT1④A：190	15	12.2	11	表面贴金
11	线刻花卉纹	ⅡLYT2④A：110	11	1.2~3	1.5	表面贴金
12	线刻花卉纹	ⅡLYT1④A：195	10	1~3.8	2	
13	线刻花卉纹	ⅡLYT1④A：194	10.5	4.3	4.4	
14	线刻花卉纹	ⅡLYT1④A：193	10.5	4	2	
15	线刻花卉纹	ⅡLYT1④A：186	10	4	4.3	
16	线刻花卉纹	ⅡLYT2④A：109	12.5	3	3	
17	线刻卷云纹	ⅡLYT1④A：172	13	4	5	
18	雕刻台棱、花卉纹	ⅡLYT1④A：181	10	2	2.8	表面贴金
19	雕刻台棱、花卉纹	ⅡLYT1④A：173	11	2	2.8	表面贴金
20	线刻花卉纹	ⅡLYT1④A：178	9.5	2.5	2.2	
21	线刻花卉纹	ⅡLYT1④A：185	12	4.5	6	
22	凸雕卷叶纹	ⅡLYT2④A：105	5	7	6	
23	雕刻台棱、花卉纹	ⅡLYT1④A：170	11	6	5	
24	线刻团花纹	ⅡLYT2④A：106	7	2	4	表面贴金
25	雕刻台棱、壶门、花卉纹	ⅡLYT1④A：179	6.8	3.5	7	表面贴金
26	雕刻台棱、花卉纹	ⅡLYT1④A：192	8	9	9	

续表五六

序号	纹样	器号	残长	残宽	残高	备注
27	线刻衣褶、绾结	IILYT1④A:166			6.7	表面贴金
28	线刻花卉纹	IILYT1④A:191	14.5	8	8.5	
29	线刻花卉纹	IILYT1④A:176	11	7.5		
30	线刻花卉纹	IILYT1④A:189	10	7.5	4.2	
31	线刻花卉纹	IILYT1④A:182	10	4.5	4	
32	线刻花卉纹	IILYT1④A:187	9	7	7	
33	雕刻壶门、台棱、花卉纹	IILYT1④A:180	11	6	7.5	
34	线刻花卉纹	IILYT1④A:174	9	8.5	4	
35	线刻花卉纹	IILYT1④A:169	11	4	3	
36	线刻花卉纹	IILYT2④A:111	9.5	3.5	7	
37	线刻花卉纹	IILYT2④A:112	12	8	4	
38	线刻花卉纹	IILYT2④A:134	18.5	2.5	2.5	
39	雕刻壶门、卷叶纹	IILYT1④A:241	8	4	12	
40	线刻花卉纹	IILYT3④A:92	9	5.5	4	
41	线刻花卉纹	IILYT2④A:135	11.5	4.5	5.5	
42	线刻花卉纹	IILYT3④A:67	11	4	4.5	
43	线刻花卉纹	IILYT3④A:68	8	5	5	
44	线刻花卉纹	IILYT2④A:136	8	5	4	
45	线刻花卉纹	IILYT3④A:69	7	6	5	
46	线刻花卉纹	IILYT2④A:137	11	4.5	4	
47	线刻花卉纹	IILYT2④A:138	11	5	5.5	
48	线刻花卉纹	IILYT1④A:245	12	6.5	5.6	
49	线刻花卉纹	IILYT3④A:70	10	3.5	5.3	
50	线刻花卉纹	IILYT2④A:140	6	3.5	5.3	
51	线刻花卉纹	IILYT1④A:246	8	6.5	7.2	
52	线刻花卉纹	IILYT2④A:141	8	6	6.5	
53	线刻花卉纹	IILYT2④A:139	7	4	4	
54	线刻花卉纹	IILYT1④A:247	8.5	4	3.3	
55	线刻花卉纹	IILYT2④A:142	6	4.2	5.5	
56	线刻花卉纹	IILYT2④A:143	8	4.4	2.2	
57	线刻花卉纹	IILYT1④A:248	7.5	4.2	3.5	

续表五六

序号	纹　样	器　号	残　长	残　宽	残　高	备　注
58	线刻花卉纹	ⅡLYT3④A:71	7	5	3	
59	线刻花卉纹	ⅡLYT1④A:249	7	4.4	4.8	
60	线刻花卉纹	ⅡLYT3④A:72	8.6	4.8	3.7	
61	线刻花卉纹	ⅡLYT3④A:73	4.7	5.6	2.7	
62	线刻花卉纹	ⅡLYT1④A:250	6.2	4	4.2	
63	线刻花卉纹	ⅡLYT2④A:150	8	4	4.7	
64	线刻花卉纹	ⅡLYT3④A:74	6	4.6	3.5	
65	线刻花卉纹	ⅡLYT2④A:151	6	6	3.5	
66	线刻花卉纹	ⅡLYT1④A:251	9	4	4.2	
67	线刻花卉纹	ⅡLYT3④A:75	7.5	5.2	4	
68	线刻花卉纹	ⅡLYT2④A:152	6	3.5	4	
69	线刻花卉纹	ⅡLYT1④A:252	6	4	3.2	
70	线刻花卉纹	ⅡLYT3④A:76	7.5	3.5	3	
71	线刻花卉纹	ⅡLYT1④A:253	11	2.3	2	
72	线刻花卉纹	ⅡLYT1④A:254	9	2.3	2.5	
73	线刻花卉纹	ⅡLYT3④A:77	6.7	3	5.2	
74	线刻花卉纹	ⅡLYT2④A:153	10.5	2.6	2.3	
75	线刻花卉纹	ⅡLYT3④A:78	6	4.6	2.8	
76	线刻花卉纹	ⅡLYT1④A:255	7	5.3	2.2	
77	线刻花卉纹	ⅡLYT3④A:79	7	5	4.3	
78	线刻花卉纹	ⅡLYT2④A:154	8.5	6	3.5	
79	线刻花卉纹	ⅡLYT1④A:256	12	4	2.4	
80	线刻花卉纹	ⅡLYT3④A:80	3.5	6	5	
81	线刻花卉纹	ⅡLYT1④A:257	6.5	6.4	1.4	
82	线刻花卉纹	ⅡLYT2④A:155	9.2	2	2.6	
83	线刻花卉纹	ⅡLYT1④A:258	9	3	2.3	
84	线刻花卉纹	ⅡLYT2④A:156	8	4.5	2	
85	线刻花卉纹	ⅡLYT3④A:81	9.2	3.2	1.2	
86	线刻花卉纹	ⅡLYT3④A:82	5.2	3	2	
87	线刻花卉纹	ⅡLYT3④A:83	13	2	2	
88	线刻花卉纹	ⅡLYT2④A:157	8.7	2.5	3.2	

续表五六

序号	纹样	器号	残长	残宽	残高	备注
89	线刻花卉纹	IILYT1④A:259	11	2.6	2.2	
90	线刻花卉纹	IILYT2④A:158	10	3	2.6	
91	线刻花卉纹	IILYT3④A:84	7.4	4.4	2	
92	线刻花卉纹	IILYT2④A:159	6	4.2	2	
93	线刻花卉纹	IILYT3④A:85	8	2.3	2.6	
94	线刻花卉纹	IILYT1④A:260	6.5	2	2	
95	线刻花卉纹	IILYT1④A:261	9.5	3.5	1.5	
96	线刻花卉纹	IILYT1④A:262	11.5	3	1.5	
97	线刻花卉纹	IILYT1④A:263	7	3.5	1.4	
98	雕刻台座、花卉纹	IILYT1④A:264	7	2	2.4	表面贴金
99	线刻花卉纹	IILYT2④A:160	4	4.5	3	
100	线刻花卉纹	IILYT3④A:86	5.5	3.6	2.5	
101	线刻花卉纹	IILYT3④A:87	5.7	3.2	3.5	
102	线刻花卉纹	IILYT1④A:265	6	3.2	2.5	
103	线刻花卉纹	IILYT2④A:161	5.5	3	1.5	
104	线刻花卉纹	IILYT1④A:266	6.5	3.5	3.5	
105	线刻花卉纹	IILYT2④A:144	4.5	3.5	2.5	
106	线刻花卉纹	IILYT1④A:267	6	3	3	
107	线刻花卉纹	IILYT3④A:88	8	2.2	3	
108	线刻花卉纹	IILYT3④A:89	8.5	1.2	2.2	
109	雕刻台棱，花卉纹	IILYT1④A:242	8	3.5	3.5	
110	线刻花卉纹	IILYT2④A:145	6	2.5	1.5	
111	线刻花卉纹	IILYT1④A:268	7	1.7	2.2	
112	线刻花卉纹	IILYT2④A:146	7.2	3	2.8	
113	线刻花卉纹	IILYT1④A:269	5	4	3.5	
114	线刻花卉纹	IILYT1④A:270	7.8	3.4	1.4	
115	雕刻宽袖、衣褶	IILYT1④A:244	7	4.5	1.5	为造像手臂，表面贴金
116	雕刻宽袖、衣褶	IILYT1④A:243	4	2.5	3	为造像手臂，表面贴金
117	线刻花卉纹	IILYT2④A:147	6	2.2	1.7	
118	线刻花卉纹	IILYT1④A:271	5	2.5	2.6	
119	线刻花卉纹	IILYT3④A:90	5.6	3	1.2	

续表五六

序号	纹样	器号	残长	残宽	残高	备注
120	线刻花卉纹	ⅡLYT1④A:272	4	4	2	
121	线刻花卉纹	ⅡLYT3④A:91	7	3	2	
122	线刻花卉纹	ⅡLYT1④A:273	5.5	4.2	1	
123	线刻花卉纹	ⅡLYT2④A:148	5	3	1.5	
124	线刻花卉纹	ⅡLYT1④A:274	4.8	3	2	
125	线刻花卉纹	ⅡLYT2④A:149	5	3	1.5	
126	线刻花卉纹	ⅡLYT1④A:275	6.5	3.5	2	
127	线刻花卉纹	ⅡLYT1④A:276	5.5	3	2.1	
128	线刻花卉纹	ⅡLYT1④A:277	7.5	2	1.8	

（五）货币　2枚。圆廓方穿，除锈后为红铜质。

标本ⅡLYT1④A:278，正面廓内模铸"开元通宝"，隶书对读；背素面无纹。面径2.3、穿径0.75、厚0.15厘米（图版一六七，6）。

四、小　结

（一）称谓考辨

发掘出土的建筑遗存在Ⅱ区遗址文化层划分中，属于唐文化层。同时出土的绳纹、手印纹条砖、莲花纹方砖、莲花纹瓦当、青棍筒瓦、板瓦等建筑材料，不但与八十年代发掘的唐太宗李世民、唐玄宗李隆基和爱妃杨玉环等人沐浴的Ⅰ区遗址出土的同类器物的纹样、大小、形制完全相同，而且与唐长安城明德门、西明寺、青龙寺、兴庆宫、大明宫内含元殿、麟德殿、三清殿、麟游九成宫、铜川玉华宫、唐乾陵碑亭、双阙遗址、李重俊、李晦、惠庄太子李㧫等有确切纪年的唐代墓葬出土的同类器物大多雷同，特别是带"天宝二年内作官瓦"陶文板瓦的发现，为证明这处建筑遗址修建于唐代提供了文字依据。

这次出土建筑遗址南墙距八十年代发掘的莲花汤（御汤九龙殿）和海棠汤约80米。在此之间是华清池七十年代修建的水库。据修水库的工人回忆，在修库时曾发现夯土台和砌筑比较规范的砖墙、"开元通宝"货币、莲花纹方砖和莲花纹瓦当。通过我们在水库附近挖探沟解剖地层，证明这里原有建筑遗址。唐代人郑嵎《津阳门诗并序》曰："瑶光楼南皆紫禁，梨园仙宴临花枝。"清乾隆本《临潼县志·古迹·华清宫》记载："由津阳门入而左曰瑶光楼。长安志：津阳门之东曰瑶光楼。南有小汤。……前志：小汤西有梨园。楼南曰飞霜殿。"宋敏求《长安志》卷十五曰："津阳门之东曰瑶光楼（南有小汤）。其南曰飞霜殿。"元李好文《长安志图·唐骊山宫图》中标注华清宫东区的宫殿建筑由南向北，依次是玉女殿、温泉、星辰汤、九龙汤和莲花汤（亦名海棠汤）、飞霜殿、梨园和小汤、瑶光楼。由此观之，位于莲花汤和海棠汤以北水库下压的建筑遗址当是飞霜殿。飞霜殿是唐代皇帝来华清宫游幸时就寝之所，与沐浴池相距甚近，比较合乎情理，若较远则有诸多不便。飞霜殿建筑物的大小不得而知，考虑其为华清宫内重要建筑之一，又为"御寝"，建筑面积绝对不可能小于莲花汤大殿。实际发掘莲花汤殿宇包括散水在内东西是 21.5、南北是 18.2 米。从海棠汤北散水到飞霜殿大约是 20 米，加上飞霜殿南北占地约 30 米，共为 51 米。这次发掘遗址南距海棠汤约为 80 米，减去飞霜殿南北长度 30 米和迄海棠汤之间距离 20 米，仅剩 30 米。在此之间文献资料没有修建殿宇的记载。按实际距离计算，在这样短的距离内是不可能再修建什么殿宇，否则建筑密集，通风、采光、防潮等诸多问题都不好解决，证明新出土的建筑遗址正是史乘记载的梨园。

梨园在唐代初年是指京都长安北边禁苑中栽种梨树的果木园。其中建有别宫憩殿、楼台、亭阁、球场，供皇帝和贵戚、文武权臣歌舞、打球、拔河、饮宴娱乐。《新唐书·礼乐十二》记载唐"玄宗既知音律，又酷爱法曲，选坐部伎子弟三百教于梨园，声有误者，帝必觉而正之，号'皇帝梨园弟子'，宫女数百，亦为梨园弟子，居宜春北院"。《旧唐书·音乐一》亦记载："玄宗又于听政之暇，教太常乐工子弟三百人为丝竹之戏，音响齐发，有一声误，玄宗必觉而正之，号为皇帝弟子，又云梨园弟子，以置院近于禁苑之梨园。"唐玄宗李隆基秉政时，梨园始成为宫廷内教习和演出音乐、歌舞之地，并作为文艺团体的代名词而留传至今。

（二）始建与沿革

关于梨园的始建年代，未见史载。从发掘出土的遗址看，地层结构上存在着非常明显的叠压关系，分为早、晚两期。这次发掘以晚期梨园遗址为主，早期的仅进行了局部解剖，出土的绳纹条砖、莲花纹方砖、瓦当等建筑材料的纹样、形状，同Ⅰ区星辰汤第一、第二期建筑的同类器物相同，证明早期梨园修建于唐太宗李世民贞观十八年（公元644 年）至唐睿宗李旦景云元年（公元 711 年）之间。

晚期梨园遗址内涵丰富，保存比较完整，文化层堆积中出土了大量的建筑材料，纹样、形制与Ⅰ区二期同类器物雷同。不啻如此，有的板瓦上还带"天宝二年内作官瓦"陶文，为确定遗址的始建年代，提供了准确无误的文字依据。"天宝"是唐玄宗李隆基当国的第二个年号。"天宝二年"即公元 743 年。

但从梨园南庑保留二次修建的台明分析，梨园始建于天宝二年的结论与史实有悖。南庑第一次修建时，南北长 3.8 米，第二次扩建为 5.6 米。这种情况的出现说明，原来在南庑住的人少，面积较小，还可满足需要，一旦人员增多，就必须扩大建筑面积。唐天宝年间，玄宗皇帝游幸温泉宫最为频繁，不但随侍人员增多，梨园弟子人数也大大增加，而且驻跸时间长，这就需要大兴土木，修建殿宇，以备皇帝和随侍人员来往住宿。带天宝二年陶文板瓦的发现，为这一历史提供了佐证。同时也说明，梨园不是始建于天宝二年，而是扩建于此时。

就晚期整个遗址的地层划分而言，梨园修建时间，不会早过唐玄宗开元元年（公元712年），晚于天宝二年。唐"开元二年，上（唐玄宗）以天下无事，听政之暇，于梨园自教法曲，必尽其妙，谓之皇帝梨园弟子。"[1) 说明梨园在开元二年（公元712年）始成为唐玄宗在京都长安教习宫女、坐部伎歌舞之地。可以推想，唐玄宗从开元二年在京都梨园教习歌舞，不可能马上就在温泉宫也专设梨园，只能在开元二年或开元二年之后。按《资治通鉴·卷二百一十二·唐纪二十八》记载唐玄宗开元十一年"冬，十月，丁酉，上幸骊山，作温泉宫。"宋程大昌《雍录·温泉》卷四记载温泉宫注云："唐年小录曰：开元十年置，实录与元和志则曰：开元十一年置。"宋敏求《长安志》卷十五记载温泉宫注亦云："唐年小录曰：开元十年置温泉宫，实录与元和郡县图志曰：开元十一年初置温泉宫。"这与华清宫内梨园修建的时间比较接近。所以也不排除唐玄宗这位拥有至高无上权力的音乐大师于开元十一年前在"温泉宫"修建梨园这种可能性。因此客观地说，梨园始建于开元二年至开元十一年之间，天宝二年扩建则比较符合历史实际。

从Ⅳ、Ⅷ室南门和北门被封闭分析，梨园在唐德宗李适建中元年至唐昭宣帝李柷天祐三年（公元780～907年）之间，还有过修缮。

其它遗迹中夯土墙、柱础的存在，砖砌水道从Ⅱ室中间穿过，说明它们修建于唐末梨园毁坏之后。

梨园主室、南庑、北庑遗址地层叠压关系明确，上下截然有别，建筑物倒塌堆积中未发现唐代以后任何遗物，证明毁坏于唐末，未被沿用，与"禄山之乱，天子游幸益鲜，唐末遂废[2)"的记载相符。

（三）用途分析

关于梨园的建筑结构、内部布局和内涵如何，则是千古未解之谜！新出土的梨园遗址虽然没有全部清理出来，但形制可辨，为一组封闭式的庭院建筑，内部布局和结构与已发现的唐代建筑有比较明显的区别。一般的唐代建筑中，主体建筑大多是高台式，开间和进深有一定的比例，柱础排列有序，内部空间宽敞明亮，而梨园建筑则不同，主体建筑结构极为特殊，外边周环回廊，内部用夯土墙分隔成形制不同的室，最大的面积53.1平方米，最小的仅16.4平方米。在这样的室内进行排练、演出歌舞，不用说大型团体，就是少数几个人表演，也明显地受到很大的限制而施展不开。主体建筑的南、北

---

1)　［宋］王溥撰：《唐会要·论乐·杂录》卷三十四，中华书局，1955年版，629页。

2)　［元］李好文撰：《长安志图·唐骊山宫图》游师雄题跋。

庑的面积也很有限，最大面积也不过37.62平方米，存在着上述同样的问题。由此可以推测出，主体建筑内的室和南、北庑内不是梨园弟子排练演出的场地，而是她们的就寝之所。

在主体建筑Ⅰ、Ⅶ、Ⅴ、Ⅵ室和南、北庑的回廊及室内地面正对门口处，都设置大小不等的烧火坑。坑内至今仍保留草木灰，同时出土陶罐残片，说明烧火坑是为了生火御寒取暖而设。陶罐的用途有两种：保存火种和烧水，或两者兼而有之。室内专设烧火坑，从一个侧面为此室是为寝室提供了有力的证据。

唐代“讌享陈清乐、西凉乐。架对列于左右厢，设舞筵于其间。”[1] “唐礼，天子朝庙用三十六架。高宗成蓬莱宫，充庭七十二架。武后迁都，乃省之。皇后庙及郊祭并二十架，同舞八佾。先圣庙及皇太子庙并九架，舞六佾。悬间设柷敔各一，柷于左，敔于右。錞于、抚拍、顿相、铙、铎、次列于路鼓南。舞人列于悬北。登歌两架，登于堂上两楹之前。编钟在东，编磬在西。登歌工人坐堂上，竹人立堂下，所谓‘琴瑟在堂，竽笙在庭’也。殿庭加设鼓吹于四隅。”[2]通过以上文献资料的零星记载，使我们对唐代歌舞的规模大小、乐器的放置、音乐歌舞的表演方式，能够略知一二。概括起来，就是歌舞伎在庭院中间翩翩起舞，乐工在左右厢房内演奏各种乐器为其伴奏；歌舞伎根据需要，排成八行或六行不等的队形表演；乐器的放置也有具体要求：编钟在东，编磬在西，鼓吹放置殿庭四隅，琴瑟在室内弹奏，竽笙在庭院吹奏。这对认识出土遗迹的用途、性质有一定的启迪。梨园西部和西庭院虽然没有正式进行考古发掘，具体结构情况不明，但大的形制结构是由主室（西部可能还有一座大的建筑）和南、北庑组成的四合院式建筑。这与文献记载表演歌舞的场地要求比较相似。西庭院根据南、北庑向西继续延伸和勘探结果分析，其东西长度不会少于25米，南北已知为17米，面积将超过400多平方米。西庭院面积和现代化的大剧场相比，也毫不逊色。唐玄宗的梨园弟子当在院内排练或者表演，扭动柳腰，轻舒广袖，欢歌慢舞，四周回廊内则放置琴瑟、竽笙、筝、鼓、悬、錞于、抚拍、顿相、铙、铎、编钟、登歌、箜篌和玉笛等各种乐器，由乐工为歌舞伎伴奏。

（四）问题诠释

1. 烧火坑的启示

唐代皇帝，特别是唐玄宗几乎每年冬天都游幸骊山温泉，除游玩取乐之外，还有一个非常重要的原因，那就是借用温泉御寒过冬。李林甫《唐六典·卷第十九·司农寺》记载温泉汤注曰：“皇朝置温泉宫，常所临幸。又京兆府蓝田县有石门汤，歧州眉县有凤

1） ［后晋］刘昫等撰：《旧唐书·音乐二》中华书局，1975年版，1081页。
2） ［后晋］刘昫等撰：《旧唐书·音乐二》中华书局，1975年版，1080～1081页。

泉汤，同州有北山汤，河南府有陆浑汤，汝州有广成汤，天下诸州往往有之。然地气温润，殖物尤早，卉木凌冬不凋，蔬果入春先熟，比之骊山，多所不逮。"唐代诗人王建《华清宫》诗曰："园内分得温汤水，二月中旬已进瓜。"[1]都说明骊山温泉附近的地温高于周围地区。现梨园遗址各室中发现烧火坑，告诉我们，尽管骊山温泉周围地温比一般地区高，但仍须生火御寒。由此推测，唐代临潼乃至整个关中地区的冬天都比较寒冷。

史记唐太宗李世民鉴于长安城内潮湿高温，为父亲李渊在地势突兀的龙首塬建大明宫避暑。除此之外，李世民修缮九成宫、玉华宫、翠微宫的主要目的，也都是为了夏天乘凉消暑，证明唐时关中地区盛夏气温高，使人灼热难熬。处于温带的关中地区，冬天寒冷，夏天酷热，符合气候运行变化规律。梨园主室内发现烧火坑，对于史作记载关中地区盛夏气温高提供了反证。

2. 唐代人寝室的有关问题

根据梨园遗址建筑物的形制和结构，考证其内各室为梨园弟子的寝室。这就提出了居住者在室内什么寝具上就寝，住宿的方式，每室内大概能住多少人等诸多问题。寝具，一般应为木床和北方人睡觉常用的土炕，但室内都没有发现。炕外实内空，可以生火取暖。从每个室内均用烧火坑分析，炕的可能性不大，否则取暖设施重复。

关于唐代人就寝于床还是土炕，史籍没有明言。据《资治通鉴·卷二百一十六·唐纪三十二》记载，唐玄宗赐给安禄山除大量金银器外，还有"白檀床二，皆长丈，阔六尺"。天宝十四载，玄宗派中使冯神威赍自己的手谕去召安禄山，"禄山踞床微起，亦不拜，曰'圣人安隐'。"[2]唐代人周文矩《重屏会棋图》、顾闳中《韩熙载夜宴图》中画有木床[3]。由此可知唐代宫廷内官员、宦官、歌伎、宫女等，应于木床之上就寝。唐玄宗赐给安禄山最大的床，长1丈，宽6尺，按唐代1尺合今0.29～0.312米，若取0.3米计算，床长不过3、宽1.8米。梨园遗址房子室内均长在6、宽3.4米以上，放置唐代较大的双人床已绰绰有余，较小的单人床那就更不用说了。

梨园主体建筑各室的形制多为长方形。居住者的床只有东西或南北排列，才能最大限度和最有效地利用室内空间。考虑随幸华清宫的"梨园弟子"身份并不高，人数也不少，且相互之间地位平等，集体住宿的可能性比较大，也只有这样才能满足大队人员的住宿需要。

实际测量主体建筑Ⅰ室南北长10.5、东西宽约3.7米，若南北向一字排列安排床位，每人占用2平方米的空间，头向或东或西，东边留出0.7米走道，可住10人。Ⅲ室南北长约14.75、东西宽约3.6米，如Ⅰ室排列方式计算人数，可容15～16人住宿。

1) 《全唐诗·王建·宴前早春》，中华书局，1979年版，3425页。
2) ［宋］司马光编著：《资治通鉴·卷二百一十七·唐纪三十三》，中华书局，1976年版，6933页。
3) 金维诺编著：《中国美术全集·隋唐五代》，人民美术出版社，1984年版，120、128页。

Ⅴ室东西长 6.6、南北宽约 3.5 米，若东西向并排安排床位，每人占用 2 平方米空间，除去走道，可住 7 人。Ⅵ室南北长 10.5、东西宽约 3.85 米，考虑室内中间有烧火坑，采用南北并排，东西一字排列床位比较符合实际。若如此，按每人占用 2 平方米空间，则此室可住 8 人。Ⅶ室平面为曲尺形，面积稍大，正对门处亦有一烧火坑，床位排列与Ⅵ室相同，仍按每人占用 2 平方米的空间计算，约可住 10 人。除过Ⅱ室作为东、西庭院过道，Ⅳ、Ⅷ室另有它用外，其余五室约可住 50 人。

3. 窖藏还是厕所

主体建筑Ⅳ、Ⅷ室位于两排房子的中间，室内发现砖砌井 3 个，从南向北，J1 和 J2 之间相距约 10.5 米，其间地面均遭破坏，有扰坑 4 个，可能是砖砌井破坏之后所留。由此推算Ⅳ室的砖砌井不少于 7 个。Ⅷ室砖井发现 3 个，北边也有扰坑 2 个，亦当为砖砌井破坏之后所留。这样Ⅷ室原有砖井 5 个，其中 J4 为早期修砌，除用途待考外，其余的做工不甚规范，均为直筒状，最深的 2.35 米，一般的为 1.15～1.5 米。这些砖井用途何在？是渗井，室内无水可渗。若是作为贮藏食品用的窖穴，一则容积不超过 2 立方米，地方太小，二则冬天既不能保暖，夏天也不能降温，达不到贮藏的目的，实属画蛇添足之举。另外，梨园内未见炊事遗迹、遗物，说明灶房不在此地。按一般建筑布局排列，灶房和贮藏室相距咫尺才比较合理，而将其设置在寝室隔壁，既不利于炊事，又影响寝室卫生，显然有悖常情。

宋程大昌《雍录·温泉》卷四曰：骊山温泉宫"天宝六载改为华清宫，于骊山上益治汤井为池，台殿环列山谷"。宋敏求《长安志》卷十五记叙骊山温泉宫"天宝六载改为华清宫，骊山上下益治汤井为池，台殿环列山谷。"清乾隆本《临潼县志·古迹》曰："唐元宗作华清宫，泉环宫内，而沿山缭墙周遍宫外。其时汤井殊名，殿阁异制，园林洞壑之美，殆非人境。"上述文献中都有"汤井"之说，Ⅳ、Ⅷ室内砌砖井会不会是"汤井"而作为沐浴之用呢？联系室内发现三条绳纹陶管道，"汤井"之说似乎能够成立。但若研究砖井的内部结构，就会发现其底是无砌砖的土地，没有退水道，周围砌砖缝隙较大，粘接材料为泥浆，无密封效果可言，若在其内沐浴和在泥浆中没有什么两样，别说沐发洁身，不满身泥垢已属幸事。查看砖缝内泥浆密实，基本完好，没有经水冲刷痕迹，说明其内原未多次进过水。砖井底没有排水道则更能说明问题。若作为沐浴用，温泉水要不及时排放，就会使室内地基下陷，房屋有倒塌之虞。砖井附近虽有三条水道，但均在地面上，不可能自动排除地下积水，说明作为沐浴用的可能性不能成立。砖井既不是渗井，亦非贮藏食品的窖穴和沐浴用的汤井，那它的用途又是什么呢？

唐玄宗游幸骊山华清宫时带多少"梨园弟子"，今已无从考证。但从梨园遗址的建筑面积推算，在此住宿的不会低于百人之数。这么多人住在梨园，解手是一个必须首先解决的重要问题。在这里提出解手的厕所，似乎有失大雅，令人难以启齿，但其毕竟是每个人日常生活中一日不可不去的地方。唐代厕所具体详细的形状、结构，缺少文献资料依据。但据《周礼·天官·宫人》："掌王之六寝之修，为其井匽，除其不蠲，犹其恶臭。"郑玄注："井，漏井，所以受水潦。蠲，犹洁也。《诗》云：'吉蠲为饎'。郑司农云：'匽，路厕也'。玄谓匽猪谓霤下之池，受畜水而流之者。"疏云："谓于宫中为漏井以受秽，又为匽猪，使四边流水入焉。非匽二者，皆所以除其不蠲洁，又去其恶臭之物。"从这段文献记载可以看出，周代的溷厕是做成井的形状，并可用水清洗。《左传·成公十年》："（晋侯）将食，张，如厕，陷而卒。"说明那时的厕所，内有较深的坑坎，故使晋侯陷内致死。

溷厕的形状、结构变化不大，时至今日，很多地方仍使用茅坑。依此类推，周代和唐代的厕所也不会有太大的区别。从Ⅳ、Ⅷ室位于东西两排房子中间，其内的砖井排列有序，并留有一定的间隔，旁边还专设排水道这种布局分析，很有可能是男、女厕所。砖井为茅坑，供、排水道则是为梨园弟子盥洗而设。温泉水四季长流，为打扫厕所卫生，保持室内清洁，提供了非常便利的条件。由此可见，唐代的厕所配套设施齐全，卫生要求比较严格，已使我们仿佛看到了现代厕所的雏形。

4. 唐代窗户大小和木床高度

公认中国现存的唐代建筑是山西五台山的南禅寺和佛光寺大殿。但其间挕和后期戈戈改作的可能性是无法排除的。梨园遗址的夯土墙、门、窗位置犹在，这在已发掘的唐代建筑遗址中实属罕见，为确定唐代门、窗的大小，二者间距，提供了比较接近实际的数据。遗址中的窗台高出唐代室内地面 0.35 米，窗口南北宽 2.1、残高 0.6 米。唐代韦贵妃墓、李重俊墓出土壁画中建筑物上所绘窗子上框接近阑额，窗台距地面较近，说明唐代建筑中窗子较大。若按唐华清宫莲花汤、星辰汤明间柱高 4.2 米计算，减去阑额 0.8 米，窗台 0.35~0.5 米，梨园遗址的窗高近 2.5 米，也就是说唐代的窗户高宽比例大约为 2.5∶2。把二者结合起来分析，唐墓中建筑壁画的作者是用现实主义的手法，根据当时建筑物的实际大小，多少按一定的比例从事壁画创作。这对于确定壁画中建筑物的真实性和其在中国古代建筑研究中不可替代的地位，提供了实际依据。同时也说明宫殿、房屋上使用大窗户是唐代建筑普遍盛行的一种形式。殿宇上使用大窗户有利于室内采光、通风、防潮、防霉变等诸多优越性。这种形式不但盛行国内，而且影响师事唐代的日本、朝鲜等国家。日本法隆寺、东大寺等相当中国唐代时期的建筑，仍然可见唐代大窗户的孑遗。

室内窗台放低，可使窗户上下增大，但由此不能不使人联想到唐代人就寝的木床高度，自然不会高过室内窗台，否则就失去了降低窗台的实际意义。这种推理如若无误，唐代寝床，或者说梨园寝室木床的高度为 0.4 米左右。

第二节　小　汤

小汤位于遗址东南角的 T7、扩 T7、T8、扩 T8 内，平面近似方形，东西长为 12.2、南北宽 14 米，面积 170.8 平方米，地面围护建筑已经坍塌，梁架无存，现保留早、晚期殿基、汤池、供排水管道和窨井等，同时出土大量建筑材料。

一、地层堆积

（一）东剖面地层堆积，以 T7、T8 东剖面为例：

第 1 层，近代扰乱层　厚 2.8～3.25 米，土质结构紧密，呈黄色，内含现代建筑杂物，在距地表 1.4～1.8 米处，保留 1959 年华清池建筑物的夯土 11 层，厚约 1.4 米。

第 2 层，明、清文化层　距地表 2.8～3.2、厚 1.25～1.7 米，土质结构较为松散，呈灰黄色，内含明、清时代瓷碗、黑瓷残片、残陶容器、灰陶板瓦、筒瓦块和条砖等。

第 3 层，宋、金、元文化层　距地表 4.3～4.87、厚 0.75～1.7 米，土质结构较紧密，经夯打处理，呈灰色，内含宋代瓷碗、瓷盘和其它瓷片、砖瓦残块、石块、陶水管、砖砌水道、钱币和铁钉等。

第 4 层，唐代文化层　分 4A、4B 两层：

4A 层　为唐代晚期堆积，厚 0.6～1.8 米，上层土质结构极为松散，呈红褐色，主要为建筑物倒塌堆积，内含红烧土块、木炭碴、板瓦、筒瓦、莲花纹瓦当、莲花纹方砖、手印纹条砖、铁钉、白灰墙皮、陶质生活用具；下层为建筑基础，土质比较紧密，经夯打处理，呈棕褐色。遗址发掘至该层为止，在解剖沟发现唐代早期遗址。

4B 层　为唐代早期堆积，厚 0.8～0.95 米，上层土质结构疏松，呈灰褐色，为建筑倒塌堆积，内含板瓦、筒瓦、残砖等；下层土质结构细密，为建筑物基址。

第 5 层，秦汉文化层　厚 0.5～0.65 米，土色黄褐，内含秦汉建筑材料。

第 6 层，生土层（图一九三，1）。

（二）南剖面地层堆积，以 T7、T4 南剖面为例：

第 1 层，现代扰乱层　厚 2.8 米，土质结构紧密，呈黄色，距现地表 1.35～1.45 米处，发现十一层夯土，厚 1.4 米，为 1959 年扩建华清池时的建筑遗存。

第 2 层，明、清文化层　距地表 2.85、厚 1～1.65 米，土质结构松散，呈灰黄色，内含清代瓷碗、瓷片、瓷器口沿、砖块、筒瓦和板瓦等。

第 3 层，宋、金、元文化层　厚 0.85～1.45 米，土质结构较密实，经夯打处理，呈灰色，内含宋代瓷盘、瓷碗底、瓷片、砖砌水道、钱币、陶水道和方砖。

第 4 层，唐代文化层　分 4A、4B 两层：

4A 层　厚 1.25～2.1 米，上层土质结构松散，土色不纯，为建筑物倒塌堆积，内

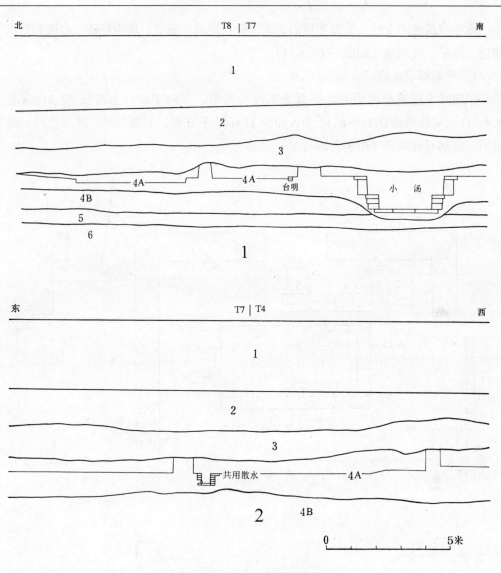

图一九三　小汤地层堆积图
1. T7、T8 东剖面　2. T7、T4 南剖面

含板瓦、筒瓦、莲花纹瓦当、素面方砖、粗绳纹条砖、锈铁钉、红烧土块、石刻、陶盆口沿和陶罐等；下层土质结构较密实，呈黄褐色，为建筑物基础，内含青棍板瓦、筒瓦、带字板瓦、带字陶罐口沿和小陶碗残块。遗址发掘到该层为止。从解剖沟发现，其下还有唐代早期建筑遗迹。

为了保护唐代建筑遗迹，4A层以下未发掘清理（图一九三，2）。

二、建筑遗迹

（一）殿宇建筑

殿宇建筑地面立柱、梁架和屋面无遗，保存殿基、围墙、墙内柱础、台明和散水等遗迹，分早、晚两期（图版一七〇，1）。

1．早期殿宇建筑

早期殿宇建筑坐南面北，平面为东西长方形，方向190°，东西长12.2、南北宽9.4、高出室外地面0.11～0.15米，面积114.68平方米，面阔三间，进深二间，保留台明、墙和石砌地面（图一九四）。

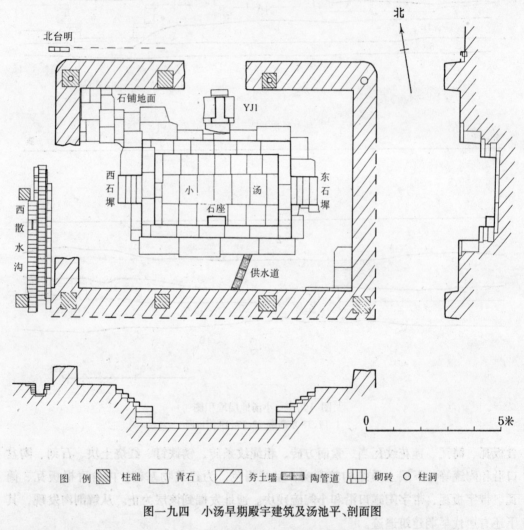

图一九四 小汤早期殿宇建筑及汤池平、剖面图

（1）东台明 位于殿基之东，在探方外，情况不得而知。

（2）东墙 紧接东台明修建，呈南北走向，现清理出土北部0.7米长一段，高0.65、下宽0.9、上宽0.78米，两壁面收分各为0.06米。保留基础部分，夯层不清楚。东壁面墙皮厚 0.017 米，分为三层，由里向外：第一层是厚约 0.008 米的粗泥，第二层是厚约 0.004 米的细泥，第三层是厚约 0.005 米的白灰墙皮，外表近地面处饰红色墙脚线，高度不详。

（3）南台明 位于殿基之南，在探方外，情况不明。

（4）南墙 紧接南台明修建，呈东西走向，仅清理出室内墙脚，经解剖知其全长 12.2、南北宽 1.05、残高 0.5 米。墙内发现两个素面石柱础，东柱础规格为 0.56×0.69×0.155 米，北对北墙内从东向西第二柱础。西柱础规格为 0.55×0.5×0.13 米，北对北墙内从东向西第三柱础。两柱础中心间距 3.95 米，与北墙内柱础中心间距 8.17 米。

（5）西散水沟 即梨园主室建筑东回廊南部散水沟（图版一七〇，2）。

（6）西台明 位于殿基之西，即梨园主室建筑东回廊散水沟西边，不再赘述。

（7）西墙 紧接西台明修造，呈南北走向，全长 7.35 米，中间部分破坏无遗，保留南北两段，南段残长 1.1、东西宽 0.9、残高 0.65 米；北段残长 2.1、东西宽 0.9、残高 0.3 米。两壁面墙皮分别厚 0.014 米，分为三层，由里向外：第一层是厚约 0.007 米的粗泥，第二层是厚约 0.003 米的细泥，第三层是厚约 0.004 米的白灰墙皮。

（8）北台明 位于殿基以北，呈东西走向，东边大部分在晚期增建房子时被破坏，西边残长 0.75、南北残宽 0.45 米，外侧保留二层包砖，高 0.15 米。台明的做法：用单条砖平砖错缝顺砌作边，内填土夯实，上平砌方砖做面。

（9）北墙 紧接北台明修建，呈东西走向，东西长 12.2、南北下宽 1.05、现顶宽 0.95、两面收分各为 0.05、残高 0.2~0.65 米，墙壁面保留早、晚二次做工遗迹。早期墙面厚 0.018 米，分为三层，由里向外：第一层是粗泥，厚 0.01 米，目的是把不平整的夯土墙面收平；第二层是细泥，厚约 0.004 米，进一步将墙面取平；第三层是白灰墙面，厚约 0.004 米。晚期墙面是厚 0.002 米的泥皮，外表接近地面处饰上下宽 0.13 米的红色墙脚线。

墙内东西向一字排列着四个素面青石柱础，由西向东：第一柱础规格为 0.65×0.6×0.14 米，上表面中心凿有直径 0.145、深 0.065 米的固定立柱洞；第二柱础规格为 0.65×0.55×0.14 米；第三柱础规格为 0.55×0.54×0.145 米，上表面中心凿有直径 0.15、深 0.075 米的固定立柱洞；第四柱础在夯墙之内，详情不明。四个柱础的中心间距分别是 3.6、3.95、3.61 米。

殿宇建筑砌砖之间的粘接材料均用泥浆。

（10）室内地面 除西北角保留东西长 3.4、南北宽 1.95 米铺石和东南角保留南北长 1.6、东西宽 0.7 米铺石之外，其余均遭破坏。地面结构分为上下两层，下层是厚约 0.15~0.2 米的黄褐色夯土，其上平砌剔磨光亮，四边规范，合缝紧密，规格为 0.53×0.8×0.12~0.13、0.54×0.65×0.12~0.13、0.45×0.45×0.12~0.13 米的青石板。

石板之间粘接材料用白灰浆。

2. 晚期殿宇建筑

晚期殿宇建筑紧接早期殿宇建筑北墙修建，室内东西长 10.45、南北宽 3.9 米，面积 40.76 平方米，保留东、北台明、四面围墙、室内地面、烧火坑等（图一九五，彩版一五，2；图版一七一，2）。

（1）北台明　位于殿宇之北，西部已残，现东西残长 5.1、南北宽 0.58、高 0.12 米。台明外边下层用规格为 37×17×7 厘米的手印纹条砖东西向平砖顺砌，上层用相同规格的条砖南北向平砖丁砌，内填土夯实（图版一七一，1）。

（2）北门　位于北墙正中空段处，门、门框、门槛无存，保留东、西门砧石坑位和其下的垫砖。门砧石坑位中心间距 1.6 米。东门砧坑南北长 0.5、东西宽 0.35、深 0.17 米，下垫规格为 37×17×7 厘米的手印纹条砖。砖上垫板瓦块取平。西门砧坑南北长 0.6、东西宽 0.35、深 0.17 米，下垫规格为 37.5×17.5×7.2 厘米的手印纹条砖。砖上垫板瓦块取平（图版一七一，1）。

（3）北墙　紧接北台明修建，呈东西走向，全长 10.45、底宽 0.65、顶宽 0.45、残高 0.3～0.65 米，中间有 2.3 米的空段。墙南壁面收分 0.12 米，上抹三层墙皮，由里向外：一、二层分别是厚约 0.005 米的草泥皮，三层是厚约 0.01 米的白灰墙皮；北壁面收分 0.08 米，墙皮分为两层，里层是厚约 0.013 米的草泥皮，外层是厚约 0.005 米的白灰墙皮，外饰红色墙脚线。墙内保存四个柱洞，由东向西，第一柱洞直径 0.19、深 1.2 米，四周有护柱板瓦，青石柱础低于室内地面 0.25 米；第二柱洞直径 0.17、深 1.16 米，青石柱础低于室内地面 0.38 米；第三柱洞直径 0.17、深 1.03 米，青石柱础低于室内地面 0.6 米；第四柱洞直径 0.16、深 0.85 米，青石柱础低于室内地面 0.55 米。四个柱洞间距分别是 3.6、3.94、3.61 米，与南墙立柱相对，中心间距 4.65 米。

（4）东台明　位于殿宇之东，在探方外，东西宽 0.45、高 0.11～0.13 米，北边清理出土 1 米。台明外边下层用规格为 37×17×7 厘米的手印纹条砖平砖顺砌，上层用相同规格的条砖平砖丁砌，内填土夯实。

（5）东墙　紧接东台明修建，呈南北走向，南北长 4.52、残高 1.2、东西底宽 1.02、顶宽 0.87 米，东壁面收分 0.05 米，上抹三层墙皮，由里向外：一层是厚约 0.003 米的白灰墙皮，二层是厚约 0.012 米的草泥皮，三层是厚约 0.005 米的白灰墙皮。西壁面收分为 0.1 米，保留一层约 0.012 米的草泥皮，下边饰红色墙脚线，高度不详。

（6）南墙　即早期殿宇建筑北墙。

（7）西台明　即早期殿宇西台明。

（8）西墙　紧接西台明修建，呈南北走向，南北长 4.55、残高 0.3、东西宽 0.7

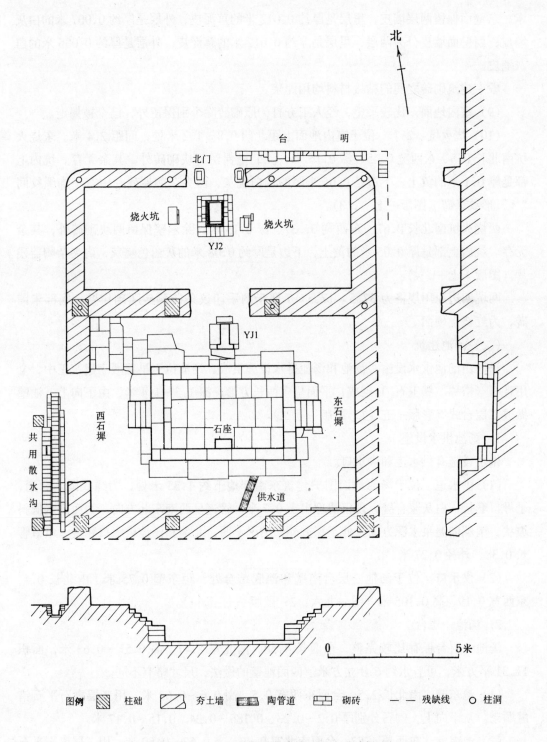

图一九五　小汤晚期殿宇建筑及汤池平、剖面图

米，东壁面保留两层墙皮，里层是厚约 0.012 米的草泥皮，外层是厚约 0.007 米的白灰墙皮；西壁面墙皮分为两层，里层是厚约 0.012 米的草泥皮，外层是厚约 0.005 米的白灰墙皮。

殿宇建筑砌砖之间的粘接材料均用泥浆。

（9）室内地面　比较平整，经人工夯打，原砌砖除个别保留外，已全被揭走。

（10）烧火坑　2 个。位于室内地面上距北门 0.8～1.2 米处，间距 2.4 米。东烧火坑南北长 0.5、东西宽 0.45、深 0.15 米，除北壁保留二块砌砖外，其余无存。坑内上部是厚 0.1 米的黄土，下边是 0.05 米厚的灰白烧灰，内夹杂陶器残片中有一饰绳纹间"×"形纹条砖（图版一七一，3）。

西烧火坑南北长 0.67、东西宽 0..37、深 0.13 米，除东壁保留两块砌砖外，其余无存。坑内上部是厚 0.05 米的黄土，下边是厚约 0.08 米的灰白色烧灰，内夹杂陶器残片（图版一七一，4）。

两坑四边原用规格为 37.5×17.5×7 厘米的手印纹条砖侧砖顺砌作壁，底部未铺砖，为红烧土硬面。

（二）汤池建筑

汤池由汤池供水设施、汤池和汤池排水设施组成。汤池位于早期殿宇建筑正中，全用青石（俗称"墨玉石"）砌成，平面呈东西长方形，深 1.3～1.4 米，由下向上，池壁做成二层台式（彩版一五，1；图版一七二）。

1. 汤池供水设施

供水设施有供水道和供水口。

（1）供水道　位于汤池地面围护建筑东南部地下约 1.35 米处，为绳纹陶水管道，子母口套接，白灰浆合缝，现仅清理出土 0.7 米。管道呈西南东北方向，为西高东低斜坡状，南端向温泉水源方向延伸至探方外，情况不明，北端和汤池供水口相接。单节管长 0.38、外径 0.27 米。

（2）供水口　位于汤池一层台南壁和池底结合处，距东壁 0.75 米，南北长 0.4、东西宽 0.19、高 0.105 米（图一九六，2；图版一七三，1）。

2. 汤池一层台

汤池一层台保存比较完整，东西长 4.58、南北宽 2.47、高 0.57～0.63 米，面积 11.31 平方米，可容水约 6.8 立方米。四面池壁的做法，尺寸略有不同。

（1）池东壁　南北长 2.5、台面东西宽 0.5、高 0.6～0.63 米，用三层青石平石错缝顺砌。从下向上，砌石分别厚 0.2～0.23、0.185～0.24、0.15～0.17 米。

（2）池南壁　东西长 4.57、台面南北宽 0.49、高 0.57～0.59 米，用三层青石错缝顺砌。从下向上，砌石分别厚 0.24～0.25、0.18～0.19、0.155 米。

（3）池西壁 南北长 2.52、台面东西宽 0.49、高 0.6～0.63 米，用三层青石平石错缝顺砌而成。由下向上，砌石分别厚 0.24、0.22、0.155 米。

（4）池北壁 东西长 4.56、台面南北宽 0.485～0.49、高 0.575～0.595 米，用三层青石平石错缝顺砌而成。从下向上，砌石分别厚 0.22～0.23、0.19～0.215、0.15～0.155 米。

（5）池底 东西长 4.56、南北宽 2.5 米，东南角高于西北角 0.16 米，呈斜坡状，以利排除池内积水。池底结构分为上下两层：下层是经过夯打、质底细密结实、厚约 0.8 米的防渗水土层；上层用做工规整、表面剔磨光滑、规格为 1.1×0.8×0.15、0.95×0.67×0.15、0.75×0.65×0.15 米的青石板平砌。池底表面有一定程度的磨损，西部有一人工凿刻的东西长 0.3、南北宽 0.1、深 0.002 米的流水槽。距东壁 0.6 米处，石板有一道南北向断裂缝，隆起 0.02 米；距南壁 0.8 米处，有一道高 0.015 米的东西向凸棱。这当为地壳运动所致。

（6）台座 位于一层台南壁和池底结合处，东西长 0.66、南北宽 0.37、高 0.315 米，西边距汤池一层台西壁 2.03 米，供沐浴者进出或坐着沐浴用。

3. 汤池二层台

汤池二层台除顶部几处盖板石被揭走外，其余保存基本完整，东西长 5.7、南北宽 3.58、高 0.78～0.8 米，面积 20.4 平方米，可容水约 16.12 立方米。池四壁尺寸和做工略有差别，东、西两壁有对称的石墁。

（1）池东壁 南北长 3.6、高 0.78 米，分别用厚 0.25、0.425、0.3、0.375 米的石板平石错缝顺砌，上砌厚 0.12 米的盖板石。在距池面上沿 0.24 米的壁面上，凿刻一条和池面平行，南北长 3.52、深 0.002、宽 0.003 米的槽线，与池南壁槽线相接（图一九六，1）。

（2）池南壁 东西长 5.7、高 0.77～0.8 米，用二层青石叠砌，下层青石高 0.65～0.66 米，上层盖板石高 0.12～0.13 米。在距池面上沿 0.24 米的壁面上，凿刻有和池面平行的槽线。槽线东西长 2.35、宽 0.003、深 0.002 米。中部偏西无槽线。槽线与东、西池壁槽线相接（图一九六，2）。

（3）池西壁 南北长 3.58、高 0.78～0.81 米，做法与南壁相同。下层青石高 0.66～0.69、0.4 米，上层石板高 0.13～0.135 米。东南角一块盖板石被破坏。在距池面 0.26～0.27 米处，有一条和池面平行的槽线，南北长 3.5、宽 0.003、深 0.002 米，并与南壁槽线相接。槽线是为了表示砌石缝而专门剔凿，起美观装饰作用，是否还有别的用意，不得而知（图一九六，3）。

（4）池北壁 东西长 5.64、高 0.8 米，做法与南、西壁相同，下层青石高 0.67～0.68、0.4 米，上层石板高 0.12～0.13 米（图一九六，4）。

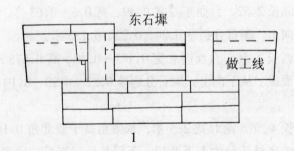

东石堰

做工线

1

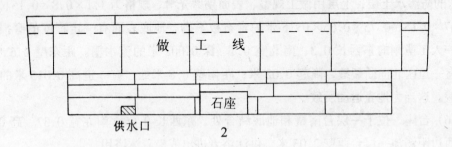

做 工 线

石座

供水口

2

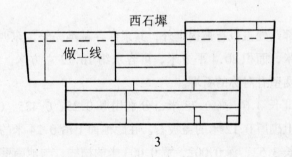

西石堰

做工线

3

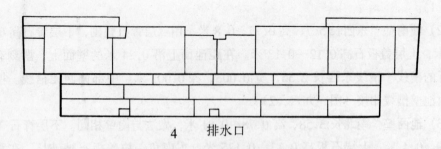

4　排水口

0　　　　　　　　　　　　　2米

图一九六　小汤池壁侧视图

1.东壁及石堰侧视图　2.南壁及供水口侧视图　3.西壁及石堰侧视图　4.北壁及排水口侧视图

（5）东石墀　位于汤池二层台东壁正中，西低东高，分为四级，由下向上：第一级南北长0.99、东西宽0.2、高0.145米；第二级南北长0.99、东西宽0.247、高0.195米；第三级南北长0.99、东西宽0.26、高0.15～0.17米，略呈斜坡状，东边比西边高0.02米；第四级南北长0.99、东西宽0.295、高0.16～0.165米，缺上层盖板石（图一九六，1）。

（6）西石墀　位于汤池二层台西壁正中，东低西高，与东石墀相对，分为四级，由下向上：第一级南北长0.99、东西宽0.22、高0.165米；第二级南北长0.99、东西宽0.215、高0.165米；第三级南北长0.99、东西宽0.23、高0.17米；第四级南北长0.99、东西宽0.25、高0.14米，缺上层盖板石（图一九六，3）。

汤池砌石之间的粘接材料均用白灰浆。

4. 汤池排水设施

汤池排水设施由排水口、闸门、窨井和排水道组成。

（1）排水口　4个。编号为PSH1、PSH2、PSH3、PSH4。

PSH1　位于汤池一层台西壁和池底结合处，南北宽0.1、东西长0.4、高0.125米。

PSH2　位于PSH1之北0.4米，东西长0.4、南北宽0.155、高0.13米，和池底上保留的流水槽相接。

PSH3　位于汤池一层台北壁和池底结合处，西距PSH2为0.8米，南北长0.4、东西宽0.16、高0.095米。

PSH4　位于PSH3之东1.15米，南北长1.15、东西宽0.15、高0.11米，北与闸门连接。其中PSH1、PSH3两处是修建时由于设计不当而弃置未用。PSH4是在PSH2被废弃之后，才开始修砌的（图一九六，4；图版一七三，2）。

（2）闸门　位于汤池北壁外正中之北，南距汤池二层台北壁面0.63米，东西长0.72、南北宽0.17～0.175、深1.36米，东、西两边用青石砌有卡挡板的凹槽。东凹槽东西长0.17、南北宽0.17、高1.36米；西凹槽东西长0.18、南北宽0.175、高1.36米。闸门南壁有边长0.13×0.13米的方形水孔和排水口PSH4相接（图一九七，1；图版一七三，3）。

（3）窨井　3个。位于排水道上，分别编号为YJ1、YJ2、YJ3。

YJ1　紧接闸门而修，全用青石砌成，平面呈南北长方形，开口于文化层第4B层，南北长0.8、南边东西宽0.34、北边东西宽0.375、深1.37米，壁面保留厚约0.03米的水锈。井口砌石向四边凿成二层台，用以承井盖，东、西、北三边台棱均宽0.03、高0.027米，南边砌石被破坏（图一九七，1；图版一七三，3）。

YJ2　位于YJ1之北3.7米，全用条砖砌成，东、西、北三壁顶部有不同程度的破

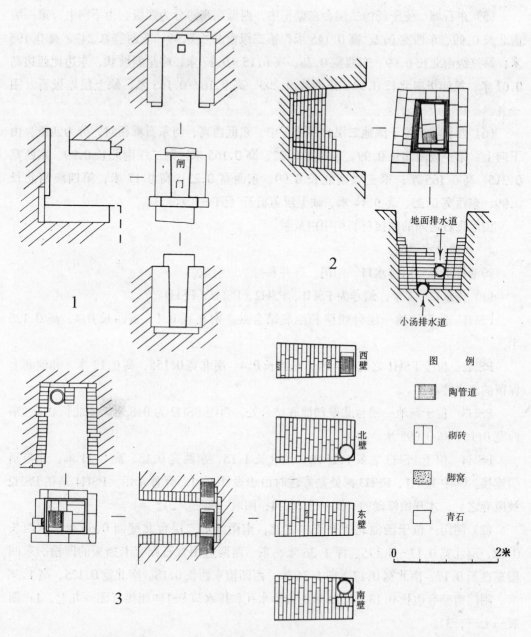

图例

陶管道

砌砖

脚窝

青石

0　　　　　　　　2米

图一九七　小汤窨井

1.YJ1及闸门平、剖面图　2.YJ2平、剖面图　3.YJ3平、剖面图

坏，上口距小汤晚期室内地面 0.64～0.74 米，平面呈南北长方形，上大下小，上部南北长 1、东西宽 0.69、底部南北长 0.75、东西宽 0.5 米，东、南、西三壁保留十三层砌砖，高 0.92 米。南壁下部用三层条砖砌出一个二层台，高 0.17 米。台面南北宽 0.1 米。北壁保留九层砌砖，高 0.63 米。四壁每层砌砖向外叠涩出 0.006 米。从 YJ1 经过

的汤池排水道穿过 YJ2 西部向北延伸到 YJ3（图一九七，2；图版一七四，1）。

在 YJ2 北壁，距井口 0.5 米，紧贴东壁处，有一条南高北低，有一定比降的陶质水管道，向北延伸 28.5 米至探方之外。管道直径 0.195、单节长 0.29、0.3、0.31 米不等，外饰绳纹，内布纹，子母口套接，白灰浆合缝（图版一七四，2）。

YJ1、YJ2 的做法：先挖成一个南北长 1.8~1.9、东西宽 1.4~1.5、深 1.5 米的土坑，底部用规格为 37×17.5×7、38×17.5×7.3 厘米的条砖平砖顺砌，东、南、西三边用相同规格的双条砖、北边用单条砖平砖错缝顺砌，上层用条砖平砖丁砌做面。

YJ3　位于 YJ2 之北 12.32 米，全用条砖砌成，开口于文化层第 4B 层，平面呈东西长方形，上大下小，上口东西长 0.84、南北宽 0.65、底部东西长 0.74、南北宽 0.58 米，四壁保留十九层砌砖，深 1.52 米。东、西两壁砌砖每层向外叠涩约 0.001 米；南、北两壁每层砌砖向外叠涩约 0.003 米。在窨井东、西两壁设置有便于人上下的脚窝。东壁留有一个脚窝，距井底 0.87、南壁 0.16 米，南北宽 0.13、高 0.073、东西深 0.066 米。西壁留有两个脚窝，上边脚窝在窨井口沿部，距南壁 0.14 米，南北宽 0.13、高 0.075、东西深 0.06 米；下边脚窝上边距井口 0.96、南壁 0.2 米，南北宽 0.13、高 0.07、东西深 0.057 米（图一九七，3，图版一七四，3）。

YJ3 内原陶质水管道不知何故被破坏，晚期另接了一节直径 0.26、长 0.46 米的绳纹陶管道，距 YJ3 底部砌砖 0.045 米。为了加固管道，在其东边南部砌了一段南北残长 0.38、宽 0.17、高 0.3 米的四层砖，上部平砌二层灰条砖，将管道包裹在内。砌砖底距水道底部 0.065 米，北边保留有南北向的两块残砖，说明原砌砖和窨井北壁相接。

YJ3 做法：先挖成一个东西长 1.25~1.3、南北宽 1.05~1.1、深 1.6 米的土坑，底部平砌条砖，四边用规格为 38.5×17×7.5、35.5×17×7 厘米的手印纹条砖平砖错缝顺砌。

脚窝做法：在井壁砌砖时留出宽 0.13~0.14、进深 0.06 米的空窝，外用残条砖封口即成。

三个窨井砌砖之间的粘接材料均用泥浆。

（4）排水道　为陶质管道，位于汤池之北，清理出土 18.5 米，南北走向，南高北低，为了便于排水，有一定的比降，南接 YJ1 北壁，北穿 YJ2、YJ3 延伸至探方之外，向北继续延伸，去向不明。单节管道长 0.415、外径 0.26 米，外饰绳纹，粗布纹里，子母口套合，白灰浆合缝。

三、出土遗物

出土遗物按用途，分为建筑材料和生活用具。

（一）建筑材料　分陶质、石质和铜质三类。

1. 陶质建筑材料　39 件。有条砖、方砖、板瓦、筒瓦、瓦当和水管等。

（1）条砖　2件。

标本ⅡXT扩T8④A:4，泥质灰陶。一面素面，另一面正中饰粗直绳纹。规格为33×14.5×5.4厘米。

（2）方砖　6件。根据正面纹样之不同，分莲花纹、手印纹和绳纹三种。

十六瓣单蕊莲花纹方砖　1件。标本ⅡXTT7④A:10，泥质灰陶。残缺。正面四周作双窄带相互平行的边框，四角饰忍冬纹，自外而内作四个同心圆。第一圆带内为变形蔓草纹。第二圆带内作十六瓣莲花纹。花瓣窄长，外饰细线，一侧间饰三角形隔棱。第三圆带内饰八个乳钉纹。花心圆中缀一实心圆点。背面饰粗绳纹。规格为19（残）×24（残）×6.2厘米（图一九八，1、2；图版一七五，1）。

绳纹方砖　4件。背面纹样均不同。

标本ⅡXT扩T8④A:5，泥质灰陶。素面。背饰菱形网格纹。规格为34×34×6.5厘米（图一九八，3；图版一七五，2）。

标本ⅡXT扩T8④A:6，泥质灰陶。被当时工匠剔削成直角扇形，素面。背饰粗绳纹，间饰一行"×"形纹。规格为32×31×5厘米（图一九八，4；图版一七三，3）。

标本ⅡXT扩T8④A:23，泥质灰陶。素面。背面饰粗刻划纹，间饰两行"×"形纹。规格为32×31×5厘米（图一九八，5；图版一七五，4）。

标本ⅡXTT8④A:14，青棍。素面磨光。背饰粗刻划纹，间饰一行"囷"形纹。规格为32×32×5.7厘米（图一九九，2；图版一七五，6）。

手印纹方砖　1件。

标本ⅡXTT8④A:13，泥质灰陶。素面。背面按一个全右手印纹，印迹模糊，用力较轻。规格为31.5×31.5×5.2厘米（图一九九，1；图版一七五，5）。

（3）板瓦　2件。

标本ⅡXTT8④A:9，泥质灰陶。外素面，粗布纹里。长42、窄边弦径20.5、弦高4、厚1.5厘米（图二〇〇，1；图版一七六，1）。

（4）筒瓦　8件。

标本ⅡXTT7④A:8，泥质灰陶。外素面磨光，粗布纹里。长33、外弦径12.6、厚2、唇长3.2厘米（图二〇〇，2；图版一七六，2）。

（5）瓦当　19件。根据当面纹样分莲花纹和兽面纹两种。

莲花纹瓦当　15件。

六瓣单蕊莲花纹瓦当　1件。标本ⅡXTT7④A:3，青棍。作带状和细线相互平行的边框，中间饰乳钉纹，内饰六瓣莲花纹，花心中缀一实心圆点。面径9.3、厚1.2、边宽1.3厘米（图二〇一，1；图版一七六，3）。

八瓣单蕊莲花纹瓦当　1件。标本ⅡXTT7④A:2，泥质灰陶。稍残。作带状和粗线

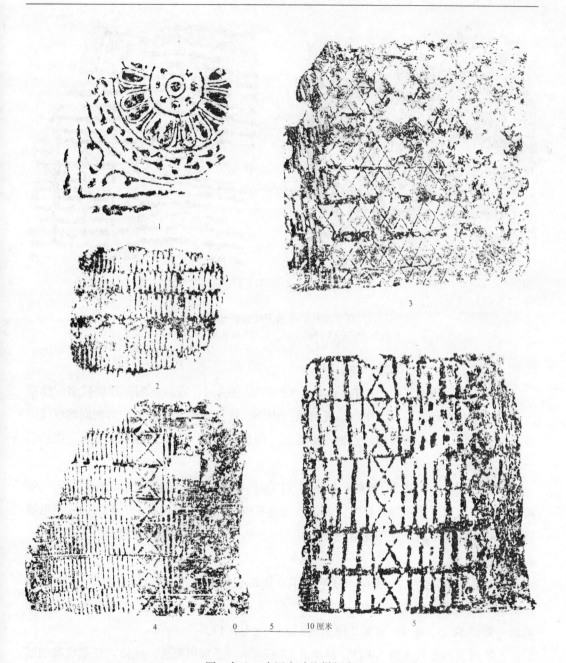

图一九八 小汤方砖纹样拓本

1.十六瓣单蕊莲花纹ⅡXTT7④A:10(正) 2.粗绳纹ⅡXTT7④A:10(背) 3.绳纹ⅡXT扩T8④A:5
4.绳纹ⅡXT扩T8④A:6 5.绳纹ⅡXT扩T8④A:23

相互平行的边框,中间饰乳钉纹,面饰八瓣莲花纹。花瓣瘦小被磨,外勾细线,每瓣一侧上端间饰三角形乳钉。花心细线圆内缀一实心大圆点。面径12.4、厚1.3、边宽1.7

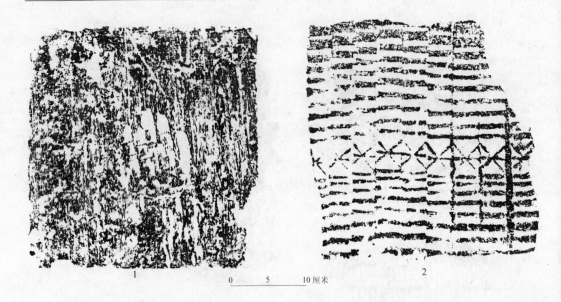

图一九九　小汤方砖纹样拓本
1.右手印纹ⅡXTT8④A:13　2.刻划纹ⅡXTT8④A:14

厘米（图二〇一，2；图版一七六，4）。

八瓣八蕊莲花纹瓦当　1件。标本ⅡXT 扩 T8④A:2，泥质灰陶。残缺较多。作带状和粗线相互平行的边框，中间饰乳钉纹，内饰八瓣莲花纹。花瓣小，两侧间饰粗线隔棱和小圆乳钉。花心圆内缀八点梅花形花蕊。面径12、厚0.8、边宽1.5厘米（图二〇一，3；图版一七六，5）。

八瓣九蕊莲花纹瓦当　6件。标本ⅡXTT8④A:8，青棍。残缺近半。作带状和粗线相互平行的边框，中间饰乳钉纹，面饰八瓣莲花纹。花瓣鼓突饱满，一侧间饰三角形隔棱。花心细线圆中缀九点梅花形花蕊。面径12.8、厚1.5、边宽2.2厘米（图二〇一，4；图版一七六，6）。

标本ⅡXTT7④A:4，青棍。残缺近半。作带状和细线相互平行的边框，中间饰乳钉纹，面饰八瓣莲花纹。花瓣一侧间饰"丫"形细线隔棱。花心粗线圆中缀九点梅花形花蕊。面径12.5、厚1、边宽2厘米（图版一七七，1）。

八瓣团蕊莲花纹瓦当　4件。标本ⅡXTT8④A:1，灰褐陶质。残缺。作带状和细线相互平行的边框，中间饰乳钉纹，面饰八瓣莲花纹。花瓣鼓突，外环细线，一侧上端间饰三角形乳钉。花心细线圆中缀梅花形花蕊。面径13、厚1.4、边宽1.7厘米（图二〇一，5；图版一七七，2）。

十四瓣九蕊莲花纹瓦当　2件。标本ⅡXTT7④A:1，泥质灰陶。作带状和粗线相互平行的边框，中间饰乳钉纹，内饰十四瓣莲花纹。花瓣窄长较尖，每组一侧间饰三角形

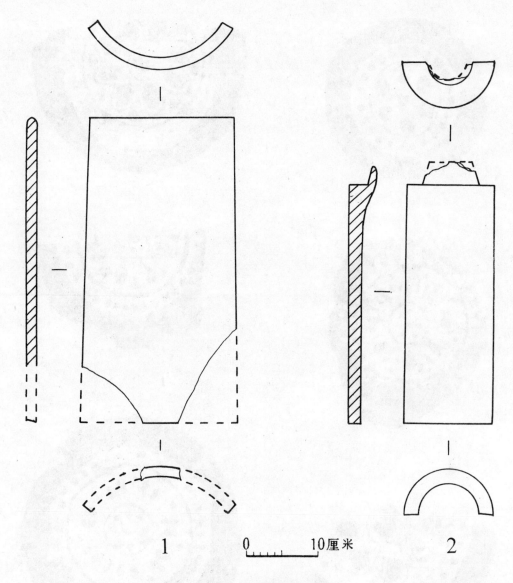

图二〇〇 小汤板瓦及筒瓦

1.素面板瓦ⅡXTT8④A:9 2.无瓦当筒瓦ⅡXTT7④A:8

隔棱。花心内作一凸棱圆圈，中缀九点梅花形花蕊。面径12.8，厚1.6、边宽1.7厘米（图二〇一，6；图版一七七，3）。

兽面纹瓦当 4件。

标本ⅡXT扩T7④A:1，泥质灰陶。残缺。作带状和细线相互平行的边框，内饰一额突鼻隆，张口伸舌，龇牙的怪兽头。面径12.4、厚1.4、边宽1.8厘米（图二〇二，1；图版一七七，4）。

图二〇一　小汤瓦当纹样拓本

1.六瓣单蕊莲花纹ⅡXTT7④A:3　2.八瓣单蕊莲花纹ⅡXTT7④A:2　3.八瓣八蕊莲花纹ⅡXT扩T8④A:2
4.八瓣九蕊莲花纹ⅡXTT8④A:8　5.八瓣团蕊莲花纹ⅡXTT8④A:1　6十四瓣九蕊莲花纹ⅡXTT7④A:1

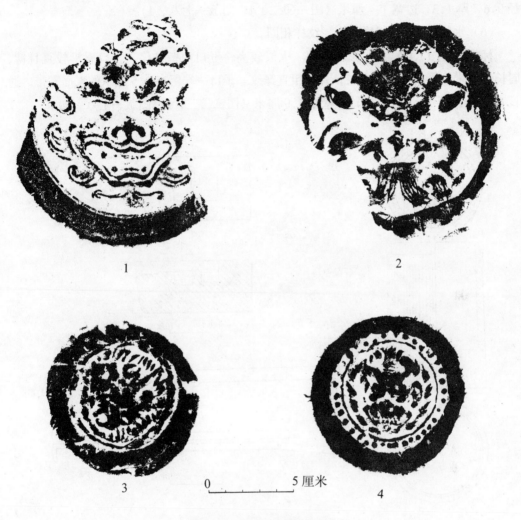

1　　　　　　　　　　　　　　2

3　　0 _____ 5 厘米　　　　4

图二○二　小汤瓦当纹样拓本

1.兽面纹ⅡXT扩T7④A:1　2.兽面纹ⅡXT扩T7④A:2
3.兽面纹ⅡXT扩T8④A:1　4.兽面纹ⅡXT扩T7④A:7

标本ⅡXT扩T7④A:2，泥质灰陶。残缺。作带状窄边，内饰一兽面，额突鼻隆，抿口露齿，目光直视，侧耳倾听，有胡髭。面径12、厚0.8～2.2、边宽1.6厘米（图二○二，2；图版一七七，5）。

标本ⅡXT扩T8④A:1，泥质灰陶。作带状和粗线相互平行的边框，内饰一兽面，缩额突鼻，敛口露齿，两眼微闭，竖耳朝上，髭鬣飞扬。面径9.5、厚1.4～2.8、边宽1.5厘米（图二○二，3；图版一七七，6）。

标本ⅡXT扩T7④A:7，青棍。作带状和细线相互平行的边框，中间饰小乳钉纹，框内饰一兽面，龇牙咧嘴，高鼻凹眼，凸额，双耳贴腮，两角弯曲向上，髭鬣飞扬。面径9.6、厚1.3、边宽1.4厘米（图二〇二，4；图版一七八，1）。

（6）水管　2件。规格大小、纹样相同。

标本ⅡXTT7④A：11，泥质灰陶。火候较高，母口内壁外侈，子口唇沿较直且薄，唇长3厘米。管内壁为粗布纹，外饰粗直绳纹。子口一端留有2.5厘米的素面宽带。通长35.5、外径24、内径19.7、壁厚1.9厘米（图二〇三，1；图版一七八，2）。

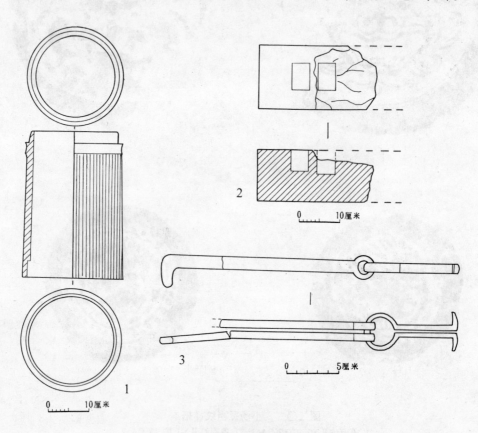

图二〇三　小汤陶水管，石栏座，铜钩

1.陶水管ⅡXTT7④A：11　2.石栏座ⅡXTT7④A：13　3.铜钩ⅡXTT8④A：15

2. 陶质建筑材料登记表

表五七　　　　　　　　　　小汤条砖登记表　　　　　　　　　单位：厘米

序 号	纹 样	器 号	长×宽×厚	备 注
1	素面，背面饰粗直绳纹	ⅡXT扩T8④A：4	33×14.5×5.4	灰陶
2	素面，背面饰粗直绳纹	ⅡXT扩T8④A：3	残33×16.5×6	灰陶

表五八　　　　　　　　　　　　小汤方砖登记表　　　　　　　　　　单位：厘米

序 号	纹　样	器　号	长×宽×厚	备 注
1	正面十六瓣单蕊莲花纹；背面粗绳纹	ⅡXTT7④A：10	残24×残19×6.2	灰陶
2	素面；背面菱形网格纹	ⅡXT扩T8④A：5	34×34×6.5	灰陶
3	素面；背面饰粗绳纹间一行"×"纹	ⅡXT扩T8④A：6	32×31×5	灰陶
4	素面；背面粗刻划纹间两行"×"纹	ⅡXT扩T8④A：23	34×35×5.8	灰陶
5	素面；背面饰一个右手印纹	ⅡXTT8④A：13	31.5×31.5×5.2	灰陶
6	素面；背面粗刻划纹间一行"×"纹	ⅡXTT8④A：14	32×25×5.7	灰陶

表五九　　　　　　　　　　　　小汤板瓦登记表　　　　　　　　　　单位：厘米

序 号	纹　样	器　号	长	窄弦径	宽弦径	厚	备 注
1	素面，内饰粗布纹	ⅡXTT8④A：9	42	20.5		1.5	灰陶
2	素面，内饰粗布纹	ⅡXTT7④A：7	41		23	2	灰陶

表六〇　　　　　　　　　　　　小汤筒瓦登记表　　　　　　　　　　单位：厘米

序 号	纹　样	器　号	长	外弦径	壁厚	唇长	备 注
1	素面，内饰粗布纹	ⅡXTT7④A：8	33	12.6	2	3.2	灰陶
2	素面，内饰粗布纹	ⅡXTT7④A：9	33	13.5	2	残	灰陶，残
3	素面，内饰粗布纹	ⅡXT扩T7④A：3	32	12.4	2	残	灰陶，残
4	素面，内饰粗布纹	ⅡXT扩T7④A：4	31.8	13	2	2.5	灰陶
5	素面，内饰粗布纹	ⅡXT扩T7④A：5	31.8	12	2	2.4	灰陶
6	素面，内饰粗布纹	ⅡXTT8④A：11	31.2	12.3	1.8	2.7	灰陶
7	素面，内饰粗布纹	ⅡXTT8④A：12	残29	12	1.7	2.5	灰陶，残
8	素面，内饰粗布纹	ⅡXTT8④A：10	残27	12.5	1.7	残	灰陶，残

表六一　　　　　　　　　　　　小汤瓦当登记表　　　　　　　　　　单位：厘米

序 号	纹　样	器　号	面　径	厚	边　宽	备 注
1	六瓣单蕊莲花纹	ⅡXTT7④A：3	9.3	1.2	1.3	青棍
2	八瓣单蕊莲花纹	ⅡXTT7④A：2	12.4	1.3	1.7	灰陶，残缺

续表六一

序　号	纹　样	器　号	面　径	厚	边　宽	备　注
3	八瓣八蕊莲花纹	ⅡXT扩T8④A:2	12	0.8	1.5	灰陶，残缺
4	八瓣九蕊莲花纹	ⅡXTT8④A:8	12.8	1.5	2.2	青棍，残缺
5	八瓣九蕊莲花纹	ⅡXTT8④A:7	12.8	1.4	1.7	灰陶，残缺
6	八瓣九蕊莲花纹	ⅡXTT7④A:6	12	1	2	灰陶，残缺
7	八瓣九蕊莲花纹	ⅡXTT7④A:4	12.5	1	2	青棍，残缺
8	八瓣九蕊莲花纹	ⅡXTT8④A:2	13.7	1.5	2	灰陶，残缺
9	八瓣九蕊莲花纹	ⅡXTT8④A:4	12.2	1.3	2	灰陶，残缺
10	八瓣团蕊莲花纹	ⅡXTT8④A:1	13	1.4	1.7	灰褐陶，残缺
11	八瓣团蕊莲花纹	ⅡXTT7④A:5	12.8	1.5	1.8	灰褐陶，残缺
12	八瓣团蕊莲花纹	ⅡXTT8④A:3	12.8	1.3	2	灰陶，残缺
13	八瓣团蕊莲花纹	ⅡXTT8④A:6	12.8	1.3	2	灰陶，残缺
14	十四瓣九蕊莲花纹	ⅡXTT7④A:1	12.8	1.6	1.7	灰陶，残缺
15	十四瓣九蕊莲花纹	ⅡXTT8④A:5	13.8	1.3	1.8	灰陶
16	兽面纹	ⅡXT扩T7④A:1	12.4	1.4	1.8	灰陶
17	兽面纹	ⅡXT扩T7④A:2	12	0.8~2.2	1.6	灰陶
18	兽面纹	ⅡXT扩T8④A:1	9.5	1.4~2.8	1.5	灰陶
19	兽面纹	ⅡXT扩T7④A:7	9.6	1.3	1.4	灰陶

表六二　　　　　　　　　　小汤陶水管登记表　　　　　　　　单位：厘米

序　号	纹　样	器　号	通　长	内　径	外　径	壁　厚	唇　长	备注
1	内粗布纹，外饰粗直绳纹	ⅡXTT7④A:11	35.5	19.7	24	1.9	3	灰陶
2	内粗布纹，外饰粗直绳纹	ⅡXTT7④A:12	35.5	19.7	24	1.9	3	灰陶

3. 石质建筑材料　1件。为青石栏座。

标本ⅡXTT7④A:13，在磨光平面上近一端8厘米处，竖向雕凿两个间距2厘米的长方形凹槽。第一凹槽长6.5、宽4.5、深5.1厘米。第二凹槽长6.5、宽4.5、深5.8厘米。凹槽距两侧4~4.4厘米，内壁雕凿较细。栏座三面留有粗、细錾痕，底面略作打剥，凹凸不平。残长29、宽15.3、厚12.3厘米（图二〇三，2；图版一七八，3）。

4. 铜质建筑材料　1件。为铜钩。

标本ⅡXTT8④A:15，由一环形扁平柄钩，串连两根扁平直角钩组成。环形短柄长

9.3、宽 0.9、厚 0.9 厘米，环外径 3.3、内径 2.1 厘米；直角钩柄长 21.3、宽 1.2、厚 0.75 厘米，环外径 2.1、内径 1.2、钩长 1.8 厘米，圆头，外端内敛。通长 30 厘米（图二〇三，3；图版一七八，4）。

（二）生活用具

生活用具分陶器和瓷器两类。

1. 陶器　34 件。有碗、缸、瓶、罐和带字陶片等。

（1）碗　22 件。

大碗　1 件。标本ⅡXT 扩 T8④A:7，泥质灰陶。稍残。敞口微侈，平沿饰凹形纹，弧腹，小平底。底心内稍凹外平，底饰细线纹。内外壁素面。外口径 19.6、沿宽 0.7、高 7.3、底径 5 厘米（图二〇四，1；图版一七八，5）。

小碗　21 件。

标本ⅡXTT7④A:14，泥质灰陶。敞口，圆唇，斜壁浅腹，平底，底心内稍凹外平。底面外饰凹弦纹。内外壁素面。外口径 11.5、高 2.8、底径 5.8 厘米（图二〇四，2；图版一七八，6）。

标本ⅡXTT8④A:16，泥质灰陶。敞口，内唇外鼓，斜壁弧腹，矮足平底。底心内凹外平。底面外饰细线凹弦纹。内外壁素面。外口径 9、高 2.7、底径 4.7 厘米（图二〇四，3；图版一七九，1）。

标本ⅡXTT8④A:19，泥质灰陶。敞口，圆唇外凸，斜壁浅腹。小平底。底心内稍凹。底面外饰细线凹弦纹。内外壁素面。外口径 8、高 2、底径 4.3 厘米（图二〇四，4；图版一七九，2）。

（2）缸　1 件。

标本ⅡXTT7④A:23，泥质灰陶。火候较高。残缺较多。敞口，内壁凸鼓，折沿稍平，圆唇翻卷，弧腹。内壁口沿下全饰麻点纹。外壁素面，近口沿处，环形顺时针书丹"新平郡主"两处。墨迹灰暗，字形模糊不清。复原内口径 100、沿宽 7、残高 16～22 厘米（图二〇四，5）。

（3）瓶　1 件。

标本ⅡXTT8④A:20，泥质灰陶。长颈，溜肩，颈部上端环饰凸棱状花边。花边厚 0.6、凸于瓶颈 1.2 厘米，平面用手按压成六瓣花纹。外壁素面较光，内壁粗糙。残高 11.5、颈内径 1.6、外径 3.7 厘米（图二〇四，6）。

（4）罐　8 件。均残。为水波纹陶罐。

标本ⅡXTT8④A:21，泥质灰陶。肩部环饰两周（3 行）细线水波纹。复原内口径 21.5、外口径 26.5、残高 13.5 厘米（图二〇四，7、9；图版一七九，3）。

标本ⅡXTT8④A:22，泥质灰陶。肩部环饰两周（2 行）细线水波纹。复原内口径

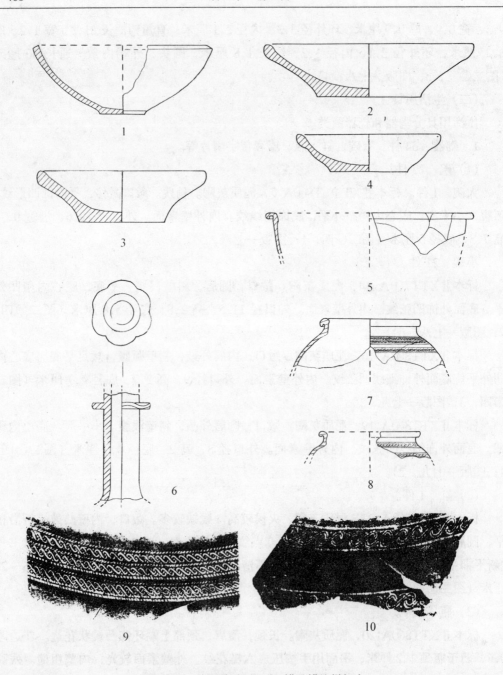

图二〇四　小汤陶碗、缸、瓶、罐及罐纹样拓本

1.碗Ⅱ XT扩 T8④A:7　2.碗Ⅱ XTT7④A:14　3.碗Ⅱ XTT8④A:16　4.碗Ⅱ XTT8④A:19　5.缸
Ⅱ XTT7④A:23　6.瓶Ⅱ XTT8④A:20　7.水波纹残罐Ⅱ XTT8④A:21　8.水波纹残罐Ⅱ XTT8④
A:22　9.水波纹残罐Ⅱ XTT8④A:21纹样拓本　10.水波纹残罐Ⅱ XTT8④A:22纹样拓本(2~4、
9、10为1/2,1、6为1/4,7、8为1/10,5为1/20)

23、外口径 28、残高 7 厘米（图二〇四，8、10；图版一七九，4）。

（5）带字陶片　2 件。

标本ⅡXTT7④A∶21，泥质灰陶。弧形，内饰麻点纹，外壁素面，环形钤盖"作盆"戳印。残长 4～13.2、壁厚 1.3 厘米（图二〇五，1、2；图版一七九，5）。

标本ⅡXTT7④A∶22，泥质灰陶。火候较高。内壁素面，外壁近底部 3 厘米处竖向刻划"地将"两字（图二〇五，3、4；图版一七九，6）。

2、瓷器　10 件。

（1）盅　3 件。

标本ⅡXT扩T8④A∶18，敞口，圆唇鼓凸，斜腹，平底。底心内凸外凹。底面外饰细线凹弦纹。内壁唇下施灰黑釉，外壁素胎无釉。口径 6.9、高 2、底径 3.5 厘米（图二〇六，1；图版一八〇，1）。

标本ⅡXT扩T8④A∶17，敞口微敛，圆唇内鼓，弧腹，平底。底心内凸外平。底面外饰细线凹弦纹。内壁釉止唇下。釉呈黑色，光亮夺目。外壁及底无釉，素胎。胎呈黄褐色。口径 7.3、高 2.5、底径 3.3 厘米（图二〇六，2；图版一八〇，2）。

（2）盘　3 件。形制、施釉不同。

六瓣葵口白瓷盘　1 件。标本ⅡXT扩T8④A∶20，残缺较多。六瓣葵口沿，尖圆唇，浅斜腹，大平底。底心内稍凸，外微凹。内壁腹部有六条凸棱直线。外壁腹部又有六条凹形直线，与口沿上六个葵口相接。内外全施白釉。釉色熠熠。复原口径 9、高 1.7、底径 6.2 厘米（图二〇六，3；图版一八〇，3）。

赭釉瓷盘　1 件。标本ⅡXT扩T8④A∶21，残缺近半。直口，圆唇，浅反弧形腹，圈足，内外壁施赭色釉，近盘心周围无釉。外壁近足根部素胎。复原口径 15.5、通高 3.1、足径 8.3、高 1 厘米（图二〇六，4；图版一八〇，4）。

白瓷盘　1 件。标本ⅡXT扩T8④A∶22，残缺较多。敞口，圆唇外鼓，弧腹，圈足，底心内凹外平。内壁满釉，外壁上腹施釉。釉白中泛黄色。下腹及足素胎。复原口径 23.6、通高 6.9、足径 8.6、高 0.7 厘米（图二〇六，5）。

（3）执壶　2 件。

标本ⅡXTT8④A∶27，侈口，圆唇，细长颈，腹、底均残。颈部内壁饰凹弦纹，外饰细线弦纹。唇外一侧有一扁平曲柄，宽 1.8、厚 0.8、高 6 厘米。内外无釉素胎。外口径 7.6、颈径 3、残高 6 厘米（图二〇六，6）。

（4）罐　2 件。

带柄白瓷罐　1 件。标本ⅡXTT8④A∶29，直口，圆唇外凸，粗颈高领，成弧形外鼓，斜肩，折腹。腹下及底残。肩部残留一宽 1.9、厚 0.6 厘米的扁平曲柄。外壁颈、肩部环饰细线凹弦纹。内外壁无釉，素胎。复原口径 11.5、颈高 4.3、残高 6～9 厘米

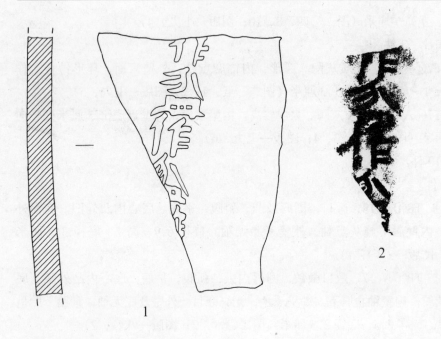

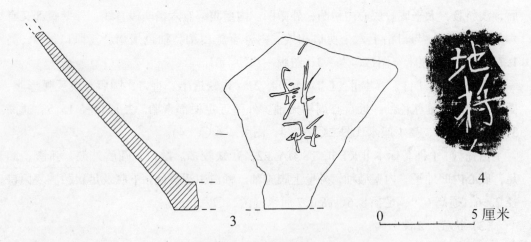

图二〇五　小汤带文字残陶片

1.残陶片ⅡXTT7④A：21　2.ⅡXTT7④A：21 戳印文字"作盆"拓本　3.残陶片ⅡXTT7④A：22　4.ⅡXTT7④A：22 刻划文字"地将"拓本

（图二〇六，7；图版一八〇，5）。

提系白瓷罐　1 件。标本ⅡXTT8④A：30，敛口，圆唇外鼓，束颈，溜肩，圆腹。腹下及底残。肩部残留一环形系。系顶端略低于口沿，长 2.8、宽 0.8～1.5 厘米。外壁及唇沿内壁施白色泛黄釉。内壁唇下施赭色釉。复原内口径 8、残高 7～9 厘米（图

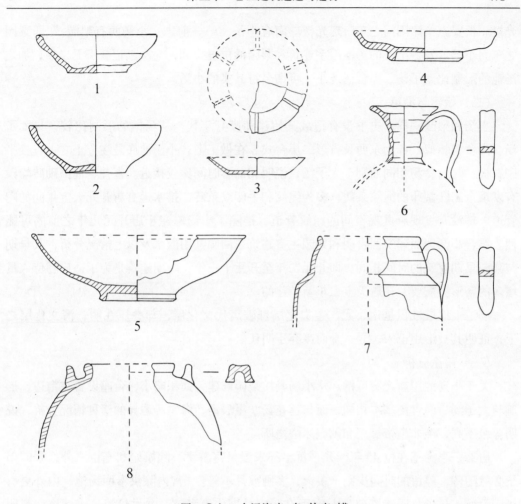

图二〇六　小汤瓷盅、盘、执壶、罐

1.盅Ⅱ XT 扩 T8④A:18　2.盅Ⅱ XT 扩 T8④A:17　3.六瓣葵口白瓷盘Ⅱ XT 扩 T8④A:20　4.赭釉瓷盘Ⅱ
XT 扩 T8④A:21　5.白瓷盘Ⅱ XT 扩 T8④A:22　6.执壶Ⅱ XTT8④A:27　7.带柄白瓷罐Ⅱ XTT8④A:29
8.提系白瓷罐Ⅱ XTT8④A:30(1、2 为 1∕2,3～8 为 1∕4)

二〇六，8；图版一八〇，6）。

四、小　结

（一）称谓考辨

发掘出土的殿宇建筑和汤池遗存在Ⅱ区遗址文化层划分中属于第 4 层，位于梨园东南角。同时出土的绳纹和手印纹条砖、莲花纹方砖、莲花纹瓦当、青棍筒瓦和板瓦等建筑材料，与Ⅰ区和梨园同类遗物相同，证明就是唐代建筑。

宋敏求《长安志》卷十五曰："津阳门之东曰瑶光楼（南有小汤）。"元李好文《长安志图·唐骊山宫图》中标注华清宫东区的宫殿建筑由北向南：津阳门、瑶光楼、梨园和小汤、飞霜殿。清代乾隆本《临潼县志·古迹·华清宫》记载："由津阳门入而左曰瑶光楼。长安志：津阳门之东曰瑶光楼。南有小汤。……前志：小汤西有梨园。"即梨园之东为小汤。发掘出土的汤池殿宇建筑和梨园的位置排列，与文献记载毫无二致，加之汤池的形制比太子汤、尚食汤还小，可谓名符其实的小汤。

（二）始建与沿革

小汤和梨园一样，史书没有记载其始建和废弃年代。从汤池的形制比较，与太子汤、尚食汤相似，皆为东西长方形二层台式。在做工上，小汤池底是在夯土之上直接平砌石板，与尚食汤相同而别于太子汤，说明和前者时间比较接近。窨井、地面砌砖均没有发现带工匠戳印的绳纹条砖，多为绳纹和手印纹条砖，排水道有唐开元天宝年间的陶管道，却没有发现唐贞观年间的绳纹管道，排除了小汤修建于唐开元元年之前的可能性。结合小汤地面建筑西台明和梨园主室建筑东回廊共用散水及以上情况分析，其早期与梨园早期建筑的时间相同，即开元二年至开元十一年；晚期建筑是为了适应随侍人员增多的新形势需要，在唐天宝二年新扩建的。

汤池上地层堆积是宋、元、金文化层打破唐代文化层，却叠压在明、清文化层之上，证明其被沿用至宋、元、金而废弃于明代。

（三）用途分析

关于小汤的用途无案可稽。从小汤紧挨梨园修建，面积略小，台座设置在南边，形制与太子汤、尚食汤基本相同，而与莲花汤、星辰汤、海棠汤迥异的诸种情况分析，说明等级不高，绝非皇帝御用和嫔妃沐浴之所。

唐玄宗李隆基在位 45 年，几乎每年都来温泉宫游幸，除嫔妃和宠臣之外，梨园弟子必然随侍，停留的时间少则十多天，多则数月不等。"宫内除供奉两汤池，内外更有汤十六所，长汤每赐诸嫔御"。[1] 宠臣在昭应县城内有私宅，并供给温泉水沐浴。梨园弟子虽然身份不高，但和皇帝朝夕相处，有时通宵达旦表演歌舞，香汗淋漓透罗衣，若不沐浴去垢洁身，实属不雅。从小汤的等级、形制和梨园相连这种关系判断，一定是为梨园弟子沐浴而设。

（四）从遗迹破坏现象看骊山附近地震

唐华清池遗址 II 区出土的小汤池底东部隆起，南、北池壁局部出现错位断裂。与小汤基本在一条线上的 IV 室圆形砖井（J1）的砌砖也发现断裂现象，而其北边的五个圆形砖井的砌砖却完好无损。仔细检查小汤和砖井断裂部位，没有发现经受外力重击或较大面积压迫的任何痕迹，证明非人力所为。要将埋在地下的圆形砖井砌砖和厚约 0.15～0.2 米的青石板折断扭裂，没有巨大的力量是绝对不可能的，而能产生如此巨大破坏力量的只有地震。

---

1)　　《全唐诗·郑嵎·津阳门诗并序》，中华书局，1979 年版，1447 页。

《唐会要·地震》卷四十二叙录："大历四年二月十六日夜，京师地震，有声如雷。""建中四年三月甲子，京师地震，……其年五月辛己夜，京师地又震。""贞元三年十一月，京师地夕三震，巢鸟惊散。""（贞元）九年四月辛酉，京师地震，有声如雷，河中关辅尤甚，坏屋壁庐舍，或地裂涌出水。""（贞元）十年夏四月戊申，京师地震。癸丑，又震。""元和七年八月，京师地震。""开成元年二月，京师地震，屋瓦皆堕。二年十一月乙丑，京师地震。""大中三年十一月，京师地震。十四年五月庚戌，京师地震，山谷禽兽惊走。"这九次地震虽然发生在京师，但不可能不对华清宫建筑产生一定的破坏作用，只是大小而已。

据史料记载，唐华清宫毁坏之后至今，在临潼县城附近发生的、具有破坏力的地震有三次：一是明成化二十三年七月二十二日（公元 1487 年 8 月 10 日），发生在陕西临潼至咸阳之间（震中位置北纬 34.4°N，东经 108.9°E），震中烈度（I_0）Ⅷ，震级（M）6¼ 的地震。"临潼：地震如雷，屋舍多坏，男女死者甚众"[1]；二是明嘉靖三十四年十二月十二日午夜（公元 1556 年 1 月 23 日），发生在陕西华县，震中位置北纬 34.5°、东经 109.7°，震中烈度（I_0）Ⅺ，震级（M）八的地震，是时"秦晋之交，地忽大震，延及千里，川塬坼裂，郊墟迁移，或壅为岗阜，或陷作沟渠，山鸣谷响，水涌沙溢"[2]。临潼"坏城郭庐舍殆尽，人民死者十之四"[3]；三是明隆庆二年三月（公元 1568 年 4 月 2 日）发生在陕西临潼，震中位置北纬 34.4°，东经 109.2°，震中烈度（I_0）Ⅶ，震级（M）5½ 的地震。临潼"倒城垣房屋，人口多伤"[4]。

三次地震以明成化二十三年和嘉靖三十四年发生的震级较强，破坏力最大，破坏最为惨重。唐华清宫遗址Ⅱ区小汤和Ⅳ室砖井（J1）遭受破坏的裂痕，当为地震波所致。但究竟是那一次，尚需进一步研究和借助其它更多的材料，方能解开谜团而作定论。从小汤和砖井现保留的裂痕分析，明代地震使已发掘的唐华清宫遗址Ⅱ区，具体位置是南距今骊山"温泉总源"北壁 80 米处，地表以下 4 米或更深处发生错动，方向是由东向西。

值得注意的是，同在Ⅱ区，砖井 J1、J2 以及其北边的四个砖井都没有破坏裂痕。Ⅰ区内出土的砖井、汤池、砖墙、石墙和散水地面也均没有发现地坼塌陷和砖石水道断裂的现象。给人的直观感觉是史料记载临潼县遭受骇人听闻的地震破坏后的惨状，似乎有些夸大其词。这究竟是怎么回事呢？推测有以下几种可能：一是地震在这一地区可能是大面积运动，遗迹恰好没有处在地震造成的错断处，或者是大地震断裂带没有穿过这

1)　顾功叙编撰：《中国地震目录》，科学出版社，1983 年版。

2)　顾功叙编撰：《中国地震目录》，科学出版社，1983 年版。

3)　顾功叙编撰：《中国地震目录》，科学出版社，1983 年版。

4)　顾功叙编撰：《中国地震目录》，科学出版社，1983 年版。

个地区；二是遗址位于当时地表 1~2 米之下，地震时和地壳同时运动，不易受到破坏；三是长安——临潼断裂带处在西安凹陷和骊山凸起的交界部位，其中规模较大者有三条：江尹——鲍陂和马腾空断裂与骊山山前断裂交汇处，有同期性的粘滑运动发生，中等活动数率，断层蠕动 1.0mm/年，不断释放地下聚集的能量，对沉积、地貌、水系和地震活动有重要的控制作用。

华县和临潼发生的地震，对西安地区建筑造成了严重破坏，而对唐华清宫建筑遗存却几乎没有破坏，这可能是骊山山前断裂带的活动对地震波的破坏力产生了一定的抵消作用。

（五）早期殿宇建筑和汤池复原

1. 殿宇建筑复原

小汤殿宇台基东西长 12.2、南北宽 9.5、残高 0.11~0.15 米。现台基残高与暗柱

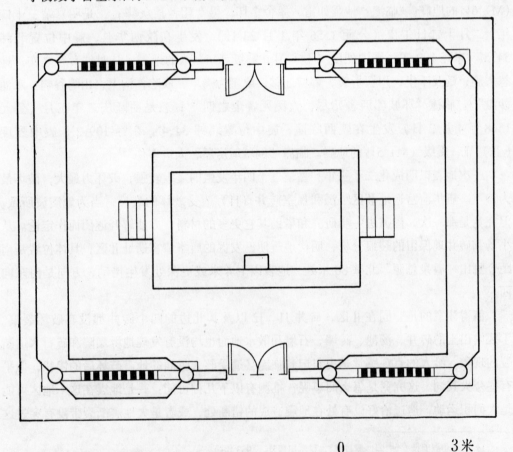

0   3米

图二〇七　小汤早期殿宇建筑及汤池平面复原示意图

础表面平，说明实际高度低一明柱础高。明柱础高以 0.15 米计算，那么台基复原高度
当为 0.3 米，四周用经过细磨的条砖错缝包砌。台基周围没有发现设置栏座遗迹，现不
再增加。其南北两边设置砌砖踏道，供沐浴者进出（图二〇七）。

　　从现保存的立柱暗础看，殿宇面阔三间，进深二间（中间减柱），明间阔 3.95 米，
次间 3.6 米，进深柱距为 8.17 米，形制结构为宋代《营造法式》记载的厅堂通檐用二
柱。按宋代《营造法式》："若副阶廊舍，下檐柱虽长，不越间之广"的规定，小汤殿宇
明间立柱高不会超过 3.9 米。鉴于殿宇规模较小，复原明间柱高为 3.9 米。柱应有生
起，按角柱比平柱生高是三间生二寸，每增加两间又递增二寸，至十三间生高一尺二寸
止。宋尺一寸，约合今 3.2 厘米，唐尺一寸合今 2.94 厘米，现取整数一寸为 3 厘米，

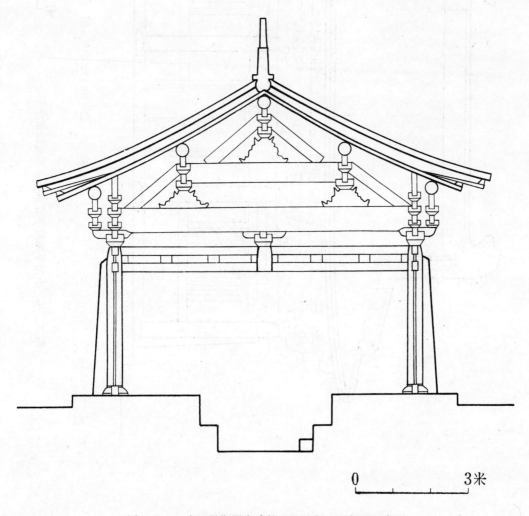

图二〇八　小汤早期殿宇建筑及汤池侧立面复原示意图

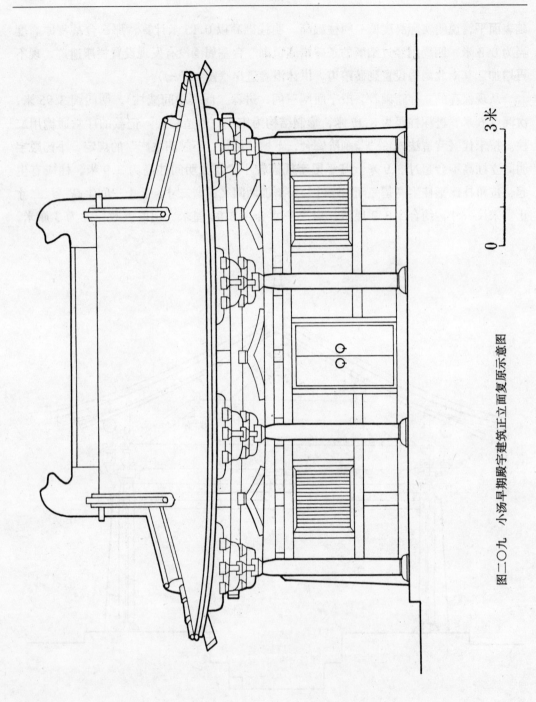

图二〇九　小汤早期殿宇建筑正面立面复原示意图

0　　　　　3米

二寸合6厘米。次间柱高加上生起0.06米为3.96米，再加侧脚0.06米。柱径参考唐南禅寺大殿柱径，取0.4米。柱头有卷刹。柱础仿照遗址出土的素面覆盆式柱础制作。

小汤殿宇形制结构与南禅寺大殿类似，复原铺作可以此作为依据。承檐结构设定为四铺作偷心造。转角可作三向出跳。出檐由柱中心至檐口的距离为1.8米。小汤的开间和进深的尺寸是已知的，若按每唐尺合0.294米计算，则各开间可折合为12.2、13.4、12.2唐尺。参考唐南禅寺大殿，铺作总高由檐斗底至檐檩上皮为1.44米。铺作材料可参考唐南禅寺大殿，但考虑小汤的等级要低于海棠汤，取宋《营造法式》四等材，以材宽×材高（10×15份），每份1.4厘米计算，即单材14×21厘米。栔高11厘米，足材高30厘米。柱间作双额，中间立蜀柱。补间采用人字拱，形制仿照唐李寿、韦贵妃墓壁画。

明栿加工成月梁形式，两端用偷心斗拱承托。殿内顶设平闇，形制模仿南禅寺大殿的作法，中心向上凸起作盝顶式，上施彩画，图样如唐韦贵妃、永泰公主、章怀太子和李重俊墓壁画所示。

梁架结构复原为四椽三间，脊枋下做"人"字叉手，平梁。木作形式、大小参考南禅寺大殿。建筑物举架高7.7米，总高9.8米。建筑平面在3:2以上至接近方形时，宜用厦两头屋盖。屋盖复原成歇山式。搏风钉帽，悬鱼，昂端面上的装饰，仿遗址出土的铁莲花和铜花叶制作。搏风板、悬山、山花仿日本法隆寺金堂，并开气窗。悬鱼在搏风正面压缝，下端作卷草纹式样（图二〇八）。

屋盖上的板瓦、筒瓦、脊头砖、套兽、条砖、方砖和鸱尾参照遗址出土同类器物复制。复原瓦当纹样选用遗址出土的唐中期的八瓣六蕊莲花纹图案。檐头板瓦滴水做成花边重唇。角梁下挂风铎。室内平砌厚0.12～0.13米的青石板。

小汤殿宇西墙厚0.85米，北墙厚0.95～1.05米。复原殿宇外围版筑夯土墙依此为据。正、背面明间装木板门。门宽1.6米。次间安直棂格子窗，窗宽2米。墙内外粉白灰壁面，画出红底脚线。立柱、斗拱、门和窗等均上红漆（图二〇九）。

2. 汤池复原

小汤保存基本完整，形制清楚，将局部缺损处修补，即能再现原貌。

第六章 Ⅲ、Ⅳ、Ⅴ区建筑遗迹与遗物

Ⅲ区建筑遗迹位于今临潼华清池西门外路北约 9 米、临潼县城内南北大街西侧、县城南墙之南约 45 米、瑶光楼东墙外、现小吃城地下，地面海拔高度 452.6 米。

Ⅳ区建筑遗迹位于临潼县城原体育场，今"温泉别墅"地下，海拔高度 443 米。

Ⅴ区建筑遗迹位于骊山北麓晚照亭下国震桩 J×T10 北两米处，地面海拔高度 623 米。三个区出土有殿址、房址等建筑遗迹和不同类型的建筑材料。

第一节 Ⅲ区建筑遗迹

Ⅲ区建筑遗迹是 1991 年 4 月为配合临潼县的小吃城建设工程进行考古发掘出土的，开 11×6.5、4.5×9、4×5、5×6 米探方各一个，发掘面积计 162 平方米。清理出土了殿址、散水沟、陶管道、窑址等遗迹及莲花纹瓦当、方砖、条砖、残板瓦和筒瓦等大量建筑材料。

一、地层堆积

（一）东剖面地层堆积，以 T1 东剖面为例：

第 1 层，现代扰乱层 厚 0.45～2.4 米，地势呈南高北低台阶状，土质结构紧密，呈灰色，内含现代建筑垃圾。

第 2 层，明、清文化层 距地面 0.35～3.4、厚 1～3.1 米，土质结构松散，呈灰色，内含砖瓦残块和明、清时代瓷片等。

第 3 层，宋、元、金文化层 距地表 2.35 米，厚 0.7～0.9 米，呈灰色，土质结构疏松，内含唐代残砖块，以及宋、元、金时代瓷片等物。

第 4 层，唐代文化层 分为 4A、4B 两层。

4A 层 为唐代晚期建筑堆积，距地表 3.1～4.35 米，厚 0.5～1.4 米，上层为建筑物倒塌堆积，土质结构松散，呈灰褐色，内含灰陶板瓦、残砖、莲花纹瓦当、陶容器残片、带陶文板瓦和石刻等；下层为建筑基址，土质结构密实，经夯打，土色不纯。

4B 层 厚 0.6 米，为唐代早期建筑基址，土质结构不甚紧密，呈灰褐色。

第 5 层，秦汉至仰韶文化层 距地表 5.3～5.5、厚 0.3～1.1 米，土质疏松，呈灰色，内含草木灰、灰坑、仰韶时期的彩陶片和少量秦汉建筑材料残片。

第6层，生土层（图二一〇，1）。

（二）西剖面地层堆积，以 T1 西剖面为例：

第1层，现代扰乱层　厚0.4～2.45米，地势呈南高北低台阶状，土质结构较紧密，内含现代建筑倒塌遗物。

第2层，明、清文化层　距地表0.4～2.4、厚2米，土质结构疏松，呈灰色，内含明、清时代瓷片、板瓦和砖块等。

第3层，宋、元、金文化层　距地表1.3～2.45米，厚0.6～0.9米，土质结构松散，内含宋、元、金时代瓷片等遗物。

第4层，唐文化层　分为4A、4B两层。

4A层　为唐代晚期建筑堆积，距地表2.52～3.6米，上层是建筑物倒塌堆积，土质结构松散，呈灰褐色，内涵同东剖面4A层；下层为建筑基址，土质较密实，呈黄褐色，经夯打，内有砖瓦残块。

4B层　为早期建筑基址，厚0.8～1.8米，土质结构不甚紧密，呈灰褐色，内有碎石块。

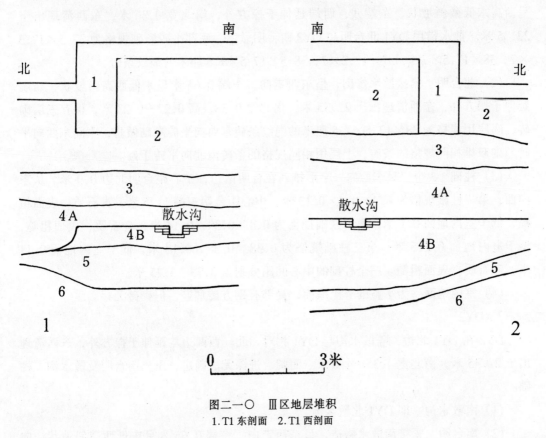

图二一〇　Ⅲ区地层堆积
1. T1东剖面　2. T1西剖面

第 5 层，秦汉至仰韶文化层　距地表 4.35～6.45、厚约 0.38～0.5 米，土质松散，呈灰色，内有灰坑、草木灰、仰韶文化时期的红陶、褐陶残片、兽骨残块和秦汉时代的陶容器残片和砖瓦残块。

第 6 层，生土层（图二一〇，2）。

二、建筑遗迹

建筑遗迹存在着明显的叠压关系，分为早、晚两期（图二一一；彩版一六，1；图版一八一）。

（一）早期建筑

早期建筑位于遗址偏北及偏西部，出土殿宇基址两座，编号 DY1、DY2（图二一二）。

1. DY1

DY1 坐南面北，呈东西长方形，东、西、南三面均延伸于探方外，受发掘面积所限，东西清理出土 22.35，南北 1.8 米，保留北散水沟、北台明等。

（1）北散水沟　位于殿基之北，保存较完整，东西走向，西端略高于东端 0.1 米，呈西高东低微斜坡状，东端残，西端延伸于探方外，南北宽 0.36 米，东西清理出土 22.35 米。散水借用 DY1 北台明和 DY2 南台明做壁，底部平砖顺砌规格为 37.5×17.3×7、38×17.5×7.5、37×17.2×7、38.5×17.5×7.5 厘米的绳纹条砖。

（2）北台明　紧接散水修砌，呈东西走向，东端 0.65 米呈东低西高斜坡状，西端延伸于探方外，东西清理出土 22.35 米，南北宽 0.38、高 0.22～0.23 米，保存三层砌砖，底层用规格为 38×17.5×7.5 厘米的绳纹条砖东西向平砖顺砌做基，中间东西向平砖顺砌双排相同规格的条砖，上层用相同规格的条砖南北向平砖丁砌。

（3）柱础　3 个。呈东西向一字形排列在台明南边，中心距台明北边 0.9 米。从东向西：第一柱础规格为 0.4×0.4×0.13 米，中心距台明东端 1.75 米，青石质，表面粗糙，低于室内地面 0.1 米；第二柱础规格为 0.4×0.39×0.14 米，青石质，表面粗糙，低于室内地面 0.115 米；第三柱础规格为 0.38×0.38×0.13 米，低于室内地面 0.11 米，砂石质，表面粗糙。三个柱础的中心间距分别为 3.73、3.75 米。

（4）室内地面　为平整的夯土地面，局部有砌方砖痕迹，但砌砖无存。

2. DY2

DY2 在 DY1 北边，隔散水沟与 DY1 相对，北、西两边均延伸于探方外，东西清理出土 22.35 米，南北宽 4.35～4.6 米。面阔、进深无法确定，出土南台明及散水沟、柱础。

（1）南散水沟　即 DY1 北散水沟。

（2）南台明　紧接南散水修造，呈东西走向，东端 0.65 米呈东低西高斜坡状，向

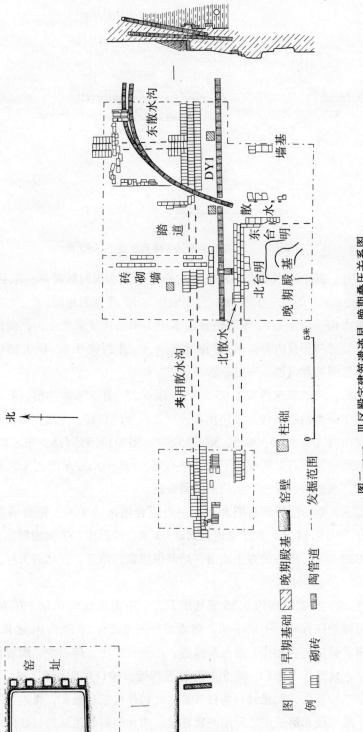

图二——　Ⅲ区殿宇建筑遗迹早、晚期叠压关系图

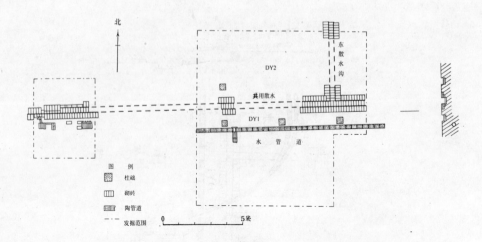

图二一二　Ⅲ区早期殿宇建筑遗迹平、剖面图

西延伸于探方外，其中近东端有 1 米在后期修建东散水沟时被破坏，东西清理出土 20 米，南北宽 0.38、高 0.22～0.23 米。台明做法与 F1 北台明相同。

（3）东散水沟　位于 DY2 东部距台明东端 2 米处，呈南北走向，向南与东西向散水沟相通，向北延伸于探方外。散水沟南北长 4.9、东西宽 0.3、深 0.15～0.17 米，北略高于南，呈微斜坡状（图二一三，2）。

散水沟做法：先挖成东西宽 1.05～1.1、深 0.25～0.3 米的沟槽，底部用条砖平砖丁砌，东、西壁平砌两层条砖，下层用条砖南北向平砖顺砌，上层用条砖东西向平砖丁砌。砌砖的规格为 37×16.5×6.5、36×15×7、38×17.5×7.5、36×15×6.5 厘米。东散水沟与南散水沟接口处的砌砖下面，垫有厚 0.02～0.06 米的泥土，说明两散水沟不是一次做成。东散水沟比南散水沟的时间要晚。

（4）柱础　1 个。位于南台明北边，中心距台明南边 1 米，距台明东端 9.45 米，规格 0.38×0.39×0.14 米，低于室内地面 0.07 米，砂石质，表面粗糙。

（5）室内地面　为平整的夯土地面，局部保留砌砖痕迹，但砌砖无存。

3. 陶管道　1 条。

在 DY1 室内，柱础之南约 0.15 米处地下，上距室内地面 0.66～0.76 米，呈东西走向，两端延伸于探方外，去向不明。陶管道外径 0.27、单节长 0.38 米，外饰绳纹，内粗布纹，用子母口套合相接，白灰浆抹缝，内淤有沙土、碎石块、陶容器块、瓦片等物。陶管道从东向西 8.5 米和一南北向陶管道相接。接口东西长 0.175、南北宽 0.225 米。接口上盖二层板瓦，粘接材料为白灰浆；北边外包三层板瓦，里边两层板瓦粘接材料用白灰浆，第二层和第三层之间用泥浆粘接。南北向陶管道从接口处向南延伸至探方外，现清理出土长 0.5 米。管道单节长 0.37、外径 0.25 米，外饰绳纹，内粗布纹，用子母口套合嵌接，白灰浆抹缝（图二一三，1）。

建筑遗迹砌砖之间的粘接材料均用泥浆。

（二）晚期建筑

晚期建筑位于遗址南部，出土殿基、散水、踏道、建筑遗迹、平台及陶管道（图二一四；彩版一六，2）。

1. 殿基

殿基叠压在 DY1 之上，南、西两边延伸于探方外，东西清理出土 13.1、南北 3.8、残高 0.25 米。东、北两面皆用条砖和方砖残块砌砖墙包边。

（1）东散水　位于殿基之东，呈南北走向，南、北两端均残，现长 1.8、残宽 0.31 米，用规格为 31×30×6.5 厘米的方砖平砌而成，由于后代扰动，部分砌砖残缺。

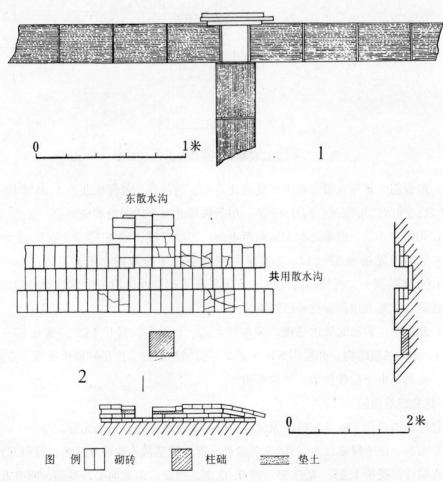

图二一三　Ⅲ区殿宇 DY1 室内管道接口和 DY2 东散水沟与南散水沟关系图
1.DY1 室内陶管道接口图　2.DY2 东散水沟与南散水沟关系图

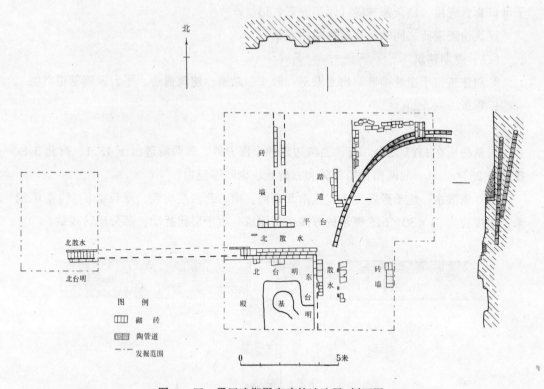

图二一四　Ⅲ区晚期殿宇建筑遗迹平、剖面图

（2）东台明　紧贴东散水修砌，呈南北走向，南部残，仅保留北边 1.05 米长一段，宽 0.17 米，残留二层砌砖，高 0.15 米，用条砖南北向平砖错缝顺砌而成。

（3）北散水　位于殿基之北，呈东西走向，西端已残，残长 13.2、宽 0.42 米。散水做法：底层用规格为 37×17×7 厘米的双排条砖平砖顺砌，间有方砖，垫一层厚 0.04～0.05 米的黄土，再用相同规格的条砖平砖丁砌，外边用条砖侧砖顺砌加固。由于后代扰动，东端上层部分砌砖已被揭掉。

（4）北台明　紧贴北散水修砌，呈东西走向，西端残，残长 13.1、宽 0.17～0.5、残高 0.16 米，二层结构，外层用条砖东西向平砖错缝顺砌，内层衬砌残条砖、方砖块。

（5）地面　由于后代扰动，结构不明。

2. 其它建筑遗迹

其它建筑遗迹位于殿基东边，除保留一段墙基及散水外，其余无存。

（1）墙基　位于殿基以东 3.6～3.7 米处，高出殿基散水地面 0.3 米，呈南北走向，南、北两端残，残长 1.25、宽 0.35、高 0.07 米，用条砖南北向平砖顺砌，间有方砖。

（2）散水　位于残墙以西 2～2.1 米处，距殿基东散水 0.8 米，南、北两端残缺，残长 2、宽 0.45 米，用规格为 30×26（残）×5.8 厘米的方砖平砖顺砌，外用条砖侧砖顺砌，侧砖外砌"牙角"形砖加固，由于后代扰动，平砌砖及侧立砖大多无遗。

3. 平台

平台位于殿基之北，东西两端均延伸于探方外，南北宽 2.3 米，北边用条砖砌墙包边，保留东边长 0.37 米一段，宽 0.35、高 0.5 米，用规格为 35×16.5×6.5 厘米的双排绳纹条砖东西向平砖错缝顺砌。台面是平整的硬土。

4. 踏道

踏道紧依平台修砌，呈北低南高斜坡状，南北长 1.6、东西残宽 2.75、残高 0.5 米，仰角 22°。踏道东边副子南北长 1.6、宽 0.34 米，用规格为 34×15×6.2 厘米的双排绳纹条砖平砖带斜坡错缝顺砌。西边副子无存。踏道地面砌砖无存。

5. 砖墙基

砖墙基位于踏道西边，呈南北走向，两端均残，南北残长 4.7、东西宽 0.55、高 0.15 米，用规格为 34.5×15×6.3 厘米的双排条砖平砖错缝顺砌而成。

建筑遗迹砌砖之间的粘接材料均为泥浆。

6. 陶管道 2 条。编号 TG1、TG2。

TG1 位于殿基东北侧，两端均在探方之外，由南向东北延伸，呈南高北低斜坡状，长 7.4 米，南北高差为 0.75 米。陶管道外径 0.18、单节长 0.29~0.31 米，外饰绳纹，内粗布纹，用子母口套合嵌接，白灰浆抹缝（图版一八一，2）。

TG2 在 TG1 上面，走向与 TG1 相同，在距 T1 北壁 1.28 米处延伸于东壁外，东北端高于 TG1 有 0.8 米。TG2 是 TG1 堵塞后另铺设的陶管道，规格做法与 TG1 相同（图版一八一，3）。

（三）窑 址

窑址距现地表 4 米，位于遗址西边偏北部，西半部叠压于现瑶光楼排水渠下，出于安全考虑，没有全面发掘，只清理出土了窑室东半部和烟道（图二一五）。

1. 窑室

窑室顶部无存，平面呈南北长方形，南北长 4.1、东西清理出土 2.83 米。窑壁残高 1.8~1.93 米，呈"斗"形，四壁均有 0.1 米的收分。窑壁为生土下掘而成，壁上尚残留掘痕，宽 5.56 厘米，掘土工具可能为镢。窑壁上未经抹泥。由于窑室温度较高，使用时间较长，致使窑壁烧结层厚达 0.12 米。

2. 窑床

窑床南北长 3.9、东西（按清理面计算）2.76 米，表面为青灰色烧结层。在南北两壁底部，各有一高 0.14、宽 0.13 米的火道，与东壁的排烟口相接。

3. 烟道 5 个。

位于窑室东壁上，保存基本完整。排烟口在东壁底部一字形排列，呈不规则方形，自北向南，依次编号为 YD1、YD2、YD3、YD4、YD5，间距为 0.6、

0.55、0.57、0.61米。YD1、YD2、YD4、YD5 高、宽均为 0.3、直道长0.6 米。YD3 高、宽为 0.4、直道长0.7 米。5 个出烟口直道顶部上有烟道，高 1.8～1.9米。

三、出土遗物

出土遗物可分为建筑材料和生活用具两大类。同时还出土有仰韶时期的红陶残片。

（一）建筑材料　只有陶质的一种。

1. 陶质建筑材料　有条砖、方砖、板瓦、瓦当和兽面砖等。

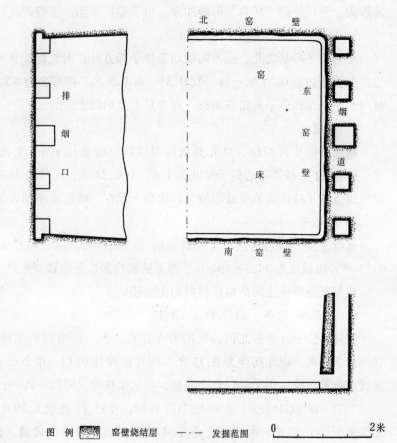

图　例　▨ 窑壁烧结层　—·— 发掘范围　0 ____ 2米

图二一五　Ⅲ区窑址平、剖面图

（1）条砖　1 件。

标本ⅢT1④A:20，泥质灰陶。一面素面，另一面印饰竖直细绳纹。规格为 33×15×6 厘米（图版一八二，1）。

（2）方砖　3 件。根据正、背面纹样之不同，可分莲花纹和手印纹两种。

莲花纹方砖　2 件。

十六瓣七蕊莲花纹方砖　1 件。标本ⅢT1④A:21，泥质灰陶。残缺。正面四周作宽带和粗线相互平行的边框，中间饰乳钉纹，框内四角饰忍冬纹，自外向内作三个同心圆。第一圆带内饰勾云纹。第二圆带内作十六瓣莲花纹。花瓣较小，顶端有一圈波状细线。圆心为七点梅花形花蕊。背面饰篮纹。规格为 32×32×5.5 厘米（图二一六，1；图版一八二，2）。

十二瓣八蕊莲花纹方砖　1 件。标本ⅢT1④A:22，泥质灰陶。残缺。正面四周作宽带和粗线相互平行的边框，中间饰乳钉纹，四角作变形忍冬纹，并有细线相连，自外

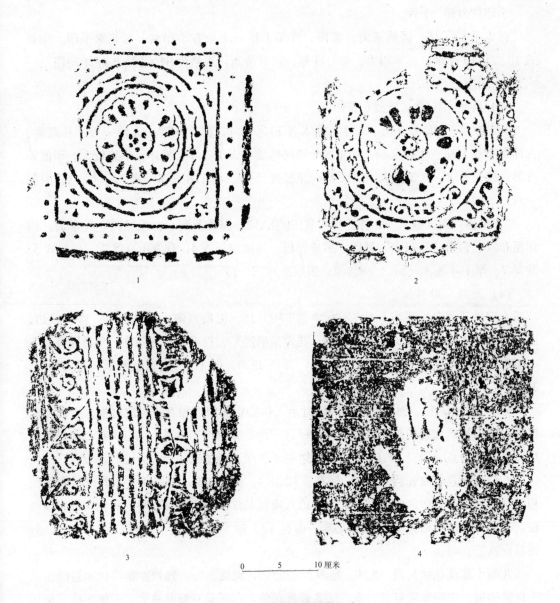

图二一六　Ⅲ区方砖纹样拓本

1.十六瓣七蕊莲花纹ⅢT1④A:21（正）　2.十二瓣八蕊莲花纹ⅢT1④A:22（正）　3.粗刻划纹间"☒"形纹ⅢT1④A
:22（背）　4.右手印纹ⅢT2④:6

向内作三个同心圆。第一圆带为勾云纹。第二圆带作十二瓣莲花纹。花瓣呈椭圆形被磨，每组外饰粗线，一侧上方有三角形隔棱。圆心为八点梅花形花蕊。背面饰粗刻划纹，间饰"〣""☒"形纹各一行。规格为31×31×5厘米（图二一六，2、3；图版一八二，3、4）。

手印纹方砖　1件。

标本ⅢT2④:6，泥质灰陶。素面，背面上按一个全右手印纹，为儿童手印。印迹长16、宽10厘米，后掌用力，掌心隆起，指节清晰。规格为31×30×5厘米（图二一六，4；图版一八二，5）。

（3）板瓦　10件。皆残，带陶文。

"天宝二年"陶文板瓦　7件。标本ⅢT1④A:1，泥质灰陶。火候一般。外素面，内饰粗布纹，在一侧近窄端2.4厘米处竖向钤盖"天宝二年"戳印，字迹较大。印框长方形，残长9.3、宽3厘米。残长15、弦径残长12、厚1.8厘米（图二一七，1；图版一八二，6）。

"官泉南"陶文板瓦　3件。标本ⅢT1④A:2，泥质灰陶。火候较高。外素面，内饰粗布纹，钤盖"官泉南"戳印，字迹较粗。印框残长5.4、残宽1.9厘米。残长6.5、残宽7、厚1.4厘米（图二一七，2；图版一八三，1）。

（4）瓦当　30件。

八瓣单蕊莲花纹瓦当　4件。标本ⅢT3④:15，泥质灰陶。残缺近半。作带状边，由外向内依次饰乳钉纹、八瓣莲花纹。花瓣呈椭圆形，被磨，一侧间饰三角形隔棱。花心粗线圆内缀一实心大圆点，外勾细线。面径13.6、厚1.6、边宽2厘米（图二一七，3；图版一八三，2）。

标本ⅢT3④:12，泥质灰陶。残缺近半。作带状和细线相互平行的边框，中间饰乳钉纹，框内饰八瓣莲花纹。花瓣外勾粗线，一侧上方间饰三角形小乳钉。花心细线圆内缀一实心小圆点。面径11.6、厚1.3、边宽1.7厘米（图二一七，4；图版一八三，3）。

八瓣九蕊莲花纹瓦当　9件。标本ⅢT2④:4，泥质灰陶。残缺近半。作带状和细线相互平行的边框，中间饰乳钉纹，框内饰八瓣莲花纹。花瓣鼓突较小，一侧间饰粗线隔棱。花心细线圆中缀九点梅花形花蕊。面径12、厚1.7、边宽2厘米（图二一七，5；图版一八三，4）。

九瓣十蕊莲花纹瓦当　5件。标本ⅢT2④:5，泥质灰陶。残缺。作带状和粗线相互平行的边框，中间饰乳钉纹，框内饰九瓣莲花纹。花瓣呈豆瓣状被磨，一侧间饰三角形隔棱。花心中缀十点梅花形花蕊。面径12.6、厚1.5、边宽2厘米（图二一七，6；图版一八三，5）。

十六瓣单蕊变形莲花纹瓦当　1件。标本ⅢT1④A:5，泥质灰陶。带筒瓦。残缺。瓦残长15厘米。作带状和粗线相互平行的边框，中间饰乳钉纹，框内饰十六瓣莲花纹。花瓣成半圆形，呈逆时针方向旋转。花心圆内缀一实心大圆点。瓦当面径14.8、厚1.4、边宽2.2厘米（图二一七，7；图版一八三，6）。

十六瓣八蕊莲花纹瓦当　2件。标本ⅢT3④:5，泥质灰陶。残缺。作带状边，自外

0　　　　　5厘米

图二一七　Ⅲ区板瓦戳印文字及瓦当纹样拓本

1.板瓦ⅢT1④A:1 戳印文字"天宝二年"拓本　2.板瓦ⅢT1④A:2 戳印文字"官泉南"拓本　3.八瓣单蕊莲花纹Ⅲ
T3④:15　4.八瓣单蕊莲花纹ⅢT3④:12　5.八瓣九蕊莲花纹ⅢT2④:4　6.九瓣十蕊莲花纹ⅢT2④:5　7.十六
瓣单蕊变形莲花纹ⅢT1④A:5

向内，依次饰乳钉纹、十六瓣莲花纹。花瓣饱满，每组一侧上方间饰小圆乳钉。花心粗线圆内缀八点梅花形花蕊。面径 12.5、厚 1.3、边宽 1.5 厘米（图二一八，1；图版一八四，1）。

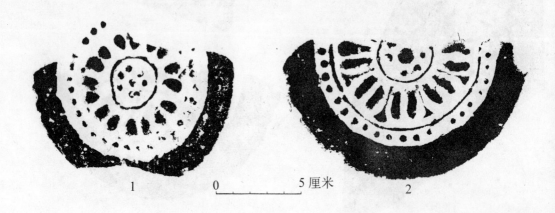

图二一八　Ⅲ区瓦当纹样拓本
1.十六瓣八蕊莲花纹Ⅲ T3④:5　2.十六瓣九蕊莲花纹Ⅲ T3④:6

十六瓣九蕊莲花纹瓦当　1 件。标本Ⅲ T3④:6，泥质灰陶。残缺近半。作带状和粗线相互平行的边框，中间饰乳钉纹，框内饰十六瓣莲花纹。花瓣鼓突较长，每组一侧间饰三角形隔棱。花心粗线圆中缀九点梅花形花蕊。面径 15、厚 1.6、边宽 2 厘米（图二一八，2；图版一八四，2）。

残瓦当　8 件。标本Ⅲ T3④:7，泥质灰陶。破损甚多。作带状和细线相互平行的边框，中间饰乳钉纹，框内残留四瓣莲花纹。花瓣鼓突，每组外环细线，一侧上方间饰三角形乳钉纹。当心残缺。残面径 6、厚 1.6、边宽 2 厘米。

（5）兽面砖　1 件。

标本Ⅲ T1④A:23，泥质灰陶。残缺。正面浮雕一阔口，獠牙，三角高鼻，凸眼环睁，眼皮外翻，双眉横飞，竖耳朝上，双角后弓状怪兽头，高 11 厘米。眼睛中有一直径 0.7、深 0.5 厘米的圆孔。背素面。规格为长 19×17×2.5 厘米（图二一九，1；图版一八四，3、4）。

（6）水管　2 件。

标本Ⅲ T1④B:1，泥质灰陶。火候不高。母端大于子端，子唇短直，唇长 2.8 厘米，顶端面平直。管内为粗布纹，外饰竖直向粗绳纹，两头留有 1.5～5 厘米的素面宽带。通长 40、内径 23.5～24.2、外径 28～30.5、壁厚 2.8 厘米（图二一九，2；图版一八四，5）。

标本Ⅲ T1④A:25，泥质灰陶。火候较高。两端粗，中间细，子口唇沿短直，唇长

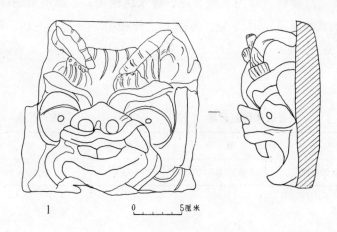

1

0　　　　5厘米

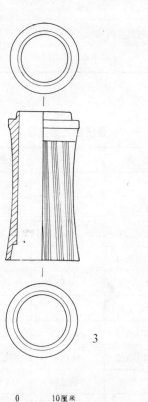
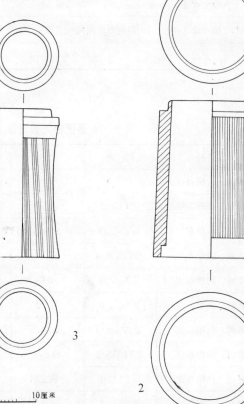

图二一九　Ⅲ区兽面砖，陶水管
1. 兽面砖Ⅲ T1④A：23
2. 陶水管Ⅲ T1④B：1
3. 陶水管Ⅲ T1④A：25

0　　　10厘米

3

2

2.6厘米，顶端面平直，外鼓呈凸棱状。管内为粗布纹，被水锈锈实，外饰粗刻划纹，间饰宽棱，子端留有5厘米的素面宽带。通长38、内径13、外径18.8～15.5～19、壁厚1.3～3厘米（图二一九，3；图版一八四，6）。

　　2.陶质建筑材料登记表

表六三　　　　　　　　　**Ⅲ区条砖登记表**　　　　　　　　　单位：厘米

序　号	纹　样	器　号	长×宽×厚	备　注
1	素面，背面印饰竖直向细绳纹	ⅢT1④A:20	33×15×6	灰陶

表六四　　　　　　　　　**Ⅲ区方砖登记表**　　　　　　　　　单位：厘米

序　号	正面纹样	背面纹样	器　号	长×宽×厚	备　注
1	十六瓣七蕊莲花纹	篮纹	ⅢT1④A:21	32×32×5.5	灰陶
2	十二瓣八蕊莲花纹	粗刻划纹间两行"𠕎"、"⼞"纹	ⅢT1④A:22	31×31×5	灰陶
3	素面	按一个全右手印	ⅢT2④:6	31×30×5	灰陶

表六五　　　　　　　　　**Ⅲ区板瓦登记表**　　　　　　　　　单位：厘米

序　号	纹　样	器　号	长	窄弦径	厚	备　注
1	素面，内粗布纹	ⅢT1④A:1	残15	残12	1.8	灰陶，"天宝二年"
2	素面，内粗布纹	ⅢT3④:2	残11	残7	1.4	灰陶，"天宝二年内"
3	素面，内粗布纹	ⅢT3④:3	残9.5	残4.5	1.5	灰陶，"内作官瓦"
4	素面，内粗布纹	ⅢT1④A:4	残10	11	1.8	灰陶，"作官瓦"
5	素面，内粗布纹	ⅢT3④:1	残13	9	1.9	灰陶，"内作"
6	素面，内粗布纹	ⅢT2④:2	残10	残10	1.8	灰陶，"内作瓦"
7	素面，内粗布纹	ⅢT1④A:3	残10.5	残9	1.9	灰陶，"内作瓦"
8	素面，内粗布纹	ⅢT1④A:2	残6.5	残7	1.4	灰陶，"官泉南"
9	素面，内粗布纹	ⅢT2④:1	残22	残14	1.7	灰陶，"六官泉南"
10	素面，内粗布纹	ⅢT2④:3	残12	残11	1.4	灰陶，"六官"

表六六　　　　　　　　　　　**Ⅲ区瓦当登记表**　　　　　　　　　　单位：厘米

序　号	纹　样	器　号	面　径	厚　度	边　宽	备　注
1	八瓣单蕊莲花纹	ⅢT3④:15	13.6	1.6	2	灰陶，残缺
2	八瓣单蕊莲花纹	ⅢT1④A:7	14	1.7	2	灰陶，残缺
3	八瓣单蕊莲花纹	ⅢT1④A:19	12	1.3	2	灰陶，残缺
4	八瓣单蕊莲花纹	ⅢT3④:12	11.6	1.3	1.7	灰陶，残缺
5	八瓣九蕊莲花纹	ⅢT2④:4	12	1.7	2	灰陶，残缺
6	八瓣九蕊莲花纹	ⅢT1④A:8	13	1.6	1.5	灰陶，残缺
7	八瓣九蕊莲花纹	ⅢT1④A:14	12.8	1.3	1.4	灰陶，残缺
8	八瓣九蕊莲花纹	ⅢT1④A:10	12	1.3	1.8	灰陶，残缺
9	八瓣九蕊莲花纹	ⅢT1④A:18	复原12	1.6	1.8	灰陶，残缺
10	八瓣九蕊莲花纹	ⅢT1④A:12	复原12	1.7	1.9	灰陶，残缺
11	八瓣九蕊莲花纹	ⅢT3④:11	复原12	1.4	1.7	灰陶，残缺
12	八瓣九蕊莲花纹	ⅢT3④:9	复原12	1.4	2	灰陶，残缺
13	八瓣九蕊莲花纹	ⅢT3④:8	复原12	1.4	17	灰陶，残缺
14	九瓣十蕊莲花纹	ⅢT2④:5	12.6	1.5	2	灰陶，残缺
15	九瓣十蕊莲花纹	ⅢT1④A:6	13.2	1.5	1.7	灰陶，残缺
16	九瓣十蕊莲花纹	ⅢT3④:4	12	1.4	1.6	灰陶，残缺
17	九瓣十蕊莲花纹	ⅢT1④A:16	复原12	1.2	1.2	灰陶，残缺
18	九瓣十蕊莲花纹	ⅢT1④A:11	复原12	1.4	1.1	灰陶，残缺
19	十六瓣单蕊变形莲花纹	ⅢT1④A:5	14.8	1.4	2.2	灰陶，残缺
20	十六瓣八蕊莲花纹	ⅢT3④:5	12.5	1.3	1.5	灰陶，残缺
21	十六瓣八蕊莲花纹	ⅢT3④:16	残7	1.7	1.8	灰陶，残缺
22	十六瓣九蕊莲花纹	ⅢT3④:6	15	1.6	2	灰陶，残缺
23	纹样难辩	ⅢT3④:7	残6	1.6	2	灰陶，残缺
24	纹样难辩	ⅢT1④A:13	复原12	1.2	1.8	灰陶，残缺
25	纹样难辩	ⅢT1④A:9	残11.5	1.4	2	灰陶，残缺
26	纹样难辩	ⅢT3④:10	残10	1.7	1.8	灰陶，残缺
27	纹样难辩	ⅢT3④:14	残10	1.6	2	灰陶，残缺
28	纹样难辩	ⅢT1④A:17	残10.5	2	2	灰陶，残缺
29	纹样难辩	ⅢT3④:13	残11	1.6	2.2	灰陶，残缺
30	纹样难辩	ⅢT1④A:15	残11	1.4	2.2	灰陶，残缺

表六七   **Ⅲ区陶水管登记表**   单位：厘米

序号	纹 样	器 号	通 长	内 径	外 径	壁 厚	唇 长	备 注
1	内粗布纹，外粗直绳纹	ⅢT1④B:1	40	23.5～24.2	28～30.5	2.8	2.8	灰陶
2	内粗布纹，外粗直绳纹间隔梁	ⅢT1④A:25	38	13	18.8～19	1.3～3	2.6	灰陶

（二）生活用具

生活用具可分为陶器、瓷器和石器三类。

1. 陶器　30件。有碗、盆、鉴、瓶、罐和瓮残片等。

（1）碗　3件。

标本ⅢT1④:26，泥质灰陶。火候不高。残缺。敞口，尖唇，弧腹，矮足平底。底心内稍凹。底面外饰细线凹弦纹。内外壁皆素面。径10.5、底径3.9、高3.4厘米（图二二〇，1）。

（2）盆　2件。

小盆　1件。标本ⅢT3④:21，泥质灰陶。残缺。直口微敛，圆唇内凸外鼓，弧腹稍鼓，平底。底心内外皆平。内壁素面，外壁饰凹弦纹。内口径22.8、底径13、高13.4厘米（图二二〇，2；图版一八五，1）。

大盆　1件。标本ⅢT3④:22，泥质灰陶。残缺。敞口，卷沿，圆唇，斜腹微弧，平底。底心内稍凸外平。底面外饰细线凹弦纹。内壁素面，外壁饰凹弦纹。内口径43、沿宽2.2、底径24、高17.6厘米（图二二〇，3；图版一八五，2）。

（3）鉴　5件，皆为口沿。

标本ⅢT1④A:39，泥质灰陶。火候较高。大敞口，平折沿，圆唇，斜腹，下腹及底残。内壁倾斜鼓凸，口沿下饰麻点纹，外壁素面。复原内口径69、沿宽4、残高11.5厘米（图二二〇，4）。

（4）瓶残块　5件。

标本ⅢT1④A:28，泥质灰陶。火候较高。残留口沿部，敛口微侈，圆唇外鼓，束颈，溜肩，内外壁素面。外口径9.1、残高8.7厘米（图二二〇，5；图版一八五，3）。

标本ⅢT1④A:29，泥质灰陶。小直口，平折窄沿，宽唇外鼓，束颈，颈下残，内外壁素面。内口径4.6、沿宽0.8、残高3.3厘米（图二二〇，6）。

（5）罐　13件。皆残。

篦纹罐　3件。标本ⅢT1④A:33，泥质红褐陶。火候较高。口残，束颈，溜肩，腹及底残缺。内壁饰凹弦纹，外壁颈下模印篦栉纹，然后捏耳粘贴。耳长5、宽2.3厘米，两边起凸棱，中间下凹。残高10、残宽11厘米（图二二〇，7）。

"将作官瓮"陶片　1件。标本ⅢT1④A:38，泥质灰陶。内饰麻点纹，外壁环形逆

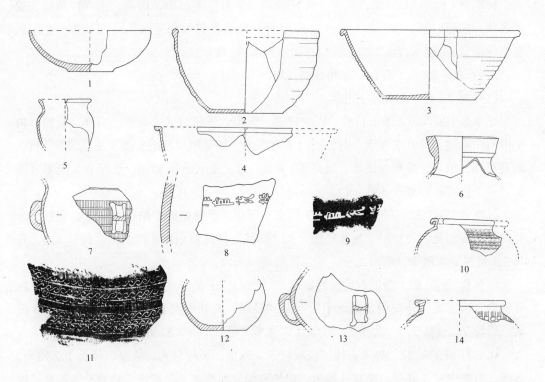

图二二〇　Ⅲ区陶碗、盆、罐、鉴、瓶、残片、瓮

1.碗ⅢT1④A:26　2.小盆ⅢT3④:21　3.大盆ⅢT3④:22　4.鉴ⅢT1④A:39　5.残瓶ⅢT1④A:28　6.瓶口沿Ⅲ
T1④A:29　7.篦纹罐ⅢT1④A:33　8."将作官瓮"陶片ⅢT1④A:38　9.陶片ⅢT1④A:38上的文字"将作官瓮"
拓本　10.水波纹罐ⅢT1④A:37　11.水波纹罐ⅢT1④A:37纹样拓本　12.残罐ⅢT2④:10　13.残罐ⅢT2④:11
14.残瓮ⅢT1④A:42(1、6、8、9、11为1/3,2、5、7、12、13为1/6,3为1/9,10为1/12,4为1/15,14为1/30)

时针铃盖阴刻"将作官瓮"戳印。残高5.5、残宽6、壁厚1厘米(图二二〇,8、9;
图版一八五,4)。

水波纹罐　4件。标本ⅢT1④A:37,泥质灰陶。火候较高。敛口,内壁内凹,卷
沿,圆唇,束颈,溜肩,腹及底残缺,内壁口沿下饰麻点纹,外壁肩部环饰两周(6
行)细线水波纹。复原内口径21、外口径26.6、残高10.5厘米(图二二〇,10、11;
图版一八五,5)。

残罐　6件。标本ⅢT2④:10,上部残缺。泥质灰陶。圆鼓腹,平底。底心内外皆
平。内壁素面,近底部饰凹弦纹,外壁光滑细腻。残高8、底径8.2厘米(图二二〇,
12)。

标本ⅢT2④:11,泥质灰陶。内外壁饰凹弦纹,外壁捏耳粘贴。耳长4.5、宽2.2
厘米,两边起凸棱,中间下凹。残高7.7、残宽11厘米(图二二〇,13)。

(6)瓮残片　12件。

标本ⅢT1④A：42，泥质灰陶。火候较高。敛口，平折沿，圆唇，束颈，溜肩，腹及底残。内壁内凹，颈下饰麻点纹，外壁颈下环饰乳钉纹间篮纹。沿宽4.3、残高9、复原内口径61厘米（图二二〇，14；图版一八五，6）。

2．石器　23件。有盒、盖和石刻残块。

（1）盒　3件。形制不甚相同。

标本ⅢT2④：20，墨玉石质。残缺较多。圆形，子母口式，缺盖，唇残，直腹，内壁中间作隔层，厚0.3厘米。内外壁均素面磨光，外壁用"减地平钑"及"线雕"技法雕刻花卉、瑞鸟、蝴蝶纹图案。残高3、盒深1.2、复原外径17.6、壁厚0.7厘米（图二二一，1、2；图版一八六，1）。

标本ⅢT2④：22，墨玉石质。残缺较多。圆形，子母口式，缺盖，唇残，直腹，内外壁均素面磨光，外壁用"减地平钑"及"线雕"技法雕刻团花纹图案。残长6.3、残高3、壁厚0.4厘米（图二二一，3、4；图版一八六，2）。

标本ⅢT3④：32，墨玉石质。残缺较多。圆形，子母口式，缺盖，唇残，直腹，内外壁均素面磨光，外壁用"减地平钑"及"线雕"技法雕刻百花争艳，蜜蜂飞舞纹图案。残长7、残高2.5、盒深2、壁厚0.7厘米（图二二一，5、6；图版一八六，3）。

标本ⅢT1④A：52，墨玉石质。残缺较多。圆形，子母口式，缺盖，唇长1.2厘米，直腹，内壁中间作隔层，厚0.3厘米。内外壁均素面磨光，外壁用"减地平钑"及"线雕"技法雕刻一团团折枝摇叶五瓣梅花形花纹。通高7、复原口径19.6、壁厚0.7厘米（图二二二，1、2；图版一八六，4）。

标本ⅢT1④A：53，墨玉石质。残缺较多。外壁用"减地平钑"及"线雕"手法雕刻一幅繁花似锦、姹紫嫣红、蜻蜓翻飞图案。复原口径17.6、唇长1.2、壁厚0.7、残高4.2厘米（图二二二，3、4；图版一八六，5）。

标本ⅢT1④A：54，墨玉石质。残缺较多。外壁用"减地平钑"及"线雕"手法雕一幅鸟语花香、蝴蝶翩跹起舞图案。复原口径16.7、壁厚0.7、唇残高3.4厘米（图二二三，1、2；图版一八六，6）。

标本ⅢT1④A：55，墨玉石质。残缺较多。外壁用"减地平钑"及"线雕"手法雕刻一幅花团锦簇、喜鹊衔草展翅翻飞、蝴蝶恋花忘返图案。复原口径21.8、唇长1.1、壁厚0.7、残高3.5厘米（图二二三，3、5；图版一八七，1）。

标本ⅢT1④A：56，墨玉石质。残缺较多。外壁用"减地平钑"及"线雕"手法雕刻一幅百花盛开、鸟歌蜂舞图案。复原口径17.3、壁厚0.7、残高2.5厘米（图二二三，4、6；图版一八七，2）。

标本ⅢT1④A：57，墨玉石质。残缺近半。外壁用"减地平钑"及"线雕"手法雕刻百花盛放、双鸟衔枝、双蝶飞舞图案。复原口径18、残高3、唇长1.3、盒深2.2厘米

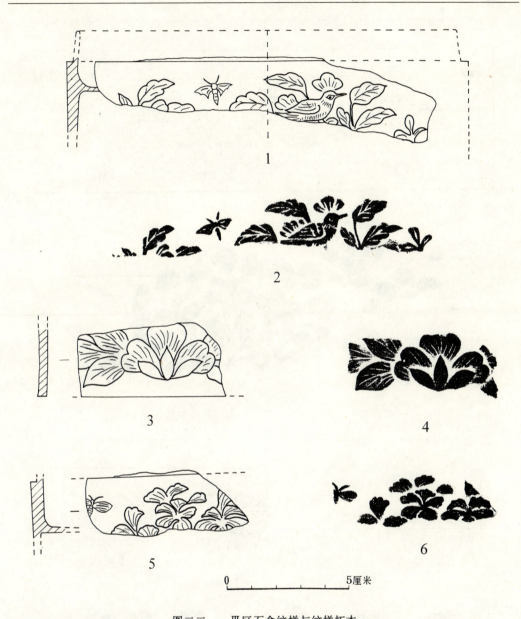

图二二一　Ⅲ区石盒纹样与纹样拓本

1. ⅢT2④:20　2. ⅢT2④:20拓本　3. ⅢT2④:22　4. ⅢT2④:22拓本　5. ⅢT3④:32　6. ⅢT3④:32拓本

米（图二二四，1、2；图版一八七，3）。

标本ⅢT1④A:58，墨玉石质。残缺较多。外壁用"减地平钑"及"线雕"手法雕刻一幅鸟语花香、蝴蝶恋花飞舞图案。复原口径17、唇长0.7、残高3.5、壁厚0.7厘米（图二二四，3、4；图版一八七，4）。

标本ⅢT1④A:59，墨玉石质。残缺较多。外壁用"减地平钑"及"线雕"手法雕

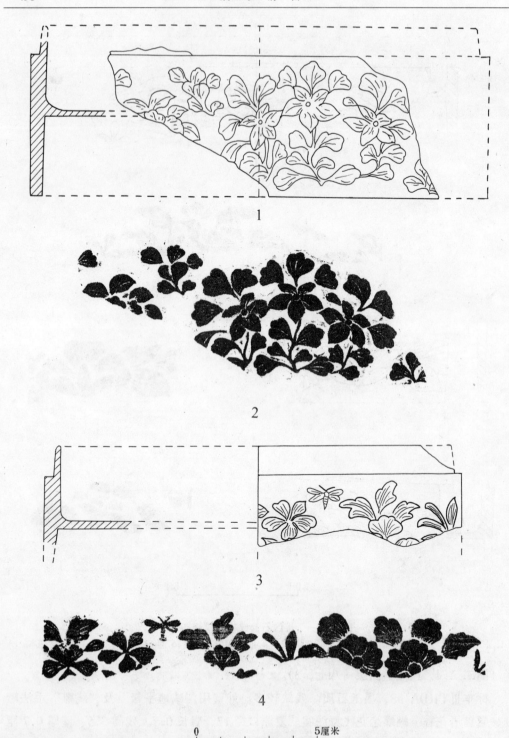

图二二二　Ⅲ区石盒纹样与纹样拓本

1. ⅢT1④A:52　2. ⅢT1④A:52拓本　　3. ⅢT1④A:53　4. ⅢT1④A:53拓本

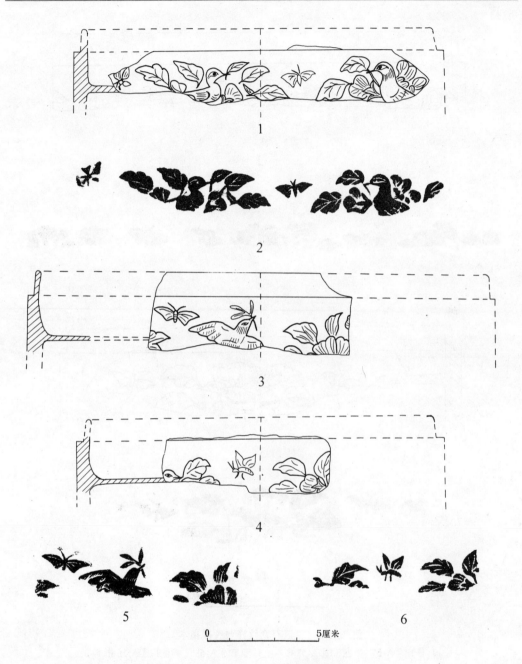

图二二三　Ⅲ区石盒纹样与纹样拓本

1.ⅢT1④A:54　2.ⅢT1④A:54 拓本　3.ⅢT1④A:55　4.ⅢT1④A:56　5.ⅢT1④A:55 拓本　6.ⅢT1④A:56 拓本

刻百花齐放、彩蝶欲落图案。残留弦径 10.5、残高 4、唇残，盒深 1.8 厘米（图二二五，1、2；图版一八七，5）。

标本ⅢT1④A:62，墨玉石质，残缺较多。难以复原。子母口式，子唇位于口沿外

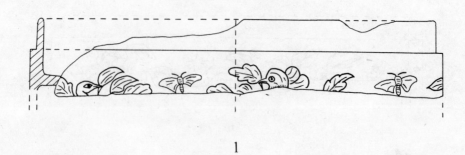

1

2

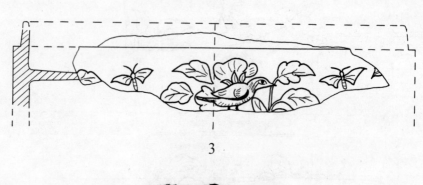

3

4

0 ————————— 5厘米

图二二四　Ⅲ区石盒纹样与纹样拓本

1. ⅢT1④A:57　2. ⅢT1④A:57 拓本　3. ⅢT1④A:58　4. ⅢT1④A:58 拓本

侧，唇长 1.7 厘米，弧腹下残，内壁素面磨光。外壁口沿部用"减地平钑"、"凸雕"及"线雕"手法，雕刻成花瓣形，瓣尖上翘。腹部"凸雕"伸颈欲动的盘龙。龙长 8、宽 3 厘米。残高 11.2 厘米（图二二五，3；图版一八七，6）。

（2）盒盖　10 件。形制、纹样不同。

标本ⅢT2④:21，墨玉石质。残缺较多。齐口，直腹，盖顶起隆，内外壁均素面磨

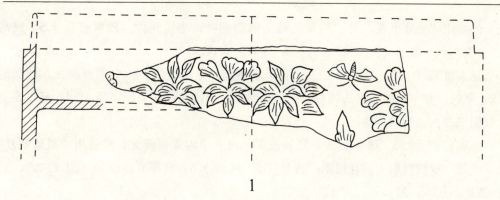

1

2

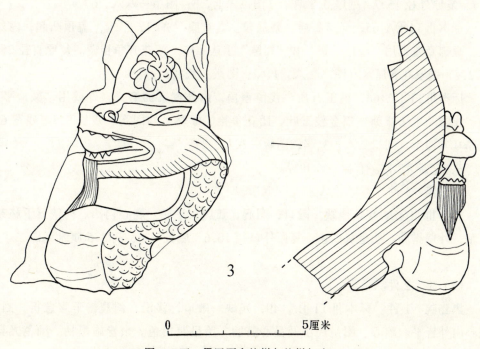

3

0　　　　　　　　　　5厘米

图二二五　Ⅲ区石盒纹样与纹样拓本

1. ⅢT1④A:59　　2. ⅢT1④A:59拓本　　3. ⅢT1④A:62

光，外壁用"减地平钑"及"线雕"技法雕刻卷叶、小团花纹。残留弦径 7.5、残高 2.5、壁厚 0.4 厘米（图二二六，1、2；图版一八八，1）。

标本ⅢT2④:23，墨玉石质。圆唇下垂倒勾，盖顶微隆，内壁素面磨光，外壁用"减地平钑"和"线雕"手法雕刻一丛丛小卷叶、小团花纹。复原面径 31.4、高 1.5 厘米（图二二六，3、4；图版一八八，2）。

标本ⅢT2④:25，墨玉石质。残缺较多。内外壁均素面磨光，外壁用"减地平钑"及"线雕"技法雕刻大团花图案。残长 7.5、残高 5.6、壁厚 0.5 厘米（图二二六，5、6；图版一八八，3）。

标本ⅢT3④:33，墨玉石质。残缺较多。圆形，齐口，直腹，盖顶起隆，内外壁均素面磨光，外壁用"减地平钑"及"线雕"技法雕刻花卉纹。残留弦径 7、高 3.4、壁厚 0.8 厘米（图二二六，7、8；图版一八八，4）。

标本ⅢT1④A:61，墨玉石质。残缺较多。圆形，直腹，内外壁均素面，外壁用"减地平钑"及"线雕"技法雕刻百花、瑞鸟、蝴蝶翻飞纹图案。残留弦径 7.5、残高 4 厘米（图二二七，1、2；图版一八八，5）。

标本ⅢT1④A:63，墨玉石质。残缺较多。十八瓣葵口形，每两瓣一侧向内外凸，外饰凸棱直线纹，单瓣之间内凸外凹，平沿，直腹。盖顶隆凸，内外壁均素面磨光。高 2.7、复原外径 15.7、壁厚 0.5 厘米（图二二七，3；图版一八八，6）。

标本ⅢT1④A:65，墨玉石质。残缺较多。直腹，齐口，平沿，盖顶凸起，内外磨光，腹部及盖顶用"减地平钑"和"线雕"手法雕刻一幅花卉争艳图。复原直径 25.6、高 2.7、壁厚 0.5 厘米（图二二八，1、2；图版一八九，1）。

标本ⅢT1④A:66，墨玉石质。残留盖顶，内外壁素面磨光，外壁用"减地平钑"和"线雕"手法雕刻一幅金枝玉叶、团花争艳、蝴蝶飞翔图案。残长 8.5、残宽 6.5、壁厚 0.4 厘米（图二二八，3、4；图版一八九，2）。

3、瓷器　8件。有盅、碗和罐。

（1）盅　1件。

标本ⅢT1④A:48，残缺。敞口，圆唇，弧腹，平底。底心内凹。内壁唇下施茶叶末釉，外壁露胎。胎呈灰白色。复原外口径 10.6、底径 5.6、高 3.5 厘米（图二二九，1）。

（2）碗　2件。

黑瓷碗　1件。标本ⅢT1④A:49，残缺。敞口，侈沿，斜腹，下腹急折，圈足，底心内外皆平。碗心、圈足周围及足心露胎。胎呈灰白色。余皆施黑釉。釉色光亮细腻。内口径 11.8、高 5.6、足径 5.4、高 0.8 厘米（图二二九，2）。

黄褐釉碗　1件。标本ⅢT1④A:27，残缺较多。敞口，尖唇，弧腹，底残，口沿

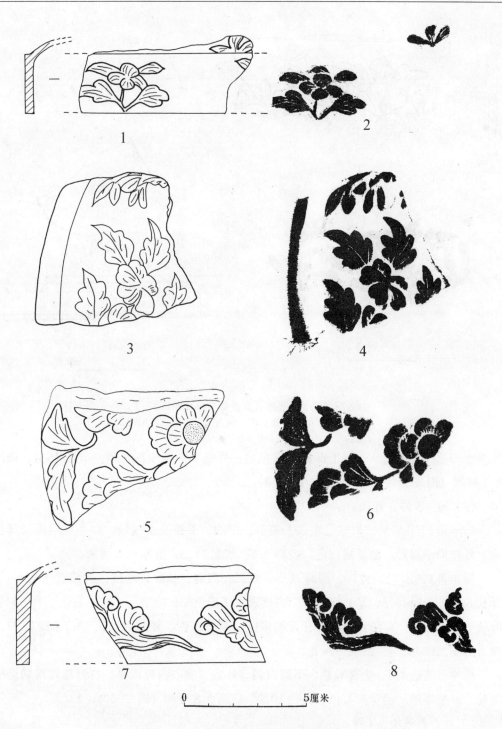

图二二六　Ⅲ区石盒盖纹样与纹样拓本

1.ⅢT2④:21　2.ⅢT2④:21拓本　3.ⅢT2④:23　4.ⅢT2④:23拓本　5.ⅢT2④:25　6.ⅢT2④:25拓本

7.ⅢT3④:33　8.ⅢT3④:33拓本

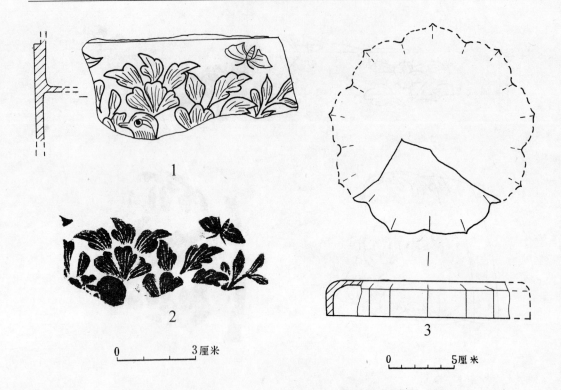

图二二七 Ⅲ区石盒盖纹样与纹样拓本
1. ⅢT1④A:61 2. ⅢT1④A:61 拓本 3. ⅢT1④A:63

外壁饰凹弦纹。内壁及外壁上部施黄褐色釉,外壁下部施浅白色釉。口径 16.4、残高 4.7 厘米（图二二九,3；图版一八九,3）。

(3) 罐 5 件。皆残。

标本ⅢT1④A:50,口残,束颈,溜肩,圆腹,下腹及底残缺。内外壁均施黑褐色釉。外壁局部露胎。胎呈褐白色。残高 9.5、残宽 11.5、壁厚 0.6 厘米。

标本ⅢT2④:16,敛口,圆唇鼓凸,束颈,溜肩,弧腹,底残,肩部有三角形耳。耳长 6、宽 2.2~6.5、厚 0.5 厘米。内壁素面施黑色釉,外壁用"减地平钑"手法刻卷叶纹。外施黑釉。口沿及凹下部分无釉露胎。胎呈白色。复原内口径 23.2、残高 21.4 厘米（图二二九,4；图版一八九,4）。

标本ⅢT3④:31,上部残缺。下腹内斜,环底,底心内外皆平,内壁施红褐釉点缀黑釉,外壁露胎。胎呈灰黄色。底径 10.2、残高 5.8 厘米（图二二九,5）。

(三) 石刻残块 4 件。

标本ⅢT3④:29,墨玉石质。浅弧腹,花边口沿,内壁素面磨光,外壁用"减地平钑"和"凸雕"手法雕镌花叶纹。残高 3、残长 10.5 厘米（图二二九,6；图版一八

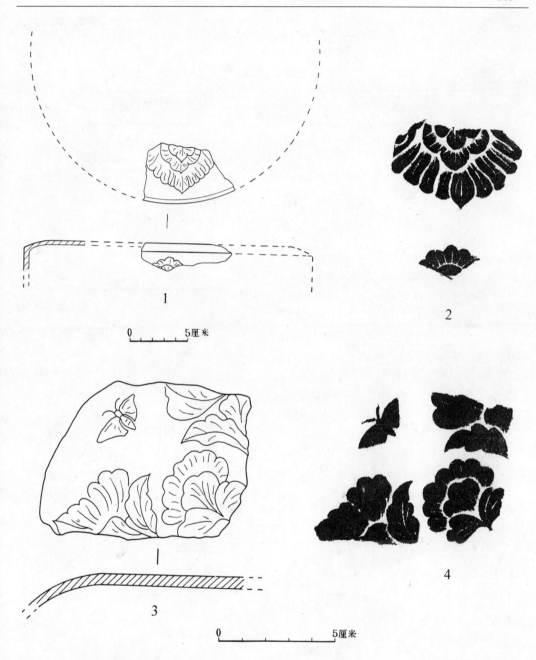

图二二八　Ⅲ区石盒盖纹样与纹样拓本

1.ⅢT1④A:65　2.ⅢT1④A:65 拓本　3.ⅢT1④A:66　4.ⅢT1④A:66 拓本

九，5）。

标本ⅢT3④:30，青石质。为走兽前腿，单腿直立，脚趾张开贴地，表面琢磨，似为半成品或废品。残高18厘米（图二二九，7；图版一八九，6）。

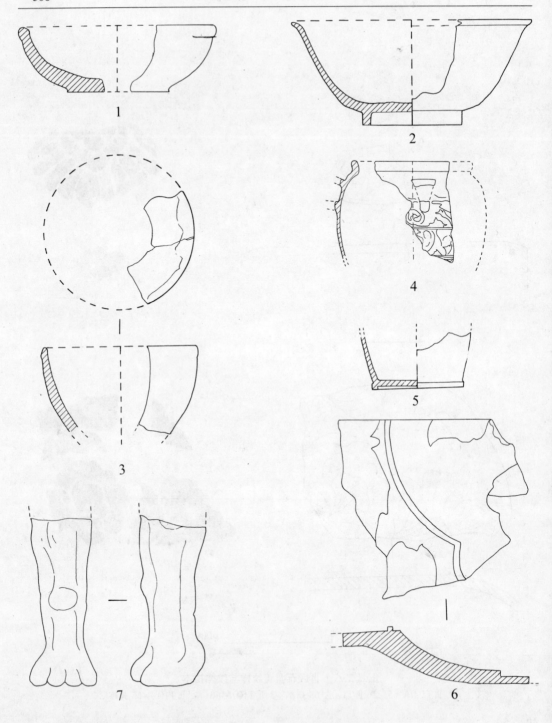

图二二九　Ⅲ区瓷盅、碗、罐，石刻残块

1.盅ⅢT1④A:48　2.黑瓷碗ⅢT1④A:49　3.黄褐釉碗ⅢT1④A:27　4.残罐ⅢT2④:16　5.残罐ⅢT3④:31
6.石刻残块ⅢT3④:29　7.石刻残块ⅢT3④:30(1、2、6 为 1/2,3、5、7 为 1/4,4 为 1/8)

标本ⅢT3④:27，墨玉石质。似器物底。圈足，底心内凹外平，内外壁素面磨光。复原底径8.6、残高1.4厘米。

四．小　结

出土遗迹在Ⅲ区地层划分中属于唐代文化层，同时出土的莲花纹方砖、莲花纹瓦当、绳纹、手印纹条砖、瓷器、陶器和石刻等，同Ⅰ、Ⅱ区及唐代大明宫麟德殿、含元殿、西明寺、青龙寺、兴庆宫遗址出土的同类器物大多雷同。遗迹中共用散水，与Ⅰ区星辰汤西回廊和御书亭、Ⅱ区梨园东回廊和小汤、骊山老君殿回廊和亭阁之间散水的做法基本相同，证明出土遗迹为唐代建筑遗存。

遗址内建筑遗迹存在着非常明确的上下叠压关系。早期建筑遗迹出土遗物中有绳纹条砖、手印纹条砖、不带工匠名字和工匠印戳的绳纹条砖，证明其修建的时间在唐贞观十八年之后至唐开元二十九年之间。史记唐玄宗在开元十一年修建温泉宫，早期建筑可能修建于那时。遗址出土的窑址的形状、做法与唐大明宫含元殿遗址出土的窑有很多相同之处。大明宫窑的门都开口于隋、唐初文化层，可以肯定窑址早于含元殿建筑[1]。含元殿初建于龙朔二年（公元662年）。史册中没有龙朔二年修建温泉宫的记载，却有唐贞观十八年建汤泉宫的记载，依此推断，早期建筑应修建于唐贞观十八年至开元十一年之间。

晚期建筑遗迹中出土带"天宝二年"陶文的板瓦，为断代提供了准确无误的纪年，即唐玄宗天宝二年（公元743年）。

早期建筑由于受发掘面积的限制，形制、结构、用途、等级不明。

唐骊山老君殿南、北大门前置莲花纹方砖踏道。星辰汤北门设莲花纹方砖踏道。海棠汤南偏西有为去宜春汤建的莲花纹方砖踏道。以此推理，晚期建筑北边修踏道，应为门道设施。

元李好文《长安志图·唐骊山宫图》中标绘华清宫各建筑物布局位置，梨园、小汤、飞霜殿、莲花汤、海棠汤、星辰汤、尚食汤、太子汤等在东区，发掘出土的上述建筑和汤池与《唐骊山宫图》位置完全吻合，说明此图比较真实地记载着华清宫内的主要建筑。按是图宏文馆位于津阳门之北、昭应县城南门之南。唐郑嵎《津阳门诗并序》、《长安志》、《雍录》等文献中也有相同的记载。Ⅲ区建筑遗址距昭应县南城墙45米，东南离Ⅱ区梨园遗址80米，与文献记载华清宫津阳门、宏文馆的位置基本一致，究竟是其中那座建筑，还有待于今后的考古资料验证。

---

1)　中国社会科学院考古研究所西安唐城工作队(执笔：安家瑶、李春林)：《唐大明宫含元殿遗址1995～1996年发掘报告》，《考古学报》1997年3期。

第二节　Ⅳ区建筑遗迹

Ⅳ区建筑遗迹是 1993 年 6 月，我队配合西安信达房地产开发公司在临潼县原体育场建"温泉别墅"时发现的。发掘工作从 1993 年 6 月 4 日开始，至是年 7 月 4 日结束，开 10×10 米探方 3 个，面积 300 平方米。发掘出土两处建筑遗迹和一些建筑材料。

一、地层堆积

（一）东剖面地层堆积，以 T1 东壁面为例：

第 1 层，现代扰乱层　厚 0.15～0.25 米，土质较硬，呈灰色，内含现代生活垃圾。

第 2 层，河流冲积层　厚 0.5～0.75 米，呈南高北低斜坡状，内含砂砾和砾石块。

第 3 层，近代扰乱层　厚 0.2～0.8 米，呈灰色，土质松，内含近代瓷片和砖瓦残块等物。

第 4 层，唐文化层　厚 0.15～0.45 米，上层为建筑物倒塌堆积，土质结构松散，呈灰褐色，内含灰陶板瓦、残砖块、莲花纹瓦当和残陶容器等物；下层为建筑基础，土质结构紧密，呈灰褐色。

为了保护唐代建筑遗迹，第 4 层以下未发掘清理（图二三〇，1）。

（二）南剖面地层堆积，以 T1 南壁面为例：

第 1 层，现代扰乱层　厚 0.2 米，土质较硬，呈灰色，内含煤灰渣等现代垃圾。

第 2 层，河流冲积层　厚 0.25～0.5 米，结构松散，包含砂砾、砾石块等物。

第 3 层，近代扰动层　厚 0.3～1.1 米，呈灰色，土质松，内含近代瓷片和砖瓦残块等物。

第 4 层，唐文化层　厚 0.17～0.45 米，为建筑物倒塌堆积，土质结构松散，呈灰褐色，内含唐灰陶质板瓦、残砖块、莲花纹瓦当和陶容器残片等物。

第 4 层以下发现灰坑和仰韶时期陶片、秦汉瓦片，但未发掘清理（图二三〇，2）。

二、建筑遗迹

建筑遗迹为两处房子基址，编号为 F1、F2（图二三一）。

（一）F1

F1 位于遗址南部，现存残缺不全的建筑台基，东西残长 6.3、南北宽 6.27、高 0.3 米，面积 39.5 平方米。保留南、北台明包砖及东排水道。地面似经夯打，保留砌砖残块，证明原有铺砖（图版一九〇，1）。

1. 南台明包砖

南台明包砖紧贴土台基南沿修砌，呈东西走向，两端已残，现东西长 0.67、南北宽 0.17 米，残存两层砌砖，高 0.15 米。

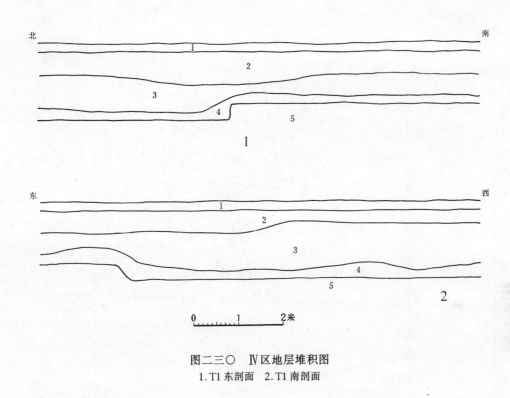

图二三〇　Ⅳ区地层堆积图
1. T1 东剖面　2. T1 南剖面

2. 北台明包砖

北台明包砖紧贴土台基北边修砌，呈东西方向，两端均残，现东西残长 5.8、南北宽 0.17 米，残存四层砌砖，高 0.3 米。

南、北台明包砖的做法：用规格为 35×17×5 厘米的绳纹条砖东西向平砖错缝顺砌而成。

3. 排水道

排水道位于遗址中部偏东处，呈南北走向，两端已残，南北残长 3、东西口宽 0.22、深 0.2 米。

排水道的做法：先挖南北向沟槽轻夯，上砌东西向绳纹条砖，两边用条砖南北向平砖错缝顺砌做壁，现存三层砌砖。

（二）F2

F2 位于 F1 台基仅北边，破坏极为严重，面目皆非，似为一建筑平台，现东西残长 2.2、南北残宽 1.37、残高 0.15 米，面积 3.01 平方米。现存南、西台明包砖。地面保留砌砖残块，证明原建筑台面用砖墁地（图版一九〇，2）。

1. 南台明包砖

南台明包砖紧贴土台基南边修砌，呈东西方向，东西残长 2.2、南北宽 0.172、高

北

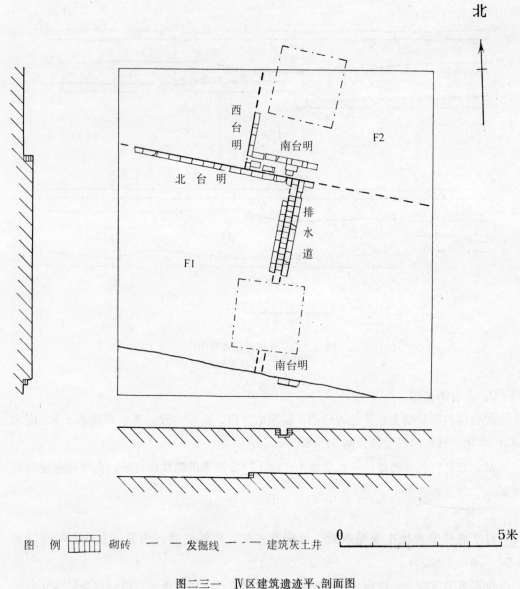

图 例 ▦ 砌砖 —— —— 发掘线 —·—·— 建筑灰土井 　0　　　　　　　　　5米

图二三一　Ⅳ区建筑遗迹平、剖面图

0.15 米，用绳纹条砖东西向平砖错缝顺砌而成。

2. 西台明包砖

西台明包砖紧贴土台基西边修砌，呈南北方向，现南北残长 1.4、东西 0.172、高 0.15 米，用绳纹条砖南北向平砖错缝顺砌而成。

F1、F2 建筑台基的包砖有 35.5×16.5×6、34.6×15.8×6.5、33×15×6 厘米多种规格。砌砖之间的粘接材料均为泥浆。

三、出土遗物

出土遗物分为建筑材料和生活用具两大类。

（一）建筑材料

1. 陶质建筑材料　31件。有方砖、板瓦、筒瓦和莲花纹瓦当等。

（1）方砖　2件。

十二瓣九蕊莲花纹方砖　1件。标本ⅣT1④:30，泥质灰陶。残缺。正面四周作宽带和粗线相互平行的边框，中间饰乳钉纹，框内四角饰忍冬纹，自外而内作三个同心圆。第一圆内饰勾云纹。第二圆内作十二瓣莲花纹。花瓣鼓凸较小，一侧间饰三角形隔棱。圆心内为九点梅花形花蕊。背面饰细绳纹。规格为32.5×32.5×6厘米（图二三二）。

十六瓣单蕊莲花纹方砖　1件。标本ⅣT1④:31，泥质灰陶。残缺。正面四周作双粗线相互平行的边框，中间饰乳钉纹，框内四角饰变形忍冬纹，中是对称的勾云纹，自外而内作四个同心圆。第一圆带内作十六瓣莲花纹。花瓣为棒槌形，面平。第二圆内空白无纹。第三圆内为不规则的八边形。第四圆内缀一实心圆点。背面饰粗绳纹。规格为31.3×32×5.2厘米（图二三三；图版一九一，1）。

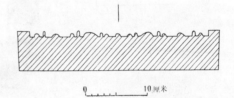

图二三二　十二瓣九蕊莲花纹方砖ⅣT1④:30（正）

（2）板瓦　26件。

素面板瓦　1件。标本ⅣT1④:1，泥质灰陶。火候较高。已变形。内饰粗布纹，外素面粗糙。长41、窄边弦径17.6、宽边弦径22、弦高6.5～8、厚1.6厘米（图二三四，1）。

"天九官瓦"陶文板瓦　25件。标本ⅣT1④:2，泥质灰陶。火候较高。内饰粗布纹，外素面，在距小端1.5厘米处，竖向钤盖"天九官瓦"戳印，字迹粗壮。印

图二三三　十六瓣单蕊莲花纹方砖ⅣT1④:31（正）纹样拓本

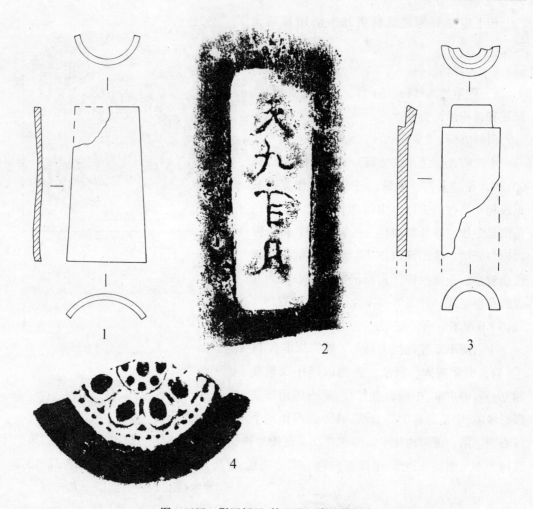

图二三四　Ⅳ区板瓦,筒瓦及瓦当纹样拓本

1.素面板瓦ⅣT1④:1　2.板瓦ⅣT1④:2 戳印文字"天九官瓦"　3.无瓦当筒瓦ⅣT1④:27　4.八瓣九蕊莲花纹瓦当ⅣT1④:28(2、4为1/2,3为1/6,1为1/10)

框长12.6、宽4.3厘米。残长27、弦径20.5、厚2厘米(图二三四,2;图版一九一,2)。

（3）筒瓦　1件。

标本ⅣT1④:27,泥质灰陶。火候较高。呈浅蓝色。子口唇沿尖薄,唇根微侈,唇长3.6厘米。唇、瓦结合部,用手抹成凹形纹。内饰粗布纹,外素面,做工不甚规范。残长20.5、外弦径9.7、内弦径6、厚1.8厘米(图二三四,3;图版一九一,3)。

（4）瓦当　2件。皆残。

八瓣九蕊莲花纹瓦当标本ⅣT1④:28,泥质灰陶。残缺。火候较高。作带状窄边,由外向内,依次饰小乳钉纹、八瓣莲花纹。花瓣呈椭圆形被磨,外环细线,一侧上方间饰三角形小乳钉。花心细线圆内点缀九点梅花形花蕊。面径11.8、厚1.4、边宽2厘米（图二三四，4；图版一九一，4）。

　2. 陶质建筑材料登记表

表六八		Ⅳ区方砖登记表			单位：厘米
序　号	正面纹样	背面纹样	器　号	长×宽×厚	备　注
1	十二瓣九蕊莲花纹	细绳纹	ⅣT1④:30	32.5×32.5×6	灰陶
2	十六瓣单蕊莲花纹	粗绳纹	ⅣT1④:31	31.3×32×5.2	灰陶

表六九		Ⅳ区板瓦登记表					单位：厘米
序　号	纹样	器　号	长	窄弦径	宽弦径	厚	备　注
1	素面，内粗布纹	ⅣT1④:1	41	17.6	22	1.6	灰陶，残，火烧变形
2	素面，内粗布纹	ⅣT1④:2	残27	残20.5		2	灰陶，残，"天九官瓦"
3	素面，内粗布纹	ⅣT1④:3	残15	19.5		1.8	灰陶，残，"天九官瓦"
4	素面，内粗布纹	ⅣT1④:4	残19	22		2	灰陶，残，"官瓦"
5	素面，内粗布纹	ⅣT1④:5	残25	残23		1.4	灰陶，残，"天九官瓦"
6	素面，内粗布纹	ⅣT1④:6	残18	残11		1.4	灰陶，残，"天九官瓦"
7	素面，内粗布纹	ⅣT1④:7	残11	残18.5		1.5	灰陶，残，"天九官瓦"
8	素面，内粗布纹	ⅣT1④:8	残9	残15		1.6	灰陶，残，"天九官瓦"
9	素面，内粗布纹	ⅣT1④:9	残10.5	残16		1.7	灰陶，残，"天九官"
10	素面，内粗布纹	ⅣT1④:10	残17	残15		1.4	灰陶，残，"天九官瓦"
11	素面，内粗布纹	ⅣT1④:11	残16	残12		1.8	灰陶，残，"天九官"
12	素面，内粗布纹	ⅣT1④:12	残14	残8.5		1.2	灰陶，残，"天九官瓦"
13	素面，内粗布纹	ⅣT1④:13	残11	残12		2	灰陶，残，"九官瓦"
14	素面，内粗布纹	ⅣT1④:14	残10	残12		1.8	灰陶，残，"天九官瓦"
15	素面，内粗布纹	ⅣT1④:15	残20	残9		1.8	灰陶，残，"天九官瓦"
16	素面，内粗布纹	ⅣT1④:16	残9	残7.5		1.4	灰陶，残，"天九"
17	素面，内粗布纹	ⅣT1④:17	残6.5	残8.5		1.4	灰陶，残，"天九"
18	素面，内粗布纹	ⅣT1④:18	残10	残8		1.7	灰陶，残，"天九"
19	素面，内粗布纹	ⅣT1④:19	残12	残7		1.4	灰陶，残，"天九官瓦"
20	素面，内粗布纹	ⅣT1④:20	残15	残7		1.4	灰陶，残，"官瓦"
21	素面，内粗布纹	ⅣT1④:21	残15	残14		1.6	灰陶，残，"天九"

续表六九

序号	纹样	器号	长	窄弦径	宽弦径	厚	备注
22	素面，内粗布纹	ⅣT1④:22	残10.5	残9		1.4	灰陶，残，"天九官"
23	素面，内粗布纹	ⅣT1④:23	残18	残13.5		1.6	灰陶，残，"天九官"
24	素面，内粗布纹	ⅣT1④:24	残7	残11		1.5	灰陶，残，"天九官"
25	素面，内粗布纹	ⅣT1④:25	残8	残7		1.5	灰陶，残，"天九官"
26	素面，内粗布纹	ⅣT1④:26	残14	残9		1.5	灰陶，残，"天九官瓦"

表七〇　　　　　　　　　　Ⅳ区筒瓦登记表　　　　　　　　　　单位：厘米

序号	纹样	器号	长	外弦径	壁厚	唇长	备注
1	素面，内粗布纹	ⅣT1④:27	残20.5	9.7	1.8	3.6	灰陶，残

表七一　　　　　　　　　　Ⅳ区瓦当登记表　　　　　　　　　　单位：厘米

序号	纹样	器号	面径	厚	边宽	备注
1	八瓣九蕊莲花纹	ⅣT1④:28	11.8	1.4	2	灰陶，残缺
2	八瓣九蕊莲花纹	ⅣT1④:29	残8	1	1.8	灰陶，残缺

（二）生活用具

生活用具只有陶器一种。

1. 罐　2件。均残。

灰陶罐　1件。标本ⅣT1④:32，泥质灰陶。口残，鼓腹浑圆，平底。底心内凸外凹。内外壁均素面。胎壁较薄。最大腹径23、底径13、残高13.4～17.4厘米（图版一九一，5）。

水波纹罐　1件。标本ⅣT1④:33，泥质灰陶。口残，束颈，溜肩，腹下残。内壁饰麻点纹，外壁环饰两周（4行）细线水波纹。残宽25.5、残高10.5、壁厚0.7厘米（图版一九一，6）。

2. 鉴　2件。皆残留其口沿部。

标本ⅣT1④:34，泥质灰陶。敞口，平折沿，口沿内壁凸鼓倾斜，圆唇下垂，斜腹下残，内壁饰麻点纹，外壁素面。残宽19.5、高11.5、沿宽3.6厘米。

四、小　结

出土遗迹在Ⅳ区地层划分中属于唐代文化层。同时出土的莲花纹方砖、莲花纹瓦当、绳纹条砖、板瓦与Ⅰ、Ⅱ、Ⅲ区及唐大明宫遗址出土的同类遗物相同，证明其为唐代建筑遗迹。

建筑遗迹位于唐华清宫昭应县城墙以西约 290 米。由此推测，建筑遗迹可能为华清宫西边的附属建筑。出土遗物中莲花纹方砖与唐天宝年间的莲花纹方砖相同。板瓦上"天九官瓦"陶文的寓意何在？根据大明宫含元殿遗址出土板瓦上带"玄武六载官瓦"、"〔玄〕武天六官瓦"、"六官东"、"玄瓦七月半"、"天七西坊□□"、"玄瓦六月末"、"六官昭"陶文，破译"天九"是唐天宝九年（详细论述见结论内"北六官泉"、"六官泉南"钩玄）的缩写，从而可以断定，是遗址修建于唐玄宗天宝九载（公元 750 年）。

遗迹由于破坏的极为严重，形状难辨，故用途、性质、等级高低，无法确定。

第三节　Ⅴ区建筑遗迹

1988 年 12 月，临潼县骊山滑坡办公室在作探井取土质标本时，发现了青石柱础，我队得知之后立即进行了考古发掘。发掘工作从 1988 年 12 月 7 日开始发掘，至 13 日结束。因遗址位于骊山半山腰，上有近百米厚的骊山滑坡覆土，不能大面积发掘，仅开 4×5 米探方 1 个（T1），计发掘面积 20 平方米。清理出土了柱础、瓦当、砖雕以及残瓷片等。

一、地层堆积

（一）T1 南剖面地层堆积

第 1 层，现代扰乱层　厚 0.15～0.9 米，土质松散，呈黄色，内含大量树根、石块和灰陶质板瓦块。在距东壁 1 米的南壁下，有一近代墓葬，南北向，竖穴坑。墓葬南北长 2、东西宽 0.9、深 0.9 米。无棺板。

第 2 层，明、清文化层　厚 0.8～1.6 米，土质较松，呈灰色，垆土。内含石块、树根、板筒瓦块、灰陶容器块和"乾隆通宝"等。

第 3 层，宋、元文化层　厚 1.07～1.2 米，土质松散，呈灰色，垆土。内含石块、灰陶质板、筒瓦块、瓷片和云纹流水瓦块等。

第 4 层，唐文化层　厚 0.55～0.65 米，上层土质松散，呈灰褐色。内含唐代板瓦、筒瓦、条砖、方砖块，白灰块，莲花纹瓦当和砖刻佛像残块等。下层为唐代建筑基础，土质结构密实，经夯打。

第 5 层，生土层（图二三五，1）。

（二）T1 西剖面地层堆积

第 1 层，现代扰乱层　厚 0.2～1.2 米，土质松散，呈黄色，内含大量树根、石块和少量板瓦块等。

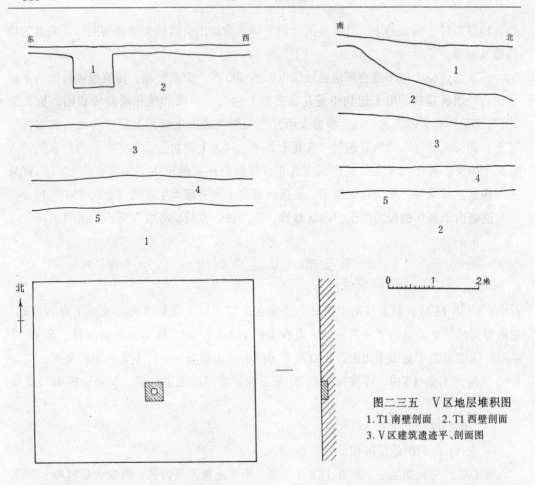

图二三五　　Ⅴ区地层堆积图
1.T1 南壁剖面　2.T1 西壁剖面
3.Ⅴ区建筑遗迹平、剖面图

第 2 层，明、清文化层　厚 0.5～1.5 米，土质松，呈灰色，垆土。内含石块、树根、板筒瓦块、灰陶容器块和"永昌通宝"钱币。钱面径 2.5、穿径 0.6、厚 0.1 厘米，正面廓内模铸"永昌通宝"，楷书对读；背面素面无纹。

第 3 层，宋、元文化层　厚 0.9～1.17 米，土质松，呈灰色，垆土。内含石块，灰陶质板、筒瓦残块、残瓷片、瓦当块等物。

第 4 层唐文化层　厚 0.53～0.57 米，上层土质松散，呈灰褐色。内含唐板瓦、筒瓦、条砖、方砖、白灰块和莲花纹瓦当等。下层为唐代建筑基础，土质结构密实，经夯打，土色不纯。

第 5 层，生土层（图二三五，2）。

二、建筑遗迹

由于地理条件所限，清理出建筑室内的烧土面，东西长 5、南北宽 4 米，土质结构密实，经夯打。在地面上有方形柱础，边长 0.4×0.4 米见方，厚 0.16 米，正中有直径 0.12 米的穿透洞（图二三五，3）。

三、出土遗物

出土遗物按用途可分建筑材料和雕像砖两类。

（一）建筑材料 3件。均为瓦当。

八瓣单蕊莲花纹瓦当 1件。标本ⅤT1④:1，泥质灰陶。作带状和细线相互平行的边框，中间饰乳钉纹，框内饰八瓣莲花纹。花瓣小而饱满，每瓣一侧间饰三角形隔棱。花心为一实心小圆点。面径12、厚0.9~1.4、边宽2.3厘米（图二三六，1；图版一九二，1）。

八瓣十一蕊莲花纹瓦当 1件。标本ⅤT1④:2，泥质灰陶。青棍。作带状和细线相互平行的边框，中间饰乳钉纹，面饰八瓣莲花纹。花瓣外勾粗线，一侧间饰"丫"形细线隔棱。花心细线圆中缀十一点梅花形花蕊。面径14、厚1.5、边宽2~3厘米（图二三六，2；图版一九二，2）。

十二瓣六蕊莲花纹瓦当 1件。标本ⅤT1④:3，泥质灰陶。残缺。作带状和细线相互平行的边框，中间饰小圆乳钉纹，面饰十二瓣莲花纹，花瓣浑圆，被磨，每两瓣外环细线，一侧上方间饰小圆乳钉。花心细线圆内缀六点梅花形花蕊。面径12.8、厚1.3、边宽2厘米（图二三六，3；图版一九二，3）。

（二）砖雕造像 1件。

标本ⅤT1④:4，在一残长7.5、宽12.6、厚5.2厘米的条砖上，横向雕刻宽4.7、高7厘米的"壶门"，内凸雕一佛造像。像盘头束髻，眼敛似线，小嘴微张，长耳下垂，左手执物置于胸前，右手搭左膝，体态丰腴，结跏趺坐于莲蓬之上。莲蓬向上，莲叶舒展下绽。莲花采用细线阴刻，花瓣逼真。"壶门"外线刻火焰纹（图二三六，4；图版一九二，4）。

表七二	Ⅴ区瓦当登记表					单位：厘米
序号	纹样	器号	面径	厚	边宽	备注
1	八瓣单蕊莲花纹	VT1④:1	12	0.9~1.4	2.3	灰陶
2	八瓣十一蕊莲花纹	VT1④:2	14	1.5	2~3	青棍
3	十二瓣六蕊莲花纹	VT1④:3	12.8	1.3	2	灰陶

四、小 结

出土遗迹在Ⅴ区地层划分中属于唐代文化层。同时出土的莲花纹瓦当与Ⅰ、Ⅱ、Ⅲ区以及唐大明宫遗址出土的同类遗物相同，证明应为唐代建筑遗迹。

清乾隆本《临潼县志》、唐郑嵎《津阳门诗并序》、元李好文《长安志图·唐骊山宫图》记载骊山北麓半山腰有李真人庵和长生殿。出土遗迹是其中哪一处，由于面积太

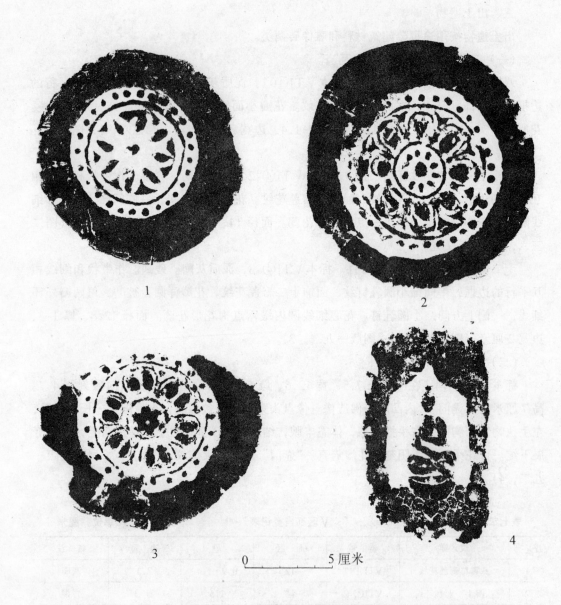

图二三六　　Ⅴ区瓦当及砖雕造像纹样拓本

1.八瓣单蕊莲花纹 VT1④:1　2.八瓣十一蕊莲花纹 VT1④:2　3.十二瓣六蕊莲花纹 VT1④:3　4.砖雕造像 VT1④:4

小、出土遗物太少难以断定。遗址中出土佛像，分析原建筑可能与佛教有关。

"永昌通宝"钱币中的"永昌"年号在历史上有两个，一是公元 689 年武则天改元 "永昌"，二是李自成在明崇祯十七年（公元 1644 年）改元"永昌"。新、旧《唐书》、《资治通鉴》等正史中均无武则天"永昌"年铸钱记载。"茶嶰逸考崇祯十七年正月李自成称王于西安，据秦府为宫，借号大顺，改元永昌，铸永昌钱。吴伟业绥冠纪略：甲申，李贼自关中奔襄阳，居武昌五十日，改江夏为瑞符县，设伪令运铜铸永昌钱"[1]。李自成铸的永昌钱有大小两种，小钱廓直径 2.5、穿直径 0.55 厘米，大钱廓直径 3.6、穿直径 0.6 厘米。出土"永昌"钱面径 2.5、穿径 0:6 厘米，与文献记载相符，当为李自成时铸造。

---

1)　　五锡棨编：《泉货汇考·明末伪品·明伪品李自成》，中国书店出版，1988 年版。

第七章 结 论

第一节 唐华清宫的地理风貌

唐华清宫遗址距唐代京城长安 30 公里，北临横贯八百里关中平原、涣涣东去的渭河，南依如锦似绣的骊山东、西绣岭，再往南是海拔 1302 米的仁宗山和绵延起伏的秦岭山脉。在渭河平原陡然拔地而起的骊山"为临潼屏障，秀丽甲于关中，东控鸿门，西接终南襟霸"[1]，给人以突兀峥嵘之危感，陡增了几分敬畏。

西绣岭跃出群峰，巍峨耸立，东隔石瓮谷与东绣岭相望，西过牡丹沟和白鹿塬为邻，山前地势自然形成，南高北低，呈阶梯形状，东边外环弯弯曲曲北去的寺沟，内绕红土沟；西边外围深堑逶迤的牡丹沟，内修"老鸦沟"，两侧幽谷九转，重峦叠嶂，山峰如翼，有跃跃欲合之势，使其更显得气势恢弘，不同凡响。这种依山面水、前低后高、龙蟠虎踞、凤翥鸾回的山势构造，是古代堪舆学上比较推崇的风水宝地。

由昭应县城、离宫和骊山禁苑三部分组成的名驰中外的唐华清宫，就座落在上苍赐予人类修建离宫别苑的最佳福地上。宫内温泉"无宵无旦，与日月而同流；不盈不虚，将天地而齐固，永济民之沉疴，长决施于无穷。"[2] "蠲疴荡瘵，疗俗医民。"[3] "蠲除苟慝，服中正兮。熙哉帝哉，保性命兮。"[4]宫东边临河迤逦跳跃在寺沟，西边潼水潺湲，流淌于牡丹沟，两水如带似练，围绕宸宇。

历代文坛骚客巨擘，舞文弄墨，盛赞骊山温泉宫内美妙绝伦的自然风光和人文景观曰："四郊秦汉国，八水帝王都。闾阖雄里门，城阙壮规模。贯渭称天邑，含岐实奥区。金门披玉馆，因此识皇图。"[5] "温谷媚新丰，骊山横半空。汤池薰水殿，翠木暖烟宫。"[6] "路若随天转，人疑近日来。"[7] "步辇陟山巅，山高入紫烟……迥识平陵树，低

---

1) 〔清〕乾隆本《临潼县志·形胜》。
2) 罗振玉编：《墨林星凤·唐太宗·温泉铭》。
3) 罗振玉编：《墨林星凤·唐太宗·温泉铭》。
4) 〔清〕严可钧校辑：《全上古三代秦汉三国六朝文·张衡·温泉赋》，中华书局，1958 年版，759 页。
5) 《全唐诗·中宗·登骊山高顶寓目》，中华书局，1979 年版，23 页。
6) 《全唐诗·张说·奉和圣制温泉言志应制》，中华书局，1979 年版，945 页。
7) 《全唐诗·赵彦昭·奉和圣制登骊山高顶寓目应制》，中华书局，1979 年版，1088 页。

看华岳莲。"[1] "骊岫接新丰，岧峣驾翠空。凿山开秘殿，隐雾闭仙宫。绛阙犹栖凤，雕梁尚带虹。温泉曾浴日，华馆旧迎风。肃穆瞻云辇，沉深闭绮栊。东郊倚望处，瑞气霭濛濛。"[2] "汉主离宫接露台，秦川一半夕阳开。青山尽是朱旗绕，碧涧翻从玉殿来。"[3] "高高骊山上有宫，朱楼紫殿三四重。"[4] "长安回望绣成堆，山顶千门次第开。"[5] "观夫巍峨宫阙，隐映烟霞。盘薄鸟道，经回日车。路临八水，砌比万家，楼观排空。"[6] "楼阁参差倚夕阳，年年花发满山香。"[7] "骊岫飞泉泛暖香，九龙呵护玉莲房。"[8] "复道凌云接金阙，楼观隐烟横翠空。"[9] 唐华清宫地面建筑虽然烟飞灰灭，但这些当年随侍唐代皇帝游幸此地的台宰权臣和莅临游览观光者身临其境所写的抒情和赞美诗文，则比较真实地反映了昔日骊山旖旎迷人的风光和华清宫规模庞大、气势不凡的雄姿。

根据近年来实际考古发掘和钻探材料得知，唐华清宫的四至范围已经确定，东泪寺沟，西迄牡丹沟，南至骊山烽火台，北到今临潼县北"十"字街（原西安至渭南公路），总面积约 60 万平方米（水平投影面积）。

现临潼县城内大的地势走向基本保留着原唐代昭应县城的形状，虽然时过千年，仍然能看到昔日风采。出于修建宫苑工程的实际和规划设计方案的需要，唐代华清宫的建设者，将今骊山北麓县城至华清池这一块地区，整修出了六个台阶地。由北向南：第一台地从临潼北"十"字街至临潼县委门前东西横街，南北长约 180 米，海拔 429.7～435.1 米；第二台地从东西横街到临潼县政府门前东西横街（书院街），南北长约 290 米，海拔 435.1～443 米；第三台地由县政府门前东西横街迄华清池门前东西向公路北边，南北长约 210 米，海拔 443～450.8 米；第四台地从公路北边到华清池新浴池门前，南北长约 90 米，海拔 450.8～454 米；第五台地从新浴池门前至星辰汤大殿北墙，南北长约 126 米，海拔 454～455 米；第六台地从星辰汤北墙至山脚下，南北长约 30 米，海拔 455～457.3 米。六个台阶地从北向南，高差依次为 5.4、7.9、7.8、3.2、1、2.5 米。其中一至三台阶地在昭应县城内，四至六台阶在华清宫城内。这大概是为了模仿京城长安"郭有六条高坡，象乾卦六爻，故于九二置宫殿以当帝王之居（即隋之大兴宫，唐之太极宫），九三立百司以应君子之数。"

1) 《全唐诗·李峤·奉和骊山高顶寓目应制》，中华书局，1979 年版，693 页。
2) 《全唐诗·皇甫冉·华清宫》，中华书局，1979 年版，2833—2834 页。
3) 《全唐诗·王维·和太常韦主簿五郎温汤寓目之所》，中华书局，1979 年版，1296 页。
4) 《全唐诗·白居易·骊宫高》，中华书局，1979 年版，4700 页。
5) 《全唐诗·杜牧·过华清宫绝句三首》，中华书局，1979 年版，5954 页。
6) 〔清〕董浩等编：《全唐文·韩休·驾幸华清宫赋》，上海古籍出版社，1990 年版，1319～1320 页。
7) 〔清〕乾隆本《临潼县志·艺文下·许浑·华清宫》。
8) 《全唐诗·李商隐·骊宫有感》，中华书局，1979 年版，6195 页。
9) 〔清〕乾隆本《临潼县志·艺文下·苏轼·骊山》。

骊山西绣岭地势结构可谓天地造化神功之杰作，自然形成了三个山峰，经人工稍加修整成三个平台，朝元阁、老母殿、烽火台分别建在三个台地上。从下向上，第一平台海拔 697 米，第二平台海拔 773.6 米，第三平台海拔 913.6 米。三个台地的高差分别为76.6、140 米。这三个台阶地加上山下六个台阶地，按所处位置可分为下、中、上三台。真是无巧不成书，妙合三台九阶之数。唐代《开元占经》记载天上有"三台星"，分为上、中、下三台。唐华清宫内人工修"三台"，可能也有上合天空星象之意。

第二节　唐华清宫的兴修及其沿革

唐华清宫修建在骊山温泉、以今华清池为中心的周围地区。"骊山崇峻不如太华，绵亘不如终南，幽异不如太白，奇险不如龙门，然而三皇传为旧居，娲圣纪其出治。"[1]"路史：女娲氏立治于中皇之原，继兴于丽。长安志：丽山有女娲治处。又云：蓝田谷次北有女娲氏谷，三皇旧居之所，即骊山也。"[2]把这些扑朔迷离的文献记载和华清宫遗址秦汉文化层以下出土的仰韶文化遗迹、遗物与 1973 年至 1979 年在华清宫以北地区发掘的半坡类型姜寨遗址结合起来分析，不难看出，距今约六千年左右的姜寨先民，就是目前已知最早生存活动在骊山温泉附近的主人。

史牒把商代生活在骊山温泉附近的先民称为"骊山氏"。"骊山氏"立国曰"丽"。西周奠都鄷镐，于骊山温泉修建离宫别苑、亭台楼阁、军事设施、城池、烽火台，供周王游幸取乐。公元前 779 年，周幽王宠爱美妃褒姒，为博其一笑，数举烽火为戏，终于酿成褒姒一笑而失天下的悲剧。

公元前 383 年，秦献公欲东进争雄，重振国威，迁都栎阳（今阎良区武屯乡），在骊山温泉修葺离宫。千古一帝秦始皇践祚，于此"砌石起宇，名骊山汤。"[3]始皇二十六年，征服六国，四海一统，竭尽全国人力和财力营建骊山陵园和"骊山汤"。"二十七年焉作信宫渭南，已更命信宫为极庙，象天极。自极庙道通骊山，作甘泉前殿。"[4]宋敏求《长安志》载《三秦记》曰："秦始皇作阁道至骊山八十里，人行桥上，车行桥下，今石柱犹存。"《三辅黄图》记载："惠文王作阿房未成而亡，始皇广其宫，规模三百余里，离宫别馆，弥山跨谷，辇道相属，阁道通骊山八十余里。"这些规模宏大、巍巍高耸的人间杰作，后被项羽付之丙丁，化为灰烬。

星移斗换，汉武帝继位，在秦"骊山汤"旧址上重新营建，大加崇饰。时过东汉、

1)　〔清〕乾隆本《临潼县志·地理·山川》。

2)　〔清〕乾隆本《临潼县志·古迹》。

3)　〔清〕乾隆本《临潼县志·古迹》。

4)　〔汉〕司马迁撰：《史记·秦始皇纪》，中华书局，1972 年版，241 页。

三国、两晋泊五胡十六国，屡遭兵燹的骊山温泉已是"上无尺栋，下无环墙"[1]。北魏雍州刺史元苌莅临，见此凄凉情景，于是组织人力，筹措资金。就绪后，"乃剪山开障，因林构宇"[2]，建成了"邃馆来风，清檐驻月"[3]的新景观。

北周定都长安，周武帝天和四年（公元 570 年），命大冢宰宇文护在骊山温泉修建"皇堂石井"[4]，治缮雕梁画栋的离宫庭院。公元 581 年，隋文帝杨坚代周，开皇三年（公元 583 年）扩建北周骊山行宫，"又修屋宇，列树松柏千余株"[5]。

唐太宗李世民在武德九年（公元 626 年）发动"玄武门政变"成功，君临天下，贞观十八年（公元 644 年）诏令将作匠阎立德总度骊山，于是面山开宇，从旧裁基，营建宫殿，监修御汤，建成了新的离宫。新宫"疏檐岭际，抗殿岩阴。柱穿流腹，砌裂泉心。"[6]唐太宗临幸，赐名"汤泉宫"。唐高宗李治执掌权柄，于咸亨二年（公元 671 年）改"汤泉宫"为"温泉宫"。

唐玄宗李隆基登基，"以（房）琯雅有巧思"[7]，负责扩建"温泉宫"，"疏崖剔薮"[8]，"益治汤井为池"[9]。天宝二年（公元 743 年），唐玄宗在"温泉宫"北置会昌县。天宝六载（公元 747 年）十月，改"温泉宫"为"华清宫"。是年十二月，抽调会昌县附近各郡县丁夫，围绕华清宫修筑缭墙，筑会昌县城墙，并于城内建造百官衙署和陪同游幸朝臣的府第。天宝八载（公元 749 年），又在城内设立北市。

华清宫经过唐王朝一百多年间不断地更新扩建，到天宝年间，达到了其历史上最为骄傲辉煌的鼎盛时期，"其时汤井殊名，殿阁异制，园林洞壑之美，殆非人境"[10]。

天宝十四载（公元 755 年）十一月，正当唐玄宗和杨贵妃在华清宫花天酒地之时，手握天下劲兵的安禄山发动兵变，唐王朝从此由盛转衰，华清宫地位也一落千丈。唐大历二年（公元 767 年），鱼朝恩为献媚取悦德宗皇帝修建章敬寺，"乃奏坏曲江亭馆，华清宫观楼及百司行廨，将相没官宅给其用"[11]，拆除了华清宫观风楼等建筑。

唐代宗大历年间（公元 770～779 年），李豫命令昭应县令柳子华修茸华清宫以供游幸。

---

1) 〔北魏〕元苌撰：《温泉颂》碑。
2) 〔北魏〕元苌撰：《温泉颂》碑。
3) 〔北魏〕元苌撰：《温泉颂》碑。
4) 〔宋〕程大昌撰：《雍录·温泉》卷四。
5) 〔宋〕宋敏求撰：《长安志》卷十五。
6) 罗振玉编：《墨林星凤·唐太宗·温泉铭》。
7) 〔后晋〕刘晌等撰：《旧唐书·房琯传》，中华书局，1975 年版，3320 页。
8) 〔宋〕欧阳修、宋祁撰：《新唐书·房琯传》，中华书局，1975 年版，4625 页。
9) 〔宋〕程大昌撰：《雍录·温泉》卷四。
10) 〔清〕乾隆本《临潼县志·古迹·华清宫》。
11) 〔后晋〕刘晌等撰：《旧唐书·鱼朝恩传》，中华书局，1975 年版，4764 页。

此后，唐皇帝身处内忧外患之中，根本无暇问津华清宫，经百余年风雨浸蚀，烈日暴晒，霜雪剔剥和山上泥土掩埋冲积，宫垣颓废，甍栋倾斜，"唐末遂皆隳废"[1]。

后唐庄宗同光二年（公元 924 年），诏令西都留守官吏修华清宫温汤屋宇。后晋天福年间（公元 936～944 年），将华清宫改名"灵泉观"[2]赐予道士。宋仁宗年间（公元 1023～1054 年），刘子颙主持修葺骊山温泉。元太宗至元宪宗年间（公元 1234～1253 年），赵子渊、赵子古等人募捐修缮骊山温泉殿宇。明孝宗弘治十六（公元 1503 年），临潼知县丁相重修骊山华清宫汤池。明熹宗天启元年（公元 1621 年），临潼知县王予爵整修原华清宫莲花汤。清代康熙四十二年（公元 1703 年），总制鄂海为迎接康熙皇帝西巡，修饰骊山温泉。清光绪三年（公元 1877 年），县令沈家祯在骊山温泉修建"环园"。清光绪二十六年（公元 1900 年），县令舒绍祥为迎接慈禧太后西幸，重修骊山温泉"环园"。1927 年至 1928 年，冯玉祥修缮骊山温泉。1929 年 4 月，临潼县长王曰宾在骊山温泉修"涤尘池"。1959 年 7～10 月在骊山温泉扩建的华清池，就座落在唐华清宫遗址中心位置，但面积却不足其十分之一。

这次考古发掘出土的华清宫遗迹、遗物，证明以上文献记载属实。

第三节　华清宫名称的由来

宋程大昌《雍录·温泉》卷四曰："温汤在临潼县南一百五十步，在丽山西北。《十道志》曰：'泉有三所，其一处即皇堂石井，后周宇文护所造，隋文帝又修屋宇，并植松柏千余株。贞观十八年诏阎立德营建宫殿御汤，名汤泉宫，太宗临幸制碑。咸亨三年名温泉宫。天宝六载改为华清宫。'"《长安志》、《资治通鉴》也有同样记载，说明唐骊山行宫初名"汤泉宫"，后易名"温泉宫"，再易名为"华清宫"。骊山行宫先后名"汤泉宫"、"温泉宫"，就字面和骊山有温泉的实际状况，不用考证解释即可理解是以泉名宫。但天宝六载改名华清宫的原因和目的，史作却只字未提，是简单地命名还是有更深刻的涵义，很值得探讨。

在中国古代，大到国都定名，小到皇宫以至单个宫殿的命名都倍受重视，须经过认真讨论和仔细甄别后由皇帝御定或命名。华清宫的取名更应如此。命名的内涵，或引经据典法古，或祈求长治久安，取吉祥如意语，或者上合天象，或以地名宫，内容不一而足。"温泉宫"在天宝六载忽然要取名"华清"，就字面诠释词义不知寓意所指为何，颇使人费解。

---

1)　〔宋〕程大昌撰：《雍录·温泉》卷四。
2)　〔元〕李好文撰：《长安志图·唐骊山宫图》游师雄题跋。

《说文解字注》曰：^葊，荣也（见释艸。艸部曰：葩，华也。^覀部曰：^蘽，荣华也。按释艸曰，蓎葟葟华荣，浑言之也。又曰木谓之华，艸谓之荣。荣而实者谓之秀，荣而不实者谓之芙，析言之也。引伸为曲礼，削瓜为国君华之之字。又为光华、华夏字）。从艸琴。""清，朖也。澂水之儿（浪者，明也。澂而后明，故云澂水之儿。引伸之，凡洁曰清。凡人洁之亦曰清。同瀞。从水，青声。"[1] 华字的意思有光华、光彩、光辉、繁华、繁盛、荣华等等。后代词组据《汉语大词典》记述有华表、华美、华丽、华诞、华灯、华年、华翰、华胄、华屋、华文、华腴、华簪、华札、华侨、华族、华辞、华盖、华颠、华宗、华言……清字有透明、洁净、单纯、公正、高洁、安定、太平、点验、过滤等众多意思，词组有清拔、清白、清班、清秘、清晔、清标、清飙、清辨、清盼、清贫、清平、清庙、清明、清梵、清芬、清风、清流、清廉、清官、清霁、清寒、清比、清深、清抗、清通、清涟、清现等数十种之多，唯独没有"华清"一词。

"华清"一词最早见于记载骊山温泉史籍的是北周王褒"挺此温谷，骊岳之阴。白矾上彻，丹砂下沉。华清驻老，飞流莹心。谷神不死，川德愈深"[2] 诗文。就全句诗意理解"华清"有能使人青春永在、延缓衰老的意思，但单独理解就不知所指了。所以要知其出处和更深刻的含义所指，了解王褒其人是非常必要的。

王褒字子渊，琅邪临沂人，"美风仪，喜谈笑，博览史传，尤工属文"[3]，降北周后"授太子少保，迁小司空仍掌纶诰"[4]。从王褒致梁处士汝南周弘让书曰："弟昔因多疾，亟览九仙之方；晚涉老途，常怀五岳之举。同夫关令，物色异人；譬彼客卿，服膺高士。上经说道，屡听玄牝之谈；中药养神，每禀丹沙之说。"[5] 可以看出王褒笃信道教玄学，修炼长生不老术。"《三洞珠囊》曰：王褒字子登，前汉王陵七世孙。服青精钑饭，趋步峻峰如飞鸟，无津梁直渡积水，又服云碧、晨飞、丹腴，视见甚远。太上大道君遣正一左玄执盖郎，封玮音，赐王君素明、琼玕、丹绂、绵旌，号清虚真人。"[6] 说明王褒已被神化成为与道教中赤松子、左圣紫晨圣玄元道君等并列的神仙。

"华清驻老"诗意中的"华清"二字虽有青春永驻、使人鹤发童颜之意，但就单词解释，似乎与长生不老有些风马牛不相及，也不能完全揭示出唐玄宗改"温泉宫"为"华清宫"的真正用心和目的所在。

王褒既为道教中神仙真人，"华清"一词的出处，必然与神道有密切的联系。"《大

1)　〔汉〕许慎撰、〔清〕段玉裁注：《说文解字注》，上海古籍出版社，1981 年版，550 页。

2)　〔清〕严可均校辑：《全上古秦汉三国六朝文·全后周文·王褒》，中华书局，1958 年版，3916 页。

3)　《二十五史·周书·王褒传》，上海古籍出版社，1986 年版，2648 页。

4)　《二十五史·周书·王褒传》，上海古籍出版社，1986 年版，2649 页。

5)　《二十五史·周书·王褒传》，上海古籍出版社，1986 年版，2649 页。

6)　〔宋〕李昉等撰：《太平御览·道部三·真人下》，中华书局，1960 年版，2953 页。

有经》曰：玉华青宫有宝经玉诀，应有为真人者授之。"[1] "《金根经》曰：领仙玉郎赍金简紫籍，来于东华青宫校定玉名。"[2] "《灵书经》曰：东方九气天中，灵宝度命品章，出自天元始东华清宫，青童君封之青玉宝函之中，印以元始九气之章。"[3] 上述三经中的"玉华青宫"，"东华清宫"为道教收藏"宝经玉诀"、"金简紫籍"的地方。能否获得以上经典，是决定人向神仙过渡的关键所在。反过来说，其收藏之处自然也就是仙家宝地，是希冀长生不老的芸芸众生梦寐以求的地方。可见王褒诗中"华清驻老"的"华清"，无疑是指道教经书中"华青宫"能使人得道成仙而言的。"清"与"青"字形意思虽然有别，但按《释名·释言语》："清，青也，去浊远移。色如青也，"王先谦《释名疏证补》引叶德炯曰："清，青古通。"

更改宫名、地名，必须事出有因，而不是某个人一时心血来潮而为。例改桃林县为"灵宝"，是因陈王府参军田同秀上言："见玄元皇帝于丹凤门之空中，告以'我藏灵符，在尹喜故宅'。上遣使于故函谷关尹喜台旁求得之"[4] 之故。改骊山朝元阁为降圣阁，是由于有人进言见玄元皇帝自天而降于此。改会昌县为昭应县，是"以唐太宗昭陵数有征应事，宰臣称贺"[5] 的原因。由此推理，唐玄宗于天宝年间大肆修建骊山温泉宫，并在葳事完工之后改名"华清宫"，必然有深刻的时代背景和一定的政治渊源。

从改"华清宫"之前当时的社会历史背景看，唐玄宗于开元十九年五月诏令"五岳各置老君庙"[6]，开元"二十一年春正月庚子朔，制令士庶家藏老子一本，每年贡举人量减《尚书》、《论语》两条策，加《老子》策。"[7] 开元"二十九年春正月丁丑，制两京、诸州各置玄元皇帝庙并崇玄学，置生徒，令习《老子》、《庄子》、《列子》、《文子》，每年准明经例考试。"[8] 同年四月，唐玄宗以夜梦得玄元皇帝石像为契机，在全国范围内有计划、有步骤、有目的地开展尊崇老子的政治革命。天宝元年二月，玄宗亲享玄元皇帝新庙，九月，诏令"两京玄元庙改为太上玄元皇帝宫，天下准此。"[9] 天宝"二年春正月丙辰，追尊玄元皇帝为大圣祖玄元皇帝，两京崇玄学改为崇玄馆，博士为学士。"[10] 是年"三月壬子，亲祀玄元庙以册尊号。制追尊圣祖玄元皇帝父周上御史大夫敬曰先天太上皇，母益寿氏号先天太后，仍于谯郡本乡置庙。尊咎繇为德明皇帝，改西京玄元庙

1) 〔宋〕李昉等撰：《太平御览·道部三·真人上》，中华书局，1960 年版，2947 页。
2) 〔宋〕李昉等撰：《太平御览·道部一八·简章》，中华书局，1960 年版，3014 页。
3) 〔宋〕李昉等撰：《太平御览·道部一八·简昌》，中华书局，1960 年版，3015 页。
4) 〔宋〕司马光编著：《资治通鉴·卷二百一十五·唐纪三十一》，中华书局，1976 年版，6852 页。
5) 〔清〕乾隆本《临潼县志·古迹》。
6) 〔后晋〕刘昫等撰：《旧唐书·玄宗本纪》，中华书局，1975 年版，197 页。
7) 〔后晋〕刘昫等撰：《旧唐书·玄宗本纪》，中华书局，1975 年版，199 页。
8) 〔后晋〕刘昫等撰：《旧唐书·玄宗本纪》，中华书局，1975 年版，213 页。
9) 〔后晋〕刘昫等撰：《旧唐书·玄宗本纪》，中华书局，1975 年版，216 页。
10) 〔后晋〕刘昫等撰：《旧唐书·玄宗本纪》，中华书局，1975 年版，216 页。

为太清宫，东京为太微宫，天下诸郡为紫极宫。"[1]与此同时，玄宗皇帝身体力行，率先垂范，多次拜祭太清宫，不断为玄元皇帝增加尊号，戴桂冠，使道教始祖老子的地位扶摇直上，无与伦比。

一些企图达到加官进爵的文武官员也乘机推波助澜。陈王府参军田同秀上言见玄元皇帝于丹凤门，告诉灵符藏在尹喜故宅。崔以清说他"见玄元皇帝于天津桥北，云藏符在武城紫微山"[2]。天宝七载"十二月，戊戌，或言玄元皇帝降于朝元阁（上于华清宫中起老君殿，殿之北为朝元阁，以或言老君降于此，改曰降圣阁）。制改会昌县曰昭应，废新丰入昭应。"[3]天宝九载："太白山人王玄翼上言见玄元皇帝，言宝仙洞有妙宝真符。"[4]天宝十三载"甲辰，太清宫奏：'学士李琪见玄元皇帝乘紫云，告以国祚延昌'。"[5]皇帝好神仙成癖，群臣投其所好，君臣配合默契，使全国上下笼罩在玄元皇帝神灵的光环之中。

作为推行尊老崇道发起人的唐玄宗本人就笃信道教，好祀神鬼，自白"吾奉上帝所命，为元始孔升真人"[6]，俨然以仙家真人自居。史载"时上（唐玄宗）尊道教，慕长生，故所在争言符瑞，群臣表贺无虚月。"[7]王玙因能祭祀鬼神，被封官侍御史。陈希烈"以讲老、庄得进，专用神仙符瑞取媚于上"[8]而官拜右丞相。唐玄宗这样一个信奉道教，自命"孔升真人"的人，在自己发动领导"尊老崇道"这场如火如荼的政治运动中，把安置玄元皇帝真容石像和政治运动的策源地及领导中心，选择在骊山温泉宫，并易宫名为"华清"，从表面看似乎主要是为了迎合当时全国的政治形势，政治因素起了决定性的作用。但若探赜索隐，会洞见"华清"二字除取意"清虚真人"王褒"华清驻老"和与道教"华青宫"音意相同外，还妙合唐玄宗自认为"膺少昊之盛德，协太华之本命"[9]的华山中的"华"和道教最高神界"三清"仙境中的"清"字，一语双关，意境深远，精蕴丰富。

"华清宫"大名的问世，不能忽略一个女性的存在，她就是中国古代四大美人之一的杨玉环。杨玉环"资质丰艳，善歌舞，通音律，智算过人"[10]，美貌冠代，绝世无双。开元二十三年（公元734年）十一月，出嫁唐玄宗爱子寿王李瑁为妃，开元二十八

1) 〔后晋〕刘昫等撰：《旧唐书·玄宗本纪》，中华书局，1975年版，216页。
2) 〔宋〕司马光编著：《资治通鉴·卷二百一十五·唐纪三十一》，中华书局，1976年版，6852页。
3) 〔宋〕司马光编著：《资治通鉴·卷二百一十六·唐纪三十二》，中华书局，1976年版，6892页。
4) 〔宋〕司马光编著：《资治通鉴·卷二百一十六·唐纪三十二》，中华书局，1976年版，6900页。
5) 〔宋〕司马光编著：《资治通鉴·卷二百一十六·唐纪三十二》，中华书局，1976年版，6823页。
6) 《开元天宝遗事·乐史·杨太真外传》，上海古籍出版社，1985年版，146页。
7) 〔宋〕司马光编著：《资治通鉴·卷二百一十六·唐纪三十二》，中华书局，1976年版，6900页。
8) 〔宋〕司马光编著：《资治通鉴·卷二百一十五·唐纪三十一》，中华书局，1976年版，6872页。
9) 〔清〕董诰等编：《全唐文·玄宗·西岳太华山碑序》，上海古籍出版社，1990年版，192页。
10) 〔后晋〕刘昫等撰：《旧唐书·玄宗杨贵妃传》，中华书局，1975年版，2178页。

年被玄宗看中，欲占为己有，为了遮人耳目，乃令杨玉环自己提出出家为道，并向天下颁发《度寿王妃为女道士敕》："敕：至人用心，方悟真宰。淑女勤道，自昔罕闻。寿王妃杨氏，素以端懿，作嫔藩国。虽居荣贵，每在精修。属太后忌辰，永怀追福，以兹求度，雅志难违。用敦弘道之风，特遂由衷之请，宜度为女道士"[1]，取道号"太真"，为日后与父王结婚制造理论根据。天宝四载秋八月，唐玄宗正式册封杨玉环为贵妃。唐玄宗信道，杨贵妃为道士，两位道家情侣住在瑶室仙宫才能和其特殊身份相符。温泉宫是李、杨两人第一次幽会、定情之地，以后又多次旧地重游，山盟海誓，"在天愿做比翼鸟，在地愿为连理枝"[2]，世世代代为夫妻。可见温泉宫的易名，也不能说不为情所累吧！

综上考证分析，唐玄宗忽然将骊山温泉宫改名为具有神秘色彩的"华清宫"并非无的放矢，一时心血来潮，而是经过深思熟虑所为，表面上吻合当时国内政治的大气候，企图把"尊老崇道"的政治运动掀向更高潮，规模搞得更大，企求老子在天神灵庇佑李唐王朝，江山永固，坚如磐石，俾传千秋万代；同时就是要向世人表明，唯有他才是真正秉承上帝之意来统治万民和君权神授这个不容改变的事实；内心深处则希望人间的华清宫真能具有和道教仙界中的"华青宫"一样的功能，使他和杨贵妃早日得道成神，列位仙宫，长生不老，与天地同寿，和日月共存。

第四节　唐华清宫的内部布局

华清宫地面建筑均已毁坏倾圮，掩埋地下，鲜为人知。经过近年来的考古勘查、钻探和发掘清理，先后发现确定了缭墙、宫墙、唐昭应县城和宫内部分建筑遗址。

根据《长安志》、《雍录》、《资治通鉴》、《旧唐书》、《临潼县志》等文献记载，华清宫南枕骊山，北临渭水，东临西潼二水围绕，由昭应县城、华清宫、骊山禁苑三部分合一而成。昭应县城位于宫北，是离宫居民区和商业区及随侍华清宫游幸的百官府第所在地。

缭墙　发现四道，东、西两边各二。东边外缭墙从驻临潼县中国人民解放军四十七军军部大门西边开始，沿着迤逦起伏的寺沟西岸边，依自然地形夯筑，向南延伸和史籍记载的二天门相接；内缭墙，基本为南北走向，沿着红土沟东岸山梁夯筑，向南延伸接山地断崖，再东拐和二天门连接。

西边外缭墙，基本为南北走向，沿着牡丹沟东岸比较平坦的地带依地势走向修筑，

1)　〔宋〕宋敏求编：《唐大诏令集·度寿王妃为女道士敕》，商务印书馆，1959年版，188页。
2)　《全唐诗·白居易·长恨歌》，中华书局，1979年版，4818页。

有的地方凿石开沟，代替夯墙；内缭墙大致为南北走向，从铁道部临潼疗养院和陕西省体委临潼游泳池界墙南墙外开始，向南延伸和骊山一断崖相接，西距外缭墙约165～190米。

南缭墙在骊山老母殿西边东西向山沟北岸，因山体滑坡而破坏无存。

宫墙　发现五道，东、西两边各二，南边有一。东边外宫墙基本为南北走向，北端接昭应县城东南转角，向南过东边外缭墙角楼，再向南和南宫墙相接，全长约330米；内宫墙修筑在华清池管理处和东尧村界墙位置，南北走向，南端在华清池后门附近，和南宫墙相接，北端的情况不明，推测当与北宫墙相连，全长约240米。

南宫墙紧依骊山北山脚夯筑，东西走向，位于"西安事变"兵营、陕西省体委临潼游泳池南墙外，东、西两端和东、西宫墙南端相接，全长约531米。

西边外宫墙位于今铁道部临潼疗养院东墙所在地，南北走向，南端和南宫墙连接，北端与昭应县城西南转角结合，全长约330米；内宫墙位于外宫墙之东114～120米，南北走向，南端和南宫墙相接，北端推测当与北宫墙相连，南北长约240米。

北宫墙未发现，推测位置在今华清池北墙之外约3～4米。

昭应县城即今临潼县城，地理坐标为东经109°54′9″～109°27′50″，北纬34°16′49″～34°44′11″，南距骊山温泉约330米，城垣虽然破坏严重，但规模形制依旧可辨，平面略呈南北长方形，东、西、南、北四垣长度分别为656、580、600、627米，周长2463米，总面积约378998平方米。城内详情不明。

出昭应城南门，为望仙桥，因玄宗企慕神仙而名。桥南东西为一平坦宽阔的大广场。场南并排依次建有左、右讲武殿。讲武由来已久，《周礼·月令》记载：冬天农闲，国王"乃命将帅讲武，习射御"。《国语》曰"三时务农，而一时讲武"。唐代沿袭古制，高祖、太宗、高宗在位时都曾经讲武。玄宗开元元年在骊山进行了唐王朝历史上规模最大的讲武，并在扩建华清宫时专修讲武殿，可见其对讲武的重视。讲武殿南左、右朝堂是随幸华清宫百官上朝商讨、研究国家大事和等候皇帝召见的地方。朝堂南有紧依宫城的修文馆和宏文馆。宏文馆遗址可能即第六章第一节的建筑遗迹。修文馆即宏文馆，内置学士，掌管校正图书，教授生徒，一旦皇帝听政之隙，引入内殿，讲论文义，商量政事，并参议朝廷制度礼仪沿革。

宫城有四门：北为津阳门（推测位置在华清池中门，考古发掘Ⅲ区建筑遗迹之南），因面临渭津而名；南曰昭阳门（位置在今华清池原男大池之西，海拔高度456米），寓得日之光，昭昭明亮之意；东是开阳门，因朝太阳而取名；西称望京门，取西向京都长安之意。宫内分东、中、西三区，以隔墙分开。东区：由北向南有飞霜殿的北门瑶光楼，楼南为梨园、小汤（详情见第五章Ⅱ区建筑遗迹）。

梨园、小汤南乃唐玄宗和杨贵妃临幸华清宫莲花汤、海棠汤沐浴时小憩、消暑、宴饮的飞霜殿（位置在今华清池御汤遗址博物馆之北水库下）。殿南即御汤九龙殿，亦名莲花汤（见第四章第五节），是唐玄宗御用汤池。

莲花汤紧西北为海棠汤（详见第四章第六节），亦名芙蓉汤，"在莲花汤西沉埋已久，人无知者，近修筑始出，石砌如海棠花，俗呼为杨妃赐浴汤，岂以海棠睡未足一言而为之乎"[1]，为唐玄宗爱妃杨玉环沐浴池。

海棠汤和莲花汤南为星辰汤，即唐贞观十八年阎立德为太宗修建的御汤（详见第四章第一节）。汤池南接温泉水源。源上是依宫墙而建，传为神女沐浴之所而得名的玉女殿（位置在华清池温泉南骊山陬下）。东区是皇帝和后妃游幸华清宫时沐浴宴娱之地。

中区：由津阳门向南，主体建筑为巍巍壮丽的前、后大殿，是唐皇帝在华清宫处理政务、进行各种国事活动的地方。殿南近山脚下，由东向西，依次排列着供太子沐浴的太子汤（详见第四章第三节）、少阳两汤、供内官六部官员沐浴的尚食汤（详见第四章第四节）和为梨园弟子沐浴而建的宜春汤（详见第四章第七节）。汤池南为放置唐太宗贞观十八年书丹的《温泉铭》碑亭，名曰御书亭（详见第四章第二节）。亭西南是昭阳门。由中区去东区须经取朝阳之意的日华门，往西区必走取得月之意的月华门。

西区：自北而南有玄宗崇敬神仙张果、企求得到长生不老药而修建的果老药堂，供奉历代祖宗的十圣殿。据宋程大昌《雍录》注曰："殿在宫中，自神尧至睿宗、昭成、肃明皇后皆立，衣衮衣。绕殿石榴皆太真所植。"殿南并排有希望神仙降临的瑶坛和羽帐。再南是供奉神仙、进行修真养性的功德院和嫔妃、宫女沐浴的长汤十六所。长汤南即笋殿。殿侧存立北魏雍州刺史元苌撰书的晶莹可鉴的《温泉颂碑》。

《唐会要》记载，开元二十四年，在华清宫北横街之西修建了刊辑古今经籍、修正国家大典、选拔剑啸龙吟之士的集贤院。还记载华清宫傍建有十王宅、百孙院。十王宅每院宫人四百多人，百孙院三四十人。《类编长安志》记载唐武德二年在温泉宫旁修置太玄观，开元二十七年，因华清宫扩建，宫墙逼近，玄宗命令谏议大夫道士尹愔将其迁向宫北一里之地重建。

宫城东部为宫中游乐场。从北往南，有逍遥殿、更衣殿、小球场。《文苑英华·阎宽·温汤御球赋》曰："天宝六载孟冬十月，霜清东野，斗指北阙。已毕三农，亦休百工。皇帝思温汤而顺动，幸会昌之离宫，越三日下明诏，伊蹴鞠之戏者，盖用兵之技也。"描写打球盛况时写道："珠球忽掷，月杖争击，并驱分镳，双臂叠迹。……密阴林而自却，坚石壁而迎开，百发百中，如电如雷。"可见打球的场面是何等的惊心动魄，扣人心弦啊！再往西南有四簇门、舞马台、东花园、摘椒亭、椒园和可俯瞰全城的重明阁。宋代宋敏求《长安志》记载，重明阁崔嵬屹立，"倚栏北瞰，县境如在诸掌"。阁下

1）〔清〕乾隆本《临潼县志·古迹·华清宫》。

有方池，中植莲花。池东凿井，每年盛夏酷暑之际，井水甘甜爽口，人们争先恐后汲取。阁东乃天宝八载四月修建的观风楼。《津阳门诗并序》云：楼"前临驰道，周视山川"。楼南有宜春台、四圣殿、三宫殿、司命殿、斗鸡台、女仙观、玉女明星殿和《津阳门诗并序》记载的"真人李顺兴，后周时修道此山，神尧皇帝受禅，真人潜告符契，至今山下有祠宇"的李真人祠及玄宗、杨贵妃与梨园弟子排演歌舞的按歌台。台南为玉蕊峰，上有天宝七载修建供奉上天女神的王母祠。

宫城西部是行宫的珍禽异兽院和花园。由北向南，有延寿亭、御马院（为皇帝养马处）、少府监（供皇帝服御、宫内珍货、收取山泽之税）。再南是五圣殿、天狗院、鹰鹘院、西瓜园、芙蓉园、观赏芙蓉园和牡丹沟花卉的看花亭、粉梅坛。坛西夹道近山有祭祀天宝七载被封为玄德公的骊山山神的元德公祠。祠南有夹道上通骊山。出缭墙西门是通往长安的銮舆复道。

出昭阳门，便是逶迤蛇行的登山御道，名曰玉辇道。"辇道在昭阳门南，山门登朝元阁之路，唐之御道也。"[1]"昭阳门（长安志）宫之南面正门也，今谓之山门，门外有登朝元阁路，本唐之御辇便路也。"[2]正对昭阳门之南有一上山沟道，当地俗称"老鸦沟"。沟东距温泉水源55～65米，基本南北走向，呈北低南高斜坡状，东西宽约10～20米，北接昭阳门，南对老君殿北山门。地质学家认为此沟绝非自然形成，理由是自然形成的话，不外乎地壳变动、山体滑坡和流水冲刷诸种原因。如果说山体滑动，"老鸦沟"必然会和南边对面约50米的东西向山沟连通，而不会被如此窄狭的东西向土山梁隔开。因为这道土山梁的维系力，是不可能阻止地壳变动而保证不被扭裂。如果说是雨水山洪冲刷造成，两侧黄土沟岸就不会陡峭如削，而不保留流水痕迹。排除了自然形成的可能性，就只有人工开凿的上山御辇道路这一种解释。这种上山路和唐皇帝在京都长安城内，长安至华清宫修筑的复道通行有异曲同工之妙，都是为了保证皇帝出行时的人身安全而精心设计的。

沿路而上，山半腰中有李真人庵。在位于骊山北麓半山腰，海拔619.8米，试掘了一处建筑遗址。建筑遗址大部分压在覆土下，形状难辨，出土素面柱础一个，陶佛像一尊，估计是为一佛教建筑。

再上至花团锦簇的西绣岭第三峰，峰北端有传闻玄元皇帝降于此地而修建的朝元阁。朝元阁为唐华清宫骊山上的重要建筑物，是唐玄宗为尊奉道教始祖老子李耳而建。《临潼县志·古迹》记载：朝元阁在"西绣岭第三峰也。……《类书》：唐建，朝元阁在骊山，旧址尚在。"《贾氏谈录》亦云朝元阁"在北山之上，基础最为崭绝，次东即长生

---

1) 〔元〕骆天骧编：《类编长安志·华清宫》。

2) 〔清〕毕沅撰：《关中胜迹图志·华清宫》，西京日报出版社，1934年版，152页。

殿故基"。现发掘出土的唐朝元阁遗址，在今骊山西绣岭第三峰之巅北端，海拔 697 米，位置与文献记载丝毫不差。

　　唐代设计师巧妙地利用骊山西绣岭第三峰自然形成的台阶状地貌和仅有约 1600 平方米的"凸"字形平台地，依山就势，精心规划，将主体建筑修建在平台北端，给人以高屋建瓴之感。整组建筑平面呈"凸"字形状，由东西踏道、东西廊房和主体建筑组成。主体建筑座落在 6~7 米的高台上。高台东西宽约 59 米，南北长度则由于现朝元阁建筑恰好修建在高台建筑之中，四周地面又因 70 年代平整土地和长年水土流失破坏而不明。

　　东踏道北低南高，东西宽 2.9 米，副子南北长 10.3 米。踏道高至 4 米，有南北长 2.1、东西宽 3.4 米的小平台。平台东边又有踏道上通主体建筑所在地面。西踏道与东踏道隔主体建筑相望，亦北低南高，东西宽 2.85 米，副子南北长 10.34 米。踏道上升至 3.98 米，也有南北长 2.1、东西宽 3.4 米的小平台。平台西边有踏道连接主体建筑。

　　特别值得注意的是，出土鸱吻造型高大，古朴浑厚，难怪唐代人钱起挥起如椽之笔撰《朝元阁赋》云："经始圣迹，责成梓匠，当桂户而八水悠远，植玉阶而千岩相抗。升阳乌于赤霄之表，栖玉兔于翠微之上。可以吞具阙，压昆阆，盛矣哉！"[1]

　　朝元阁西南约 300 米处是老君殿，为华清宫内唐皇家内道场，骊山上主要建筑之一。据《古今图书集成·骊山记》曰："旧云天宝七载十月，老君见于朝元阁南，玄宗于其处立降圣观，琢白玉为像，今尚存。殿壁绘唐从臣之像，殆当时人手笔。"宋敏求《长安志》记载老君殿位于朝元阁之南，玉石为老君像，制作精绝。

　　老君殿遗址海拔 695 米，位于骊山西绣岭老母殿村碾麦场地下，平面呈南北长方形，由主殿、四周回廊、东、西亭台、前庭、后院、前、后山门等组成。回廊东西宽约 3、南北长 46.6 米。东回廊暗柱础大部分保存，间距 3.2~3.5 米不等。东亭台、西亭台边长为 5.2~5.3 米，面积约 27.56 平方米。亭台四周用条砖包砌，台基高 0.4 米。

　　主殿位于整组建筑的中心偏北，平面呈东西长方形，东西长 21.75、南北宽 17.2 米，台基高 0.83 米，面积 374.1 平方米，四周用条砖包砌。殿基四周有五个莲花纹方砖踏道，东、西、北三面各一，南面有二，供祭拜者上下出入。南、北山门均由莲花纹方砖踏道、门道、台基组成。老君殿总建筑面积约为 1953.72 平方米。

　　又通过考古发掘，证明老君殿和朝元阁之间由南北长约 300 多米迂回迤逦的回廊连接，使两组建筑连为一体，组成了规模宏大、布局合理的道教建筑群。由遗址布局和所在山地位置观之，唐代诗人用"长安回望绣成堆，山顶千门次第开"[2]的诗句来形容华

　　1)　〔宋〕李昉等编：《文苑英华·钱起·朝元阁赋》，中华书局，1966 年版，233 页。
　　2)　《全唐诗·杜牧·过华清宫绝句三首》，中华书局，1979 年版，5954 页。

清宫骊山上建筑物的雄姿可谓恰如其分，言不为过。

朝元阁东即天宝元年（公元742年）修建的祭祀天神的集灵台，亦名长生殿。殿南为金沙洞，次东为百僚厅，西是明珠殿，南是钟楼、飞阁、符国寺等。

朝元阁西南有荔枝园、连理木、饮鹿槽。唐郑嵎《津阳门诗并序》云："上尝于芙蓉园中获白鹿。惟山人王旻识之，曰'此汉时鹿也'。上异之，令左右周视之，乃于角际雪毛中得铜牌之，刻曰：'宜春苑中白鹿'。上由是逾爱之，移于此山，目之曰'仙客'。"汉武帝时鹿能活到唐代，实乃荒诞不经，一定是王旻利用唐玄宗迷信鬼神的癖好，从中作祟，愚弄玄宗邀宠之所为。今鹿去石槽在，供今人凭吊怀古。

羯鼓楼在朝元阁之东，南缭墙之外。羯鼓为外夷乐器。"龟兹部高昌、疏勒部、天竺皆用之。次在都昙鼓、答腊鼓之下，鸡娄鼓之上。鬛如漆桶，下有小牙床承之。击用两杖，其声嘺杀鸣烈，尤宜促曲急破战杖连碎之声。又宜高楼晚景，月白风清，破空透远"[1]。宋璟形容击鼓诗曰："头如青山峰，手如白雨点。山峰取不动，雨点取碎急。"[2]唐玄宗不好琴，犹爱敲击羯鼓，常"叱琴曰：'待诏出去。'谓内官曰：'速召花奴将羯鼓来，为我解秽。'"[3]

宋代宋敏求《长安志》卷十五曰："连理木、饮鹿槽、丹霞泉（并在朝元阁之南）"。元骆天骧《类编长安志》亦曰："丹霞泉在朝元阁南，水流入饮鹿槽。"元李好文《长安志图·唐骊山宫图》上丹霞泉也标在朝元阁之南。在今骊山朝元阁之南直线距离约625米、海拔750米的半山沟处有清泉，当地人称"老母泉"。1958年当地群众在"老母泉"出水的附近修蓄水池，发现一条沿山腰修砌的绳纹陶水管道。我们把从老百姓家收集的陶质水管和骊山上下发掘出土的唐代陶质水管进行对比鉴定，年代为唐无疑。通过这次勘探发现，管道从"老母泉"开始，依山势走向，由南向北延伸，给老君殿、朝元阁供水饮用。部分管道至今犹在，说明当地俗称的"老母泉"即史载丹霞泉。丹霞泉也是潼水源头之一。

在朝元阁东南约70米，海拔高度为709.8米处，发现一建筑遗址台面，距现地表约2.55～2.6米，南北长约12、东西宽约10、高约0.55米，北边被破坏，现存五层砌砖。砌砖做法用绳纹、手印纹条砖平砖错缝顺砌。粘接材料为泥浆。建筑物用途不明。

从朝元阁折南拾级而上西绣岭第二峰，在上距老母殿直线距离约160、北距朝元阁直线距离约140、海拔高度720米处，保留一处南北长约8.5、东西宽约3米的建筑遗址地面。地面距地表0.6～1.1、厚0.15～0.3米。断崖上暴露的唐代砖瓦堆积层厚约0.1～0.2米不等，内有一块容器残片上带"将作官瓮"戳印。建筑内涵、性质不明。

---

1) 周光培、孙进已主编：《唐人笔记小说·南卓·羯鼓录》，辽沈书社，1990年版，121页。

2) 〔清〕乾隆本《临潼县志·古迹·华清宫》。

3) 周光培·孙进已主编：《唐人笔记小说·南卓·羯鼓录》，辽沈书社，1990年版，121页。

在今骊山西绣岭第二峰北侧，海拔 749.5 米的台地上，勘探出一东西长约 22～22.5、南北宽 10.8～11 米的建筑遗址。文化层堆积中夹杂烧土块、灰烬和残砖碎瓦。据清乾隆本《临潼县志·古迹·华清宫》曰：骊山"右下为第三峰，乃朝元阁也。……降圣观南稍东上有望京楼，亦曰斜阳楼，在第二峰"。元骆天骧《类编长安志》记载："斜阳楼在老母殿北"。勘探出的建筑遗址向南上即老母殿，向北下是朝元阁，与文献记载的望京楼位置基本相符。

清乾隆本《临潼县志·古迹·华清宫》云：骊山"第二峰，其上为老母殿，右下为第三峰，乃朝元阁也"。说明唐华清宫内老母殿位于骊山西绣岭第二峰上，海拔 773.6 米。由于唐代以后"老母殿"就坐落在唐老母殿上，无法进行较为详细的钻探和较大范围的发掘，仅在局部地方做了勘探和试掘，发现其下保存有莲花纹方砖、莲花纹瓦当、绳纹条砖等唐代建筑材料和残垣断墙，证明地下原有唐代建筑。推测，这处唐代建筑当为唐华清宫老母殿遗址。

经老母殿向东攀登至西绣岭第一峰，海拔 913.6 米处便是西周烽火台，因塌毁多年，形制结构已不可考。台东侧是拔地而起、刺破霄汉的翠云亭，亦曰翠阴亭。登亭蒿目，"两岭皆下俯华清宫左右并前后各数百里外，皆在指。顾山与宫相借并美，是亭尤合擅其胜。"[1]

由烽火台沿原路折回，向东拐过"鸡上架"悬崖险道，逾石瓮谷盘旋而上，即达东绣岭半山腰，海拔 718 米，有佛教名刹福严寺。

史载骊山上还有白鹿观、逍遥庄、唐昌观、圣母庙、天华宫、露台祠、圣垲、婆父、三皇墓、七十二贤庙等史迹，难以胜数。唐代的华清宫，山上珍禽异兽成群，鹤鸣莺啼。彩桥似虹腾空，弥山跨谷。亭台楼阁，摩天吻云。山下璇殿瑶宫，鳞次栉比。殿内汤池，如芙蓉怒放，百花盛开，流淌灵泉，喷云吐雾。园内松柏成荫，花卉绮丽，香透数里之外。

第五节　唐华清宫汤池和建筑研究

独具特色的中国古代建筑，发展到盛唐时期，已开始步入了她的辉煌时代。地近京畿的唐代皇家离宫别苑——华清宫的布局设计，建筑特点，无疑从一个侧面反映了这个时代建筑设计和建造技术的成就，同时也内融着当时推行的礼制制度、人们的思想意识、审美观念、社会风俗、风尚、道德规范以及社会政治风云变幻等内容。

一、华清宫的设计依据

---

1)　〔清〕乾隆本《临潼县志·古迹·华清宫》。

（一）依山借势　因地制宜

唐代皇帝独钟骊山温泉行宫，无非是青睐风光旖旎、四季青翠如滴的骊山和长流不息、四季恒温的温泉。要将自然形成的地理环境，改造成修建皇家离宫别苑的场所绝非易事。唐代建筑设计师可谓独具慧眼，不为自然障碍所累，化不利为有利，巧妙地借用天然形成的沟壑、河流为骊山华清宫屏障，东边依托寺沟，西边凭借牡丹沟，非常实际地解决了统治者最为担忧的骊山行宫外围安全问题。为了进一步加强安全防御工作，防止发生意外，又沿沟顺山修筑双重缭墙，想真正修建成铜墙铁壁，做到万无一失。

在骊宫内部的宫殿和其它建筑物布局设计上，设计师没有拘泥自然形成的南高北低的斜坡形地形，而是别出机杼地将其改造利用。把山下斜坡地形，人工削平成高低不同的六个台阶地，上合星宿天象"三台"，下仿京城乾卦六爻，使居民区和宫殿区形成明显的高低错落，君王高居其上而臣民卑位其下。然后在平台上修建高大恢宏的宫殿、楼阁和精巧玲珑的回廊、亭台，再把它们联成一个有机的整体，使整组宫殿建筑既规范整齐，又高低错落，疏密有致，层次分明。巍峨高耸的皇宫，象征着帝王至高无上，永远不可逾越的权力。使住在北边昭应县城的黎民百姓向南眺望时，看着若云若雾、时隐时现的殿宇，在心里上会造成"君门如天深九重，君王如帝坐法宫"[1]的恐惧感，仰慕、崇敬、臣服之心会油然而生。这种结合骊山之北山脚下实际地形的巧妙设计，使皇宫实际效用和整体美观达到了和谐、庄重、雄伟及外示皇权尊严神圣三方面的完美统一。

这种巧借自然山地态势，完善人工防御体系，然后因地制宜，依山就势，人造平台的设计艺术，就是千年后的今天，也不能不承认这是唐代设计师匠心独具的创举。

（二）面山开宇　从旧裁基

唐华清宫历史悠久，上溯姜寨先民，中经商周、秦汉，下迄北周、隋王朝均在此大兴土木，屡有劳作。特别是隋代皇帝于骊山温泉行宫"又修屋宇，并植松柏千余株。"[2]在唐王朝初年大多保存的情况下，到唐太宗贞观十八年（公元644年）诏令将作少匠阎立德扩建改造骊山温泉宫时，就首先面临对原有建筑拆除还是改造利用这个比较棘手的问题。解决这个问题的关键，取决于最高统治者的主导思想及国家的财力丰厚与否。

隋末军阀混战，生灵涂炭，哀鸿遍野，国民经济遭受严重破坏，虽经唐初二十多年的休生养息，但元气尚未完全恢复，这一点唐太宗李世民非常清楚。作为李世民本人深知大肆劳役兴作失国之理，常以亡隋为借鉴，提倡偃武修文，节俭治国。为了满足自己贵为天子，安逸享乐的私欲，于是在骊宫的修葺改造上提出了"面山开宇，从旧裁基"的务实方针。这一方针的核心就是指示阎立德根据骊山温泉所在地理环境，对隋王朝修

1)　〔清〕乾隆本《临潼县志·艺文下·苏轼·骊山》。
2)　〔宋〕程大昌撰：《雍录·温泉》卷四。

建的宫殿和汤池，能够保留利用的尽可能利用，能翻修改造的尽可能翻修改造，不能一概摈弃，再根据原有建筑的规模形制，增加新的设施。唐代以前建筑多集中在温泉总源周围，由于其上现覆压现代楼房而没有全面发掘，仅从出土的星辰汤"斗池"进水口、池壁结构等，就可见前朝遗迹。这一点明代人都穆游骊山温泉之后撰写的《骊山记》亦有记载：温泉池"四周甃石如玉环状，中一小石上凿七窍，泉由是出。相传甃石起秦始皇，其后汉武帝复加修饰。或云今之池后周天和中（今注：公元566～579年）造，又云唐元宗广之。"[1]

唐太宗"面山开宇，从旧裁基"这一既适合当时国内政治形势、经济财力的实际状况，又能继承和发扬前朝优秀文化遗产的方针，不仅指导了当时骊山温泉宫的修葺扩建，也成了以后几次扩建骊宫的准则。这从唐玄宗李隆基践祚后于开元至天宝年间多次扩建骊宫时，两次修缮星辰汤而不拆除，增修"御汤九龙殿"、"海棠汤"而保留前期其它汤池中就可见其例证。

（三）模仿京都　上合天象

以规模弘大、气势壮观、布局规范合理而著称于世的唐代京都长安城，由郭城、皇城、宫城、皇家禁苑四部分组成。"郭有六条高坡，象乾卦六爻"[2]，其中郭城为居民区，皇城为百官衙署所在地，宫城为皇帝理政、食寝之所。华清宫由昭应县城、皇宫、骊山禁苑三部分组成，特修六台象乾卦六爻，居民和随侍百官驻县城，皇帝理政就寝于骊宫，却没有为百官专辟衙署行政。这大概是离宫与京城的重要区别之一。

就华清宫和大明宫内部布局比较而言，大明宫内主要理政、宴饮之地有含元殿、麟德殿，上朝进出殿的东门云日华、西门曰月华，皇家内道场名三清殿，寝室称长生殿等等。无独有偶，华清宫也修建有理政的前、后殿，进出前后殿的东、西门亦名日华、月华，寝室为飞霜殿（或曰长生殿），宫内的道场为朝元阁和老君殿，还有为皇帝游玩娱乐修建的打马球场，以及供随侍大臣暂息等候皇帝召见的左、右朝堂，供奉历代祖先的十圣殿和为学士专设的宏文馆等。从上述建筑物的用途不难看出，华清宫内部宫殿的设置建造是以大明宫内皇帝处理朝政、寝食、娱乐等为设计蓝本，再根据离宫的实际需要，突出沐浴的特点修建，而并非大明宫的原样模仿造作。

观天占星，在中国古代由来已久。从四千年前的帝尧时代就开始修建观星台（又称阏伯台）至唐代，历代对宇宙中日月星辰的崇拜有增无减。汉代"天人合一"说发展到唐代，又增加了新的内容，几乎在各个领域都有反映，唐华清宫也概莫能外。其内原唐太宗时修建的"御汤"，因汤池形似北斗七星被唐玄宗易名"星辰汤"。宫东门以北斗七

1）〔清〕乾隆本《临潼县志·艺文上·都穆骊山记》。
2）〔宋〕程大昌撰：《雍录·龙首原六坡》卷三。

星中第六星"开阳"定名。飞霜殿北门建筑则用北斗七星中第七星"瑶光"命名。登骊山御道也以天上有主游嬉之事的"辇道"星宿名命名。皇帝和太子、皇帝和贵妃沐浴汤池的先后尊卑位置，按他们在天垣内天子星在南，太子星在其北的位置排列。为保护皇宫安全修筑的宫垣，取意于天象中紫微宫的紫微左、右垣。日华门、月华门的取名，毋庸置疑地是按照金乌东升，玉兔西坠，取日月运行的规律来确定的。华清宫三台九阶的整体地形结构中，三台吻合下台、中台、上台三台星宿名。这种表现在华清宫建筑物上的天象崇拜心理，除受传统的"天人合一"说影响之外，另一个重要原因就是华清宫的主人唐玄宗李隆基笃信神仙，梦想得道成仙，早日登上天庭的缘故。

（四）崇古尊祖　等级分明

骊山温泉宫在唐代以前，历代多有修缮，但土木结构的地面建筑物往往随着改朝换代的兵燹而烟飞灰灭，而在秦代修建的石砌温泉出水设施则大多保存，并被后代一直沿用迄唐代。唐代近三百年间的统治中，其间几次扩建骊山温泉宫，也并未因秦始皇被历代称为暴君而殃及鱼池，拆除原温泉水源设施重修，故使明代人都穆能有幸参观，并撰《骊山记》曰：温泉"四周甃石如玉环状，中一小石上凿七窍，泉由是出。相传甃石起秦始皇，其后汉武帝复加修饰。"[1] 记载着北魏时期修建骊山温泉那段鲜为人知的史实，具有很高收藏价值的"魏使持节、散骑常侍、都督雍州诸军事、安西将军、雍州刺史、松滋公、河南元苌振兴温泉之颂"碑，从唐太宗到唐玄宗都对其进行了妥善的保护，使这块弥足珍贵的古碑得以保存至今。

历代传说秦始皇在骊宫温泉沐浴时遇见神女"戏不依礼，神女唾之则生疮，始皇怖谢，神女为出温泉而洗除，后人因以为验"[2]。唐玄宗借此典故，命名温泉水源上的殿宇为玉女殿，以纪念神女。

由上述事例看，唐华清宫的设计和建造者对骊山行宫历史文化是采用尊崇兼容并蓄的态度，继承吸收合理的内核，保护具有历史研究价值的文物古迹。

在华清宫的扩建过程中，玄宗皇帝面临着一个十分突出的问题，就是如何对待本朝先皇御用过的汤池。在这个问题上，他表现出了与众不同的见解，充分体现了一个政治家所具有的远见卓识。他不简单地利用或闲置和拆除，而是借此大做文章，继续保留"御汤"在华清宫的显赫地位，而把为自己新修的"御汤九龙殿"建在"御汤"之北末位。这一举措是企图利用其祖太宗皇帝的文治武功和"贞观之治"在人们心目中形成的崇高威望来扫除武周篡唐造成的各种思想混乱，进一步巩固皇权，加强个人的统治地位。

---

1) 〔清〕乾隆本《临潼县志·艺文上·都穆骊山记》。
2) 〔宋〕宋敏求撰：《长安志》卷十五。

　　华清宫出土的星辰汤、莲花汤、海棠汤、太子汤、尚食汤、宜春汤、小汤分别为皇帝、贵妃、太子、内官、梨园弟子等人沐浴池。太宗皇帝沐浴的"御汤"和太子沐浴的太子汤排列位置是后者位于前者西北。玄宗皇帝沐浴的莲花汤和贵妃沐浴的海棠汤的排列位置是后者位于前者西北，上合天象中帝星和皇后星的排列位置。"御汤"和莲花汤排列位置是前者南而后者北。内官沐浴的尚食汤则位于各汤池之西。这种排列关系说明华清宫内汤池虽然修建在不同的时期，但它们自始至终都是遵循当时的礼制规定，根据沐浴者的地位高低，身份尊卑贵贱，按照东、南、西、北方位的先后顺序，分布排列在一定的方位。就皇帝和贵妃、太子的地位而言，皇帝尊而贵妃、太子卑；就贵妃、太子和宫内官员而言，自然是贵妃、太子高而内官低。由此推知，唐代在四方位置的排列上，仍沿用按四季交替规律产生的古代传统方位观念，先后顺序是东、南、西、北。若南北定位高低，是南上北下，东西定位尊卑，是东高西低。这种以东、南为上的方位排列次序，同唐长安城内大明宫和宫城中皇帝宫殿、太子东宫、掖廷宫的排列位置几乎是同出一辙。就是东都洛阳也是"城中隔城二，在东南隅者太子居之，在西北隅者皇子、公主居之。"[1] 不啻如此，出土的唐皇室墓葬壁画上，也是东青龙，西白虎，以东为上。天地中，天为上，地为下。唐代修建在长安城南的天坛夯土台至今犹存，证明唐代时祭天于南，祀地在北。唐代帝王陵和号墓为陵的陵园及达官显贵墓，都是座北面南，将墓道修在正南。这都为南上北下提供了实物资料，使史学家在南北排位以南为上这一点上，将不会产生分歧。

　　出土的太子汤、少阳汤、尚食汤、宜春汤和海棠汤均位于皇帝沐浴的星辰汤、莲花汤之西，除有排位次时东上西下的缘由外，也是为了和星宿天象中"宦者四星，在帝坐西南"[2]的排位保持一致。

　　华清宫内殿宇、汤池的等级差别制度不仅反映在先后顺序和不同方位上，而且在汤池平面造型、大小和结构上也保存皇权至上的烙印。莲花纹饰是唐代建筑中最常见的一种纹饰，但不是所有建筑物上都可以使用，而是主要用于皇室宫殿和佛、道教建筑。唐玄宗李隆基、杨贵妃沐浴的汤池设计制作成莲花形状，而内官沐浴的尚食汤、太子沐浴的太子汤，梨园弟子沐浴的小汤都是长方形，和皇帝御用汤池的造型，可谓天壤之别。不唯如是，唐太宗李世民沐浴的"御汤"、唐玄宗沐浴的莲花汤、杨贵妃专用的海棠汤，均设置有固定的沐浴座位，其余汤池却都没有。上述三个汤池坐座位的固定方向，都是坐北面南。皇帝坐北面南产生的理论根据，是与《易经》和五行学说规定南方主火相联系的。"火者南方，阳光为明也。人君向南，盖取象也。昔者圣帝明王，负扆摄袂，南

1)　〔清〕徐松、张穆校补：《唐两京城坊考·东京·宫城》，中华书局，1985年版，131页。
2)　〔唐〕魏征等撰：《隋书·天文上》，中华书局，1973年版，536页。

面而听断天下。揽海内之雄俊，积之于朝，以续聪明，推邪佞之伪臣，投之于野，以通壅塞，以顺火气"[1]。由此不难看出，汤池设置固定座向的用意有三：一是希望发现具有经天纬地奇才的文武能臣，并肩朝纲理政，驱逐庸碌无为、心术不正的奸慝之徒，使政通人和，国家长治久安；二是顺应自然运行规律，秉承人格化"天"的意志办事，不得逆"天"而行；三是要时刻维护皇帝、妃子与一般官吏贵贱高低、尊卑有别的皇家礼制。

建筑物的大小是反映使用者身份、等级高低的一个最重要最明显最直接的标志。这在皇帝的寝殿、陵园与王公大臣和贫民百姓住宅、墓室的大小上表现得尤为突出。唐皇帝陵以山为陵，其外之大不量可知，内部的大小由于未发掘而不明。但从已出土的唐墓可见大小反映等级高低之一斑。例如：唐苏思勖为宦官，墓和墓道全长 13.7 米。段简为李世民外甥女、封国公夫人，墓和墓道全长 46.2 米。李渊第六女房陵公主墓和墓道全长 57.8 米。李渊第十五子虢王李凤墓和墓道全长 63.38 米。阿史那忠墓和墓道全长 55 米。章怀太子李贤墓和墓道全长 71 米。号墓为陵的李仙蕙和李重润墓及墓道全长分别为 87.5、108 米。

由此可见，反映皇帝、妃子汤池的尊贵和等级，不仅表现在汤池造型上，而且大小有别也是一个最重要的标志。像玄宗皇帝的莲花汤和杨贵妃的海棠汤，虽都为莲花造型，但两者大小甚为悬殊。莲花汤面积约 60 平方米，是海棠汤的数倍。诸如太子汤、小汤、尚食汤及一、二号无名汤都未出其右，只有太宗皇帝的"御汤"能与其相媲美。

为了维护皇权尊严，统治者可谓煞费苦心，除在汤池大小、造型上有规定之外，并在汤池上殿宇和其它皇帝御用建筑物的大小、高低、梁架多少、用材份值和其上的板瓦、筒瓦、鸱尾的大小、装饰图案等也和臣民用物制定出严格的规定，以示区别。可见贵贱有别，等级分明，独尊皇权无疑是华清宫建筑布局设计中一个十分重要而又非常引人注目的特征。

二、华清宫建筑遗迹中的特点与诠释

唐华清宫遗址占地约 60 万平方米，就中各类建筑物甚多，现在虽都化为灰烬，地面结构不复存在，但就不足一万平方米发掘范围内出土的殿基、回廊、汤池、供排水道等建筑遗迹看，亦能略窥昔日宫殿建筑的内部布局和部分结构特征。归纳起来，有以下几点：

（一）依据"图样" 灵活施工

唐华清宫遗址建筑在实际施工中是否有设计"图样"作为依据，是人们今天研究唐华清宫建筑尤为关注的问题，而历代文献资料恰恰对此没有记载，所以有必要先在浩瀚

---

1) 〔唐〕魏征等撰：《隋书·天文上》，中华书局，1973 年版，620 页。

的史作中博引推证。

从唐代总章二年（公元 669 年）拟建明堂诏书中，明确的描述出了明堂的规模、大小、形式，并详细地列举出楣、梁、柱、上昂、下昂等构件的数目看，这决不是唐代制诏官员随心所欲的创作，必然是根据建筑设计师的"图样"和计算得出来的。柳宗元（公元 773～819 年）撰《梓人传》中记述了一个能"画宫于堵，盈尺而曲尽其制，计其毫厘而构大厦无进退焉"的匠师，就是上述推断的证据。这种住在城市既能设计绘制施工图样，又"善度材"以调度指导施工为职业的匠师，被称之为都料匠，其性质相当于近代的建筑师。民间已有专职建筑设计师，唐王朝专门从事管理建筑施工的将作都水监内，岂能没有专职设计师为规模、难度都大大超过民间建筑的皇宫建筑提供设计"图样"。此其证之一。

《大唐六典·将作都水监》记载："凡宫室之制，自天子至于士庶，各有其差，天子宫殿，皆施重拱藻井。王公诸臣，三品以上九架，五品以上七架，并厅厦两头。六品以下五架，其门舍三品以上，五架三间，五品以上，三间两厦。六品已下及庶人，一间两厦。五品已上，得制鸟头门。""王公已下，舍屋不得施重拱藻井。三品已上堂舍，不得过五间九架，厅厦两头门屋，不得过五间五架。五品已上堂舍，不得过五间七架，厅厦两头门屋，不得过三间两架，仍通作鸟头大门。勋官各依本品。六品七品已下堂舍，不得过三间五架，门屋不得过一间两架。非常参官，不得造轴心舍，及施悬鱼对凤瓦兽通袱乳梁装饰。其祖父舍宅，门荫子孙，虽荫尽，听依仍旧居住。其士庶公私第宅，皆不得造楼阁。……又庶人所造堂舍，不得过三间四架。门屋一间两架，仍不得辄施装饰。"[1] 这说明唐代工程管理部门对当时不同等级的人的堂舍的形状结构已有非常明确的规定。要贯彻执行上述规定，必然要有"图样"来反映不同等级建筑物的结构与形状，否则工匠施工时无以为据。此其证之二。

成书于公元 1100 年的建筑学专著《营造法式》，全书分为总释、总例、制度、功限、料例、等第、图样等部分，对建筑规范、建筑设计、结构设计、施工方法、程序，以及"材分八等"、工料定额、砖瓦硫璃等建筑材料的制造方法都有详细的论述和明确地规定，内容极为全面。根据对现存修建于唐建中三年（公元 782 年）的山西南禅寺大殿和唐大中十一年（公元 857 年）的山西佛光寺大殿实测结果表明，它们已经使用了材份制，并大体上与《营造法式》的规定相近。这说明唐代建筑，特别是宫廷、官府建筑已制度化、标准化、规范化。要达到建筑物规范化的目标，没有"图样"显然是不可能的。现存唐李寿墓埏第一过洞口南壁壁画重楼图、唐韦贵妃墓第一过洞口上部壁画重楼图、懿德太子墓壁画城阙图、唐李重俊墓第一过洞口上部宫殿图和大雁塔门楣佛殿线刻

1)　〔宋〕王溥撰：《唐会要·舆服上》，中华书局，1955 年版，575 页。

图的发现，为"图样"存在的证据之三。

出土莲花汤的殿宇基址坐北面南，东西长为 19.15～19.2、南北宽 15.7～15.73 米，面阔五间，明间 4.6、次间 4.05、稍间 3 米。骊山老君殿遗址殿宇基址亦为东西长方形，面阔五间，明、次、稍间分别为 3.2、3.8、4.2、3.7、3.3 米。星辰汤殿宇座南面北，面阔七间，明、次、尽、稍间分别为 3.、3.25、3.55、3.9、3.55、3.25、3 米。对比这些实际测量数据，就会发现这些建筑物在殿宇大小、开间尺寸都有一定的规律，是明间开间最大，次间次之，稍间更次之。唐墓壁画和大雁塔门楣线刻佛殿图上也能看到这一规律。另外，遗址出土建筑材料如鸱尾、莲花纹柱础也与上述唐代绘画中所画唐代宫殿建筑材料毫无二致，说明唐华清宫内宫殿的形制都是依据事前绘制的"图样"施工建造的。

但实际测量唐华清宫遗址出土的殿址、汤池的有关数据，可以发现在同一建筑中，相同开间的柱础间距不等。如星辰汤的南檐开间由西向东，依次是 3、3.25、3.55、3.9、3.55、6.1 米；中间减柱，内柱间距依次是 3、3.25、3.55、3.9、3.55、3.25、3 米，西边回廊柱础间距也是 2.5、2.6、2.62 米不等。骊山上老君殿东、西回廊柱础间距是 3.2～3.5 米，并非完全相等，或多或少都有不同程度的间差。莲花汤开间立柱之间距离也有差别，梨园亦然。

另外，殿宇的台基并非完全方正，对称的踏道在长宽数据上也有明显差距。前者如莲花汤殿址的东、西、南、北四边为 15.7、19.15、15.73、19.2 米；御书亭东、西、南、北四边也有很小的误差，星辰汤、尚食汤的殿基亦不方正。后者像朝元阁的东踏道南北长 10.31、东西宽 2.9 米；西踏道南北长 10.34、东西宽 3.98 米。

最后是汤池上相互对称的池壁，也有一定的误差，如莲花汤一层台八边形中东边长 4.05、西边 3.88 米，误差 0.17 米；南边长 5.84、北边长 5.9 米，误差 0.06 米，东南边长 1.84、东北边长 1.8 米，误差 0.04 米。太子汤东西对称边差是 0.002 米，南北对称边差是 0.003 米；尚食汤东西对称边差是 0.005 米，南北对称边差距是 0.002 米。

遗迹中这些不规则现象的存在，无疑是对华清宫内建筑物有无"图样"以及规范化、标准化施工提出的质疑，也是对上述论证的否定。

其实不然，我们所说的华清宫建筑施工中的依据"图样"，并非现在意义上的施工"图纸"，二者在比例计算和精确程度上显然不能相提并论。就是依据现在非常精确的"图纸"施工，尚且允许有一定的误差，更何况依据"图样"施工的唐代木构建筑了。再说这些少许不规则现象的存在，并不会影响一座建筑物的整体结构和外观形制、开间大小、梁架发生较大的变化。这一切是实际施工中允许的，也正是依据"图样"施工和现代意义上图纸施工的区别所在。这反映了唐代建筑物在外观形制、总体结构、宏观布局上依据着统一的标准和要求施工，而在实际施工修建中，又给予能工巧匠们相对大的自主权和灵活性，使他们巧夺天工的技艺和个人丰富的想像力、创造性得到充分的发挥。

探寻开间大小出现误差的主要原因并非工匠的疏忽造成，而是他们为了充分利用已有材料，按材料施工的结果。

（二）责任到人　质量第一

华清宫遗址现存唐代石工、泥瓦工遗作、遗物甚多。遗物中砖瓦的制作、烧造质量甚佳，在防冻、抗曝晒高温方面均达到了一定的水平。遗址从 1982 年发掘到 1990 年 9 月 20 日建成博物馆对外开放参观，大部分砖瓦暴露在光天化日之下，经过了八个春秋的风吹日晒、霜雪冰冻却安然无恙。而现代机砖大多数经冬就成了小碎块，形状不复存在。现代机砖的硬度、抗压性能无可非议，但防冻性能与唐砖相比就逊色多了。遗址出土的这种高质量的砖瓦，无疑是唐代工匠在高度认真负责的心态驱使下，对工作精益求精，用心血和辛劳的汗水凝聚而成。

星辰汤西砖墙砌砖缝距在 2～3 毫米之间，表面经过细磨，平整如削。莲花汤、海棠汤石铺地面缝距在 1～2 毫米之间。星辰汤北边石砌墙缝距 2～2.5 毫米，表面打磨光滑，虽历经千年沧桑，迄今有的地方仍光亮可鉴人影，达到了现代用机器处理光面的水平。保存至今的唐代老君像、力士造像、石盒、石栏座、莲花纹柱础等石刻，均精雕细琢，细心剔磨，将唐代工匠巧夺天工的精湛技艺表现得淋漓尽致。薄如宣纸的铜花叶、纤细短小的铜钉、精心镂空的铁莲花的出土，既反映了唐代工匠娴熟的工艺技巧，也表现了他们在每件产品的质量上认真负责、一丝不苟的工作态度。

工匠们这种高质量劳动成果的问世和对工作高度负责的态度的产生，除有传统道德观念、思想意识的历史渊源关系和科学技术的继承关系的因素之外，也有唐代乃至整个社会风尚、个人修养的作用及唐代对工匠的管理制度与以前发生不同变化的原因。唐代以前建筑工匠多为刑工、工奴性质。他们被统治者编为世袭户籍，子孙不得改业，世代依附官府，遭受沉重、强制性的剥削，没有更多的人身自由。到唐代，社会有了较大地发展，工匠的社会地位发生了重大变化，摆脱了以前的世袭制，而以轮番服役制和雇用制的新形象出现，较以前有了相对大的人身自由，技术水平和生产积极性自然也有了很大的提高。更直接的原因，则是唐代社会继承和借鉴前人管理工匠的经验，在建筑材料的生产中，实行个人负责制，保证产品质量，杜绝伪劣产品。出土唐代方砖、条砖上带工匠印戳、名字，如"匠作杨养"、"官匠王昌"、"官匠任通"、"芈世义"、"将作匠甘保逞"、"朱孝倩"等，就是为了认真贯彻建筑材料生产中个人负责制和检查产品质量高低的一条行之有效的措施。一旦发生产品质量有问题，便有案可稽，追查当事人的责任，使工匠们不敢贸然以身试法。

（三）散水共用　勾心斗角

华清宫遗址发掘出土的星辰汤西廊和御书亭南檐、星辰汤西檐和御书亭东檐、小汤东檐和梨园主室建筑东回廊、骊山老君殿遗址中东、西亭台和主殿、主殿和四周回廊都是散水共用。Ⅲ、Ⅳ区遗址建筑中也有散水共用的做法。

这种在建筑物之间多次采用散水共用的做法，是华清宫内宫殿建筑中的一个显著特征。由于唐代大面积的建筑群发掘不甚多，目前对这一时期建筑物之间结构了解甚少，华清宫内建筑物共用散水的发现，为研究唐代建筑的结构形式、相互之间的布局关系提供了新的线索。

采用散水共用的做法，可以使建筑群内各建筑物相互之间的联系更加紧密，内部来往比较方便，免受风吹日晒，雨雪淋湿之苦，冬天易于保温取暖，夏天遮光面大，阴面多，能降低室内温度乘凉。在实际施工中，这种做法可以加快工程进度，搭一施工架而同时砌两墙，或同时立柱、上梁架，并能节省建筑材料，减少工作量，可谓省钱、省时、省力、省物，四全其美。再从建筑物整体看，这种做法能显出高低错落有致、屋檐参差重叠、勾心斗角、浑然一体、结构紧凑的艺术效果。

除上述优点外，美中不足的是，这样的建筑物通风效果较差，遇到阴雨连绵的季节，室内易于潮湿发霉。而其中最致命的缺陷是一旦发生火灾，整个建筑物就会付之一炬，非人力所能挽救，只好望火兴叹！

（四）汤池水道　自成体系

遗址出土唐代不同时期的汤池九个，在进水道和排水道的设计施工上，有几个共同的特点：首先是各汤池自成体系，互不干扰。其中虽然海棠汤借助莲花汤供水，太子汤利用星辰汤供水，但都没有脱出各汤池供、排水道独立发挥职能之模式。其次是各汤池的供、排水管道在走向上尽量避开建筑物而修在室外。唐华清宫内汤池虽在不同时期时有增建或废弃，但坚持新建汤池供水、排水管道不走室内的初衷却始终没有改变。最后是各汤池供、排水管道都有一定的比降，保证流水畅通无阻。管道口径都比汤池出水口大，从而使排水道能在不超过负载地情况之下工作，防止温泉水在管道中滞留时间过长沉淀物太多，发生水锈管道堵塞现象。

唐代工匠在各汤池供、排水道施工中采取上述三种措施，就是为了防止水管道堵塞，一旦出现问题能立即进行维修。即便是万一出现管道流水不畅，也不至于将建筑物地面破坏或在墙基下施工，继而影响房屋的安全，更不能由于一个汤池出事，而造成别的汤池停止沐浴。其最终目的就是要保证皇帝临幸华清宫沐浴时，汤池能正常工作，以防不慎出了问题而犯"龙颜"被斥黜。

（五）降低殿台　掘地砌池

从敦煌唐代壁画和大雁塔门楣线刻展示的唐代宫殿建筑，均座落在台基座上。目前发掘出土的唐代建筑大明宫内含元殿的台基，北边高出地面3米多，南边高出13米多，麟德殿两层台基，共高出地面 2.5 米，三清殿高出地面 14 米多。唐长安城内西明寺台基高出当时地面 0.9～1.29 米。青龙寺早、晚期台基均高出地面 0.8 米以上，朝堂台基高出地面 0.3～0.6 米。华清宫骊山老君殿台基高出当时地面 0.8 米以上。这说明唐代较大的宫殿建筑基址多有台基，高度都在 0.8 米以上。但华清宫遗址出土的星辰汤、莲花汤、海棠汤、太子汤、小汤、尚食汤、宜春汤及两个无名汤的建筑形式却与众不同，其中星辰汤台基南、北两边分别高出当时地面 0.3、2.3 米，莲花汤高出当时地面 0.25米，海棠汤高出 0.21 米，而太子汤、宜春汤、一、二号无名汤几乎没有台基可言，室内的汤池均为平地掘坑修砌。

　　分析唐华清宫内在修砌汤池时改变宫殿建筑有较高台基的传统模式，纯粹是出于殿宇的功能和实用目的的需要而为。如果将内修汤池的殿宇也修建有高 0.8 米以上的台基，汤池上口也必然升高或降低大致同样的高度。假若升高，汤池高度的一半就与室外地面基本处于一个水平，在不能较好地解决汤池接缝处的密封问题时，就会出现下列问题：第一，一旦汤池放水沐浴洗澡，必然会出现渗漏或积水，常此以往，殿宇台基由于积水而疏松，严重威胁上边建筑物安全；第二，汤池放满水，会向四周产生一定的推力，对殿宇台基的安全稳定会造成一定的威胁；第三，汤池升高，工匠们可能还担心来自地下的温泉水在没有压力的情况下，是否会保证汤池内水能升高而达到沐浴的要求。要避免上述不利因素而降低汤池，就必须再多加修下池台阶，供沐浴者上下使用。这对沐浴者来说，极不方便，可谓多此一举。由此可见，不管是汤池升高或降低，除对殿宇安全不利外，都会造成人力、财力、物力的无谓浪费。这种得不偿失的做法，唐代工匠是不会忽视的，所以选择了不夯筑加高汤池殿宇台基、平地挖坑砌池的最佳方案。

　　这种情况表明唐代在宫殿修建中，既对每座建筑物的高低、大小、式样及造型有明确的规定，同时也允许工匠根据殿宇的不同用途，对某些部位做出适合实际需要的合理改变，而不是拘泥一种模式。这不仅降低了宫殿建筑成本和减少了劳动时间，使其布局更加合理，更加实用美观，而且对发挥工匠们的劳动积极性和创造性具有很大的促进作用。

　　三、华清宫修建工程属内作还是外作

　　唐玄宗李隆基执政时期的权臣李林甫主持编撰的《唐六典·将作都水监卷第二十三》记载："凡西京之大内、大明、兴庆宫，东都之大内，上阳宫，其内外郭，台、殿、楼阁并仗舍等，苑内宫、亭，中书、门下，左、右羽林军、左、右万骑仗、十二闲厩屋宇等，谓之内作。凡山陵及京、都之太庙、郊社诸坛、庙，京、都诸城门，尚书、殿中、秘书、内侍省、御史台、九寺、三监、十六卫、诸街使、弩坊、温汤、东宫诸司、王府官舍屋宇，诸街、桥、道等，并谓之外作。"

　　由上述文献记载可知：唐代京城内皇宫及其它建设工程，分由内作和外作两个机构专门负责。两者的主要区别在于内作负责修建皇帝理政、宴寝之地的宫城；外作负责京城内百官衙署及其它公共设施。至于京城外供皇帝游幸避暑之地玉华宫、九成宫等诸多皇帝行宫的修建单位，史书没有提及明言，却唯独把骊山温泉宫点名列出属于外作修建。在没有对骊山华清宫遗址进行正式考古发掘之前，这似乎已成定论而毋庸置疑，更不用再在史海里进行繁琐复杂的考证了。

唐王朝修建工程中既有内外作之分，必然内外有别，等级有高低之分。从文献记载属于内、外作的宫殿名称和作用评骘二者的等级高低，显然是内作高于外作。史乘指名道姓记载唐骊山行宫在贞观和天宝年间两次最大的修葺扩建工程的直接主持者，前者是阎立德，后者是房琯。前者是唐太宗李世民掌朝时将作大臣，后者为唐玄宗李隆基秉政时要员，官拜主客官外郎，都是皇帝御批的骊山行宫修缮官，等级非同一般。这样高等级的官员为皇帝主持修建的骊山温泉行宫，却属次于内作的外作工程项目，显然有误。这不能不引起史家对这段文献记载的准确性提出质疑？

史籍记载的正确与否，考古发掘出土的实物资料可证。在属于唐华清宫遗址范围之内的今华清池、临潼县城、骊山上先后发掘出土的汤池、梨园、小汤建筑和老君殿遗址内，均出土了为数不少的带有"天宝二年内作口"、"天宝二年内作官瓦"陶文的板瓦。这些出自当时唐代工匠之手的记事陶文，断然不会有错，史料价值和可信程度自然大大高于经过千年传抄而保留至今的史籍。这为遗址的断代和判定主持修建单位提供了可靠的文字依据，从而无可辩驳地证明，唐华清宫当年属内作监修而非外作所为，纠正了史作记载上的舛误。

四、汤池和地面殿宇建筑的施工程序

独树一帜的中国古代建筑，不论规划设计、土建工程，还是木作制度，发展到唐代已日臻完善，形成了一整套完整规范的工作程序：先是平整建筑场地，然后依次夯打地基，砌高台，四周砌石包砖，排列柱础，计算木料，立柱，上梁架、檩椽，铺设屋面，施瓦，安装门窗，粉墙面和内装饰。宋代《营造法式》对宋代以前，主要是唐宋时期建筑技术进行了较为全面的概括和总结，不用再去探讨研究了。这里着重探讨的是史乘所阙。在汤池和其上殿宇建筑修建过程中，是先修汤池还是先建好殿宇再修砌汤池。如先修建殿宇后砌汤池，则有挖掘地基时影响建筑物坚固之忧，若先砌池后建殿，则会大大增加施工难度，并可能随时砸坏汤池。

要解释这个问题，只有对汤池和建筑物之间有联系的地面、供、排水道，进行实际解剖研究求解。星辰汤的地面建筑破坏严重，难以为据。莲花汤和海棠汤汤池的供水道、尚食汤排水道，晚期有扰动，地层关系不甚明确，也不能为证。莲花汤地面虽然有不同程度的破坏和扰动，但保留了部分原石铺地面，四个内柱柱础借用汤池地面铺石做明础，暗础在地面之下。石铺地面和汤池为一个整体，证明汤池和地面是一次性完成，然后在其上立柱，上梁架。海棠汤石铺地面北边东部，东边压在墙基之下，证明是先处理地面后砌墙。至于地面和汤池是同时修砌，还是有早晚关系，因其接壤处已遭破坏而不能妄断。按汤池的修砌程序，是先铺底再砌四壁，最后上盖板石做面。从莲花汤、小汤的做法上可以看出，殿宇地面和汤池面一次完成。如其不然，池面和地面必然留下按茬处，既影响室内地面美观，又增加施工难度。既然室内地面和汤池面一次性做成，地面叠压在墙基之下，孰先孰后就不言自明了。

　　尚食汤的供水道和分水口埋没在室内地面之下，水道上边地面结构完整，没有开挖痕迹，说明是水道埋设好之后才处理室内地面和散水的。莲花汤早期的砖石混砌排水道位于殿宇北檐西边第一和第二柱础之间，东边部分砌砖就压在第二柱础之下，其上覆土和铺石没有扰动，证明是水道砌好之后，才铺地面，安装柱石，而绝不可能将承重的柱础悬空而在其下再砌水道。

　　汤池和供、排水道紧密相连，两者不可分割。特别是星辰汤、海棠汤、莲花汤的供、排水管道是子母口套接，中间无二次开口安装的痕迹存在，且均压在汤池之下，充分证明是先埋设好水管道，才铺池底，做池壁，最后上盖板石做池面，即室内地面。现地面和水道之间只有叠压关系，而无打破关系，又压在墙基之下，既排除了先埋好水道，建好房屋再挖坑砌池的可能性，又可证明唐代工匠在星辰汤、海棠汤、莲花汤、尚食汤、小汤等施工上，采用的是先砌好室内汤池，然后将其覆盖或掩埋，最后再建殿宇这种比较科学的工作程序。

　　五、出土汤池和殿宇建筑分期

　　在唐华清宫遗址Ⅰ、Ⅱ、Ⅲ区的唐代文化层中，发掘出土了九个汤池和其上破坏之后，保存状况不一的殿宇建筑基址。它们的打破和叠压关系既清楚而又复杂。从平面布局上看，似乎参差不齐，但上下地层关系却迥然有别。根据汤池和其上殿宇建筑的不同层位，先后维修所保留的遗存和出土遗物，可以将已发现的汤池和殿宇建筑遗迹进行分期。

　　Ⅰ区遗迹可分为三期：一期，从唐高祖李渊武德元年至唐睿宗李旦景云二年（公元618～711年）；二期，从唐玄宗李隆基开元元年（公元712年）至天宝十五载（公元756年）。其中分为早、晚两段：二期早段从唐玄宗李隆基开元元年（公元712年）至开元二十九年（公元741年）；二期晚段从唐玄宗李隆基天宝元年（公元742年）至天宝十五载（公元756年）；三期，从唐肃宗李亨至德元年（公元756年）至唐哀帝李柷天祐三年（公元907年）。

　　一期汤池和殿宇建筑有一、二号无名汤、星辰汤（第一期建筑遗存）、太子汤、莲花汤早期建筑（图二三七）。

　　二期早段时废弃一、二号无名汤、太子汤，扩建星辰汤（第二期建筑遗存），新修

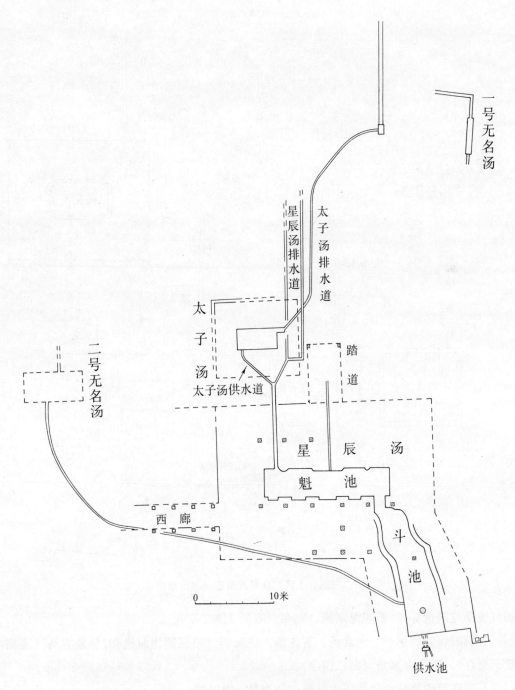

图二三七 Ⅰ区一期遗迹分布示意图

莲花汤、御书亭、尚食汤、少阳汤、宜春汤（早期建筑遗存）（图二三八）。

二期晚段时保留御书亭、尚食汤、莲花汤，扩建星辰汤（第三期建筑遗存）、宜春

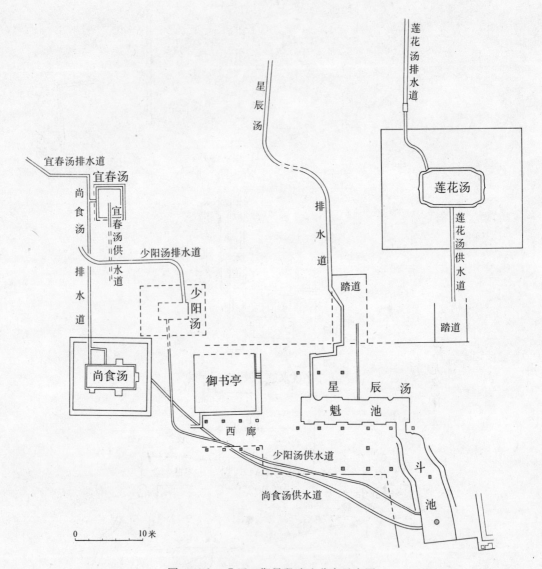

图二三八　Ⅰ区二期早段遗迹分布示意图

汤（晚期建筑遗存），新建海棠汤，废弃少阳汤（图二三九）。

三期时保留御书亭、尚食汤、莲花汤，星辰汤（第三期建筑遗存）、宜春汤（晚期建筑遗存），废弃海棠汤（图二四〇）。

Ⅱ区建筑遗迹从地层叠压关系看，分为早、晚两期。

早期遗迹叠压在晚期之下，没有大面积发掘，从解剖沟出土遗物判定修建时间在唐贞观十八年。

晚期建筑遗迹可分为早、中、晚三段：早段，从唐玄宗李隆基开元元年（公元712

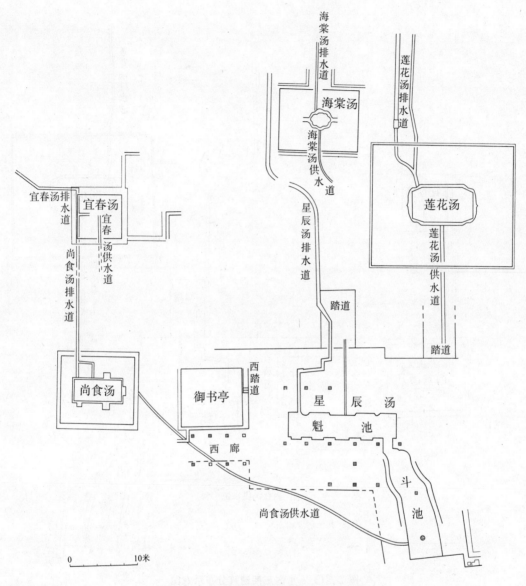

图二三九　Ⅰ区二期晚段遗迹分布示意图

年）至开元二十九年（公元 741 年）；中段，从唐玄宗李隆基天宝元年（公元 742 年）至天宝十五载（公元 756 年）；晚段，从唐肃宗李亨至德元年（公元 756 年）至唐哀帝李柷天祐三年（公元 907 年）。

早段　有小汤、梨园。梨园南庑面积小，西庭院面积大，Ⅳ、Ⅷ室分别在北、南面安门（图二四一）。

中段　小汤北边增建一间。梨园主体建筑保留原样，南庑面积扩大，西庭院面积减

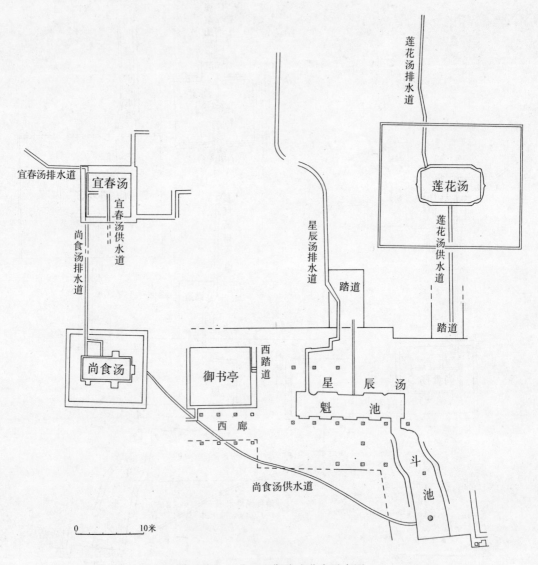

图二四〇　　Ⅰ区三期遗迹分布示意图

少（图二四二）。

晚段　除梨园Ⅳ、Ⅷ室北、南面安门位置被夯土墙封闭外，其余未变。小汤沿用。唐代末年在东庭院北边修建房屋（图二四三）。

Ⅲ区建筑遗迹分为早、晚期。

早期　从唐高祖李渊武德元年至唐睿宗李旦景云二年（公元 618～711 年）。晚期从唐玄宗李隆基开元元年（公元 712 年）至唐哀帝李柷天祐三年（公元 907 年）。

出土建筑物的分期，是根据出土遗迹之间的早晚和共存关系，找出典型的、能够断

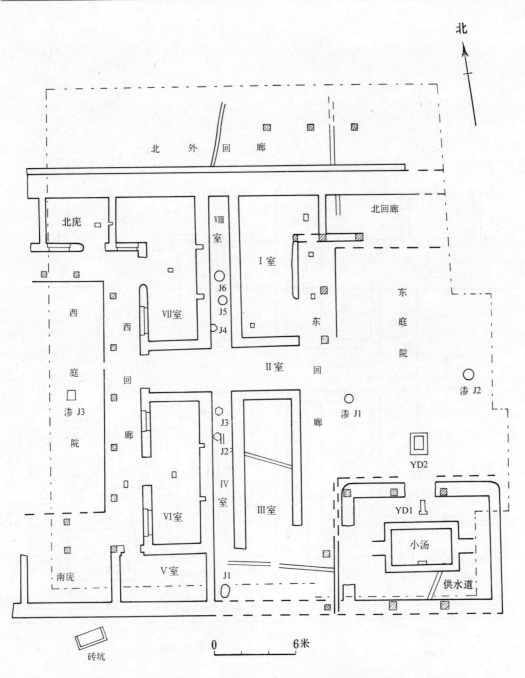

图二四一　Ⅱ区晚期早段遗迹分布示意图

代的依据划分的。这个"断代依据"是指：文化层堆积内涵单纯，仅包含一个时期（如早期或晚期）的具有断代依据的遗物和遗存；有打破关系的两个或两个以上的文化层所包含的具有不同特征的同类遗物和不同时期的建筑遗存的有无；有叠压关系的文化层所

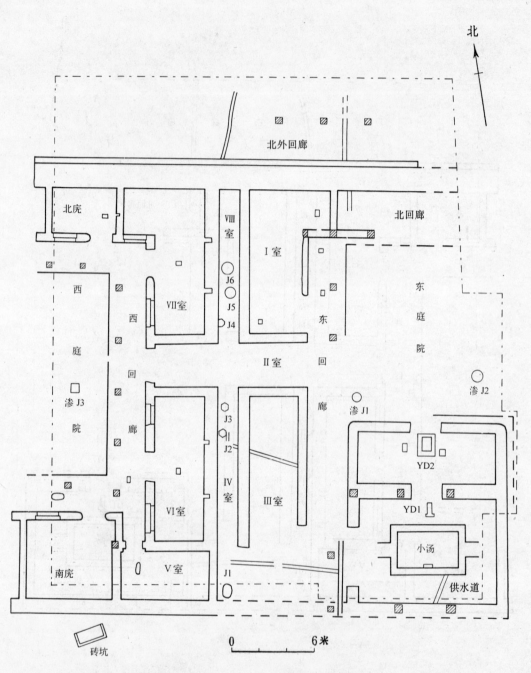

图二四二　Ⅱ区晚期中段遗迹分布示意图

包含的具有不同特征的同类遗物和建筑遗存的有无；有共存关系的文化层或遗迹内所包
含的具有共性的同类遗物或某类遗物的有无。

从发掘出土的汤池和建筑遗迹看，叠压关系比较清楚的有Ⅱ、Ⅲ区建筑遗迹和宜春

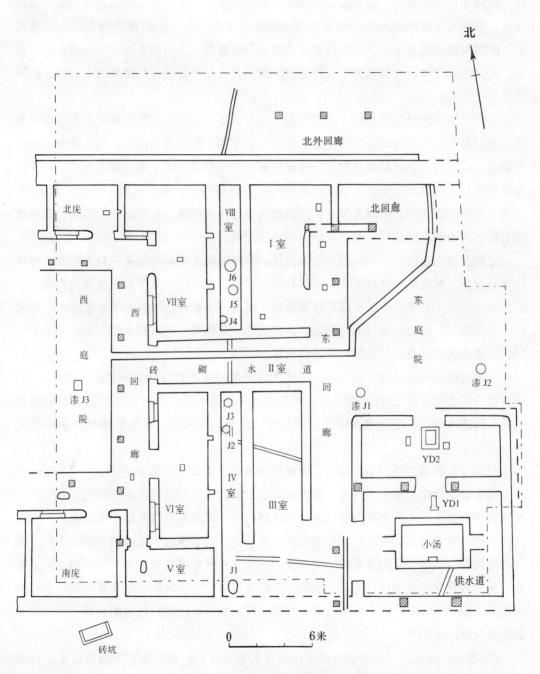

图二四三　Ⅱ区晚期晚段遗迹分布示意图

汤，分早、晚两期。晚期建筑面积比早期大。一、二号无名汤、太子汤处在唐代早期地层，其上有厚 0.2 米的覆土。御书亭除有早、晚两期叠压关系之外，在和星辰汤西墙接壤处，也保留自成一体的建筑手法。保留扩建和二次修茸的有星辰汤和殿宇建筑北墙现存三期修建遗存，揭示了原建筑物一期比一期的面积在不断扩大，用料考究，做工细致认真，形制相互有别的事实。莲花汤在汤池和殿宇建筑上，虽然看不出有什么早晚关系，但解剖汤池排水道时，二次修建的事实就毋庸置疑了。不但水道做法不同，形制有别，而且建筑材料也有明显的早、晚之分。现可将各个时期汤池和建筑的主要特征归纳如下：

Ⅰ区一期内较早的汤池如一、二号无名汤做工比较粗糙，用料主要是砂石，面积狭小，形制单一，有东西向长方形，也有南北向长方形。建筑面积也小，室内狭窄。汤池的砌石、砖之间，粘接材料是泥浆。稍晚的汤池如星辰汤、太子汤，做工较一、二号无名汤细致，用料以砂石为主，青石和砖砌为次，砂石做里，青石做面，汤池面积扩大，池底石板下垫砌条砖，形制发生变化，模仿自然界山川河流，而建筑面积扩大，室内比较宽畅。汤池砌石粘接材料是白灰浆，砌砖还用泥浆。

二期早段内汤池除沿用一期个别汤池外，新建的汤池则精雕细凿，做工精致，材料以青石为主，砖为次，砂石弃用。池底石板下没有垫砌条砖。皇帝御用汤池面积进一步扩大到约六十平方米，造型变成新颖别致的"莲花"形状，将当时人的思想意识，传统的"天人合一"思想，皇权至上思想，审美观念，建筑设计和宗教文化、艺术等融于一"池"。汤池砌砖和砌石的粘接材料是白灰浆。

二期晚段汤池以二期早段为主，新建的以杨贵妃沐浴的海棠汤为代表，做工精巧，用料考究，选择光滑细腻的"墨玉"，造型上更是别具一格，既有浓郁的宗教意识和独具匠心的艺术特色，还包含着强烈追求自然、真实美的风韵。汤池粘接材料全用白灰浆。

三期没有新建汤池，不过是对二期的原建筑物沿用修缮而已。

需要特别指出的是，上文将一期汤池和建筑的上限定到了唐高祖李渊武德元年，主要是为了和唐王朝的统治时间与历史分期保持一致，以免发生混乱而造成误解。严格地讲：一期内有些汤池，像一、二号无名汤、星辰汤一期建筑的上限应该上溯到隋代、北周则比较符合实际，原因是史记北周宇文护和隋文帝杨坚曾先后在骊山温泉修建离宫别苑。杨坚取代北周是通过"禅让"的和平手段，没有发生大规模的军事行动而导致社会大动乱，原骊山温泉行宫自然不会遭受兵燹之难。杨坚执政之后仍沿用北周一些汤池建筑也是情理之中的事。

《旧唐书》等有关文献有唐高祖李渊荣登九五之尊后，曾两次游幸骊山温泉行宫的记载。《旧唐书·李纲传》也有"李纲在东宫，隐太子建成初甚礼遇。建成常往温汤，纲时以疾不从"的记载，而却没有修缮扩建温泉离宫的记载。说明唐初在隋末战乱之后，土地荒芜，经济凋蔽，府库空虚，无力大肆兴作，来骊山温泉沐浴时，还沿用隋代所修汤池。由于北周、隋和唐代初年相距时间不太长，而一些建筑和汤池的使用寿命较长，保留到初唐是完全可能的。其次,从汤池的造型、做法、建筑材料、大小等方面看,一期内汤池也有明显的区别,这里不再赘言。

还需要解释的是,读者可能会提出本书中把出土建筑材料分为三期,而把汤池分为三期却在第二期中再分早、晚两段这种自相矛盾的问题。按理汤池和器物的分期应该完全一致,而这里之所以要加以区别,主要是出于更接近当时历史实际的目的。根据文献资料记载,唐华清宫汤池集中修建于唐太宗贞观十八年、唐玄宗开元和天宝年间三个时期。唐天宝十五载至唐末虽然没有新修汤池,但地面殿宇建筑物绸缪未断。汤池为青石砌成,不易损坏,修缮部分主要是陶质水管道和建筑物。地面建筑物一般数十年之后就需揭瓦换椽,换立柱、门窗,有些残破的筒瓦、板瓦自然也要更换。要把千年前间隔时间较短的建筑材料的年代划分得非常清楚,或者说得很准确是不太可能的。这就是建筑材料为什么要分为三期的重要原因。

六、汤池建筑的布局等所反映的社会问题

从唐华清宫五个区遗迹地层堆积划分来看,出土殿宇建筑、汤池均属唐文化层,可以肯定它们是同时存在或同时存在过一个时期。在唐王朝 289 年的统治时期内,汤池的建筑布局在不同的时期有过不同的变化。这些变化和唐代社会的脉搏同时跳动。

一期内汤池的布局以靠近温泉水源的星辰汤为中心排列,一号无名汤位于其东北方向,二号无名汤位于其西北,太子汤位于正北略偏西 2.3 米,距离最近。这种布局说明问题有五:一,靠近温泉水源的星辰汤不论从位置上还是从建筑规模上来说,都是最高统治者——皇帝沐浴之所;二,太子汤距星辰汤最近,反映了储君和皇帝非同一般的关系及所处的特殊地位;三,两个无名汤虽暂时不知沐浴者的身份,但从距星辰汤较远的位置和面积狭小的地面围护建筑,可以看出沐浴者地位较低,和皇帝的关系也不亲密;四,两个无名汤修建时间上限可上溯到隋代或北周,反映了唐代沿用隋代制度,有着中国传统文化一脉相承的发展关系;五,沿用旧汤池,反映了唐王朝统治者在隋末战乱之后,百废待兴,为了迅速医治战争创伤,控制骄奢淫逸之心,不敢大肆劳役兴作,采取修养生息、励精图治的政策,力图恢复生产力。唐贞观十八年扩建汤泉宫之后,汤池的布局以扩建后的星辰汤为中心,保留一、二号无名汤、太子汤这种局部扩大汤池建筑的做法,一方面说明唐王朝经二十多年经济建设,国力、财力都有了突飞猛进的发展,为帝王挥霍浪费创造了条件;另一方面反映唐太宗李世民在文治武功取得成功之后,追求声色犬马、安逸享乐的思想开始逐渐增长。

二期早段内星辰汤原位置未变,太子汤废弃,在其西边新建少阳汤。又在星辰汤紧西侧增建御书亭、尚食汤,西北方向建宜春汤,东北为唐玄宗李隆基新建莲花汤。说明从这一期开始,星辰汤的原位置虽然没有发生变化,保留着象征性的崇高地位,但重要性和中心地位已被莲花汤取代。其次唐代社会尊崇道教,皇帝渴望得道成神的思想、

"普天之下，莫非王土"的思想，也反映到汤池造型上。最后是为皇帝专修汤池而将皇太子汤池西移，虽然是个小小的变动，却说明了太子地位有所下降的历史事实。

　　二期晚段内汤池的布局是星辰汤、尚食汤、莲花汤、御书亭原位置未变，小汤、宜春汤的面积扩大，太子汤、少阳汤废弃回填，而在莲花汤西北侧2.3米处为杨贵妃修建海棠汤。这种局部的调整，一是反映了唐玄宗李隆基掌朝时，开元、天宝年间社会进步，经济发达，府库充盈，国家繁荣昌盛，人民安居乐业的大好形势；二是揭示了围绕皇位的继承问题，皇室内部争权夺利，互相倾轧的斗争愈演愈烈，皇太子当时地位岌岌可危的实况。这与《唐会要·诸王》关于"太子不居于东宫，但居于乘舆所幸之别院"和《次柳氏旧闻》"肃宗在宫，为李林甫所构，势几危者数，无何鬓发斑白"的记载比较吻合；三是说明史载唐玄宗李隆基宠爱杨贵妃"不期岁，礼遇如惠妃……宫中呼为'娘子'，礼数实同皇后"[1]的描述言之有据，可谓恰如其分。同时也可见杨贵妃在美女如云的后宫，能独领风骚，集众爱于一身的不摇地位；四是揭露了唐玄宗李隆基取得"开元之治"后烦于政务，假权柄于奸臣，大肆扩建华清宫，频繁游幸，玩物丧志，导致"安史之乱"的历史事实。

　　三期时的华清宫已是今非昔比，宫垣隳坏，不但未能全面修缮，还拆除了观风楼等建筑。这反映了"安史之乱"之后，唐王朝内乱不休，皇帝很少游幸华清宫和政局不稳，国力日衰，府库罄竭，到处显出捉襟见肘的凄惨局面。特令回填海棠汤一事，一方面说明杨贵妃对"安史之乱"的爆发负有不可推卸的责任，是祸国殃民的罪魁祸首之一；另一方面说明了以太上皇李隆基为首的闲置派和以肃宗李亨为首的掌权派的斗争已经表面化，闲置派势力明显处于劣势，无法左右朝政。

　　七、各汤池供、排水口方位的联想

　　这次发掘出土唐华清宫内不同时期、不同形状的汤池九个，除少阳汤池破坏得面目皆非、形状难辨外，供、排水道方位也不能确定，余皆清楚。一、二号无名汤的供、排水口南北相对，以汤池池壁为准测量，基本是正南北方向。星辰汤供水口位于汤池东南部位，排水口在西北方向。莲花汤、海棠汤、宜春汤供水口位于汤池正南，排水口在西北方位。太子汤供水口在汤池西南，排水口在东北角。除过一、二号无名汤之外，其余七个汤池的供、排水口方位，并非完全相同，多少有一些区别和错位。汤池供、排水口相对或者错位，单纯从供、排水的功能考虑解释，应该说没有什么文章。但从太子汤舍弃在东南就近开口而取远在西南开口供水，小汤舍弃在西南就近开口而取远东南开口供水和星辰汤、莲花汤、海棠汤、尚食汤排水口均设置于西北方位来分析，显然是有目的而为。是什么目的，为什么要这样做，汗青无载。

　　1）〔后晋〕刘昫等撰：《旧唐书·玄宗杨贵妃传》，中华书局，1975年版，2178页。

清乾隆本《临潼县志·地理》记载："顺治十年塞北门，走东北门。前志：骊山脉自东南来，以山为屏，以渭为带城。坎宫属水，骊山属土。土克水，故南门有瓮城。门西向以受金气，则生金、金生水、而又恐水之直泄也，乃塞北门焉。"这段文献虽然是说清代顺治十年（公元1654年）根据《周易》和五行学说塞北门而走东北门的原因。但结合《周易》、五行学说作为中国古代制定礼制、典章制度的重要内容和理论依据由来已久及唐华清宫内汤池位置遵循天文星象、《周易》排列这两点考虑，汤池供、排水口错位，大概也是为了防止温泉水直泄之故。

温泉流出后名潼水，原流向现不得而知。唐天宝二年在温泉宫北设置会昌县之后，潼水从县城东南流向西北和临水汇合后入渭河。《周易》中八卦和五行学说及方位、四季之间的关系是乾代表西北和秋、冬，属金；坎标志北、冬，属水；艮表示东北、冬、春，属水；震代表东、春，属木；巽代表东南、春、夏，属木；离代表南、夏，属火；坤代表西南、夏、秋，属土；兑代表秋、西，属金。五行中金生水，互不相克，水流西北和北方自然也不犯冲。唐玄宗掌朝后修建的尚食汤、宜春汤、莲花汤、海棠汤及经过修缮的星辰汤排水道口均设在西北方向，除有防止流水直泄之故外，也有与潼水的流向保持一致，符合《周易》、五行学说的可能性。

八、木建筑构件的保护措施

中国土木结构的古建筑，木构件大多裸露室外，经常会受到风吹暴晒，雨雪冰霜剥剥，细菌浸蚀及阳光紫外线和氧气的破坏，使其表面容易产生皱纹、裂隙、风化等现象，天长日久则会强度降低，逐渐解体，致使建筑物倒塌毁坏。

从发掘出土的唐懿德太子、李寿、李重俊、李扨墓壁画看，唐代建筑的立柱、门、斗拱等都刷红漆。唐华清宫梨园遗址的夯墙内柱洞内壁上能看到红漆皮残迹，这对唐代木建筑构件大多施红漆提供了物证。油漆有防水隔潮湿的作用，是防止木材腐朽、风化和被细菌破坏行之有效的措施之一。木建筑构件上红漆，既解决了材质易遭受破坏的问题，客观上又起到了装饰、美化建筑物本身的实际效果。

油漆虽然对木构件表面腐朽速度快慢有一定的延缓作用，但对立柱和地面接触部分的腐烂却无能为力。立柱底部损坏的主要原因，是由于潮湿的土壤中含有酸、碱性化学物质，会使木质发生霉变腐朽。这种腐烂的速度是非常惊人的，关中地区尤甚。对比埋在土壤中的松木，数年之后就腐朽不堪，而暴露在外不和土壤接触的松木可保存数十年或上百年之久。为了解决这一问题，劳动人民发明了柱础。唐华清宫修建时沿用了古代的发明成果，在每根立柱下安置石柱础，将立柱和地面隔离，使土壤中的有害物质不能直接和立柱接触，从而避免了有害物质对柱脚的腐蚀，大大地延长了建筑物的使用时间。

九、墙体做法与结构

　　仔细观察发掘出土的唐代梨园遗址土墙的做法，是用木板按筑墙的厚度定位，封闭两端，再将其固定，然后向里一边填土，一边夯实。由于这些夯土墙不承重，仅作承窗和建筑四周围护之用，所以夯土的夯层不清楚，也不甚结实。

　　土墙夯筑好干了之后，将两面修理平整，先抹上一层内含"麦䅟"的粗泥，将壁面均平，待泥稍干，再上一层泥，待其略干，接着上一层搅拌均匀、内含"麦麸"的细泥，等稍干，上抹一层粘性强的稀泥，使表面更加平整，最后用含麻捣的石灰泥粉面（标本ⅡLYT1④A:238）。墙根部饰红色条线。这种做法与宋代《营造法式》卷十三在泥作制度"用泥"条中记载"用石灰泥等泥涂之制，先用粗泥搭络不平处，候稍干；次用中泥趁平，又候稍干；次用细泥为衬，上施石灰泥，毕候木脉定，收压五遍，令泥面光泽（干厚一分三厘）"的做法基本一致。

　　墙体上石灰面，能使表面更为平整、美观、光洁和耐用，并有一定的吸水防潮湿作用。

　　一〇、屋面构造和瓦的固定

　　唐华清宫宫殿屋面构造已无实物可考。据文献资料记载，现存中国古代建筑的屋面构造，一般分为面层瓦、结合层（坐瓦灰）、防水层、垫层、基层（望板、望砖、柴栈、苇箔等）[1]。宋代官建宫殿的屋面构造据《营造法式》卷十三记载："其柴栈之上先以胶泥编泥，次以纯石灰施瓦。"纯石灰的作用是结瓦，而胶泥的作用则是作为防水层和垫层。

　　遗址内出土大量红烧土块，其中屋面泥最多。有的屋面泥上一面有结瓦痕迹（标本ⅡLYT1④A:235），另一面有板条和细棍痕迹；有的屋面泥，一面保留结瓦痕迹，另一面保留粘结痕迹；有的屋面泥上一面保留粘结痕迹，另一面有板条痕迹（标本ⅡLYT1④A:237）；有的一面凹凸不平，另一面有"芦苇"状箔痕（标本ⅡLYT1④A:236）。坍塌堆积中没有发现长方形、方形方砖残块及"纯石灰"凝固残块，却发现为数不少、大小不等的铁钉。根据以上遗物分析，唐华清宫建筑屋面构造中还没有使用望砖，瓦和防水层之间的结合层不是用纯石灰粘结。屋面的原结构由下向上，依次是在椽上平铺厚约1厘米的板条，用铁钉固定在椽上挡泥，然后上抹一层其中夹杂麦麸或麦杆的胶泥，作为防水层（保暖层）。待泥稍干，再上一层胶泥，加厚防水层和固定板瓦。

　　板瓦之间合缝处上覆子母口结合的筒瓦，防止雨水从缝隙中流入室内。檐头板瓦做成锯齿状或波浪形的纹饰，带瓦当的筒瓦覆盖其上，起装饰和束水作用，使建筑物屋檐正面更加漂亮美观。

　　唐代宫殿建筑屋面为斜坡形，为了利水，一般的坡度较陡，加之北方地区风力又

---

1)　中国科学院自然科学史研究所主编：《中国古代建筑技术史》，科学出版社，1985年版，185页。

大，怎样使屋面板瓦上的筒瓦保持稳定，不被大风吹落，或因重力自动下滑，这是唐代工匠们在铺瓦施工中必须解决的问题。

《营造法式》卷十三记载，宋代固定施瓦的方法：用纯石灰或胶泥结瓦，在"当檐所出华头瓹身内用葱台钉。"对大型建筑屋面筒瓦的固定还规定："六椽以上屋势紧峻者，于正脊下第四瓹及第八瓹背当中用著盖腰钉。"从遗址发掘的筒瓦看，一些筒瓦上有圆孔，还有一些筒瓦的圆孔插着铁钉（如标本ⅡLYT3④A：23），说明筒瓦是用铁钉固定的，与文献记载相符。

遗址倒塌堆积中，有大量的红烧土块，个中为了承泥使用的木板条和苇箔的痕迹至今历历在目，但没有发现石灰胶泥残块，可见唐华清宫殿宇是用草泥结瓦而非其它。通过这些实物资料的研究可知，唐华清宫宫殿屋面筒瓦的固定，是采取草泥粘接材料和铁瓦钉相结合的方法。

一、"厌当"思想在建筑物中的反映

中国古代创造了许多唯物主义的优秀文化遗产，也有不少唯心主义的迷信学说，方士的"厌当"就是其中之一，说是它可以压制避免各种自然灾害的发生。

木结构建筑是中国古代房屋建筑的主体。木构建筑最大的缺点是极易发生自然或人为的火灾。在盛行"天人合一"说的汉代，人们就在建筑上彩绘莲花、水藻等等水中植物和瑞兽形象来厌压火灾。

遗址中出土了不少的莲花纹瓦当、莲花纹砖和一些鸱尾残块。鸱尾原安装在屋顶正脊两端，其用意是因为"汉以宫殿多灾，术者言天上有鱼尾星，宜为其象，冠于室以禳之。"[1] 还有一说，鸱尾为蚩的变音。"蚩者海兽也。汉武帝作柏梁殿，有上疏者云：蚩尾水之精，能辟火灾，可置之堂殿。（按：汉以宫殿多灾，术者言天上鱼，号鸱星，宜为其象，冠于屋以禳之。唐以来寺观殿宇，尚有鸟鱼形尾指上者。）"[2]《唐会要·杂灾变》卷四十四曰："苏氏驳曰：东海有鱼，虬尾似鸱，因以为名，以喷浪则降雨。汉柏梁灾，越巫上厌胜之法，乃大起建章宫，遂设鸱鱼之像于屋脊，画藻井之文于梁上，用厌火祥也。"莲花纹砖铺地，莲花纹瓦当和筒瓦相连，安装在殿宇檐头，屋脊两端安装鸱尾或鸱吻，角梁上使用套兽，其用意除装饰之外，主要是想用"厌当"来防止天灾人祸的发生，保护殿宇安然无恙。

第六节 唐华清宫管理机构

据《大唐六典》记载，华清宫的管理机构为温泉汤监，隶属司农寺管辖，内设监令

---

1)　〔宋〕彭乘撰：《墨客挥犀》见《四库全书》第1037册，上海古籍出版社，1987年版。
2)　周光培、孙进已主编：《唐人笔记小说·苏鹗·苏氏演义》，辽沈书社，1990年版，220页。

一人，官秩为正七品下，全面管理宫禁事务。副职丞一人，官阶从八品上。还有录事一人，府一人，史二人，掌固四人。《旧唐书·职官志》与《大唐六典》的记载，除丞、府各为二人外，余皆相同。

温泉汤监的职责是"凡驾幸温汤，其用物不支，所司者皆供之。若有防堰损坏，随时修筑之。凡王公已下，至于庶人，汤泉馆室有差，别其贵贱，而禁其逾越。凡近汤之地，润泽所及，瓜果之属先时而育者，必为之园畦，而课其树艺，成熟，则苞匦而进之，以荐陵（庙）。"[1]

概言之，温泉汤监有下列几方面工作：一是温泉汤监为温泉宫的常驻行政管理机构，负责处理离宫的日常行政事务，保卫宫宸安全，免遭人为的破坏；二是若皇帝驾幸骊宫，提前准备御用什物及必需生活用品，自己不能解决的向有关主管上级部门领取，或申请费用自己购置，免致物用匮乏；三是华清宫依山而建，骊山的滚山水对宫殿威胁尤为严重，修筑堤堰，防止山洪冲击殿宇成了温泉汤监常备不懈的工作；四是接待来温泉沐浴的达官显贵，按品级高低，给予不同的礼遇，禁止逾越礼制的行为和不安全事件的发生；五是"园内分得温汤水，二月中旬已进瓜"。骊山华清宫周围地区因有温泉地热，地温较高，瓜果和其它农作物时有早熟。这在当时被认为是天降祥瑞、祖宗阴佑之功。温泉汤监就是要及时发现采撷"奇珍异果"，立即进献皇帝太庙和各陵园敬祖，乞求祖先神灵保佑国运永昌，江山固若金汤。

第七节　唐华清宫毁坏的时间和原因

关于华清宫毁坏的时间和原因，《陕西名胜古迹》在《华清池与骊山》一文中说："天宝十五载，安禄山乱起，唐玄宗仓惶逃命四川，途至马嵬坡，诸将不满，忿而杀死杨国忠，并逼玄宗赐缢杨贵妃，而盛极一时的华清宫，也被安禄山一把火化为灰烬。"《陕西名胜旅游引导》中《华清池》一文和《陕西旅游指南》中《游览胜地华清池》也认为华清宫毁于"安史之乱"。此华清宫毁于"安乱"之说。

华清宫是毁于"安史之乱"，还是别有它因？要揭开这个谜底，还须重看安禄山骄军陷长安，败兵退潼关的戏剧史。公元755年10月，正当唐玄宗和杨贵妃在华清宫缓歌慢舞，穷奢极侈之际，手握天下劲兵的安禄山，以奉密诏诛杨国忠，清君侧为名，指挥千军万马，杀奔唐长安城而来。当时唐王朝太平日久，刀枪入库，马放南山，民以习武为耻，内防空虚，能征惯战之士皆在边陲，形成了外重内轻的危急局势。叛军兵锋所指，所向披靡，河北诸郡闻风响应，拱手称臣。唐玄宗得报，令封常清统兵平叛。常清

1)　〔唐〕李林甫等撰：《唐六典·司农寺·温泉汤监》，中华书局，1992年版，529页。

在武牢、葵园、上东门三战皆北，东京洛阳陷落，退守潼关后与高仙芝一起被监军边令诚谗杀。哥舒翰于危难之际被迫带病出任天下兵马副元帅，将兵扼守天险潼关。灵宝北塬会战，唐军溃不成军，狼狈逃窜，横尸遍野。唐玄宗不见当天报告平安无事的烽火信号，知道大势已去，带领贵妃、亲信等人，仓惶西逃。

哥舒翰兵败逃回潼关，"为其帐下火拔归仁以左右数十骑执之降贼，关门不守，京师大骇，河东、华阴、上洛等郡皆委城而走。"[1]《资治通鉴》也记："潼关既败，于是河东、华阴、冯翊、上洛防御使皆弃郡走，所在守兵皆散。"说明安军兵进潼关后至长安数百里之中未遇战事，兵不血刃，马不停蹄，直捣长安。既然如此，安军平白无故火烧既不是军事要塞，又没有军事设施，且画栋雕梁，富丽堂皇的华清宫就于理不通了。作为安禄山来说，自信大唐江山垂手可得，梦想以九五之尊君临天下，享受人间极乐，美景如画，山水迷人的华清宫和绝代佳人杨贵妃，早使他为之倾倒，慕恋至极，岂能让这些梦寐以求的爱物毁于一旦。

唐肃宗李亨继位灵武，指挥全国的平叛战争。经过各族人民一年多的浴血奋战，西进安军锐气大减，萎靡不振，已成强弩之末。在长安城以西的香积寺决战中，安军一败涂地，放弃京城连夜东逃。当时的唐军主帅广平王李俶若听从大将仆固怀恩轻骑猛进、穷追不舍的建议，安军统帅张通儒，骁将安守忠、李归仁将会束手就擒。那时已成惊弓之鸟的溃兵，斗志全消，三十六计，走为上策，逃命要紧，不可能有计划地进行破坏活动，更不可能把用于逃命的宝贵时间浪费在火焚既不威胁自己的生命安全、又不能阻扼追兵速度的华清宫上。再翻阅新旧唐书和《资治通鉴》、《临潼县志》、《长安志》、《雍录》及野史诸文献，也均未有安禄山进军长安和撤离长安时将华清宫付之一炬的记载。这是史家之纰漏，还是安军并未做恶，华清宫艳容犹在呢？为了更能说明这个问题，赘述"安史之乱"后唐皇帝在华清宫的活动也是必要的。

长安和东京洛阳光复后，捷报西传，唐玄宗于公元 757 年 12 月，从四川回京，普天欢庆，万民同乐。公元 758 年 10 月"甲寅，上皇幸华清宫，上送于灞上。……十一月丁丑……是日，上皇至自华清宫，上迎于灞上。"[2]假若华清宫毁于安军兵燹，土木结构的建筑物肯定荡然无存。玄宗去华清宫抚今追昔，怀古凭吊即日还宫尚可，但在焦土废墟上过苦行僧生活二十天显然是不可能的。当然也不排除唐肃宗是个孝子，为了满足父亲晚年失爱的怀旧欲望，去重建华清宫。这种可能性一是没有文献依据，二是当时内战汹汹，将士效命于沙场，丁壮争锋在前线，国库空虚，人财短缺，唐王朝虽没有四面楚歌之近忧，但却有内外交困之焦虑，那能在短期内重建被认为是肇祸之根、内乱之源

---

1) 〔后晋〕刘昫等撰：《旧唐书·玄宗本纪》，中华书局，1975 年版，232 页。

2) 〔后晋〕刘昫等撰：《旧唐书·肃宗本纪》，中华书局，1975 年版，253～254 页。

的华清宫呢？即是唐肃宗当时再有孝敬之心，也无回天之力，以慰其父夙愿。

唐玄宗回銮后去华清宫，说明宫内雕楼玉阙犹在，小桥朱槛逶迤诱人，建筑完好，豪华美丽，并未化为灰烬。要不然数年之后，唐代宗"大历二年（公元767年），朝恩献通化门外赐庄为寺，以资章敬太后冥福，仍请以章敬为名，复加兴造，穷极壮丽。以城中材木不足充费，乃奏坏曲江亭馆、华清宫观楼及百司行廨、将相没官宅给其用"[1]的奏折，不就是无的放矢和滑天下之大稽吗？鱼朝恩就是再有权势，专横跋扈，也不敢明目张胆地在青天白日下说瞎话，犯欺君之罪。这说明华清宫在鱼朝恩上奏以前仍安然无恙。

若说以上史载证明华清宫未毁于"安史之乱"还值得磋商的话，那么其后有些皇帝坚持游幸骊山华清宫的文献记载仍可为证。在元和十五年（公元820年），唐宪宗将幸华清宫，"戊午，宰相率两省供奉官诣延英门，三上表切谏，且言：'如此，臣辈当扈从'。求面对，皆不听。谏官伏门下，至暮，乃退。己未，未明，上自复道出城，幸华清宫，独公主、驸马、中尉、神策六军使帅禁兵千余人扈从，晡时还宫。"[2]唐穆宗长庆二年（公元822年），"冬十一月，庚午，皇太后幸华清宫。辛未，上至复道幸华清宫，遂畋于骊山，即日还宫，太后数日乃返。"[3]唐敬宗宝历元年（公元825年），"七月，……上欲幸骊山温汤，左仆射李绛、谏议大夫张仲方等屡谏不听，拾遗张权舆伏紫宸殿下，叩头谏曰：'昔周幽王幸骊山，为犬戎所杀；秦始皇葬骊山，国亡；玄宗宫骊山而禄山乱；先帝幸骊山，享年不长。'上曰：'骊山若如此之凶邪？我宜一往以验彼言'。十一月，庚寅，幸温汤，即日还宫，谓左右：'彼叩头者之言，安足信哉'！"[4]唐宣宗大中十一年（公元858年）正月，"车驾将幸华清宫，两省官进状论奏，诏曰：朕以骊山近宫，真圣庙貌，未偿修谒，自谓阙然。今属阳和气清，中外事简，听政之暇，或议一行。盖崇礼敬之心，非以逸游为事。虽申敕命，兼虑劳人，卿等职备禁闱，志勤奉上，援据前古，列状上章，载陈恳到之词，深睹尽忠之节，已允来请，所奏咸知。"[5]唐僖宗"乾符二年（公元875年）九月，邠宁节度使李侃奏为假父华清宫使道雅求赠官。"[6]以上记载说明，华清宫不但未毁于"安史之乱"，反而时至公元875年，依然丰姿绰约，令人神往。故使唐宪、穆、敬宗三位皇帝不顾朝廷大臣的激烈反对，力排众议，一意孤行，毅然决然地登骊山狩猎，于华清宫汤池沐浴。唐宣宗虽有游幸华清宫之欲望，为博取从谏如流的美名，未动銮驾。唐僖宗时仍派道雅等人管理华清宫殿宇，守护皇宫禁

---

1)　〔后晋〕刘昫等撰：《旧唐书·鱼朝恩传》，中华书局，1975年版，4764页。

2)　〔宋〕司马光编著：《资治通鉴·卷二百四十一·唐纪五十七》，中华书局，1976年版，7786～7787页。

3)　〔宋〕司马光编著：《资治通鉴·卷二百四十二·唐纪五十八》，中华书局，1976年版，7822页。

4)　〔宋〕司马光编著：《资治通鉴·卷二百四十三·唐纪五十九》，中华书局，1976年版，7845页。

5)　〔后晋〕刘昫等撰：《旧唐书·宣宗本纪》，中华书局，1975年版，635～636页。

6)　〔宋〕司马光编著：《资治通鉴·卷二百五十二·唐纪六十八》，中华书局，1976年版，8181页。

地，以备不时临幸。

根据以上诸文献的记载，再结合近年来华清宫考古发掘出土遗迹现象综合研究，可以得出以下结论：安禄山虽为倾覆唐王朝之首恶，但并非焚毁华清宫之元凶；"安史之乱"虽一度兵陷唐京都长安，使唐王朝由盛转衰为史家定论已无可非议，但华清宫在战乱中未遭毁坏也毋庸置疑。

那么，华清宫到底是怎样毁坏的呢？

"安史之乱"后，唐王朝江河日下，华清宫由于背上了祸国殃民的罪名而声名狼藉，被世人唾弃不齿，以后皇帝欲游幸其地，屡遭大臣犯颜直谏，往往不欢而散。加之那时藩镇割据，飞扬跋扈，战乱不息，边塞四邻的关系又不十分和睦，时常兵戎相见，搞得整个国家府库罄尽，财政收不敷出，皇帝既无财力，也不敢犯众怒去缮补名声不佳的华清宫，以供自己寻欢享乐。唐末，黄巢农民起义军以雷霆万钧之力，摧枯拉朽之势，从根本上动摇了唐王朝的腐朽统治。各地军阀纷纷拥兵自重，相互吞并，弱肉强食。皇帝自身性命都难保万一，那有闲情雅致问津华清宫。

宋程大昌著《雍录·温泉》中记载华清宫在"禄山乱后，罕复游幸，唐末遂皆隳废。"元李好文《长安志图·唐骊山宫图》中游师雄题跋曰"禄山乱后，天子游幸益鲜，唐末遂废。"说明华清宫在"安史之乱"后，大多数建筑年久失修，经过一百五十多年中狂风暴雨的冲击，飞雪寒霜浸蚀，烈日酷暑暴晒，温泉水蒸气剥剥，暴雨冲刷和骊山泥土的掩埋及皇权傍落，行政管理失控后人为的破坏，至唐末逐渐消泯于世，而围绕温泉附近修筑的玉女殿、星辰汤、莲花汤、尚食汤、海棠汤则一直被沿用迄清代。

第八节 唐华清宫出土遗物的研究

一、出土建筑材料分期和制作地

唐华清宫遗址出土了条砖、方砖、板瓦、筒瓦、瓦当、陶质水管等大量的建筑材料，按纹样、做工、规格、质地和形制不同可分为三期。

第一期从唐高祖李渊武德元年至唐睿宗李旦景云二年（公元618～711年）。

第二期从唐玄宗李隆基开元元年至天宝十五载（公元712～756年）。

第三期从唐肃宗李亨至德元年至唐哀帝李柷天祐三年（公元756～907年）。

三期划分的依据：

（1）文献资料。《资治通鉴》、《旧唐书》、《津阳门诗并序》、《雍录》、《长安志》、《明皇杂录》、《唐会要》等史作从不同的角度或多或少的记载着唐代曾对骊山温泉行宫的修葺扩建情况，为三期划分提供了相对准确的纪年。

（2）文化堆积。遗址中有些区域文化层之间早晚叠压关系非常明确。出土的纪年板瓦，为不同文化层和各种遗物断代提供了确切的年代。

（3）出土遗物。有准确纪年地层出土的典型遗物，是同类遗物断代的标准。再根据同类遗物的形制、规格、纹样、质地和色泽，揭示出了其演变规律和不同时期的文化特征。

（4）器物对比。陕西境内曾发掘过临潼庆山寺、麟游唐九成宫、铜川玉华宫、长安城、大明宫、兴庆宫、西明寺、青龙寺等遗址及契苾明、阿史那忠、长乐公主、李㧑、李重俊等有确切年代的唐墓，出土的和唐华清宫遗址相同类型的遗物，通过用类型学的方法互相比较，可排出其间的时代早晚关系，为三期划分的成立提供了旁证。

（一）条砖各期特征及其演变

唐华清宫遗址五个发掘区出土条砖共 391 件，有绳纹、绳纹中加盖工匠戳印、手印纹等。按纹样、大小、质地不同分为三期。

一期条砖的时间是从唐高祖李渊武德元年至唐睿宗李旦景云二年（公元 618～711 年），有以下特征：（1）形体较大，厚重，一般在 33～35 厘米。（2）以一面为素面，另一面通饰斜向粗、细绳纹或二至三个菱形绳纹和钤盖工匠印文的条砖为主，颜色为青灰色。（3）火候较高，质地紧密，呈青灰色。典型代表有 IXCT1④:23、IXCT2④:16、ITZT6④B:60、ITZT6④B:4、IT40④:10、ITZT6④B:5、ILHT9④:21。末期开始出现带工匠手印纹的条砖。

二期条砖的时间从唐玄宗李隆基开元元年至天宝十五载（公元 712～756 年），有以下特征：（1）规格较一期略小，形体开始变小减薄，规格不统一。（2）一面素面，另一面以手印纹为主。菱形绳纹和带工匠戳印的条砖基本消失。（3）烧制火候高，颜色发青，质地紧密。典型代表有 ⅡLYT4④J1:1、IHTT16④A:18、ILHT9④:18、ILHT10④:17。天宝初年开始出现一面为素面，另一面饰绳纹加"×"或"✔"形纹条砖。

三期条砖的时间从唐肃宗李亨至德元年至唐昭宣帝李柷天祐三年（公元 756～907 年），有以下特征：（1）规格不统一，有大有小，厚度较二期略薄。（2）以两面均素面的长条砖为主；以一面为素面，另一面局部饰直向绳纹间饰"×"形纹和手印纹为次。（3）烧制火候增高，颜色变蓝，质地坚硬。典型代表有 IYST3④A:16、ⅡLY扩T3④A:19、ⅡLY扩T6④A:15、ⅡLY扩T6④A:14、ILHT9④:16、IYCT42④:28 等。

（二）方砖各期特征及其演变

唐华清宫遗址五个发掘区出土方砖共计 228 件，按正、背面纹样之不同，分为植物纹、绳纹和手印纹三大类。植物纹以莲花纹和花卉纹为主。绳纹方砖背面多饰绳纹或绳纹间饰几何纹。手印纹方砖较少。根据方砖的纹样、规格大小、质地、做工和烧制火候的差别，在时代早晚上可分出三期。

一期方砖的时间是从唐高祖李渊武德元年至唐睿宗李旦景云二年（公元 618～711

年),有植物纹、绳纹两种。植物纹方砖的特征:(1)规格较大,厚重,一般在33～36厘米。(2)正面饰花卉纹、莲花纹;背面以细绳纹为主,有的钤盖工匠戳印。(3)做工细致,纹样细腻,逼真,花瓣鼓凸、浑圆,烧制火候一般。典型代表有 IXCT5④:4、IT41④:13、ITZT6④B:12、ITZT6④B:14、ITZT6④B:15、ITZT4④:2。绳纹方砖的特征:(1)规格大,一般在33～35厘米。(2)背面为细绳纹、网格纹间饰几何纹。(3)做工细致认真,烧制火候逐渐增高。典型代表有 IXCT5④:39、IHTT17④A:5、IXCT5④:7、IXCT38④:8、IHTT14④:6、ILHT28④B:7、IXCT5④:5、IYST3④A:6、ITZT6④B:16。

二期方砖的时间从唐玄宗李隆基开元元年至天宝十五载(公元712～756年),有植物纹、绳纹、手印纹三种。植物纹方砖以莲花纹为主,特征有:(1)规格较一期稍小,厚度变薄,四边大多被切削。(2)纹样以双瓣莲花纹见多,花瓣由大变小,砖面作三个同心圆,圆内饰变形蔓草纹、勾云纹,圆心为梅花形花蕊;背面饰粗绳纹或栏格纹间饰几何形纹。(3)做工由细致逐渐变粗糙,烧制火候增高。典型代表有 ILHT10④:8、IT41④:14、ILHT28④A:8、IYCT42④:16。绳纹方砖特征:(1)规格大小不一,厚度变薄。(2)背面饰粗绳纹或绳纹间饰几何纹。(3)烧制火候增高。手印纹方砖的特征:(1)规格大。(2)正面素面,背面饰多手印纹。典型代表有 IYST3④A:11、ILHT9④:13、ⅡXT扩T8④A:6、ⅡXTT8④A:13、IYCT42④:18。

三期方砖的时间从唐肃宗李亨至德元年至唐昭宣帝李柷天祐三年(公元756～907年),有植物纹和绳纹两种。植物纹方砖仍以莲花纹为主,特征有:(1)规格较二期稍大,厚度同二期。(2)纹样有单瓣、双瓣莲花纹。花瓣瘦长,扁平。砖面作三个同心圆,第一圆内作莲花纹,第二圆内作几何形纹,花心为单蕊;背面饰细刻划纹间饰几何纹。典型代表有 ILHT10④:6、ⅡLYT9④A:14、ILHT27④:2。绳纹方砖特征:(1)规格较小,正面磨光较多。(2)背面饰刻划纹、栏格纹间饰几何形纹。(3)质地坚硬,烧制火候高。典型代表有 ⅡXTT8④A:14、IYST3④A:14、IHTT16④A:11、ILHT10④:42、ILHT10④:11、IT15④:17。

(三)板瓦各期特征及其演变

唐华清宫遗址五个发掘区出土板瓦残块难以胜计,但完整者甚少,可作为标本的有218件,按形制、质地、纹样不同分为三期。

一期板瓦的时间是从唐高祖李渊武德元年至唐睿宗李旦景云二年(公元618～711年),有以下特征:(1)以青棍瓦为主,体形较大,保留着秦汉至南北朝时期大型板瓦的一些特征。(2)两面均素面磨光。(3)做工细致、认真、严谨。烧制火候较高,颜色呈灰黑色。典型代表有ⅡLYT3④B:1、IT41④:61、ITZT6④B:38。

二期板瓦的时间从唐玄宗李隆基开元元年至天宝十五载(公元712～756年),有以下特征：（1）规格比一期略小，以青色瓦为主，青棍瓦为次。（2）外素面或素面磨光，内布纹或布纹被磨，凸面钤盖"天宝二年内作官瓦"、"天六官瓦"、"天九官瓦"、"北六官泉"、"六官泉南"陶文。（3）烧制火候增高，质地较二期坚实。典型代表有ⅡLYT1④A：17、ⅡLYT1④A：18、ⅡLYT5④A：17、ⅡLYT4④A：23、ITZT11④A：60、ⅡLYT3④A：16、ⅣT1④：1、ⅣT1④：2。

三期板瓦的时间从唐肃宗李亨至德元年至唐昭宣帝李柷天祐三年（公元 756～907 年），有以下特征：（1）规格继续变小，以浅蓝色瓦为主，青棍瓦基本消失。（2）外素面，内粗布纹。（3）做工粗糙，烧制火候进一步提高，质地坚硬。典型代表有ⅡLYT1④A：16、ⅨCT5④J：14、ⅠYST3④A：40。

（四）筒瓦各期特征及其演变

唐华清宫遗址五个区出土筒瓦残块以数十万计，可以作为标本的有152件，按形制、大小、质地不同可分为三期。

一期筒瓦的时间是从唐高祖李渊武德元年至唐睿宗李旦景云二年（公元 618～711 年），有以下特征：（1）规格较大，一般在35～40厘米，以青棍瓦为主，灰陶瓦次之，保留秦汉筒瓦一些特征。（2）外素面光滑，内为粗布纹。（3）做工细致，烧制火候较高。典型代表有ILHT10④：35、ⅠYCT22④：4、ⅡLYT2④A：23。

二期筒瓦的时间从唐玄宗李隆基开元元年至天宝十五载（公元 712～756 年），有以下特征：（1）规格比一期偏小。（2）外素面光滑，内饰粗布纹。（3）做工细致，烧制火候增高，青棍瓦和灰陶瓦同时存在。典型代表有IHTT14④：31、IT40④：12、ⅡLYT3④A：21、ⅡLYT2④A：24、ⅡLYT4④A：29。

三期筒瓦的时间从唐肃宗李亨至德元年至唐昭宣帝李柷天祐三年（公元 756～907 年），有以下特征：（1）规格较二期小，以灰陶为主，青棍次之。（2）外素面，内粗布纹。（3）烧制火候高。典型代表有ⅡLYT1④A：27、ⅨCT5④：24、IWM1T29④A：5。

（五）瓦当各期特征及其演变

唐华清宫遗址五个发掘区出土瓦当共计513件，按纹样不同，分为植物纹和动物纹两大类。植物纹以莲花纹和变形莲花纹为主，动物纹有龙纹和兽面纹。根据瓦当的规格大小、纹样、质地、做工和烧制火候不同，在时代上可分为三期。

一期瓦当的时间是从唐高祖李渊武德元年至唐睿宗李旦景云二年（公元 618～711 年）。在此之间瓦当可分早、晚两段：早段从唐高祖武德元年至唐太宗贞观二十三年（公元 618～649 年），有以下特征：（1）面径一般在11.7～13.2厘米之间。（2）纹样以莲花纹、变形莲花纹居多，动物纹次之。莲花纹以单瓣为主，双瓣为次。花瓣大而长。花蕊为单蕊或无蕊（花心空白）。典型代表有ⅨCT8④：19、IT15④：26、ITZT11④B：32、IT15④：25。变形莲花纹均为单瓣。花瓣有菱形、三角形、乳钉形，外侧有波状环线或三角形隔棱。典型代表有ITZT6④B：7、IXCT8④：25、ⅡLYT3④A：5。（3）边宽较窄，平直，大多无弦线，少数作单线或双线边框。（4）烧制火候不高，呈灰白色。

晚段瓦当时间从唐高宗李治永徽元年至唐睿宗景云二年（公元650～711年），有以下特征：（1）面径一般在10.1～15厘米之间。（2）纹饰以单瓣莲花为主，变形莲花次之。莲花纹花瓣有六瓣、八瓣、十二瓣。花瓣饱满，一侧间饰三角形隔棱或环线。花蕊为单蕊或单蕊外饰一周小乳钉纹。典型代表有ⅡXTT7④A：3、ITZT6④B：36、IXCT5④J：1、IXCT4④：7、IT41④：21。变形莲花纹瓦当花瓣为单瓣。花瓣呈半圆形旋转或三角形。花蕊为单蕊，外饰一周小乳钉纹。典型代表有ⅡLYT3④A：1、ⅡLYT4④A：7。（3）边由窄变宽，带内出现乳钉纹。（4）烧制火候有所增高，青棍质居多。

二期瓦当的时间是从唐玄宗李隆基开元元年至天宝十五载（公元712～756年），有以下特征：（1）规格大小不一，面径一般在9.9～15厘米。（2）花瓣纹饰有单瓣也有双瓣。单瓣莲花纹花瓣鼓凸，外饰细线，间饰三角、"钉"、"齿"形隔棱。典型代表有IXCT1④：29、ITZT6④A：5、ⅡLYT3④A：3、ⅡLYT4④A：2、ITZT12④：24、ITZT11④A：58。双瓣莲花纹的花瓣拥挤、窄长、较小，被磨。花瓣大多外环细线，个别的一侧饰乳钉纹或粗线隔棱，间饰三角形小乳钉、禾苗形、三角形隔棱。花心花蕊增多，呈梅花形分布。典型代表有ILHT28④A：39、ILHT10④：27、IT41④：44、ⅡLYT2④A：10、IXCT1④：26、ILHT28④A：43、ⅡLYT4④A：3、ITZT12④：16。（3）边宽不一，有窄有宽，带内大多作粗细线边框，中间饰大小乳钉纹。（4）烧制火候进一步提高，青棍、灰陶参半，也有红褐陶质，工艺不断更新，种类繁多。

三期瓦当的时间是从唐肃宗李亨至德元年至唐昭宣帝李柷天祐三年（公元780～907年），有以下特征：（1）面径9.5～13.1厘米。（2）纹样以动物纹为主，变形莲花纹次之。动物纹有兽头纹、龙纹。兽头纹饰选材丰富，造型各异，边框有窄有宽，周围较薄，当心隆起，典型代表有ILHT28④A：33、IXCT5④J：8、ⅡXTT7④A：2、ⅡXT扩T8④A：1、ILHT10④：32、ILHT28④A：19、ILHT28④A：30；变形莲花纹作双行乳钉纹，花瓣瘦小，被磨，外环细线或隔棱，花心内凹。（3）边框周围薄，花瓣凸起，当心下凹。（4）做工不甚规范，纹饰粗糙，烧制火候较高。

（六）陶质水管各期特征及其演变

唐华清宫遗址五个发掘区出土大小陶质水管共81件，按纹样、质地、做工不同分为三期。

一期陶质水管的时间是从唐高祖李渊武德元年至唐睿宗李旦景云二年（公元618～711年），有以下特征：（1）直径大，一般在25～31.4厘米之间，管体较长，管壁厚，子口有长短两种，做工细致认真。（2）纹饰以绳纹为主，分布均匀规范。（3）烧制火候不甚高，质地略酥，有夹生现象。颜色呈灰褐。典型代表有ISST3④B：1、ITZT6④B：

8、IWM2T34④B：4、IWM2T34④B：2。

二期陶质水管的时间从唐玄宗李隆基开元元年至天宝十五载（公元712～756年），有以下特征：（1）直径比一期略小，管身稍短，管壁微薄，纹样不像一期那样均匀规范。天宝初年还有一种直径19、长35厘米的水管。（2）饰绳纹或竖条带纹。（3）烧制火候明显提高，颜色变青，质地坚实，无夹生现象。典型代表有IHTT16④A：39、IXCT10④：53、IHTT13④：29、IXCT11④B：30、ⅡLYT5④A：26。

三期陶质水管的时间从唐肃宗李亨至德元年至唐昭宣帝李柷天祐三年（公元756～907年），有以下特征：（1）在直径和长短上与二期的区别不十分明显，管壁则稍薄。（2）绳纹消失，代之为竖条带纹，且分布没有规律可循。（3）烧制火候进一步提高，质地竖硬，外表呈浅蓝色。典型代表有ⅡXTT7④A：11、ⅢT1④A：25、IHTT13④：28、ILHT28④A：54。

二、遗物上陶文题记和制作技术

（一）题记陶文内容

唐华清宫遗址发掘出土的条砖、方砖、板瓦和陶器上有一些陶文。就中大多数遗物的陶文是先模印好，然后再入窑烧制，个别是烧制好之后墨书。

条砖上陶文有"将作匠甘保逞"（IXCT1④：23）、"将作匠张域"（IXCT2④：16）、"官匠马世通"（IXCT2④：9）、"官匠□立"（IXCT35④：7）、"官匠□才"（IXCT1④：9）、"官匠王昌"（IXCT2④：15）、"官匠王君"（ITZT6④B：24）、"官匠任通"（IXCT31④：7）、"官匠于□"（ITZT6④B：4）、"官匠田才"（IXCT38④：3）、"官匠世□"（IX-CT2④：53）、"将作匠张□"（ⅡLYT1④A：30）、"官匠张文"（ⅡLYT2④：31）、"匠郭世直"（ITZT6④B：58）、"匠杨养"（IXCT2④：10）、"朱□宁"（IXCT1④：11）、"朱孝倩"（IXCT2④：14）、"菲世义"（IXCT31④：8）、"□步得（IXCT5④：12）"、"□合□"（IXCT2④：18）。

方砖上陶文有"将作□"（IXCT5④：4）。

板瓦上陶文有"北六官泉"（IXCT5④：19）、"六官泉南"（ⅡLYT3④A：16）、"天宝二年内作官瓦"（ⅡLYT1④A：18）、"天六官瓦"（ⅡLYT4④A：23）、"天九官瓦"（ⅣT1④：2）、"将作匠□"（IT41④：61）、"二年四四月"（ⅡLYT1④A：24）、"官匠□"（ITZT6④B：38）、"官王石□"（IWM2T34④B：1）、"郭盖"（ⅡLYT4④A：25）、"□留长仑"（ITZT6④B：43）、"□泉六"（IYCT43④：20）、"□过"（ITZT11④B：32）、"通"（ITZT6④B：41）、"田"（IYCT43④：18）、"牍"（ITZT6④B：44）。

陶盆上陶文有"作官"（IYST3④A：19）、"作盆"（ⅡXTT7④A：21）。

陶瓮上陶文有"将作官瓮"（ⅡLYT5④AJ3：1）和"将作官巩"（ⅡLYT1④A：216）。"将作官巩"中，将作是将作监的简称，官是将作大匠的代称，巩是人名。《旧唐书·乐志》记载开元二十五年，唐玄宗想拆除东都乾元殿，"诏将作大匠康𝅘素往东都毁之"。《明皇杂录》曰："（康）𝅘为将作大匠，多巧思，尤能知地。"康𝅘其人，新旧唐书无传。《明皇杂录》却有其一断逸闻趣事，说"唐玄宗既用牛仙客为相，颇忧时议不叶，因访于高力士：'用仙客相，外议如何'？力士曰'仙客出于胥吏，非宰相器'。上大怒曰：'即当用康𝅘'。盖一时恚怒之词，举其极不可者。或有窃报巩，以为上之语恩渥颇深行当为相矣。闻之，以为信然。翌日，盛服趋朝，既就列，延颈北望，冀有成命，观之者无不掩口。"陶瓮上的"将作官巩"是不是史书中的将作大匠康𝅘也未可知。

陶缸上墨书"新平郡主"（ⅡXTT7④A:23）。"新平郡主"史册无传。"门下惠宣太子第三十一女，柔姿婉训，淑德闲和，早习组紃，备详图史，移天有礼，撰日于归，宜增列郡之封，允叶睦亲之计，可封新平郡主，主者施行。"[1]"惠宣太子业，睿宗第五子也。本名隆业，后单名业。垂拱三年，封赵王，开府置官属。随例却入阁，改封中山郡王，累授都水使者，寻又改封彭城郡王。"[2]后随同唐玄宗李隆基诛萧至忠、岑羲有功，深得玄宗信任。开元二十二年正月薨，册赠惠宣太子，陪葬桥陵。史料记载惠宣太子有儿子十一人，未记女儿多少，故第三十一女名字不详。

陶瓮上陶文有"官"（ⅡLYT2④A:130）。

陶鉴上陶文有"华青"（ⅡLYT1④A:212）。

陶片上陶文有"官"（ITZT11④A:11）、"地将"（ⅡXTT7④A:22）。

综合以上陶文内容，有人物姓名、带官署名称的人物姓名、标明建筑物的方位、行宫名字和纪年等。

表明唐代为修建华清宫制砖的工匠有"朱孝倩"、"□步得"、"朱□宁"、"羿世义"和"□□合□"等。带官匠身份的有"官匠马世通"、"官匠□立"、"官匠□才"、"官匠王昌"、"官匠王君"、"官将任通"、"官将于□"和"官将田才"等。带官府衙署名称和人物姓名的有"将作匠张域"、"将作匠甘保逞"、"匠郭世直"和"匠杨养"等。

标明建筑物位置和修建年代的有"北六官泉"、"六官泉南"、"天宝二年内作官瓦"、"天六官瓦"和"天九官瓦"。

陶瓮肩部模印一圈"官"字陶文，标明此物的属性，即为官府财产，个人不得随意攫为己有。

陶鉴边阳文"华青"二字，"青"字下残，后边是否还有字，不得而知，推测其后为"宫"。这为古代"清"和"青"相通提供了文字依据。

（二）陶文和题记解决的历史问题

---

1)　〔清〕董诰等撰：《全唐文·元宗·封新平郡主制》，上海古籍出版社，1990 年版，124 页。

2)　〔后晋〕刘昫等撰：《旧唐书·睿宗诸子传》，中华书局，1975 年版，3018 页。

　　唐华清宫遗址出土的这些遗物上的文字题记虽然不多，但内容不少，涉及面较广，填补了史籍记载之阙佚，为我们研究某些问题提供了文字依据，弥足珍贵。

　　1. 唐天宝年间扩建骊宫的时间

　　史载唐代在唐太宗李世民贞观十八年（公元 645 年），唐玄宗李隆基开元十一、二十七年、天宝年间，唐代宗大历年间曾对骊山温泉宫进行了扩建修茸。

　　《旧唐书·房琯传》记载房琯于天宝"五载年正月，擢试给事中，赐爵漳南县南。时玄宗企慕古道，数游幸近甸，乃分新丰县置会昌县于骊山下，寻改会昌为昭应县，又改温泉宫为华清宫，於宫所立百司廨舍，以琯雅有巧思，令充使缮理。事未毕，坐于李适之、韦坚等善，贬宜春太守。"由此可见，唐天宝年间对骊山温泉宫的扩建是唐代历史上规模最大，历史最长的一次。但关于此次修茸扩建的具体年代和延续时间多长，史作并没有明确地记载，至今悬而未解。这次发掘出土的板瓦上带有"天宝二年内作官瓦"、"北六官泉"、"六官泉南"、"天六官瓦"、"天九官瓦"的纪年陶文，证明从唐天宝二年开始至天宝九载，唐玄宗李隆基对骊山温泉行宫的修茸扩建工作一直在不间断地进行着。

　　2. "将作匠"的启示

　　唐代官制中没有"将作匠"。据《通典》、《唐六典》、《唐会要》记载，唐初设立将作监，设大匠一员。"大匠掌供邦国修建土木工匠之政令，总四署三监百工之官属，以供其职事。"[1] 遗址出土条砖上带"将作匠"陶文中的将作当是指官衙将作监，匠是指从事制砖人的身份，全句的意思是将作监管理下的工匠，而不是将作监主管官员的简称。将作监主管官员称为"将作大匠"。《明皇杂录》记载康"謇为将作大匠，多巧思"，就是例证。这对证明将作监"掌营缮宫室"[2]的记载提供了真实的文字依据。

　　唐代将作监曾先后有过数次易名，唐初设置将作监，"龙朔二年改将作为缮工监（大匠、少匠随监名改）。咸亨元年复旧。光宅元年改为营缮监，神龙复旧……天宝中改大匠为大监，少匠为少监，领左校、右校、甄官、中校四署。"[3]这几次易名，结合砖上"将作匠"陶文与出土时地层，可以判定砖和遗迹的大致年代。

　　唐代设立将作监的时间，一是从唐高祖武德元年（公元 618 年）至唐高宗李治龙朔元年（公元 661 年）；二是从唐高宗咸亨元年（公元 670 年）到唐睿宗李旦文明元年（公元 684 年）；三是从唐中宗李显神龙元年（公元 705 年）至唐昭宣帝李柷天祐三年（公元 907 年）。在这三段时间内，史载唐太宗李世民贞观十八年，唐玄宗李隆基开元十一年，天宝年间曾在骊山温泉修缮扩建温泉宫，发掘出土的唐开元、天宝年间修建的汤

　　1)　〔后晋〕刘昫等撰：《旧唐书·职官三·将作监》，中华书局，1975 年版，1896 页。
　　2)　〔后晋〕刘昫等撰：《旧唐书·职官三·将作监》，中华书局，1975 年版，1895 页。
　　3)　〔唐〕杜佑撰：《通典·职官九·将作监》，中华书局，1984 年版，160 页。

池和老君殿、梨园遗址内，没有发现一块带"将作匠×××"或"官匠×××"陶文的条砖，排除了带陶文砖生产于这一时期的可能性。

史作没有唐高宗李治恢复将作监后修建骊山温泉宫的记载，遗迹和其它出土遗物以及地层早晚关系上也没有这方面的反映。这与李治晚年体弱多病，有心无力游谯和常年住东都洛阳的历史事实比较一致。

带陶文条砖大多出在星辰汤、太子汤和唐文化层早期地层，与唐太宗贞观十八年修"御汤"文献记载和当时设立有将作监机构的时间相符，证明其应为唐贞观年间的遗物。

唐华清宫从初唐修葺扩建到唐末废弃，近二百九十多年里唐王朝的政治、经济、文化等，都在这个载体里打下了不可磨灭的烙印。初唐制作建筑材料上要模印工匠姓名，而从中唐开始，逐渐取消这种制度。这表明了唐代在工匠的管理、产品质量监督等方面前者和后者之间发生了较大的变化；工匠和官府之间的人身依附关系开始逐渐松驰，有了更多的、相对大的个人自由；工匠原来低微卑贱的、被人瞧不起的社会地位有了一定的提高。

3. 区别工匠身份的标志

骊山温泉宫在唐代见于史书记载的修建有过四次，除阎立德、姜行本、房琯几个主持工程的要员青史留名之外，成千上万的工匠、民夫的姓名和身份则被永远掩埋在历史的尘埃之中。遗址中出土建筑材料上带有"朱孝倩"、"朱□宁"、"韭世义"、"匠郭世直"、"匠杨养"、"官匠马世通"、"官匠□立"、"官匠□才"、"官匠王昌"、"官匠王君"、"官匠任通"、"官匠于□"、"官匠田才"、"将作匠张□"、"将作匠张域"、"将作匠甘保逞"等印文，无疑是参加骊山温泉宫修建工程的工匠姓名。根据陶文的内容不同，可以分出工匠当时的身份和归属。姓名前带有"官匠"、"匠"、"作匠"、"将作匠"的人应为将作监直接管理的官府工匠。这些人终生依附官府，为皇帝修宫建殿和京城建设添砖加瓦。

唐代社会民间的建筑行业蓬勃发展，生产砖瓦建筑材料的手工作坊如雨后春笋，不断涌现。砖上只有姓名的人，如"朱孝倩"、"□步得"、"朱□宁"、"韭世义"、"□合□"等，可能就是民间手工作坊主人或者工匠的名字，以示民间工匠和官府工匠的区别。

参加骊山温泉宫两种工匠身份的区别，则说明了一个不容更改的历史事实。骊山离宫虽属皇家"内作"，按规定应由将作监负责和其管辖下的官匠建设，以保证工程质量和安全，但在实际施工中，还是向民间手工作坊收购或摊征砖瓦。《唐会要》卷三十也有唐"天宝六载十二月，发冯翊华阴等郡丁夫，筑会昌罗城于温汤，置百司"的记载，二者可相互佐证。《唐六典》记载唐代实行"租庸调"制度，规定"凡丁岁役二旬（有闰之年加二日），无事则收其庸，每日三尺"，就是丁男每年都要为官府无偿服劳役。去会昌县筑罗城的丁夫、烧制砖瓦的工匠就是在履行他们对唐王朝承担的神圣义务。这对于了解唐代的赋税和徭役制度，提供了新的线索，扩大了视野和范围。

4．"北六官泉"、"六官泉南"钩玄

"北六官泉"、"六官泉南"陶文都模印在板瓦小头凸面上。其文含义，唐代史书没有记载。从字面诠释，"北六官泉"意思当为"骊山温泉北边第六官泉"或"六官所属温泉之南"。但若联系参考骊山温"泉有三所"[1] 的记载和唐华清宫遗址至今没有出土带北一、二、三、四、五官泉和一、二、三、四、五官泉南陶文的砖瓦，说明要按以上的解释明显存着望文生义之嫌。

要破译千年的陶文所指，须研究文中所包含的词素。"北六官泉"可分解为北、六、官、泉或北六、北六官、六官泉、官泉等词素和词组。其中北六、北六官、六官泉，既不是专用地名、官衙、官职称谓，也不是专用名称，说明不能成立；北无疑指方向，泉指温泉，官指泉的性质和所属，最难解释的就是"六"。若将"六"在陶文中单独解释，按唐代已出土陶文的解释，"六"可以说成个数六，也可以代表"六年"或"六月"，同时也可以和"官"组合为"六官"。

"六官"源于周代，是《周礼》记载中分掌邦国大政的天官冢宰、地官司徒、春官宗伯、夏官司马、秋官司寇、冬官司空。《孔子·执辔》曰："古之御天下者，以六官总治焉。冢宰之官以成道，司徒之官以成德，宗伯之道以成仁，司马之官以成圣，司寇之官以成义，司空之官以成礼。"

公元 557 年，北周建立，"酌沣镐之遗文，置六官以综务，详其典制，有可称焉"[2]，实行西周王朝的天、地、春、夏、秋、冬六官制。隋唐时代将朝廷设置的吏、户、礼、兵、刑、工六部之尚书，总称六官。唐玄宗开元初年，设"左、右丞相掌总领六官，纪纲百揆"[3]。武则天光宅元年（公元 684 年），出于代唐兴周革命的政治需要，以周代六官之名，命名吏、户、礼、兵、刑、工六部尚书。唐中宗神龙元年复位，废除武周官名，还依旧制，嗣后一直延续未变。"北六官泉"、"六官泉南"陶文板瓦按地层划分，出土在唐天宝二年之后，排除了寓指北周、武周"六官"的可能性。始建于隋文帝年间而沿用至唐高宗时期的麟游九成宫，修建于唐贞观末年而沿用洎唐高宗永徽二年（公元 651 年）的铜川玉华宫，迄今没有发现带"六官"文字的建筑材料。唐高祖李渊武德初年至唐玄宗李隆基开元二十九年之间的唐华清宫遗址地层上，也没有带"六官"文字的建筑材料，说明其也不是唐代朝廷设置的吏、户、礼、兵、刑、工六部尚书的总称。既然天宝初年之前不以"六官"特指朝廷的吏、户、礼、兵、刑、工六部尚书，而

1）〔宋〕程大昌撰：《雍录·温泉》卷四。

2）〔唐〕魏征等撰：《隋书·百官上》，中华书局，1973 年版，720 页。

3）〔唐〕李林甫等撰：《唐六典·三师三公尚书都省》，中华书局，1992 年版，7 页。

在天宝二年之后忽然为之，确实有悖常理。曾经实行过"六官"制的"武周革命"，被李唐王朝贬称篡逆之举，拨乱反正之后，若使其"六官"名称再现，会被认为是别有用心，图谋不轨，为武周政权扬幡招魂。说明"六官"的解释不能成立，而这个"六"字是别有所指。

"北六官泉"、"六官泉南"陶文板瓦在骊山下梨园遗址、骊山上老君殿遗址和带"天宝二年内作瓦"、"天六官泉瓦"陶文的板瓦同时出土，但数量特别少，而骊山朝元阁遗址却出土甚多。奇怪的是带"天宝二年内作瓦"陶文的板瓦却在这里连一件也没有发现。这只能解释为朝元阁此时尚未修建。《册府元龟》记载："天宝七载十二月，元元皇帝降于朝元阁，改为降圣阁"。即说明朝元阁在天宝七载已经建成，如其不然，则玄元皇帝无阁可降。由此推测，朝元阁的始建年代最迟不会晚于天宝六载。其理由有三：一是按朝元阁的建筑规模计算，一年之内建成竣工绰绰有余；二是在相信神鬼、天命的古代，特别是天宝年间尊老崇道的岁月，个别善于揣摸皇帝心思、投其所好的嬖佞之徒，往往编造神话、祥瑞谎言邀宠，企图飞黄腾达。深谙此道的人明白，恰到好处是实现谎言目的的关键，如若时机把握的不好，就会竹篮打水一场空，甚至会因此丢官除爵。唐玄宗修建朝元阁企图利用玄元皇帝老子为政治服务的用意不言自明，所以乘其刚落成之机杜撰玄元皇帝降见于此，可谓是天衣无缝。这就为我们推究朝元阁的始建年代提供了重要的线索；三是唐天宝初年修建的建筑物，为了标明始建年月，多在砖瓦上模印纪年。这不但华清宫有，在大明宫含元殿遗址也出土有，如"天宝五载西坊官砖"。朝元阁遗址出土大量的带有"六官泉南"、"北六官泉"陶文的板瓦，却无明确纪年板瓦的发现，那么这组建筑群是用什么来标志修建时间的呢？不能不使人想到"北六官泉"、"六官泉南"中的"六"字是有其特殊涵义和寓指的。

唐华清宫遗址Ⅰ、Ⅱ、Ⅲ、Ⅳ区内出土板瓦上的"天宝二年内作官瓦"和"天六官瓦"、"天九官瓦"、"北六官泉"及"六官泉南"的陶文，乍看起来似乎无内在和直接的联系，但若和唐大明宫遗址内出土的"玄武六载官瓦"、"〔玄〕武天六官瓦"、"六官东"、"玄瓦七月半"、"天七西坊□□"、"玄瓦六月末"、"六官昭"结合在一起分析，就不难发现它们之间有着内在和必然的联系。唐玄宗于天宝三年诏令全国，废年为载，"玄武六载官瓦"中的"六载"肯定是指天宝六年。依此推论"〔玄〕武天六官瓦"中的"天六"自然是天宝六年的简称。再引深推理，"天六官瓦"、"天九官瓦"中的"天六"、"天九"无疑是天宝六载和天宝九载的缩写。"六官泉南"和"北六官泉"中虽无天字，但"六"字的意思显然是天宝六载的进一步浓缩。弄清了"六"字的实际涵义，"六官泉南"、"北六官泉"的全部意思就不言而喻了，即指该建筑物在天宝六载修建于骊山官属温泉之南或之北。

这种近乎怪诞的纪年格式的产生，与唐皇帝的个人好恶及国内意识形态领域里的大形势密切相关。唐玄宗李隆基笃信道教，企求长生不老，为了实现这个梦寐以求的愿望，天宝六载改骊山"温泉宫"为道教推崇的仙界"华清宫"，以示超凡脱俗，身跻瑶室琼阁，在纪年上取掉人世间皇帝年号"天宝"而改为"天六"、"天九"或直接用"六"，大概也是为了和促成皇帝由天子成神得道这一盛事相媲美的重要举措。

（三）遗物的类别和质料

唐华清宫遗址发掘出土和采集的各类遗物共计 2446 件，按用途可分为建筑材料、日常生活用具、乐器和货币四大类。建筑材料类包括：条砖、方砖、板瓦、筒瓦、瓦当、兽面砖、陶套兽、三彩套兽、鸱尾、枋木、石柱础、石门砧、石栏座、五龙注水器、铁栓板、铁钉、铁莲花、铜钉、铜花叶。日常生活用具类有：陶瓮、陶鉴、陶盆、陶罐、陶盘、陶碗、陶灯、瓷碗、瓷执壶、瓷灯、瓷瓶、瓷罐、石盒。乐器：有一骨制零件。货币为"开元通宝"。

四类遗物的质地可分为铜、铁、石、木、陶、瓷、骨和三彩八种。

（四）遗物的制作工艺

遗物的制作工艺主要包括制作方法、生产技术和一定的设备。唐华清宫遗址出土的各类遗物在什么样的技术设备条件下，是用什么样的生产工具，采取什么样的制作方法和操作技术生产出来的？通过观察不同器物的形制、构造、质地，结合宋代《营造法式》等文献资料和民间现保留的古代手工作坊生产技术，可以诠释以上疑问。

1. 陶器的制作

从新石器时代开始的制陶技术，经过夏、商、周、秦、汉、南北朝，发展至唐代已完全成熟了。工匠在长期的生产实践中，积累了丰富的经验和知识，总结出了一套完整的、符合实际的工作程序。唐华清宫遗址出土的陶碗、盆、鉴、罐、瓮等器的制作可分为以下几个步骤：

第一，采集原料。陶器的主要原料是纯黄土。把几乎不含沙粒的纯黄土粉碎过筛，进一步取除杂物，然后放入陶洗池和水搅拌均匀进行沉淀，再把上层的泥浆搬入作坊进行陈腐，就成了胎泥。对胎泥经过认真细致的练制，便可用于成型。

第二，成型。从陶器的造型和结构观察，制作方法有轮制和捏塑两种。陶盆、罐、盘、瓮、小陶碗等采用轮制。陶灯则采用轮制和捏塑相结合的方法。

第三，晾晒。陶胎坯成型模印纹样之后，不能放在太阳下曝晒，以防变形干裂，而要放在遮阳处阴干，再稍做修饰后待烧。

第四，装窑烧制。为了充分利用烧窑室内的有限空间，装窑时候一般是大器物套小器物，盘、碗等则直接叠烧。不管大小器物在装窑时，相互之间都要留一定的距离，以利通火收热。

第五，饮窑。陶器一般在窑内烧 4～5 天，温度达到一定程度，就停火饮窑。饮窑的方法就是在窑顶贮水，让水慢慢渗入窑室和陶器发生氧化反应，提高陶器的硬度和防渗性能。饮窑非常重要，如果时间掌握不好，就可能功亏一篑而出次品。

2. 瓷器的制作

遗址内出土的瓷灯、瓷罐和执壶等，与唐代黄堡窑烧制同类器物相似，其中一些器物就是来自那里。黄堡窑已进行了较大面积的考古发掘，经禚振西、杜葆仁两位先生多年的潜心研究，认为唐代铜川黄堡窑的匠人们在制作陶瓷的过程中，大致要经过原料的制备、成形、修坯装饰、施釉、晾干、装烧、烧制等诸道工序[1]。

黄堡窑的瓷器虽然不能说在唐华清宫御用或日常用瓷上占主要地位，但窑场匠人们在长期的劳动实践中，积累起来的生产方法和生产技术，无疑是唐代其它窑口制瓷工艺的写照。

3. 砖的制作

砖的制作技术较简单，第一道工序是和泥。然后将和好的泥用手装入特制的模具"斗子"内，再用一个表面平整的木板条刮掉"斗子"上边多余的泥，使砖坯面保持平整，接着再模印纹样。遗址出土条砖表面上至今还保留刮泥的工具痕迹，如标本 IT46④J:17、标本ⅡLYT1④A:31、标本ⅡXT扩T8④A:4。方砖表面上至今还保留刮泥工具痕迹的有标本ⅡXTT8④A:13、标本ⅡLYT1④A:32。"斗子"装泥之前要在细干土或细沙堆或草木灰里蘸一下，在泥和"斗子"之间加一隔层，以防泥坯和"斗子"粘在一起而难以脱出，如方砖标本 IXCT5④:4、标本 IT41④:13、标本 IXCT38④:8 的表面有细沙粒。

凉晒砖坯的场地要平整，上平铺一层薄薄的细砂或细土，防止砖坯和地粘贴在一起，为日后收坯减少麻烦。砖坯在场地上凉晒到一定程度，工匠在坯面上用木平板把起翘的面压平，同时再把四边修整平直。这是一般素面砖的制作方法。唐华清宫出土的条砖和方砖制作与上述方法略有区别，工艺稍复杂，原因是要加绳纹或其它花纹。

带手印纹的条砖，"斗子"内为素面，工匠做好坯子，用手在坯面直接拍按一下即可，而带绳纹的条砖则不同，要用提前做好带绳纹的模板在"斗子"内的砖坯表面印上绳纹。方砖则根据纹样不同分为两种：一种是一面为素面，另一面有纹样；另一种是正背面都有纹样。前者做法同条砖，后者较前者复杂，须提前在"斗子"内刻好莲花纹或其它所需要的花纹，然后用刻有纹样的模板给在"斗子"内的砖坯表面印上想要的花纹。

需要特别说明的是，唐代方砖和条砖的一个面上刻意要做绳纹或其它什么纹样，除莲花纹具有等级地位的高低、厌当思想、装饰建筑物和手印纹有监督产品质量好坏、追

---

1) 陕西省考古研究所：《唐代黄堡窑遗址》，文物出版社，1992 年版，524 页。

查工匠责任的用意之外，还有实际施工的需要，那就是为了砖与砖之间粘结得更加牢固。

　　4. 瓦的制作

　　遗址出土大量的板瓦和筒瓦残片，从保存完整的形状看，唐华清宫使用的瓦件全是用圆桶形模具法制作而成。关于圆桶形模具法的制瓦方法，宋代《营造法式》卷十五记载："造瓦坯用细胶土不夹砂者，前一日和泥造坯。先于轮上安定扎圈，次套布筒，以水搭泥拨圈，打搭收光，取扎并布筒，晾曝。"《天工开物》记载制作瓦的过程比《营造法式》更为详细："凡居民瓦，形皆四合分片，先以圆桶为模骨，外画四条界。洞践熟泥，叠成高长方条，然后用铁线弦弓，线上空三分，以尺限定，向泥不平曼戛一片，似揭币而起，周包圆桶之上。待其稍干，脱模而出，自然裂为四片。"两文献记载时代有先后之分，说法各有侧重，可以互补所缺。

　　从遗址出土的板瓦看，上大下小，质地细腻紧密，无砂粒，内饰布纹，外有用手抹光痕迹，里边沿内侧有利器勾划开裂的断面。断面过瓦厚一半以上。通过瓦件上保留的工匠做工所留遗痕，结合关中地区手工瓦的制作技术和对照上述文献记载，可知唐华清宫瓦件制作工艺技术的基本程序。

　　第一道工序是和泥。选用不含砂的黄土，和水成泥焖一至二天，然后用脚反复踩踏搅和，使水和土有机的结合在一起而具有粘性，再把和好的泥堆成长约 1～1.2、高 1.3～1.5、厚约 0.4～0.5 米的泥墙。第二道工序是制坯，用长 0.4～0.5 米的"铁线弦弓"，线上空 0.02 米左右，平割一片泥，"似揭币而起"，围在可以开启闭合的圆桶上。圆桶被四条竖向细棱等分，套合在一个圆柱上。柱固定在平圆盘上，盘底下设中轴，安在铁臼上，可以自由转动。上泥之前，在圆桶模具上套布套，再外围割切好的泥片，用手捏合缝，一边转动圆盘，一边用两个上刻竖条纹的木板拍，向内反复拍打泥胎加压，使围泥合缝消失成为一个无缝圆筒。接着向泥胎上洒水，快速转动圆盘，用手在泥胎面上反复抹光滑，并用长方形铁板块挨着表面磨擦平整，再根据需要瓦件大小，用一带钉的卡尺切除多余部分，需加盖纪年或工匠名字戳印的就用印模钤印，不需用的就直接提着圆桶手把把已成形的瓦坯从圆盘上取下，拿到室外去凉晒。等瓦坯在室外晒到能基本自己挺立的时候，将圆桶向里一合，从泥坯上取下再上泥继续制作。一个窑作坊的这种可开合的圆桶和上边的套布要预备多件，否则就不能连续工作。

　　圆桶和瓦坯分离之后，工匠要用窄薄的利刃沿着瓦坯里面的四条竖凹线上下切割，这样在收干瓦坯时用手轻轻拍打，就会分裂为四片。出土板瓦里面两边都有刀切痕，深 0.2～0.4 厘米，如标本 ⅠT15④:45、标本 ⅡLYT3④B:5、标本 ⅡLYT1④A:17。筒瓦的刀切痕深为 0.2～0.4 厘米，如标本 ⅨCT1④:31、标本 ⅠTZT12④:58、标本 ⅡLYT1④A:27、标本 ⅠⅡLYT3④A:21 和标本 ⅡLYT2④A:24。

值得指出的是，《中国古建筑技术史》认为：最晚到明代，制瓦桶模法有了新的改进，理由是：1．"明确地指出熟泥是叠成高长方条，用铁线弦弓平戛成一片，然后周包圆桶上作坯，这就不是《营造法式》的'以水塔泥拨圈'的办法了，也省略去'打搭收光'的环节，这无疑进一步加快了成坯的速度；2．明确地指出圆桶'外画条界'脱模时'自然裂为四片'。这种分解方法，大大减轻了'削瓦'的工作量，也进一步提高了制坯效率。"其实这是对中国古代制瓦工艺技术缺乏实际了解与研究和对文献记载中有些话的误解而作出的解释。如把"以水搭泥拨圈，打搭收光"这种制瓦工艺流程中必不可少的工序，说成是一种影响成坯速度的落后工艺，那么瓦坯结合处和质地就不会紧密无缝，表面也就不能做到光滑防渗水。再如果把圆桶上为了以后切割瓦坯方便而"外画四条界"，解释成在脱模时能"自然裂为四片"并提高制坯效率，就必须等到瓦坯彻底晒干后才能脱模，要不然裂为四片的瓦坯比圆桶形整体晾晒更加困难，而且容易变形。要等到瓦坯彻底晒干脱模，最少得三至四天。如果这样，一个窑作坊就必须预备大量的圆桶和套布，否则工作就有中辍之虞。从唐代板、筒瓦两侧边上保留0.5～0.6厘米未被切割的遗痕看，瓦坯在脱模时如不用外力，绝对不可能"自然裂为四片"。

通过对唐华清宫遗址出土板瓦和筒瓦的研究，结合宋代《营造法式》记载，可以看出圆桶模具法制瓦技术，到唐代已经有了一套完整的模式化的生产方式。唐以后各代至今的手工制瓦工艺，不过是唐代已臻完善的制瓦技术的沿用而已。

筒瓦制作大的原理和板瓦相同，工艺稍要繁复。制作筒瓦坯的同时，还需要制作瓦唇，模制瓦当坯和纹样，再将两者分别紧密地粘合在一起晒干烧制。

5．砖瓦的烧制技术

唐代砖瓦窑根据烧法不同，分为"素白窑"和"青棍窑"。"素白窑"烧制一般的青砖、瓦；"青棍窑"烧制青棍砖、瓦。关于这两种窑是如何烧制砖、瓦的，并没有明确详细的历史记载，考证颇难。但若把唐华清宫遗址出土烧制砖瓦的窑的结构、形制与现在关中、陕北、陕南地区民间的砖、瓦窑进行比较，会发现除后者容积大于前者外，其余都非常相似，由此推测古今在烧制砖瓦的程序、方法、时间等方面应十分雷同，从而可以复原出唐代烧制砖瓦的程序为：装窑、烧窑、饮窑和起窑。

装窑是由有经验的技师，将砖、瓦坯有规律地摆放在窑床上。这有一定的技术要求，要使每个砖与砖、瓦与瓦之间保留1～2厘米的空隙，上下层之间互相错缝，并留出专门通火道，以利于传导温度，保证每块砖瓦受热均匀，不因受热不匀而出现夹生现象。

烧窑顾名思义，就是给窑内的砖瓦加热。其技术性很强，由专门的技师掌握火候，是能否出成品砖瓦的关键。烧火的时间根据使用燃料的不同，有长短的区别，一般用麦草当燃料时，时间为6～7天，当然也不是绝对的。烧火期间要尽量做到火力均衡，不能忽大忽小，更不能中途熄火，否则有前功尽弃之忧。当窑内砖瓦加温到一定的时间，技师就要不断地从窑室观察窗观察窑内砖瓦颜色的变化，当砖瓦开始由红变白，根据经验，确知已经烧好之后，才能停止烧火。砖瓦质量的高低，取决于技师有经验的双眼来掌握砖瓦在窑内的发白程度，把握不好，不是生砖，就是"铁砖"，或是次砖。这种经验是技师在长期的烧窑实践中日积月累慢慢总结出来的，非一日之功。

饮窑就是停止烧火之后，从窑顶向窑室内不断地灌水，主要目的使水和砖瓦发生氧化反应，由红色变成青色，提高砖瓦质量，另一方面也有促使砖瓦尽快冷却下来，好使人从窑内把它搬出来运到施工现场。饮窑时间一般4～5天，以水从窑顶向下渗时窑内不发出响声为宜。饮窑也非常重要，若时间掌握不好，不是影响砖瓦的质量，就是浪费时间、劳力和财力。

起窑亦名卸窑，就是把窑内的砖瓦搬出堆放好，供用户随时拉用。

唐华清宫遗址出土的一般青砖、瓦是在"素白窑"，青棍砖、瓦是在"青棍窑"按照上述方法烧制而成的。"素白窑"与"青棍窑"在烧制燃料和砖瓦坯的制作上略有区别。《营造法式》卷十五记载："青棍窑烧芟草、次蒿草、松柏柴、羊屎、麻糁、浓油、盖罨，不令透烟。""青棍窑"的烧法，其实是一种还原气氛并有渗碳效果的烧法。具体工作程序是先烧芟草，使氧化焰让窑内的砖瓦坯快达到烧成温度，在即将烧成还未还原气氛时，用熏烟法进行渗碳。松柏等燃烧物在燃烧时所产生的浓烟内含碳甚多，当其被羊屎、麻糁、浓油压置时，因为空气不能将覆盖物立即完全燃烧，所以会产生大量浓烟。烟中的碳素最后沉积于砖瓦坯体表面，使成品变成黝黑色而有光泽。

青棍砖瓦烧制时所耗费燃料芟草比"素白窑"砖瓦多一倍。据《营造法式》记载每600块长一尺四寸的大型筒瓦，另外尚需"羊粪三筹，浓油一百二十斤，柏柴一百二十斤，木柴、麻糁四十斤"。加之青棍砖瓦坯面制作时要擦拭打磨，并加滑石粉"棍扪"，质地密实，孔隙又经过渗碳，防水性能更佳。青棍砖瓦制作工艺复杂，烧制成本又特别昂贵，是当时的高级建筑材料，在唐华清宫遗址内大量出土，从一个侧面反映出这座皇家离宫崇高的等级和无与伦比的地位。

6. 修建唐华清宫的砖瓦制作地

修建唐华清宫的砖瓦等陶质建筑材料数以千万计。这大量的砖瓦是就地生产，还是从外地加工好运到建筑工地，是值得研究的问题。

关于修建唐华清宫的砖瓦来源和产地，史作没有明确记载，无征兆可寻。1985年6月，位于今华清池东边的东花园在临潼县博物馆去中国人民解放军四十七军军部的公路南边修建抽水机房处理地基时，发现了三孔已被破坏的陶窑，里边出土有唐代绳纹条砖、方砖和板瓦等。1991年8月，在今小吃城已发掘的唐华清宫Ⅲ区遗址西北角，同时发现唐代烧制砖瓦的陶窑。1986年9月，在骊山上唐华清宫老君殿遗址之东发现唐代陶窑一座，出土有唐代条砖块，又在其东北方向发现已被破坏的二座唐代陶窑，出土有唐代条砖块和板瓦。1992 年 7 月，临潼县税务局招待所在基建工程中，发现唐代陶窑。1993 年 5 月，华清池在新浴池前修建过滤池时，发现已被破坏了的唐代陶窑遗存。1993 年 6 月，临潼县华清投资公司在今陕西省体委临潼游泳池后院修建骊山索道上下站时，发现两座陶窑底，出土了一些唐代残破砖瓦。

上述唐代陶窑的发现，证明唐代曾在骊山华清池周围地区大量烧制砖瓦，用于修建工程。史册记载和出土遗迹遗物表明，唐代在这些陶窑附近所开的唯一的大型工程就是扩建修缮骊山温泉行宫。这些陶窑烧制的砖瓦供给对象，自然是非其莫属。

在建设工地附近烧制所需建筑材料，一是能够就近取材，节省一部分劳役和异地制材的运输费用与沿途组织管理费用；二是减少运输途中建筑材料成品的损耗，降低工程总造价；三是能根据工程的实际需要，可以随时提供方便；四是便于集中管理，统筹兼顾，合理安排，防止不必要的浪费。由此不难看出，唐代建筑工程管理官衙将作监把建设工地和为其提供建筑材料的场所集中在同一地区，是行政管理进步的标志，对后代工程施工管理，产生了积极影响，具有一定的合理性、科学性，值得今人在某些工程施工中学习和借鉴。

7. 唐华清宫内所用青石材料的产地

唐华清宫内已发掘出土的星辰汤、莲花汤、海棠汤、太子汤、尚食汤、小汤全用青石砌成。不仅如此，各汤池室内地面、殿宇的明暗柱础、护坡墙和部分室外地面等，亦全用的是青石材料。据粗略统计，在已发掘地区的青石材料用量大约在数百立方米以上，偌大的一个华清宫所用青石多少就可想而知了。

关于这些石材的来龙去脉，未见史书记载。茫茫九州地，青石产何处？

按一般规律推理，建设工地取石应是就近采撷。唐华清宫采石，当以所在地的骊山岩石为先。然而骊山岩石的颜色和青石有明显区别，结构支离破碎，根本无法成材，加之骊山上至今也未发现开山取石场地，排除了其作为石材产地的可能性。其次，距唐华清宫较近的秦岭山脉虽出产整块石材，但石色、石质结构，不用任何现代仪器，即能判定其和华清宫出土石材有别。

为了彻底了解华清宫内石材产地，我们将在星辰汤、海棠汤汤池出土的具有代表性的两块标本（编号：HXC1、HHT2）送交陕西省地矿局综合研究队进行鉴定。鉴定结果：HXC1 系薄层灰岩，颗粒细，结构致密，含 CaO 在 50% 以上，颜色主要为有机炭，形成于上奥陶世（距今约 5 亿年）。将史料和标本对比分析，与陕西省蒲城窑山、富平县老庙一带的石材类似。HHT2 重结晶作用强，内含同生角砾，形成于中、早奥陶世，岩性类似于蒲城罕井一带石材。由此可以得出结论：唐华清宫内所用石材的产地，应在今陕西省蒲城、富平一带北山。

8. 石刻雕镌技术

唐华清宫遗址出土的石雕虽然种类不多，有的甚至破碎不堪，但通过综合研究分析，能对唐代石刻、雕镌程序和技术等取得窥一斑而知全豹之效。

采石是所有石雕的第一道工作程序。采不到石料，一切就无从谈起。但关于唐代和唐以前如何采石料，史籍没有详细记载。唐华清宫遗址出土的有些石料边上保留铲形凹坑，一般长 5、宽 2～3、深 4～5 厘米，有的石材四边上保留铲形凹坑多个，间距 30～40 厘米不等。无独有偶，1988 年，在富平县薛镇乡殿下村北山进行文物普查时，发现了"小秦王磨民处"遗址。此遗址依山开凿，气势恢弘，壁面如削，有些地方也保留铲形凹坑。富平县是唐代陵墓、宫殿用石的主要采料场。现在当地老百姓开山采石料是先揭掉石材上覆土，主要采用两种方法：一是找石块自然形成的缝隙，把钢钎打进去，然后依据杠杆原理，同时起撬；二是对于整块大石料，根据用料的厚薄，在石块一个水平面上用钢凿或钢钎剔出铲形窝若干，一边用钢钎向深里继续打进，一边用撬杠向上撬。石材虽然坚硬如钢，但经过剧烈敲砸震动，形成易断裂、韧性差的特点，比较容易按照石匠所希望得到的形状被揭取下来。这种采石方式，客观地说，不是现在富平石匠的发明，而是对先辈生产方法的继承。结合遗址内石材上保留的采石凹坑推测，唐代的采石技术与现代手工采石方法应是大同小异，所不同的是后者是在前者的基础上发展而来的。

一种劳动生产方法的产生，是生产者在长期的劳动实践中，一点一滴总结出来的，而非一朝一夕之功，一旦在实践中行之有效，就会被继承发展下去，直至新的、更有效的生产方法诞生，人们才接受采用新方法。在生产技术落后的古代，采石这种主要靠手工生产的劳动更是如此。唐华清宫遗址出土石材上的采石遗痕和富平及其它地区手工采石至今所采用的采石方法，从时代和地区上看，说他们之间有联系，似乎有些牵强。但分析他们的生产技能，便会发现相互之间有着非常密切的联系。正是这种联系，使我们能够比较真实地了解唐代的采石技术，想见劳动人民当年采石之艰辛，并给这种创造成果予以公正的评价，使以记载中国古代政治争斗为主线的史书里，将增添唐代采石技术一笔。

中国古代的开山采石，由来已久，虽肇始之期难考，但有一点却可以深信不疑，那就是唐代采石技术也是在总结前人经验的基础上日趋完善而垂范后世的。

开采到的石材在雕镌图案之前，必须进行粗加工，按宋代《营造法式》石作制度记载共有六道工序："一曰打剥（用錾揭剥高处）；二曰粗搏（稀布錾凿，令深浅齐匀）；三曰细漉（密布錾凿，渐令就平）；四曰褊棱（用褊錾镌棱角，令四边周正）；五曰斫砟（用斧刀斫砟，令面平正）；六曰磨砻（用沙石水磨，去其斫文）。"时至今日，陕西富平、蒲城一带石工加工青石的工序也没有脱离上述文献记载的窠臼。唐华清宫遗址出土的石墙表面和接茬处，有些废弃的石材上，以及五龙注水器和栏座的局部，都不同程度地保留着唐代石匠打剥、粗搏、细漉、褊棱、斫砟和磨砻的做工痕迹。这说明宋代《营造法式》记载的石材加工六道工序，在唐代或唐代以前就已经形成，到宋代总结成文。

考古资料证明，中国古代建筑上使用石雕构件的历史已可上溯到殷代。殷商之后，建筑上石雕装饰有了较大发展。佛教艺术传入中国之后，给传统的圆雕、线刻、隐刻、减地平钑雕法注入了新的活力，产生了很大的影响。到唐代，石雕技法达到了新的、更高的水平。宋代《营造法式》总结其雕镌制度有四等："一曰剔地突；二曰厌地隐起华；三曰减地平钑；四曰素平（如素平及减地平钑并斫砟三遍，然后磨砻厌地，隐起两遍，剔地起突一遍，并随所用描华文）。如减地平钑磨砻毕，先用墨蜡后描华文钑造。若厌地隐起及剔地起突造毕，并用翎羽刷细砂刷之，令华文之内石色青润。"

唐华清宫遗址出土的石暗础、汤池构件和石墙等，就是采用素平雕镌技法。五龙注水器（标本采：02）则是圆雕球体，突雕五个龙头，隐刻云纹，线刻一些细部。人物造像（标本ⅡLYT1④A：154、标本ⅡLYT1④A：155）和石栏座（标本采：04）用隐刻和突雕相结合的技法，突雕人物造像，再线刻花草纹样装饰边框。莲花纹柱石（标本ⅠLHT10④：55）由于采用了软刻凸面的手法，使花瓣圆鼓，更加形象真实。盒（标本ⅢT1④A：52）和盒盖（标本ⅢT1④A：66）上的花卉将剔地突、厌地隐起华、减地平钑、素平四种雕镌技术相互结合的手法达到了尽善尽美的高度，使人赏心悦目，回味无穷。

唐华清宫遗址出土的石雕虽不能说是代表当时的最高水平，但由于为皇宫御用，无疑也出自能工巧匠之手，而非等闲之辈所作，能从不同的侧面比较真实地反映出唐代雕镌工艺技术水平。从这些遗物可以看出以下几点：唐代石匠在一件石雕上根据造型需要，或线刻和剔地起突，或厌地隐起和"减地平钑"相结合，或一种技法单独使用，都达到了非常娴熟的程度；石雕造型逼真，比例适中，刀法洗练，立体感强，有强烈的装饰效果；线刻和隐刻及突雕相结合使用的雕刻技法，是这一时期比较盛行的雕镌做法；石雕风格已摈弃了简单古拙、加工较少的做法；雕像圆润丰颐，纹样复杂而不繁缛，棱角鲜明而不生硬，线条流畅，式样多变；题材主体雕饰者多为人像，同时陪衬锦文花卉。

（五）遗物纹样与工艺造诣

唐华清宫遗址出土遗物中，日常生活用具少，而以建筑材料为多。这是由于行宫的特殊性质所决定的。

生活用具主要是瓮、盆、罐、碗，造型多为圆形器，素面，一些有纹样的，图案也比较简单，有粗绳纹、方格纹、"S"形纹、水波纹、圆圈纹等。

建筑材料上的纹样题材比较多样。

花卉题材的纹样以变形莲花纹为主，装饰在方砖、瓦当和柱础上。根据花瓣和花蕊的多少，可分为六瓣单蕊莲花纹、八瓣单蕊莲花纹、八瓣九蕊莲花纹、八瓣十一蕊莲花纹、十四瓣九蕊莲花纹和十六瓣七蕊莲花纹等；其次是忍冬纹、蔓草纹、几何纹和莲花纹组成的图案；另外还有雕镂在石盒、盖上的团花、折枝花、卷草纹、仙果和人物等。

动物题材的纹样有龙纹、兽面纹、带翼的怪兽和昆虫纹等。

人物装饰题材为造型生动的乐伎、坐像、力士等形象。

绳纹有粗、细之分，装饰在条砖上。绳纹之间点缀条格、"×"形纹，则主要装饰在方砖背面。

几何纹样有方格纹、菱形纹和十字纹等，多用在方砖和条砖上。

手印纹分左、右手印和双手印纹三种，多出现在条砖上。

镶嵌、错金技术主要应用于铜器上，纹样为蔓草纹。

综合建筑材料上的各种纹样图案，给人的印象是花卉在其中占有主导地位。这些花卉图样有的花中藏花，草内有花，纹样繁杂；有的花鸟共存，飞蝶翩翩起舞；有的数花共存，构图新颖；有的花内含珠，珠带环花，结构复杂，反映了工匠们把花卉与现实生活中人们的思想意识、宗教信仰融为一体的精巧构思和较高的工艺水平。

从鸱尾、套兽、兽面砖、瓦当、方砖和石刻的纹样造型看，工匠们采用现实主义和艺术夸张相结合的手法，大胆设计，锐意求新，使图案造型生动传神，跃然欲出。怪兽凶相毕露，狰狞可怕；人物刻画细腻，比例准确，线条流畅，栩栩如生。把唐代工匠熟练的雕塑、贴塑、圆雕、浮雕、绘画、线刻、刀工技巧表现得淋漓尽致，充分反映了唐代在装饰艺术上勇于探索、大胆创造和高超的水平。

为了追求更佳的装饰美，唐代工匠不仅对每件石刻精雕细镂，而且根据需要进行彩绘，大多数表面还贴金，说明当年的华清宫是多么的金碧辉煌，雍容华贵啊！骊宫如此华丽，京城皇宫又该是怎样的高大雄伟，规模恢弘，富丽堂皇。

（六）莲花纹图案独领风骚

唐华清宫遗址出土的瓦当、方砖、柱础上模印或雕刻的莲花图案，是殿宇装饰的主要题材。以此为主题，显然不是工匠的即兴创作，而是秉承最高统治者或者朝廷官员的旨意所为。大自然中牡丹、玫瑰、梅花等名花甚多，为什么唐代却在殿宇装饰图案上对莲花情有独钟呢？

莲花图案不是唐代的产物，将其应用在殿宇建筑装饰上的也不是始于唐代。目前已发现北魏年间的莲花柱础和石造像的莲花座。北齐年间修建的殿宇上发现使用莲花纹瓦当。隋代在建筑物上装饰莲花图案就更普遍了。由此可见，唐代在殿宇上装饰莲花和取代隋政权后重新建立新体制时似有相同之处，能照搬的尽可能照搬留用，而不是在百废待兴的紧张时刻去专门研究殿宇装饰图案这个微不足道的问题。更何况艺术创作有一个过程，一种具有代表性、象征性、权威性和特殊含义的装饰图案，也不是一朝一夕就能立即产生的。恢复战后创伤，修宫建殿都是刻不容缓的事，要等新的装饰图案设计好再大兴土木施工，显然不符合当时实际，所以只有沿用原隋代建筑物装饰图案才是解决燃眉之急的良方。莲花图案就是在当时特定的历史条件下，被唐代借鉴、继承而给予了新的生命力。

说到莲花，传统的观念会使人们不由自主地想到，其旺盛的生命能源是来自于佛教的母体。要知道，莲花图案最初的产生来自于莲花造型在人们现实生活中的反映，而不是佛教。莲花纹样在隋代的流行发展，与佛教的盛行、充斥社会的各个角落有着密切的关系。但唐代宗教领域却不像隋代，不是佛教独步天下，有时是佛道共存，有时崇道灭佛，有时扬佛抑道，经常是彼消此长，互有沉浮。且崇尚莲花，不唯是佛教的专利，道教常自谓在佛教之前，双方互道长短，极尽诽谤挞伐，莫衷一是，故全说是佛教的魅力所致，则谬误大矣！

用莲花图案装饰殿宇，一方面反映了唐代人的审美观念、意识形态及崇尚对象；另一方面反映了人们希冀改造自然、征服神鬼的强烈愿望。木结构的宫殿建筑极易引起自然或人为的火灾而毁坏。受科学知识的限制，人们往往把这种火灾的出现，错误地认为是超自然的神鬼在作祟。

要防止火灾出现，就只有找到能克火的水来预防。莲花生长在水中和海兽一样，被认为是水的象征，具有防火、避火的能力，按五行学说的观点是制伏火妖的法宝。宋代《营造法式》记载："风俗通义：殿堂像东井形，刻作荷凌，凌水物也，所以厌火。沈约宋书：殿屋之为圆泉方井，兼荷华者，以厌火祥。"另外，莲花美艳异常，造型特殊，平面为圆形，作为圆形瓦当的装饰图案有其它纹样难以替代的优越性。还有，佛、道两教被人们认为法力无边，能使神驱鬼，而莲花又为两教所推崇，自然具有相应的法力或者说潜在的法力。这可能就是其作为殿宇装饰图案长期不被取代并根植大唐国沃土竟相开放、姹紫嫣红的主要原因。

三、华清宫出土木建筑构件保存至今的原因和环境分析

陕西关中地区曾是中国历史上十四个王朝建都之地，都城巍峨高耸，官衙辉煌蔽云，离宫别苑相望，楼台亭阁星罗棋布。这些擢发难数的建筑物，使用了不可胜计的木建筑构件。然而唐以前地面上的木构件能保存至今者，寥若晨星，埋藏在地下的，除凤翔秦公大墓出土"黄肠题凑"椁木、咸阳沙河古桥木桥墩外，别的地方还尚未发现。

这次在唐华清宫遗址唐文化层和秦汉文化层中，分别出土不同时代、保存较好的木建筑构件数十件，其原因何在？

出土木构件的唐文化层距地表约 1.6 米，土质呈黄色，厚 0.9～1.35。地温 22℃（四月份）。温泉流水距地表约 1.2 米。木构件出土在星辰汤池南壁之外，上表面和池底平，东半部分出土前上边为民国时期石砌汤池，底部和两边包裹在黑褐色细泥之中，上

表面浸泡在积水中。木构件包裹在黑褐色泥土部分完好无损，色泽光亮，浸泡在水中部分有一定程度的糟朽；西半部分底部和两边包裹在湿润的黄色泥土之中，上部覆盖疏松的建筑物倒塌堆积，木质糟朽极为严重，面目皆非。

出土木构件的秦汉文化层，距地表约 3 米，厚约 3 米，土质黑褐色，地温 33.5℃（四月份），越往地下，温度越高。其上是星辰汤池底下边经过夯打，厚约 0.4～1.35 米的防渗土层。温泉水温 43℃，流水面稍低于文化层地面。我们曾做过试验，若堵塞排水管道，流水将上溢于现地面。出土在较疏松的瓦砾堆积，或无黑褐色土包裹的木建筑构件，有不同程度糟朽，相反被黑褐色土严密包裹的则色泽如新，看不出有什么损伤。同一根木椽，伸进唐文化层黄色土中的部分糟朽无遗，保留在秦汉、唐代文化层黑褐色土中的部分则完好无损。说明不同的土质，对木构件有着不同的保护或破坏作用。

经过陕西省微生物研究所对唐代和秦汉文化层土壤采样，按常规的土壤分析方法检测，其各自性能如后：唐文化层（黄色土）温度 22℃，含水量 20.7%、有机质 1.26%、含氮 0.079%、可溶性盐 0.063%、PH8.02、比重 2.667g/cm^3、溶重 1.49g/cm^3、孔隙度 44%、通气性中等、颗粒质地是粘壤土、氧还电位 499；秦汉文化层（黑褐色土），温度 33.5℃、含水量 23.7%、有机质 1.43%、含氮 0.092%、可溶性盐 0.101%、PH8.15、比重 2.668g/cm^3、溶重 1.67g/cm^3、孔隙度 37%、通气性差、颗粒质地是粘土、氧还电位 194。

在自然界中能侵蚀破坏木材的微生物种类很多，而在土壤中能侵蚀木材的微生物主要是一些好氧菌，其中以喜中温的丝状真菌对木建筑构件的破坏能力最强。通过陕西省微生物研究所对唐代和秦汉文化层土壤中微生物进行检测，发现唐代文化层（黄色土）霉菌的含量为 2.6×10^2 个/g、细菌的含量 7.95×10^3 个/g、厌氧菌的含量 1.2×10^3 个/g；秦汉文化层（黑褐色土）霉菌的含量几乎没有、细菌的含量 83.8 个/g、厌氧菌的含量 4.9×10 个/g。对比两文化层诸种要素的测量数据，差别比较大的是表现在温度、可溶性盐、PH、通气性、氧还电位和霉菌、细菌、厌氧菌的含量多少上。由此不难看出，上述要素的差别大小，正是决定木建筑构件保存与糟朽破坏的主要原因。

测定结果表明，唐文化层黄色土通气性呈中等，而秦汉文化层黑褐色土则甚差。这种现象的形成，与遗址内长期存在温泉水淤积和土壤经长久淋渗的作用有关。

按地层叠压关系推理，秦汉汤池建筑坍塌之后，这里很快就被自溢泊积的温泉水所淹没，倒塌墟土与水埏成污，将木建筑构件掩埋其中。此后东汉至隋代，虽在其上多次修葺殿宇汤池，然却是屡建屡隳，直至唐代在此修建星辰汤时，特意在以前文化堆积上夯垫了一层厚约 0.9～1.35 米的纯土，其上砌池，将秦汉文化层局部封闭。唐代以后星辰汤池东半部一直沿用到民国，形成了一个小范围的封闭环境。西半部倒塌堆积之上再无其它覆盖物，也没有被泉水封闭，雨水的溶淋和地下泉水的渗淋作用，将土层中微小颗粒和泉水中可溶性矿物质下渗，使唐文化层土壤孔隙相对增加，通气性能自然提高。

由于层析作用，唐文化层渗淋下来的微小颗粒滞留于秦汉文化层，填补该土层的原有孔隙，增加了进一步下渗的阻力，使后来的小颗粒和可溶性盐类更易被捕获于此，造成土层孔隙逐渐缩小和减少，直至与外界的空气交换几乎接近停止。

空气不能通过的土层孔隙，水却能通过浸润扩散作用而进入。由于土层毛细孔变细，排水速度减缓，从而增加了持水性。水的占据，进一步排斥了空气在上层中的位置，待原有氧气被微生物消耗殆尽后，就形成了一个良好的绝氧环境。

木材的糟朽方式主要有两种：一是氧化，二是微生物的作用。木材的氧化，类似于木材的燃烧。木材在高温燃烧中，与空气中的氧气发生剧烈反应，氧化非常彻底，其中的碳水化合物 CO_2，被释放到空气中。其实在无燃烧这个剧烈的过程，自然界中只要有氧的存在，木材的氧化过程就不可避免地在进行着，只是要比燃烧缓慢得多，缓慢得人肉眼不易察觉到它的存在。这就是人们通常所说的"风化"。遗址出土木建筑构件能保存至今，说明黑褐色土的确是一个绝氧环境，有效地防止了"风化"过程的进行。

不论是微生物还是腐生型微生物，它们都有一个共同的特点，就是生长繁衍除需要氧气、一定的温度湿度外，还需要可以分解利用的营养物质及其它生存条件。黑褐色土壤的缺氧环境，是造成腐生型微生物在其中不能正常生长的主要原因之一。在考古发掘现场测量到唐代和秦汉文化层地温分别是 22℃ 与 33.5℃。这两个温度的测点上下间距仅 2 米，就有 11℃ 多的温差，说明此地域的地温温差比较大。地温变化大的主要原因，是由于温泉水传导地热引起的，越接近温泉出水地区，地温越高。考古发掘使这里原地貌发生了变化，木建筑构件埋藏地形成了一个平面约 5400 多平方米、深 2.6~4 米的大空间，加之遗址的覆土已全部揭取，无法保持原地温，使地表积水易于下渗，自然导致地温降低。在古代温泉水未被大量开采时，地下水位比现在的高，自流量大，通过水的传导，热系数不断加大，又有上覆 4 米厚的土保温，推测秦汉时代这里的地温可以达到43℃以上。这对喜中温、最适合在 25℃~35℃ 生长繁殖的腐生型真菌是极大的限制。

一般厌氧菌不能对木材造成腐蚀性危害。会对木材中心的化学物质和化学键能造成间接损害的，是来自于某些厌氧性微生物在其新陈代谢中产生的酸性物质。黑褐色土壤中 PH 值略高，能中和酸性物质，对木材有一定的保护作用。

土壤中氧还电位的高低，对微生物的生长繁衍有促进或抑制作用。秦汉文化层黑褐色土中的氧还电位仅为 194，比黄色土低 305。这也是木建筑构件能保护二千多年而未被破坏的一个十分重要的原因。

综上所述，唐、秦汉时期木建筑构件能够比较完整地保存至今，主要是由于骊山温泉水对建筑物倾圮的墟土能产生溶解层析作用，使得黑褐色土的粘性、密度和持水性增强，形成了一个相对密封缺氧、PH 略高、氧还电位降低的特有的土壤环境。此环境既不利于古木构件的自然氧化过程的进行，同时也不利于能分解木材或间接对木材造成损害的微生物类群的生存，从而极大地限制了环境因素对古代木建筑构件的破坏，使古木构件能瘗地千年而安然无恙。

四、华清宫内建筑材料用青石而不用汉白玉的奥秘

人们习惯认为汉白玉作为建筑材料比青石高雅尊贵。但唐华清宫皇帝御用汤池却用青石修砌，令人颇感意外，百思不得其解，通过用现代科技手段分析，才恍然大悟。地质部门的有关专家研究认为，青石的主要成份是碳酸钙，属于石灰岩，质地结构紧密，颗粒结晶较小，硬度高，耐酸雨，不易被腐蚀；汉白玉的主要成份为碳酸镁，质地较粗，结晶颗粒粗，同弱酸、硫酸、盐起反应，易于腐蚀，不耐风化。

西北大学文博学院实验室对遗址出土的青石和汉白玉的密度进行测定，分别为 $2.55g/cm^3$、$2.92g/cm^3$。青石在常温纯水（PH＝7）和强酸性（PH＝1）中的溶解度为 0.2% 和 1.83%，汉白玉为 1.54% 和 2.84%。说明在强酸性溶液中青石和汉白玉的溶解度都有不同程度的提高。再用以缓冲方式配制的 PH 值溶液测定青石和汉白玉的溶解度。当 PH 值为 3、5、6、9、10 时，青石和汉白玉的溶解度分别是 0.24、0.03、0.03、0.0007、0.0007 和 0.35、0.35、0.12、0.0006、0.0007。

青石和汉白玉的耐酸碱性以其在不同酸碱度（PH）的溶液中的溶解度来衡量，溶解度数值愈低，其耐酸碱性愈强。上述中不同 PH 条件下的溶解度表明，青石和汉白玉的耐碱性均比其耐酸性强，因为其在碱中的溶解度分别是其在酸中溶解度的 1/320 和 1/583。对于温泉水而言（PH＝6.5），汉白玉在其中的溶解度比青石更大一些。也就是说，汉白玉耐温泉水的侵蚀要比青石差。

汉白玉表面清洁光亮可鉴，质地细腻光润，虽然硬度、耐腐蚀性不如青石。但从外观感觉和审美角度说，青石则稍逊于汉白玉，在用于沐浴去垢洁身的汤池上更是如此。唐华清宫内建筑物，特别是汤池选材取石，用青石而不用汉白玉，显然不是国力、财力不胜的原因。联系唐代佛、道石刻造像用汉白玉，帝王陵墓的翁仲、獬豸、石狮、马、羊、华表等石刻和唐长安城内宫殿建筑都用青石而不用汉白玉分析，唐代人们虽然不可能用现代科学方法测定出汉白玉和青石的化学、物理性能的差别，但他们已从长期的生活实践中或多或少的发现了两种石材在不同的外界环境条件下的优劣，根据不同的用途和环境条件选用不同的石材，室内造像多用汉白玉，而室外用石则多取青石。

华清宫内汤池用青石而不用汉白玉，说明唐代人已经知道汉白玉易被温泉水侵蚀、发生变色和表面粗糙不平的缺点。另外富平、蒲城一带山地盛产青石，取材方便，可以节省经费开支也是一个不可排除的原因。这在客观上也减轻了劳动人民的徭役负担。至于青石中的石灰岩被温泉水分解之后溶于水中，对人的皮肤有一定的润滑作用，是不是唐代人选用青石的原因，恕不妄断。

第九节　从唐华清宫汤池看中外沐浴文化的差别

爱美之心，人皆有之，古今中外亦然。自从有了人，沐浴就和人结下了不解之缘。中外各国进入文明社会的时间虽然早晚有别，但沐浴是世界各国人们日常生活的重要组成部分，人类的沐浴史早于文明史则是完全相同的。

就世界范围而言，截止目前发现公元前的浴室屈指可数。最早的是距今约六千多年前新石器时代仰韶文化时期的骊山温泉，那里保留姜寨先民沐浴的遗迹。其次是在印度的摩亨约·达罗城市（Mohenjadaro，公元前 3000 年～前 2000 年）遗址内发现长 11.3、宽 7、深 2.4 米的公共浴池。城内比较大的住宅都有盥洗室。克里特岛上的克诺索斯·米诺斯王宫（Palace of Minnos，Knossos，公元前 1600～前 1500 年）中央是一东西27.4、南北 51.8 米的长方形院子，东南是国王起居室、王后寝室、卧室、浴室、库房等。埃及公元前 15 世纪阿克塔顿城（Akhetaton）的富人住宅，中央是主人居室，东部与南部是家奴住房和谷仓、浴厕等。至于这一时期国外沐浴有无具体规定和深刻的文化内涵，受资料限制，不甚清楚。

中国古代将沐浴和祭祀天地、理政、用兵、祭祖、新婚、丧葬等相结合，并上升为一种文化，乃滥觞于商周，发展于春秋战国，嗣后秦汉各代相继沿用。

中西方的沐浴设施以罗马的公共浴室和这次发现的唐华清宫出土汤池最具有代表性。罗马和中国是世界上两个伟大的国家，为古代文化做出了杰出的贡献。无独有偶，今天这两个国家都发现古代沐浴的浴池。研究两国发现的沐浴设施，对于了解中西沐浴文化可以收到一叶知秋之效。

西方人沐浴的习惯源于东方。从公元前 1 世纪开始，沐浴就成为罗马上流社会日常生活中不可缺少的享受。到 4 世纪，罗马市内共有庞贝斯塔比亚街、艾尔可拉诺、喀拉凯拉、戴克利提乌姆等大大小小四百多座浴场。其中以喀拉凯拉、戴克利提乌姆浴场最为著名、最具有代表性。喀拉凯拉浴场（Thermae of Caracalla，211～217 年）总面积为575×363 米，中央是可供 1600 人同时沐浴的主体建筑，周围是花园，最外一圈设置商店、运动场、音乐厅和演讲厅等。主体建筑为一 228×115.53 米的对称建筑物，内设冷、温、热水浴三个部分。每个浴室周围都有更衣室等辅助性用房。热水浴是一个直径35 米、厅高 49 米、有穹隆顶的圆形大厅，当中是浴池。戴克利提乌姆浴场（Thermae of Diocletium，305～306 年）不仅是罗马历史上规模最大的一座公共浴场，同时也是最美丽的一座，面积达十三公顷，可容纳三千人。

罗马帝国时期，几乎每个皇帝都建造公共浴场以笼络那些无所事事的奴隶主和游氓，收买人心。市民花费少许金钱，就可在三个浴室之间进进出出，不管熟悉与否，或窃窃私语，或兴高采烈的高谈阔论。浴场内设蒸汽浴，备有按摩师和涂橄榄油的奴隶、拔毛或擦香水的专人等等来替顾客服务。罗马人在公共浴场中消磨大半天时间，实在是一件不值得大惊小怪的事。他们沐浴之后，既可以到外面观赏绿意盎然的庭院景致，或者是到设在另一栋的体育场中心去做消耗体力的各项活动，倘若有求知的欲望，也有图书馆可供随时光顾。罗马浴场不但有男浴室，也有女浴室，有的浴室晚上还开放。

将罗马时代的沐浴概括起来，有以下几点：

一、公共浴场为社会公益事业，是执政者德政的体现。立意明确，实用性很强，是根据城市人口集中密集的特点和人们日常生活的实际需求设计的产物。开了现代大都市设立娱乐、沐浴的先河。

二、建筑规模宏大，富丽堂皇，内部冷、温、热浴设施齐全，融沐浴、运动、求知和商业活动于一体，是人们消闲的娱乐中心。

三、公共浴场没有贵贱等级之分，人人平等，自由出入，各取其乐，带有广范的民主生活的特色，保留着原始社会民主制度的遗风。

四、公共浴场不仅是沐浴之所，而且是社交中心，人们披着浴衣进行各种交易，或谈经商发财，或拉帮结派，阴谋倒阁，欲求一逞……。

五、沐浴设施比较广泛，不但有公共浴场，而且有些富裕之家也有浴室。

六、浴池造型简单，以实用为目的。

中国古代沐浴文化与罗马不同，有自身的特点：

一、除皇宫有专用浴室之外，城市里没有公共浴场，人们日常的沐浴只能一家一户自己解决，用盆、缸、瓮等简单的设施和工具来完成。为了维护封建专制制度，防止黎民百姓聚集结社推翻现政权，采用分而治之的统治秘诀，是中国古代城市不能有公共浴室的主要原因。在某种程度上讲，这也是中国封建制度能延续千年之久的原因之一。

二、在中国古代，沐浴不单纯是为了洁身净发，而且用抽象的思维方式和逻辑赋予很多人们主观臆造的功能，把它上升到礼制的高度，大到影响政治、经济、军事等安邦定国和国计民生，小到涉及家庭个人平安。

三、中国礼制一脉相传，辐射各个领域，浴池也不例外，将等级观念、皇权至上、皇帝独尊、天文、地理、五行、佛和道教等思想理论融化于一池，纳入礼制制度的范畴。

四、男尊女卑，男女有别的规定是中国古代封建社会的特殊产物，反映在沐浴文化上是男女共寝不同浴，莲花汤、海棠汤的共存为此提供了物证。

五、为沐浴规定出具体的时间、坐的方向、使用的器具等，要动辄依礼。

第一〇节 唐华清宫考古发掘的重要意义

在未对唐华清宫遗址进行正式考古发掘和勘探前，史家根据《史记·周本纪》"周幽王宠褒姒，废申后，逐太子。申后父申侯联合西夷、犬戎攻幽王于骊山温泉行宫，幽王举烽火征兵，兵莫至。遂杀幽王丽山下，虏褒姒，尽取周赂而去"的记载，认为骊山温泉人类活动的历史最早上溯到周代。嗣后，秦、汉、北周、隋、唐王朝王相继在此修建离宫别苑，以备皇帝不时游幸。

通过这次考古发掘出土新石器时代仰韶文化大量的红陶片和一些石器及姜寨先民垒砌的温泉水源设施证明，目前最早繁衍生息活动在这里的是距今六千多年前的姜寨先民，将骊山温泉也就是华清宫的人类活动的历史提前了三千多年。其历史之悠久，文化内容之丰富，为史家始料所未及。

仰韶文化时期的彩陶片、灰坑不仅在华清池内唐代建筑遗迹之下发现，而且在今临潼县城内和县城周围地区也有发现，证明姜寨遗址的分布范围东迄寺沟，南至骊山温泉，西到原临潼县体育场，北洎姜寨村，范围和面积之大为国内所仅见，内涵之丰富自然不言而喻了。这对重新认识姜寨遗址的重要性，特别是研究从新石器时代至商、周时期古人类活动的历史将提出新的线索。

华清宫遗址出土的遗物有西周、春秋、战国、秦、汉、北魏、北周、隋、唐、宋、元、明、清各代建筑材料和被毁坏残存的建筑遗迹以及北魏、宋、元、明、清的碑刻诗石，证明从姜寨先民开始，中华民族历史上几乎每一个王朝，不管是官方还是民间，都曾在此鸠工庀材，或大兴土木，砌池建殿，或修旧补新，发展人文景观，吸引着四方官宦、平民来此游山玩水，利用温泉沐浴疗疾，为骊山温泉的历史谱写了新的篇章。六千多年的人类活动历史遗存同时集于一地，这在目前发掘出土的唐代遗址或其它遗址中，可谓凤毛麟角。

目前国内隋唐考古以陕西唐代京都长安，河南东都洛阳为中心，取得了丰硕的成果。但是对隋唐帝王离宫别苑的调查、勘探、发掘和研究，除麟游九成宫之外，所做工作甚少，所以对帝王离宫的总体设计、内部布局、建筑形制也自然知之不多。唐华清宫遗址的发现和发掘，无疑是填补了隋唐考古发掘的空白，尤显珍贵。

唐华清宫从唐太宗"面山开宇，从旧裁基"修葺扩建开始，往后的帝王相继崇饰。唐玄宗李隆基掌朝之后，以国都长安城和大明宫形制、内部布局为蓝本，根据骊山地形结合原有宫殿兴师动众，花费无数金银，扩建华清宫。其规模之大，建筑之豪华，蕴藏中国传统文化、礼制、天文精粹之丰富，地位之重要，使唐代所有离宫无出其右。这对于研究唐长安城、大明宫和其它唐代城市、离宫的形制、结构、宫殿名称、用途和内部布局将大有裨益。

宋程大昌《雍录·温泉说》记载："温泉在骊山,与帝都密迩,自秦汉、隋唐,人主皆尝游幸,惟元宗特侈,盖即山建宫,百司庶府皆行,各有寓止。自十月往,至岁尽乃还。"玄宗皇帝在位 45 年,据现存残缺的史籍统计游幸华清宫达 41 次。每次游幸百司随侍,就地处理朝政,诏令全国,接受朝贺、献俘,进行外交活动,政治地位仅次于国都长安。"千官扈从骊山北,万国来朝渭水东",就是华清宫在盛唐对外文化交流的真实写照。今华清宫遗址的发现,对于研究唐代,特别是开元、天宝年间政治、经济、文化、宫廷争斗、后宫秘史及对外文化交流史,将增添新的实物资料。

利用宗教信仰控制黎民百姓思想、巩固王朝江山是统治者惯用的伎俩。唐玄宗也不例外。他继位之初,就有目的、有计划地纠正武则天时期为兴周代唐而崇佛排道在政治思想领域里造成的混乱。为了正本清源,拨乱反正,抑佛扬道,唐玄宗以夜梦玄元皇帝为契机,在骊山修建朝元阁、老君殿,安置夜梦得到的玄元皇帝玉石像,下令东、西两京及各地修建玄元皇帝宫,颁布《御注老子》并《义疏》于天下,在全国范围内开展了一场轰轰烈烈的思想意识形态领域里的政治大革命,使李唐王朝的始祖,道教的创始人老子的地位至高至大,天下独尊。而这场革命运动的策源地华清宫的出土,对于研究唐代社会的宗教信仰、思想意识、道教发展史和唐代社会佛道两教关系,彼此消长的原因,社会地位,对政治的影响,无疑是至关重要的。

唐代建筑在独树一帜的中国古代建筑发展史上,承前启后,继往开来,占有十分重要的地位。沧桑巨变,改朝换代的烽火将唐代建筑物焚毁殆尽。现存于地面的山西五台山佛光寺、南禅寺两座大殿,使我们对这一时期建筑物只能略知皮毛,但对于更多的建筑,特别是对集那个时代建筑之大成的皇室宫殿情况则几乎一无所知。唐华清宫遗址出土比较完整的殿基和大量的建筑材料,提供了唐代宫殿建筑殿基的大小、形制结构、具体做法、开间的实际尺寸,隔墙的厚度和做法,还提供了柱础、立柱的直径,砖、瓦、鸱吻的式样和实际数据,仿佛勾勒出了唐代建筑的倩影,为进一步认识、研究唐代建筑物增添了新的、更加翔实的内容。

我国幅原广阔,山脉纵横交错,温泉出露甚多,地热资源极为丰富。《古今图书集成·温泉部杂录》记载:骊山温泉在天下温泉中雄居榜首。"骊山而下曰汝水,曰尉氏、曰匡庐、曰凤翔之骆谷、曰榆州之陈氏山居、曰惠州之佛迹岩、曰闽中之剑浦、曰新安之黄山、曰关中之眉县、曰蓟州之遵化、曰和州之香陵"等等。这些温泉被古代人奉为"神水",用以沐浴,治疗皮肤、风湿疾病,希冀延年益寿。研究骊山华清宫内温泉的成因、分布规律、自溢条件、所含分子成份和温泉在古代医学史上的地位,以及古代利用地热资源史等都具有非常重要的学术价值。

沐浴是人类各民族日常生活中不可缺少的一部分。社会越进步,物质文化生活条件越优越，文明程度越高的民族更是如此。早在公元前二千多年以前，沐浴就已成为中国古代人日常生活的内容之一。这不仅见于文献记载，更有铜匜、铜洗、虢季子白盘、智君子鉴、攻吴王夫差鉴、战斗纹鉴、上林铜鉴等丰富的沐浴实物资料为证。中国古代的沐浴，并不是单纯地为了洗污去垢、洁肤、疗疾、美容，还与宗教祭祀、国事活动、民间礼仪、婚丧大事、节日庆典等有着密切的联系，是博大精深的中国古代文化的一个重要组成部分。截止目前，国人对沐浴文化的研究几乎是空白。骊山华清宫汤池遗址的发掘，开了中国古代沐浴史、宫廷内部帝王、皇妃沐浴制度研究之先河。

华清宫内将皇帝沐浴的星辰汤和莲花汤汤池的造型模仿天象北斗和莲花；妃子沐浴的海棠汤汤池取形于出污泥而不染的芙蓉，并设置固定的坐向，而将太子、内官、梨园弟子沐浴的太子汤、尚食汤和小汤修砌成长方形，不设固定的坐向。这种别出心裁的作法，对于研究唐代宫廷内等级制度、哲学思想、唐代社会习俗、风尚和人们的审美观念具有很重要的意义。

周易、礼制、天文、五行等是中国古代文化的奠基石，滥觞甚早，历代沿袭，不断扩大完善，内涵博大精深，渗透在中国古代社会的各个领域，也可以说是无处不在。唐华清宫遗址的重要就在于它好像一部中国古代文化的百科全书，直观真实地反映了周易、礼制、天文、五行等学说在社会实际生活中的应用，证明这些学说随时随地的在指导、规范、束缚着古代人们的日常政治活动和思想意识。

概言之，唐华清宫遗址的发现，填补了隋唐考古的空白，为研究唐代城市制度，宫廷建筑布局规律，皇家离宫别苑的设计建造，单体宫殿、回廊、亭阁建筑的实际尺寸，浴池造型和等级制度、中国古代沐浴史、中国古代利用地热自然资源史，以及唐代美学、哲学、音乐、歌舞、宗教信仰和石刻艺术等，提供了弥足珍贵的实物资料，弥补了史作记载之阙佚。

附录一

唐华清宫遗址出土木质建筑材料测定

中国社会科学院考古研究所实验室

实验室编号 ZK—2627

原编号

标本年代测定结果

标本名称：唐华清宫出土木建筑构件　标本物质：木头

提供单位：唐华清宫考古队

采集日期：1991 年 12 月

收到日期：1991 年 12 月

出土情况及有关文献：陕西省临潼县唐华清宫遗址考古工地，距地表 1～1.5 米。

估计年代为：北魏～唐。

测定结果：距今 1525±75 年（公元 425±75 年）

测定日期：1992 年 3 月

备注：^{14}C 半衰期 5730

树轮校正年代为　AD 435～643

附录二

唐华清宫遗址出土遗物内含元素测定

一、使用仪器及条件

（一）电感耦合等离子体发射光谱仪（PS—1 型）

中阶梯光栅　　波长范围 180~800nm

检测限：PPb 级　CHANG　BAL　0520 微机

（二）偏振塞曼原子吸收分光光度计（Z—8000 型）

波长：190~900nm　　　狭缝：0.2nm

灯电流：0~20mA　　　原子化器：快

燃烧器高度：5~20mm　　石墨炉分析：0.5Ppb

原子化取样器 ul　　　　光温控制：700~3000℃

二、元素定性结果

标本名称	Mi	B	Ca	P	Mg	Pb	W	Ni	Mo	V
1. 水　锈	0.01	0.001	3	—	0.01	0.01	—	0.001	—	0.001
2. 陶器内藏物	0.01	0.001	3	0.3	0.01	0.001	—	0.01	0.0003	0.001
3. 白　灰	0.01	0.001	3	—	0.01	0.001	—	0.001	—	0.001
4. 白灰块	0.01	0.001	0.05	—	0.01	0.001	—	0.01	0.001	0.001
5. 白灰粘接材料	0.01	0.001	3	—	0.05	0.001	—	0.001	—	0.001
6. 白灰粘接材料	0.01	0.001	3	—	0.05	0.001	—	0.001	—	0.001
7. 白灰粘接材料	0.01	0.001	0.05	—	0.05	0.01	—	0.01	0.001	0.001
8. 白灰粘接材料	0.01	0.001	3	—	0.05	0.001	—	0.001	—	0.001
9. 白灰粘接材料	0.01	0.001	3	—	0.05	0.001	—	0.01	—	0.001
10. 白灰块	0.01	0.001	3	—	0.05	0.001	—	0.01	0.0003	0.001
11. 白灰墙皮	0.01	0.001	3	—	0.05	0.001	—	0.01	0.001	0.001
12. 水　锈	0.01	0.001	3	—	0.05	0.001	—	0.001	0.0003	0.001
13. 粘接材料	0.01	0.001	3	0.3	0.01	0.001	—	0.01	0.0003	0.001
14. 秦汉筒瓦	0.01	0.001	0.05	0.01	0.01	0.001	—	0.01	0.0003	0.001

标本名称	Mi	B	Ca	P	Mg	Pb	W	Ni	Mo	V
15. 秦汉水道块	0.01	0.001	0.05	0.01	0.01	0.001	—	0.01	0.001	0.001
16. 秦汉水道块	0.01	0.001	0.05	0.01	0.01	0.001	—	0.01	0.0003	0.001
17. 秦汉筒瓦	0.01	0.001	0.05	0.01	0.01	0.01	—	0.01	0.0003	0.001
18. 秦汉板瓦	0.5	0.001	0.05	0.01	0.01	0.001	—	0.01	0.0003	0.001
19. 秦汉板瓦	0.5	0.001	0.05	0.01	0.01	0.001	0.01	0.01	0.001	0.001
20. 唐代筒瓦	0.01	0.001	0.05	0.01	0.01	0.001	—	0.01	0.0003	0.001
21. 唐代筒瓦	0.01	0.001	0.05	0.01	0.01	0.001	—	0.01	0.0003	0.001
22. 唐代板瓦	0.5	0.001	0.05	0.01	0.01	0.001	—	0.01	0.0003	0.001
23. 唐代板瓦	0.01	0.001	0.05	0.01	0.01	0.01	—	0.01	0.0003	0.001
24. 唐代条砖	0.5	0.001	0.05	0.01	0.01	0.001	—	0.01	0.0003	0.001
25. 唐代条砖	0.05	0.001	0.05	0.01	0.01	0.001	—	0.01	0.001	0.001
26. 唐代方砖	0.01	0.001	0.05	0.01	0.01	0.001	—	0.01	0.0003	0.001
27. 唐代方砖	0.01	0.001	0.05	0.01	0.01	0.001	—	0.01	0.0003	0.001
28. 陶水管	0.01	0.001	0.05	0.01	0.01	0.001	—	0.01	0.0003	0.001
29. 水　锈	0.5	0.001	3	0.01	0.01	0.01	—	0.01	—	0.001
30. 秦汉方砖	0.01	0.001	0.05	0.01	0.05	0.001	—	0.01	0.0003	0.001
31. 唐青棍条砖	0.01	0.001	0.05	0.01	0.05	0.001	—	0.01	0.0003	0.001
32. 唐青棍条砖	0.5	0.001	0.05	0.01	0.05	0.001	—	0.01	0.0003	0.001
33. 白灰粘接材料	0.01	0.001	3	0.01	0.05	0.001	—	0.01	0.0003	0.001
34. 水　锈	0.5	0.001	3	0.01	0.05	0.001	—	0.01	0.0003	0.001
35. 白灰墙皮	0.5	0.001	3	0.01	0.05	0.001	—	0.01	0.0003	0.001
36. 青　石	0.01	0.001	3	0.01	0.05	0.001	—	0.01	0.0003	0.001
37. 汉白玉	0.01	0.001	3	0.01	0.01	0.001	—	0.01	0.0003	0.001

标本名称	Ag	Na	Ti	Zn	Co	K	Sr	Cr	Ge
1. 水　锈	—	0.03	0.03	0.01	—	0.1	0.01	—	—
2. 陶器内藏物	0.0001	0.01	0.03	0.01	0.001	3	—	0.01	0.001
3. 白　灰	—	0.03	0.001	—	—	0.1	0.01	—	—
4. 白灰块	—	0.01	0.1	0.01	0.001	3	—	0.01	—
5. 白灰粘接材料	—	0.03	0.03	—	—	1	0.01	—	—
6. 白灰粘接材料	—	0.03	0.1	—	—	1	0.01	0.003	—

标本名称	Ag	Na	Ti	Zn	Co	K	Sr	Cr	Ge
7. 白灰粘接材料	0.0001	0.1	0.1	0.01	0.001	3	0.01	0.01	0.001
8. 白灰粘接材料	—	0.03	0.03	—	—	1	0.01	—	—
9. 白灰粘接材料	—	0.1	0.03	0.01	0.001	1	0.01	0.003	0.001
10. 白灰块	—	0.1	0.03	0.01	0.001	1	0.01	0.003	0.001
11. 白灰墙皮	—	0.03	0.03	0.01	0.001	1	0.01	0.003	—
12. 水　锈	0.0001	0.03	0.1	0.01	0.001	1	0.01	0.003	—
13. 粘接材料	—	0.1	0.1	0.01	0.001	2	0.01	0.01	—
14. 秦汉筒瓦	—	0.03	0.1	0.01	0.001	2	0.01	0.01	—
15. 秦汉水道块	—	0.1	0.1	0.01	0.001	2	0.01	0.01	—
16. 秦汉水道块	—	0.1	0.1	0.01	0.001	2	0.01	0.01	—
17. 秦汉筒瓦	0.0001	0.1	0.1	0.01	0.001	2	0.01	0.01	—
18. 秦汉板瓦	—	0.1	0.1	0.01	0.001	2	0.01	0.01	—
19. 秦汉板瓦	—	0.1	0.1	0.01	0.001	2	0.01	0.01	—
20. 唐代筒瓦	—	0.1	0.03	0.001	0.001	2	0.01	0.01	—
21. 唐代筒瓦	—	0.1	0.03	0.001	0.001	2	0.01	0.01	—
22. 唐代板瓦	—	0.1	0.03	0.001	0.001	2	0.01	0.01	—
23. 唐代板瓦	—	0.1	0.03	0.001	0.001	2	0.01	0.01	0.001
24. 唐代条砖	—	0.1	0.03	0.001	0.001	2	0.01	0.01	—
25. 唐代条砖	—	0.1	0.03	0.001	0.001	2	0.01	0.01	—
26. 唐代方砖	—	0.1	0.03	0.001	0.001	2	0.01	0.01	—
27. 唐代方砖	—	0.1	0.03	0.001	0.001	2	0.01	0.01	—
28. 陶水管	—	0.1	0.03	0.001	0.001	2	0.01	0.01	0.001
29. 水　锈	0.0001	0.1	0.001	—	—	2	0.01	—	—
30. 秦汉方砖	—	0.1	0.1	0.01	0.001	4	0.001	0.01	—
31. 唐青棍条砖	—	0.1	0.1	0.01	0.001	4	0.001	0.01	—
32. 唐青棍条砖	—	0.1	0.1	0.01	0.001	4	0.001	0.003	—
33. 白灰粘接材料	—	0.1	0.1	0.01	0.001	4	0.001	0.003	—
34. 水　锈	0.0001	0.1	0.1	0.01	0.001	4	0.001	0.003	—
35. 白灰墙皮	—	0.1	0.1	—	—	4	0.001	0.003	—
36. 青　石	—	0.1	0.001	—	—	0.1	0.001	—	—
37. 汉白玉	—	0.03	0.001	—	—	0.1	0.001	—	—

三、定量分析测试结果

标本名称	Na	Ca	Mg	Zn	Cu	K
1. 水　锈	0.667	32.6	1.19	0.004	0.005	0.228
2. 陶器内藏物	0.862	18.2	1.85	0.008	0.006	1.530
3. 白　灰	0.795	36.8	2.36	0.003	0.004	0.089
4. 白灰块	0.887	6023	1.83	0.005	0.005	1.710
5. 白灰粘接材料	0.667	34.1	3.21	0.003	0.005	0.241
6. 白灰粘接材料	0.374	31.6	3.51	0.002	0.004	0.303
7. 白灰粘接材料	0.753	0.76	0.56	0.006	0.006	1.540
8. 白灰粘接材料	0.780	35.3	3.78	0.003	0.006	0.131
9. 白灰粘接材料	0.641	28.4	5.33	0.003	0.005	0.520
10. 白灰块	0.592	23.5	8.25	0.006	0.006	0.493
11. 白灰墙皮	0.276	23.5	6.51	0.002	0.005	0.494
12. 水　锈	0.338	14.1	5.01	0.003	0.003	0.857
13. 粘接材料	1.060	14.7	3.02	0.008	0.009	1.600
14. 秦汉筒瓦	0.679	4.27	2.26	0.013	0.008	1.730
15. 秦汉水道块	1.130	5.04	3.35	0.007	0.006	1.730
16. 秦汉水道块	1.240	3.28	2.63	0.011	0.008	1.830
17. 秦汉筒瓦	1.610	1.46	1.88	0.010	0.006	1.670
18. 秦汉板瓦	1.270	3.88	2.32	0.009	0.005	1.780
19. 秦汉板瓦	1.090	3.46	1.27	0.009	0.007	1.870
20. 唐代筒瓦	1.230	3.32	1.53	0.008	0.004	1.070
21. 唐代筒瓦	1.510	5.36	3.65	0.006	0.006	1.600
22. 唐代板瓦	1.220	3.24	2.11	0.013	0.005	1.640
23. 唐代板瓦	1.220	2.82	2.06	0.007	0.007	1.570
24. 唐代条砖	1.250	5.63	3.05	0.008	0.006	1.810
25. 唐代条砖	1.320	4.18	1.59	0.008	0.007	1.760
26. 唐代方砖	0.963	9.45	3.44	0.006	0.035	1.470
27. 唐代方砖	1.060	5.91	3.77	0.017	0.009	1.950
28. 陶水管	1.020	2.95	1.22	0.008	0.008	1.910
29. 水　锈	0.848	38.9	0.20	0.005	0.007	0.213
30. 秦汉方砖	2.020	4.83	4.84	0.009	0.014	4.470
31. 唐青棍条砖	1.310	8.06	4.60	0.006	0.003	3.300

标本名称	Na	Ca	Mg	Zn	Cu	K
32. 唐青棍条砖	1.160	1.21	2.26	0.006	0.003	4.030
33. 白灰粘接材料	0.528	17.0	5.71	0.001	0.001	1.400
34. 水　锈	0.672	29.8	1.91	0.006	0.001	0.746
35. 白灰墙皮	0.772	30.6	1.41	0.005	0.001	0.637
36. 青　石	0.918	41.9	2.65	0.005	0.001	0.339
37. 汉白玉	0.890	42.7	0.23	0.014	0.0003	0.025

四、结果分析

（一）1、12、29、34 等样品为水锈。分析结果 Ca^2 含量比其它阴离子均高，说明水锈中 $CaCO_3$ 含量较其它成分要高一些。

（二）3~11、33、35 等样品均为白灰材料。分析结果 Ca^2 含量均高于其它阴离子，可能为 $CaCO_3$。

（三）其它样品多为砖瓦等烧结材料。Na、Ca^2、Mg^2、K 等六种阴离子基本相同，说明它们的组成也基本相同。

附录三

唐华清宫遗址出土木质建筑材料材种鉴定及产地分析

董兆彬   樊 娟

（西北大学生物系）   （陕西省文物保护技术中心）

本文报告了唐华清宫遗址出土的建筑古木的鉴定结果，通过徒手切片，显微观察的方法，鉴定了三种材质，分别为：柏科（Cupressaceae）的侧柏属侧柏（Platyeladus orientalis）、圆柏属圆柏（Sabioa·cninensis）、松科（Pinaceae）的铁杉属铁杉（Tsuga/chineusis，pritz）、云杉属云杉（Picea·asperata，mast）和铁杉属丽江铁杉（Tsuga foreseii），并对古木的产地做了分析和推论。

关键词：古木鉴定

陕西省临潼县唐华清宫遗址出土的唐代建筑木材，均有不同程度的腐朽，为深棕色，含水量较高，断面呈片层及蜂窝状，不能用常规石蜡切片或滑走切片制片，我们用徒手切片达到了鉴定的要求。

选有代表性的木材三种，供鉴定，其编号分别为：

唐 1 号（枋木小块）

唐 2 号（枋木小块）

唐 3 号（枋木小块）

一、材料与方法

从出土木材中选取没有加工痕迹的完整部分，修成长、宽约 0.5 厘米、高约 1 厘米的长方体，使木材径向、弦向、横向三个面相互垂直，保存在 70% 的乙醇中。

用双面刀片分别从木材块不同的切面切取约 20u 左右的薄片，选取薄厚均匀的切片用水合氯醛装片，微微加热透化，待冷却后置显微镜下观察分析。

二、观察结果

供鉴定的三种木材均无导管，故全为针叶树种。现将各树种木材特征分别分析如下：

（一）唐 1 号木材

生长轮明显，早材至晚材急变；管胞无螺纹加厚，排除红豆杉科、粗榧科树材；早材管胞径壁具缘纹孔一列，圆形至椭圆形，纹孔口圆形，塞缘上具辐射状增厚，又排除银杏科、柏科、罗汉松科、杉科以及松科的松属（Pinus）、云杉属（Picea）、油杉属（Keteleeria）、落叶松属（Larix）和冷杉属（Abies）的树材，交叉场纹孔式多数为柏木型，通常为 2～3 个；晚材最后数列管胞弦壁上具缘纹孔明显；轴向薄壁组织少；木射线单列，多数高达 5～15 个细胞，含深色树脂。根据上述特征，唐 1 号木材拟属于松科铁杉属（Tsuga）树材，但射线薄壁细胞水平壁厚，故不是同属的云南杉（T. dumosa）树材，端壁节状加厚明显；凹痕明显；无正常与创伤树脂道，又不是同属的丽江铁杉（T. forestii）树材。

依唐 1 号木材特征，应定为松科（Pinaceae）铁杉属（Tsuga）的铁杉（T. chinensis）树材。

（二）唐 2 号木材

生长轮明显，早材至晚材渐变；部分管胞具螺纹加厚，在针叶树材中只有松科、粗榧科和红豆杉科树种具此特征。样品分析表明管胞螺纹加厚近水平分布均匀密集，故不是粗榧科和红豆杉科树种；在松科树材中又只有云杉属管胞具螺纹加厚特征，在同属中鱼鳞云杉（P. Jezoensis Var. mierosperma）和红皮云杉（P. Koraiensis）树材，无螺纹加厚，故可排除此二树材。

早材管胞径壁具缘纹孔均为一列，又可排除为同属的红皮云杉（P. koraiensis）、巴秦云杉（P. neoveitenii）、紫果云杉（P. purpurea）、麦吊云杉（P. brachytyla）和油麦吊云杉（P. brachytyla Var complanata）树材；纹孔及纹孔口均为圆形，交叉场纹孔式为云杉型；无轴向薄壁细胞；木射线有单列和纺锤形两种；单列射线高 1～18 个细胞，不同于天山云杉（P. Sehrenkiana Var. tianshanica）树材；纺锤射线具径向树脂道，射线薄壁细胞水平壁薄，端壁节状加厚明显；凹痕较少；树脂道约由 10 个分泌细胞围成。

依唐 2 号木材特征，应定为松科（Pinaceae）云杉属（Picea）的云杉（P. asperata）树材。

（三）唐 3 号木材

生长轮明显，早材至晚材渐变，管胞无螺纹加厚；早材径壁具缘纹孔 1～2 列，为圆形和椭圆形，纹孔口为圆形，塞缘上具辐射状加厚，该特征为松科铁杉属独有，故可排除针叶树的其它科、属树材；交叉场纹孔式为杉木型及柏木型，多数为 2～3 个，晚材最后数列管胞弦壁上具缘纹孔明显；轴向薄壁组织少，薄壁细胞端壁节状加厚明显，含深色树脂；木射线单列，多数高达 5～15 个细胞，含深色树脂，射线薄壁细胞水平壁薄，端壁节状增厚明显；凹痕明显；轴向创伤树脂道位于生长轮起始处，可排除同属的云南铁杉和铁杉树材。

依唐 3 号木材特征，应定为松科（Pinaceae）铁杉属（Tsuga）的丽江铁杉（T. foroerrestii）树材。

上述三种供鉴木材的鉴定结果和各种材质的有关物理性质列于表一。不难看出：表中所列树种，均为结构细密、干缩性小、耐腐性强的优良针叶树材，反映了唐先民丰富的建筑知识和选材经验。此外，该鉴定结果对于古木的保护处理，也具有一定的参考价值。

表 一　　　　　　　　　　　　木材树种及物理性质

编 号	树 种	物理性质
唐 1 号	铁杉属　铁杉 （T. chinensis, pritz）	边、心材略有区别或无区别；纹理颇直；结构中，不均匀；重量轻至中，硬度软至中，干缩中；耐腐性强；渗透性较差。
唐 2 号	云杉属　云杉 （P. asperata, Mast）	边、心材无区别；纹理直；结构中，均匀。材质轻软，干缩中。耐腐性较差；渗透性差。
唐 3 号	丽江铁杉 （T. forrestii）	同铁杉

三、木材产地分析

通过局部材料的显微结构可以鉴定材种，但不能推论其分布、海拔和环境等概况。然而，植被的自然变迁过程是极其漫长的，从唐至今，大约千余年，与植被的变迁过程相比，是短暂的。换言之，从唐至今，植被的自然变迁不可能很大。因此，我们只能利用所鉴树种在我国的分布状况作一产地分析和推论。

表二为所鉴树种在我国的分布状况。据表二所列，除丽江铁杉外，其余树种在陕西境内，尤以秦岭南、北坡均有分布。秦岭又称终南山，它的主脉横贯陕西，即古秦地之南部，故称秦岭。综上资料，同时考虑到古代人交通运输上的不便，我们可初步推论：唐华清宫遗址出土的唐古木取材于秦巴山区，其多数取自秦岭或在陕西境内就近取材，而丽江铁杉的存在，则表明很可能有部分木材取自巴山地区。

鉴定结果，对古代陕西境内的植被分布状况也是一个印证。

表　二　　　　　　　　　　　　三种木材在全国的分布状况

树　种	分　布	资料来源
铁杉 （T. chinensis, pritz）	又称中国铁杉。本属21个种，我国产12个种，秦岭仅此一个种。 　　海拔高度：2000～3000 米。 　　国内分布：主要分布在秦岭以南，长江流域各省，秦巴和云贵高原，甘肃白龙江流域，四川西部、东部、北部到岷江流域等。 　　省内分布：秦岭南、北坡均产。佛坪大洞沟有大量古老大树，石泉、宁陕、户县、周至均有分布。	《中国树木志》 《中国森林植物》 《秦岭植物志》
云杉 （P. asperata, mast）	云杉（P. asperata, mast）甘肃称白松。多生于海拔2000～2500 米高山的坡地。 　　国内分布：甘肃东部，四川岷江流域，陕西南部。 　　省内分布：秦岭南、北坡，陕西凤县。	《中国树木志》 《中国森林植物》 《秦岭植物志》
丽江铁杉 （T. forrestii）	海拔高度：2000～3000 米。 　　国内分布：云南西北部，四川西南部。 　　省内分布：无	《中国树木志》 《秦岭植物志》

附录四

唐华清宫记事年表

公元前约 6090～5000 年　　原始社会母系氏族时代的姜寨先民在骊山温泉狩猎沐浴，繁衍生息。

公元前约 1600～1028 年　　商骊山氏在骊山温泉附近新丰建立骊国。

公元前约 1027～772 年　　骊戎国活动在骊山温泉一带。周成王三十年，骊戎向周乞求保护。

公元前 771 年（周幽王 11 年）周幽王姬宫涅在骊山举烽火戏诸侯，被申侯和犬戎联军杀于骊山脚下而失国。

公元前 671 年（晋献公 5 年）　　晋出兵征伐骊戎国得骊姬，被献公宠爱无比，后乱晋。

公元前 246 年（秦始皇元年）　　在骊山修建陵墓，于温泉修建骊山汤。

公元前 231 年（秦始皇 16 年）　　在今新丰设置"骊邑"，加强骊山温泉一带行政管理。

公元前 220 年（秦始皇 27 年）　　从国都咸阳修阁道八十余里，连接骊山陵园和骊山汤。

公元前 212 年（秦始皇 35 年）　　秦始皇从各地迁徙三万户，充实骊邑。

公元前 206 年（秦二世三年）　　刘邦、项羽在新丰鸿门宴会斗智。

公元前 206 年（汉高祖元年）　　四月，项羽鸿门分封诸王，罢兵戏水。

公元前 197（汉高祖 10 年）　　七月，太上皇崩于栎阳宫，改骊邑为新丰。

公元前 179～前 157 年（汉文帝年间）　　汉文帝为了节俭，罢修骊山露台。

公元前 140～前 87 年（汉武帝建元元年至后元二年）汉武帝在位期间，在秦骊山汤旧址重新扩建，大肆修饰。

公元 89～105 年（东汉和帝刘肇永元年间）　　东汉著名科学家张衡游览骊山温泉，写下了迄今最早的《温泉赋》。

公元 306 年（晋惠帝光熙元年）　　东海王司马越和司马颙会战新丰，司马颙败逃。

公元 309 年（晋怀帝永嘉三年）　　七月，平阳刘芒荡在新丰聚众起义。

公元 311 年（晋愍帝建兴二年）　　晋太尉索琳和前赵刘曜对阵骊山，索琳兵败。

公元 384 年（东晋孝武帝太元九年）　　元月，前秦苻坚在骊山坑杀西燕慕容冲俘虏数万人。

公元 512 年（北魏宣武帝延昌元年）　　北魏雍州刺史芟修茸温泉，撰书《振兴温泉之

　　　　　　　　　　　　　　　　　　颂》碑。

公元 569 年（北周武帝天和四年）　北周武帝命大冢宰宇文护在骊山温泉修建"皇堂石井"。

公元 579 年（北周宣帝大象元年）　冬十一月，周宣帝游幸骊山，沐浴温泉，壬寅还京。

公元 583 年（隋文帝开皇三年）　隋文帝令人在骊山温泉"修屋宇，并植松柏千条株"。

公元 589 年（隋文帝开皇十五年）　夏四月，隋文帝在骊山离宫慰劳平南凯旋将士，沐浴温泉。

公元 595 年（隋文帝开皇十五年）　冬十一月辛酉，隋文帝驾幸骊山，沐浴温泉，乙丑还京。

公元 623 年（唐高祖武德六年）　春二月庚戌，唐高祖李渊校猎骊山，获白鹿，沐浴温泉，庚寅还京。

公元 630 年（唐太宗贞观四年）　二月己亥，唐太宗幸骊山沐浴温泉，丙午还京。

公元 631 年（唐太宗贞观五年）　十二月壬寅，唐太宗沐浴温泉。癸卯校猎骊山，赐新丰老人锦帛，戊申还京。

公元 640 年（唐太宗贞观十四年）　十二月壬午，唐太宗幸骊山，沐浴温泉，辛卯还京。

公元 641 年（唐太宗贞观十五年）　二月辛巳，太宗行幸洛阳，过骊山，沐浴温泉。

公元 642 年（唐太宗贞观十六年）　十二月癸卯，唐太宗沐浴温泉。甲辰，狩猎骊山，弗究护卫军军容不整之罪。

公元 643 年（唐太宗贞观十七年）　十二月庚申，太宗幸骊山，沐浴温泉，庚午还京。

公元 644 年（唐太宗贞观十八年）　正月壬寅，太宗幸温泉宫。二月己酉幸零口，诏令阎立德，"面山开宇，从旧裁基"，扩建骊山汤泉宫。

公元 647 年（唐太宗贞观二十一年）　夏四月乙丑，太宗命阎立德于骊山绝顶修翠微宫。五月，戊子，幸翠微宫，庚戌还京。

公元 648 年（唐太宗贞观二十二年）　正月戊戌，太宗来温泉宫。癸卯撰书《温泉铭》，戊申还京。十二月，将《温泉铭》拓片赐于日、朝使者。

公元 649 年（唐太宗贞观二十三年）　四月己亥，唐太宗驾幸骊山翠微宫，己巳，晏驾翠微宫含风殿。

公元 653 年（唐高宗永徽四年）　冬十月庚子，高宗李治沐浴温泉，乙巳还京。

公元 662 年（唐高宗龙朔二年）　冬十月丁酉，高宗李治沐浴温泉，丁未还京。

公元 671 年（唐高宗咸亨二年）　十二月，李治自东都洛阳还京，沐浴温泉，改太宗时汤泉宫为温泉宫。

公元 676 年（唐高宗上元三年）　李治带文武百官、诸藩酋长来骊山温泉校猎。

公元 709 年（唐中宗景龙三年）　冬十二月甲子，中宗李显沐浴温泉，游白鹿观，乙巳还京。

公元 712 年（唐玄宗先天元年）　冬十月癸卯，玄宗陪同太上皇李旦幸新丰，狩猎骊山。十二月癸卯，玄宗沐浴温泉，狩猎渭汭。

公元 713 年（唐玄宗开元元年）　十月癸卯，唐玄宗集结二十万大军于骊山讲武。

公元 714 年（唐玄宗开元二年）　九月戊戌，唐玄宗沐浴温泉，十月戊午还京。

公元 715 年（唐玄宗开元三年）　冬十一月乙酉，唐玄宗沐浴温泉，甲午还京。

公元 716 年（唐玄宗开元四年）　二月、十月玄宗两次去骊山温泉沐浴。

公元 719 年（唐玄宗开元七年）　冬十月，玄宗沐浴温泉。

公元 721 年（唐玄宗开元九年）　正月、冬十月，玄宗两次去骊山温泉沐浴。

公元 723 年（唐玄宗开元十一年）　冬十月丁酉，玄宗幸骊山温泉，扩建温泉宫，甲寅还京。

公元 727 年（唐玄宗开元十五年）　十二月乙亥，玄宗幸骊山温泉宫，丙戌还京。

公元 728 年（唐玄宗开元十六年）　冬十月、十二月，玄宗两次去骊山温泉宫。

公元 729 年（唐玄宗开元十七年）　十二月辛酉，玄宗幸温泉宫。乙丑校猎渭滨，壬申还京。

公元 730 年（唐玄宗开元十八年）　十一月丁卯，玄宗幸骊山温泉宫。

公元 733 年（唐玄宗开元二十一年）　正月、冬十月，玄宗两次游幸骊山温泉宫。

公元 737 年（唐玄宗开元二十五年）　十一月，玄宗游幸骊山温泉宫。

公元 738 年（唐玄宗开元二十六年）　冬十月，玄宗游幸骊山温泉宫。

公元 739 年（唐玄宗开元二十七年）　冬十月，玄宗游幸骊山温泉宫。

公元 740 年（唐玄宗开元二十八年）　冬正月、冬十月，玄宗两次游幸骊山温泉宫。

公元 741 年（唐玄宗开元二十九年）　春正月、冬十月至十一月，玄宗两次幸温泉宫。

公元 742 年（唐玄宗天宝元年）　冬十月丁酉至十一月己巳，玄宗幸温泉宫。

公元 743 年（唐玄宗天宝二年）　冬十月戊寅至十一月乙卯，玄宗幸温泉宫，在骊山修老君殿。

公元 744 年（唐玄宗天宝三年）　春正月、冬十月，玄宗两次幸骊山温泉宫，十二月，在宫北置会昌县。

公元 745 年（唐玄宗天宝四年）　冬十月丁酉至十二月丁酉，玄宗幸骊山温泉宫。

公元 746 年（唐玄宗天宝五年）　冬十月丁酉至十一月己巳，玄宗幸骊山温泉宫。

公元 747 年（唐玄宗天宝六年）　　冬十月戊申至十二月壬戌，玄宗幸温泉宫。改温泉宫为华清宫，修华清宫缭墙。

公元 748 年（唐玄宗天宝七年）　　冬十月庚午至十二月戊戌，幸华清宫。改朝元阁为降圣观，改昭应县为会昌县，会昌山为昭应山。

公元 749 年（唐玄宗天宝八年）　　夏四月，玄宗幸华清宫观风楼。冬十月再幸华清宫。在昭应城设北市。

公元 750 年（唐玄宗天宝九年）　　春正月庚寅至己亥，玄宗幸华清宫，接受朝贺。冬十一月庚寅至十二月乙亥，再幸华清宫。

公元 751 年（唐玄宗天宝十年）　　冬十月辛亥至天宝十一年正月辛亥，玄宗幸华清宫。

公元 752 年（唐玄宗天宝十一年）　　冬十月戊寅至十二月己亥，玄宗幸华清宫。

公元 753 年（唐玄宗天宝十二年）　　冬十月戊申至天宝十三年春正月丙午，玄宗幸华清宫。

公元 754 年（唐玄宗天宝十三年）　　正月，玄宗在华清宫观风楼接受朝贺。安庆绪献俘华清宫。冬十月壬寅至戊午，玄宗再幸华清宫。

公元 755 年（唐玄宗天宝十四年）　　冬十月壬辰，玄宗幸华清宫。甲午，颁布《御注老子》并《义疏》于天下。癸酉，在华清宫部署平定安禄山叛乱，戊寅还京。

公元 758 年（唐肃宗至德三年）　　冬十月甲寅，唐肃宗李亨送玄宗幸华清宫至灞上。十一月丁丑，玄宗还京。

公元 767 年（唐代宗大历二年）　　鱼朝恩修章敬寺，拆华清宫观风楼及百司行廨。

公元 770～779 年（唐代宗大历年间）　　令柳子华修缮华清宫。

公元 820 年（唐宪宗元和十五年）　　冬十月，宪宗李纯游幸华清宫，当日还京。

公元 822 年（唐穆宗长庆二年）　　十一月，穆宗狩猎骊山，沐浴温泉，即日还京。

公元 825 年（唐敬宗宝历元年）　　十一月，敬宗李湛沐浴骊山温泉，即日还京。

公元 924 年（后唐庄宗同光二年）　　诏令西都留守官吏修华清宫温汤屋宇。

公元 936～944 年（后晋天福年间）　　骊山华清宫改为灵泉观，赐给道士。

公元 982 年（宋太宗太平兴国七年）　　改骊山福严寺为石瓮寺。

公元 1015 年（宋真宗大中祥符八年）　　因避玉清昭应宫名，改唐昭应县为临潼县。

公元 1023～1054 年（宋仁宗年间）　　刘子颙为骊山灵泉观观主，修茸骊山温泉宫。

公元 1234～1253 年（元太宗至宪宗年间）　　赵志渊、赵志古等人用了十五年的时间修建骊山温泉宫室。

公元 1462 年（明英宗天顺六年）　　李定岩主持在骊山温泉的玉女殿西修雷神殿。

公元 1503 年（明孝宗弘治十六年）　　临潼知县丁相重修骊山温泉宫池。

公元 1621 年（明熹宗天启元年）　临潼知县王予爵清理骊山温泉原华清宫莲花汤。

公元 1703 年（清康熙四十二年）　总制鄂海为迎接康熙皇帝西巡，修骊山温泉宫室。康熙皇帝于同年十一月十四、十二日两次驻跸温泉。

公元 1817 年（清仁宗嘉庆二十二年）　知临潼县沈琮修骊山温泉星辰汤，上建券洞。

公元 1877 年（清光绪三年）　县令沈家祯修骊山温泉宫室，赐嘉名曰"环园"。

公元 1900 年（清光绪二十六年）　县令舒绍祥为迎接慈禧太后西幸，重修骊山温泉环园。九月三日慈禧到骊山温泉行宫。

公元 1901 年（清光绪二十七年）　八月二十四日，慈禧回銮北京时再幸骊山温泉。

后　记

在历时七年多的《唐华清宫》报告编撰工作中，骞新文、陈锋、骆选良为绘图、修复文物、整理遗物资料，马永红为打印文稿废寝忘食，付出了大量的劳动，个人损失甚多，非语言所能尽表。适值报告付梓面世之际，向他们和为Ⅱ区进行汽球照相的冯孝堂、安家瑶，绘制建筑复原图的左鹏，检测地层土壤微生物的郭崇华，翻译英文提要的莫润先，翻译日文提要的王巍先生及参加过华清宫遗址发掘的所有技术人员、民工，特别是对年届七旬、宵衣旰食审阅报告的楼宇栋先生表示诚挚的谢忱。

唐华清宫遗址发掘工作先后得到国家文物局、省文物局、原省文物管理委员会、省考古所、临潼县人民政府、华清池管理处等单位的大力支持，顺表致谢。

唐华清宫遗址发掘期间，国家领导人胡耀邦、赵紫阳、邓力群、杨尚昆、姚依林、王震、李先念、吕正操、杨成武、伍修权、彭真、谷牧、陈慕华、胡乔木、吴学谦、楚图南、康克清、李瑞环，中央各部委的领导韩克华、刘毅、何光伟、贺敬之、周干峙、张平舒、储传亨，国家文物局领导庄敏、马自树、张德勤、张柏，省领导马文瑞、李庆伟、白纪年、张勃兴、张斌、李连璧、李溪溥、牟玲生、孙达人，省文物局领导王文清、张廷皓、陈全方，著名学者夏鼐、张伯升、石兴邦、巩启明、袁仲一、韩伟、于倬云等莅临发掘现场参观指导，排忧解难，对发掘和日后的遗址保护、修建唐华清宫御汤遗址博物馆产生了积极的推动作用。在此，向他们表示衷心的感谢！

THE SITE OF THE TANG IMPERIAL GARDEN HUAQINGGONG

(**Abstract**)

Huaqinggong, the imperial garden of the full Tang period in Chinese history, was constructed around the present – day Huaqingchi Pool at the northern foot of Mount Lishan, the end of an offshoot of the Qinling Mountains, 30km east of the historic city Xi'an, with an elevation of 1,256m, where pines and cyprsses are always verdant, grass and forests grow luxuriantly, and hot springs purl endlessly.

In April 1982, when workers of the former Commission for the Preservation of the Lishan Scenic Spot laid foundations for reconstructing the"Emperor's Concubine Yang Pavilion"to the north of the"General Source of Hot Springs"of the Huaqingchi Pool, they discovered ancient architectural remains, which were identified by experts as the vestiges of buildings in Huaqinggong of the Tang period. From April 1982 to October 1995, extensive archaeological surveys and careful selective excavations were carried out on the site by the Tang Huaqinggong Archaeological Team from the former Shaanxi Provincial Commission for the Preservation of Ancient Monuments.

Excavations in four archaeological areas below Mount Lishan show that there are extremely abundant cultural remains left from an imperial palace not far away from capital built by the House of Tang that favored the Lishan hot springs as the concentrative representation of the elite of creation. With the fall of the Tang dynasty, the palace buildings were destroyed in various degrees, and successive dynasties rebuilt or repaired them. Thus the repeated alternations of collapse with reconstruction in the long course of time made Huaqinggong leave very complex cultural deposits on its site.

Through excavations there were revealed in the Neolithic Yangshao cultural layers the remains of works anyhow-built of stones at the source of hot springs, which measure 5.85m in length from the west to the east, 3m in width from the north to the south, and 2.1m in depth, covering an area of 17.55 sq m. Among the unearthed artifacts are stone tools, bone pendants and hairpins, pottery rings, and several thousand shards of painted red pottery. In the Qin－Han cultural layers, the site of the"Lishan Hot－Spring Baths"was discovered containing rather complete beam frames, wooden doors and other structural members, as well as a bath pool. The pool is roughly square in plan, 7.5～8.1m from the west to the east, 9.5m from the north to the south, and 0.45m in remaining depth, occupying 74.13 sq m and holding about 33.34 cu m of water. The pool walls comprise three layers structured of, from inner to outer, surfacing bricks, sandstones and seepage－proof rammed－earth respectively. The pool bottom is a four－layer structure made of, from upper to lower, stone flacks laid horizontally in a thickness of 5cm; blackish－brown rammed－earth about 22～24cm thick; square grey plain bricks in a layer 4cm thick; and the artificially－strengthened ground. The pool was supplied with water from the old source of hot springs used in the Yangshao period. The water entrance is in the southeastern corner of the pool and measures west－east 0.4～0.6cm in width and 0.7m in height. The drain outlet is in the east of the northern wall, 2.3m in remaining length from the north to the south, 0.35m in width from the west to the east, and 0.38 in remaining height. The unearthed objects include cloud design tile－ends, water pipes, semi－cylindric tiles, square bricks, terra－cotta protectors of well－walls, and utencils for daily use. As excavations at that time aimed mainly at the Tang Huaqinggong site, which is superimposed upon Yangshao and Qin－Han remains, it was impossible to excavate them extensively and to learn them detailedly.

Excavations on the Tang Huaqinggong site obtained plentiful achievements, which include the discovery of the enclosing walls of Huaqingong, the seat of Zhaoying County, nine hot－spring pools varying in shape, a theater, other building remains, and substan－tial building materials.

The enclosing walls have all collapsed; the discovered remains are four foundations: two in the east and the other two in the west. In the east, the outer wall, about 2.6m thick, runs eastward from a point south of the present－day Lintong County Museum, then southward along the western bank of the Sigou Channel to the Ertianmen Gate; the inner wall, 0.5～2.2m thick, is located on the hill ridge along the eastern bank of the Hongtugou Channel. In the west, the outer wall extends along the eastern bank of the Mudangou Channel, while the inner wall is on the hill ridge about 165～190m east of the outer one; their thickness are approximately 0.3～2.5m and 0.2～2.5m respectively.

Of the palace walls nothing remains on the surface; their foundations were discovered 5: two in both the east and the west, and the other one in the south. The southern palace wall is at the northern foot of Mount Lishan, extending west – east for about 531m, with a thickness of some 2.6m. In the east, the outer wall runs meridionally on the southern side of the Lintong County Museum and is joined to the southern wall, being 330m long and some 2.8m thick; the inner wall is along the eastern boundary wall of the Huaqingchi Pool and extends for 24cm with a thicknesss of 0.16~2.5m. In the west, the outer wall is along the western boundary wall of the Railway Workers' Sanatorium, while the inner one in the courtyard of the swimming pool of the Shaanxi Provincial Physical Culture and Sports Committee; they are some 330m and 240m long and 1.3~2.7 and about 2.4m thick respectively.

The seat of Zhaoying County, where that of present – day Lintong County is located, looks roughly like a trapezium in plan; it was established in the 2nd year of Tang Tianbao reign for the convenience of the emperor's visit to the "Hot – spring Palace." Its eastern, southern, western and northern city – walls are 656m, 580m, 600m, and 627m long respectively, forming a perimeter of 2,463m and enclosing an area of about 378,998 sq m.

Archaeological work at the foot of Mount Lishan was carried out in four excavation areas. Area I is located to the north of the "General Source of Hot Springs" of the Huaqingchi Pool and to the west of the "Five – Bay Hall," covering more than 5,400 sq m; there were discovered the Constellation Baths, Emperor's Inscription Pavilion, Crown Prince Baths, Food-Serving Baths, Lotus Flower Baths, Begonia Baths, Spring – Season Baths, Nos. I and II nameless baths and some auxiliary buildings.

The Constellation Baths are situated to the north of the "General Source of Hot Springs." The main hall has 7 bays in width and 5 bays in depth, being 28.8m long form the west to the east and 21.3m wide from the north to the south and covering 613.44 sq m. The sorthern subordinate hall is built with the axis pointing to the southeast and northwest, and measures 10.5m in remaining length from the north to the south and 12.9m in width from the west to the east. The western corridor was constructed in two phases: the earlier building is 10.7m in remaining length from the west to the east and 3.05m in width from the north to the south; the later one 9.1m and 4.82m respectively. The pool is located in the center of the main hall and is shaped like the Big Dipper in plan, consisting of a "haddle part" and a "vessel part". The former runs from southeast to northwest, winding like a snake and extending for 16.7m in total. The walls form a two – tier structure, the lower tier being, at the opening, 1.45~4.8m wide from the west to the east and 0.7m high, with a platform 0.6~0.8m wide, while the upper tier 6.1m wide and 0.48~0.5m high. The latter, i.e. the "vessel part," is a rectangle with the longer sides pointing to the west and east. The southern wall is shaped like the character "凸" in plan, while the northern one looks like a wave. They are also structured in the two − tier style: the lower tier measures, for the opening, 16.49m in length from the west to the east, 3.35~3.95m in width, and 0.7~0.72m in height, enclosing an area of about 64.24 sq m; the upper tier has thoroughly been destroyed and nothing remains. The water entrance is in the "handle part," at the joint of the pool bottom with the southern wall of the lower tier, and is joined with a water supply pool, which draws water through pottery pipes. The outlet is in the northwestern corner of the "vessel part"; from there the water flows outside through a pottery drain.

The Emperor's Inscription Pavilion was built in the Tang Kaiyuan reige close to the western wall of the Constellation Baths to worship the stele "Inscription of Hot Springs" written by Tang Emperor Taizong in the 18th year of his Zhenguan reign. It left behind two phases of vestiges. The earlier building is roughly square in plan, faces to the north, and has 3 bays in both width and depth, being 9.3m long from the west to the east and 8.87m wide from the north to the south, covering 82.49 sq m. The later remains are superimposed on the earlier ones; they measure 7.12m in length from the west to the east and 6.8m in remaining width, occupying an area of more than 48.42 sq m.

The Crown Prince Baths were built in the Tang period for the crown prince, lying 2.3m northwest of the Constellation Baths. All aboveground buildings have thoroughly been destroyed; only the foundations of the western and northern walls and broken aprons remain in situ. The pool is in the center of the Baths. Its upper part has gone; the remains have a rectangular shape in plan and are 5.2m long from the west to the east, 2.77m wide from the north to the south, and 1.2m in remaining height, covering 14.4 sq m and holding 17.28 cu m of water. The walls are structured in two layers —— stones inside and bricks outside; the stones have mostly been taken away. The bottom is a three − layer structure made of, from upper to lower, stones, two layers of horizontally-bonded long narrow bricks, and seepage-proof earth. Water came into the pool from the earlier drain of the Constellation Pool through pottery pipes and the entrance in the western section of the southern pool − wall. The drain outlet is in the northern section of the eastern wall and leads to pottery pipes running outside.

The Food − Serving Baths were built to the west of the Emperor's Inscription Pavilion in two phases: the earlier superstructure has 3 bays in width and 2 bays in depth, faces to the north, and measures 12.4m in length from the west to the east and 11.45m in width from the north to the south, covering about 142 sq m, while the later one is 10.15m, 11.3m and

114.7 sq m respectively. The pool is built in the center of the aboveground structure; it has a rectangular plan with the axis pointing to the west and east, and is divided into two parts, either a two－tier structure. In the eastern part, the lower tier is 5.25m long from the west to the east, 3.26~3.32m wide from the north to the south and 0.5m high, covering 17.27 sq m and holding 21.66 cu m of water, and has a platform 0.25~0.26m wide, while the upper tier 5.5×3.85×0.6~0.63m, covering 8.6 sq m and holding 13 cu m of water. The eastern, southern and northern walls are each built with a flight of stone steps. The water entrance is opened in the eastern wall, at the joint of the lower tier with the pool bottom and leads to pottery pipes, which draw water from the western wall of the "handle part" of the Constellation Pool. The plug-hole is in the northern wall, also at the joint of the lower tier with the pool bottom, and draws off the water through brick drains.

The western part is also rectangular in plan, but the axis points to the north and south. The lower tier measures 3.22×1.9×0.37~0.4m, covering 6.12 sq m and holding 2.44 cu m of water, and has a platform 0.2~0.23m wide; the upper tier is 3.67×2.13×0.55~0.6m, covering 7.82 sq m and holding 6.73 cu m of water. All pool is surfaced with neatly－dressed grey stones and lined with rammed earth against seepage. The water entrance is at the foot of the eastern wall and draws water from the eastern part. The plug－hole is at the foot of the northern wall and draws off the water through drains.

The Lotus Flower Baths were built for Tang Emperor Xuanzong. It lies 12.4m northeast of the Constellation Baths, with the superstructure facing to the north, havintg 5 bays in width and 4 bays in depth, and measuring 19.15~19.2×15.7~15.73m, covering 301.3 sq m, the axis pointing to the west and east. The pool is situated right in the center of the superstructure and is entirely made of grey stones in the two－tier style. The lower tier has a regular octagonal plan and is 9.26m long, 3.88~5.06m wide and 0.64~0.74m high, covering 41.4 sq m and holding 29 cu m of water, with the axis lying in the west－east direction and the platform being 0.2~0.6m in width; the upper tier is in the shape of a lotus flower and measures 10.6, 4.8~6 and 0.76~0.8m in length, width and height respectively, covering 60 sq m and holding 46 cu m of water. Flights of stone steps are made in the eastern, western and northern walls. All walls are built of stones inside and bricks outside. The bottom is surfaced with slabs and lined with seepage-proof rammed earth. A double water-entrance is opened a little south of the center of the bottom and leads to the Qin－Han period pottery pipes which draws water from the Yangshao "Source of Hot Springs." And a double plug-hole is in the northern wall, at the joint of the lower tier with the pool bottom; the water is drained outside through pottery pipes.

The Begonia Baths were built for Tang Emperor Xuanzong's favorite concubine Yang Yuhuan. They are located 2.3m west of the Lotus Flower Baths. The superstructure has three bays in width and two bays in depth, faces to the north, and is 12m long from the west to the east and 9.95m wide from the north to the south, covering 119.4 sq m. The pool is built in the center of the superstructure in the two-tier style: the lower tier has a begonia-shaped plan and is 3.1m long from the west to the east, 2.22m wide from the north to the south, and 0.52~0.56m high, covering about 6.86m sq m and holding some 3.6 cu m of water, the platform measuring 0.26~0.35m in width, and the northern wall having several special steps; the upper tier is also shaped like a begonia and measures 3.6m in length from the west to the east, 2.92m in width and 0.74m in height, covering some 10.5 sq m and holding about 7.8 cu m of water. The western and eastern walls are symmetrically built with two flights of stone steps. All pool walls are made in two layers: stones inside and bricks outside. The bottom is surfaced with grey slabs and lined with seepage – proof rammed earth. The water entrance is at the center of the bottom, 0.13m in diameter, and is joined with pottery pipes, which draw in water from the Lotus Flower Baths. The outlet is semi-oval, lies in the northwestern corner, measures 0.18m from the west to the east and 0.05m in height, and is joined with pottery drain pipes.

The Spring – Season Baths were built for palace singers and dancers, lying 16.7m to the north of the Food-Serving Baths; the superstructure left behind two phases of remains. The earlier building is 4.1m long from the west to the east and 3.3m in remaining width, covering 13.53 sq m. The later vestiges are superimposed on the earlier ones and measure 6.83 × 6.2m with the longer sides pointing to the west and east. The pool lies in the center of the superstructure and has thoroughly been distroyed.

The No. I nameless baths are close to the northeastern corner of the Lotus Flower Baths; their superstructure has left nothing. The pool is a two-tier rectangular structure with the axis lying in the north – south direction: the lower tier measures 4.5m in length, 0.87m in width and 0.2~0.44m in height, covering 3.92 sq m and holding 1.72 cu m of water, and has a platform 0.45~0.5m wide; the upper tier is 4.5m long, 1.8m wide and 0.6~0.97m high, covering 8.1 sq m and holding about 5.75 cu m of water. The water entrance and plug-hole are in the southern and northern walls respectively.

The No. II nameless baths are close to the north of the Food-Serving Baths. All buildings have been destroyed except for the pool bottom, which is 7.57m long from the west to the east and 3.87m wide from the north to the south,covering about 29.3 sq m.

Within Excavation Area II,archaeological work was carried out north of the new pool of Huaqingchi,covering an area of more than 1,200 sq m;the unearthed vestiges are left from a small pool and a theater.

The small pool was built for the palace theatrical troupe,lying in the southeastern corner of Area II.Its superstructure belongs to two phases.The earlier building faces to the north, has 3 bays in width and 2 bays in depth,and is 12.2m long from the west to the east and 9.4m wide from the north to the south,covering 114.68 sq m;the later building lies close to the northern wall of the earlier one,and is 10.45×3.9m inside.The northern door is opened just in the middle of the northern wall,measuring 1.6m in width,with the pivot – base left in situ.In the floor are two fireplaces.The pool is located in the center of the earlier building and is all made of stones yielded from Moyu.It has a rectangular plan with the axis pointing to the west and east,and is shaped in the two-tier style,being $4.58 \times 2.47 \times 0.57 \sim 0.63$m (11.31 sq m in area and 6.79 cu m in capacity)and $5.7 \times 3.58 \times 0.78 \sim 0.8$m(20.4 sq m in area and 16.12 cu m in capacity)for the lower and upper tiers respectively;the lower tier has a platform $0.485 \sim 0.5$m wide and several steps in the middle of the southern wall.Two flights of stone steps are symmetrically built at the western and eastern walls.The water entrance is in the southern wall,at the joint of the bottom with the eastern section of the lower tier,drawing in water through pottery pipes.The outlet is at the joint of the bottom with the middle of the northern lower tier,and leads to the pottery drain pipes.

The theater buildings comprise an eastern and a western courtyards, a major complex, and a southern and a northern subordinate halls.

The eastern courtyard was built in two phases.The earlier remains are 16.7m long from the north to the south and more than 11.7m wide from the west to the east as known through excavations;the later ones,$12 \sim 12.15$m long from the north to the south.The western court also left behind two phases of vestiges,17m and 14.7m long from the north to the south for the earlier and the later phases respectively;as for the width,as the vestiges extend westward beyond excavation squares,only 4.25m were revealed of the earlier remains.The two courtyards face each other across the main complex.

The main complex is rather peculiar in structure,being $32.6 \sim 32.8$m long from the north to the south and $17.5 \sim 17.7$m wide from the west to the east,covering 580.56 sq m.It consists of an eastern and a western corridors and a building partitioned into 8 rooms with rammed – earth walls.

Room I is L-shaped, 10.4～10.5m long from the north to south and 3.75m wide from the west to the east, covering 45.98 sq m. Room Ⅱ measures 11.5m in length from the west to the east and 3.2m in width from the north to the south, covering 36.65 sq m. Room Ⅲ has a length of 14.75m from the north to the south, a width of 3.6m from the west to the east, occupying an area of 53.1 sq m. Room Ⅳ measures 14.75m in length from the north to the south, 1.5m in width from the west to the east, being 21.13 sq m in area. Room Ⅴ— 6.57m long from the west to the east, 3.5m wide from the north to the south, and 23.1 sq m in area. Room Ⅵ—10.5m long from the north to the south, 3.8m wide from the west to the east, and 39.9 sq m in area. Room Ⅶ—L-shaped in plan, 10.65～10.7m long from the north to the south, 3.8～6.2m wide from the west to the east, and 48.82 sq m in area. Room Ⅷ— 10.53～10.57m long from the north to the south, 1.52m wide from the west to the east, and 16.04 sq m in area. Rooms I, Ⅴ, Ⅵ and Ⅶ have a fireplace in the floor; Room Ⅳ and Ⅷ, three brick wells each beneath the floor.

The corridors are on the eastern and western sides of the major complex. The eastern corridor—6 bays, totalling 26.3m long from the north to the south, each bay 3.65～3.9m from the north to the south and 2.55～2.8m from the west to the east. The western corrdor —7 bays, totalling 19.7m long from the north to the south, each bay 3.61～3.75m long from the north to the south and 2.69～2.72m wide.

The subordinate halls are situated on the southern and northern sides of the western courtyard, each having an exterior corridor, which extends westward beyond the coverage of excavation in both cases. The southern hall was built in two phases: the earlier room—3.95m from the north to the south, 3.47m from the west to the east, and 13.71 sq m in area; the later room—5.7m, 6.5～6.7m and to the 37.62 sq m respectively, with a fireplace in the floor. The northern hall has a room 4.75m long from the west to the east, 3.4m wide from the north to the south and 16.15 sq m in area , and also a fireplace in the floor.

To the north of the eastern courtyard is a corridor which is joined with the northeastern corner of the main complex and has 3 bays from the west to the east, totalling 8.8m in length with a width of 3.95m.

There is again an exterior corridor along the northern wall of the main complex, which has 6 bays, mesuring 3.3 in remaining length(each bay 27.8)from the west to the east and 2.75m in width from the north to the south.

Building remains in Areas Ⅲ and Ⅳ are little known Owing to of the limited coverage of excavation.

Among the building materials from the four excavation areas are tile-ends with lotus – flower or animal-mask design, square bricks with lotus-flower design, long narrow bricks with cord marks or hand impressions, semi-cylindric tiles, bricks with animal-mask design, animal-shaped roof ornaments flat tiles(some bearing"Made in the Tianbao 2nd year at the imperial workshop for palace use" or other inscriptions), plain or lotus-flower design stone column-bases, terr-acotta water-pipes, stone door-pivot bases, iron and copper alloy nails and structural members; the utensils for daily use include pottery basins, urns, washers, *jian* large basins, bowls, lamps, jars and vases, porcelain bowls, cups, vases and pots, and "Kai Yuan Tong Bao" coins.

The discovered remains and objects and related documentary records combine to show that the Tang Huaqinggong site can chronologically be divided into three periods: the first period lasted from the first year of the first emperor Li Yuan's Wude reign to the second year of Li Dan(Emperor Ruizong)'s Jingyun reign(618～711 AD); the second period, from the first year of Li Longji (Emperor Xuanzong)'s Kaiyuan reign to the 14th year of Li Yu(Emperor Daizong)'s Dali reign(712～779 AD); and the third period, from the first year of Li Shi (Emperor Dezong)'s Jianzhong reign to the 3rd year of Li Zhu(Emperor Aidi)'s Tianyou reign (780～907 AD).

唐华清宫遺迹

　歴史の名所たる西安市の東 30 キロに位置する驪山は秦嶺の余脈であり，海抜は1256 メ――トルである。そこには松や柏たどの樹木が茂げ，温泉が多い。中國歴史上の盛唐時期の皇室の御園である華清宮が，驪山の北麓に位置する華清池のそばにある。

　1982 年 4 月 12 日、もと驪山風景區管理委員會は華清池温泉总源の北で，貴妃亭という建物をたてるための基礎工事中に，古代の建築遺構が発見した。，専門家に見てもらう結果、それは唐時代の華清宮の遺構であることが判明された。1982 年 4 月から1985 年 10 月にかけて、もと陝西省文物管理委員會が唐華清宮考古隊を派遣し，遺迹を全面的に勘探して，一部の地域で発掘調査を行った。

　唐王朝は驪山の温泉に好んで，ここで宮殿を建てて，豐富な遺構が殘っている。唐王朝が滅亡したあと，驪山温泉の行宮もこわされた。唐以後の王朝はつづけて利用したり，こわしたりしていた。故に，唐華清宮遺迹の文化層は非常に複雑である。

　発掘調査によって，新石器時代の仰韶文化の文化層から石で積んだ温泉水源の施設を発見した。長さは5.85メートル，南北の幅は3メートル，深さは2.1メートルであり，面積は17.55 平方メートルである。出土遺物は石器、骨製の飾物、土製の環と數千点の彩文土器の破片などがある。

　秦漢時代の文化層から，驪山湯の遺構が発現され，木製の建物の柱，門と湯池が出土した。湯池の平面はほぼ方形になり，東西は7.5〜8.1メートル，南北は9.5メートル，殘る深さは0.45メートルであり，面積は約 74.13 平方メートル，容積は約 33.34 立方メートルである。池の壁は磚・砂と石・版築の防水土層という三つの層からなる。池の底は四層構造である。つまり，上からの第一層は厚さが約 5 センチの平らの石である。第二層は厚さが約 22〜24センチの黒褐色の版築の土層である。第三層は厚さが4センチの無文の灰色の方磚である。第四層（一番下の層）は処理された地面である。湯池の温泉の湯は仰韶文化の水源と同じである。水路は湯池の東南の隅角にあり，その幅は0.4〜0.6メートル，高さは0.7メートルである。排水路の出口は池の北の壁の東部にあり，殘っている部分の長さは2.3メートル，幅は0.35メートル，高さは0.38メートルである。出土遺物は雲紋軒瓦、水道管、方磚、土製の井戸の壁と生活の用具などがある。

　発掘調査は唐時代の華清宮を主な對象として，仰韶時代の遺構はみなその下にあり，大面積の発掘ができなかったので,以上のように簡單に紹介するほかはない。唐時代の華清池の発掘は收穫がとても豊富である。華清宮の繚塀、昭應县城、九つの形がそれぞれ異なる湯池,芸伎の宿舍,その他の建物及び大量の建築材料を出土した,

　繚塀はすでに全部毀れたが,東と西の外塀と内塀の遺構が発見された。東側の外塀は現在の臨潼縣博物館の南から東へ,寺溝の西の岸邊に沿って,南へ延び,二天門に至る。その幅は約2.6メートルである。東側の内塀は紅土溝の東岸の岡の頂部に位置する。その幅は0.5〜2.2メートルである。西側の外塀は牡丹溝の東岸にあり,その幅は0.3〜2.5メートルである。西側の内塀は外塀の東約165〜190メートルの岡の頂部にあり,その幅は0.2〜2.5メートルである。

　華清宮の塀は地面には殘っていないが,五つの塀の基礎を発見した。東と西に各各二つあり,南に一つあり,北には発見されていない。南の宮城の塀は驪山の北側にあり,東西の長さは531メートル,南北の幅は約2.6メートルである。東の外側の塀は南の塀につながり. 全長は330メートル,幅は約2.8メートルである。内側の塀は華清池の東の塀の外に位置し,全長は約240メートル,幅は0.16〜2.5メートルである。西の外側の塀は鉄道休養院の西塀あたりに位置し,全長は約330メートル,幅は1.3〜2.7メートルである。内側の塀は陝西省體育委員會の構内にあり,全長は約240メートル,幅は約2.4メ〜トルである。昭應縣城は現在の臨潼縣城にあり、平面はやや梯形を呈する。唐の天寶二年に,皇帝の温泉宮への旅行の便利のために建てられたものである。東・南・西・北の城塀長さはそれぞれ656・580・600・627・メートルであり,一周の長さは2463メートルであり,總面積は378998平方メートルである。

　驪山の麓での発掘調査は四つの発掘區域にわけて行われた。第Ⅰ區は現在の華清池の「温泉の總源流」の北,「五間廳」の西口にあり,面積は5400平方メートルあまりである。この発掘區域では,「星辰湯」・「太子湯」・「尚食湯」・「蓮華湯」・「海棠湯」・「宜春湯」・名前無しの一號と二號の湯池及び附屬施設を発見した。

　星辰湯は「温泉總源流」の北に位置し,七間×五間の建物である,東西の長さは28.8メートル,南北の幅は21.3メートル,面積は613.44平方メートルである。南廡の建物は東南向きであり,殘っている部分の長さは10.5メートル,幅は12.9メートルである。西の廊は早期と晩期と二つの時期の遺構がある。早期のものは殘っている部分の長さは10.7メートル,幅は3.05メートルである。晩期のものは殘っている部分の長さは9.1メートル,幅は4.8メートルである。星辰湯の平面は北斗星の形になっており,斗池と魁池という二つの池かろなる。「斗池」は東南——西北の方向であり,彎りが多く,蛇の形に近い。二段式の構造である池は全長が16.7メートルである。下の臺の東西の幅は1.45〜4.8メートル,高さは0.7メートル,臺面の幅は0.6〜0.8メートルである。上の臺

の幅は6.1メートル,高さは0.48～0.5メートルである。「魁池」は東西の長方形になっており,南の壁は「凸」字形になり,北の壁は波の形になっておる。もともとは二層構造である。下の臺は東西の長さは16.4メートル,南北の幅は3.35～3.95メートル,高さは0.7～0.72メートルであり,その面積は64.24平方メートルである。上の臺はこわされ,残っていない。湯池の給水口は斗池の南壁の下の臺と池の底の接するところにあり,外側は給水池と給水管につながっている。排水口は「魁池」の西北の隅角にあり,排水管につながっている。

御書亭は星辰湯の西壁に連がるところにある。早期と晩期二つの遺構が残っており,早期の建築の平面はほぼ方形になり,南向きで,三間×二間のものである。東西の長さは9.3メートル,南北の幅は8.87メートル,面積は82.48平方メートルである。晩期の建築は早期の上にかさなっており,東西の長さは7.12メートル,南北の幅は6.8メートル,面積は48.42平方メートルである。

御書亭は唐の太宗が貞觀十八年に書いた『温泉銘』碑を置くために,唐の開元年間に建てられものである。

太子湯は唐時代に,皇太子のために建てられたものである。星辰湯の西北の2.3メートルにあり,西と北の塀の基礎と散水の一部しか残っていない。湯池は宮殿の眞中にあり,上の部分はすでにこわされた。残っている部分は平面が長方形になっており,東西の長さは5.2メートル,南北の幅は2.77メートル,高さは1.2メートルであり,面積は14.4平方メートルで,容積は17.28立方メートルである。池の壁は二段式構造であり,内側は石で,外側は磚でつくったものである。内側の石は殆ど取られて残っていない。池の底は三層構造であり,上から下へ,砌石・磚・土層からなる。給水口は池の南壁の西部にあり,外の土製の給水管に連接して,星辰湯の早期の排水道から引水する。排水道は池の東壁の北部に位置し,外側は土製排水管につながっている。

尚食湯は御書亭の西にあり,建物は早期と晩期にわけられる。早期のものは南向きの三間×二間であり,東西の長さは12.4メートル,南北の幅は11.45メートル,面積は142平方メートルである。晩期のものは南北の長さは11.3メートル,東西の幅は10.15メートル,面積は114.7平方メートルである。湯池は建物の中央部に位置する。平面の形は長方形であり,東と西と二つの池からなる。東の池は二段式構造であり,下の臺は東西の長さは5.25メートル,南北の幅は3.26～3.32メートル,高さは0.5メートルである。臺面の幅は0.25～0.26メートルであり,面積は17.27平方メートルであり,容積は21.66立方メートルである。上の臺は東西の長さは5.5メートル,南北の幅は3.85メートル,高さは0.6～0.63メートルであり,面積は18.6平方メートル,容積は13立方メートルである。池の東・南と北の壁には湯池に出入するための石の階段がある。給

水口は池の東壁の下の臺と池の底の連がるところにあり，外側は磚の排水道につなが
って，排水する。

　西の池は東池の西にあり，南北の長方形になり，二段式構造である。下の臺は南北の
長さは3.22メートル，東西の幅は1.9メートル，高さは0.37〜0.4メートル，臺面の幅は
0.2〜0.23メートル，面積は6.12平方メートル，容積は2.44立方メートルである。上の
臺は南北の長さは3.67メートル，東西の幅は2.13メートル，高さは0.55〜0.6メートル
であり，面積は7.82平方メートル，容積は6.73立方メートルである。湯池はよく磨か
れた石でつくったものである。石の外側は版築の土層があり，水の滲出を防ぐための
ものである。給水口は池の東壁の底にあり，東の池に通じて，水を引く。排水口は池の
北壁の下にあり，外側の排水管に連がる。

　蓮華湯は唐の玄宗が使った湯池である。星辰湯の東北の12.4メートルのところに位
置し，建物は南向きであり，五間×四間である，東西の長さは19.15〜19.2メートル，南
北の幅は15.7〜15.73メートル，面積は301.3平方メートルである。湯池は建物の眞中
に位置する。石でつくった二段式構造のものである。下の段は平面が八角形になって
おり，東西の長さは9.62メートル，南北の幅は3.88〜5.06メートル，高さは0.64〜0.74
メートル，臺の幅は0.2〜0.6メートル，面積は41.4平方メートル，容積は29立方メート
ルである。上の層の臺の平面は蓮華の形になっており，東西の長さは10.6メートル，南
北の幅は4.8〜6メートル，高さは0.76〜0.8メートル，面積は60平方メートル、容積は
46立方メートル。東・西・北の三面は石の階段があり，池の壁は二層構造になってお
り，内側は石で，外側は煉瓦である。池の底口は石を敷いており，その下は版築の土層
である，二つの給水口は池の底の眞中からやや南のところにあり，外側は秦漢時代の土
製の水管に連がっており，湯は仰韶時代の「温泉水源」から引く。二つの排水口は池の
北壁の下の臺と池の底の連接部にあり，外側は土製の排水管に連がっている。

　海棠湯は唐の玄宗の氣に入る妃である楊玉環のために建てられたものである。蓮華
湯の西2.3メートルのところに位置する。建物は三間×二間で，南向きである。東西
の長さは12メートル，南北の幅は9.95メートル，面積は119.4平方メートルである。湯
池は建物の中央部にある，二段式構造であり，下の段の平面が海棠の花の形になってい
る，東西の長さは3.1メートル，南北の幅は2.22メートル，高さは0.52〜0.56メートル，
段の臺面の幅は0.25〜0.35メートル，面積は6.68平方メートル，容積は約3.6立方
メートルである。北壁には，わざわざ座席の臺を設けておる。上の段も海棠の花の形
になり，東西の長さは10.6メートル，南北の幅は4.8〜6メートル，高さは0.76メートル，
面積は約10.5平方メートル，容積7.8立方メートルである。東と西の壁は對稱になっ
ている石塀がある。池の壁は二段式構造になっており，内側は石で，外側は磚でつくっ

たのである。池の底には板面を敷いており,その下は版築の土層である。給水口は半
楕圓形になり,池の壁の西北の隅角に位置し,東西は0.18メートル,南北は0.05メー
トルであり,外側は土製の排水管に接する。

　宜春湯は宮廷の藝伎が使うものである。尚食湯の北 16.7メートルのところに位置
し,早期と晩期と二つの時期の建物の遺構が殘っている。早期の建築は東西の長さは
4.1メートル,南北の幅は殘っている部分が3.3メートル,面積は13.53 平方メートルで
ある。晩期の建物は早期のものの上にかさなっており,東西の長さは6.83メートル,南
北の幅は6.2メートル,面積は42.35 平方メートルである。湯池は建物の中央部にあ
り,もう殆どこわされた。

　一號名無し湯は蓮華湯の東北の隅角に位置し,建物はこわされて殘っていない。湯
池は南北の長方形になっており,二段式である。下の段は南北の長さは4.5メートル,
東西の幅は0.87メートル,高さは0.2～0.44メートル,臺面の幅は0.45～0.5メートルで
あり,面積は3.92 平方メートル,容積は1.72 立方メートルである。上の段は南北の長
さは4.5メートル,東西の幅は1.8メートル,高さは0.6～0.97メートル,面積は8.1 平方
メートル,容積は約 5.75 立方メートルである。給水口と排水口は池の南壁と北壁に位
置する。

　二號の名無し湯は尚食湯のすぐ北にあり,建物と湯池はこわされ,湯池の底部しか殘
っていない。東西の長さは約 7.57メートル,南北の幅は3.87メートル,面積は約 29.3
平方メートルである。

　第Ⅱ発掘區は現在の華清池の新しい湯池の北 2メートルのところにあり,発掘面積
は1200 平方メートルあまりである。小さな湯池と梨園(藝伎の生活場所)遺構が発見
された。

　小さい湯池は藝伎たちのために建てたものであり,第Ⅱ発掘區の東南の隅角にあり,
建築は早期と晩期と二つの時期のものがある。早期の建築は南向きの三間×二間のも
のであり,東西の長さは12.2メートル,南北の幅は9.4メートル,面積は114.68 平方
メートルである。晩期の建物は早期の建築の北塀に接して建てられ,室内の東西の長
さは10.45メートル,南北の幅は3.9メートル,面積は40.76 平方メートルである。北門
は北塀の中部にあり,その幅は1.6メートルであり,門砧の下の磚が殘っている。地面
に,二つのかまどがある。湯池は早期の主體建築の眞中に位置し,蒼色の玉石で建てた
ものであり,平面は長方形になっており,二段式である。下の段は東西の長さは4.58
メートル,南北の幅は2.47メートル,高ちは0.57～0.63メートル,臺面の幅は0.485～
0.5メートル,面積は11.31 平方メートル,容積は6.79 立方メートルであり,南の壁の中
部に臺座がある。上の臺は東西の長さは5.7メートル,南北の幅は3.58メートル,高さ

は0.078～0.08メートル,面積は20.4平方メートル,容積は16.12立方メートルである。池の東と西の兩側壁は對稱する石塀があり,湯池に出入するためのものである,給水口は池の南の壁の下の段の東部と池の接するところにあり,外側は土製の水管につながって引水する。排水口は池の北壁の中央部と池の底部の接するところにあり,外側は土製の排水管につながっている。

梨園の建築は東・西院と南・北廡と主體建築からなる。

東院も西院も早期と晩期という二つの時期の遺構がある。早期のものは南北の長さは16.7メートル,東西の幅は11.7メートルである。晩期のものは南北の長さは12～12.15メートルである。西院の早期の遺構は南北の長さは17メートル,西側の邊縁部はトレンチ4の外に延びており,4.25メートル部分しか発見されていない。晩期のものは南北の長さは14.7メートルである。東院と西院は主體建築の兩側に位置し,對稱になっている。

主體建築の構造は獨特なものであり,南北の長さは32.6～32.8メートル,東西の幅は17.5～17.7メートル,面積は580.56平方メートル,東と西の廊と版築の塀にわけられている八つの部屋からなる。

Ⅰ號室の平面は曲尺の形になり,南北の長さは10.4～10.5メートル,東西の幅は3.75メートル,面積は45.98メートルであり,室内に一つのカマドがある。Ⅱ號室が東西の長さは11.5メートル,南北の幅は3.2メートル,面積は36.65平方メートルである,Ⅲ號室が南北の長さは14.75メートル,東西の幅は3.6メートル,面積は53.1平方メートルである,Ⅳ號が南北の長さは14.75メートル,東西の幅は1.5メートル,面積は21.13平方メートルであり,地面の下に煉瓦でたてた井戸が三つ発見されている。Ⅴ號室が東西の長さは6.57メートル,南北の幅は3.5メートル,面積は23.1平方メートルであり,地面には一つのカマドがある。Ⅵ號室が南北の長さは10.5メートル,東西の幅は3.8メートル,面積は39.9平方メートルであり,地面にカマドが一つある。Ⅶ號室の平面が曲尺の形になり,南北の長さは10.65～10.7メートル,東西の幅は3.8～6.2メートル,面積は48.82平方メートルであり,地面にカマドが一つある。Ⅷ號室が南北の長さは10.53～10.57メートル,東西の幅は1.52メートル,面積は16.04平方メートルであり,地面の下に磚で積んだ井戸がある。

東と西の廊は主體建築の東と西にあり,東の回廊は七間で,南北の全長は26.3メートル,一つの部屋の南北の長さは3.65～3.9メートル,東西の幅は2.55～2.8メートルである。西の回廊は六つの部屋があり,南北の全長は19.7メートル,一つの部屋の南北の長さは3.61～3.75メートル,東西の幅は2.69～2.72メートルである。

南と北の廡殿は西院の南側と北側にあり,外には回廊がある。南の廡は早期と晩期と二つの時期のものがある。早期のものは室内の長さは3.95メートル,幅は3.47メートル,面積は13.71平方メートルである。晩期のものは東西の長さは6.5〜6.7メートル,南北の幅は5.7メートル,面積は37.62平方メートルである。北廡は室内の東西の長さは4.75メートル,南北の幅は3.4メートル,面積は16.15平方メートルであり,地面には一つのカマドがある。

主體建築の北塀の外には,いま一つの回廊があり,北塀にそって建てたのであり,東西に六つの部屋があり,残っている部分の長さは27.8メートル,一つの部屋の東西の長さは3.3メートル,南北の幅は2.75メートルである。

また,東院の北にはもう一つの回廊があり,建築の東北の隅角につながってさる。三間式であり,東西の長さは8.8メートル,南北の幅は3.95メートル。

第Ⅲと第Ⅳ區は発掘面積に限られて,遺構の様子ははっきりしない。

四つの発掘區から豊富な遺物が発見されている。建築材料には,蓮華文瓦當,獣面文瓦當,蓮華文方磚,縄文と手印文長方磚,簡瓦,板瓦,獣面文磚,無文と蓮華文礎石,土製の水道管,「天寶二年内作官瓦」文字が書いている板瓦門砧石、鐵釘銅釘、銅製と鐵製の建築部品などがある。生活用品には,盆、甕、碗、瓶、燈などの土器と碗、盞、瓶、壺などの瓷器がある。これらの遺物と出土遺構と綜合的に分析して,また文獻記録を参考して,唐の華清宮遺構の年代を三つの時期にわけられる。

つまり,第一期は唐の高祖李淵の武德元年から唐の睿宗李旦景雲二年まで(618〜711年);第二期は唐の玄宗李隆基の開元元年から唐の代宗李豫の大歴十四年まで(712〜779年);第三期は唐の德宗建中元年から唐の哀帝李祝天祐三年まで(780〜907年)である。

1.东内缭墙西边红土沟东岸（西北—东南）

2.西外缭墙（西北—东南）

唐华清宫缭墙位置

唐华清宫 I 区建筑遗迹（鸟瞰）

1.斗池（南—北）

2.魁池（东—西）

星辰汤汤池遗迹

1.魁池西半部及排水道（南—北）

2.魁池池底工匠做工槽线(东—南)

星辰汤汤池遗迹

星辰汤与御书亭、太子汤、莲花汤之间的位置关系（南—北）

御书亭早、中期亭基建筑遗迹（南—北）

太子汤汤池遗迹（西—东）

尚食汤汤池遗迹（西—东）

1. 莲花汤殿宇和汤池(东—南)

2. 莲花汤汤池 (东—西)

莲花汤殿宇建筑和汤池遗迹

1.莲花汤供水源（南—北）　　　　　　2.莲花汤砂石排水道（北—南）

3.三彩套兽

莲花汤供、排水设施遗迹及三彩套兽

1. 海棠汤殿宇和汤池(北—南)

2. 海棠汤汤池 (西北—东南)

海棠汤殿宇建筑和汤池遗迹

宜春汤殿宇建筑和汤池遗迹(南—北)

1.一号无名汤汤池（北—南）

2.二号无名汤池底

（东—西）

一、二号无名汤建筑遗迹

唐华清宫Ⅱ区建筑遗迹（鸟瞰）

1. 小汤汤池 (南—北)

2. 小汤晚期殿宇 (东—西)

小汤殿宇建筑和汤池遗迹

1. Ⅲ区早、晚期建筑叠压关系

（东北—西南）

2. Ⅲ区晚期建筑

（东—西）

唐华清宫Ⅲ区建筑遗迹

唐华清宫遗址鸟瞰图（航空摄影）

1. 东外缭墙二天门（北—南）

2. 西内缭墙第三处墙基北壁（北—南）

唐华清宫遗址内外缭墙遗迹

1. 戳印文 TZHY : 1

2. 戳印文 TZHY : 2

3. 右手印纹 TZHY : 3

4. 左手印纹 TZHY : 4

5. 短细绳纹 TZHY : 5

6. 绳纹 TZHY : 6

唐昭应县城出土条砖

星辰汤殿宇三期北踏道（北－南）

1. 一期北墙（北—南）

2. 二期北墙（北—南）

星辰汤殿宇建筑遗迹

1.三期北墙（西北—东南）

2.三期北墙和排水道及汤池早期排水道（北—南）

星辰汤殿宇建筑遗迹

1.西踏道和西墙（南—北）

2.晚期西回廊（东—西）

星辰汤殿宇建筑遗迹

1.第二排柱础（东—西）

2.第四排木柱础东段（东—西）

星辰汤殿宇柱础布局

1. 第四排木柱础西段（西—东）

2. 第四排第五木柱础（北—南）

星辰汤殿宇柱础布局

2. 南庑南墙、平台（东—西）

1. 南庑东散水、东墙（东—西）

星辰汤南庑建筑遗迹

1.南庑柱础（北—南）

2.窨井（北—南）

星辰汤南庑柱础和窨井

1. 供水道 S2、S3（北—南）

2. 供水池（南—北）

3. 供水口（北—南）

1. "斗池"（北—南）

2. "斗池"西壁（东—西）

星辰汤 "斗池"

星辰汤 "魁池"（东－西）

1. "魁池"北壁和排水道（南—北）

2. "魁池"池底结构（西—东）

星辰汤 "魁池"

1. 池底早期排水道西部（北—南）

2. 池底早期排水道东部（东北—西南）

星辰汤排水设施

1.池底晚期排水道上层（西北—东南）

2.池底晚期排水道北边出水口（北—南）

星辰汤排水设施

1.池底晚期排水道下层（北—南）

2.汤池早期早段砂石排水道（北—南）

星辰汤排水设施遗迹

1. 汤池早期早段砖砌排水道南部（北—南）

2. 汤池晚期东拐砂石排水道（东—西）

星辰汤排水设施遗迹

2. 汤池晚期排水管道北部（北—南）

1. 汤池晚期北拐砂石排水道（北—南）

星辰汤排水设施遗迹

1. 闸门 ZHM1 (北—南)

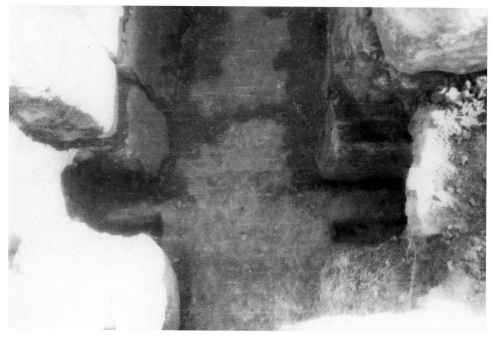

2. 闸门 ZHM2 (俯视)

星辰汤排水道闸门遗迹

1.砖井 J1（北—南）

2.砖井 J2（北—南）

3.石砌地面和汤池排水道分水口
（北—南）

星辰汤砖井和石砌地面遗迹

1. "将作匠甘保逞" Ⅰ XCT1④:23

2. "将作匠甘保逞" Ⅰ XCT2④:23

3. "将作匠张域" Ⅰ XCT2④:16

4. "官匠马世通" Ⅰ XCT2④:9

5. "官匠□立" Ⅰ XCT35④:7

6. "官匠□才" Ⅰ XCT1④:9

1. "官匠王昌" Ⅰ XCT2 ④ : 15

2. "官匠世□" Ⅰ XCT2 ④ : 53

3. "官匠任通" Ⅰ XCT31 ④ : 7

4. "官匠田文" Ⅰ XCT38 ④ : 3

5. "□步得" Ⅰ XCT5 ④ : 12

6. "匠郭世直" Ⅰ XCT31 ④ : 1

1. "匠杨养" I XCT2 ④:10

2. "朱□宁" I XCT1 ④:11

3. "朱孝倩" I XCT2 ④:14

4. "□合□" I XCT2 ④:18

5. "菲世义" I XCT31 ④:8

6. 菱形纹 I XCT37 ④:6

星辰汤绳纹条砖戳印文字

1.花卉纹 I XCT5 ④:4（正）

2.细绳纹与戳印文字 I XCT5 ④:4（背）

3.十二瓣九蕊莲花纹 I XCT4 ④:2（正）

4.水波纹 I XCT4 ④:2（背）

5.十六瓣单蕊莲花纹 I XCT5 ④:1（正）

6.细栏格纹 I XCT5 ④:1（背）

1.十六瓣七蕊莲花纹ⅠXCT1④:3（正）

2.栏格纹ⅠXCT1④:3（背）

3.几何纹ⅠXCT5④:39（正）

4.绳纹ⅠXCT5④:39（背）

5.绳纹ⅠXCT38④:8

6.绳纹ⅠXCT5④:8

1.绳纹ⅠXCT5④:7

2.绳纹ⅠXCT8④:14

3.绳纹ⅠXCT37④:5

4.绳纹ⅠXCT1④:7

5.绳纹ⅠXCT5④:5

6.绳纹ⅠXCT38④:7

星辰汤方砖纹样

1. 素面 I XCT5 ④ J：14

2. 素面 I XCT2 ④：31

3. "北六官泉" I XCT5 ④：19

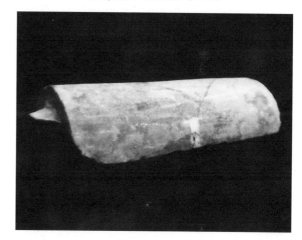

4. 无瓦当筒瓦 I XCT1 ④：32

5. 无瓦当筒瓦 I XCT5 ④：24

6. 带瓦当筒瓦 I XCT5 ④：26

星辰汤板瓦和筒瓦

1.八瓣单蕊莲花纹 I XCT4④:7

2.八瓣单蕊莲花纹 I XCT1④:28

3.八瓣单蕊莲花纹 I XCT5④J:12

4.八瓣单蕊莲花纹 I XCT5④J:1

5.八瓣七蕊莲花纹 I XCT5④J:13

6.八瓣九蕊莲花纹 I XCT4④J:10

星辰汤莲花纹瓦当

1.八瓣十一蕊莲花纹 I XCT1 ④:29

2.九瓣十蕊莲花纹 I XCT5 ④ J:4

3.十二瓣单蕊莲花纹 I XCT8 ④:19

4.十二瓣七蕊莲花纹 I XCT1 ④:30

5.十二瓣八蕊莲花纹 I XCT8 ④:35

6.十四瓣八蕊莲花纹 I XCT8 ④:24

1.十六瓣七蕊莲花纹 I XCT1 ④:26

2.十六瓣十三蕊莲花纹 I XCT2 ④:24

3.兽面纹 I XCT31 ④:14

4.兽面纹 I XCT8 ④:30

5.兽面纹 I XCT8 ④:28

6.兽面纹 I XCT5 ④ J:8

星辰汤莲花纹及兽面纹瓦当

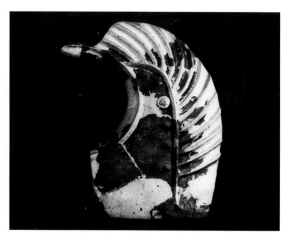

1.灰陶鸱尾ⅠXCT5④J：33（侧）

2.灰陶鸱尾ⅠXCT5④J：33（背）

3.陶兽头形构件ⅠXCT31④：16

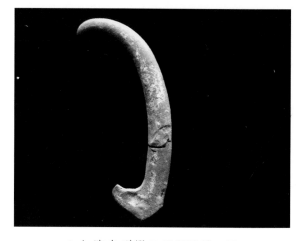

4.红陶角形器ⅠXCT2④：38

5.汉白玉莲花柱础ⅠXCT1④：40

6.铁栓板ⅠXCT1④：35

1. Ⅰ XCT38 ④ : 11

2. Ⅰ XCT5 ④ : 37

3. Ⅰ XCT11 ④ B : 31

4. Ⅰ XCT11 ④ B : 30

5. Ⅰ XCT25 ④ : 15

6. Ⅰ XCT10 ④ : 53

1. 鼎 I XCT8 ④:2

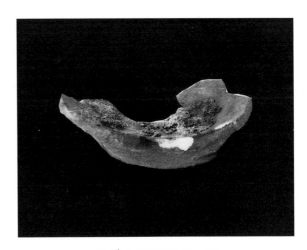

2. 碗 I XCT5 ④:35

3. 碗 I XCT1 ④:38

4. 盘 I XCT8 ④:1

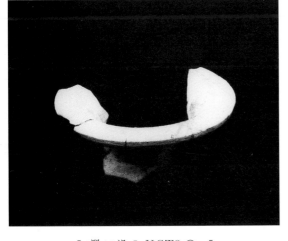

5. 器口沿 I XCT8 ④:5

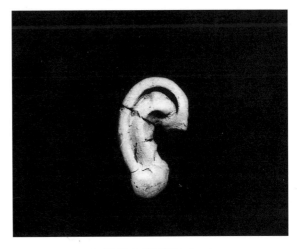

6. 俑耳 I XCT8 ④:4

星辰汤陶鼎、碗、盘、器口沿、俑耳

1.瓷盅ⅠXCT8④:9

2.瓷盅ⅠXCT5④:40

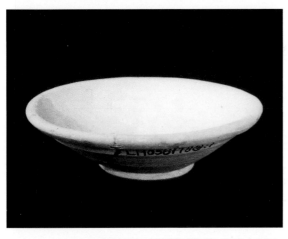

3.白瓷碗ⅠXCT8④:6

4.青瓷碗ⅠXCT5④:36

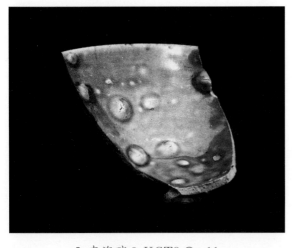

5.青瓷碗ⅠXCT8④:11

6.小瓷盘ⅠXCT8④:7

星辰汤瓷盅、碗、盘

1. 葵口白瓷盘 I XCT5 ④ : 28

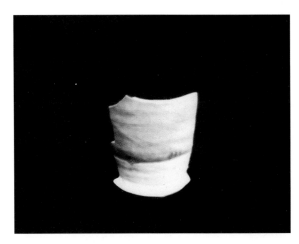

2. 杯形器 I XCT8 ④ J : 1

3. 瓷执壶 I XCT5 ④ : 27

4. 白瓷罐 I XCT8 ④ : 8

5. "开元通宝" I XCT1 ④ : 39

6. 铁灯 I XCT1 ④ : 42

星辰汤瓷盘、杯形器、执壶、罐，铜币，铁灯

1. 御书亭早、中、晚期亭基北部叠压关系（南—北）

2. 御书亭早、晚期亭基南部叠压关系和南散水（西—东）

御书亭早、中、晚期亭基叠压关系

1.北墙（南—北）

2.御书亭柱础布局

御书亭早、中期亭基建筑和北墙

1. 右手印纹 I YST33④:6

2. 绳纹 I YST3④A:16

3. 绳纹 I YST33④:7

4. 十六瓣七蕊莲花纹 I YST3④A:1（正）

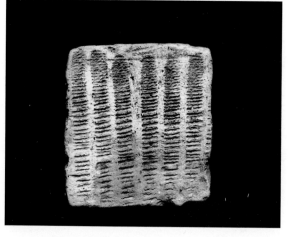

5. 细栏格纹 I YST3④A:1（背）

6. 绳纹 I YST3④A:66

御书亭条砖和方砖纹样

1. 粗长绳纹绳纹Ⅰ YST3 ④ A：15

2. 绳纹间饰几何纹Ⅰ YST3 ④ A：6

3. 绳纹间饰几何纹Ⅰ YST3 ④ A：53

4. 绳纹间饰几何纹Ⅰ YST3 ④ A：8

5. 绳纹间饰几何纹Ⅰ YST3 ④ A：11

6. 绳纹间饰几何纹Ⅰ YST3 ④ A：5

御书亭方砖纹样

1.绳纹间饰几何纹Ⅰ YST3④A:58

2.绳纹间饰几何纹Ⅰ YST3④A:55

3.绳纹间饰几何纹Ⅰ YST3④A:14

4.套兽Ⅰ YST3④A:23

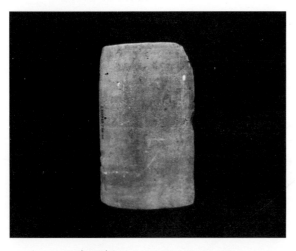

5.素面板瓦Ⅰ YST3④A:40

6.无瓦当筒瓦Ⅰ YST33④:9

御书亭方砖纹样，陶套兽、板瓦、筒瓦

1.六瓣单蕊莲花纹 Ⅰ YST3 ④ A : 31

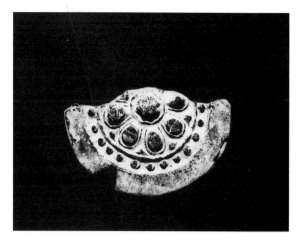

2.八瓣单蕊莲花纹 Ⅰ YST3 ④ A : 33

3.八瓣九蕊莲花纹 Ⅰ YST3 ④ A : 34

4.八瓣九蕊莲花纹 Ⅰ YST3 ④ A : 32

5.洗 Ⅰ YST3 ④ A : 24

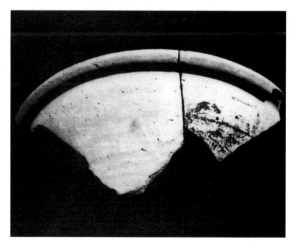

6.盆 Ⅰ YST3 ④ A : 19

御书亭莲花纹瓦当，陶洗、盆

1. 陶瓶 I YST44 ④ : 1

2. 陶瓶 I YST44 ④ : 2

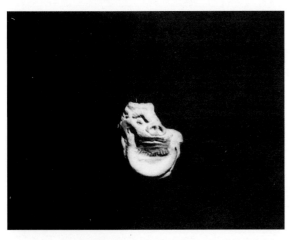

3. 陶模 I YST44 ④ : 15

4. 白瓷盂 I YST3 ④ A : 44

5. 瓷瓶 I YST3 ④ A : 48

6. 瓷罐 I YST3 ④ A : 102

御书亭陶瓶、模，瓷盂、瓶、罐

1.殿宇北墙和汤池建筑（西—东）

2.汤池供水管道（西北—东南）

太子汤殿宇和汤池建筑遗迹

1.太子汤汤池（南—北）

2.排水口和闸门

太子汤汤池和排水设施遗迹

1. "将作匠甘保逞" ⅠTZT7④:4

2. "官匠马世通" ⅠTZT7④:5

3. "官匠□立" ⅠTZT7④:7

4. "官匠王昌" ⅠTZT6④B:2

5. "官匠任通" ⅠTZT6④B:59

6. "官匠于□" ⅠTZT6④B:4

太子汤绳纹条砖戳印文字

1. "官匠田文" Ⅰ TZT6 ④ B : 6

2. "官匠王君" Ⅰ TZT6 ④ B : 24

3. "匠郭世直" Ⅰ TZT6 ④ B : 58

4. "朱□宁" Ⅰ TZT6 ④ B : 21

5. "朱孝倩" Ⅰ TZT6 ④ B : 26

6. "□□合□" Ⅰ TZT7 ④ : 6

1. 花卉纹 I TZT6④B:12

2. 十二瓣九蕊莲花纹 I TZT6④B:15

3. 十二瓣九蕊莲花纹 I TZT6④B:13（正）

4. 水波纹 I TZT6④B:13（背）

5. 十六瓣七蕊莲花纹 I TZT6④B:14（正）

6. 细绳纹 I TZT6④B:14（背）

太子汤方砖纹样

1.十六瓣七蕊莲花纹 I TZT6④A：2（正）

2.拦格纹 I TZT6④A：2（背）

3.绳纹 I TZT6④B：16

4.绳纹 I TZT6④A：3

5.绳纹 I TZT7④：2

6.绳纹 I TZT11④A：21

太子汤方砖纹样

1. 灰陶套兽 I TZT12 ④ : 63

2. "作匠□" I TZT6 ④ B : 39

3. "官匠" I TZT6 ④ B : 38

4. "□通" I TZT6 ④ B : 41

5. 留长仑" I TZT6 ④ B : 43

太子汤陶套兽、板瓦

1. "胅" I TZT6 ④ B∶44

2. 花头 I TZT11 ④ B∶11

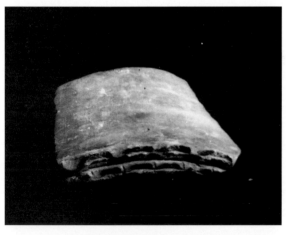

3. 花头 I TZT11 ④ B∶7

4. 花头 I TZT11 ④ A∶86

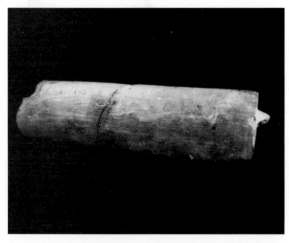

5. 无瓦当筒瓦 I TZT6 ④ B∶52

6. 无瓦当筒瓦 I TZT12 ④∶58

太子汤板瓦、筒瓦

1.十六瓣九蕊变形莲花纹 I TZT11 ④ A：42

2.六瓣八蕊莲花纹 I TZT12 ④：34

3.六瓣九蕊莲花纹 I TZT12 ④：24

4.八瓣单蕊莲花纹 I TZT6 ④ B：36

5.八瓣八蕊莲花纹 I TZT11 ④ A：36

6.八瓣九蕊莲花纹 I TZT6 ④ A：5

太子汤莲花纹瓦当

1. 八瓣九蕊莲花纹 I TZT7④:10

2. 八瓣九蕊莲花纹 I TZT11④A:58

3. 八瓣九蕊莲花纹 I TZT11④A:13

4. 十二瓣六蕊莲花纹 I TZT12④:16

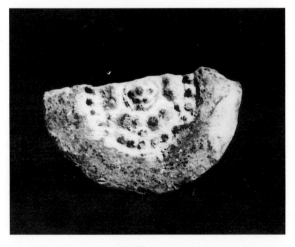

5. 十二瓣七蕊莲花纹 I TZT12④:39

6. 十四瓣九蕊莲花纹 I TZT11④A:57

太子汤莲花纹瓦当

1. 十六瓣七蕊莲花纹 I TZT6④A：9

2. 十六瓣九蕊莲花纹 I TZT12④：19

3. 多瓣单蕊莲花纹 I TZT6④B：7

4. 十六瓣莲花纹 I TZT11④B：32

5. 兽面纹 I TZT11④A：52

6. 兽面纹 I TZT11④A：44

太子汤莲花纹及兽面纹瓦当纹样

1.陶水管 I TZT6④B:8

2.甑 I TZT7④:21

3.甑 I TZT7④:21（底）

4.碗 I TZT7④:25

5.碗 I TZT7④:23

6.碗 I TZT7④:22

太子汤陶水管，陶甑、碗

1. 碗 I TZT6④A：12

2. 洗 I TZT7④：20

3. 鉴 I TZT11④A：10

4. "官"字陶片 I TZT11④A：11

5. 器口沿 I TZT7④：34

6. 黑釉瓷盅 I TZT7④：52

太子汤陶碗、洗、器口沿，瓷盅

1.黑褐釉瓷盅 I TZT11 ④ A : 17

2.白瓷碗 I TZT11 ④ B : 1

3.白瓷碗 I TZT12 ④ : 1

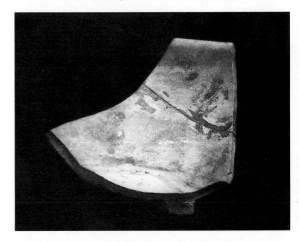

4.白瓷碗 I TZT7 ④ : 39

5.青瓷碗 I TZT11 ④ A : 1

6.生烧姜黄釉瓷碗 I TZT11 ④ B : 3

太子汤瓷盅、碗

1.浅腹黑褐釉瓷盘 I TZT7 ④ : 36

2.折腹圈足白瓷盘 I TZT12 ④ : 66

3.五瓣葵口白瓷盘 I TZT12 ④ : 2

4.黑釉小瓷罐 I TZT7 ④ : 42

5.擂钵 I TZT7 ④ : 45

6.绿釉瓷枕 I TZT7 ④ : 37

太子汤瓷盘、罐、擂钵、枕

1. 尚食汤早期殿宇及汤池建筑（东—西）

2. 尚食汤汤池晚期供水池（东—西）

尚食汤早期殿宇及汤池建筑遗迹

2. 尚食汤早期供水池（东—西）

1. 尚食汤汤池早期供水道和供水池接口（东—西）

尚食汤供水设施遗迹

1.尚食汤汤池供水口东壁石埠（西—东）

2.尚食汤西池、东池南石埠（西北—东南）

尚食汤汤池建筑遗迹

1. 尚食汤西池（北—南）

2. 尚食汤西池供水口（北—南）

尚食汤汤池建筑遗迹

1.尚食汤东池排水口和排水道（南—北）

2.尚食汤东池西拐排水道（东—西）

尚食汤排水设施遗迹

1.尚食汤西池排水口和排水道（南—北）

2.尚食汤砖砌排水道（南—北）

尚食汤排水设施遗迹

1. "□南" 板瓦 I SST34 ④ A:14

2. 无瓦当筒瓦 I SST34 ④ A:16

3. 八瓣九蕊莲花纹瓦当 I SST34 ④ A:10

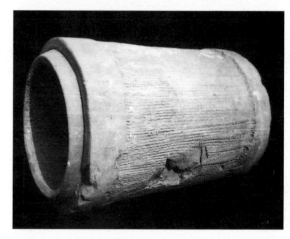

4. 陶水管 I SST3 ④ B:1

5. 素面覆盆柱础 I SST34 ④ A:20

6. 黑釉瓷碗 I SST34 ④ A:21

尚食汤筒瓦、瓦当，陶水管，柱础，陶碗，瓷碗

莲花汤殿宇和汤池建筑遗迹

1.砖铺路面（北—南）

2.早、晚期南散水（西北—东南）

莲花汤北踏道和早、晚期南散水遗迹

1. 晚期东散水（南—北）

2. 晚期西散水（北—南）

莲花汤晚期散水遗迹

1.北散水西端排水道，左边为其它建筑物排水道（北—南）

2.第二行第三柱础（北—南）

莲花汤散水北排水道和柱础

1.第五行柱础和东散水（北—南）

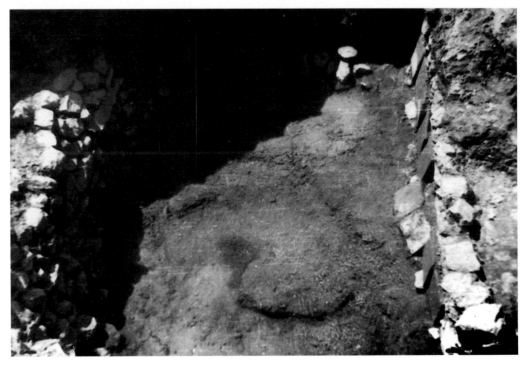

2.温泉水源（东—西）

莲花汤柱础和供水设施遗迹

1.供水管道（南—北）

2.供水口（北—南）

莲花汤供水设施遗迹

莲花汤汤池遗迹（西—东）

1.东池壁（西北—东南）

2.西池壁（西北—东南）

莲花汤东西池壁结构

1.汤池一层台西、北石墀和双排水口（东南—西北）

2.早期砖石混砌排水道（东北—西南）

莲花汤排水设施和一层台西、北石墀遗迹

2. 早期双排水管道和窨井（YJ2）（南—北）

1. 早期砖石混砌排水道和窨井（YJ1）（北—南）

莲花汤排水设施遗迹

2. 晚期排水管道（南—北）

1. 早期排水道管井（YJ1、YJ2）之间的关系（南—北）

莲花汤排水设施遗迹

1. "将作匠张域" I LHT10④:15

2. "官匠王昌" I LHT24④B:2

3. "朱孝倩" I LHT9④:17

4. 四菱形绳纹 I LHT25④:3

5. 三菱形绳纹 I LHT25④:5

6. 弧形绳纹 I LHT9④:21

1.粗长直绳纹 I LHT24 ④ A：5

2.左手印 I LHT9 ④：16

3.右手印 I LHT9 ④：18

4.多手印 I LHT10 ④：17

5.绳纹间饰几何纹 I LHT28 ④ A：13

6.绳纹间饰几何纹 I LHT10 ④：14

1.十二瓣九蕊莲花纹 I LHT28④A：8（正）

2.十六瓣单蕊莲花纹 I LHT27④：2（正）

3.十六瓣单蕊莲花纹 I LHT10④：6（正）

4.十六瓣七蕊莲花纹 I LHT10④：39（正）

5.十六瓣九蕊莲花纹 I LHT24④A：3（正）

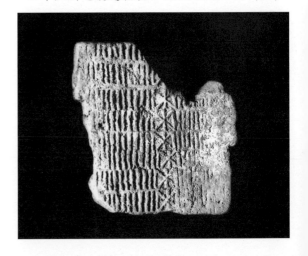

6.粗栏格加＊形纹 I LHT24④A：3（背）

莲花汤方砖纹样

1.十六瓣九蕊莲花纹 I LHT10 ④:8（正）

2.绳纹 I LHT28 ④ B:7

3.绳纹 I LHT9 ④:13

4.绳纹 I LHT10 ④:11

5.三彩套兽 I LHT25 ④:11（侧）

6.三彩套兽 I LHT25 ④:11（后）

莲花汤方砖，套兽

1. 灰陶套兽 I LHT28④A：5（侧）

2. 灰陶套兽 I LHT28④A：5（正）

3. "□官泉" 板瓦 I LHT9④：33

4. 花头板瓦 I LHT9④：34

5. 无瓦当筒瓦 I LHT10④：35

6. 无瓦当筒瓦 I LHT28④A：18

莲花汤套兽，板瓦、筒瓦

1. 十五瓣十蕊变形莲花纹Ⅰ LHT28④A：30

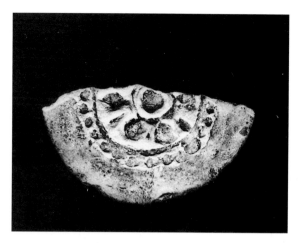

2. 六瓣单蕊莲花纹Ⅰ LHT9④：23

3. 八瓣单蕊莲花纹Ⅰ LHT9④：26

4. 八瓣单蕊莲花纹Ⅰ LHT10④：25

5. 八瓣八蕊莲花纹Ⅰ LHT28④A：19

6. 八瓣九蕊莲花纹Ⅰ LHT9④：31

1. 八瓣十一蕊莲花纹 I LHT9④:24

2. 十四瓣七蕊莲花纹 I LHT28④A:39

3. 十四瓣七蕊莲花纹 I LHT28④A:43

4. 十六瓣八蕊莲花纹 I LHT10④:27

5. 盘龙纹 I LHT28④A:33

6. 兽面纹 I LHT10④:32

莲花汤莲花纹、盘龙纹、兽面纹瓦当

1. 角形器 I LHT28 ④ A : 48

2. 陶水道 I LHT28 ④ A : 56

3. 陶水道 I LHT28 ④ A : 54

4. 陶瓶 I LHT27 ④ : 1

5. 陶砚 I LHT28 ④ A : 1

6. 白瓷盅 I LHT9 ④ : 4

莲花汤角形器、陶水管、柱础、陶瓶、砚、瓷盅

1.北门廊东墙和殿宇北散水（东—西）

2.殿宇和汤池建筑（北—南）

海棠汤殿宇和汤池建筑遗迹

1. 东墙（南—北）

2. 南台明、南墙（西—东）

海棠汤殿宇建筑遗迹

1.南墙第四柱础（西南—东北）

2.供水管道 （北—南）

海棠汤殿宇和汤池供水设施遗迹

1. 供水管道进入殿宇部分（南—北）

2. 供水口（西—东）

海棠汤汤池供水设施

1.汤池一层台池壁结构（东—西）

2.汤池（西—东）

海棠汤汤池建筑遗迹

1.绳纹Ⅰ HTT14④:13

2.绳纹Ⅰ HTT14④:12

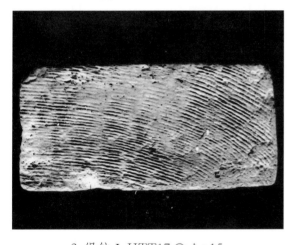

3.绳纹Ⅰ HTT17④A:15

4. 绳纹Ⅰ HTT13④:16

5.绳纹Ⅰ HTT13④:15

6.右手印纹Ⅰ HTT16④A:18

海棠汤条砖纹样

1.十二瓣九蕊莲花纹Ⅰ HTT17④A:1（正）

2.粗绳纹Ⅰ HTT17④A:1（背）

3.十二瓣九蕊莲花纹Ⅰ HTT20④:2（正）

4.水波纹Ⅰ HTT20④:2（背）

5.十六瓣九蕊莲花纹Ⅰ HTT20④:1（正）

6.细绳纹Ⅰ HTT20④:1（背）

1.绳纹 I HTT17④A：5

2.绳纹 I HTT14④：6

3.绳纹 I HTT13④：5

4.绳纹间几何纹 I HTT13④：6

5.绳纹间几何纹 I HTT17④A：4

6.绳纹间几何纹 I HTT14④：5

海棠汤方砖纹样

1. 绳纹间几何纹 I HTT16 ④ A : 11

2. 素面板瓦 I HTT19 ④ : 5

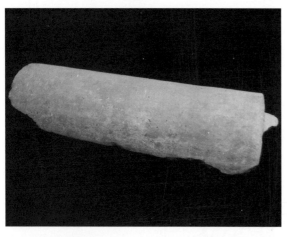

3. 无瓦当筒瓦 I HTT14 ④ : 31

4. 无瓦当筒瓦 I HTT14 ④ : 27

5. 八瓣单蕊莲花纹 I HTT16 ④ A : 34

6. 八瓣单蕊莲花纹 I HTT16 ④ A : 30

海棠汤方砖纹样，板瓦、筒瓦，瓦当纹样

1. 八瓣七蕊莲花纹 I HTT13④:21

2. 九瓣十蕊莲花纹 I HTT13④:19

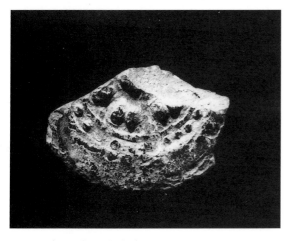

3. 十二瓣六蕊莲花纹 I HTT13④:22

4. 十六瓣七蕊莲花纹 I HTT16④A:29

5. 十六瓣九蕊莲花纹 I HTT16④A:31

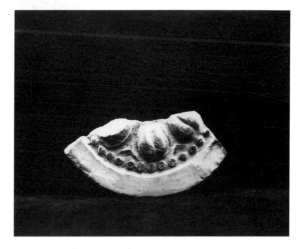

6. 十六瓣莲花纹 I HTT14④:15

海棠汤莲花纹瓦当

1. Ⅰ HTT16④ A：39

2. Ⅰ HTT13④：29

3. Ⅰ HTT16④ A：41

4. Ⅰ HTT13④：28

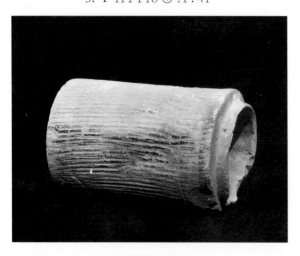

5. Ⅰ HTT16④ A：47

6.带 "杨" 字砂石 Ⅰ HTT16④ A：7

海棠汤陶水管，带 "杨" 字砂石

1.瓷盖 I HTT16④A:5

2.瓷流 I HTT16④A:1

3.黑釉羊形瓷哨 I HTT13④:1

4."开元通宝"钱 I HTT16④A:3

5."开元通宝"钱 I HTT16④A:4

海棠汤瓷盖、流、羊形哨，货币

1.早期殿宇（西—东）

2.供水道南部底层砌砖（北—南）

宜春汤殿宇建筑和供水设施遗迹

1. 供水管道北部底层砌砖（北—南）

2. 排水口（东—西）

宜春汤供、排水设施遗迹

1. 砖砌排水道（北—南）

2. 东边砖墙（西—东）

宜春汤排水道和其它建筑遗迹

1. 绳纹条砖 I YCT42④:24

2. 右手印纹条砖 I YCT42④:21

3. 绳纹间几何纹条砖 I YCT23④:2

4. 绳纹间几何纹条砖 I YCT43④:7

5. 十二瓣莲花纹方砖 I YCT22④:1（正）

6. 栏格纹间饰"回"纹 I YCT22④:1（背）

1.十二瓣七蕊莲花纹Ⅰ YCT42④:16（正）

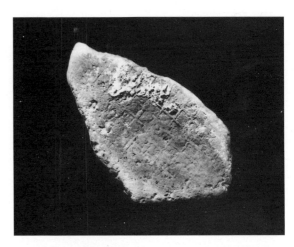

2.几何纹方砖Ⅰ YCT23④:1

3.手印纹Ⅰ YCT42④:18

4."天宝二年内"板瓦Ⅰ YCT42④:67

5."田"板瓦Ⅰ YCT43④:18

6."泉六"板瓦Ⅰ YCT43④:20

1. "官□南" 板瓦 Ⅰ YCT43 ④ : 17

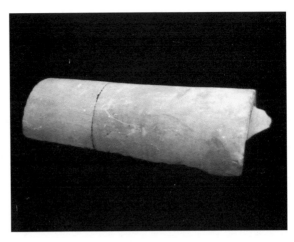

2. 筒瓦 Ⅰ YCT22 ④ : 4

3. 单瓣莲花纹瓦当 Ⅰ YCT42 ④ : 64

4. 八瓣单蕊莲花纹瓦当 Ⅰ YCT43 ④ : 10

5. 八瓣单蕊莲花纹瓦当 Ⅰ YCT42 ④ : 41

6. 八瓣单蕊莲花纹瓦当 Ⅰ YCT42 ④ : 50

宜春汤板瓦文字，筒瓦、瓦当纹样

1.八瓣八蕊莲花纹 I YCT42 ④ :35

2.八瓣八蕊莲花纹 I YCT42 ④ :39

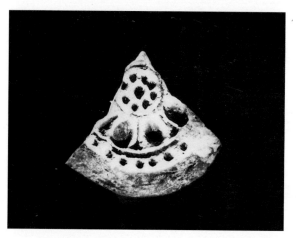

3.八瓣九蕊莲花纹 I YCT42 ④ :52

4.十二瓣七蕊莲花纹 I YCT42 ④ :66

5.十二瓣七蕊莲花纹 I YCT42 ④ :59

6.十六瓣七蕊莲花纹 I YCT42 ④ :55

宜春汤莲花纹瓦当

1. 十六瓣七蕊莲花纹 I YCT42④:38

2. 十六瓣八蕊莲花纹 I YCT42④:46

3. 兽面纹 I YCT42④:44

4. 陶水管 I YCT42④:73

5. 陶碗 I YCT42④:3

6. 陶盆 I YCT43④:3

宜春汤瓦当纹样，陶水管，陶碗、盆

1. 陶罐 I YCT42 ④ : 78

2. 陶瓮 I YCT42 ④ : 77

3. 陶器底 "日利" 戳印 I YCT43 ④ : 2

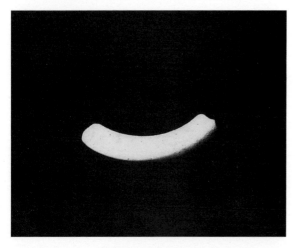

4. 玉镯 I YCT42 ④ : 1

5. 铜器 I YCT23 ④ : 4

宜春汤陶罐、瓮，玉镯，铜器

2. 汤池和供、排水道（北—南）

1. 砂石供水道（北—南）

一号无名汤汤池建筑遗迹

1. 汤池西壁结构（东—西）

2. 排水道闸门和排水口（南—北）

一号无名汤汤池建筑遗迹

1. 绳纹条砖 I WM1T28 ④ B：9

2. 绳纹条砖 I WM1T28 ④ B：19

3. 绳纹条砖 I WM1T28 ④ B：3

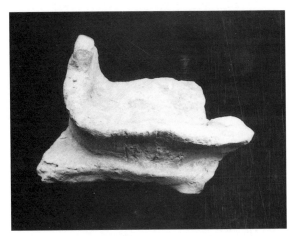

4. 陶套兽 I WM1T29 ④ A：2

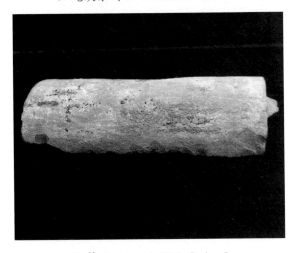

5. 筒瓦 I WM1T29 ④ A：5

6. 石刻 I WM1T29 ④ A：4

一号无名汤条砖，陶套兽，筒瓦，石刻

1. 汤池建筑（西—东）

2. 砂石墙和池底（东—西）

二号无名汤汤池建筑遗迹

1. 木构件（东—西）

2. 汤池排水道（北—南）

二号无名汤汤池建筑遗迹

1. "官王石" 板瓦戳印 I WM2T34 ④ B：1

2. 带瓦当筒瓦 I WM2T34 ④ A：18

3. 陶水管 I WM2T34 ④ B：2

4. 陶水管 I WM2T34 ④ B：4

5. 陶碗 I WM2T34 ④ A：7

6. 陶碗 I WM2T34 ④ A：8

二号无名汤板瓦文字，筒瓦，陶水管，陶碗

1. 莲花纹方砖踏道（东—西）

2. S2（东—西）

I 区其它建筑遗迹

1. S4（南—北）

2. S5（南—北）

Ⅰ区其它建筑遗迹

1. S6（南—北）

2.砖砌地面（东—西）

Ⅰ区其它建筑遗迹

1.绳纹条砖 I T40 ④ :10

2.绳纹条砖 I T41 ④ :16

3.右手印纹条砖 I T15 ④ :19

4.花卉纹方砖 I T41 ④ :13（正）

5.花卉纹方砖 I T41 ④ :13（背）

6.十二瓣八蕊莲花纹方砖 I T41 ④ :14（正）

I 区其它建筑遗迹条砖、方砖纹样

1. 十二瓣九蕊莲花纹 I T21 ④ : 1（正）

2. 十六瓣九蕊莲花纹 I T21 ④ : 3（正）

3. 绳纹 I T15 ④ : 12

4. 绳纹 I T15 ④ : 14

5. 绳纹 I T18 ④ : 2

6. 绳纹 I T15 ④ : 17

I 区其它建筑遗迹方砖纹样

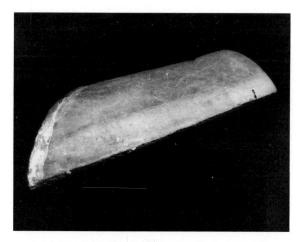

1. 板瓦 I T15④:45

2. "天宝二年内" 板瓦 I T41④:62

3. "将作匠" 板瓦 I T41④:61

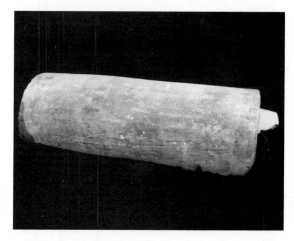

4. 无瓦当筒瓦 I T40④:12

5. 带瓦当筒瓦 I T41④:17

6. 带瓦当筒瓦 I T15④:52

I区其它建筑遗迹板瓦及筒瓦

1.六瓣单蕊莲花纹 I T41 ④:22

2.八瓣单蕊莲花纹 I T15 ④:33

3.八瓣七蕊莲花纹 I T45 ④ J:13

4.八瓣八蕊莲花纹 I T46 ④ J:8

5.八瓣九蕊莲花纹 I T41 ④:32

6.八瓣九蕊莲花纹 I T41 ④:26

I 区其它建筑遗迹莲花纹瓦当

1. 八瓣九蕊莲花纹 I T41 ④ : 43

2. 八瓣九蕊莲花纹 I T15 ④ : 29

3. 十瓣单蕊莲花纹 I T15 ④ : 26

4. 十二瓣十蕊莲花纹 I T41 ④ : 21

5. 十四瓣单蕊莲花纹 I T15 ④ : 25

6. 十四瓣九蕊莲花纹 I T41 ④ : 37

I 区其它建筑遗迹莲花纹瓦当

1.十四瓣九蕊莲花纹 I T15 ④：42

2.十四瓣十蕊莲花纹 I T41 ④：44

3.十六瓣八蕊莲花纹 I T41 ④：31

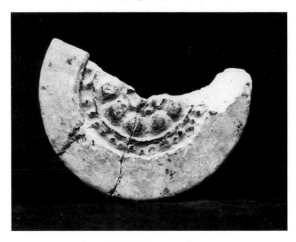

4.十六瓣莲花纹 I T41 ④：35

5.兽面纹 I T15 ④：31

6.兽面纹 I T15 ④：35

I 区其它建筑遗迹莲花纹和兽面纹瓦当

1.套兽 I T15 ④:11

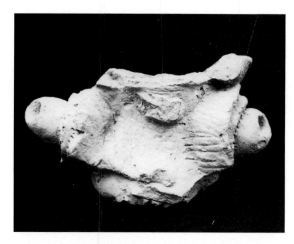

2.套兽 I T15 ④:56

3.兽面砖 I T30 ④:7

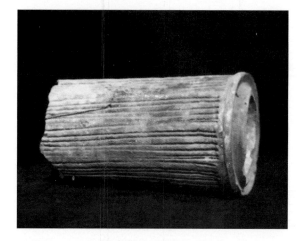

4.陶水管 I T41 ④:69

5.陶釜 I T30 ④:1

6.陶碗 I T15 ④:2

I区其它建筑遗迹套兽，兽面砖，陶水管，陶釜，陶碗

1.陶洗 I T46④J:1

2.陶盆 I T15④:9

3.陶缸 I T46④J:3

4.陶鉴 I T46④J:2

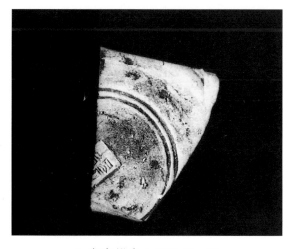

5.印字器底 I T41④:10

6.陶灯 I T41④:7

I区其它建筑遗迹陶洗、盆、缸、鉴、器底、灯

1. 盅 I T15 ④ : 3

2. 盏 I T41 ④ : 2

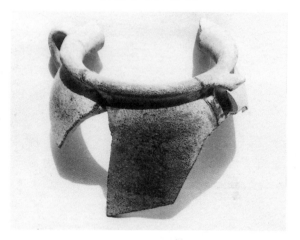

3. 双耳罐 I T40 ④ : 17

4. 四系罐 I T41 ④ : 4

5. 带把罐 I T15 ④ : 8

6. 盒 I T40 ④ : 16

I 区其它建筑遗迹瓷盅、盏、罐、盒

2. Ⅰ区五花注水器　采：02

1. 三彩鸱吻　采：01

3. 莲花柱础　采：03

4. 栏座　采：05

Ⅰ区其它建筑遗迹三彩鸱吻、石柱础、栏座（采集品）

梨园主体建筑遗迹（北—南）

2. I室东门（东—西）

1. I室（东—西）

4. I室北烧火坑（西—东）

3. I室南烧火坑（北—南）

梨园主体建筑 I 室遗迹

1. Ⅱ室（西—东）

2. Ⅲ室（南—北）

梨园主体建筑Ⅱ、Ⅲ室遗迹

1.中间南部为Ⅳ室,北部为Ⅷ室（南—北）

2.Ⅳ室J1（北—南）

梨园主体建筑Ⅳ、Ⅷ室遗迹

1. Ⅳ室 J2、S3（东—西）

2. Ⅳ室 J3（东—西）

3. Ⅳ室 S1（西—东）

4. Ⅳ室 S1（东—西）

梨园主体建筑Ⅳ室遗迹

1. V、VI室（南—北）

2. V室北门、烧火坑（北—南）

梨园主体建筑 V、VI室遗迹

1.西门（西—东）

2.东墙第二柱洞（西—东）

3.东墙第三柱洞（西—东）

1. 南窗（西—东）

2. 烧火坑（西—东）

梨园主体建筑Ⅵ室遗迹

1. Ⅶ室（西北—东南）

2.西门和东墙柱洞（西—东）

梨园主体建筑Ⅶ室遗迹

1.西墙第三柱洞（俯视）

3.烧火坑（北—南）

2.西窗（西—东）

梨园主体建筑Ⅶ室遗迹

1. J4 (北—南)

2. J5 (北—南)

3. J6 (南—北)

梨园主体建筑Ⅷ室遗迹

1. 主室东回廊和东庭院（南—北）

2. 东回廊散水和砖砌水道之间的关系（北—南）

3. 东回廊南边烧火坑（俯视）

4. 东回廊北边烧火坑（南—北）

梨园主体建筑东回廊、烧火坑和东庭院

2. 北外回廊（东—西）

1. 西回廊（南—北）

梨园主体建筑西回廊和北外回廊建筑遗迹

1. 排水道 S1（南—北）

2. 排水道 S3（南—北）

3. 北回廊（西—东）

梨园东庭院排水道和北回廊建筑遗迹

1.西庭院（西—东）

2.南庑早、晚期北台明和北门（北—南）

梨园西庭院、南庑建筑遗迹

1.北庑（北—南）

2.回廊台明、南门（南—北）

梨园北庑建筑遗迹

1.西庭院渗井J3（东—西）

2.其它遗迹夯土墙（北—南）

3.砖砌水道东部（西—东）

梨园西庭院渗井、其它遗迹夯土墙、砖砌水道遗迹

1. "将作匠甘保逞" ⅡLYT1④A：29

2. "将作匠张□" ⅡLYT1④A：30

3. "官匠张文" ⅡLYT2④A：31

4. "作匠□" ⅡLYT4④A：31

5. 带字戳印 ⅡLYT2④A：26

6. 菱形绳纹 ⅡLYT1④A：33

1. 绳纹条砖ⅡLYT1④A：32

2. 绳纹条砖ⅡLY扩T3④A：19

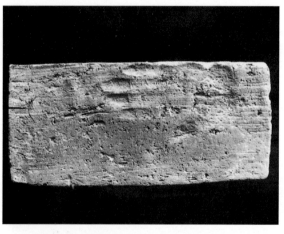

3. 手印纹条砖ⅡLYT4④AJ1：1

4. 绳纹间几何纹条砖ⅡLY扩T6④A：15

5. 绳纹间几何纹条砖ⅡLY扩T6④A：14

6. 十二瓣九蕊莲花纹ⅡLYT1④A：45（正）

梨园条砖、方砖纹样

1.十六瓣单蕊莲花纹Ⅱ LYT9④A∶14（正）

2.十六瓣单蕊莲花纹Ⅱ LYT3④A∶31（正）

3.十六瓣七蕊莲花纹Ⅱ LYT3④B∶1（正）

4.十六瓣九蕊莲花纹Ⅱ LYT2④A∶34（正）

5.绳纹方砖Ⅱ LYT9④A∶15

6.刻划纹方砖Ⅱ LYT9④A∶16

1. 套兽 II LYT2 ④ A : 41

2. 花头板瓦 II LYT1 ④ A : 25

3. 花头板瓦 II LYT2 ④ A : 22

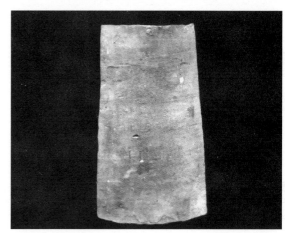

4. 素面板瓦 II LYT1 ④ A : 16

5. 素面板瓦 II LYT1 ④ A : 17

6. 素面板瓦 II LYT3 ④ B : 5

1. "天宝二年内作官瓦" Ⅱ LYT1 ④ A：18

2. "二年四四月" Ⅱ LYT1 ④ A：24

3. "北六官泉" Ⅱ LYT5 ④ A：17

4. "六官泉南" Ⅱ LYT3 ④ A：16

5. "天六官瓦" Ⅱ LYT4 ④ A：23

6. "郭盖" Ⅱ LYT4 ④ A：25

1.绿釉筒瓦Ⅱ LYT4④A：29

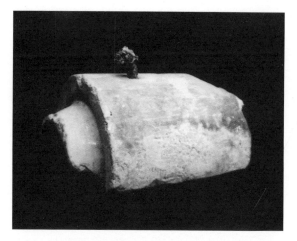

2.带瓦钉筒瓦Ⅱ LYT3④A：23

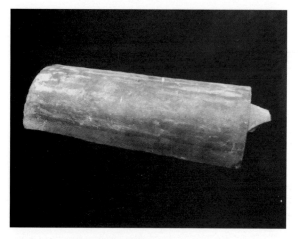

3.无瓦当筒瓦Ⅱ LYT1④A：27

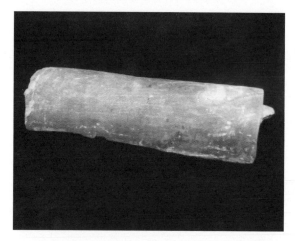

4.无瓦当筒瓦Ⅱ LYT2④A：24

5.无瓦当筒瓦Ⅱ LYT3④A：21

6.带瓦当筒瓦Ⅱ LYT1④A：26

1.六瓣单蕊莲花纹Ⅱ LYT3④A：2

2.七瓣单蕊莲花纹Ⅱ LYT2④A：8

3.八瓣单蕊莲花纹Ⅱ LY扩T3④A：1

4.八瓣单蕊莲花纹Ⅱ LYT1④A：1

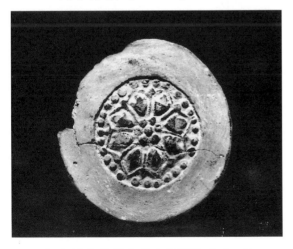

5.八瓣七蕊莲花纹Ⅱ LYT3④A：3

6.八瓣九蕊莲花纹Ⅱ LYT6④A：3

1.八瓣九蕊莲花纹 II LYT3 ④ A：4

2.八瓣十一蕊莲花纹 II LYT2 ④ A：1

3.八瓣团蕊莲花纹 II LYT4 ④ A：2

4.十二瓣八蕊莲花纹 II LYT2 ④ A：10

5.十二瓣十蕊莲花纹 II LYT1 ④ A：2

6.十二瓣团蕊莲花纹 II LYT6 ④ A：1

1.十四瓣九蕊莲花纹 II LYT4④A：3

2.十六瓣单蕊莲花纹 II LYT3④A：1

3.十六瓣单蕊莲花纹 II LYT4④A：7

4.十六瓣八蕊莲花纹 II LYT2④A：7

5.十六瓣十蕊莲花纹 II LYT6④A：2

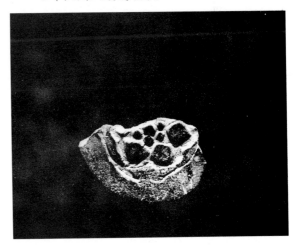

6.残瓦当 II LYT3④A：5

梨园莲花纹瓦当

1.兽面砖 Ⅱ LYT2 ④ A：38

2.三彩鸱吻 Ⅱ LYT1 ④ A：51

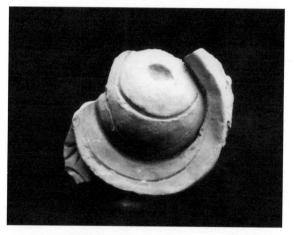

3.鸱吻残块 Ⅱ LYT1 ④ A：47

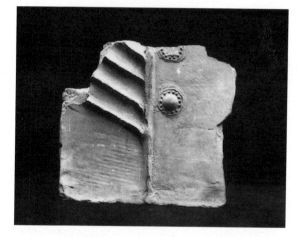

4.鸱尾残块 Ⅱ LYT2 ④ A：39

5.鸱尾残块 Ⅱ LYT1 ④ A：53

6.鸱尾残块 Ⅱ LYT2 ④ A：40

梨园兽面砖及鸱吻、鸱尾残块

1. 鸱尾残块 Ⅱ LYT3 ④ A：36

2. 鸱尾残块 Ⅱ LYT1 ④ A：49

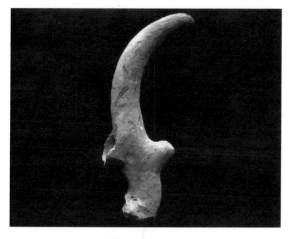

3. 角形器 Ⅱ LYT3 ④ A：35

4. 陶水管 Ⅱ LYT5 ④ AJ4：5

5. 陶水管 Ⅱ LYT5 ④ A：26

6. 陶水管 Ⅱ LYT6 ④ A：26

梨园鸱尾残块，角形器，陶水管

1. 拉手 II LYT1 ④ A：104

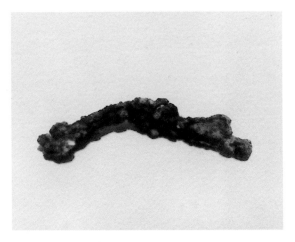

2. 钉 II LYT1 ④ A：54

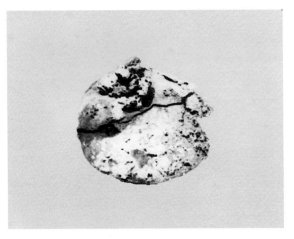

3. 帽钉 II LYT2 ④ A：42

4. 帽钉 II LYT1 ④ A：70

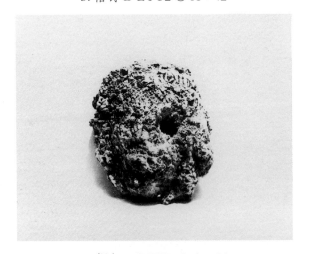

5. 帽钉 II LYT1 ④ A：78

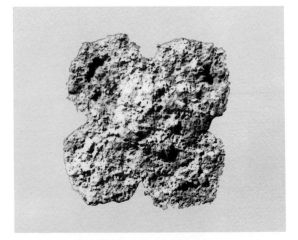

6. 莲花纹饰件 II LYT1 ④ A：97

1.莲花纹帽钉 ⅡLYT1④A:121、124、ⅡLYT2④A:90

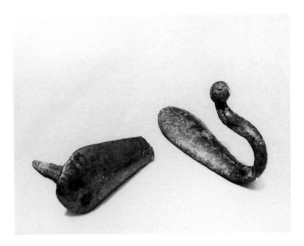

2.铜钩 ⅡLYT2④A:98、ⅡLYT1④A:135

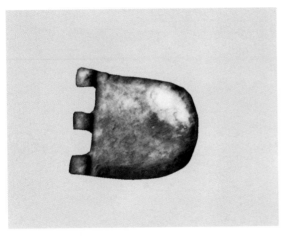

3.铜合页 ⅡLYT1④A:136

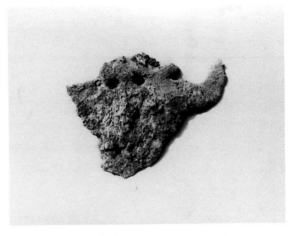

4.铜铺首 ⅡLYT2④A:99

5.铜饰件 ⅡLYT1④A:146

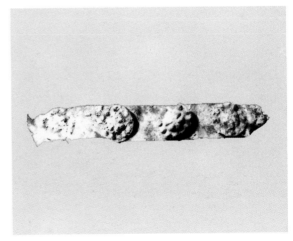

6.铜饰件 ⅡLYT1④A:147

梨园铜帽钉、钩、合页、铺首、饰件

1. 铜饰件 II LYT2 ④ A：101

2. 铜饰件 II LYT1 ④ A：149

3. 铜饰件 II LYT1 ④ A：152

4. 草泥墙皮残块 II LYT1 ④ A：238

5. 草泥墙皮残块 II LYT1 ④ A：239

6. 带印章白灰墙皮 II LYT1 ④ A：240

1. 碗 II LYT1 ④ A：197

2. 碗 II LYT9 ④ A：17

3. 碗 II LYT3 ④ A：53

4. 碗 II LYT4 ④ A：36

5. 碗 II LYT5 ④ AJ5：1

6. 洗 II LYT6 ④ AJ6：2

梨园陶碗、洗

1. 盆 Ⅱ LYT3 ④ A：57

2. 盆 Ⅱ LYT1 ④ A：204

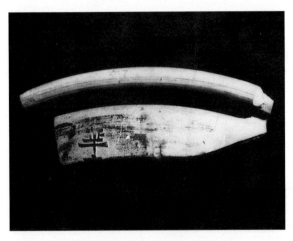

3. 鉴 Ⅱ LYT1 ④ A：212

4. 瓶 Ⅱ LYT1 ④ A：205

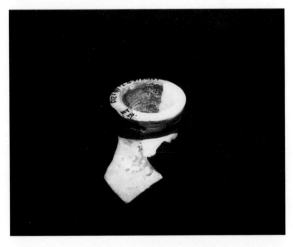

5. 瓶 Ⅱ LYT1 ④ A：210

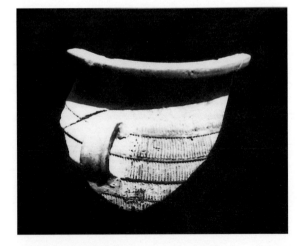

6. 篦栉纹罐 Ⅱ LYT3 ④ B：8

梨园陶盆、鉴、瓶、罐

1.单耳罐 II LYT2 ④ A：126

2.水波纹罐 II LYT4 ④ A：46

3.水波纹罐 II LYT1 ④ A：219

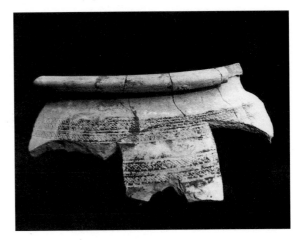

4.水波纹罐 II LYT1 ④ A：218

5.水波纹罐 II LYT1 ④ A：217

6.水波纹罐 II LYT2 ④ A：129

1. 水波纹罐 II LYT3 ④ A：65

2. 水波纹罐 II LYT3 ④ A：66

3. "将作官瓮" 瓮 II LYT5 ④ AJ3：1

4. "将作官瓮" 瓮 II LYT1 ④ A：221

5. "将作官巩" 瓮 II LYT1 ④ A：216

6. 直口罐 II LYT1 ④ A：223

1. 瓮 II LYT1 ④ A：226

2. "官" 瓮 II LYT2 ④ A：130

3. 球 II LYT2 ④ A：120

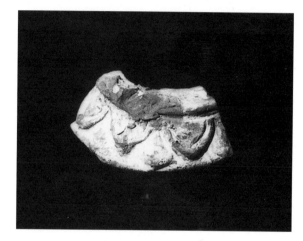

4. 座 II LYT1 ④ A：232

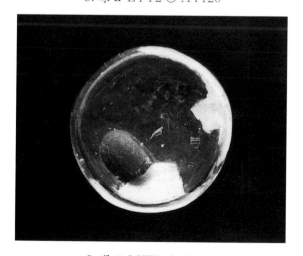

5. 砚 II LYT9 ④ A：20

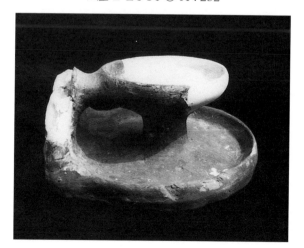

6. 灯 II LYT9 ④ A：21

梨园陶瓮、球、座、砚、灯

1.绿釉陶灯 II LYT4 ④ A：42

2.石球 II LY扩T4 ④ A：29

3.黄瓷碗 II LYT1 ④ A：228

4.黑瓷碗 II LYT2 ④ A：132

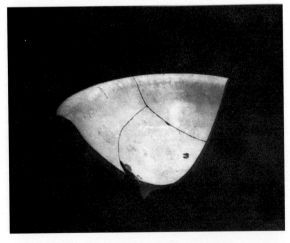

5.白瓷碗 II LYT1 ④ A：229

6.盏 II LYT9 ④ A：27

梨园绿釉陶灯，石球，瓷碗、盏

1. 赭色釉小罐 ⅡLYT1④A：230

2. 黑釉双柄罐 ⅡLYT1④A：231

3. 黑釉罐 ⅡLY扩T3④A：32

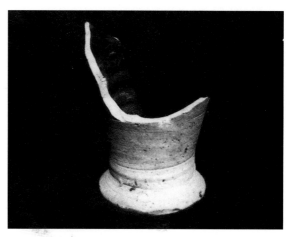

4. 杯形器 ⅡLYT9④A：29

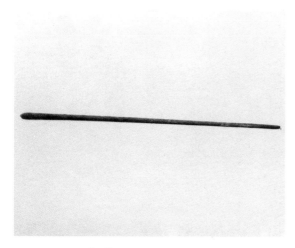

5. 铜箸 ⅡLYT1④A：233

6. 骨器 ⅡLYT1④A：222

梨园瓷罐、杯形器，铜箸，骨器

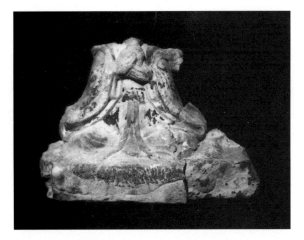

1. 菩萨造像Ⅱ LYT1 ④ A：154

2. 菩萨造像Ⅱ LYT1 ④ A：167

3. 力士造像Ⅱ LYT1 ④ A：155

4. 力士造像Ⅱ LYT1 ④ A：160

5. 力士造像Ⅱ LYT1 ④ A：159

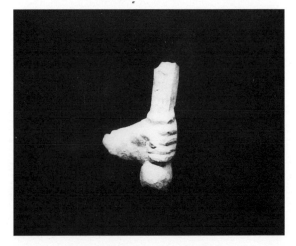

6. 执铜造像Ⅱ LYT1 ④ A：158

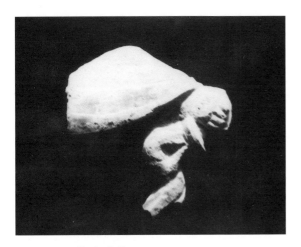

1.执法造像 Ⅱ LYT1 ④ A：156

2. Ⅱ LYT1 ④ A：164

3. Ⅱ LYT1 ④ A：161

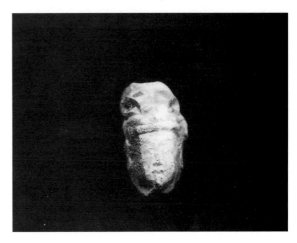

4. Ⅱ LYT1 ④ A：162

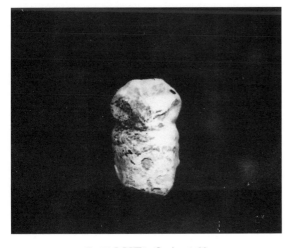

5. Ⅱ LYT1 ④ A：163

6. Ⅱ LYT1 ④ A：165

1. Ⅱ LYT1 ④ A : 171

2. Ⅱ LYT1 ④ A : 168

3. Ⅱ LYT1 ④ A : 183

4. Ⅱ LYT1 ④ A : 184

5. Ⅱ LYT1 ④ A : 177

6. Ⅱ LYT1 ④ A : 175

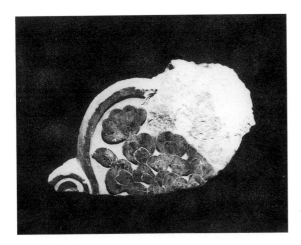

1. Ⅱ LYT1 ④ A：188

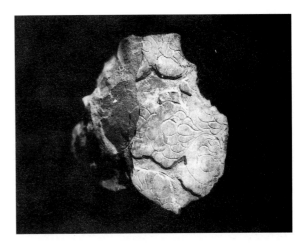

2. Ⅱ LYT2 ④ A：107

3. Ⅱ LYT2 ④ A：108

4. Ⅱ LYT2 ④ A：110

5. Ⅱ LYT1 ④ A：193

6. "开元通宝" 钱币 Ⅱ LYT1 ④ A：278

1. Ⅱ LYT1 ④ A : 186

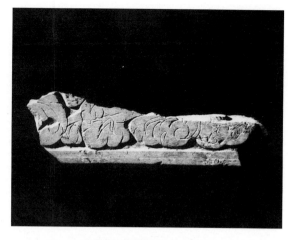

2. Ⅱ LYT2 ④ A : 109

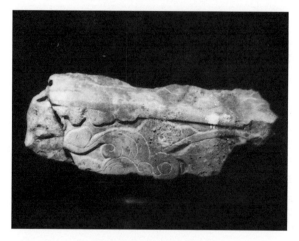

3. Ⅱ LYT1 ④ A : 172

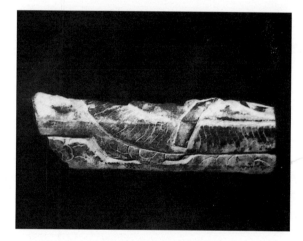

4. Ⅱ LYT1 ④ A : 181

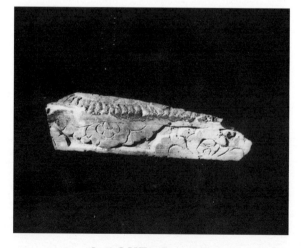

5. Ⅱ LYT1 ④ A : 173

6. Ⅱ LYT1 ④ A : 178

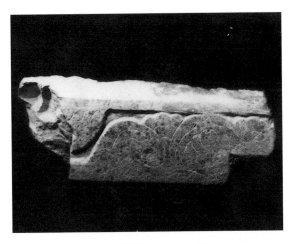

1. Ⅱ LYT1 ④ A：185

2. Ⅱ LYT2 ④ A：105

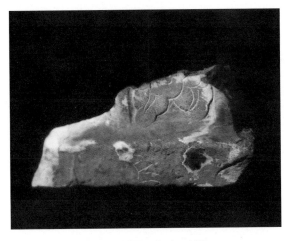

3. Ⅱ LYT1 ④ A：170

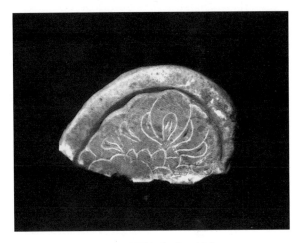

4. Ⅱ LYT2 ④ A：106

5. Ⅱ LYT1 ④ A：179

6. Ⅱ LYT1 ④ A：192

梨园残石刻

1.早、晚期殿宇建筑和汤池（北—南）

2.殿宇西散水沟（北—南）

小汤殿宇和汤池建筑遗迹

1.殿宇北门、窖井（YJ1）（南—北）

2.殿宇（俯视）

3.东烧火坑（南—北）

4.西烧火坑（南—北）

小汤晚期殿宇、窖井（YJ1）建筑遗迹

小汤汤池建筑遗迹（西南－东北）

1.供水口（北—南）

2.排水口（南—北）

3.闸门和窨井（YJ1）（北—南）

小汤汤池供、排水设施遗迹

1. 窖井（YJ2）（北—南）

2. 窖井（YJ2）北壁排水管道（南—北）

3. 窖井（YJ3）（北—南）

小汤汤池供、排水设施遗迹

1.十六瓣单蕊莲花纹Ⅱ XTT7④A:10（正）

2.绳纹Ⅱ XT扩T8④A:5

3.绳纹Ⅱ XT扩T8④A:6

4.绳纹Ⅱ XT扩T8④A:23

5.右手印纹Ⅱ XTT8④A:13

6.刻划纹Ⅱ XTT8④A:14

1.素面板瓦ⅡXTT8④A：9

2.无瓦当筒瓦ⅡXTT7④A：8

3.六瓣单蕊莲花纹ⅡXTT7④A：3

4.八瓣单蕊莲花纹ⅡXTT7④A：2

5.八瓣八蕊莲花纹ⅡXT扩T8④A：2

6.八瓣九蕊莲花纹ⅡXTT8④A：8

1. 八瓣九蕊莲花纹 II XTT7④A：4

2. 八瓣团蕊莲花纹 II XTT8④A：1

3. 十四瓣九蕊莲花纹 II XTT7④A：1

4. 兽面纹 II XT扩T7④A：1

5. 兽面纹 II XT扩T7④A：2

6. 兽面纹 II XT扩T8④A：1

1.兽面纹ⅡXT扩T7④A：7

2.陶水管ⅡXTT7④A：11

3.石栏座ⅡXTT7④A：13

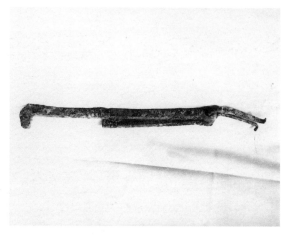

4.铜钩ⅡXTT8④A：15

5.陶碗ⅡXT扩T8④A：7

6.陶碗ⅡXTT7④A：14

小汤瓦当，陶水管，石栏座，铜钩，陶碗

1. 碗 Ⅱ XTT8 ④ A：16

2. 碗 Ⅱ XTT8 ④ A：19

3. 水波纹残罐 Ⅱ XTT8 ④ A：21

4. 水波纹残罐 Ⅱ XTT8 ④ A：22

5. "作盆" 陶片 Ⅱ XTT7 ④ A：21

6. "地将" Ⅱ XTT7 ④ A：22

小汤陶碗、罐，带字陶片

1. 盅 II XT扩 T8 ④ A：18

2. 盅 II XT扩 T8 ④ A：17

3. 六瓣葵口白瓷盘 II XT扩 T8 ④ A：20

4. 赭釉瓷盘 II XT扩 T8 ④ A：21

5. 带柄白瓷罐 II XTT8 ④ A：29

6. 提系白瓷罐 II XTT8 ④ A：30

小汤瓷盅、盘、罐

1.Ⅲ区早、晚期建筑遗迹叠压关系（北—南）

2.陶管道TG1、TG2叠压关系（东—西）

3.陶管道（TG2）（南—北）

1. 绳纹条砖Ⅲ T1 ④ A：20

2. 十六瓣七蕊莲花纹方砖Ⅲ T1 ④ A：21（正）

3. 十二瓣八蕊莲花纹方砖Ⅲ T1 ④ A：22（正）

4. 粗刻划纹间❑纹方砖Ⅲ T1 ④ A：22（背）

5. 右手印纹方砖Ⅲ T2 ④：6

6. "天宝二年"板瓦Ⅲ T1 ④ A：1

Ⅲ区条砖，方砖，板瓦

1. "官泉南"板瓦Ⅲ T1 ④ A：2

2. 八瓣单蕊莲花纹Ⅲ T3 ④：15

3. 八瓣单蕊莲花纹Ⅲ T3 ④：12

4. 八瓣九蕊莲花纹Ⅲ T2 ④：4

5. 九瓣十蕊莲花纹Ⅲ T2 ④：5

6. 十六瓣单蕊变形莲花纹Ⅲ T1 ④ A：5

Ⅲ区板瓦及莲花纹瓦当

1.十六瓣八蕊莲花纹Ⅲ T3④:5

2.十六瓣九蕊莲花纹Ⅲ T3④:6

3.兽面砖Ⅲ T1④A:23（正）

4.兽面砖Ⅲ T1④A:23（侧）

5.陶水管Ⅲ T1④B:1

6.陶水管Ⅲ T1④A:25

Ⅲ区瓦当，兽面砖，陶水管

1. 小盆Ⅲ T3 ④ : 21

2. 大盆Ⅲ T3 ④ : 22

3. 残瓶Ⅲ T1 ④ A : 28

4. "将作官瓮" 陶片Ⅲ T1 ④ A : 38

5. 水波纹残罐Ⅲ T1 ④ A : 37

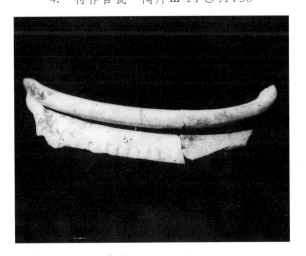

6. 残瓮Ⅲ T1 ④ A : 42

Ⅲ区陶盆、瓶、罐、陶片、瓮

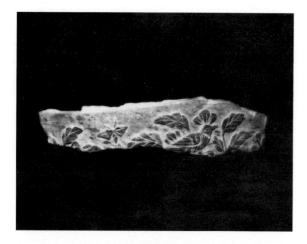

1. Ⅲ T2 ④ : 20

2. Ⅲ T2 ④ : 22

3. Ⅲ T3 ④ : 32

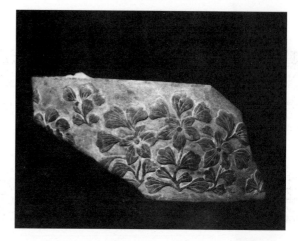

4. Ⅲ T1 ④ A : 52

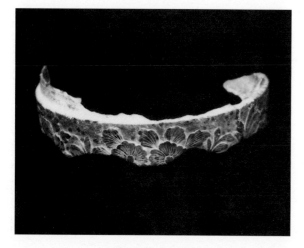

5. Ⅲ T1 ④ A : 53

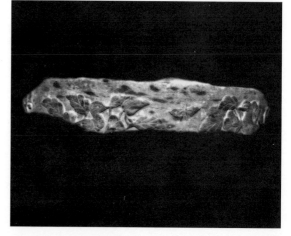

6. Ⅲ T1 ④ A : 54

1. Ⅲ T1 ④ A：55

2. Ⅲ T1 ④ A：56

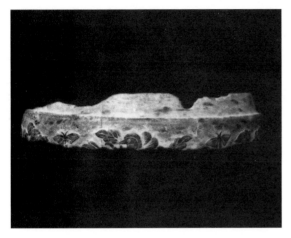

3. Ⅲ T1 ④ A：57

4. Ⅲ T1 ④ A：58

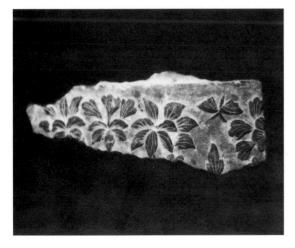

5. Ⅲ T1 ④ A：59

6. Ⅲ T1 ④ A：62

1. Ⅲ T2 ④ : 21

2. Ⅲ T2 ④ : 23

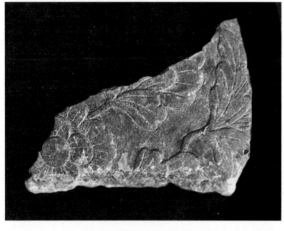

3. Ⅲ T2 ④ : 25

4. Ⅲ T3 ④ : 33

5. Ⅲ T1 ④ A : 61

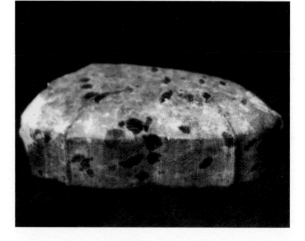

6. Ⅲ T1 ④ A : 63

Ⅲ区石盒盖

1.石盒盖Ⅲ T1 ④ A：65

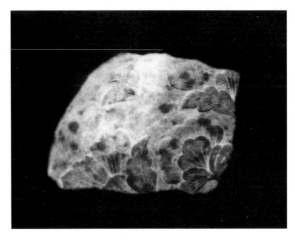

2.石盒盖Ⅲ T1 ④ A：66

3.黄褐釉碗Ⅲ T1 ④ A：27

4.残罐Ⅲ T2 ④：16

5.石刻残块Ⅲ T3 ④：29

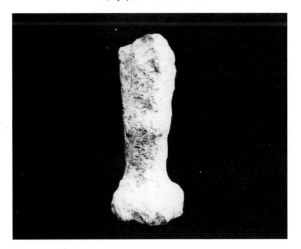

6.残石刻Ⅲ T3 ④：30

Ⅲ区石盒盖，黄褐釉碗，瓷罐，石刻残块

1. F1 (北—南)

2. F2 (西—东)

Ⅳ区建筑遗迹

1.十六瓣单蕊莲花纹方砖Ⅳ T1 ④:31（正）

2."天九官瓦"板瓦Ⅳ T1 ④:2

3.无瓦当筒瓦Ⅳ T1 ④:27

4.八瓣九蕊莲花纹瓦当Ⅳ T1 ④:28

5.灰陶罐Ⅳ T1 ④:32

6.水波纹罐Ⅳ T1 ④:33

Ⅳ区方砖、板瓦、筒瓦、瓦当，陶罐

1.八瓣单蕊莲花纹Ⅴ T1 ④:1

2.八瓣十一蕊莲花纹Ⅴ T1 ④:2

3.十二瓣六蕊莲花纹Ⅴ T1 ④:3

4.砖雕造像Ⅴ T1 ④:4

Ⅴ区瓦当，砖雕造像